ABRÉGÉS

Psychopathologie de l'enfant

Julian de AJURIAGUERRA

Professeur au Collège de France

Daniel MARCELLI

Ancien Chef de Clinique
Assistant des hôpitaux de Paris
Psychiatre des hôpitaux

3e édition
revue et complétée

MASSON

Paris Milan Barcelone Mexico
1989

Cet ouvrage est traduit :
– *en italien,* Masson-Italia 1984.
– *en espagnol,* Masson S.A. Barcelone, 1982.

ISBN : 2-225-81757-X

MASSON S.A. 120 bd Saint-Germain, 75280 Paris Cedex 06
MASSON ITALIA EDITORI Via Statuto 2, 20121 Milano
MASSON S.A. Balmes 151, 08008 Barcelona
MASSON EDITORES Dakota 383, Colonia Napoles, 03810 Mexico DF

TABLE DES MATIÈRES

Avant-propos 1

BASES THÉORIQUES ET GÉNÉRALITÉS

Introduction 4

1. Principales sources théoriques de la pédopsychiatrie clinique 7
Bases neuro-anatomiques et neurophysiologiques des comportements (7). Théories psychanalytiques (12). Le développement cognitif selon J. Piaget (26). Psychologie de l'enfant selon H. Wallon (31). Théories centrées sur le comportement et/ou l'environnement : behaviorisme, éthologie, théories systémiques (33). L'interaction (40). Bibliographie (44).

2. Le normal et le pathologique 47
Le normal et le pathologique : problèmes généraux (48). Problème du normal et du pathologique en psychopathologie de l'enfant (49). Conclusion (58). Bibliographie (61).

3. L'examen de l'enfant 62
L'entretien clinique (62). Explorations complémentaires (66). Echelles d'évaluation et de systèmes de classification (74). Bibliographie (76).

ETUDE PSYCHOPATHOLOGIQUE DES CONDUITES

4. Psychopathologie des conduites d'endormissement et du sommeil . 78
Généralités (78). Etude clinique (83). Bibliographie (91).

5. Psychopathologie des conduites motrices 93
Troubles de la latéralisation (94). La dysgraphie (95). Débilité motrice (97). Dyspraxies de l'enfant (98). Instabilité psychomotrice (99). Les tics (101). Trichotillomanie. Onychophagie (105). Bibliographie (106).

6. Psychopathologie du langage 108
Généralités (108). Psychopathologie du langage (111). Bibliographie (123).

7. Psychopathologie de la sphère oro-alimentaire 125
Généralités (125). Etude psychopathologique (128). Bibliographie (135).

8. Troubles sphinctériens 137
Généralités (137). Enurésie (138). Encoprésie (143). Constipation psychogène et mégacôlon fonctionnel (147). Bibliographie (149).

9. Psychopathologie des fonctions cognitives 150
Généralités (150). Evaluation des fonctions cognitives (152). Déficience mentale (162). Les enfants surdoués (173). Bibliographie (177).

10. Troubles du comportement 178
Le mensonge (179). Le vol (182). La fugue (185). Les conduites d'addiction (186). Bibliographie (189).

11. Psychopathologie du jeu 190
Généralités (190). L'apport psychanalytique (192). Abord psychopathologique des conduites de jeu (194). Variations structurelles du jeu (196). Clinique de l'objet transitionnel (197). Bibliographie (198).

12. Psychopathologie des conduites agressives 199
Concept de l'agressivité (199). Clinique des conduites hétéro-agressives (206). Clinique des conduites auto-agressives (209). Bibliographie (213).

13. Psychopathologie de la différence des sexes et des conduites sexuelles 214
Mythes, différence des sexes et sexualité (214). Base physiologique et physiopathologie de la différenciation sexuelle (209). Bases psychologiques et sociologiques de la différence des sexes (218). La sexualité de l'enfant et ses avatars (221). Bibliographie (228).

GRANDS REGROUPEMENTS NOSOGRAPHIQUES

14. Défectologie 232
Déficience sensorielle (233). Encéphalopathies infantiles (241). Infirmité motrice cérébrale (251). Bibliographie (252).

15. Epilepsie de l'enfant 254
Définition, généralités, épidémiologie (254). Etude clinique (256). Abord psychopathologique (261). Traitement (266). Bibliographie (270).

16. Psychoses infantiles 271
Etude clinique des psychoses infantiles (272). Abord génétique et hypothèses à prédominance organique (293). Abord psychopathologique et hypothèses à prédominance psychogénétique (297). Bibliographie (305).

17. Troubles et organisations d'apparence névrotique 306
Psychopathologie des conduites dites névrotiques de l'enfant (307). La névrose chez l'enfant (324). Bibliographie (330).

18. Dépression de l'enfant 332
Abord théorique et psychopathologique (332). Etude clinique (335). Contexte étiopathologique (341). Organisation maniaco-dépressive chez l'enfant (343). Abord thérapeutique (344). Bibliographie (345).

19. Troubles psychosomatiques 346
Maladies de la sphère digestive (349). Asthme de l'enfant (353). Spasme du sanglot (356). Pathologie de la sphère cutanée (358). Affections diverses (359). Bibliographie (362).

20. Aux frontières de la nosographie 364
Problème de la prédictivité (364). Prépsychoses de l'enfant (367). Organisations dysharmoniques (370). Pathologie caractérielle (371). Troubles déficitaires de l'attention (373). Bibliographie (377).

L'ENFANT DANS SON ENVIRONNEMENT

21. Introduction à l'étude de l'enfant dans son environnement 380
Notion de traumatisme (380). Notions de troubles réactionnels (381). Notion de « facteurs de risque » (384). Limites de ces enquêtes et limites de la notion de « facteur de risques » (385). Notions de compétence et de vulnérabilité (386). Bibliographie (389).

22. L'enfant dans sa famille 390
Carence affective (392). Relations parents-enfants pathologiques (399). Les familles incomplètes ou dissociées (411). L'abandon, l'adoption (419). Bibliographie (425).

23. L'enfant et l'école 428
Etude clinique (432). Bibliographie (440).

24. L'enfant migrant 441
Données démographiques (441). Biculturalisme et bilinguisme (442). Pathologie de l'enfant migrant (444). Bibliographie (448).

25. L'enfant et le monde médical 449
Maladies aiguës. Interventions chirurgicales (450). Maladies graves et chroniques (451). Maladie à évolution fatale : le problème de la mort et celui du secret (455). La prématurité (457). Bibliographie (463).

26. L'enfant et les services sociaux 464
Loi d'orientation en faveur des personnes handicapées (465). L'intersecteur infanto-juvénil (466). Autres institutions et structures (468). Bibliographie (473).

LA THÉRAPEUTIQUE

Introduction 476

27. Prévention et démarche thérapeutique 478
Prévention (478). Démarche thérapeutique (481). Bibliographie (515).

Index des auteurs 517
Index alphabétique des matières 521

Avant-propos

Cet ouvrage se veut avant tout didactique : cette préoccupation première a conduit les auteurs à présenter dans un plan clair les différents axes autour desquels s'organise la psychopathologie de l'enfant. Certes tout plan est réducteur et comporte une part d'arbitraire. Mais cette réduction et cet arbitraire se justifient s'ils reposent sur une démarche cohérente : nous voudrions ici justifier ce plan. Dans le chapitre intitulé « Le normal et le pathologique chez l'enfant » nous avons montré comment l'approche de cette question nécessite d'utiliser une quadruple référence : en premier lieu la référence à l'axe symptomatique, que pour éviter de spécifier d'emblée les comportements de l'enfant dans une terminologie médicale nous préférons appeler référence à l'axe des conduites ; en second lieu la référence à l'axe de la structure mentale si nous entendons par structure l'organisation fantasmatique la plus prégnante et les mécanismes d'adaptation (de défense) qui s'y associent ; en troisième lieu la référence à l'axe diachronique, tout à fait fondamental chez l'enfant, être en constant changement ; en quatrième lieu enfin la référence à l'axe environnemental qui témoigne de son évidente dépendance.

Ces quatre axes de référence, l'étude des conduites, de la structure mentale, de la visée diachronique et de l'environnement doivent toujours s'éclairer réciproquement les uns les autres, faute de quoi on risque de méconnaître l'essentiel de ce qui constitue la psychopathologie de l'enfant.

Si l'on met de côté la première partie de cet ouvrage consacrée aux généralités et la dernière partie consacrée à la démarche thérapeutique, le lecteur s'apercevra alors que le plan adopté n'est que le révélateur de cette quadruple perspective : une partie est consacrée à l'étude des conduites, une autre à l'étude des structures, une troisième à l'environnement ; enfin chaque chapitre à l'intérieur de ces diverses parties est construit sur un modèle diachronique rendant compte autant que faire se peut de l'évolution de la conduite, de la structure ou du poids de l'environnement en fonction du niveau de développement auquel l'enfant est parvenu.

En raison de la dimension de cet ouvrage, l'éditeur nous a proposé d'en exclure les chapitres consacrés à l'adolescent. C'est ainsi que nous avons retiré divers paragraphes (l'anorexie mentale des jeunes filles dans le chapitre 7, les tentatives de suicide de l'adolescent dans le chapitre 12, l'adolescent migrant dans le chapitre 24, etc.) et la totalité du chapitre « L'adolescent et la société » dans la quatrième partie. Cette coupure apparente instaurée entre une psychopathologie de l'enfant et une psychopathologie de l'adolescent, n'est pas du fait des auteurs, mais résulte des nécessités de la présentation éditoriale. Pour les auteurs, la psychologie et la psychopathologie de l'enfant et de l'adolescent forment un tout ; ils s'opposent en cela à la tendance récente du monde anglo-saxon à découper en des sous-spécialités toujours nouvelles la vie de l'être humain : psychiatre d'enfant, psychiatre d'adolescent, psychiatre d'adulte... et bientôt peut-être psychiatre du nourrisson, psychiatre du vieillard...

Les paragraphes et chapitres ainsi retirés sont regroupés et développés dans un ouvrage paru aux éditions Masson (1984) qui s'intitule : « *Abrégé de Psychopathologie de l'Adolescent* » de D. Marcelli et A. Braconnier, préfacé par le Professeur D. Widlöcher

En ce qui concerne les références bibliographiques, le lecteur trouvera à la fin de chaque chapitre les quelques références les plus récentes ou les plus importantes. Pour une recherche bibliographique plus complète le lecteur est prié de se reporter aux chapitres correspondants du « *Manuel de Psychiatrie de l'Enfant* », de J. de Ajuriaguerra (Éditions Masson).

Les auteurs tiennent enfin à remercier Madame H. Khéroua, secrétaire au Collège de France, Madame Sophie Brusset, bibliothécaire à la Salpétrière de leur collaboration bienveillante, et surtout Madame Catherine Marcelli qui a assuré l'essentiel du travail de secrétariat nécessaire, avec dévouement et une bonne humeur sans égale. Qu'elles trouvent ici l'expression de notre gratitude.

Première partie

Bases théoriques et généralités

Introduction

Évaluer le caractère pathogène ou au contraire maturatif d'une conduite particulière observée chez un enfant, qu'il soit seul ou surtout dans une interaction avec son entourage, nécessite à l'évidence une connaissance approfondie du développement dit « normal ». Cette première partie est donc consacrée au développement normal, mais elle ne prétend en aucun cas se substituer à la lecture d'ouvrages de psychologie génétique, de neurophysiologie ou de métapsychologie psychanalytique. La connaissance du développement de l'enfant, des divers stades maturatifs traversés, des principaux repères organisateurs du psychisme est nécessaire avant d'aborder le champ des conduites dites pathologiques.

La pédopsychiatrie est une pratique clinique empirique : ses origines sont marquées par l'hétérogénéité des premiers intervenants, hétérogénéité qui peut se réduire de façon un peu schématique à deux sources :

1°) d'un côté une branche issue du vaste courant de l'éducation de l'enfant : les premiers efforts de ce qui devait devenir la psychiatrie de l'enfant ont en effet porté sur les enfants réputés « inéducables » (enfant sourd ou enfant aveugle, puis enfant débile) ;

2°) d'un autre côté une branche issue de la psychiatrie et de la psychopathologie de l'adulte : les premiers psychiatres d'enfants ont eu d'abord comme principal souci de retrouver chez l'enfant des tableaux nosographiques bien connus en psychiatrie adulte (voir le problème de la démence précocissime).

Par conséquent la psychiatrie de l'enfant, plus encore que la psychiatrie de l'adulte, s'est constituée empiriquement à partir d'une pratique, et non pas à partir d'une élaboration théorique. Secondairement une réflexion sur cette pratique, une tentative de compréhension de la démarche clinique ont conduit les pédopsychiatres à utiliser des sources théoriques très diverses. Dans cette partie introductive nous envisagerons succinctement ces principales conceptualisations théoriques sur lesquelles repose l'exercice de la pédopsychiatrie, sans prétendre à une revue complète ou exhaustive.

En effet depuis les années 50 on constate une extension et une multiplication considérables des référents théoriques appliqués à la pédopsychiatrie, ce qui aboutit parfois à une mosaïque conceptuelle où le néophyte ne trouve son chemin qu'avec beaucoup de difficulté. Ainsi, aux apports théoriques traditionnels de la psychanalyse et de la psychologie de l'apprentissage sont venues s'ajouter, entre autres, les théories de l'épistémologie génétique, les théories éthologiques, les théories systémiques et de la communication, enfin les connaissances nouvelles en neuro-anatomie et surtout en neurophysiologie. Il n'est pas aisé de donner une vision globale de ces divers travaux parce que leur point de vue n'est pas le même. Comme le note J. Constant « *ce n'est pas le même regard que portent sur l'enfant Freud, Piaget, Wallon et beaucoup d'autres. Ce ne sont pas les mêmes faits qu'ils voient ni les mêmes comportements qu'ils décrivent. La façon dont ils étudient leur objet et par la méthode, et par la référence théorique donne à cet objet une signification différente dans tous les cas et parfois même opposée* ».

Il n'est donc ni possible ni toujours souhaitable de proposer une synthèse ou de dresser un tableau chronologique du développement qui tiendrait compte de toutes les données accumulées avec des points de vue aussi différents. En outre, la maturation de l'enfant est un processus permanent et continu. Tous les auteurs qui en ont abordé l'étude ont découpé ce processus en phase, stade, position, point nodal, organisation, étape critique, crise, etc. afin d'introduire un classement et ou une hiérarchisation dans ce développement. Osterrieth, à partir de l'analyse des travaux de nombreux auteurs, a ainsi relevé l'existence de 61 périodes chronologiques entre 0 et 24 ans (soit une période nouvelle tous les 4-5 mois en moyenne !). C'est dire combien l'étude du développement de l'enfant dès qu'on dépasse le niveau de la simple observation comportementale macroscopique (âge de la station assise, puis debout, de la marche, de la propreté, etc.), est complexe et doit tenir compte du contexte théorique propre à l'auteur.

De ces divers courants théoriques nous isolerons simplement ce qui nous paraît le plus essentiel à la pédopsychiatrie. Ce découpage contient certes une part d'arbitraire et d'artifice, mais il est inévitable du fait de la nécessaire concision de cette première partie. Nous en avons exclu l'ensemble de la maturation neurophysiologique périnatale : maturation de l'électrogénèse cérébrale (voir les études de Dreyfus-Brisac et coll. sur les E.E.G. des prématurés et des nouveau-nés) ; maturation neurologique (dont témoignent les réflexes neurologiques archaïques : réflexe de Moro, réflexe d'agrippement, réflexe des points cardinaux, marche automatique) ; maturation biologique (en particulier évolution rapide de la maturation hépatique). L'ensemble de ces processus maturatifs rend compte de la *néoténie* du nourrisson humain : par néoténie on entend en effet la prématurité physiologique du petit humain par rapport à la plupart des nouveau-nés des autres espèces animales. Le nouveau-né humain vient au monde avec un équipement insuffisant pour s'adapter activement à l'environnement. Ce rôle est dévolu à l'entourage du bébé pendant les premières années. Cette donnée fondamentale explique en partie l'importance de la socialisation chez l'être humain.

A côté des concepts classiques de *phylogénèse* (qui caractérise l'évolution des espèces), et *d'ontogénèse* (qui caractérise le développement de l'individu à partir de son patrimoine génétique), le concept plus récent *d'épigénèse* rend compte de cette néoténie.

On appelle *épigénèse* toute l'organisation progressive somatique ou comportementale de l'individu qui est une construction dépendant à la fois du programme génétique et des matériaux et informations mis à sa disposition par l'environnement. Ce concept d'épigénèse rend compte des difficultés à vouloir de manière trop caricaturale séparer l'équipement génétique inné et l'apport environnemental acquis.

Dans une espèce particulière, la place de l'épigénése est d'autant plus grande que la néoténie est importante : ceci est bien évidemment le cas du bébé humain.

1

Principales sources théoriques de la pédopsychiatrie clinique

Dans ce chapitre nous donnerons un aperçu très succinct des supports théoriques auxquels la pédopsychiatrie fait référence dans sa pratique. Ces supports sont de nature très hétérogène, et leur compatibilité n'est pas toujours évidente. Nous nous limiterons ici aux aspects les plus généraux de ces théories car nous ferons, tout au long de cet ouvrage, une large part aux supports théoriques propres à chaque domaine pathologique, qu'il s'agisse de la physiologie, de la neuro-psychologie, des apports psychanalytique, épistémologique, etc.

I. – Bases neuro-anatomiques et neurophysiologiques des comportements

A. – Problème de la maturation

La rapide évolution des structures et fonctions cérébrales dans la période périnatale explique la variabilité diachronique des signes neurologiques et la difficulté d'isoler des regroupements sémiologiques qui répondraient à une vue synchronique.

Cette maturation neurophysiologique doit être reliée à la maturation progressive des conduites humaines mais par une corrélation dont il convient de préciser la nature. Le grand danger est en effet de considérer le fonctionnement comme le fruit de systèmes neurologiques simplement juxtaposés. Dans l'évolution des fonctions et des conduites il faut étudier :

1°) ce qui existe à une certaine période de l'évolution et les modifications chronologiques qui se produisent par la suite :

2°) ce qui existe, disparaît, réapparaît et redisparaît en séquences plus ou moins longues ;

3°) ce qui évolue dans le sens d'une progression fonctionnelle successive et qui s'élabore jusqu'à prendre une certaine forme plus ou moins définitive à partir de laquelle le processus se modifie par des affinements ou par des modifications séquentielles de fonctions.

Dans le processus de maturation qui se réfère au développement morphologique et physiologique de l'homme jusqu'au moment où il arrive à son état de maturité, on doit distinguer l'anatomie, c'est-à-dire la morphologie proprement dite, les fonctions, c'est-à-dire les systèmes potentiels et le fonctionnement, c'est-à-dire l'activation de ces systèmes. Anatomie, fonctions et fonctionnement se situent à des niveaux d'organisation distincts ; ils entretiennent des rapports différents avec l'équipement inné et l'apport environnemental ; ils établissent entre eux des liens de dépendance, mais aussi un degré d'indépendance tel que les caractéristiques de l'un ne peuvent suffire à déterminer totalement les caractéristiques des autres.

En d'autres termes, si la maturation anatomique a ses propres lois d'évolution, et si elle est la condition nécessaire au développement, elle n'est pas la condition suffisante pour expliquer le comportement et son évolution au cours de la croissance du bébé puis de l'enfant.

En outre, l'immaturité est trop souvent assimilée à un manque, à une simplification ou une réduction des propriétés et caractéristiques de la maturité ; l'immaturité ne serait qu'un état simplifié de la maturité. Les travaux les plus récents de neurophysiologie du développement montrent que l'immaturité ne doit pas être définie uniquement en termes de manque : elle comporte ses propres lois de fonctionnement qui doivent être constamment étudiées dans une perspective diachronique. Ainsi J. Scherrer individualise quatre propriétés qui seraient caractéristiques de l'immaturité fonctionnelle d'un système nerveux :

1°) la faiblesse numérique des neurones activés et activables, qui sont toujours moins nombreux que chez l'adulte ;

2°) la lenteur de conduction des signaux ;

3°) la faiblesse du débit des impulsions neuroniques, en rapport avec une transmission synaptique malaisée ;

4°) la sensibilité particulière des neurones à l'environnement lors de certaines phases de développement, sensibilité que l'auteur appelle « plasticité élective ».

Ces caractéristiques expliqueraient que le système nerveux immature présente une redondance et une fiabilité faible ce qui entraîneraient à la fois sa plasticité, mais aussi sa vulnérabilité.

Cette immaturité neurophysiologique autorise en outre la « programmation épigénétique du système nerveux central » (A. Bourguignon) comme peut en rendre compte, à titre d'exemple, la théorie de la Stabilisation Sélective des Synapses (théorie S.S.S. de J.-P. Changeux). Cette théorie repose sur la constatation expérimentale chez l'animal que le nombre des synapses va en se réduisant de la naissance à l'âge adulte. Pour J.-P. Changeux une synapse est soit transitoirement labile, soit définitivement stabilisée, soit dégénérée. Lors de son établissement, chaque synapse entre en compétition avec ses semblables en vue de la réalisation d'une certaine fonction. Par analogie avec la sélection naturelle, la théorie S.S.S. postulerait que seules les synapses les plus actives, les plus stimulées, les plus performantes sont stabilisées tandis que les autres dégénèrent. Les constatations expérimentales des effets de la privation de lumière dans le système visuel du chaton vont dans ce sens : si à une période sensible, les synapses ne reçoivent pas leur activation par stimulation sensorielle, le chaton restera aveugle. En l'absence de la stimulation adéquate, le système synaptique, immature à la naissance, et traversant une phase optimale de sensibilité (chez le chat de la 4ᵉ à la 6ᵉ semaine) ne s'organise pas ; bien que la structure anatomique et la fonction soient correctement construites, le fonctionnement ne se met pas en place. Toutefois si cette théorie S.S.S. fournit un modèle intéressant et séduisant, jetant un pont entre la structure neurophysiologique et le développement des conduites, elle rend difficilement compte de l'étonnante capacité et aptitude du système nerveux central humain au changement. Selon A. Bourguignon le « processus d'auto-organisation » conceptualisé par H. Atlan, pourrait en rendre compte en opposant deux sous-systèmes : l'un caractérisé par sa faible redondance et sa stabilité jouerait un rôle en particulier dans les processus de mémorisation ; l'autre, par sa grande redondance serait le siège de cette capacité d'auto-organisation.

Quittant ce plan théorique pour revenir au plan descriptif, les divers auteurs qui se sont penchés sur la croissance ont tenté par des découpes successives, de fixer momentanément ce processus diachronique continu afin d'isoler des stades, étapes, niveaux synchroniques se prêtant mieux à une étude statique. Ce faisant, et malgré la richesse de ces travaux, la permanence de la croissance risque d'être oubliée au profit de l'étude de ces seules étapes : ce qui est important dans la croissance, ce n'est pas l'étape elle-même, mais le passage d'une étape à une autre.

Or l'essentiel du mouvement maturatif consiste à apprécier le retentissement diachronique mutuel entre le fonctionnement lui-même (les conduites), la fonction mise en jeu et la structure neuro-anatomique impliquée. Si les structures anatomiques dépendent en grande partie de l'équipement inné, les conduites dépendent étroitement de l'environnement dans lequel évolue le bébé. Ceci explique qu'il est difficile de distinguer dans l'organisation fonctionnelle de l'enfant le non-acquis et l'acquis. En réalité il serait plus utile de concevoir un continuum de comportement allant de ceux qui sont environnementalement stables et relativement peu influencés par les variations de l'environnement, à ceux qui sont environnementalement labiles. Le comportement antérieurement désigné comme « non appris » ou « instinctif » peut être placé vers l'extrémité stable du continuum, sans que cela implique que l'apprentissage soit absent dans le cours de son développement, et le comportement antérieurement désigné comme « appris » à l'extrémité labile du continuum, sans que cela implique que le code génétique en soit totalement absent. Ainsi, dans une telle perspective, face à une conduite particulière, la séparation arbitraire et simpliste entre l'inné et l'acquis relève plus d'un jeu spéculatif que d'une attitude réellement scientifique.

B. – Problème de la localisation cérébrale

Définir les bases neuro-anatomiques du comportement est particulièrement difficile chez l'homme en raison du développement considérable du système nerveux central et de la multiplicité des systèmes d'interactions réglant ce comportement (régulation individuelle, mais aussi familiale, sociale, culturelle, etc.). Les quelques exemples cliniques reposent tous sur la constatation de désordres comportementaux secondaires à des lésions dont l'étendue est toujours énorme comparée à la finesse des structures mises en jeu et dont la répartition géographiquement ne respecte pas la répartition du rôle fonctionnel desdites structures. Après la période initiale des descriptions de lésions macroscopiques et de leurs conséquences comportementales (dont le modèle reste les troubles aphasiques dans les atteintes corticales hémisphériques gauches) suivie des études en expérimentation animale envisagées sous le seul angle de la défectologie, l'ère de l'étude des dysfonctionnements des systèmes régulateurs introduit une nouvelle dimension.

Certes, ces études sont encore fragmentaires, partielles ; elles n'offrent pas d'application immédiate à la clinique des comportements humains. A partir de constatations effectuées en laboratoire sur des animaux il convient d'être vigilant sur d'abusives et trop rapides extensions au comportement humain.

Toutefois des dysrégulations comportementales animales sont de nos jours obtenues avec une régularité et une fiabilité suffisantes pour pouvoir décrire les premiers modèles expérimentaux susceptibles, sinon de reproduire, du moins d'approcher certaines dysrégulations comportementales observées en clinique humaine. Le cerveau de l'homme acquiert sa spécificité grâce au développement considérable du néocortex. Mais il persiste un archéocortex qui reste, dans les espèces animales inférieures, très important.

L'étude de l'évolution phylogénétique des structures neuro-anatomiques du système nerveux central comparée à l'évolution des comportements à travers diverses espèces permet ainsi d'avancer des hypothèses sur la mise en place phylogénétique des structures et des connexions neuro-anatomiques impliquées dans certains traits de comportement humain. Parmi les diverses unités structurelles ainsi définies la première unité neuro-anatomique décrite a été le « cerveau de l'émotion » ou système limbique. Par ailleurs le système septo-diencéphalo-mésencéphalique comporte des structures centrales (thalamus, hypothalamus, épithalamus, aire septale, formation hippocampique, complexe amygdalien et formation olfactive), des voies afférentes (afférences sensitives et sensorielles venant du tronc cérébral, afférence olfactive, afférence diffuse du néocortex) et des connexions efférentes (faisceau descendant médian du téléencéphale, connexion avec le néocortex).

Au vu des expérimentations animales il semble hautement probable que cet ensemble fonctionnel intervienne dans les comportements traduisant les émotions, l'expression de l'agressivité (v. p. 199) ou les conduites sexuelles. Ces comportements occupent une place privilégiée dans les conduites de socialisation, ce que les expériences de Karli ont bien mis en évidence. Ainsi la destruction bilatérale de l'amygdale chez le singe entraîne une impossibilité de resocialisation. L'animal devient indifférent, s'isole et ne survit pas longtemps : dans cette espèce animale, l'amygdale semble jouer un rôle important dans l'élaboration et le contrôle des réactions émotionnelles liées à la socialisation. De même, l'hippocampe semble impliqué dans les processus mnésiques liés à la reconnaissance des lieux familiers.

Un sous-ensemble de ce système septo-diencéphalo-mésencéphalique a été particulièrement étudié par Le Moal et par Tassin et coll. à l'aide de lésions dans les aires dopaminergiques pré ou infralimbique et cingulaire. Ces lésions chez l'animal produisent un syndrome appelé *Syndrome de l'aire tegmentale ventrale* qui comporte :

1°) une hyperactivité locomotrice ;
2°) un comportement d'hypoexploration ;
3°) une disparition de la réaction de vigilance attentive ;
4°) une disparition du comportement d'amassement.

Il s'agit d'un syndrome permanent qui associe une conduite d'hyperactivité motrice avec une hypoexploration, l'animal n'étant plus capable de comportement signifiant (en particulier chez les rongeurs : amasser leur nourriture) : il est incapable d'inhiber ou de diriger sa motricité. Ce syndrome aboutit à la mort de l'animal.

Ce système régulateur de l'activité motrice semble lié à l'activité dopaminergique (rappelons que les neuroleptiques bloquent les récepteurs dopaminergiques tandis que les amphétamines augmentent le taux de dopamine). Les stress semblent produire une activation de ce système, activation responsable de la réaction d'inhibition de l'activité motrice et de vigilance attentive. De même, l'isolement prolongé de l'animal semble responsable d'une hyperréactivité de ce système mésocortical, ce qui facilite la transmission des messages à caractères anxiogènes.

L'intérêt d'un tel système est de montrer l'existence de circuits modulateurs dont le rôle semble être de contrôler des circuits effecteurs plus simples. Ces systèmes modulateurs reçoivent des informations d'origines multiples, internes, périphériques ou centrales, mais aussi externes environnementales. En fonction de ces informations ils vont moduler l'activité de divers circuits neurophysiologiques. Les modalités d'activation ou d'inhibition de ces systèmes régulateurs ont l'intérêt de mettre en relief la constante interaction entre la nature de l'environnement et les capacités de réactivation du système lui-même.

En se gardant de toute extension abusive et simpliste au comportement humain, on peut penser que ces systèmes modulateurs fournissent toutefois des modèles beaucoup plus proches de la clinique des conduites humaines normales ou déviantes, que les anciens systèmes lésionnels corticaux.

II. – Théories psychanalytiques

S. Freud a très tôt dirigé son attention sur le passé infantile de patients adultes névrosés ; la névrose de transfert est directement liée à la reviviscence de la névrose infantile et son dévoilement caractérise le déroulement de la cure. Ainsi l'enfant est-il au centre de la psychanalyse mais il s'agit d'un enfant particulier, du moins lors des premiers écrits psychanalytiques : l'enfant auquel s'intéresse la psychanalyse est d'abord un enfant reconstruit, un enfant-modèle. Certes, S. Freud a trouvé dans le petit Hans l'illustration clinique de ce que la reconstruction théorique à partir des cures d'adulte lui faisait pressentir, mais on sait les particularités de cette observation (le cas de Hans a été relaté à Freud et traité par lui grâce à un intermédiaire, le père de l'enfant, lui-même élève de Freud), et les multiples discussions théoriques que ce cas soulève (v. p. 326).

L'introduction de l'observation directe de l'enfant n'apparut qu'avec retard, essentiellement sous l'impulsion d'A. Freud puis des psychanalystes généticiens américains (Spitz, Kris et coll.) avant de connaître son extension actuelle avec les travaux initiateurs de Bowlby.

Dans ce texte introductif nous mettrons très brièvement en lumière les concepts qui sont particulièrement pertinents dans le cadre de l'évolution génétique de l'enfant.

A. – S. Freud et les premiers psychanalystes

Il est particulièrement difficile d'extraire de l'ensemble de l'œuvre de S. Freud ce qui concerne d'abord l'enfant : la théorie psychanalytique forme un tout. Toutefois notre intérêt portera surtout sur l'organisation génétique de la personnalité et l'étude des stades du développement libidinal.

1°) Concepts psychanalytiques de base

L'étude du développement de l'appareil psychique doit prendre en compte trois points de vue :

a) le point de vue dynamique : il fait apparaître les notions de conscient, préconscient, inconscient (1er topique) et la notion essentielle de conflit à la fois dans la dimension pulsionnelle (pulsion libidinale, pulsion agressive, principe de plaisir) et dans les défenses opposées à ces pulsions (refoulement, contre-investissement, formation de compromis). Chez l'enfant, aux classiques conflits internes identiques à ceux qu'on observe chez l'adulte il faut ajouter les conflits externes (A. Freud) ou immixtion dans le développement (H. Nagera) et les conflits intériorisés (v. chapitre sur la névrose infantile p. 306) ;

b) le point de vue économique prend en considération l'aspect quantitatif des forces en présence : intensité de l'énergie pulsionnelle, intensité des mécanismes défensifs et des contre-investissements, quantité d'énergie mobilisée par le conflit... ;

c) le point de vue topique concerne l'origine des forces en présence (du Ça, du Moi, du Surmoi) et la nature des relations entre ces diverses instances. Ce point de vue topique impose chez l'enfant l'étude de la différenciation progressive des diverses structures psychiques.

Le Moi n'apparaît que progressivement, d'abord sous la forme d'un pré-moi au stade du narcissisme primaire ; il s'organise et se dégage du narcissisme en même temps que l'objet libidinal. Son rôle initial est d'établir un système défensif et adaptatif entre la réalité externe et les exigences pulsionnelles.

Le Surmoi n'apparaît dans la théorie freudienne que tardivement, au décours du complexe œdipien par l'intériorisation des images et des exigences parentales. Dans le cas où cette intériorisation est suffisamment modulée, les limitations et règles imposées par le Surmoi sont une source de satisfaction par identification aux images parentales. L'hypothèse d'un Surmoi précoce, archaïque n'a été formulée qu'ultérieurement par M. Klein (v. p. 18).

Le Ça infantile enfin paraît se caractériser par l'importance des pulsions partielles et par le degré d'intrication entre les pulsions agressives et les pulsions libidinales entravant parfois l'activité de liaison du Moi et aboutissant à des désintrications pulsionnelles.

d) chez l'enfant nous ajoutons enfin le point de vue génétique : il met l'accent sur l'évolution des instances psychiques et des conflits en fonction du niveau de développement atteint par l'enfant. Le point de vue génétique s'articule avec la notion de *stade.*

Dans la théorie psychanalytique un stade se caractérise par la mise en correspondance d'une source pulsionnelle particulière (zone érogène), d'un objet particulier (type de relation d'objet) et d'un certain type de conflit, l'ensemble réalisant un équilibre temporaire entre la satisfaction pulsionnelle et les contre-investissements défensifs.

On observe normalement une succession temporelle de ces stades mais à la manière d'un emboîtement progressif : il n'y a pas d'hétérogénéité formelle d'un stade à l'autre, chaque nouveau stade ne faisant qu'englober ou recouvrir le stade précédent qui reste toujours sous-jacent et présent. Ceci oppose la notion de stade au sens psychanalytique et la notion de stade au sens piagétien (v. p. 27).

e) les notions essentielles de fixation et de régression découlent de cette conception d'un stade.

La fixation s'observe quand le lien entre la plusion et l'objet est particulièrement étroit. La fixation met fin à la mobilité de la pulsion en s'opposant à sa libération, c'est-à-dire au changement d'objet. la fixation est donc susceptible de faire obstacle aux nécessaires changements liés au développement. D'un point de vue économique une fixation survient quand un événement ou une situation affective a si fortement marqué un stade évolutif que le passage suivant est rendu difficile ou même inhibé. Un point de fixation s'observe en particulier, *1°)* lorsque des satisfactions excessives ont été éprouvées à un stade donné (excès de gratification libidinale ou contre-investissement défensif intense et qui devient source secondaire de satisfaction), *2°)* lorsque les obstacles rencontrés dans l'accession au stade suivant provoquent une frustation ou un déplaisir tel que le retour défensif au stade précédent paraît plus immédiatement satisfaisant.

Le concept de régression est étroitement lié à la notion de point de fixation : celui-ci représente en effet un point d'appel à la régression. Dans le développement de l'enfant il s'agit le plus souvent de **régression temporelle**, c'est-à-dire que l'enfant retourne à des buts de satisfaction pulsionnelle caractérisques de stades antérieurs. La **régression formelle** (passage des processus secondaires aux processus primaires) et la **régression topique** (passage du niveau d'exigence moïque ou surmoïque au niveau d'exigence du Ça) s'observent moins fréquemment et caractérisent plus volontiers des mouvements pathologiques.

Les concepts de points de fixation et de régression sont particulièrement opérants dans l'étude du développement : ils expliquent les fréquentes dysharmonies observées. L'évaluation de leur fonction pathogène ou non est un des principaux objectifs du clinicien confronté à des conduites symptomatiques (v. p. 49 et p. 481).

f) les principes du fonctionnement mental mettent en opposition le principe de plaisir et le principe de réalité auxquels s'articulent les **processus primaires** de pensée opposés aux **processus secondaires**. Le principe de plaisir est caractérisé par la recherche d'évacuation et de réduction des tensions psychiques, la recherche du plaisir de la décharge pulsionnelle associée à la compulsion de répétition des expériences. Le principe de réalité prend en compte les limitations, les interdits, les temporisations nécessaires afin que la décharge pulsionnelle n'ait pas un aspect destructeur pour le sujet. C'est en partie une des fonctions du moi naissant de l'enfant que de planifier l'action, de différer les satisfactions dans l'espoir d'une satisfaction plus grande ou plus adaptée à la réalité. Au plan des processus psychiques on peut ainsi définir les processus primaires qui se caractérisent par un libre écoulement de l'énergie psychique en fonction de l'expression immédiate des pulsions provenant du système inconscient. A l'opposé, dans les processus secondaires, l'énergie est liée, c'est-à-dire que la satisfaction peut être ajournée : ces processus secondaires se caractérisent par la reconnaissance et l'investissement du temps, les expériences mentales ayant pour but de trouver les moyens adéquats pour obtenir des satisfactions nouvelles en tenant compte du principe de réalité.

Le passage aux processus secondaires par l'investissement des processus mentaux marque aussi pour l'enfant une réduction de la **tendance à l'agir**. La mise en acte particulièrement fréquente chez l'enfant est au début le moyen privilégié de décharge des tensions et des pulsions libidinales, mais surtout agressives. Cette mise en acte par la compulsion de répétition peut représenter une entrave à l'investissement de la pensée et des processus secondaires. Il existe chez l'enfant une évolution progressive depuis la mise en acte normale, résultant de l'incapacité du jeune enfant à lier ses pulsions efficacement jusqu'au passage à l'acte pathologique car entravant durablement l'investissement des processus secondaires.

2°) Stades libidinaux

Si la théorie des pulsions prend en considération le dualisme pulsionnel (qu'il s'agisse du dualisme pulsion sexuelle-pulsion d'autoconservation ou du second dualisme pulsion de vie-pulsion de mort), l'étude des pulsions chez l'enfant s'est d'abord limitée, du moins avec Freud et les premiers psychanalystes (en particulier K. Abraham) à l'étude des pulsions sexuelles ou libidinales. Il faudra attendre M. Klein pour voir donner à la pulsion de mort toute l'importance que l'on sait (v. p. 18).

Freud désigne sous le nom de **sexualité infantile** « *tout ce qui concerne les activités de la première enfance en quête de jouissance locale que tel ou tel organe est susceptible de procurer* ». C'est donc une erreur que de limiter la sexualité infantile à la seule génitalité.

Les principaux stades libidinaux décrits sont les suivants :

a) Stade oral (0 à 12 mois) : la source de la pulsion est la bouche et l'ensemble de la cavité buccale ; l'objet de la pulsion est le sein maternel. Celui-ci provoque « *la satisfaction libidinale étayée sur le besoin physiologique d'être nourri* ». K. Abraham distingue deux sous-stades : le **stade oral primitif** (0 à 6 mois) marqué par la prévalence de la succion sans différenciation du corps propre et de l'extérieur, et le **stade oral tardif** ou **phase sadique orale** (6 à 12 mois) marqué par le désir de mordre, par le désir cannibalique d'incorporation du sein. A ce stade se développe l'ambivalence à l'égard de l'objet : désir de sucer, mais aussi de mordre l'objet et donc de le détruire.

Au stade oral l'évolution de la **relation d'objet** est marquée par le passage du narcissisme primaire au stade anaclitique de relation à l'objet partiel.

Le stade narcissique correspond à l'état de non-différenciation mère-enfant ; les seuls états reconnus sont l'état de tension opposé à l'état de quiétude (absence de tension). La mère n'est pas perçue comme objet externe ni comme source de satisfaction. Peu à peu, avec la répétition des expériences, en particulier avec les expériences de gratifications orales et de frustations orales, le premier objet partiel, le sein, commence à être perçu : le relation est alors anaclitique au sens où l'enfant s'appuie sur les moments de satisfaction pour former les premières traces de l'objet et qu'il perçoit à travers les moments de frustration ses premiers affects.

Vers la fin de la première année la mère commence à être reconnue dans sa totalité, ce qui introduit l'enfant dans le domaine de la relation d'objet total. Cette phase a été l'objet de nombreux travaux ultérieurs : stade de l'angoisse de l'étranger de Spitz (v. p. 20), position dépressive de M. Klein (v. p. 19). La notion d'**étayage** rend compte selon Freud de l'investissement affectif du sein puis de la mère : en effet l'investissement affectif s'étaie sur les expériences de satisfaction qui elles-mêmes s'étaient sur le besoin physiologique.

b) Stade anal (2e et 3e années) commence avec le début de l'acquisition du contrôle sphinctérien. La source pulsionnelle devient maintenant la muqueuse anorectale et l'objet de la pulsion est représenté par le boudin fécal dont les significations sont multiples : objet excitant de la muqueuse, partie du corps propre, objet de transaction entre l'enfant et la mère... K. Abraham distingue également deux sous-phases : le **stade sadique anal** où le plaisir auto-érogène est pris à l'expulsion, les matières anales étant détruites, et le **stade rétentionnel** où le plaisir est recherché dans la rétention, introduisant la période d'opposition aux désirs des parents.

Le stade anal conduit l'enfant dans une série de couples dialectiques structurants : expulsion-rétention, activité-passivité, soumission-opposition. A ce stade la relation s'établit avec un objet total selon des modalités qui dépendent des relations établies entre l'enfant et ses matières fécales : le plaisir érotique pris à la rétention, la soumission et la passivité qui s'opposent au plaisir agressif à contrôler, maîtriser, posséder. Le couple sadisme-masochisme caractérise volontiers la relation d'objet à ce stade.

c) Stade phallique (de la 3e à la 4e année) : la source de la pulsion se déplace vers les organes génitaux, l'objet de la pulsion est représenté par le pénis chez le garçon comme chez la fille. La satisfaction provient de l'**érotisme urétral** et de la **masturbation**. L'érotisme urétral représente l'investissement libidinal de la fonction urinaire, d'abord marqué par le « laisser couler » puis par le couple rétention-érection. La masturbation, d'abord liée directement à l'excitation due à la miction (masturbation primaire) représente ensuite une source directe de satisfaction (masturbation secondaire). C'est à partir de la masturbation que les théories sexuelles infantiles prennent leurs origines.

Sans entrer dans les détails nous citerons simplement la curiosité sexuelle infantile qui conduit à la découverte des deux sexes, puis le fantasme de **scène primitive** où la sexualité parentale est souvent vécue de façon sadique, destructrice en même temps que l'enfant éprouve un sentiment d'abandon. Viennent ensuite, autour du fantasme de la scène primitive, les théories infantiles sur la fécondation (orale, mictionnelle, sadique par déchirure) et sur la naissance (orale, anale ou sadique). *L'objet de la pulsion est le pénis.* Il ne s'agit pas du pénis conçu comme un organe génital, mais du pénis conçu comme organe de puissance, de complétude narcissique : d'où la différence entre l'organe-pénis et le fantasme-phallus, objet mythique de pouvoir et de puissance. Cet objet introduit l'enfant dans la dimension soit de l'angoisse de castration (garçon), soit du manque (fille) : le déni de la castration a pour but dans l'un comme l'autre sexe de protéger l'enfant contre cette prise de conscience.

d) Le « complexe œdipien » (5/6 ans) : l'objet de la pulsion n'est plus le seul pénis, mais le partenaire privilégié du couple parental ; la source de la pulsion restant l'excitation sexuelle recherchée dans la possession de ce partenaire. L'entrée dans ce stade œdipien se marque par la reconnaissance de l'angoisse de castration ce qui amène le garçon à la crainte de perdre son pénis et la fille au désir d'en acquérir un.

■ **Très schématiquement chez le garçon :**

– la mère devient l'objet de la pulsion sexuelle. Pour la conquérir le garçon va déployer toutes ses ressources libidinales, mais aussi agressives. Faute d'une possession réelle, l'enfant va chercher à obtenir son amour et son estime d'où les diverses sublimations ;

– le père devient l'objet de rivalité ou de menace, mais en même temps l'objet à imiter pour s'en approprier la puissance. Cette appropriation passe par la voie de la compétition agressive, mais aussi par le désir de plaire au père dans une position homosexuelle passive (œdipe inversé).

■ **Chez la fille :** la déception de ne pas avoir reçu un pénis de la mère l'amène à se détourner de celle-ci et par conséquent à *changer d'objet libidinal.* Ce changement d'objet libidinal conduit la fille à un nouveau but : obtenir du père ce que sa mère lui a refusé. Ainsi en même temps que la fille renonce au pénis, elle cherche auprès du père un dédommagement sous forme d'un enfant : *le renoncement au pénis ne se réalise qu'après une tentative de dédommagement : obtenir comme cadeau un enfant du père, lui mettre un enfant au monde.*

A l'égard de la mère la fille développe une haine jalouse, mais fortement chargée de culpabilité d'autant que la mère reste la source non négligeable d'une importante partie des satisfactions pulsionnelles prégénitales.

■ **Le déclin du complexe d'Œdipe** est marqué par le renoncement progressif à posséder l'objet libidinal sous la pression de l'angoisse de castration chez le garçon et de la peur de perdre la mère chez la fille. Les déplacements identificatoires, les sublimations permettent à l'énergie libidinale de trouver d'autres objets de satisfaction, en particulier dans la socialisation progressive et dans l'investissement des processus intellectuels.

e) Période de latence et adolescence. Elles n'ont pas été directement étudiées par Freud. La période de latence est simplement considérée comme le déclin du conflit œdipien, et l'adolescence à l'opposé comme la reviviscence du même conflit marquée cependant par l'accession pleine et entière à la génitalité.

B. – L'apport d'Anna Freud

Dans son ouvrage *Le Normal et le Pathologique chez l'enfant*, fruit d'une longue expérience de psychanalyste d'enfants commencée dès 1936, A. Freud avance deux données qui maintenant peuvent paraître évidentes.

■ **L'importance de l'observation directe** de l'enfant pour établir ce qu'elle appelle une *psychologie psychanalytique de l'enfant*. Cette observation directe met clairement en évidence *le rôle de l'environnement* dans le développement, ce qui distingue la psychanalyse appliquée à l'enfant de la psychanalyse des adultes. La dépendance de l'enfant à son entourage introduit une dimension nouvelle dans la pathologie, beaucoup plus importante que chez l'adulte, celle des conflits d'adaptation et des conflits réactionnels (v. p. 381).

■ **Le développement de l'enfant ne se fait pas selon une programmation inéluctable au déroulement régulier**. Au contraire, en introduisant le concept de *lignes de développement*, A. Freud montre que le processus de développement de l'enfant contient en lui-même un potentiel de distorsion du fait d'inégalités toujours présentes entre ces lignes de développement. Un développement harmonieux, homogène constitue plus une référence, une hypothèse utopique qu'une réalité clinique. La *dysharmonie* entre les lignes du développement devient l'un des concepts théoriques dont les applications cliniques sont parmi les plus importantes (v. à ce sujet la discussion sur le normal et le pathologique p. 47 ; sur la psychopathologie des fonctions cognitives p. 166 ; sur les frontières de la nosographie p. 364).

C. – L'apport de Mélanie Klein

Deux points complémentaires et fondamentaux caractérisent l'œuvre de M. Klein et ses conceptions sur le développement :

■ **l'importance du dualisme pulsionnel : pulsion de vie-pulsion de mort**, d'où la prévalence des conflits internes par rapport aux conflits d'environnement ou d'adaptation (ces derniers étant quasiment ignorés par M. Klein) ;

■ **la précocité de ce dualisme pulsionnel :** il existe dès la naissance, préalablement à toute expérience vécue, et organise aussitôt les premiers stades du psychisme du bébé : Moi archaïque, Surmoi archaïque rendent compte de la conflictualisation immédiate de la vie interne du bébé qui, dès sa naissance, manipule des rudiments d'images conçues comme de véritables traces phylogénétiques.

C'est à partir de ces deux postulats, importance et précocité du dualisme pulsionnel, que peut être comprise l'œuvre si riche de M. Klein.

Deux mécanismes mentaux particuliers opèrent dès le début grâce auxquels les préformes de l'appareil psychique et des objets vont se constituer : il s'agit de l'**introjection** et de la **projection**. Les toutes premières expériences instinctuelles, en particulier celle de l'alimentation, servent à organiser ces opérations psychiques : *1°)* les bonnes expériences de satisfaction, de gratification sont liées à la pulsion libidinale ; ainsi se trouve introjecté à l'intérieur du bébé un affect lié à un fragment de bon objet qui servira de base à l'établissement du premier Moi fragmenté interne du bébé ; *2°)* les mauvaises expériences de frustration, de déplaisir sont liées à la pulsion de mort : comme telles elles sont vécues comme dangereuses et sont projetées à l'extérieur. Ainsi se constitue une première unité fragmentaire faite d'un affect agressif et d'un fragment de mauvais objet rejeté dans l'extérieur, dans le non-Moi.

Cette première dichotomie prend un sens surdéterminé puisque autour d'elle s'organiseront les notions concomitantes suivantes : Moi-non-Moi ; bon fragment d'objet-mauvais fragment d'objet ; intérieur-extérieur. Toutefois le retour permanent de la pulsion de mort contraint le bébé à renforcer sans cesse son système défensif en projetant sur l'extérieur toutes les mauvaises expériences et en introjectant à l'intérieur les bonnes. Se trouvent ainsi progressivement constitués : *1°)* un objet dangereux, mauvais, persécuteur, à l'extérieur du bébé, objet dont il doit se protéger. Cet objet constitue la préforme du Surmoi archaïque maternel ; *2°)* un objet bon, idéalisé, gratifiant, à l'intérieur du bébé, objet qu'il doit protéger. Cet objet constitue la préforme du Moi archaïque préforme du Moi archaïque. Pour que ce travail de différentiation puisse opérer il est néanmoins nécessaire que le bébé puisse tolérer les frustrations que la réalité lui impose nécessairement. Selon M. Klein, d'un bébé à l'autre, les variations de cette tolérance à la frustration sont en grande partie d'origine héréditaire.

Cette phase constitue l'essence même de la **position schizo-paranoïde**. Ultérieurement de nouveaux mécanismes mentaux vont rendre plus complexe et moins nette cette séparation. Il s'agit en particulier de l'**identification projective** (mécanisme par lequel le bébé s'identifie aux fragments d'objets projetés à l'extérieur), du **clivage**, de l'**idéalisation**, du **déni**, etc.

M. Klein situe grossièrement cette phase schizo-paranoïde dans les premiers mois de la vie de l'enfant ; elle est suivie à partir de 12-18 mois par la **position dépressive**.

La position dépressive provient de la possibilité nouvelle pour l'enfant de reconnaître, grâce aux expériences répétées du maternage, l'unicité de l'objet bon et mauvais, l'unicité du bon sein et du mauvais sein, de la bonne mère et de la mauvaise mère. Face à cette unicité l'enfant ressent une *angoisse dépressive* et une *culpabilité* en raison de la haine et de l'amour qu'il porte envers le même objet.

Cependant si les bonnes expériences l'emportent sur les mauvaises, si le bon objet n'est pas trop menacé par le mauvais, le Moi investi par la pulsion libidinale peut accepter ses pulsions destructrices. Cette acceptation, si elle est source de souffrance transitoire permet une atténuation du clivage et des mécanismes qui l'accompagnent (idéalisation, projection persécutive, déni...) rendant plus réaliste la perception de l'objet et du Moi de l'enfant. L'enfant passe alors d'une relation d'objet fragmenté (bon sein-mauvais sein) à une relation d'objet clivé (bonne mère-mauvaise mère) avant de parvenir à une relation d'objet total où la mère apparaît comme une personne totale, entière sur laquelle le nourrisson fait l'expérience de ses sentiments d'ambivalence. La recrudescence de l'angoisse dépressive peut provoquer un retour en arrière défensif : ce sont les **défenses maniaques**. L'acceptation de l'angoisse dépressive conduit aux sentiments de deuil, de nostalgie, au désir de réparation, puis à l'acceptation de la réalité. En même temps l'enfant accède, grâce à l'atténuation des mécanismes de la série psychotique, au symbolisme et par conséquent au développement de la pensée.

D. – Psychanalyse génétique : R. A. Spitz, M. Malher

La psychanalyse génétique dont les deux principaux représentants chez l'enfant sont deux psychanalystes américains : Spitz et M. Malher, se situe dans le droit fil de l'école américaine de psychanalyse ou école de l'*égo-psychology* d'Hartmann. Ce courant distingue classiquement dans la croissance deux types de processus :

- **les processus de maturation** : ils s'inscrivent dans le patrimoine héréditaire de l'individu et ne sont pas soumis à l'environnement ;

- **les processus de développement** qui dépendent de l'évolution des relations objectales et par conséquent de l'apport de l'entourage.

Les stades décrits par ces auteurs correspondent toujours à des époques où ces deux types de processus sont en étroite relation permettant l'accession à un nouveau type de fonctionnement mental.

1°) R. A. Spitz

C'est l'un des premiers psychanalystes a avoir utilisé l'observation directe d'enfant pour repérer, puis décrire les étapes de l'évolution psychogénétique de l'enfant. Ainsi l'évolution normale est scandée par ce que Spitz appelle *les organisateurs* du psychisme : ceux-ci marquent *certains niveaux essentiels de l'intégration de la personnalité. A ces points, les processus de maturation et de développement se combinent l'un avec l'autre pour former un alliage. Après qu'une telle intégration ait été réalisée, le mécanisme psychique fonctionne suivant un mode nouveau et différent.* Spitz note que l'établissement d'un organisateur du psychisme se marque par l'apparition de nouveaux schèmes spécifiques du comportement qu'il appelle *indicateurs.*

Dans les deux premières années trois grands organisateurs sont décrits :

■ **Premier organisateur spécifié par l'apparition du sourire** au visage humain. A partir des 2e-3e mois le bébé sourit lorsqu'un visage humain se présente de face. Cet indicateur, le sourire, témoigne de la mise en place des premiers rudiments du Moi et de l'établissement de la première relation préobjectale encore indifférenciée. L'apparition du sourire marque le passage du stade anobjectal dominé par la seule nécessité de satisfaction des besoins instinctuels internes au stade préobjectal marqué par la primauté de la perception externe : le principe de réalité commence à fonctionner même s'il ne permet pas encore une discrimination fine de l'environnement.

■ **Deuxième organisateur spécifié par l'apparition de la réaction d'angoisse au visage de l'étranger** vers le 8e mois (souvent nommé angoisse du 8e mois). Ce second organisateur témoigne de l'intégration progressive du Moi du bébé (grâce aux traces mnésiques accumulées) et de sa capacité nouvelle à distinguer un Moi et un non-Moi. De même l'angoisse du 8e mois témoigne du partage entre mère et non-mère, c'est-à-dire qu'elle caractérise l'établissement de la relation au premier objet libidinal, la mère, avec en concomitance la menace de perdre cette relation. En effet le visage étranger, par le décalage qu'il introduit dans l'appareil perceptif du bébé, réveille le sentiment d'absence du visage maternel et suscite l'angoisse.

L'enfant accède ainsi au stade objectal et à l'établissement de relations d'objets diversifiés. La discrimination de l'environnement s'affine à partir des conduites d'imitation et d'identification à l'objet maternel.

■ **Troisième organisateur spécifié par l'apparition du « non »** (geste et mot) dans le courant de la seconde année. L'apparition du « non » repose sur des traces phylogénétiques et ontogénétiques à partir du réflexe de fouissement (*rooting-reflexe*) et du réflexe des points cardinaux qui sont tous les deux des réflexes d'orientation céphalogyres de l'enfant vers le mamelon du sein, puis sur la réaction de secouement de la tête en signe de refus (refus du biberon par exemple). Selon Spitz l'accession au « non » permet à l'enfant d'accéder à une complète distinction entre lui-même et l'objet maternel (stade de reconnaissance de soi) et par conséquent d'entrer dans le champ des relations sociales. En même temps le « non » constitue la première acquisition conceptuelle purement abstraite de l'enfant : ceci caractérise l'accession au monde symbolique et la capacité nouvelle de **manier des symboles**.

A partir de ces études sur le développement normal Spitz repère des distorsions pathologiques propres à certaines situations traumatiques. On connaît le succès de ses études sur l'hospitalisme (v. p. 334 et p. 394) et sur la pathologie psychosomatique du nourrisson (v. p. 348).

2°) Margaret Malher

Elle étudie l'enfant dans son interaction avec la mère et observe les progrès de son individuation. Sur le chemin de cette autonomie M. Malher est ainsi conduite à décrire plusieurs phases.

■ **Phase symbiotique** au cours de laquelle l'enfant est en situation de dépendance absolue à l'égard de sa mère : il s'agit d'une fusion psychosomatique qui apporte au bébé l'illusion de la toute-puissance et de l'omnipotence. Cette phase se divise selon M. Malher en une première période de quelques semaines d'« autisme primaire normal » (correspondant au stade narcissique primaire de Freud) et une seconde période « symbiotique proprement dite » (du 3e mois au 10e mois) où le bébé commence à percevoir peu à peu l'origine externe des sources de gratification.

■ **Processus de séparation-individuation** : il commence à partir de 8-10 mois et va jusqu'à 2 ans 1/2-3 ans. Il est d'abord marqué par un premier déplacement partiel de l'investissement libidinal entre 10 et 18 mois, à une époque où les progrès de la motricité (dus au processus de maturation) conduisent l'enfant à une extension hors de la sphère symbiotique. M. Malher utilise d'ailleurs le terme d'« éclosion ». Par un second déplacement plus massif d'investissement l'enfant retire une grande partie de ses investissements de la sphère symbiotique pour les fixer sur « *les appareils autonomes du self et des fonctions du Moi : locomotion, perception, apprentissage* ». Néanmoins une longue étape transitoire caractérisée par son aspect fluctuant et incertain sépare l'accession à la notion de permanence de l'objet au sens piagétien (notion acquise en grande partie, selon M. Malher, grâce à l'investissement des appareils autonomes du self et des fonctions du Moi), de l'accession à la notion de permanence de l'objet libidinal. La permanence de l'objet libidinal signifie que l'image maternelle est intrapsychiquement disponible pour l'enfant, lui donnant soutien et réconfort, c'est-à-dire qu'une bonne image d'objet interne stable et sûre est acquise. Ce décalage entre la notion de permanence de l'objet au sens piagétien (acquise vers 8-10 mois) et les aléas de la permanence de l'objet libidinal (qui n'est pas acquise avant 2 ans 1/2) rend compte des nombreux atermoiements dans le processus d'individuation marqué en particulier par des périodes transitoires de **rapprochement** au moment où l'enfant redoute de perdre son objet libidinal interne. Ceci s'observe en particulier quand l'enfant développe une ambivalence particulièrement forte à l'égard de son objet libidinal, et rend compte des nombreuses régressions observées dans le processus d'individuation.

C'est à partir de cette théorie génétique centrée sur les processus d'individuation que M. Malher en décrit les échecs ou les impossibilités aboutissant aux hypothèses pathogéniques sur les psychoses précoces : psychose autistique, psychose symbiotique (v. p. 282). Certains auteurs ont également rapproché les perturbations observées à l'adolescence de la reviviscence des conflits inhérents au processus de séparation-individuation.

E. – Marginalité de D. W. Winnicott

Winnicott, psychanalyste anglais de formation pédiatrique, a toujours occupé une place originale dans le champ de la psychanalyse d'enfant. Peu soucieux de placer des repères chronologiques dans le développement, il a avancé des propositions qui, elles aussi, se laissent difficilement conceptualiser de façon dogmatique. Ces hypothèses, fruits de sa pratique, correspondent mieux selon M.R. Khan à des « fictions régulatrices ».

Au début, un nourrisson n'existe pas sans sa mère, son potentiel inné ne pouvant se révéler qu'avec les soins maternels. La mère du nouveau-né est d'abord en proie à ce que Winnicott appelle une maladie normale la **préoccupation maternelle primaire**. Cette préoccupation maternelle primaire donne à la mère la capacité de se mettre à la place de son enfant et de répondre à ses besoins : grâce à cette adéquation précoce le bébé n'éprouve aucune menace d'annihilation et peut investir son *self* sans danger. Du côté de la mère, la *préoccupation maternelle primaire* se développe peu à peu durant la grossesse, dure quelques semaines après la naissance et s'éteint progressivement. Cet état peut, selon Winnicott, être comparé à un état de repli, de dissociation ou même à un état schizoïde. Ultérieurement la mère guérit de cet état qu'elle oublie, accepte de ne plus être totalement gratifiante pour son enfant : elle devient simplement une mère **suffisamment bonne** c'est-à-dire une mère qui présente des défaillances transitoires mais qui ne sont jamais supérieures à ce que son enfant peut éprouver.

Lorsque la mère ne peut se laisser spontanément envahir par la *préoccupation maternelle primaire*, elle risque alors de se conduire en **mère thérapeute**, incapable de satisfaire les besoins précocissimes de son bébé, empiétant ensuite constamment dans son espace, angoissée et culpabilisée par le défaut initial. Elle « soigne » alors son enfant au lieu de lui laisser faire ses expériences.

Winnicott distingue dans la fonction maternelle trois rôles qu'il dénomme *holding, handling* et *object-presenting*. Le « **holding** » correspond au soutien, à la maintenance de l'enfant, non seulement physique mais aussi psychique, l'enfant étant inclus initialement dans le fonctionnement psychique de la mère. Le « **handling** » correspond aux manipulations du corps : soins de toilette, habillage mais aussi caresses, échanges cutanés multiples. L'« **object-presenting** » enfin caractérise la capacité de la mère de mettre à la disposition de son bébé l'objet au moment précis où celui-ci en a besoin, ni trop tard ni trop tôt, de telle sorte que l'enfant a le sentiment tout-puissant d'avoir créé magiquement cet objet. La présentation trop précoce de l'objet ôte à l'enfant la possibilité de faire l'expérience du besoin, puis du désir, représente une irruption brutale dans l'espace de cet enfant, irruption dont il doit se protéger en créant un faux *self*. A l'inverse, la présentation trop tardive de l'objet conduit le bébé à supprimer son désir pour n'être pas anéanti par le besoin et la colère. Le bébé risque ainsi de se soumettre passivement à son environnement.

En revanche lorsque la mère est *suffisamment bonne*, l'enfant développe un sentiment de toute-puissance, d'omnipotence : il a l'illusion active de créer le monde autour de lui. Cette « *activité mentale de l'enfant transforme un environnement suffisamment bon en un environnement parfait* ». Ceci permet à la *psyché* de l'enfant de *résider dans le corps*, parvenant à l'unité psyché-soma, base d'un *self* authentique. En même temps, face aux inéluctables petites défaillances de la mère, l'enfant éprouve une désillusion modérée. Celle-ci est nécessaire, l'enfant s'y adapte activement en remplaçant l'illusion primitive par une aire intermédiaire, aire de la créativité primaire : c'est ce que Winnicott appelle l'**aire transitionnelle** dont le représentant le plus caractéristique est l'**objet transitionnel**. Cet objet n'est ni interne, ni externe, il appartient au monde de la réalité mais l'enfant l'inclut au début dans son monde d'illusion et d'omnipotence ; il est antérieur à l'établissement de l'épreuve de réalité et représente le sein ou l'objet de la première relation. Cet objet transitoire et, plus généralement, cet espace transitionnel sont le lieu de projection de l'illusion, de l'omnipotence et de la vie fantasmatique de l'enfant. C'est par essence même l'espace du jeu chez l'enfant (v. p. 190).

Enfin la notion de ***faux self*** est particulièrement difficile à saisir : il s'agit d'une sorte d'écran artificiel entre le vrai *self* caché, protégé et l'environnement quand cet environnement est de mauvaise qualité, trop intrusif. Contrairement au vrai *self*, le faux *self* n'est pas créatif, ne donne pas à l'enfant le sentiment d'être réel. Il peut être à l'origine d'une construction défensive contre la crainte d'un effrondrement et représente le concept qui fait le lien entre le développement normal et le champ du pathologique.

F. – Tendances récentes

1°) Continuateurs d'A. Freud

Même si la querelle entre M. Klein et A. Freud est bien atténuée, l'impulsion donnée par ces deux chefs d'École persiste à travers les travaux de leurs continuateurs. Dans le cadre de la *Hampstead clinic*, Joffe, Sandler et Bolland poursuivent les travaux d'A. Freud.

A partir d'une illustration clinique (*Psychanalyse d'un enfant de deux ans* : P.U.F. éd., Paris 1973), Bolland et Sandler ont cherché à établir un index analytique permettant de mieux repérer et codifier l'investigation psychanalytique d'un enfant. Joffe, J. et A.M. Sandler se préoccupent de distinguer dans le développement précoce de l'enfant d'un côté les complexes psychopathologiques structurants (position dépressive, évolution de la relation d'objet), et de l'autre les premières expériences affectives de base en tenant compte aussi bien des apports de l'environnement que de la structuration précoce de l'appareil psychique. Pour J. et A.M. Sandler, l'établissement des relations représente une quête de la relation primaire à un bon objet qui n'est autre que « *la tentative de maintenir des relations étroites, joyeuses et heureuses avec son « bon » état affectif de base, avec une constellation de plaisir, de bien-être et de sentiments de sécurité* ». En même temps l'enfant cherche à faire « disparaître », selon les auteurs, l'autre objet affectif primaire, celui auquel sont liés le déplaisir et la douleur. Ces deux états affectifs de base organisent et dirigent l'établissement des diverses relations d'objet et, par conséquent, la structuration du psychisme de l'enfant puis de l'adulte. Selon eux il convient de distinguer l'expression clinique d'une conduite et l'état affectif de base avec lequel cette conduite est articulée : ainsi, chez l'enfant il est souhaitable de séparer la dépression, l'individuation et la souffrance qui renvoient à des séries signifiantes différentes (v. p. 335).

2°) Continuateur de M. Klein : W. Bion

W. Bion est un psychanalyste anglais qui a approfondi les premiers stades de l'organisation de la pensée en prolongeant les théories kleiniennes. Toutefois les hypothèses de Bion proviennent de son travail analytique avec des patients adultes profondément régressés et non d'observations directes sur l'enfant. Bion a ainsi été conduit à élaborer une théorie sur l'*appareil à penser les pensées* qui, à l'origine, a pour but de décharger le psychisme de l'excès de stimuli qui l'accable. Pour Bion les pensées primitives portent sur des impressions sensorielles ou des vivances émotionnelles très primitives et de qualité mauvaise : les protopensées ne sont que de mauvais objets dont le nourrisson doit se libérer. La pensée prend son origine dans l'établissement d'une correspondance entre une préconception (par exemple la préconception du sein réel) et une frustration. La tolérance à la frustration est pour Bion un facteur fondamental qui détermine la capacité à former des pensées : lorsque la tolérance est suffisante, le nourrisson utilise des mécanismes qui tendent à modifier l'expérience et qui aboutissent à la production d'éléments α. En l'absence de tolérance à la frustration le nourrisson n'a d'autres recours que de se soustraire à l'expérience par l'expulsion d'éléments β (choses en soi). Les « éléments α » sont les impressions sensorielles et les vivances émotionnelles primitives (dans un autre type de formulation on pourrait les appeler les affects de base : Sandler, Joffe) : ils servent à former les pensées oniriques, le penser inconscient, les rêves et les souvenirs. Les « éléments β », en revanche, ne servent pas à penser ; ils constituent des « choses en soi » et doivent être expulsés par l'identification projective. Quant à l'*appareil à penser les pensées* lui-même il s'organise autour de deux concepts mettant en relation, pour le premier les notions de contenu-contenant, pour le second la relation dynamique entre position schizo-paranoïde et position dépressive (P.S.D.). La mère fonctionne comme un contenant des sensations du nourrisson et sa *capacité de rêverie* lui permet d'accueillir les projections-besoins du bébé en leur donnant un sens. La position dépressive, quant à elle, permet la réintégration dans le psychisme de l'enfant des éléments dissociés et fragmentés de la phase précédente.

Bion prolonge ainsi de manière très intéressante les formulations théoriques de M. Klein en se centrant en particulier sur l'organisation de la pensée, domaine peu exploré en dehors de l'abord des processus primaires et des processus secondaires avec lesquels il reste difficile d'avancer une comparaison.

III. – Le développement cognitif selon J. Piaget

Parallèlement à ses recherches épistémologiques Piaget s'est attaché à décrire l'évolution du fonctionnement cognitif de l'enfant à partir de l'observation directe et par l'étude longitudinale de l'évolution des diverses stratégies que celui-ci utilise pour résoudre un problème expérimental.

Pour Piaget la finalité recherchée est *l'adaptation* de l'individu à son environnement. L'adaptation est une caractéristique de tout être vivant : l'intelligence humaine est comprise comme la forme d'adaptation la plus raffinée qui, grâce à une série d'adaptations successives, permet d'atteindre un état d'équilibration des régulations entre le sujet et le milieu.

Outre la maturation neurologique, deux séries de facteurs interviennent : d'un côté le rôle de l'exercice et de l'expérience acquise dans l'action effectuée sur les objets ; de l'autre les interactions et transmissions sociales. Ces facteurs issus de trois plans différents concourent à une construction progressive « *telle que chaque innovation ne devient possible qu'en fonction de la précédente* ». Cette construction a pour objectif de parvenir à un état d'équilibration que Piaget décrit comme « *une autorégulation, c'est-à-dire une suite de compensations actives du sujet en réponse aux pertubations extérieures et d'un réglage à la fois rétroactif et anticipateur constituant un système permanent de telle compensation* ».

Deux concepts permettent de comprendre ce processus d'adaptation puis d'équilibration : il s'agit de l'assimilation et de l'accommodation.

■ **L'assimilation** caractérise l'incorporation d'éléments du milieu à la structure de l'individu.

■ **L'accommodation** caractérise les modifications de la structure de l'individu en fonction des modifications du milieu.

« *L'adaptation est un équilibre entre l'assimilation et l'accommodation.* » L'adaptation cognitive est considérée comme le prolongement de l'adaptation biologique ; elle représente la forme d'équilibration supérieure. Elle n'est achevée que lorsqu'elle aboutit à un système stable, c'est-à-dire lorsqu'il y a un équilibre entre l'assimilation et l'accommodation. Ces systèmes stables définissent plusieurs paliers ou **stades** dans l'évolution génétique de l'enfant.

■ **La notion de stade** en épistémologie génétique est fondamentale. Elle repose sur les principes suivants :

1°) les stades se caractérisent par un ordre de succession invariant (et non pas une simple chronologie) ;

2°) chaque stade a un caractère intégratif, c'est-à-dire que les structures construites à un âge donné deviennent partie intégrante des structures de l'âge suivant ;

3°) un stade est une structure d'ensemble non réductible à la juxtaposition des sous-unités qui la composent ;

4°) un stade comporte à la fois un niveau de préparation et un niveau d'achèvement ;

5°) dans toute succession de stades, il est nécessaire de distinguer le processus de formation, de genèse, et les formes d'équilibre final.

Ces définitions d'un stade sont sensiblement différentes des notions de stade telles qu'on les retrouve dans les théories psychanalytiques (v. p. 14). En particulier l'accession à un nouveau stade se traduit par une forme radicalement nouvelle d'organisation des processus cognitifs, résolument hétérogène à l'organisation du stade précédent.

Quatre grandes périodes peuvent être ainsi distinguées :
1°) période de l'intelligence sensori-motrice de 0 à 24 mois (A) ;
2°) période préopératoire de 2 à 6 ans (B) ;
3°) période des opérations concrètes de 7 à 11-12 ans (C) ;
4°) période des opérations formelles enfin, à partir de 11-12 ans (D).

A. – Période de l'intelligence sensori-motrice

Piaget subdivise cette période préverbale en 6 stades. Le schème d'action y représente l'équivalent fonctionnel des opérations logiques de pensée. Un **schème d'action** *est ce qui est transposable, généralisable ou différenciable d'une situation à la suivante, autrement dit ce qu'il y a de commun aux diverses répétitions ou applications de la même action (Biologie et Connaissance).* Exemples de schème d'action : schème de balancer un objet suspendu, de tirer un véhicule, de viser un objectif, ou de façon plus complexe schème de réunion (tout ce qui unit), schème d'ordre (toute conduite de classement). Ces schèmes d'actions motrices représentent ainsi des unités comportementales élémentaires, non liées directement aux objets ; mais ces schèmes d'actions permettent l'assimilation progressive de nouveaux objets en même temps que ces derniers, par accommodation, provoquent l'apparition de nouveaux schèmes. Il existe aussi une circularité d'action entre l'enfant et son environnement.

Stade de l'exercice réflexe (de 0 à 1 mois)

Les réactions du bébé sont essentiellement liées aux tendances instinctives.

Stade des premières habitudes (de 1 à 4 mois)

Les diverses réactions réflexes se répètent mais « assimilent » de nouveaux stimuli qui sont le point de départ de nouvelles conduites. C'est la période de *réactions circulaires primaires* qui concernent le corps du bébé lui-même : schème de fixation du regard et de poursuite oculaire, prémice de la préhension, schème des mains...

Stade des adaptations sensori-motrices intentionnelles (4 mois à 8-9 mois)

Les réactions circulaires qui concernaient essentiellement le corps s'appliquent maintenant à des objets. Ces *réactions circulaires secondaires* se caractérisent par l'intentionnalité du bébé qui cherche par répétition comportementale à retrouver les résultats de son action sur le milieu extérieur. Exemple : agiter un objet en tirant sur une ficelle. Si, au stade précédent, tous les schèmes d'actions étaient équivalents, il apparaît à ce stade une hiérarchie dans les schèmes d'actions afin de reproduire les schèmes qui permettent de faire durer « les spectacles intéressants ».

Stade de coordination des schèmes secondaires et leur application aux situations nouvelles (9 mois à 11-12 mois)

L'enfant commence à agir sur le milieu en mettant en œuvre des schèmes jusque-là relatifs à d'autres situations. Le bébé est en outre capable de coordonner plusieurs schèmes en les hiérarchisant pour agir sur l'objet. Cette période se caractérise par le début d'une décentration par rapport au Moi, l'objet acquérant une existence propre (permanence de l'objet dans le sens piagétien).

Stade de la réaction circulaire tertiaire et de la découverte des moyens nouveaux par expérimentation active (11-12 mois à 18 mois)

L'objet s'élabore, l'expérimentation se tourne vers la nouveauté. L'accommodation fonctionne pour elle-même, elle précède de nouvelles assimilations et différencie les schèmes dont elle est issue. Néanmoins le champ perceptif reste nécessaire à l'élaboration de tout nouveau schème.

Stade de l'invention des moyens nouveaux par combinaison mentale (18 mois-2 ans)

Ce stade représente la transition entre l'intelligence sensori-motrice et l'intelligence représentative. Les inventions se font directement au niveau mental par recombinaison de schèmes déjà constitués. L'accommodation passe à un niveau supérieur à celui du champ perceptif : elle devient représentative et introduit par conséquent l'intelligence représentative.

B. – Période préopératoire (2 à 6 ans)

Cette période marque l'accession progressive à l'intelligence représentative ; chaque objet est représenté, c'est-à-dire qu'il correspond à une image mentale permettant d'évoquer cet objet en son absence. L'enfant est amené à développer sa fonction symbolique (ou sémiotique) : le langage, l'imitation différée, l'image mentale, le dessin, le jeu symbolique. Piaget appelle **fonction symbolique** «*la capacité d'évoquer des objets ou des situations non perçues actuellement en se servant de signes ou de symboles* ». Cette fonction symbolique se développe entre 3 et 7 ans par **imitation** sous forme d'activités ludiques : l'enfant reproduit dans le jeu les situations qui l'ont frappé, l'ont intéressé, l'ont inquiété. Le langage accompagne le jeu et permet l'intériorisation progressive. Cependant l'enfant n'est pas encore capable de se décentrer de son propre point de vue et ne peut mettre ses perceptions successives en relation réciproque : la pensée n'est pas encore réversible, d'où le terme de **préopérativité**.

La pensée repose sur l'intuition directe : ainsi pour la même quantité de liquide dans des tubes de sections différentes, il y aura selon lui d'autant plus d'eau que le niveau est plus haut car l'enfant est incapable, à cet âge, de mettre en relation la hauteur de la colonne d'eau et la section du tube.

C. – Période des opérations concrètes (7 à 11-12 ans)

Cette période marque un grand progrès dans la socialisation et l'objectivation de la pensée. L'enfant devient capable de décentration, il n'est plus limité à son seul point de vue, il peut coordonner plusieurs points de vue et en tirer des conséquences. Il devient capable de se libérer des aspects successifs de ses perceptions pour distinguer à travers le changement ce qui est invariant. La limite opératoire de cette période reste marquée par la nécessité du support concret : l'enfant ne peut pas encore raisonner à partir des seuls énoncés verbaux.

A partir des manipulations concrètes, l'enfant peut saisir à la fois les transformations et les invariants. Il accède à la notion de réversibilité et met en place les premiers groupements opératoires : sériation, classification. La pensée procède par tâtonnements, par aller-retour (opération inverse et réciprocité). Se mettent ainsi en place les notions de conservation de substances (poids, volumes), puis de conservations spatiales et les conservations numériques.

En même temps, dans le champ social l'enfant prend conscience de sa propre pensée, de celle des autres ce qui prélude à l'enrichissement des échanges sociaux. Il accepte le point de vue des autres, leurs sentiments. Une véritable collaboration et coopération de groupe devient possible entre plusieurs enfants. La complexification des jeux rend compte de ces données.

D. – Période des opérations formelles (à partir de 11-12 ans)

Cette période qui marque l'entrée dans l'adolescence n'est pas traitée dans cet ouvrage (voir avant-propos p. 2).

IV. – Psychologie de l'enfant selon H. Wallon

A partir d'observations d'enfants arriérés, puis d'études longitudinales et d'enquêtes par tranches d'âges, Wallon étudie le développement de l'enfant, d'abord dans l'interaction entre l'équipement moteur et l'affectivité du nouveau-né, puis entre l'enfant et le champ social.

Wallon décrit une série de **stades** qui répondent à un état transitoire d'équilibre plongeant ses racines dans le passé, mais empiétant aussi sur l'avenir. Les contradictions vécues par l'enfant provoquent des crises à l'origine de remaniements permettant l'accession à un nouveau stade. Les travaux de Wallon gardent toute leur valeur par la primauté qu'il a accordée à deux axes de références : l'axe de l'affectivité-émotivité et l'axe de l'équilibre tonico-moteur. C'est en particulier à Wallon que l'on doit la notion du *dialogue tonique*, véritable échange préverbal entre l'enfant et son entourage. L'éthologie (v. p. 35), dans un autre type de formulation, attache de nos jours une grande importance à la motricité précoce et aux systèmes de communication préverbale que la gestualité et la tonicité impliquent.

■ **Stade impulsif pur :** il caractérise le nouveau-né. La réponse motrice aux divers types de stimulation est une réponse réflexe : tantôt grande décharge motrice sans contrôle supérieur, tantôt réflexe adapté à son objet (succion, préhension-réflexe).

■ **Deuxième stade dit émotionnel :** il est marqué aux environs du 6e mois par la prévalence des signaux orientés vers le monde humain, à partir des signaux réflexes (pleurs ou sourires) présents au stade précédent. Le bébé a non seulement des besoins physiologiques (être nourri, être lavé...), mais aussi des besoins affectifs et émotionnels :

il a besoin de caresses, de bercement, de baisers, de rires, etc. Le bébé réclame des apports affectifs qu'il partage avec son ou ses partenaires adultes.

A ce stade l'enfant réagit devant l'image qu'il voit dans le miroir. Selon Wallon il croit être l'image qu'il voit, « *raison pour laquelle il lui rit, lui tend les bras, l'appelle de son prénom* ». Il n'y a pas de représentation puisque « *l'objet doit d'abord devenir extérieur pour être représenté. Entre l'expérience immédiate et la représentation des choses, il faut nécessairement qu'intervienne une dissociation* » (Wallon, cité par J. Constant).

■ **Stade sensori-moteur** (fin de la première année, début de la deuxième) : il marque la prévalence de l'acte moteur dans la connaissance des objets. D'abord impulsive pure, l'activité sensori-motrice évolue vers l'invention de conduites propres à la découverte d'expériences nouvelles. Deux activités sensori-motrices jouent un rôle considérable : la marche et la parole. La marche ouvre au jeune enfant un espace qui transforme complètement ses possibilités d'investigation. La parole ouvre le champ des activités symboliques après avoir dépassé le niveau de la simple activité arthro-phonatoire (lallation, babil).

■ **Stade projectif** (vers 2 ans) : c'est le stade où l'activité motrice elle-même stimule l'activité mentale (la conscience selon Wallon) : l'enfant connaît l'objet par l'action qu'il y exerce. L'acte est l'accompagnement nécessaire de la représentation. De ce point de vue l'équipement tonique de base qui permet la réalisation praxique est essentiel.

■ **Stade du personnalisme** (de 2 ans 1/2 à 4-5 ans) : l'enfant arrive à se dégager lui-même des situations où il est impliqué, il parvient à une « conscience de soi ». Cette « conscience de soi » implique que l'enfant soit capable d'avoir une image de soi, une représentation de soi dont la traduction clinique est le négativisme et la phase d'opposition vers 2 ans 1/2-3 ans. Cette conscience de soi s'oppose de façon dialectique à la conscience de l'autre : l'enfant développe une excessive sensibilité à autrui d'où « la réaction de prestance », la gêne et la honte. Après cette période l'enfant cherche à s'affirmer aux yeux d'autrui, à obtenir une reconnaissance : opposition, pitreries et bêtises. Après cette période d'opposition, et grâce aux progrès de la maîtrise motrice, l'enfant peut se faire admirer, aimer et séduire son entourage (phase de grâces).

■ **Stade de la personnalité polyvalente** (à partir de 6 ans) : jusque-là les précédentes étapes avaient pour cadre la « constellation familiale » ; avec le début de la scolarité l'enfant noue des contacts avec l'entourage social mais marqués d'abord par une période d'incertitude, de changements rapides en fonction des intérêts et des circonstances. L'enfant participe à de nombreux jeux de groupes, change de rôle et de fonction, multiplie les expériences sociales.

V. – Théories centrées sur le comportement et/ou l'environnement : behaviorisme, éthologie, théories systémiques

A. – Théories behavioristes et néobehavioristes

Watson, psychologue américain (1913), a voulu situer l'étude du comportement en dehors de toute subjectivité. Pour lui tout comportement est le résultat d'un apprentissage secondaire à un conditionnement : l'ensemble du comportement se réduirait selon Watson à une série de réflexes conditionnés sans retentissement réciproque entre le sujet et son environnement. Le conditionnement d'apprentissage est le conditionnement pavlovien simple ou conditionnement répondant (d'où le nom de : **S.R. théorie : Stimulus – Réponse**).

S'élevant contre un schéma réflexe par trop simpliste, Skinner, dès 1937, propose à partir d'expériences sur le rat, le modèle du **conditionnement opérant**.

Un rat est placé dans un bac où se trouve un petit levier dont la manœuvre déclenche l'arrivée de nourriture. Après une phase d'exploration le rat finit par hasard par appuyer sur le levier. On observe par la suite que l'animal limite progressivement ses mouvements à cette activité. Les mêmes résultats sont obtenus dans un labyrinthe au centre duquel on a placé de la nourriture ; l'animal gagne le but de plus en plus vite. Ce type de conditionnement est d'autant plus rapide que la *motivation* est puissante et que la *récompense* est gratifiante.

Contrairement au conditionnement répondant, le conditionnement opérant est sous la volonté de l'animal ; c'est un véritable programme de réalisation, la conduite s'organisant peu à peu à partir d'essais et d'erreurs pour atteindre un but ; enfin par son comportement l'animal modifie la nature de son environnement. Pour Skinner l'ensemble du comportement humain et de l'apprentissage de l'enfant peut se comprendre en termes de conditionnement opérant. Ultérieurement Wolpe appliquera directement ces théories au comportement humain avec les premières tentatives de thérapies comportementales (v. p. 492).

Qu'il s'agisse de behaviorisme ou de néobehaviorisme, pour ces théories S.R. la personnalité n'est qu'un assemblage de conditionnements de plus en plus complexes ; les problèmes de l'image mentale et de la structuration du psychisme sont considérés comme superflus. L'*habitude* représente la seule structure de base qui maintient le lien entre le stimulus et la réponse ; la dynamique est représentée par la pulsion dans son sens le plus physiologique. En revanche ces théories se sont peu préoccupées du point de vue génétique, aucun stade évolutif n'est décrit chez l'enfant.

Les applications cliniques de ces théories jouissent actuellement d'une grande faveur. Il est bon d'en connaître le support théorique avec ses limites. On trouvera dans les ouvrages de Eysenck, de Le Ny et de Cottraux l'illustration de ces applications et dans l'article de J. Hochmann une critique rigoureuse de leur abus.

B. – L'apprentissage vu par l'École russe

Peu connus en Occident les travaux de Vigotsky, Leontiev, Anokhin, Zaporozhets ont tenté de proposer une théorie de l'apprentissage qui, outre le conditionnement réflexe, prend en considération le processus de développement interne de l'acte. Il en est ainsi du concept d'« afférentation en retour ». Celle-ci a un double rôle : d'un côté elle joue le rôle d'un signal pour le passage au chaînon comportemental suivant en cas de succès, et d'un autre côté de signal de répétition comportementale en cas d'échec de la tentative. Vigotsky et ses collaborateurs ont étudié le problème de la transformation des actions extérieures en processus intellectuel interne, c'est-à-dire le problème de l'intériorisation. A titre d'exemple, nous citerons le cas bien étudié par Vigotsky du *pointing* chez l'enfant (*in : L'évolution des praxies idéomotrices,* J. Galifret-Granjon) : il s'agit du geste courant de montrer un objet de la main ou même de l'index en le nommant (entre 12 et 30 mois). Pour Vigotsky le *pointing* joue un rôle essentiel dans le développement du langage de l'enfant et serait à la base de toutes les formes supérieures de développement psychologique : la base de ce geste serait primitivement un essai infructueux pour prendre, pour saisir un objet vers lequel l'enfant est tout entier orienté, dirigé. De ce geste une nouvelle signification va surgir lorsque l'enfant trop éloigné ne pourra attraper l'objet : sa main reste en l'air, les doigts poursuivant leur tentative de préhension. Au départ ce geste est purement moteur. Cependant un chaînon intermédiaire venant de l'expérience va le transformer : en effet la mère donne à l'enfant l'objet vers lequel il tend la main. Bientôt l'enfant dirige son index vers l'objet, sans aucune recherche de préhension : le geste est devenu un geste pour autrui, c'est-à-dire que le geste ne concerne plus un objet mais une personne. Le mouvement « pointer un doigt » est devenu un moyen de communication.

Pour Vigotsky cette séquence démontre l'importance de la socialisation ; le geste propre de l'enfant, au départ purement moteur, ne prend un sens que par une intervention sociale externe. Le développement psychique apparaît d'abord comme relevant de « catégories intermentales » (c'est-à-dire engendrées par les relations entre individus) avant de s'organiser en « catégories intramentales » [il faut signaler que ce geste de « pointer du doigt » : a été ensuite repris par de très nombreux auteurs (Werner et Kaplan, Bruner) mais c'est Vigotsky qui, sans l'avoir décrit réellement le premier, lui a donné toute son importance].

Par la suite Leontiev, élève de Vigotsky, appellera *paramètres d'actions* les facteurs conduisant à l'intériorisation et à la symbolisation progressive des comportements moteurs (généralisation de l'acte, réduction de l'acte, assimilation, degré d'intériorisation).

Dans leur ensemble ces travaux sont assez proches des théories piagétiennes encore que le passage de l'acte moteur à l'acte symbolique soit dans le cas des auteurs de l'école russe suscité essentiellement par un apport externe ne répondant pas à une structuration interne, ce qui les oppose aux auteurs piagétiens.

C. – L'éthologie et ses applications : J. Bowlby

L'éthologie étudie l'animal dans son cadre de vie normal et non en laboratoire comme le font behavioristes et néobehavioristes. On pourraît dire qu'en éthologie, l'animal pose un problème à l'homme tandis qu'en expérimentation pavlovienne l'homme pose un problème à l'animal. Les fondateurs de l'éthologie sont K. Lorenz et N. Tinbergen, mais c'est avec les expériences de Harlow (1958) sur les singes Rhésus et les travaux parallèles de Bowlby sur le bébé humain que l'éthologie a vu s'ouvrir le champ des applications au comportement humain. L'ouvrage de Eibl-Eibesfeldt représente une indispensable introduction théorique pour qui veut se familiariser plus à fond avec la méthodologie de travail en éthologie. Les notions d'empreinte et de territoire, bien qu'essentielles, ne seront pas explicitées ici.

1°) Les Travaux de Harlow

Dans une série d'expériences devenues célèbres, Harlow a démontré la nécessité d'un lien d'attachement entre le bébé Rhésus et la mère, ainsi que toutes les implications qu'entraînait ce manque d'attachement.

Des jeunes singes Rhésus sont élevés dans un isolement social plus ou moins complet dès la naissance. Quand l'isolement social est total pendant les trois premiers mois on observe après l'arrêt de l'isolement quelques lacunes dans le développement social, mais un développement satisfaisant des fonctions cognitives. Quand l'isolement social dure plus de 6 à 12 mois, on observe une incapacité à tout développement social (pas de manipulation, ni de jeux sexuels).

Quand on propose aux bébés singes des mères artificielles, les bébés singes préfèrent les mères revêtues de chiffons doux aux mères en fils métalliques. Cette variable ne change pas, même si les « mères métalliques » ont un biberon : pour Harlow ceci signifie que le réconfort du contact ou « l'attachement » constitue une variable majeure dans le lien avec la mère, supérieur même à l'apport de nourriture. Plusieurs variables secondaires ont été étudiées (mère à bascule, mère stable, mère chauffée, mère froide) : les bébés Rhésus préfèrent, parmi les « variables secondaires », les mères à bascules et les mères chauffées, mais ces variables changent avec le temps.

Les bébés Rhésus séparés de leur mère mais élevés ensemble présentent un meilleur comportement social que ceux maintenus en isolement. Les femelles élevées en isolement total ont ultérieurement un comportement très rejetant à l'égard de leur propre bébé.

Ces expériences montrent l'importance du besoin précoce d'attachement et les séquelles durables, voire définitives, qu'une carence précoce d'attachement provoque chez le bébé Rhésus.

Il existe une période sensible au-delà de laquelle la récupération n'est plus possible.

2°) Travaux de J. Bowlby

Dès 1958 Bowlby est conduit à réfuter la théorie de l'étayage de la pulsion libidinale par la satisfaction orale (théorie de Freud) pour reconsidérer à la lumière des travaux d'éthologie la notion d'attachement à la mère. Notons qu'auparavant existait déjà dans l'école hongroise de psychanalyse (P. Hermann) la théorie de l'agrippement primaire. Bowlby considère que l'attachement du bébé à sa mère et de la mère au bébé résulte d'un certain nombre de systèmes de comportement caractéristiques de l'espèce. Ces systèmes s'organisent autour de la mère. Originairement Bowlby a décrit cinq systèmes comportementaux : sucer – s'accrocher – suivre – pleurer – sourire. Ces cinq modules comportementaux définissent la conduite d'attachement. Cette conduite est primaire ; elle a pour but, selon Bowlby (1969), de maintenir l'enfant à proximité de la mère (ou la mère à proximité de l'enfant car certaines conduites sont des conduites de suite, mais d'autres sont des conduites d'appel : pleurer – sourire).

Cette approche réfute en particulier la notion fondamentale dans la théorie freudienne de l'établissement de la relation d'objet libidinal par étayage sur la satisfaction du besoin oral. Elle a été à l'origine de nombreuses controverses entre les psychologues comportementalistes ou de formation éthologique et les psychanalystes. On lira à ce sujet l'intéressante confrontation (*in : L'attachement,* Delachaux et Niestlé éd., 1974) entre des points de vue très différents.

Dans le domaine psychopathologique Bowlby a décrit, s'inspirant en partie des travaux d'Harlow, les réactions de jeunes enfants à une séparation maternelle. Il a isolé chez des enfants de 13 à 32 mois une série de trois grandes phases consécutives à la disparition de la mère (v. la description p. 334) :

1°) phase de protestation ;

2°) phase de désespoir ;
3°) phase de détachement.

Pour Bowlby cette réaction à la séparation est à la base des réactions de peur et d'anxiété chez l'homme. Il décrit d'ailleurs chez des enfants qui ont déjà subi des séparations ou qui en ont été menacés la conduite d'*attachement anxieux.*

3° Études éthologiques récentes

Des équipes de plus en plus nombreuses effectuent des recherches sur le nourrisson et le jeune enfant en s'inspirant des principes éthologiques. Ces études se centrent en général sur les interactions mère-enfant ou entre enfants du même âge (observations dans les écoles maternelles ou les crêches). L'accent est mis sur les comportements préverbaux de l'enfant, les travaux récents cherchant à « décrypter » un véritable code de communication préverbale. Ainsi Schaal décrit une réaction précoce d'orientation de la tête du bébé en direction d'un coton imprégné de l'odeur maternelle dès le deuxième jour de vie ; les mères, de leur côté, tournent la tête dès le quatrième jour vers un coton imprégné de l'odeur du bébé. Menneson a tenté d'établir une corrélation entre la gestualité de l'enfant face au miroir et le comportement de l'adulte : face au miroir un enfant seul s'y regarde souvent ; mais en présence d'un adulte l'enfant délaisse le miroir si l'adulte ne s'y regarde pas, et s'observe dans le miroir si l'adulte s'y observe.

Montagner étudie les comportements entre enfants et définit diverses séquences comportementales . Il distingue ainsi parmi les interactions entre enfants des séquences comportementales qui ont pour but d'apaiser et de créer des liens (offrande, caresse, baiser, inclinaison latérale de la tête...) et des séquences qui entraînent une rupture de lien, un recul, une fuite ou une agression (ouverture de la bouche avec émission d'une vocalisation aiguë et projection en avant d'un bras ou d'une jambe). En fonction de la fréquence d'occurrence de ces conduites, Montagner décrit divers types comportementaux (leaders, dominants agressifs, dominants fluctuants, dominés craintifs, dominés agressifs...) qui semblent en partie corrélés au type d'attitude de la mère et changer avec l'attitude de cette dernière, du moins jusqu'à 3 ans. Toutefois cet essai de typologie n'est pas admis par certains auteurs.

Ainsi les études éthologiques les plus récentes cherchent à isoler des unités comportementales « signifiantes » en précisant les caractéristiques génétiques (âge d'apparition puis de disparition) et environnementales (types de déclencheurs, conséquences sur l'entourage). A titre d'exemple citons les sourires et les rires, l'écarquillement des yeux, l'inclinaison latérale de la tête, le jet de la tête en avant, etc. Dans tous les cas rappelons que, de parti pris pour ces auteurs, il s'agit toujours de comportements observables ; en revanche, les effects intériorisés, les fantaisies et fantasmes s'ils ne sont pas ignorés, ne sont pas étudiés.

D. – Théories de la communication et théories systémiques

Encore plus qu'avec les théories précédentes, il ne s'agit plus ici de l'étude d'un individu, enfant ou adulte, mais d'une approche centrée avant tout sur les interactions entre individus ou au sein d'un ensemble.

Ces théories ne proposent aucun modèle du développement de l'enfant, ne se préoccupent pas de connaître l'organisation psychopathologique interne de l'enfant ou de ses parents : leur attention se porte exclusivement sur les modes de communication.

Les principes de base sur lesquels reposent ces théories sont relativement simples, aisément perceptibles de l'extérieur : ce sont en partie les raisons qui ont rendu ces approches si populaires. Leur connaissance n'a pas un intérêt très grand pour ce qui concerne l'enfant et les étapes de son développement. En revanche, la connaissance de ces théories est utile dans certaines approches thérapeutiques avec certaines familles (v. p. 505).

■ **La théorie de la communication** a été initialement élaborée par des psychiatres de l'université californienne de Palo Alto, très imprégnés des théories cybernétiques : celles-ci leurs ont servi de modèle avec les notions de rétroaction positive ou négative, de boucle régulatrice, de système homéostatique, etc.

En effet d'un modèle explicatif linéaire (modèle de la thermodynamique du XIXe siècle), les théoriciens de la communication sont passés à un modèle circulaire où chaque terme est déterminé par le précédent, mais détermine aussi le suivant qui rétroagit sur le premier etc. (v. fig. 1 et 2).

A → B → C

FIG. 1. – *Modèle d'interaction linéaire.*

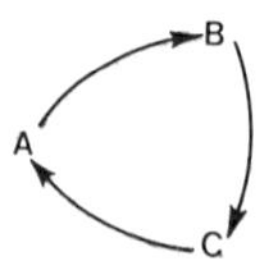

FIG. 2. – *Modèle d'interaction circulaire.*

Nous énoncerons très brièvement les principes de la communication qui sont au nombre de cinq :

1o) Il est impossible pour un individu placé dans une interaction de ne pas communiquer : refuser de communiquer n'est qu'un type particulier de communication.

2o) Toute communication présente deux aspects : le contenu de la communication et le type de relation établie entre les deux protagonistes. Ceci définit le niveau explicite de communication et le niveau implicite. Passer du niveau explicite au niveau implicite implique la capacité de communiquer sur la communication : c'est la **métacommunication.**

3°) La nature de la relation entre deux partenaires dépend pour chacun de la ponctuation des séquences de communication.

4°) Il existe deux modes hétérogènes de communication, la **communication digitale** (le langage lui-même) et la **communication analogique** (tout ce qui est autour du langage : intonation, mimique, posture...).

5°) Les interactions sont de nature soit symétrique (tendance à l'égalité et à la minimisation de la différence), soit complémentaire (tendance à la maximalisation de cette différence et à son utilisation dans la communication).

A partir de ces bases théoriques Bateson puis Jackson et coll. ont proposé un modèle particulier de compréhension des familles où se trouve un malade mental, généralement un malade schizophrène. Nous renvoyons le lecteur à la partie thérapeutique p. 505.

■ **Les théories systémiques** représentent l'application à un groupe particulier de ces principes de communication. La famille est le modèle même d'un système qui, comme tout système, se caractérise par deux tendances contradictoires :

1°) la tendance homéostatique ;

2°) la nécessité de changement, en particulier quand l'un des membres change.

Dans de nombreuses familles l'enfant est au centre d'un réseau serré d'interactions, particulièrement en cas de conduite déviante, ce qui a conduit de nombreux psychiatres et/ou psychologues d'enfants à utiliser des référents systémiques et les théories de la communication dans leur approche thérapeutique. Le lecteur se rapportera au dernier chapitre de cet ouvrage (v. p. 505) ou à la lecture des ouvrages de base de Jackson et coll. et de Selvini et coll.

Nous avons fait très brièvement référence à ces théories, non pas parce qu'elles prennent en considération le point de vue du développement (l'attitude est même totalement opposée, car à lire les comptes rendus de thérapie systémique on a le sentiment que la nature des interactions est rigoureusement la même à tout âge, qu'il s'agisse d'un jeune enfant de 5 ans ou d'un adolescent de 17 ans), mais en raison de leur extension actuelle. Avec les thérapies comportementales, les thérapies centrées sur la communication ou le système (thérapie systémique) veulent souvent s'opposer de façon polémique aux thérapies centrées sur l'organisation psychique interne. Il serait souhaitable que des confrontations moins passionnées entre ces divers théoriciens puissent déterminer les champs d'activité les plus pertinents : c'est ce que nous avons en partie tenté de faire dans la dernière partie de cet ouvrage.

VI. – L'interaction

Nous regrouperons dans ce dernier paragraphe les études de plus en plus nombreuses où « l'interaction » entre les partenaires est prise en compte dans l'observation. Il ne s'agit plus cette fois de décrire soit les performances ou la psychopathologie d'un bébé ou d'un enfant, soit la psychopathologie d'un adulte (en général la mère), mais bien d'analyser le type de rapport qui unit les deux partenaires et comment ce rapport structure la vie psychique de l'un et de l'autre. Les premières études sur « l'interaction » proviennent de deux domaines différents :

– l'approche dite « systémique », dont l'objectif initial était de comprendre puis de traiter la pathologie d'un patient au sein de sa famille (voir ci-dessus) ;

– les études sur les relations entre la mère et son bébé.

Nous avons déjà succinctement résumé les principes des théories systémiques. Nous centrerons notre attention sur les interactions entre le bébé et sa mère.

Depuis plusieurs années toutes les études et observations du nourrisson et même du nouveau-né montrent que ce dernier ne peut plus être considéré comme un organisme passif, inerte, une sorte de « pâte molle » livré aux soins maternels, mais qu'il est au contraire un partenaire à part entière de la relation, capable de l'orienter et de l'influer. Ceci aboutit à la notion que le bébé est certes un être vulnérable, mais aussi un partenaire doué d'une évidente compétence. Ces deux notions conjointes, celle de vulnérabilité et celle de compétence, guident les études récentes des interactions entre l'enfant et son environnement (voir toute la 4e partie de cet ouvrage p. 380).

1°) La compétence

Ce terme, d'apparition récente dans les études psychologiques du nourrisson désigne la capacité active de celui-ci à utiliser ses aptitudes sensorielles et motrices pour agir ou tenter d'agir sur son environnement : « Le bébé naît avec d'excellents moyens pour signaler ses besoins et sa gratitude à son entourage : de fait il peut même choisir ce qu'il attend de ses parents ou repousser ce qu'il ne veut pas avec des moyens si puissants qu'au lieu de le percevoir comme une argile à modeler, je le considère comme un être d'une très grande force » (Brazelton). Bruner propose de classer les formes que présente la première compétence en « (1) formes régulatrices des interactions avec d'autres membres de la même espèce d'une part, et (2) formes impliquées dans la maîtrise des objets, des outils et des séquences d'événement à organisation spatiale et temporelle d'autre part ».

Le second type de compétence a fait l'objet de multiples études en particulier grâce aux magnétoscopes et aux enregistrements cinématographiques dont l'intérêt est, dans ce domaine, irremplaçable. Ces études s'inspirant souvent de la méthodologie utilisée en éthologie dévoilent les multiples « compétences » du nouveau-né ou du nourrisson. Citons à titre d'exemple (il ne saurait être question dans ce simple paragraphe d'introduction de prétendre être complet dans un champ si vaste et en exploration continuelle) :

– *la vision :* capacité du nouveau-né de suivre des yeux un objet de couleur vive, de fixer une forme structurée (visage, cercle concentrique...) plus longtemps que des cibles de couleur unie ;

– *l'audition :* capacité du nouveau-né de réagir aux sons purs, mais surtout de montrer sa préférence pour les sons humains, en particulier la voix de sa mère, en inhibant partiellement le reste de sa motricité ;

– *l'odorat :* capacité de discrimination olfactive permettant de distinguer l'odeur de sa mère, préférence pour l'odeur du lait par rapport à celle de l'eau sucrée ;

– *le goût :* capacité de discerner et de préférer le lait maternel par rapport au lait dit « maternisé » ;

– *la motricité :* capacité d'imitation très précoce de certaines mimiques (dès la troisième semaine : tirer la langue, ouvrir la bouche...), de tendre la main vers un objet-cible et d'ébaucher des comportements de préhension complexe, etc.

Il existe cependant des différences individuelles extrêmement importantes d'un nourrisson à l'autre dans leur degré d'activité motrice, de réactivité aux stimuli, de compétence pour discerner les signaux reçus, et surtout dans leur capacité d'excitabilité ou d'apaisement (« l'irritabilité » et la « consolabilité »), capacités différentielles qui sont à la base des échelles d'évaluation (v. p. 74 et 384).

Toutefois, tous les auteurs s'accordent pour reconnaître l'importance des échanges affectifs et sociaux qui entourent et conditionnent le développement de ces diverses compétences. Nous rejoignons ici la première forme de compétence décrite par Bruner, celle qui joue un rôle régulateur des interactions humaines. En effet « pour que l'enfant puisse suivre la progression du développement des savoir-faire, il faut que lui soient assurés les rapports sociaux adéquats, le type de soutien diffus, affectif, mais si vital, sans lequel il ne saurait avancer » (Bruner).

2°) L'interaction observée

Le pont entre la compétence à l'égard des objets telle que nous venons de la décrire brièvement, et la compétence interactive, c'est-à-dire la capacité du bébé de participer activement à une interaction sociale, peut être retrouvée dans le concept de « zone proximale du développement » de Vigotsky : cette zone « est la distance entre le niveau de développement actuel tel qu'on peut le déterminer à travers la façon dont l'enfant résout les problèmes seul, et le niveau de développement potentiel tel qu'on peut le déterminer à travers la façon dont l'enfant résout les problèmes lorsqu'il est assisté par l'adulte ou collabore avec d'autres enfants plus avancés ». Nous avons vu précédemment (v. p. 34) un excellent exemple de cette zone proximale du développement à propos du geste « pointer du doigt » et comment la compréhension anticipée de la mère donne un sens au geste de l'enfant, sens qui organise secondairement la symbolisation de ce geste. Dans cette « zone proximale du développement », la compétence du nourrisson et la compétence de la mère pourront s'exercer, créant un effet de renforcement mutuel quand l'un s'associe à l'autre, désorganisant le comportement de l'un et de l'autre quand l'« accordage » (M. Stern) ne peut être trouvé : « à mesure que les partenaires sentent qu'ils contrôlent mutuellement leur état d'attention, ils apprennent à se connaître et à s'influencer et il en résulte une sorte de réciprocité ou d'interaction affective » (Brazelton). Cette interaction comportementale était déjà décrite dans certains domaines tel que la tonicité à travers la notion de « dialogue tonique » entre mère et bébé : manière dont la mère porte le bébé, l'installe pour l'allaitement, etc. (J. de Ajuriaguerra). Plus récemment l'accent a été mis (Brazelton, Stern, de Ajuriaguerra, Casati) sur la nature cyclique de cette interaction, en particulier dans les états de vigilance, d'attention et de retrait. Cette rythmicité, primitivement mise au service du contrôle et du maintien des états physiologiques internes, permet progressivement au nourrisson « d'incorporer des séries de messages plus complexes, puis de réaliser que ce qu'il incorpore fait partie de son propre répertoire ». A l'opposé l'absence ou l'excès de réponse de la part du partenaire augmente considérablement les périodes de retrait et va jusqu'à désorganiser les conduites du nourrisson : l'excès de stimulation provoque le retrait, ce qu'on observe bien chez les nourrissons vulnérables tels que les prématurés (v. p. 457), la non-réponse maternelle (la mère garde pendant 2-3 minutes un visage impassible face à son nourrisson) provoque un désarroi et un retrait majeur chez le bébé.

Si du côté du nourrisson, l'interaction se caractérise par sa compétence et sa capacité « d'accordage » ou de modelage sur les conduites maternelles, du côté de la mère l'interaction se caractérise par sa capacité à « cueillir » dans les conduites du nourrisson des séquences préférentielles auxquelles elle donne un sens par anticipation. « Lorsqu'il fonctionne bien ce système de réciprocité pourvoit l'enfant de l'information nécessaire pour poursuivre son développement. Chaque fois qu'il fait l'apprentissage d'une nouvelle tâche, il reçoit un feedback de son entourage qui a pour effet de le réalimenter intérieurement » (Brazelton). Cette capacité de la mère de donner une signification par anticipation aux conduites du bébé, capacité proche de l'illusion anticipatrice (Diatkine), dépend en grande partie de la place préconsciente et inconsciente que la mère assigne à son bébé, non seulement le bébé bien vivant qui occupe ses bras, mais aussi le bébé fantasmatique qui occupe son imaginaire. Ceci nous conduit à l'interaction dite « fantasmatique ».

3°) L'interaction fantasmatique

Certains auteurs (Cramer, Kreisler, Lébovici) ont tenté une synthèse entre les multiples données tirées des observations sur l'interaction mère-enfant et la théorie psychanalytique. Une telle tentative revient à poser le problème du passage du champ de l'observation interpersonnelle au champ de l'analyse des déterminants intrapsychiques. Les systémiciens refusent un tel saut théorique laissant délibérément dans l'ombre le contenu de la « boîte noire ». A l'inverse certains thérapeutes de la famille utilisent parfois des concepts psychanalytiques sans réélaboration rigoureuse pour comprendre les relations interindividuelles, dans un glissement théorique dont la validité peut être considérée comme douteuse. En se servant de la notion « d'interaction fantasmatique », S. Lébovici propose un modèle de compréhension qui tient compte à la fois des observations directes mère-enfant et du réseau fantasmatique intrapsychique qui sous-tend, organise et donne un sens à cette interaction. Selon Lébovici, « puisque le bébé est une figuration des images parentales, puique les objets internes créés par l'enfant sont modulés par ces derniers et donc par les productions fantasmatiques de la mère, on peut saisir tous les éléments de ce que nous décrirons sous le nom d'interactions fantasmatiques ». Kreisler et Cramer définissent « l'interaction fantasmatique » par « les caractéristiques des investissements réciproques entre mère et enfant : que représente l'enfant pour la mère et vice versa ?, que représente l'oralité ? etc. ». Il s'agit de la part de l'observateur de prendre conscience que dans l'interaction mère-enfant, plusieurs bébés : **bébé réel – bébé fantasmatique – bébé imaginaire**, interfèrent et que ces interférences peuvent faciliter ou entraver l'adéquation entre la mère et son bébé. **L'enfant fantasmatique** correspond à l'enfant du désir de maternité ; il est directement issu des conflits libidinaux et narcissiques de la mère, c'est-à-dire qu'il est lié au conflit œdipien maternel. **L'enfant imaginaire** est l'enfant désiré ; il s'inscrit dans la problématique du couple qui est sous-tendue par la vie fantasmatique de la mère et du père. **L'enfant de la réalité** matérielle enfin est celui qui interagit concrétement avec son bagage génétique et ses compétences particulières toujours susceptibles d'entrer en résonance avec la fantasmatique maternelle : cette résonance peut combler des désirs ou au contraire confirmer des craintes fantasmatiques et « ce faisant » la mère donnera un sens précis aux conduites de son nourrisson, puis répondra à ces conduites en fonction de ce sens supposé, réponses qui dans un second temps structurent elles-mêmes le comportement du bébé. C'est à travers le « ce-faisant interactif » que s'organise la vie fantasmatique de la mère et du bébé : les interactions précoces mobilisent les fantasmes maternels qui eux-mêmes contribuent au développement épigénétique de la vie fantasmatique du bébé.

L'étude des rapports entre ce « fantasme du bébé », ce « bébé imaginaire » et ce qui suscite les comportements du bébé vivant, permet une évaluation du potentiel évolutif de l'interaction mère-bébé.

Lorsque ces rapports satisfont les désirs, apaisent les craintes, l'interaction a toute chance d'être enrichissante et stimulante pour les deux partenaires. Lorsqu'ils confirment les craintes ou apportent des déceptions, les interactions risquent de se figer dans des conduites répétitives de plus en plus pathologiques. Enfin quand ces rapports ne peuvent s'établir, le risque d'un investissement partiel ou déréel de l'enfant peut se produire.

Cette observation théorique n'est pas sans importance puisqu'elle débouche directement sur la pratique des thérapies « mère-nourrisson » où le rôle du clinicien sera précisément « de donner un sens au comportement qu'il observe, de le dire, de l'énoncer : il en révèle le contenu. Tout se passe comme s'il parlait au préconscient de la mère et à ce qui va se lier entre le système primaire et le système secondaire du bébé » (voir Thérapie mère-enfant p. 500).

Bibliographie

AJURIAGUERRA (J. DE), DIATKINE (R.), GARCIA-BADARAGO : Psychanalyse et neurobiologie. *In* NACHT (S.) : *La psychanalyse d'aujourd'hui.* P.U.F. éd., Paris, 1956.

AJURIAGUERRA (J. DE) : Interrelations entre le développement neurologique, la maturation et les structures et fonctions cérébrales. *Mod. probl. paediat.* Karger, Basel, 1974, *13,* p. 336-357.

BERGERET (J.) et coll. : *Abrégé de psychologie pathologique.* Masson, Paris, 1972.

BION (W.) : Théorie de la Pensée. *Rev. franç. psych.,* 1964, XXVIII, *I,* p. 75-84.

BION (W.) : *Attention et interprétation.* Payot, Paris, 1974.

BOURGUIGNON (A.) : Fondements neurobiologiques pour une théorie de la psychopathologie : un nouveau modèle. *Psychiatrie enfant,* 1981, **24,** 2, p. 445-540.

BOWLBY (J.) : *L'attachement.* P.U.F., Paris, 1978, 1 vol.

BOWLBY (J.) : *La séparation : angoisse et colère.* P.U.F., Paris, 1978.

BOWLBY (J.) : *La perte : tristesse et dépression,* P.U.F., Paris, 1984, 1 vol.

BRAZELTON (T.B.), ALS (H.) : quatre stades précoces au cours du développement de la relation mère-nourrisson. *Psychiatrie enfant,* 1981, **24,** 2, p. 397-418.

BAZELTON (T.B.) : Comportement et compétence du nouveau-né. *Psychiatrie enfant,* 1981, **24,** 2, p. 375-396.

BRUNER (J.S.) : *Savoir faire, savoir dire.* P.U.F., Paris, 1983, 1 vol., 292 p.

COBLINER (C.W.) : L'école genevoise de psychologie génétique et la

psychanalyse : analogie et dissemblance. *In* SPITZ (R.A.) : *De la naissance à la parole. La première année de la vie.* P.U.F., Paris, 1968.
CONSTANT (J.) : Initiation aux théories du développement de l'enfant. *Cahier d'informations,* Roche, Paris, 1974.
COSNIER (J.) : *Base de l'épigénèse interactionnelle,* Psy. Enf. 1984, 27, 1, 107-126.
COTTRAUX (J.) : *Les thérapies comportementales.* Masson, Paris, 1979.
DIATKINE (R.), SIMON (J.) : *La psychanalyse précoce.* P.U.F., Paris, 1972.
DOLTO (F.) : *Psychanalyse et pédiatrie* (1936). Éd. de la Parole, 2e éd. 1961.
FREUD (A.) : *L'enfant dans la psychanalyse.* Gallimard, Paris, 1976.
FREUD (A.) : *Le traitement psychanalytique des enfants.* P.U.F., Paris.
FREUD (A.) : *Le normal et le pathologique chez l'enfant.* Gallimard, Paris, 1968.
FREUD (S.) : *Trois essais sur la théorie de la sexualité* (1905). Gallimard, Paris, coll. *Idées,* 1962.
FREUD (S.) : *Cinq psychanalyses* (1909). P.U.F., Paris, 1954.
FREUD (S.) : *Métapsychologie* (1925). Gallimard, Paris.
GALIFRET-GRANJON (J.N.) : *L'évolution des praxis idéo-motrice.* Thèse Paris X, 1979.
GESELL (A.), ILG (F.) : *L'enfant de 5 à 10 ans.* P.U.F., Paris, 1949.
GESELL (A.), ILG (F.), AMES (L.B.) : *L'adolescent de 10 à 16 ans.* Trad. Lézine (I.). P.U.F., Paris, 1959.
GESELL (A.), ILG (F.) : *Le jeune enfant dans la civilisation moderne.* Trad. Lézine (I.). P.U.F., Paris, 1961.
GRINBERG (L.), DARIO (S.), TABAK de BIANCHEDI (E.) : *Introduction aux idées psychanalytiques de Bion.* Dunod, Paris, 1976.
HARTMANN (H.) : *La psychanalyse du Moi et le problème de l'adaptation.* P.U.F., Paris, 1968.
HERMANN (I.) : *L'instinct filial.* Denoël, Paris, 1972.
HOCHMANN (J) : Aspect d'un scientisme : les thérapies comportementales, *Rev. franç. Psychanal.* 1980, **44**, 3-4, 673-690.
INHELDER (B.), PIAGET (J.) : *De la logique de l'enfant à la logique de l'adolescent.* P.U.F., Paris, 1955.
KLEIN (M.) : *La psychanalyse des enfants.* P.U.F., Paris, 1959.
KLEIN (M.), HEIMANN (P.), ISAACS (S.), RIVIÈRE (J.) : *Développement de la psychanalyse.* P.U.F., Paris, 1966.
LAPLANCHE (J.), PONTALIS (J.B.) : *Vocabulaire de la psychanalyse.* P.U.F., Paris, 1967.
LEBOVICI (S.), SOULE (M.) : *La connaissance de l'enfant par la psychanalyse.* P.U.F., collection *Le fil rouge,* 2e éd., Paris, 1972.
LEBOVICI (S.) : *Le nourrisson, la mère et le psychanalyste.* Le centurion, éd. Paris, 1983, 1 vol., 377 p.
MALHER (M.) : *Psychose infantile, symbiose humaine et individuation.* Payot, Paris, 1973.
MALHER (M.) : *La naissance psychologique de l'être humain.* Payot, Paris, 1980.
MONTAGNER (H.) : *L'enfant et la communication.* Stock, Paris, 1978.
NAGERA (H.) : *Early childhood disturbances, the infantile neurosis, and the adulthood disturbances.* University Press, New York, 1966 ; P.U.F., Paris, 1969.
NOUVELLE REVUE DE PSYCHANALYSE ; Numéro spécial : L'Enfant : articles de Pontalis, Cireen, Diatkine, Widlöcher, Harris, Cramer, etc. Gallimard, Paris, 1979, *19,* 1 vol.
OSTERRIETH et coll. : *Le problème des stades en psychologie de l'enfant.* P.U.F., Paris, 1956.

RAVEAU (F.H.), ROYANT-PAROLA (S.) : Bases neuro-anatomiques et neurophysiologiques des comportements. *Psychologie méd.,* 1980, *XII* (A), p. 23-40.
ROUCHOUSE (J.C.) : Éthologie de l'enfant et observation des mimiques chez le nourrisson. *Psych. enf.,* 1980, *23* (1), p. 203-249.
SEGAL (A.) : *L'œuvre de Mélanie Klein.* P.U.F., Paris, 1969.
SELVINI-PALAZZOLI (M.), BOSCOLO (L.), CECCHIN (G.), PRATA (G.) : *Paradoxe et contre-paradoxe.* E.S.F., Paris, 1980.
SKINNER (B.F.) : *Pour une science du comportement : le behaviorisme.* Delachaux et Niestlé, Neuchâtel, 1979.
SMIRNOFF (V.) : *La psychanalyse de l'enfant.* P.U.F., Paris, 1966.
SPITZ (R.A.) : *Le Non et le Oui.* P.U.F., Paris, 1963.
SPITZ (R.A.) : *De la naissance à la parole : la première année de la vie.* P.U.F., Paris, 1968.
TASSIN (J.P.) : Approche du rôle fonctionnel du système méso-cortical dopaminergique. *Psychologie méd.,* 1980, *XII* (A), p. 43-63.
WALLON (H.) : *Les origines du caractère chez l'enfant. Les préludes du sentiment de personnalité.* P.U.F., Paris, 3e éd., 1954.
WALLON (H.) : *L'évolution psychologique de l'enfant.* A. Colin, Paris, 5e éd., 1957.
WALLON (H.) : *Les origines de la pensée chez l'enfant.* P.U.F., Paris, 3e éd., 1963.
WATZLAWICK (P.), HELMICK-BEAVIN (J.), JACKSON (D.) : *Une logique de la communication.* Trad. J. Morche. Le Seuil, Paris, 1972.
WATZLAWICK (P.), WEAKLAND (J.H.), FISH (R.) : *Changement. Paradoxe et psychothérapie.* Le Seuil, Paris, 1975.
WINNICOTT (D.W.) : *De la pédiatrie à la psychanalyse.* Payot, Paris, 1969.
WINNICOTT (D.W.) : *Processus de maturation chez l'enfant.* Payot, Paris, 1970.
ZAZZO (R.) : *L'attachement.* Delachaux et Niestlé, Neuchâtel, 1974.

2

Le normal et le pathologique

La question du normal et du pathologique est une question qui préoccupe plus le philosophe que le médecin : ce dernier se soucie avant tout de savoir ce qu'il peut faire ou non pour son patient plus que de savoir si ce dernier est « normal ou pathologique ». Si cette attitude pragmatique se justifie dans le domaine de la médecine somatique, il n'en va plus de même dans le champ de la psychiatrie, champ bordé de tous côtés par les problèmes éthiques, culturels, sociaux, politiques entre autres, etc. Le Psychiatre, dans l'exercice de sa spécialité, ne peut s'abstraire d'un tel contexte qui délimite et définit en partie son mode de travail. Le psychiatre d'enfant est lui aussi interpellé pour les mêmes raisons, mais s'y ajoute l'incertitude face à la croissance de l'enfant ainsi que la place familiale et sociale surdéterminée que cet enfant occupe.

En effet, le psychiatre d'enfant est sollicité pour examiner un petit patient qui très généralement ne demande rien, prié de faire disparaître une conduite jugée non conforme par la famille, l'école, les voisins ou l'assistante sociale sur des critères purement externes et adaptatifs. De son côté, ce psychiatre prend en compte, dans son évaluation, des facteurs fort différents : capacité de sublimation dans un secteur, importance des contre-investissements défensifs, souplesse ou rigidité de l'ensemble du fonctionnement mental, évaluation du niveau conflictuel en fonction de l'âge, etc.

Les critères de normalité ne peuvent donc se limiter à l'évaluation de la conduite qui a motivé la demande d'examen et se résumer à une simple grille de décodage symptomatique.

I. – Le normal et le pathologique : problèmes généraux

Depuis Canguilhem, il est devenu évident que le normal et le pathologique constituent les deux termes indissociables d'un même couple antithétique : l'un ne peut se définir sans l'autre. Le problème est d'autant plus ardu en français que s'y ajoute une confusion entretenue par la phonétique entre l'anormal (du latin *norma :* l'équerre) et l'anomalie (de la racine grecque ομαλος : lisse, sans aspérité). Les rapports entre l'anomalie, l'anormal et le pathologique doivent être ainsi précisés.

Du normal, les diverses définitions possibles se rattachent toutes à quatre points de vue :

1°) le normal en tant que santé, opposé à la maladie ;

2°) le normal en tant que moyenne statistique ;

3°) le normal en tant qu'idéal, utopie à réaliser ou à approcher ;

4°) le normal en tant que processus dynamique, capacité de retour à un certain équilibre.

Confondre normal et santé en y opposant anormal et maladie constitue à l'évidence une position statique qui ne correspond plus à la dimension dynamique de la majorité des maladies : le patient diabétique avant la décompensation, l'asthmatique avant la crise sont normaux au sens d'une absence de symptôme. La maladie ne peut plus se réduire à ses signes lésionnels. Doit aussi intervenir une potentialité à recouvrer la santé, qui nous rapproche de la définition du normal en tant que processus.

Assimiler le normal à la moyenne, c'est d'abord confondre l'anormal et l'anomalie, puis rejeter dans le champ du pathologique tout ce qui n'est pas dans la zone médiane de la courbe de Gauss : les sujets de petite taille, les individus surdoués sur le plan intellectuel sont-ils pathologiques ? En psychiatrie il faut en outre tenir compte de la pression culturelle : risque alors d'être considérée comme anormale toute conduite déviant de la moyenne. De ce point de vue les résistants français pendant l'occupation, étaient anormaux, de même que la majorité des hommes dits de « progrès ».

Renvoyer le normal à un modèle, à une utopie, c'est instaurer *ipso facto* un système de valeurs, une normalité idéale, peut-être celle dont rêvent les politiques, les administratifs ou les parents et les enseignants pour leurs enfants. Si cet idéal est défini par le groupe social, ceci revient plus ou moins à le confondre à la norme statistique. Si cet idéal est un système de valeur personnel (idéal du Moi), encore faut-il voir comment il fonctionne puisqu'on connaît bien maintenant certaine « maladie d'idéalité » (pathologie narcissique), ce qui revient à définir un « fonctionnement mental normal ».

Faire du normal un processus d'adaptation, une capacité de réactions pour retrouver un équilibre antérieur perdu, c'est introduire une évaluation dynamique. Mais dans le champ psychosocial une telle définitition risque de réduire le concept de normalité à un état d'acceptation, de soumission ou de conformisme aux exigences sociales. La capacité d'adaptation, ou ce qu'on a pu appeler l'adaptabilité serait pour certains un meilleur critère que l'adaptation elle-même : encore reste-t-il à définir les critères de cette capacité ce qui risque de renvoyer à la définition du normal, soit comme moyenne, soit comme utopie.

On le voit, il n'existe pas de définition simple et satisfaisante du normal ; chacun des cadres de référence choisie offre des exceptions où s'insinue le pathologique. En réalité normal et pathologique sont aussi dépendants l'un de l'autre que le sont en biologie génétique « le hasard et la nécessité » (J. Monod) : le besoin de la reproduction exerce une nécessaire pression normative, tandis que la possibilité de l'évolution implique une déviance aléatoire.

Toutefois le médecin n'est pas confronté ici à un problème théorique mais à un choix pratique : devant tel ou tel patient doit-il intervenir ou s'abstenir ? Le pédopsychiatre plus que tout autre spécialiste est placé face à ce dilemme car l'état symptomatique actuel de l'enfant ne préjuge en aucune façon son futur état d'adulte. Par-delà les conduites symtomatiques le pédopsychiatre doit trouver un autre système d'évaluation.

II. – Problème du normal et du pathologique en psychopathologie de l'enfant

Aussi longtemps que l'exercice de la pédopsychiatrie s'est limité à la pratique de quelque thérapie dans un cabinet privé, la question du normal et du pathologique était secondaire. En revanche, l'extension considérable de la pratique pédopsychiatrique et de ses applications à l'hygiène mentale de la population, une efficacité certaine mais jointe à un coût social tout aussi certain, impliquent des choix stratégiques. L'époque est révolue où l'on pouvait souhaiter que tout enfant suive une psychanalyse prophylactique : une telle position recélait une profonde erreur sur la fonction même de l'analyse d'un enfant, erreur justifiée en ces temps-là par la confusion ou les incertitudes dans le champ spécifique de la psychanalyse et de l'éducation (voir les débats entre M. Klein et A. Freud dans les années 1930). Mais à notre époque l'hygiène mentale doit aussi se préoccuper, non pas de son rendement au strict sens commercial, mais de son efficacité. Certaines évaluations statistiques à grande échelle doivent de ce fait inciter à réflexion :

– la fréquence des débilités dites limites varie en fonction de l'âge. Elle diminue de façon considérable à l'âge adulte : est-ce à dire que l'intelligence augmente avec l'âge ? ou plus simplement que les critères d'évaluation appliqués à l'enfant ne tiennent pas compte que de son état ? En termes plus politiques n'est-ce pas la simple fréquentation de l'école qui désigne un certain nombre d'enfants écoliers comme débiles ? (la norme scolaire ne correspondant pas à la norme statistique du développement) (voir discussion sur le Q.I. p. 157) ;

– l'inégale et constante répartition des sexes dans la population consultante en pédopsychiatrie constitue un problème majeur : 70 % de garçons, 30 % de filles. Doit-on en conclure qu'être garçon est plus pathologique qu'être fille ou que la normalité idéale et/ou sociale correspond mieux aux capacités et besoins de la fillette ? Ce problème est d'autant plus aigu que la répartition sexuée de la population psychiatrique adulte est inverse (majorité de femmes par rapport aux hommes) : voir la discussion sur la psychopathologie de la différence des sexes.

En dehors de toute approche individuelle, ces simples constatations statistiques justifient déjà une réflexion sur le champ d'activité du pédopsychiatre. Cette réflexion se résume par l'interrogation : les enfants vus par le pédopsychiatre représentent-ils la future clientèle potentielle de consultation adulte ou en sont-ils fondamentalement différents ? Les études épidémiologiques incitent à penser qu'il faut plutôt retenir la seconde hypothèse. De nouvelles questions se posent alors pour expliquer cette différence : est-elle imputable à l'efficacité de l'action des pédopsychiatres ? Traduit-elle le décalage entre la demande de consultation pour des enfants qui, temporairement, ne se conforment pas à un modèle idéal de développement (des pédagogues, des parents), mais qui seront ultérieurement des adultes bien portants ? On le voit, ces questions paraissent fondamentales au niveau de l'hygiène mentale de la population.

En revanche, face à un enfant particulier l'évaluation du normal et du pathologique se pose différemment ; il faut alors reconnaître le symptôme, en évaluer le poids et la fonction dynamique, tenter de situer sa place au sein de la structure, apprécier enfin cette structure dans le cadre de l'évolution génétique et au sein de l'environnement. C'est de cette quatruple évaluation symptomatique, structurelle, génétique et environnementale que procède toute démarche pédopsychiatrique.

A. – Normalité et conduite symptomatique

Le premier souci du pédopsychiatre confronté à une conduite inhabituelle est d'abord d'évaluer son caractère pathologique ou normal ; en réalité, les termes de cette alternative ne sont pas très adéquats. Il serait préférable que le consultant la remplace par l'interrogation suivante : cette conduite manifeste (mentalisée ou agie) présente-t-elle au sein du fonctionnement mental de l'enfant un pouvoir pathogène ou assume-t-elle un rôle organisateur ? En effet, distinguer une conduite normale d'une conduite pathologique revient à introduire dans le champ du fonctionnement mental une solution de continuité dont on sait bien depuis Freud qu'elle n'existe pas. Widlöcher fait à juste titre remarquer que le consultant se comporte trop souvent comme s'il y avait deux types hétérogènes de conduites : le premier caractériserait des conduites-symptômes propres au domaine pathologique, le second des conduites existentielles propres à la normalité.

L'expérience clinique la plus simple montre combien cette attitude est fallacieuse. Qu'il s'agisse d'opérations de pensée interne (phobie, pensée obsessionnelle) ou de conduites externes (passage à l'acte, bégaiement...), on retrouve toujours un fil continu sous-tendant les diverses conduites humaines, depuis celles qui témoignent des préformes organisatrices du psychisme jusqu'à celles qu'on observe dans les états pathologiques structurés. L'étude des phobies (v. p. 312) ou des conduites ritualisées (p. 316) est parfaitement convaincante. Même pour une conduite apparemment plus déviante, telle que le bégaiement, on retrouve une phase de développement où le bégaiement a pu être qualifié de physiologique (v. p. 120).

La description sémiologique, le repérage d'une conduite ne peuvent donc pas suffire à en définir le rôle pathogène ou organisateur. Une évaluation dynamique et économique doit s'y ajouter. Le point de vue économique consiste à évaluer dans quelle mesure la conduite incriminée n'est qu'une formation réactionnelle, ou au contraire dans quelle mesure s'y attache aussi un investissement sublimatoire : en d'autres termes, dans quelle mesure le Moi est-il partiellement amputé de ses fonctions par le compromis symptomatique, ou au contraire dans quelle mesure peut-il réintroduire cette conduite dans son potentiel d'intérêts ou d'investissements divers ? Le point de vue dynamique et génétique cherche à évaluer l'efficacité avec laquelle la conduite symptomatique lie l'angoisse conflictuelle et autorise de ce fait la poursuite du mouvement maturatif ou, à l'opposé, s'avère inefficace pour lier cette angoisse qui resurgit sans cesse, suscite de nouvelles conduites symptomatiques et entrave le mouvement maturatif. Ces deux approches d'un symptôme, économique d'un côté et génétique de l'autre, doivent se compléter. Elles renvoient en réalité à l'approche structurelle et à l'approche génétique.

Reste le difficile problème de l'absence apparente de toute conduite déviante au sens de la norme statistique. En réalité toutes les enquêtes épidémiologiques systématiques montrent que l'absence de tout symptôme chez un enfant est une éventualité d'autant plus rare que l'examen clinique et l'évaluation par les tests psychologiques sont poussés. Toutefois, certains enfants grandissent sans présenter apparemment de tel symptôme : à l'évidence ils ne viennent pas en consultation. Pour la grande majorité d'entre eux, cette normalité symptomatique reflète probablement la santé mentale. Mais il en est pour qui cette normalité de surface n'est rien d'autre qu'un conformisme adaptatif, une organisation en faux-*self* selon Winnicott, une soumission aux pressions et exigences de l'entourage. Ces enfants conformistes, qui s'adaptent en surface, s'avèrent incapables de construire une organisation psychique interne cohérente et d'élaborer les inévitables conflits de développement. A titre d'exemple, lors des crises graves de l'adolescence qui mettent en cause les fondements de l'identité narcissique (dépression grave ou épisode psychotique aigu), il n'est pas rare de constater dans les antécédents infantiles de ces patients un « blanc » apparent, une sorte de normalité fade et sans relief : enfants, ils ont traversé toutes les situations conflictuelles sans problème apparent : « ils étaient gentils, sages, pas difficiles, ils ont poussé sans problème ». Certes ce discours parental peut être défensif, masquant un refoulement ou un déni des difficultés passées, mais dans une proportion importante de cas, il semble bien que l'enfance se soit déroulée avec cette uniformité asymptomatique, qui ne doit en aucun cas être confondue avec la santé mentale.

B. – Normalité et point de vue structurel

Par-delà l'évaluation symptomatique, il convient donc de se référer à la structure mentale. Freud, un des premiers, a montré par le décryptage de la signification inconsciente des conduites mentales que la conduite de l'« insensé » était tout autant chargée de sens que celle de l'individu sain. Par la suite il a introduit une ligne de partage entre les individus présentant une organisation mentale de type psychotique (les psychonévroses narcissiques de Freud) et ceux qui ont une structure névrotique, non pas en fonction de la signification de leur conduite, mais en fonction de l'efficacité de la psychanalyse.

Pour Freud il n'y a pas de différence entre l'homme sain et l'homme névrosé : tous les deux présentent le même type de conflit œdipien, utilisent les mêmes types de défenses (refoulement, déplacement, isolation, conversion), ont traversé pendant l'enfance les mêmes stades maturatifs. La seule différence entre l'individu névrotique sain et l'individu névrosé souffrant réside dans l'intensité des pulsions, du conflit et des défenses, intensité dont rendent compte les points de fixation névrotiques et la relative rigidité des défenses. La compulsion de répétition, caractéristique essentielle du névrosé malade, représente l'élément de morbidité le plus distinctif : la définition de la normalité comme processus adaptatif s'applique assez bien à ce cadre, la santé pouvant être définie comme la capacité d'utiliser la gamme la plus étendue possible de mécanismes psychiques en fonction des besoins.

Chez l'enfant les rapports entre le complexe œdipien comme stade maturatif du développement et la névrose comme organisation pathologique sont loin d'être simples (v. la discussion p. 326), mais tous les auteurs s'accordent à reconnaître qu'il n'y a pas d'autre différence que quantitative (fonction économique du symptôme).

Plongeant au plus profond et au plus précoce de l'organisation du psychisme enfantin, M. Klein a décrit de son côté la phase schizoparanoïde. Au cours de cette phase les fantasmes, les mécanismes défensifs érigés contre l'angoisse résultant de ces fantasmes, sont en tout point analogues, selon M. Klein, à ce qu'on observe chez les patients psychotiques : fantasmes de dévoration sadique et d'anéantissement au cours de la scène primitive, clivage, idéalisation, projection persécutive, etc. L'angoisse inévitable provient de ces conflits archaïques et est en partie entretenue par les mécanismes défensifs archaïques ; la névrose de l'enfant n'est rien d'autre que la bonne manière de guérir de ces angoisses archaïques. Là encore il n'y a pas de distinction qualitative fondamentale entre le développement normal et le développement pathologique jusque et y compris dans le champ des états psychotiques. La seule différence est quantitative : l'intensité des pulsions agressives peut en effet provoquer une angoisse telle que l'évolution maturative s'en trouve bloquée. Les divers états pathologiques ne sont pas très différents des stades maturatifs normaux correspondant au palier atteint lors du blocage évolutif. L'évaluation du pathologique repose sur l'analyse des facteurs entravant précisément la bonne marche de la maturation et du déploiement de la névrose. A cet égard M. Klein souligne l'importance de l'inhibition des tendances épistémophiliques et du refoulement de la vie imaginaire.

Ces brefs rappels théoriques de Freud et de M. Klein ont l'intérêt de montrer que la ligne de partage entre le normal et le pathologique ne peut non plus se faire au seul regard de la structure mentale de l'enfant. L'utilisation de termes propres à la pathologie (phase schizoparanoïde, défense maniaque, position dépressive) pour désigner des stades normaux, des paliers maturatifs nécessaires pendant la croissance de l'enfant, montre à quel point la seule référence structurelle est insuffisante.

Il convient ici de s'interroger sur la notion de structure mentale en psychopathologie infantile. Bien plus que chez l'adulte, la définition de la « structure mentale » d'un enfant est pleine d'aléas ; cette structure ne se laisse jamais percevoir avec la même netteté. En effet la délimitation des conduites pathologiques est plus incertaine, les liens possibles entre diverses conduites paraissent toujours plus lâches qu'en pathologie adulte. L'intrication constante des mouvements de progression et de régression estompe encore tout contour trop précis ; l'inachèvement du fonctionnement psychique ne permet pas de se référer à un modèle stable et accompli ; l'existence de moments critiques dans le développement rend compte de bouleversements structurels longtemps possibles ; la dépendance prolongée à l'entourage peut provoquer des remaniements imprévisibles. Tous ces facteurs brièvement énumérés rendent compte de la difficulté fréquente, et probablement aussi de l'erreur, à définir trop rigoureusement une structure psychique chez l'enfant.

Cependant cette réserve admise dans le domaine théorique pose des problèmes dans le domaine clinique : sur quels bases et critères délimiter la pathologie mentale de l'enfant, comment comprendre et intégrer les unes aux autres les diverses conduites pathologiques observées ?

De ce point de vue la place occupée par les troubles instrumentaux en psychopathologie infantile est éclairante. A titre d'exemple nous prendrons le cas du symptôme « dyslexie-dysorthographie » (pour la description clinique v. p. 115).

1°) Certains auteurs considèrent ce symptôme comme le témoin d'une lésion neurophysiologique dans une conception pas très éloignée des théories lésionnelles anatomo-cliniques de la psychiatrie du XIXe siècle. Cette position, véritable pétition de principe, est tout aussi indémontrable qu'irréfutable : la dyslexie est le symptôme de la maladie « Dyslexie », entité autonome, caractérisée par une lésion spécifique.

2°) D'autres auteurs comprennent la dyslexie comme le témoin d'un processus spécifique d'inhibition épistémophilique qui traduit la persistance d'un conflit œdipien actif et le refoulement secondaire. La dyslexie est l'un des symptômes de la névrose chez l'enfant.

3°) Pour d'autres, la dyslexie résulte de l'immaturité d'une fonction instrumentale et n'est que la prolongation excessive d'un palier normal rencontré au début de tout apprentissage de la lecture et de l'écriture (en particulier au moment de l'apprentissage des logotomes, avec de fréquentes assimilations, inversions, contractions). La dyslexie est donc un trouble transitoire de développement, inquiétant simplement pour ses conséquences secondaires (échec scolaire, opposition de l'enfant, etc.).

4°) D'autres enfin estiment que la dyslexie n'est que la traduction de l'inadaptation des exigences scolaires ou de l'incompétence du pédagogue face aux possibilités des enfants. La dyslexie-dysorthographie est le témoin de la maladie de l'école, de ses structures et de son contenu.

On voit ici, à propos d'une conduite aisément repérable, les diverses tentatives pour l'intégrer dans un ensemble conceptuel plus vaste, en référence :

1°) à un cadre lésionnel,
2°) à un cadre structurel,
3°) à un cadre génétique,
4°) à un cadre environnemental.

De plus ces abords théoriques ne sont pas nécessairement incompatibles.

Ceci explique la difficulté de toute tentative de classification en psychopathologie infantile et son caractère toujours insatisfaisant. Toutefois, quelques entités descriptives se laissent percevoir avec une certaine régularité : de tels regroupements sémiologiques ne doivent pas être interprétés autrement que comme association de conduites assez régulièrement corrélées et dont l'isolement ne se justifie que par leur fréquence.

C. – Normalité et point de vue génétique : dysharmonie et immaturité

La croissance et la tendance à la progression constituent la toile de fond toujours changeante à laquelle le psychisme de l'enfant doit s'adapter. Cette croissance présente deux versants que l'école américaine de psychologie du Moi de Hartmann a distingué en séparant *les processus de maturation et les processus de développement.*

■ **Les processus de maturation** représentent l'ensemble des facteurs internes qui président à la croissance. Ces facteurs pèsent d'un poids considérable sur l'enfant. Outre les facteurs somatiques de la croissance il y a ceux qu'Anna Freud appelle les forces progressives du développement : l'enfant cherche à imiter son père, les frères ou sœurs plus âgés, l'enseignant ou simplement les « grands ». Il veut posséder leurs attributs ou leurs caractéristiques, méprise en même temps les petits, du moins ceux qui sont juste au-dessous de lui...

■ **Les processus de développement** incluent l'ensemble des interactions entre l'enfant et l'environnement, les facteurs externes pouvant jouer dans cette croissance un rôle positif ou négatif.

Si la valeur heuristique de cette distinction est évidente, en pratique clinique il n'est pas facile de séparer processus de maturation et processus de développement en raison du retentissement mutuel permanent. En effet, il faut abandonner la position figée et scientifiquement fausse qui consiste à faire de la croissance de l'enfant un processus génétiquement programmé dans sa totalité dès la naissance. Les recherches en psychophysiologie ont clairement démontré l'importance des interactions entre équipement de base et apport environnemental (Karli).

Outre ces interactions constantes avec l'environnement les processus de maturation ne doivent pas être considérés comme des processus au déroulement régulier, harmonieux, dans une progression sans heurt ni conflit, ce qui constituerait en quelque sorte un hypothétique « développement normal ». Comme le souligne Widlöcher *« les forces de résistance au changement sont considérables chez l'enfant. A tout moment il réalise un système en équilibre. La compulsion de répétition agit puissamment ».* Les conflits font partie inhérente du développement, qu'il s'agisse comme le précise A. Freud de conflits externes, intériorisés ou internes ou bien, selon H. Nagera (v. p. 382) d'immixtion dans le développement, de conflits de développement ou de conflits névrotiques.

Ainsi qu'on l'a vu dans les précédents paragraphes l'évaluation de l'angoisse liée à ces conflits, des compromis et symptômes qui en résultent et même l'évaluation de l'organisation structurelle synchronique ne peuvent suffire à distinguer le normal du pathologique. La capacité de progression que préserve la conduite symptomatique et qu'autorise l'organisation structurelle ou, au contraire, leur pouvoir de fixation et/ou de régression ne peuvent s'apprécier qu'à travers une perspective diachronique.

L'intensité et le caractère pathogène de ces points de fixation et de ces régressions peuvent entraîner des distorsions du développement de plus en plus importantes. A. Freud propose d'ailleurs comme critère d'appréciation du pathologique l'étude de la *dysharmonie* entre les lignes de développement. Cet auteur définit plusieurs lignes de développement qui représentent des axes particuliers de la croissance d'un enfant : ligne de développement allant de l'état de dépendance à l'autonomie affective et aux relations d'objet de type adulte, ligne de développement de l'indépendance corporelle (de l'allaitement à l'alimentation rationnelle ou de l'incontinence au contrôle des sphincters), ligne de développement du corps au jouet et du jeu au travail, etc.

Pour A. Freud la pathologie peut naître d'une dysharmonie de niveau maturatif entre ces lignes. *Ce concept de dysharmonie* connaît un succès important : il est utilisé avec de nombreuses interprétations psychopathologiques et tend même à devenir un nouveau cadre de référence synchronique, ce qui représente certainement une utilisation totalement pervertie d'un tel concept. Il n'en est pas moins évident qu'on décrit de plus en plus souvent des « organisations dysharmoniques », que la dysharmonie siège dans l'évolution génétique ou dans l'organisation cognitive (v. à ce sujet l'ensemble de la discussion et les descriptions cliniques regroupées dans le chapitre 20 : *Aux frontières de la nosographie*). Mais là encore, dans la distinction du normal et du pathologique, il convient de faire preuve de discernement. A. Freud elle-même souligne que *« la dysharmonie entre les lignes de développement constitue seulement un facteur pathogène si le déséquilibre est excessif au sein d'une personnalité »*. En aucun cas la seule existence d'un déséquilibre ne peut suffire à définir le pathologique. L'utilisation de larges batteries de tests montre constamment qu'on arrive toujours à découvrir une série dont le niveau est en discordance avec les autres : *« plus la batterie est étendue, plus le profil est en ligne brisée avec de mauvais résultats à quelques épreuves »* (C. Chiland). Le développement harmonieux représente plus un idéal, une norme utopique qu'une réalité clinique et, là encore, il n'existe aucune solution de continuité entre une dysharmonie minime, autorisant le maintien d'un développement satisfaisant dans le cadre de la normalité et une dysharmonie plus importante, entravant ce développement et enfonçant l'enfant dans un cadre pathologique fixé.

Une autre notion qui se réfère implicitement à un modèle idéal ou statistique de développement normal est souvent utilisée en psychopathologie infantile pour des conduites cliniques qui se situent à la limite du normal et du pathologique : il s'agit de l'**immaturité.**

A partir de l'immaturité de nombreux tableaux cliniques ont été isolés sur des bases étiopathogéniques très diverses. Les auteurs qui utilisent ce concept justifient la référence à un processus de maturation purement neurophysiologique en raison des signes observés sur l'E.E.G. qu'on regroupe d'ailleurs sous le nom de « tracé immature ou dysmature » : tracé globalement lent pour l'âge (mais qui pourrait être physiologique pour des enfants plus jeunes) présentant une sensibilité exagérée à l'hyperpnée et de fréquents signes d'« irritation » ou des ondes lentes à prédominance occipitale. L'interprétation d'un tel tracé fait explicitement référence à une norme de fréquence statistique concernant l'évolution de l'électrogenèse cérébrale du jeune enfant. La question est de savoir le degré de corrélation existant entre ces déviances électroencéphalographiques et la symptomatologie décrite sous le nom d'immaturité.

En clinique, l'immaturité se rapporte habituellement à l'organisation psychomotrice, à la sphère affective ou émotionnelle. A partir de l'immaturité psychomotrice, Dupré, sous le nom de « débilité motrice » a individualisé d'abord un tableau clinique ; puis on a construit une théorie étiopathogénique dont le dernier avatar nous semble être la notion de *Minimal brain dysfonction* (v. p. 97 et p. 373). Des dyspraxies les plus graves aux maladresses gestuelles banales en passant par l'instabilité, le partage entre le normal et le pathologique reposerait sur une lésion ou un dysfonctionnement posé plus comme une pétition de principe que comme une réalité clinique.

L'immaturité affective ou émotionnelle renvoie à un ensemble de conduites marquées en particulier par la difficulté de contrôler les émotions, leur intensité et leur labilité, la difficulté à tolérer la frustration, la dépendance affective, le besoin de sécurité, la suggestibilité...

On retrouve ici un ensemble de traits décrits dans diverses organisations pathologiques, en particulier la psychopathie et l'hystérie, aussi bien en clinique de l'adulte qu'en clinique de l'enfant. Comme pour la « débilité motrice » certains auteurs y voient la trace d'une lésion ou d'un dysfonctionnement. Dans une perspective analytique, cette immaturité affective et émotionnelle renvoie aux notions de tolérance à la frustration et de capacité de passage à l'acte qui, pour A. Freud, constituent un des éléments d'évaluation du normal et du pathologique, mais aussi à la notion de « force du Moi » largement utilisée par les psychanalystes de l'école d'Hartmann.

D. – Normalité et environnement

Winnicott a très justement dit qu'un petit enfant sans sa mère cela n'existe pas : les deux, mère et enfant, forment un tout sur lequel doit porter l'évaluation et l'effort thérapeutique. Cette vérité est aussi valable pour l'enfant plus grand et l'adolescent. L'évaluation du normal et du pathologique dans le fonctionnement d'un enfant ne saurait ignorer le contexte environnemental parental, fraternel, scolaire, résidentiel, amical, religieux, etc.

De nombreuses conduites jugées pathologiques par l'entourage apparaissent en réalité soit comme des signes d'une protestation saine, soit comme les témoins de la pathologie de l'entourage. Dans des conditions d'environnement pathologique, c'est le cas de conduites comme le vol (v. p. 182) ou le mensonge (v. p. 179) ou de comportements apparemment plus désorganisés, tel que le délire induit (v. p. 409).

Les critères d'évaluation appliqués à l'enfant doivent tenir compte du contexte : en effet la même conduite peut avoir un sens très différent selon qu'elle survient chez un enfant bénéficiant d'un apport familial positif ou au contraire chez un enfant vivant au milieu d'une désorganisation générale comme c'est le cas pour les familles-problèmes (v. p. 396).

Mais l'évaluation du retentissement des conditions externes au sein de la structure psychologique de l'enfant n'est pas aisée. La notion de pathologie réactionnelle ne doit pas conduire à imaginer qu'un symptôme puisse répondre en totalité et en permanence à un simple conditionnement ou à une réaction linéaire du type stimulus-réponse. Il faut en outre évaluer le degré d'intériorisation de cette conduite et son pouvoir pathogène pour l'organisation psychique actuelle de l'enfant.

C'est à cette démarche que répondent les concepts de trouble réactionnel (v. p. 381), mais aussi les notions de vulnérabilité et de compétence (v. p. 386). Ainsi, vouloir définir en fonction de l'environnement un enfant normal et un enfant pathologique revient en partie à définir un environnement normal ou pathologique, c'est-à-dire une société normale ou pathologique, ce qui nous ramène aux diverses définitions possibles de la normalité et illustre aussi le risque d'une réflexion close sur elle-même quand on aborde ce problème sur un plan purement théorique.

III. – Conclusion

Dans l'étude des conduites et de l'équilibre psycho-affectif d'un enfant, le normal et le pathologique ne doivent pas être considérés comme deux états distincts l'un de l'autre qu'une frontière ou un large fossé sépareraient avec rigueur. Rien ne permet de considérer qu'il existe deux champs résolument hétérogènes témoignant l'un des processus psychologiques normaux et l'autre de déstructuration ou d'inorganisation pathologique. Le développement, la maturation de l'enfant sont par eux-mêmes des sources de conflits qui, comme tout conflit, peuvent susciter l'apparition de symptômes.

Ainsi les champs respectifs du normal et du pathologique s'interpénètrent sur une large partie : un enfant peut être pathologiquement normal comme il peut être normalement pathologique. Au pathologiquement normal peuvent appartenir des états tels que l'hypermaturité des enfants de parents psychotiques (p. 408) ou divorcés (p. 411) ou le conformisme. Au normalement pathologique appartiennent les phobies de la petite enfance, les conduites de rupture de l'adolescence et bien d'autres états encore.

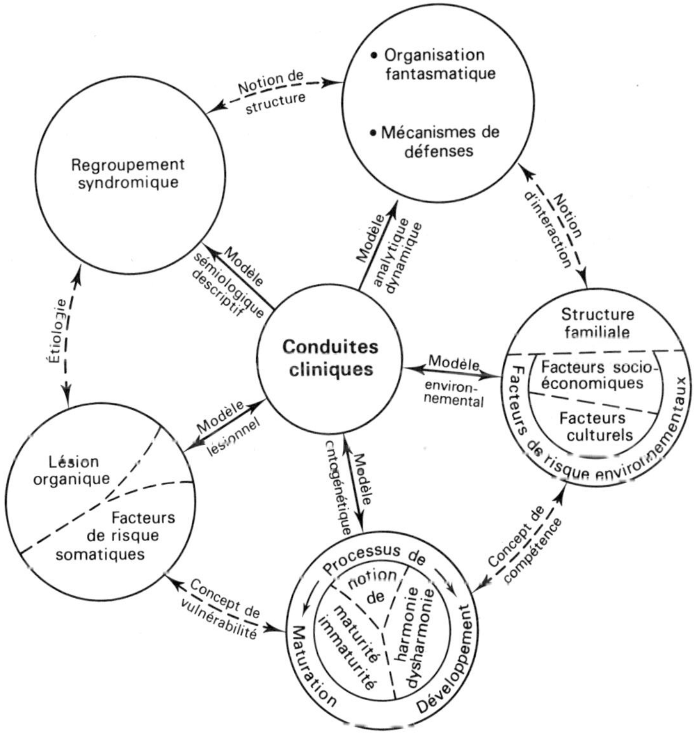

TABLEAU I. – Les divers modèles de compréhension en psychopathologie de l'enfant

Raisonner dans une dichotomie simpliste : normal ou pathologique, n'offre pas grand intérêt en pédopsychiatrie. En revanche, l'évaluation du risque de morbidité et de la potentialité pathogène de l'organisation psychopathologique actuelle d'un enfant doit prendre en considération

TABLEAU II. – PERTINENCE RELATIVE DES DIVERS MODÈLES DE COMPRÉHENSION SELON QUELQUES « TABLEAUX CLINIQUES »

	MODÈLE DESCRIPTIF	MODÈLE STRUCTUREL	MODÈLE ONTOGÉNÉTIQUE	MODÈLE ENVIRONNEMENTAL	MODÈLE LÉSIONNEL
Névrose de l'enfant	+++	++++	++	+	
Dyslexie	+++	++	++	++	+
Autisme de Kanner	++++	+	++	+	+++
Psychose précoce type Psychose symbiotique	+	++++	++	+++	
Dysharmonie d'évolution		+	++++	++	
Prépsychose		++++	+++	++	
Désordre cérébral mineur (M.B.D.)	++++		+		+++
Épilepsie	++++	+	++		+++
Mongolisme	+++				++++
Prématurité et ses conséquences	++		++	++++	+++

plusieurs axes de repérage, se référer à divers modèles conceptuels. On peut considérer que ces modèles se répartissent en cinq grands types :

1°) modèle sémiologique descriptif ;
2°) modèle lésionnel ;
3°) modèle ontogénétique ;
4°) modèle analytique ;
5°) modèle environnemental.

Confronté à un enfant dans sa singularité, le clinicien utilise de façon préférentielle le ou les modèles qui lui paraissent le plus pertinent pour sa compréhension. Les « tableaux cliniques » décrits par la nosographie traditionnelle doivent eux aussi être compris à la lumière de ces modèles qui leur donnent un sens. A titre d'illustration nous terminons ce chapitre par deux tableaux, le premier celui des principaux axes de compréhension utilisés en psychopathologie de l'enfant ; le second est une tentative un peu schématique cherchant simplement à introduire une réflexion sur la pertinence de ces divers modèles selon les « tableaux cliniques » classiques. La plupart des classifications nosographiques actuelles tentent précisément de prendre en compte cette dimension pluri-axiale essentielle dans la psychopathologie, qu'il s'agisse du D.S.M.III ou de la récente classification française (voir p. 75).

Bibliographie

ANTHONY (E.J.), CHILAND (C.), KOUPERNICK (C.) : *L'enfant à haut risque psychiatrique.* P.U.F., Paris, 1980, 550 p.

CANGUILHEM (G.) : *Le normal et le pathologique.* P.U.F., Paris, 1966.

CHILAND (C.) : L'écolier normal. *Rev. neuro. psych. inf.,* 1978, 26, *9,* p. 469-470.

DIATKINE (R.) : Du normal et du pathologique dans l'évolution mentale de l'enfant. *Psy. Enf.,* 1967, 10, *1,* p. 1-42.

FREUD (A.) : *Le normal et le pathologique chez l'enfant.* Gallimard, Paris, 1962.

LEBOVICI (S.), DIATKINE (R.) : Le concept de normalité. *In* ANTHONY (E.J.), CHILAND (C.), KOUPERNICK : *L'enfant à haut risque psychiatrique.* P.U.F., Paris, 1980, p. 29-43.

MONOD (J.) : *Le hasard et la nécessité.* Le Seuil, Paris, 1970.

WIDLOCHER (D.) : La question du normal et du pathologique à l'adolescence. *Rev. neuro. psych. inf.,* 1978, XXVI, *10-11,* p. 533-537.

3

L'examen de l'enfant

I. – L'entretien clinique

Conduire les entretiens d'investigation avec un enfant et sa famille est assurément très difficile, exige une longue expérience, ne peut s'apprendre que partiellement dans les livres. La multiplicité des situations, le grand nombre d'intervenants autour de l'enfant, le surgissement inéluctable et nécessaire de l'imprévu, toutes ces données rendent compte des difficultés à codifier les entretiens initiaux.

Repérer les conduites de souffrance, analyser leur siège exact (chez l'enfant, chez ses parents, dans la fratrie, à l'école...), évaluer leur rôle dans l'organisation psychopathologique de l'individu et dans le système d'interactions du groupe familial, préciser leur niveau par rapport au développement génétique, reconnaître leur sens dans l'histoire de l'enfant et de ses parents : c'est brièvement résumer le travail multiaxial du consultant.

Au cours des entretiens d'investigation le but est non seulement d'évaluer le normal ou le pathologique d'une conduite, mais aussi d'aménager les possibilités thérapeutiques immédiates (consultations thérapeutiques) ou ultérieures. Le lecteur pourra se reporter aux chapitres consacrés à la question du normal et du pathologique (p. 47), aux entretiens d'investigation (p. 481) et à la consultation thérapeutique (p. 488). A l'évidence une connaissance approfondie du développement normal de l'enfant est nécessaire. Nous n'aborderons ici que les aspects techniques des entretiens. Deux points sont particulièrement délicats et représentent la dimension la plus spécifique de l'entretien en pédopsychiatrie :

1°) les relations parents-enfant-clinicien (A) ;

2°) les modes de communication entre le clinicien et l'enfant (B).

A. – Relations parents-enfant-clinicien

1°) Le premier rendez-vous

La manière dont le premier entretien se déroule est riche d'informations : les modes de contact (téléphone, visite, lettre), la personne qui prend contact (la mère ou le père, l'assistante sociale, un proche parent, l'enfant lui-même), les motivations brièvement énoncées, déversées à flot ou tenues secrètes, etc.

Le premier entretien lui-même, le déroulement de la consultation dépendent en partie du clinicien, en partie de la famille.

Parfois on demande au pédopsychiatre qui doit venir à ce premier entretien, mais le plus souvent celui-ci est confronté à une situation de fait, elle-même riche de renseignements :

– *l'enfant avec la mère* représente la situation banale dont on ne peut rien préjuger ;

– *l'enfant avec les deux parents* s'observe dans les familles attentives et motivées, mais aussi dans les familles en discorde où chacun tient à veiller sur la parole de l'autre ;

– *la mère seule* tente souvent d'inclure le clinicien dans la maîtrise omnipotente qu'elle veut exercer sur l'univers de son enfant ;

– *l'enfant, la mère et la fratrie* mettent en avant des problèmes d'interactions fraternelles (que ce soit dans le psychisme de la mère ou dans celui des enfants) ou s'observent quand la mère est débordée par sa progéniture dans une insertion sociale médiocre (pas de possibilité de garde) ;

– *l'enfant seul* (ou avec un tiers : assistante sociale, grand frère, grand-parent, voisin...) vient exprimer une souffrance abandonnique ou un rejet familial plus ou moins net.

– *l'enfant avec le père* traduit fréquemment une discorde familiale, un divorce, ou une situation inhabituelle (décès de la mère, travail du père à la maison...).

Compte tenu de ces diverses modalités nous essayons de nous en tenir aux règles exposées ci-après.

Avec le petit enfant et l'enfant d'âge moyen (jusqu'à 11-12 ans), le déroulement souhaitable nous paraît être le suivant :

a) le ou les parents s'expriment en présence de l'enfant ;
b) l'enfant est vu seul ;
c) la famille est à nouveau regroupée.

Il faut compter environ 90 à 120 minutes pour cette première consultation. La technique même de l'entretien avec le/les parents doit faire alterner le libre discours parental et les questions sur des points particuliers. L'« interrogatoire » permet certes de remplir la grille des symptômes, mais dessèche complétement le processus de la consultation. Le discours parental libre livre à nu les modes de communication, les défenses et constructions défensives, certains fantasmes familiaux, mais peut être ressenti avec une violence négative tout en laissant des zones d'ombre préjudiciables.

Le consultant doit être attentif aux divers niveaux de communications et d'échanges familiaux :

a) niveau infraverbal : répartition des personnes dans l'espace, vers qui va l'enfant, comment se répartit la parole, geste et mimiques des participants ;

b) niveau verbal : qualité formelle et articulatoire du discours, contenu patent, rupture de style ou de logique, etc.

Habituellement l'enfant se tait pendant que les parents content l'histoire du symptôme. Puis ils en viennent à évoquer l'histoire de l'enfant et parlent parfois de l'enfant réel mais aussi de l'enfant imaginaire. Il n'est pas rare que l'enfant intervienne dans le discours parental pour corriger une remarque, pour attirer l'attention plus ou moins exclusive sur lui ou pour demander à partir. La manière dont il s'introduit dans le dialogue parent-clinicien est toujours pertinente et doit être attentivement notée.

2°) Les entretiens ultérieurs

Trois à quatre entretiens d'investigation sont en général nécessaires. Si la nature des intervenants au premier entretien dépend de la famille elle-même, le clinicien doit pouvoir, aux entretiens suivants, prévoir les rencontres. La facilité ou la difficulté à rencontrer les divers membres de la famille est bien évidemment un indice de son fonctionnement (en particulier la venue du père à la consultation) et de son degré de motivation.

La question se pose alors de la rencontre des parents en dehors de la présence des enfants. D'une manière générale, l'enfant doit être prévenu du caractère confidentiel des échanges entre lui et le consultant : « ce qu'on a dit (ou fait) ensemble, moi je n'en parlerai pas à tes parents, mais toi, tu fais ce que tu veux, tu leur en parles ou tu ne dis rien ».

Lorsque le clinicien a été incidemment informé par l'enfant d'un élément que les parents n'avaient pas évoqué (qu'il s'agisse d'un oubli ou d'un secret de leur part), il est préférable de lui demander l'autorisation ou tout au moins de l'informer sur la nécessité d'aborder ce sujet avec ses parents.

La rencontre des parents en dehors de la présence de l'enfant n'est pas toujours nécessaire : s'il est possible de l'éviter, c'est préférable. Parfois il faut rencontrer les parents seuls :

– quand ceux-ci le demandent expressément ;
– quand l'enfant apparaît comme l'enjeu d'un conflit de couple ;
– quand il semble être le symptôme d'une pathologie parentale importante.

De cet entretien, l'enfant doit être prévenu. Si possible il vaut mieux que la rencontre avec les parents soit spécifiée comme telle et ait lieu sans que l'enfant vienne à la consultation (la patience de l'enfant seul dans la salle d'attente est toujours limitée).

Au cours de ces entretiens d'investigation pourront être abordés les divers secteurs dont la connaissance est indispensable : histoire de l'enfant, ses antécédents personnels, médicaux, psycho-affectifs, sociaux, ses relations avec les parents, avec la fratrie, à l'école, avec les enfants du même âge, ses intérêts et loisirs, l'histoire de la famille, l'histoire des parents, l'histoire des symptômes, des démarches entreprises et des examens effectués, etc.

B. – Mode de communication entre enfant et clinicien

Pouvoir établir une communication véritable, qui repose sur un échange affectif positif et pas seulement sur une réserve défensive, constitue l'objectif des entretiens d'investigation et présente en soi une dimension thérapeutique (v. *La consultation thérapeutique,* p. 488). Tout l'art du clinicien est alors d'offrir à l'enfant un contexte et une atmosphère tels que cette communication puisse s'établir. Une bonne connaissance des modes habituels de communication entre enfant et adulte est nécessaire, connaissance qui ne peut s'acquérir qu'aux contacts répétés des enfants de tous âges. Très schématiquement les principaux modes de communication sont les suivants.

■ **Le jeu :** jeu de petites autos ou de trains, jeu de poupée, jeu de dinette au cours desquels l'enfant met en scène ses fantasmes, maîtrise son angoisse, s'identifie aux personnes de son entourage, etc. (v. chapitre 11 : Psychopathologie du jeu p. 190). Pendant ce jeu l'enfant bouge, occupe l'espace : le clinicien peut alors évaluer la qualité de la motricité et se faire une idée de l'image dynamique du corps. Une maladresse gestuelle, une instabilité, des dystonies peuvent se révéler, justifiant d'un bilan psychomoteur (voir p. 98, 99).

■ **Le dialogue imaginaire :** le prototype en est le jeu avec les marionnettes, mais il y a aussi l'histoire inventée (du genre « tu inventes un bon rêve » ou « tu inventes un mauvais rêve ») ou encore le jeu de rôle tel que le jeu de l'école (« tu es l'élève, moi je suis la maîtresse » propose souvent la petite fille).

■ **Le dessin** est une technique particulièrement utilisée en France. Nous conseillons vivement la lecture des ouvrages de Widlöcher ou de Debienne. Souvent l'enfant dessine volontiers et spontanément. Après un premier dessin spontané, il peut être utile, si le dessin est très conventionnel ou défensif (une maison, un bouquet de fleurs), de proposer un thème pour un second dessin (un bonhomme, une famille...). Chez certains enfants inhibés par la feuille blanche, la suggestion initiale d'un thème ou l'ébauche d'une forme par la technique du Squiggle proposée par Winnicot (v. p. 489) sont souhaitables ;

■ **Le dialogue traditionnnel** enfin en face à face.

L'utilisation de ces divers modes de communication dépend un peu de l'aisance du clinicien à manier telle ou telle technique, un peu de la psychopathologie de l'enfant et beaucoup de son niveau de développement. Le tableau III donne les âges approximatifs auxquels correspondent ces diverses techniques. Il va de soi que ces limites peuvent être fluctuantes d'un enfant à l'autre, compte tenu en particulier de sa pathologie (la débilité ou la psychose réduisent beaucoup les possibilités de communication). Enfin quelques techniques particulières peuvent aussi être utilisées : pâte à modeler, jeux d'eau et/ou de sable, terre...

TABLEAU III. – CHRONOLOGIE DES PRINCIPAUX MODES DE COMMUNICATION AVEC L'ENFANT, EN SITUATION D'INVESTIGATION

	JUSQU'A 3 ANS	3 A 7 ANS	7 A 11 ANS	11 A 13 ANS	PLUS DE 13 ANS
Jeux	+++	++	+	—	—
Dialogues imaginaires	++	+++	+	—	—
Dessins	+	++	+++	—	—
Dialogues type adulte	—	—	+	++	+++

■ **Le langage du clinicien** doit être accessible à l'enfant en tenant compte de l'âge et du niveau de développement atteint. Avant 5-6 ans, les questions directement posées à l'enfant exercent fréquemment une action inhibitrice. Les phrases doivent être courtes, les mots simples, souvent répétés ; ceci est d'autant plus important que l'enfant est jeune (voir sur ce point l'attitude du thérapeute dans les psychothérapies couplées de la mère et du petit enfant). Le clinicien doit aussi être attentif à tous les autres modes de communication infraverbaux (communication analogique en particulier : v. p. 39) auxquels les enfants sont particulièrement sensibles : intonation de la voix, attitudes gestuelles, etc.

II. – Explorations complémentaires

Dans quelques cas les entretiens d'investigation doivent être complétés par un certain nombre d'explorations complémentaires, les unes portant sur des secteurs particuliers du fonctionnement psychique, les autres sur des éléments somatiques. Parmi les explorations psychologiques il s'agit d'une part des divers tests psychologiques et d'autre part du bilan des grandes fonctions instrumentales (bilan de langage, bilan psychomoteur) ou des acquis scolaires. Seuls sont envisagés ici les tests psychologiques de personnalité car les autres explorations sont étudiées dans le chapitre consacré aux fonctions instrumentales correspondantes.

Les explorations somatiques comprennent d'abord l'examen physique de l'enfant. De nos jours, déclarer que l'examen somatique est indispensable représente une clause de style vide de sens : sauf exception (lors d'une hospitalisation par exemple) il n'est ni souhaitable, ni possible d'examiner un enfant sur le plan somatique en même temps que l'on tente d'appréhender la signification consciente ou inconsciente des conduites qu'on nous donne à voir. En revanche, en cas de doute un examen somatique est nécessaire : il est bon que le pédopsychiatre puisse avoir toute confiance en cet examen et soit en relation avec un pédiatre et un neurologue avec lesquels il collabore.

Quant aux examens complémentaires somatiques il s'agit essentiellement de l'électroencéphalographie, de la tomodensitométrie cérébrale et des explorations de l'audition. Les autres examens ne seront demandés que s'il existe des signes d'orientation et en accord avec le médecin somaticien. L'électroencéphalogramme, technique d'enregistrement de l'électrogénèse cérébrale, ne sera pas détaillé ici, le lecteur est prié de se reporter à des articles spécialisés, ainsi qu'au chapitre consacré à l'épilepsie. En raison de leur intérêt nous dirons quelques mots de la tomodensitométrie et des explorations auditives.

Tomodensitométrie par Rayons X (T.D.M. : Scanner) Imagerie par résonance magnétique nucléaire (R.M.N.)

■ Principe :

Ces deux méthodes neuroradiologiques ont en quelques années profondément modifié l'exploration du systéme nerveux central, grâce à leur innocuité et aux résultats remarquables obtenus. L'évolution rapide des appareils ne cesse de rendre les examens plus rapides, les coupes explorées plus fines. Le prix élevé de ces explorations reste un facteur limitant. « *La tomodensitométrie par reconstruction d'imags consiste à analyser quantitativement le coefficient d'atténuation des rayons X et à reconstruire la topographie anatomique de ces densités* » (T.D.M.) (Touitou). *L'imagerie par résonance magnétique* nucléaire (R.M.N.) fournit des images multicoupes dans à peu près n'importe quel plan et même une imagerie tridimentionnelle. Actuellement on arrive à faire varier les coupes de 1 à 10 mm d'épaisseur.

■ **Application pratique.**
il convient désormais de demander une tomodensitométrie devant tout tableau faisant évoquer une participation du système nerveux. Citons en particulier l'intérêt de cet examen dans les tumeurs cérébrales et dans certaines encéphalopathies dégénératives ou inflammatoires (maladie de Schilder). La R.M.N. semble particulièrement indiquée dans les pathologies dégénératrices, vasculaires (hémorragiques, ischémiques), post-traumatiques. Elle permet également une meilleure exploration de la charnière cervico occipitale et de la moelle cervicale.

■ **Dans le domaine de la recherche** les explorations par T.D.M et par R.M.N. commencent à être systématiquement pratiquées pour certaines affections (voir Autisme infantile p. 295).

Techniques d'exploration de l'audition

Le dépistage d'un défaut d'audition, même partiel, doit être aussi précoce que possible, en raison de l'incidence que cette déficience sensorielle entraîne dans la communication humaine, en particulier le langage (v. Surdité p. 233). On distingue l'audiométrie subjective et l'audiométrie objective.

1°) Audiométrie subjective

Elle permet une évaluation très fidèle des seuils auditifs, sa valeur est fondamentale. Mais, elle nécessite la coopération et la participation active de l'enfant, que celle-ci soit consciente ou inconsciente (technique de conditionnement). Les difficultés psychologiques de l'enfant constituent une limite à son utilisation. La réponse positive est toujours certaine, mais la réponse négative ne doit pas être interprétée comme un nécessaire défaut d'audition (refus ou impossibilité de coopération).

Avant un an, il s'agit surtout de *réaction de surprise :* réaction motrice, réaction d'arrêt, réflexe cochléo-palpébral, modification de la mimique. Il s'agit d'un dépistage grossier demandant à être complété.

De un à trois ans, *le Réflexe d'Orientation Conditionné* (R.O.C.) permet de tracer une courbe audiométrique très valable. Il se fait en champ libre, et ne permet donc de tracer que la courbe de la meilleure oreille. Il s'agit d'une réaction de conditionnement : l'enfant tourne la tête vers une des sources sonores couplées à un petit théâtre qui s'illumine. La coopération de l'enfant, sa capacité de contact peuvent seules rendre l'examen fiable.

Après deux ans et demi-trois ans, la *Méthode du Peep Show,* permet, grâce à l'utilisation d'un casque, une étude de chaque oreille. C'est une méthode très sûre quand le conditionnement est possible : après chaque émission sonore, l'enfant appuie sur un bouton, ce qui lui fournit une récompense (passage d'un petit train). Cette participation active de l'enfant renforce le conditionnement.

2°) Audiométrie objective

Elle doit son succès, surtout chez l'enfant, au fait qu'elle ne demande pas la coopération du sujet. On distingue l'impédancemétrie et les méthodes électrophysiologiques.

■ **Impédancemétrie :** permet l'étude du fonctionnement de l'oreille moyenne : en cas de lésion, l'énergie acoustique n'est pas absorbée mais au contraire réfléchie. L'impédancemétrie mesure l'importance de cette énergie réfléchie selon les fréquences.

On étudie aussi le réflexe stapédien : contraction réflexe bilatérale du muscle de l'étrier lors de la perception d'un signal acoustique, ce qui assure que le sujet a entendu la stimulation.

■ **Méthodes électrophysiologiques :** elles enregistrent les phénomènes électriques induits par une stimulation sonore sur le trajet des voies de l'audition. Le potentiel d'action du nerf auditif peut être capté à tous les niveaux.

Électrocochléographie : enregistrement au niveau de la cochlée. Elle nécessite une anesthésie générale. Chez l'enfant la fiabilité de la méthode est absolue, mais elle ne donne de réponse que pour les fréquences aiguës, sans préjuger de ce qui est conservé ou non dans les fréquences graves.

Potentiel Évoqué du Tronc Cérébral, ou Potentiel Évoqué Auditif Cortical : enregistrement de l'onde électrique avec une latence qui est fonction de l'intensité et de la fréquence du son. Un enregistrement positif est fiable, mais l'absence d'enregistrement n'implique pas nécessairement une absence ou un défaut d'audition, en particulier lorsqu'il existe d'autres perturbations à l'électroencéphalogramme.

Limite de la méthode électrophysiologique : impossible avant un an, impossible en cas d'agitation (nécessité d'un casque), ininterprétable en cas d'anomalies à l'électroencéphalogramme.

Tests psychologiques

On appelle test une épreuve standardisée et si possible étalonnée, permettant de comparer les résultats obtenus par un enfant aux résultats obtenus par un groupe d'enfants témoins. Les premiers tests furent des tests d'intelligence (Binet-Simon). Par la suite on a défini deux grands types de tests : les tests de niveau et les tests de personnalité.

■ **Tests de niveau :** ils mesurent la réussite ou l'échec à une série de tâches standardisées. Ils se donnent comme objectif une mesure de l'intelligence, leurs résultats s'expriment en quotient de développement (Q.D.) ou en quotient intellectuel (Q.I.). Ces tests sont étudiés au chapitre : « Psychopathologie des fonctions cognitives » (v. p. 150).

■ **Tests de personnalité :** ils se donnent comme objet l'étude des composantes affectives de la personnalité. Ils reposent sur l'établissement d'une situation la plus standardisée possible afin de permettre des comparaisons, mais leurs résultats ne s'expriment pas de façon quantitative. Les tests de personnalité n'aboutissent pas à la définition d'un score. Ils permettent en revanche une évaluation qualitative des processus psychiques qui concourent à l'organisation de la personnalité. De ce fait, toutes les réponses données aux tests de personnalité sont validées et signifiantes contrairement aux réponses données aux tests de niveau (où existent toujours une bonne et une mauvaise réponse).

Parmi les tests de personnalité on peut distinguer les questionnaires et les tests projectifs.

Questionnaires

Bâtis sur le modèle du M.M.P.I. *(Minnesota Multiphasic Personality Inventory)* qui n'est pas utilisable avant 17-18 ans, ces tests sont en réalité peu appliqués chez l'enfant en raison des contraintes matérielles (longueur de la passation, aspect vite fastidieux pour l'enfant...).

Tests projectifs

Leur utilisation en psychiatrie de l'enfant connaît un large succès. Tous ces tests reposent sur le concept de projection articulé lui-même à la notion de perception. Il n'existe pas de perception neutre ; toute perception repose sur un travail d'interprétation qui est fonction de la problématique interne du sujet. La caractéristique des tests projectifs est de proposer un stimulus perceptif le plus ambigu possible, afin que dans la perception le sujet « projette » au maximum sa propre problématique. Pour qu'une telle projection puisse opérer sans entrave, donc pour que le test soit pleinement valide, il importe d'abord que la situation d'examen soit favorable.

Cadre de la passation : plus encore que pour les autres types de test, le contexte de l'entretien, la personnalité du psychologue, la nature de la relation jouent un rôle fondamental. La situation du test projectif repose en partie sur un paradoxe : d'un côté l'examinateur se doit d'être le plus neutre possible afin de ne pas influencer la nature des perceptions et projection du patient, de l'autre ce même examinateur est convié à favoriser l'expression du vécu le plus intime du patient.

Chez l'enfant la situation d'investigation par les tests est loin d'être neutre ; elle peut être vécue comme un contrôle, une sorte d'examen, une intrusion intolérable, un échange ludique, une possibilité d'expression... On observe ces diverses attitudes d'un enfant à l'autre et chez le même enfant d'un moment à l'autre. Le rôle du psychologue est précisément d'offrir le cadre où l'enfant développe le moins possible un état d'inquiétude, de réserve, de renforcement de ses défenses. Seule une très longue pratique de ces tests avec des enfants d'âges différents et présentant une pathologie très variable peut permettre au psychologue de trouver, grâce à son expérience et à son empathie, la bonne attitude, à mi-distance de la sollicitation excessive et de la neutralité froide.

Test de Rorschach

Appliqué dès 1925 à l'enfant (Löpfe), c'est un des tests les plus utilisés, sans autre limite d'âge que les possibilités d'expression verbale. Il se compose de 10 planches, 5 noires, 2 noires et rouges, 3 polychromes faites de tâches non représentatives comportant une symétrie axiale.

Le dépouillement des réponses, leur analyse et leur interprétation reposent sur une grille de décodage qui tient compte de l'évolution génétique de l'enfant (Dinoretzki, Beizmann). La technique d'interprétation actuelle utilise largement les conceptions psychanalytiques (processus primaire/processus secondaire, niveau d'organisation libidinale, nature des processus défensifs du moi, etc.) en plus des habituels critères centrés sur les modes d'appréhension.

Rapaport et Schafer, entre autres, aux États-Unis, N. Rausch de Traubenberg et M.-F. Boizou en France ont beaucoup contribué à ces travaux. Le lecteur intéressé par ce sujet peut lire le livre remarquable de N. Rausch et M.F. Boizou : *Le Rorschach en clinique infantile.*

L'interprétation tient compte des données issues de plusieurs niveaux. Il faut d'abord prendre en compte l'aspect formel des réponses et leurs contenus en dehors de l'interprétation de la problématique de l'enfant en étudiant successivement :

1°) les modes d'appréhension ;
2°) les modes d'expression ;
3°) les contenus des réponses.

Lorsque ces niveaux ont été repérés, l'interprétation porte ensuite sur divers axes interprétatifs :

1°) axe du développement libidinal (plan de l'oralité, analité, génitalité) ;
2°) axe des processus défensifs (nature de l'angoisse, type de défense utilisé) ;
3°) axe des représentations de soi et des images parentales.

Le compte rendu du Rorschach contient de ce fait deux types de résultats :

■ **le premier niveau** concerne l'ensemble des résultats portant sur les modes d'appréhension, l'aspect formel des réponses et leurs contenus immédiats : ces résultats peuvent être regroupés dans le *psychogramme* où apparaissent les traits saillants du protocole : pourcentage de réponses globales par rapport aux détails, importance des détails blancs, qualité des déterminants formels, fréquence des réponses kinesthésiques et des réponses couleurs permettant de définir des types de résonance intime, extratensif, introversif, ambiequal ou coarté ; nombre de réponse total et par planche, nombre de banalités, de réponse « humaine » ou « animal », etc. Ce *psychogramme* permet d'établir quelques profils de personnalité, d'évaluer chez l'enfant le niveau de développement génétique et d'obtenir une première évaluation de son mode d'appréhension de la réalité ;

■ **le second niveau** concerne l'étude de la nature des processus psychiques qui permettent l'articulation entre le niveau perceptif et le niveau fantasmatique. C'est un véritable travail d'analyse psychopathologique dont l'objet n'est pas de définir un type de personnalité ni un diagnostic psychiatrique, mais de tenter de percevoir comment l'enfant articule le réel qu'on lui propose et son imaginaire : comment le va-et-vient entre le réel et l'imaginaire s'opère-t-il, quel type de problématique ou de fantasmatique laisse-t-il percevoir, quelles opérations défensives fluides ou envahissantes utilise-t-il, etc. ?

Tests thématiques

Il existe plusieurs tests dits thématiques :

■ **T.A.T. (Thematic Aperception Test de Murray) :** il se compose de 30 planches représentant une scène avec des personnages en situation ambiguë (une personne semble regarder par une fenêtre, un enfant assis devant un violon...) ; des tableaux sans personnage ou avec de vagues ombres. La dernière planche proposée est blanche. Pour chaque planche le patient doit raconter une histoire qu'il invente à partir de ce que lui suggère le matériel. Ce test peut être appliqué à partir de 11-12 ans.

■ **C.A.T. (Children Aperception Test de Bellack) :** il est destiné aux jeunes enfants. Les personnages humains sont remplacés par des animaux.

■ **Le test Patte Noire** (L. Corman) représente une série de dessins où se retrouve un petit cochon avec une patte noire dans des situations qui explorent les divers conflits du monde infantile, centrées autour des images parentales et de la fratrie : oralité, analité, rivalité fraternelle, punition, abandon, etc.

■ **On peut citer également le test de Rosenzweig** (évaluation de la tolérance à la frustration), le test des phrases à compléter de Bonnet Stein, le test de fables de Düss.

L'interprétation de ces tests, en particulier du T.A.T., du C.A.T. et du « Patte Noire » est moins rigoureusement codifiée que l'interprétation du Rorschach. On peut néanmoins y retrouver les deux niveaux déjà signalés :

■ **un niveau d'évaluation de la qualité formelle des réponses :** structure du récit lui-même, qualité et richesse de la phrase...

■ **un niveau projectif :** d'une manière générale, le patient tend à s'identifier au « héros » principal que propose l'image. L'analyse de ces processus d'identification (ou de non-identification par évitement ou refus) permet une approche de l'organisation dynamique de la personnalité.

Autres situations de tests projectifs

Elles sont très nombreuses. En général elles sont moins bien codifiées que les tests précédents. On peut citer à titre d'exemple :

■ **Test du village** (Monod) : il consiste, avec un matériel représentant diverses maisons et bâtiments, à construire un village. Une grille d'interprétation assez rigoureuse existe.

■ **Sceno test** de G. Von Staabs : il présente un intérêt particulier car il est au carrefour d'une situation d'évaluation, d'entretien clinique et d'approche thérapeutique ; il s'agit d'un coffret contenant un grand nombre de jeux, animaux, personnages humains adultes, enfants et bébés, petits objets ménagers, etc. avec lesquels l'enfant est invité à construire un décor ou à inventer une histoire. La standardisation du matériel, la signification symbolique assez précise, l'éventail assez ouvert des possibilités offertes permettent à la fois des comparaisons d'un enfant à l'autre, l'interprétation des principales tendances projectives de l'enfant, l'établissement d'un contact infraverbal avec un enfant jeune ou particulièrement inhibé dans l'utilisation du langage, etc.

Ce test est très utile en situation clinique avec des enfants de 2 à 6 ans.

■ **Tests du bonhomme, de la famille réelle ou imaginaire, de l'arbre :** ils ont pour intérêt de nécessiter un matériel réduit (une feuille et un crayon, d'où parfois le nom de test « papier-crayon »). Ce sont des variantes plus ou moins codifiées du dessin chez l'enfant où interviennent à la fois les capacités practognosiques de l'enfant (d'où la possibilité d'évaluer un niveau de réalisation) et la dimension projective.

III. – Echelles d'évalution et systèmes de classification

Les échelles d'évaluation.

A l'instar de ce qu'on a observé en psychiatrie de l'adulte, l'utilisation des échelles d'évaluation tend à s'accroître en pédopsychiatrie avec les mêmes objectifs :

– permettre une communication entre les équipes,

– soutenir des recherches en particulier dans le domaine épidémiologique,

– autoriser une évaluation plus rigoureuse des diverses actions thérapeutiques entreprises.

Distinctes des tests psychologiques (test de niveau ou test de personnalité) et des classifications diagnostiques, les échelles d'évaluation sont constituées de questionnaires, de listes de symptômes (check-list), d'inventaires, d'échelles d'appréciation ou d'évaluation (rating scale). Ces échelles procèdent soit par auto-évaluation (possible seulement à partir d'un certain âge et exigeant la coopération du sujet), soit par une observation externe (d'un professionnel : médecin, infirmier ou d'un non professionnel : parent, proche du patient, enseignant...).

La grande difficulté méthodologique rencontrée par ces échelles est bien sûr la définition de leur **validité**, (qu'est-ce qui est effectivement mesuré ?) de leur **fidélité** (constance des résultats chez un même sujet d'un moment à l'autre ou d'un observateur à un autre) et de leur **sensibilité** (capacité de discrimination d'un sujet à un autre).

Le grand nombre de ces diverses échelles, la création récente de certaines ou l'obsolescence rapide d'autres, l'absence de concensus général nous conduit à ne pas les énumérer toutes. Les échelles dites « globales » se donnent pour objectif une standardisation des conditions de l'entretien psychiatrique et un recueil systématisé des données ; elles peuvent constituer le préliminaire à l'acte de classification diagnostique. A l'opposé d'autres échelles explorent certains secteurs particulier de la pathologie. Nous citerons les échelles d'évaluation :

– De la dépression de l'enfant et de l'adolescent (exemple Echelle de Birlason ; Children's Depression Inventory : C.D.I ; Children's Depression Rating Scale : C.D.R.S., -R....).

– Des troubles déficitaires de l'attention (Teacher Rating Scale de Conners : C.T.R.S. ; Parent Rating Scale de Conners : C.P.R.S.).

– Du nourrisson et du jeune enfant (échelle de Brunet-Lézine, de Brazelton...)

– De l'autisme infantile précoce (échelle questionnaire de Rimland, de Ruttemberg, de Freeman, de Schopler, de Kuvg, de Lelord et Coll, etc.). C'est probablemnt dans ce dernier domaine, en raison des multiples recherches entreprises, que les échelles d'évaluation occupent une place particulièrement importante (voir p. 280).

Les classifications diagnostiques.

Procédant d'un même souci de rigueur méthodologique et d'une nécessaire harmonisation des langages non seulement d'une équipe professionnelle à une autre, mais aussi d'une communauté scientifique d'un pays à un autre, les classifications diagnostiques se multiplient. Aux classifications empiriques des années 60, tentent de succéder des classifications comprenant des critères de validité accompagnés ou non de glossaires (critères négatifs d'exclusion). Comme pour les échelles d'évaluation, la fiabilité, c'est-à-dire la concordance des réponses pour le même type de patient d'un clinicien à un autre, est essentielle. Outre les problèmes communs à tout système de classification en psychiatrie, dans le domaine plus particulier de la pédopsychiatrie des difficultés supplémentaires surgissent, tenant à :

1) Une sémiologie qui n'est pas toujours ni immédiatement perceptible ni directement évoquée par le patient lui-même (dans nombre de cas, ce sont les parents ou les enseignants qui mettent en avant une plainte).

2) Une dépendance importante à l'entourage, en particulier la famille.

3) Une sémiologie qui change à la fois d'expression et de signification du fait de l'évolution en fonction de la croissance.

Néanmoins les classifications diagnostiques ont tendance à devenir un outil indispensable dans les domaines comme celui de la recherche ou de l'évaluation thérapeutique. Afin de prendre en considération les divers axes de compréhension pertinents en psychiatrie de l'enfant (cf. le chapitre : le Normal et le Pathologique), la majorité des classifications sont multiaxiales comprenant entre deux et cinq axes (I.C.D.-9.U.K.). Parmi les classifications les plus utilisées nous citerons le D.S.M. III (Manuel Diagnostique et Statistique des troubles Mentaux, 3e édition), la C.I.M.9. (classification Internationale des Maladies, 9e édition), la récente classification française de Mises et Coll. De nouvelles révisions du D.S.M. et de la C.I.M. sont en cours d'élaboration. Nous prenons le parti de ne pas donner le détail de ces classifications qui balayent bien évidemment la totalité de la sémiologie et de la nosographie décrite dans la suite du présent ouvrage. Le lecteur intéressé pourra trouver dans les manuels spécifiques ou certains récents numéros spécialisés le détail des divers axes et cotations de ces classifications (cf. la bibliographie).

L'utilisation de ces échelles et classifications suscite certaines controverses. Sans entrer dans un tel débat, nous dirons simplement qu'elles apparaissent de plus en plus indispensables dans le domaine de la recherche, de l'épidémiologie et de l'évaluation. Cependant de part leur conception même, ces échelles de classification ont tendance à mettre en avant la partie la plus visible du comportement au détriment des aspects plus structurels (organisation de la personnalité, dynamique individuelle et familiale, etc.). De ce fait il est vrai que leur intérêt semble plus limité face au cas particulier auquel le clinicien est confronté. Toutefois elles représentent un instrument développant la rigueur, étayant la réflexion et la clarification de la démarche diagnostique en pédopsychiatrie.

Bibliographie

ANZIEU (D.) : *Les méthodes projectives.* P.U.F., Paris, 5e éd., 1976.
ARFOUILLOUX (J.C.) : *L'entretien avec l'enfant.* Privat, Toulouse, 1975.
BEIZMANN (C.) : *Le Rorschach de l'enfant à l'adulte.* Delachaux et Niestlé, Neuchâtel, 2e éd., 1974.
CONSTANT (J.), COMITI (F.), AMOUR (J.-P.) ; *La consultation médicale en psychiatrie infanto-juvenile.* Doin ed. Paris, 1983, 1 vol.
CORMAN (L.) : *Le test de Patte Noire.* P.U.F., Paris, 1966.
CORMAN (L.), MARCHAL (J.) : Le test P.F. de Rosenzweig pratiqué selon la méthode des préférences identifications. *Neuropsych. de l'enf. et ado.,* 1979, *27* (12), p. 529-536.
COUNCIL ON SCIENTIFIC AFFAIRS, Magnetic resonance imaging of the central nervous system, JAMA, 1988, 259, 1211-1222.
DUGAS (M), LE HEUZEY (M.-F.), *Nosologie et système du recueil des données en psychiatrie de l'enfant et de l'adolescent,* Psych. Enf. 1988, 31, 1, 5-48.
DSM III-R. Manuel diagnostique et statistique des troubles mentaux. Traduction de l'anglais sous la direction de J. D. GUELFI. American Psychiatric Association, 1989, 656 pages.
MISES (R.) et Coll., *Classification Française des troubles Mentaux de l'Enfant et de l'Adolescent,* Psych. Enf. 1988, 31, 1, 67-134.
MOATTI (L.) : Les investigations audiologiques chez l'enfant. *Perspectives psychiatriques,* 1975, *52,* p. 189-194.
MOOR (L.) : Tests psychologiques d'intelligence et d'affectivité. *Pédiatrie,* 4101 G 75, E.M.C., Paris, 1971.
Numéro spécial : évaluations cliniques en pédo-psychiatrie, *Neuropsych. Enf.* 1986, 34, 2-3.
RAUSCH de TRAUBENBERG (N.), BOIZOU (M.F.) : *Le Rorschach en clinique infantile.* Dunod, Paris, 1977.
SHENTOUB (V.) : Conflits et structure dans le T.A.T. chez l'enfant. *Rev. neuropsych. inf.,* 1963, *11* (5-6), p. 305-310.
SHENTOUB (V.) : A propos du normal et du pathologique dans le T.A.T. *Psychologie française,* 1973, *18* (4), p. 251-259.
TOUITOU (D.) : Tomodensitométrie en neuroradiologie infantile. *Pédiatrie,* 4090 B 06, E.M.C., Paris, 1978.
VON STAABS (G.) : *Le Scéno test.* Delachaux et Niestlé, Neuchâtel, 1973.
WIDLOCHER (D.) : *L'interprétation des dessins de l'enfant.* Dessart, Bruxelles, 1965.
ZAZZO (R.) et coll. Manuel pour l'examen psychologique de l'enfant. Delachaux et Niestlé, Neuchâtel 3e éd., 1969.

Deuxième partie

Étude psychopathologique des conduites

4

Psychopathologie des conduites d'endormissement et du sommeil

I. – Généralités

La clinique des troubles du sommeil de l'enfant est, à tous les âges, d'une grande variété, mais il faut d'emblée souligner l'extrême importance des perturbations précoces. Comme toute conduite déviante, la signification d'un trouble du sommeil n'est pas univoque : elle dépend de la nature même de ce trouble, de son intensité, des signes associés, de l'âge de l'enfant, de son évolution. Toutefois l'attention s'est portée ces dernières années sur les troubles graves du sommeil du nourrisson : leur présence est souvent l'indice d'une profonde perturbation dans les premiers rudiments de l'organisation de la personnalité.

En outre, depuis l'introduction et l'utilisation plus large des enregistrements électroencéphalographiques, l'étude des troubles du sommeil est en complet renouveau : elle représente un domaine privilégié de confrontation fructueuse entre chercheurs venus de disciplines différentes, voire traditionnellement divergentes.

A. – Le sommeil : aspect électrophysiologique

L'avènement de l'électrophysiologie a profondément bouleversé les anciennes connaissances sur le sommeil de l'enfant, connaissances qui jusque-là se réduisaient à une vague estimation quantitative. L'enregistrement prolongé de l'E.E.G. de nuit a mis en évidence à la fois la similarité morphologique des divers stades du sommeil repérés chez l'adulte ou chez l'enfant, mais aussi les différences dans la répartition quantitative de ces stades.

Fait fondamental, les caractéristiques du sommeil évoluent très rapidement lors des premiers mois de la vie. Rappelons brièvement les principales phases du sommeil décrites à partir des enregistrements électriques. Le sommeil se divise en deux grandes phases :

■ **la phase de sommeil paradoxal (S.P.),** paradoxal car l'E.E.G. est proche d'un E.E.G. de veille, tandis que le seuil de stimulation d'éveil est particulièrement élevé. Cette phase est encore appelée phase de mouvement oculaire *(P.M.O., Rapid Eye Movement R.E.M.)* ou encore phase de sommeil rapide. On constate alors :
– une activité électrique rapide, peu différente de celle qui existe à l'état de veille ;
– l'existence de mouvements oculaires rapides ;
– un relachement du tonus musculaire chez l'adulte ou chez l'enfant à partir de 2 ans, tandis que chez le nouveau-né on note l'existence de petits mouvements des extrémités ou de la face, parfois de l'axe corporel, mais une inhibition de l'activité tonique mentonnière ;

■ **la phase de sommeil calme ou lente,** dépourvue d'activité motrice, avec des ondes lentes à l'E.E.G. Cette phase est subdivisée elle-même en stades I, II, III et IV, selon le rythme et l'amplitude des ondes électriques, allant du sommeil léger (stade I) au sommeil profond (stade IV).

Au cours du sommeil on observe une alternance périodique de ces diverses phases : le S.P. succède habituellement à une phase de sommeil lent et profond. La signification de ces deux types de sommeil serait aussi différente, le sommeil lent s'accompagnant d'une reconstitution énergétique ou d'une synthèse protéique (au cours du sommeil lent, l'hormone de croissance présente un pic sécrétoire), tandis que le S.P. correspondrait à l'expérience du rêve (v. p. 80).

B. – Distinction entre sommeil de l'adulte et sommeil de l'enfant

Par rapport au sommeil de l'adulte, celui de l'enfant se distingue par quatre particularités :

1°) Valeur quantitative

Un nouveau-né dort en moyenne 16 à 17 heures par jour par fraction de 3 heures, réparties sur l'ensemble du nycthémère. A l'âge de trois mois, il dort toujours 15 heures par jour, mais selon un rythme différent, avec des phases de sommeil plus longues pendant la nuit (jusqu'à 7 heures consécutives), des moments d'éveil prolongé le jour. Le sommeil de jour (la sieste) disparaît vers 4 ans ; la quantité de sommeil totale diminue ensuite très progressivement : 13 heures vers 1 an, 12 h 30 entre 3 et 5 ans, 9 h 30 entre 6 et 12 ans, 8 h 30 entre 13 et 15 ans. Il existe toutefois de très grandes variations interindividuelles : ainsi Parmelee peut distinguer dès le premier jour de vie des nouveau-nés à sommeil court, et des nouveau-nés à sommeil long.

2°) Répartition des phases de sommeil

A la naissance le sommeil paradoxal occupe 50 % environ du temps de sommeil. Ce pourcentage se réduit ensuite très progressivement pour atteindre 20 % à l'âge adulte. La durée moyenne d'un cycle de sommeil (un cycle est le temps qui sépare deux phases de S.P.) est de 60 minutes chez l'enfant, au lieu de 90 à 120 minutes chez l'adulte. Le sommeil lent s'observe principalement dans les quatre premières heures du sommeil, tandis que le S.P. prédomine en fin de nuit.

3°) Période initiale du sommeil

Chez le nouveau-né et le jeune enfant (avant 2 ans) on observe une phase de S.P. précoce, 30 à 45 minutes après l'endormissement. En revanche, chez l'enfant plus grand le délai d'apparition du S.P. est particulièrement long (120 minutes environ), avec une première phase de sommeil paradoxal atypique et incomplète. Certains auteurs (Braconnier) voient là une des sources de la fragilité du premier sommeil de l'enfant et des accidents paroxystiques qui surviennent alors tels que les terreurs nocturnes ou le somnambulisme.

4°) La Signification du sommeil évolue

Besoin purement physique (alternance du sommeil/réplétion et d'éveil/faim) chez le nouveau-né ou le nourrisson de moins de 3 mois, le sommeil sous l'action conjuguée de la rythmicité endogène et de la pression de l'environnement devient peu à peu une fonction relationnelle fondamentale. Nous reviendrons sur ce point.

C. – Sommeil et rêve

1°) Corrélation électrophysiologique

Il ne fait plus de doute que le S.P. correspond à l'activité du rêve : les sujets (enfants ou adultes) réveillés au moment d'une phase de S.P. se souviennent toujours avec précision d'un rêve, ce qui n'est pas le cas quand on les réveille lors du sommeil profond. On a aussi observé une corrélation entre l'intensité dramatique du rêve et l'intensité des manifestations propres au S.P. (pauses respiratoires, accélération cardiaque). Enfin l'expérimentation animale montre que la phase de S.P. s'accompagne d'activités automatiques lorsqu'on lève l'inhibition motrice par destruction des centres inhibiteurs (Jouvet). On note une évolution des phases de S.P. au cours de la nuit qui sont plus importantes en fin de nuit, avec une activité onirique accrue, et semble-t-il moins anxiogène (Snyder).

La fonction du rêve et du S.P. reçoit des explications variables :

1°) fonction de maturation selon certains qui tirent argument de l'importance quantitative croissante du S.P. jusqu'à la naissance puis sa décroissance progressive (Roffwarg) ;

2°) fonction de libération et de décharge des tensions instinctuelles (Dement) ;

3°) fonction de programmation (Jouvet), les traces mnésiques laissées par l'expérience diurne étant intégrées, liées et programmées au cours du S.P. : dans cette dernière hypothèse, le sommeil, en particulier le S.P., jouerait un rôle de premier plan dans les capacités d'adaptation entre l'équipement génétique et l'apport de l'environnement. Il serait également à la base des fonctions de rétention mnésique et d'apprentissage.

2°) Abord psychanalytique et psychogénétique

Depuis les travaux de Freud, sommeil et rêve occupent une place de choix dans la théorie psychanalytique. Sans avancer des équivalences simplistes et trop réductrices entre deux champs de recherche très hétérogènes, le domaine électroencéphalographique d'un côté, le domaine psychanalytique et psychogénétique de l'autre, on peut dire que certaines hypothèses émises dans ces domaines se chevauchent, tandis que d'autres paraissent incompatibles, comme nous le verrons.

Pour Freud, le rêve est un compromis entre la « réalisation d'un désir imaginaire inconscient » et l'effet de l'abaissement de la censure devenue plus tolérante grâce au sommeil, associé toutefois au maintien de l'activité préconsciente qui préserve le sommeil. Sans revenir ici sur le travail du rêve, c'est-à-dire les mécanismes mentaux qui préludent à l'élaboration onirique (figuration, condensation, déplacement), le rêve est considéré par Freud comme un phénomène passif de décharge des désirs inconscients et comme le « gardien du sommeil » : il permet la continuité de ce dernier en liant l'énergie instinctuelle qui menace le psychisme d'effraction traumatique. Ce rôle de liaison et de maintien de la continuité est repris par Fain et David dans une perspective légèrement différente de celle de Freud : le rêve serait un instrument au service des mécanismes d'intégration du Moi permettant de lier l'énergie instinctuelle du Ça à des représentations psychiques, donc de créer des schèmes d'interactions unissant un affect à une représentation psychique, schèmes à partir desquels l'activité psychique pourrait être progressivement liée (Houzel, Braconnier).

M. Khan de son côté distingue le « récit du rêve » et l'« expérience du rêve ». Le *« bon rêve est un rêve qui grâce à un travail du rêve réussi, incorpore un désir inconscient et peut ainsi, d'une part permettre au sommeil de se poursuivre et d'autre part rester disponible à l'expérience psychique du Moi une fois la personne réveillée »*. En revanche, le « récit du rêve » est le résultat d'un échec : le processus physiologique du rêve reste clivé de l'expérience qu'en fait le sujet, et n'a pas de valeur pour l'élaboration des conflits internes. En quelque sorte, le récit du rêve est le résultat d'une introjection, tandis que l'expérience du rêve procède d'une intériorisation (Houzel).

Chez l'enfant, outre l'évolution des besoins quantitatifs en sommeil, la distinction entre récit du rêve et expérience du rêve permet d'aborder le problème de l'apparition de la fonction onirique. L'imagerie du rêve est particulièrement riche, mais ce n'est pas avant 2 ans, 2 ans et 1/2 qu'on peut obtenir un récit de rêve. C'est la raison pour laquelle L.B. Ams considère que le rêve apparaît vers l'âge de 2 ans. En revanche, d'autres auteurs, s'attachant non pas au récit, mais à ce qui serait une expérience préverbale, estiment que l'expérience onirique de satisfaction hallucinatoire d'un désir serait beaucoup plus précoce, les divers organisateurs de la vie psychique définis par Spitz servant à en repérer l'évolution (Faim, Kreisler). Il apparaît certain, tant à la lumière des recherches électroencéphalographiques, que de l'observation comportementale de bébés au cours du sommeil, et des acquis de la psychologie génétique, que les préformes du rêve apparaissent dès la première année. La nature des rêves est extrêmement variée : rêve-réalisation de désir, rêve-reviviscence d'événements passés agréables ou non, rêve de punition, rêve d'angoisse ou cauchemars. En fonction du degré de maturation de l'enfant, de ses capacités d'expression, de son vécu propre, le récit du rêve est extrêmement varié. La majorité des études (Foulkes, Zlotowicz, Braconnier) porte sur des enfants entre 6 et 12 ans : ils révèlent d'une part la très étroite relation entre la vie psychique à l'état de veille et l'activité onirique, d'autre part l'évolution de cette activité onirique au cours de la nuit. Les rêves de fin de nuit sont souvent plus agréables, plus riches, tant sur le plan du vocabulaire que sur celui des thèmes rapportés. Les rêves d'angoisse sont particulièrement fréquents, mais certains auteurs pensent que le « bon rêve » subit un refoulement tel qu'il est oublié lors du réveil ; seul le cauchemar serait remémoré, d'où l'apparente fréquence de ceux-ci.

La fonction et la signification du sommeil évoluent elles aussi avec l'âge, expliquant en partie certaine conduite pathologique. Si au début l'alternance sommeil/veille dépend étroitement de l'alternance satisfaction/besoin, rapidement la dimension du désir, la capacité de régression, la nature de la relation à la mère modifient ce rythme binaire. Avec la maturation psycho-affective, le sommeil et le rêve pourront traduire :

1o) la fusion à la mère (bonne ou mauvaise) ;
2o) l'anéantissement, la disparition ou la mort ;
3o) la séparation, la perte ou l'abandon ;
4o) le renoncement à l'autonomie ou à la maîtrise ;
5o) la menace de l'émergence pulsionnelle et du conflit œdipien.

Ainsi, pour s'endormir, l'enfant doit pouvoir se reposer, s'étayer sur une bonne image fusionnelle mère-enfant protectrice, accepter cette régression et l'investir d'une charge libidinale non menaçante. Le rôle de l'entourage est précisément d'aménager l'aire transitionnelle de l'endormissement (Soulé) pour que la régression soit acceptée, voire espérée. La fréquence des perturbations ou des difficultés d'endormissement des enfants est l'illustration *a contrario* de la fragilité de cette aire intermédiaire d'endormissement.

La confrontation (Braconnier) entre les théories psychogénétiques ou psychanalytiques et les données électro-encéphalographiques est enrichissante, même s'il convient de se garder de toute équivalence simpliste. Certaines hypothèses émises par Freud paraissent peu compatibles avec les connaissances actuelles sur la physiologie du sommeil : ainsi la régulière récurrence du S.P. et de l'activité onirique, avec les divers systèmes neurorégulateurs de type inhibiteur qui l'accompagnent va à l'encontre d'un déclenchement passif du rêve. De même, le rôle de gardien du sommeil ne correspond pas aux résultats des expériences de privation de S.P. : il semble exister un lien étroit entre l'activité psychique vigile et l'activité psychique onirique. En revanche, le rôle de décharge des tensions instinctuelles et surtout la fonction de liaison entre un état affectif de base et une représentation psychique semblent se retrouver en concordance dans les deux champs de recherche.

II. – Étude clinique

La clinique des troubles du sommeil est très riche et variée. Nous distinguerons les conduites liées à l'endormissement (insomnies précoce et tardive, rituels de coucher, phobie du coucher, etc.) et les conduites pathologiques apparaissant au cours du sommeil.

Rappelons que l'endormissement correspond à un moment où s'affrontent des besoins et/ou des désirs contradictoires, alors même que, comme nous l'avons vu, les enregistrements électriques ont permis de découvrir la fragilité du sommeil initial de l'enfant marqué par une première phase de S.P. incomplète, « ratée ».

Quant aux troubles survenant dans le cours du sommeil, ils présentent toujours un lien particulier avec le S.P. en s'y substituant, l'entravant ou le modifiant (terreur nocturne, somnambulisme, énurésie). Ce lien avec le S.P. doit conduire à s'interroger sur la « fonction psychique » de conduites en apparence banales ou réputées bénignes, mais qui représentent peut-être les premières entraves au libre épanouissement de la vie fantasmatique.

A. – Pathologie de l'endormissement

1°) Insomnie de la première année

Trouble assez fréquent, de signification certes très différente selon sa gravité, l'insomnie précoce reflète toujours un malaise relationnel entre le nourrisson et son environnement.

■ **Dans l'insomnie commune,** il s'agit le plus souvent de conditions inopportunes ou maladroites (rigidité excessive des horaires de repas, excès de ration alimentaire, mauvaises conditions acoustiques), mais qui peuvent être le témoin de difficultés précoces d'adéquation entre le bébé et sa mère. L'insomnie cède habituellement avec l'amélioration de ces conditions défavorables.

■ **L'insomnie précoce sévère** se présente tout autrement. Il peut s'agir :

– **soit d'une insomnie agitée :** le bébé ne cesse de hurler, de crier, de s'agiter, ne s'apaisant que lors de courts moments d'effondrement, pour reprendre aussitôt ses cris. Parfois, cette insomnie s'accompagne de mouvements rythmés : violents balancements, voire conduite auto-agressive ;

– **soit d'une insomnie calme :** le bébé reste dans son lit, les yeux grands ouverts, silencieux, de jour comme de nuit. Il paraît ne rien demander, ne rien attendre.

Ces insomnies sévères sont rares, mais l'étude des antécédents pathologiques des enfants autistes ou psychotiques précoces a permis de mettre en évidence leur fréquence au cours du premier développement de ces enfants. De telles insomnies paraissent traduire un échec dans les capacités de régression précoce du nourrisson, en particulier la possibilité de régression à une bonne image fusionnelle protectrice mère-enfant, sur laquelle le sommeil du nourrisson peut normalement s'étayer (Faim).

Selon certains, l'insomnie grave précoce traduirait l'échec de la mère dans son rôle de protectrice du sommeil de son enfant. La fréquence des états dépressifs, ou de profondes angoisses, ou de névrose plus structurée chez les mères dont les nourrissons présentent de graves troubles du sommeil est un argument en ce sens, de même que leur amélioration concomitante à l'amélioration des difficultés de la mère.

Quoi qu'il en soit l'existence d'une insomnie précoce sévère doit attirer l'attention du clinicien : il s'agit d'un symptôme inquiétant qui nécessite une investigation psychodynamique approfondie des interactions familiales, en particulier mère-enfant, et qui nécessite souvent la mise en place d'une psychothérapie couplée mère-enfant (A. Doumic).

2°) Difficultés d'endormissement de l'enfant

Elles sont beaucoup plus banales, faisant presque partie du développement normal de tout enfant, en particulier entre 2 et 5-6 ans. A cet âge, l'enfant en pleine conquête motrice, accepte difficilement la régression qu'implique l'endormissement, d'autant que l'apparition des premiers rêves d'angoisse fait du sommeil un état inquiétant : l'enfant s'oppose au coucher, instaure divers rituels, réclame un objet contraphobique (lumière, objet transitionnel, pouce), a besoin d'une histoire racontée par l'un des parents... L'aménagement de cette « aire transitionnelle » entre l'éveil et le sommeil, moment aconflictuel, doit permettre à l'enfant de rétablir son sentiment d'omnipotence et de croire en sa capacité de contrôler à la fois ses pulsions et cette régression (Soulé). Les parents pressentent ce besoin et cherchent à créer ou à favoriser le développement de cette aire intermédiaire, en satisfaisant la demande, en racontant l'histoire, en passant le temps nécessaire avec leur enfant.

A l'opposé, la plupart des difficultés d'endormissement témoignent de la difficulté à mettre en place cette aire transitionnelle :

– **soit en raison de conditions extérieures défectueuses :** bruit, cohabitation dans la chambre des parents, irrégularité excessive de l'heure du coucher ;

– **soit en raison d'une pression externe inadéquate :** rigidité excessive, opposition aux parents d'un enfant qui désire conserver la maîtrise de cette situation ou son autonomie ;

– **soit en raison d'un état anxieux ou d'une organisation conflictuelle interne,** faisant redouter la régression induite par le sommeil.

Une analyse soigneuse de ces divers facteurs, et de leurs intrications possibles, doit précéder tout abord thérapeutique, sans oublier qu'une simple réorganisation de l'espace entraîne parfois la disparition de ces troubles : ne plus dormir dans la chambre des parents, offrir à l'enfant un endroit plus calme ou moins inquiétant.

Les manifestations cliniques sont diverses :

■ **opposition au coucher :** l'enfant crie, s'agite, se relève quand on le couche ; ce n'est souvent qu'après une longue période de lutte avec ses parents qu'il finit par « s'effondrer » ;

■ **rituels du coucher :** très fréquents entre 3 et 5-6 ans. L'enfant exige que son oreiller, son jouet, son mouchoir, ses pantoufles ou tel autre objet soient rangés d'une certaine façon, toujours identique. Ailleurs il réclame un verre d'eau, un bonbon, la répétition de la même histoire. Ces manifestations obsessionnelles discrètes traduisent la tentative de maîtrise de l'angoisse suscitée par la rupture de la relation et l'émergence pulsionnelle à l'âge du conflit œdipien ;

■ **phobie du coucher :** elle peut se réduire à une demande contraphobique : la lumière, la porte ouverte le plus souvent, mais atteint parfois une intensité telle que l'enfant est pris de panique dès qu'il ressent l'endormissement : il veut qu'on lui tienne la main, veut s'endormir entre ses parents, dans leur lit, dans un fauteuil. L'enfant ne peut être installé dans son lit qu'une fois endormi. Cette phobie du coucher apparaît en général après des épisodes de rêves d'angoisse ou de terreur nocturne, vers 2-3 ans ;

■ **insomnie vraie :** elle s'observe chez le grand enfant ou l'adolescent, elle est beaucoup plus rare, plus souvent alléguée par les parents en raison du retard à l'endormissement : en réalité l'enregistrement électrique montre que, dans la majorité des cas, ces préadolescents ou adolescents ont une quantité et une qualité de sommeil normales, mais décalées vers la fin de la nuit et le début de la matinée : ils dorment entre 2 heures du matin et midi plutôt qu'entre 22 h et 8 h. Ces décalages dans le rythme nycthéméral de l'adolescent sont très fréquents. Les causes en sont diverses : désir de maîtrise totale de sa propre vie, y compris de son rythme circadien pour certains ; réveil des angoisses face à l'activité pulsionnelle intense ; culpabilité devant la vie onirique ou masturbatoire... Il n'est pas rare qu'on observe à l'adolescence une réapparition des diverses conduites d'endormissement propres à la petite enfance, conduites qui avaient en partie disparu au cours de la période de latence : il en va ainsi des rituels du coucher, des phobies de l'endormissement. Le besoin de s'endormir en écoutant de la musique ou en lisant jusqu'à des heures avancées a pu aussi être comparé à des équivalents d'aménagement d'aire traditionnelle (Braconnier). L'insomnie vraie, c'est-à-dire la réduction franche du temps de sommeil est rare. Elle survient souvent dans un contexte de crise d'angoisse interne, et peut préluder à l'apparition d'épisode psychotique aigu, type bouffée délirante aiguë ;

■ **phénomènes hypnagogiques :** ils s'observent entre 6 et 15 ans et seraient assez fréquents au moment de l'endormissement (Michaux et Berges). On a décrit des sensations cénesthéniques (décharges électriques, sursauts), visuelles (images géométriques, personnages ou animaux plus ou moins flous), auditives plus rarement. Par leur caractère angoissant, ces phénomènes hypnagogiques peuvent provoquer le réveil du sujet et induire d'autres difficultés d'endormissement.

B. – Conduites pathologiques au cours du sommeil

1°) Angoisses nocturnes

Nous regroupons sous ce terme diverses conduites qui ne sont pas toujours distinguées avec la rigueur nécessaire, d'autant qu'il existe des confusions entre la pathologie de l'adulte et celle de l'enfant. Il s'agit des « terreurs nocturnes » ou *pavor nocturnus,* des rêves d'angoisse, des réveils anxieux. Le terme de cauchemar nous paraît équivoque dans la mesure où, selon les auteurs, il désigne tantôt la terreur nocturne (le cauchemar de l'adulte), tantôt le rêve d'angoisse, tantôt le simple réveil anxieux. Certes, dans tous les cas, il s'agit d'un épisode aigu qui interfère avec le sommeil, mais l'étude électroencéphalographique permet de distinguer rigoureusement la terreur nocturne qui survient lors du sommeil lent et le rêve d'angoisse lié à l'apparition d'une phase de S.P.

■ **Terreur nocturne :** il s'agit d'une conduite hallucinatoire nocturne. Brusquement l'enfant hurle dans son lit, les yeux hagards, le visage effrayé. Il ne reconnaît pas l'entourage, ni sa mère, paraît inaccessible à tout raisonnement. On note une pâleur, des sueurs, une tachycardie habituelle. La crise dure au plus quelques minutes. L'enfant se rendort aussitôt. Ces terreurs nocturnes surviennent au début de la période œdipienne (3/4 ans) et apparaissent dans le premier cycle du sommeil. L'amnésie de la terreur est habituelle le lendemain au réveil.

Les enregistrements électroencéphalographiques de nuit ont permis de préciser que l'épisode survient au cours d'un stade IV du sommeil lent et se caractérise par l'apparition d'ondes lentes monomorphes comme on l'observe dans la réaction d'éveil en onde lente chez l'enfant (Fisher, Benoit). Leur fréquence de survenue est variable : dans la grande majorité des cas elles se reproduisent quelquefois entre 3 et 5-6 ans, puis disparaissent. Plus rarement, leur fréquence devient régulière, quasi quotidienne, d'autres symptômes peuvent s'y associer, en particulier de nature phobique.

Au plan psychopathologique, la terreur nocturne dont l'apparition coïncide avec la mise en place du conflit œdipien, semble traduire l'émergence d'une angoisse extrême *« inélaborable qui affecte l'appareil psychique »* (Houzel). On peut considérer que sa survenue intermittente traduit les aléas et les premières tentatives maladroites d'élaboration face aux angoisses œdipiennes. En revanche, la persistance de ces terreurs nocturnes signe généralement l'impossibilité de l'enfant à élaborer de meilleures défenses psychiques, et peut marquer le retour à des positions préœdipiennes.

■ **Rêve d'angoisse :** il est d'une grande fréquence, 30 % des enfants (Casou, Feldman) relatent un tel épisode de survenue récente. On peut l'observer dès l'âge de 2 ans. L'enfant gémit, crie, pleure, appelle au secours. Parfois il se réveille, mais plus souvent c'est le lendemain matin que l'enfant raconte son « mauvais rêve ».

Le rêve d'angoisse serait plus fréquent en début de nuit, tandis que les rêves agréables prédomineraient en fin de nuit. Le pourcentage des rêves d'angoisse par rapport à la totalité des rêves est diversement évalué, et semble dépendre de l'âge des enfants, des conditions de recueil du récit onirique (psychothérapie, recueil au laboratoire, enquête statistique). Mais dans tous les cas le rêve d'angoisse correspond à la survenue d'une phase de S.P.

De même que pour la terreur nocturne le rêve d'angoisse est d'une grande banalité, surtout lorsqu'il succède à un événement traumatique : il est alors le témoin de la structuration progressive de l'appareil psychique, et de la mise en place des principaux mécanismes défensifs (déplacement, condensation...). En revanche, sa répétition régulière toutes les nuits, sa persistance au delà de la période œdipienne, ou son association avec d'autres symptômes peuvent traduire une organisation névrotique (v. p. 306), voire psychotique.

■ **Réveil anxieux :** il est intermédiaire entre la terreur nocturne et le rêve d'angoisse. L'enfant s'éveille, inquiet, mais sans manifestations hallucinatoires ; souvent il va dans le lit de ses parents pour se rendormir. Les enregistrements électriques montrent que le réveil anxieux se situe tantôt en stade IV de sommeil lent, tantôt lors d'une phase de S.P.

2°) Somnambulisme

Le somnambulisme prédomine chez le garçon, il apparaît entre 7 et 12 ans chez un enfant qui a souvent des antécédents familiaux de somnambulisme.

Au cours de la première moitié de la nuit, l'enfant se lève et déambule. Parfois il présente une activité compliquée, toujours identique. Après quelques minutes (10 à 30), il se recouche ou se laisse conduire au lit. Le lendemain, il ne se souvient de rien. Dans sa forme la plus réduite, l'enfant, les yeux ouverts, tente simplement de se lever. 15 % des enfants entre 6 et 12 font au moins un accès, mais seul 1 à 6 % d'entre eux présentent un « somnambulisme à risque » (De Villard), en raison de la fréquence des accès (2 à 3 par semaine ou plus), et du type d'activité qui peut être gênante ou dangereuse (défenestration).

Le « somnambulisme terreur » est une variante clinique rare (De Villard) qui associe déambulation et manifestation de terreur. L'enfant peut être agressif lorsqu'on tente de le maintenir ou de le calmer.

Les enregistrements électriques ont montré que le somnambulisme survient en début de nuit, le plus souvent dans le stade IV qui précède de 10 à 15 minutes une phase de S.P., ou dans le stade IV qui précède la première ébauche de sommeil paradoxal. Dans tous les cas, il interrompt le déroulement de la phase de S.P. normalement prévisible.

Ce somnambulisme est isolé chez la majorité des enfants. Seuls certains présentent des traits névrotiques (anxiété, phobie), en particulier dans la forme « somnambulisme terreur ». Toutefois, l'interférence avec la phase de S.P. dont il entrave le déroulement normal, et par conséquent la possibilité d'un travail onirique, fait évoquer l'hypothèse d'un échec dans les possibilités de mentalisation et d'un détournement de l'énergie pulsionnelle vers des voies de décharge motrice (Houzel). De ce point de vue, il existerait des équivalences entre terreur nocturne, somnambulisme et énurésie nocturne, épisodes dont le rapport à la phase de S.P. est identique.

Traitement : fait notable, il existe un traitement spécifique du somnambulisme, efficace dans la quasi-totalité des cas : Amineptine (*Survector* *) 1 comprimé ou 1/2 comprimé le soir au coucher, ou une demi-heure avant le coucher (quand l'accès de somnambulisme survient peu après l'endormissement) pendant un mois ; la posologie est diminuée de la moitié le mois suivant, puis arrêtée. En cas de somnambulisme terreur, l'association de l'Amineptine à un anxiolytique paraît souhaitable (De Villard) selon les mêmes modalités (*Urbanyl* *).

3°) Automatismes moteurs : rythmie de sommeil

Les rythmies de sommeil concernent surtout le garçon. D'apparition très précoce, mais silencieuses au début, elles deviennent motif de consultation lorsque l'enfant commence à faire du bruit. 4 % des enfants environ ont des rythmies (Lacombe).

Cliniquement : elles apparaissent au milieu de la nuit, durent quelques secondes et se répètent 3 à 4 fois dans la nuit. Plus rarement elles durent 15 à 30 minutes. Leur rythme est toujours extrêmement régulier, autour d'un coup par seconde. Le mouvement lui-même est variable : roulement de la tête de droite à gauche, balancement d'une jambe ou d'un genou plié, grande oscillation antéro-postérieure en position génupectorale. Le mouvement peut atteindre une grande intensité, faire beaucoup de bruit, et entraîner le déplacement du lit dans la chambre. En effet, l'enfant règle ses impulsions sur la fréquence des oscillations du lit ce qui provoque un phénomène de résonance : ceci explique le peu d'énergie réelle dépensée.

Au plan électrique : les rythmies s'observent le plus souvent dans les stades légers du sommeil lent, plus rarement lors du S.P. Dans tous les cas, le tracé électrique du sommeil est strictement normal. Les rythmies n'ont donc aucun rapport avec l'épilepsie nocturne ou tout autre anomalie du sommeil, et ne justifient par conséquent d'aucun traitement antiépileptique.

L'évolution : se fait vers la disparition spontanée dans la majorité des cas, à partir de 3-4 ans. Seuls, quelques cas persistent au-delà, mais disparaissent vers la puberté.

L'abord psychopathologique a suscité peu d'étude : les enfants ne semblent présenter aucun trait particulier. En raison de leur survenue au cours du sommeil léger, nous rapprocherons les rythmies de sommeil des rythmies d'endormissement, analogues sur le plan clinique. A l'évidence l'investissement auto-érotique du corps et du balancement est au premier plan, mode particulier chez certains enfants d'aménagement de l'aire d'endormissement ?

Conduite pratique : sans inconvénient sur le sommeil de l'enfant lui-même, ces rythmies peuvent, par leur bruit, réveiller toute la famille. Dans ce cas, le matelas mis à même le sol empêche toute résonance du lit, atténue le symptôme et supprime le bruit. Les traitements médicamenteux sont plus nuisibles qu'utiles et sont donc à déconseiller.

Nous ferons une brève mention de quelques automatismes moteurs particuliers : le bruxisme ou grincement des dents et la somniloquie pendant laquelle l'enfant marmonne ou parle indistinctement. Ils seraient assez souvent associés à d'autres perturbations du sommeil. Leur rapport avec les diverses phases du sommeil n'a pas encore été étudié.

4°) Énurésie nocturne

Nous renvoyons le lecteur au chapitre concernant les troubles sphinctériens. Rappelons simplement que l'énurésie nocturne survient peu avant la phase de S.P. dont elle entrave le déroulement prévisible, ce qui la rapproche des terreurs nocturnes ou du somnambulisme.

5°) Épilepsie nocturne ou épilepsie morphéique

Elle n'a pas de caractère clinique particulier en dehors de sa survenue au cours du sommeil, souvent au moment du réveil (v. le chapitre Épilepsie).

C. – Pathologie particulière

1°) Apnées au cours du sommeil

Elles sont rares, mais leur étude est importante car certains auteurs ont émis l'hypothèse que l'apnée sous sommeil pourrait être la cause de la mort subite du nourrisson.

L'apnée sous sommeil peut entraîner une hypersomnie diurne et des réveils nocturnes répétés, pouvant aller jusqu'à l'insomnie nocturne. Dans les quelques cas étudiés (Guilhaume), certains enfants qui présentaient d'importantes apnées (plus de 15 secondes) avaient aussi une pathologie O.R.L. notable. L'amygdalectomie a diminué la fréquence et la durée des apnées. Dans ces cas, le facteur obstructif périphérique semble être responsable. Ailleurs, l'hypothèse d'un dérèglement central de la commande respiratoire a été émise.

2°) Hypersomnie

Devant toute hypersomnie ou somnolence, il convient d'abord d'écarter toute cause neurologique tels qu'une encéphalite, une hypertension intracrânienne quelle qu'en soit la cause, un traumatisme crânien ou une cause métabolique.

Il faut ensuite faire la part des variations physiologiques dans les besoins de sommeil et les rythmes nycthéméraux propres à chaque individu, adulte ou enfant.

L'hypersomnie est rare chez l'enfant, néanmoins l'étude rétrospective des antécédents infantiles d'adultes atteints de maladie de Gélineau montre que les premiers signes apparaissent parfois dès l'âge de 10 ans (Passouant). Il importe donc d'en connaître la symptomatologie. Mouret distingue parmi les hypersomnies :

- *l'hypo-éveil :* caractérisé par la présence durant la journée de stade I et II du sommeil, mais sans apparition de sommeil paradoxal : le sujet oscille entre l'éveil et le sommeil léger ;

■ *l'hypersomnie proprement dite :* sujet dont la quantité de sommeil et surtout de sommeil paradoxal est très augmentée (plus du double) ;

■ *la narcolepsie en sommeil paradoxal ou maladie de Gélineau :* il s'agit plutôt d'une dyssomnie qui associe :

1°) des accès invincibles de sommeil de quelques minutes à quelques heures au cours de la journée,

2°) des attaques cataplectiques (abolition brusque du tonus statique pendant quelques secondes à une minute, déclenchée fréquemment par des émotions) ;

3°) des paralysies du sommeil ;

4°) des hallucinations hypnagogiques auditives, visuelles ou labyrinthiques, qui ont souvent un caractère effrayant.

Les enregistrements polygraphiques ont montré que l'endormissement se fait d'emblée en S.P. sans passer par le sommeil à ondes lentes. Le sommeil de nuit est également perturbé, interrompu par de nombreux éveils. Les attaques de cataplexie sont considérées comme l'intrusion dans l'éveil de l'inhibition tonique propre au sommeil profond.

Si ce syndrome s'observe dans sa totalité entre 15 et 20 ans, avec un caractère nettement familial, il n'est pas rare de constater l'existence d'un ou deux symptômes dans l'enfance : l'hypersomnolence et les attaques de sommeil diurne seraient les signes les plus précoces. Tolérées jusqu'à 4-5 ans, ces manifestations entravent ensuite la vie sociale de l'enfant. Parmi les antécédents on signale l'existence de somnambulisme et d'un état hyperactif (Navelet).

■ Nous isolerons le syndrome de *Klein-Levin :* il se caractérise par l'association d'épisodes d'hypersomnie avec hyperphagie, troubles du comportement, de l'humeur et désordre des conduites sexuelles. Ce syndrome, très rare, s'observe chez l'adolescent. Il constituerait parfois un mode d'entrée dans la psychose.

Bibliographie

ANDERS (TH.) : Étude ontogénique du sommeil du nourrisson. *Confrontations psych., Spécia,* Paris, 1977, *15,* p. 49-80.

BRACONNIER (A.), PAILHOUS (E.), MARTIN (M.), BENOIT (O.) : Recherche sur le rêve chez l'enfant : action d'un traceur. *Neuro. psych. de l'enf.,* 1980, *28,* (4-5), p. 167-173.

DEMENT (W.) : *Dormir, rêver.* Seuil, Paris, 1981.
DE VILLARD (R.), DALERY (J.), MAILLET (J.) : Le somnambulisme de l'enfant. *Neuro. psych. de l'enf.,* 1980, *28* (4-5), p. 222-224.
FREUD (S.) : *Le rêve et son interprétation.* Gallimard, Paris, 1925.
FREUD (S.) : *La science des rêves.* P.U.F., Paris, 1950.
HOUZEL (D.) : Rêve et psychopathologie de l'enfant. *Neuro. psych. de l'enf.,* 1980, *28* (4-5), p. 155-164.
HOUZEL (D.), SOULE (M.), KREISLER (L.), BENOIT (D.) : Les troubles du sommeil chez l'enfant. Avec les articles de : Braconnier, Doumic-Girard, Garma, Guilhaume. *Expansion scientifique française,* Paris, 1977.
MAZET (Ph.), BRACONNIER (A.), *Le sommeil de l'enfant et ses troubles,* PUF, Que sais-je ?, Paris, 1986, 2298, 1 vol.
LACOMBE (J.) : Les rythmies du sommeil chez l'enfant. *Neuro. Psych. de l'Enf.,* 1980, *28* (4-5), p. 220-222.
PASSOUANT (P.), BILLIARD (M.) : La narcolepsie. *Rev. prat.,* 1976, *26* (27), p. 1917-1923.

5

Psychopathologie des conduites motrices

L'agir ne peut se concevoir que dans une double polarité : d'une part celle d'un corps en mouvement engagé dans une action que la finalité justifie, et d'autre part celle d'un corps en relation avec un environnement susceptible d'influer sur ce même mouvement. Ainsi une conduite motrice simple pourra être différente selon que l'enfant est seul, en présence de ses parents, d'étrangers, ou de son institutrice.

Au niveau de la motricité même, on distingue d'abord le tonus de fond dont l'évolution lors des premiers mois est fondamentale, puis la mélodie kinétique qui permet l'enchaînement dans le temps et l'espace de chaque moment gestuel, enfin l'automatisme du geste. Mais, fait essentiel, il existe constamment une correspondance entre le tonus musculaire et la motilité elle-même qui préside à l'harmonie du geste, ainsi qu'une correspondance entre le tonus de la mère et celui de l'enfant, véritable « dialogue tonique ».

Freinée au départ par l'hypertonie physiologique, la motilité évolue au rythme de la maturation physiologique (disparition des réflexes primitifs, acquisition de l'opposition du pouce, etc.), mais aussi au rythme des interactions possibles avec l'entourage qui aménage, oriente le champ évolutif de l'enfant, et lui donne sa cohérence. L'acquisition de nouvelles capacités motrices est indissociable à la fois de la manière dont l'enfant se représente et se sent agir (intégration d'un schéma corporel statique et dynamique) et d'autre part de la manière dont l'environnement de l'enfant accueille cette motilité et accepte les modifications qui peuvent en résulter. C'est ainsi que la motricité pourra passer d'une gestualité d'imitation à une activité opératrice où la praxie devient le support d'une activité symbolique.

L'intégrité des diverses voies motrices (voies pyramidales, extrapyramidales et cérébelleuses) constitue à l'évidence un préalable à une réalisation gestuelle satisfaisante, mais l'intégration du schéma corporel statique et dynamique et de sa relation à l'environnement avec la dimension affective que cela suppose, sont tout aussi fondamentales. Dans le domaine que nous allons considérer ici, ce second versant est souvent à l'origine des difficultés motrices rencontrées.

En revanche, nous exclurons de ce champ les difficultés motrices provenant d'une atteinte organique manifeste des voies motrices : séquelles d'encéphalopathie infantile, d'hémiplégie infantile... (v. p. 247).

I. – Troubles de la latéralisation

Fréquent motif d'inquiétude des parents, surtout lorsque la latéralisation semble se faire à gauche, ces difficultés doivent être bien explorées avant de favoriser chez l'enfant l'utilisation préférentielle de l'une ou de l'autre main. L'approche de l'apprentissage de la lecture et de l'écriture est souvent le motif apparent à la consultation, et c'est entre 5 et 6 ans qu'un avis est sollicité.

Rappelons qu'à partir de 3-4 ans environ, une préférence latérale commence à apparaître, qu'à 4-5 ans, il existe encore 40 % d'enfants mal latéralisés, 30 % environ vers 5-7 ans, et que par la suite, en dehors des droitiers et gauchers homogènes, il restera toujours un certain nombre d'enfants mal latéralisés, sans que ceux-ci aient nécessairement des difficultés. Dans la population adulte les pourcentages s'établissent de la façon suivante : gauchers purs : 4 %, droitiers purs : 64 %, ambimanes : 32 % (Tzavaras).

L'étude de la latéralité se fait au niveau de l'œil, de la main et du pied. Par latéralité homogène, nous entendons une latéralité dominante identique aux trois niveaux :

– **l'œil dominant** est celui qui reste ouvert quand on demande de fermer un œil, ou celui avec lequel l'enfant regarde à travers une longue vue (rouleau de papier) en occultant l'autre de sa main ;

– **la main dominante** passe au-dessus de l'autre lorsqu'on demande de croiser les bras ou de mettre les poings fermés l'un au-dessus de l'autre ;

– **le pied dominant** *shoote* le plus souvent dans le ballon, ou est choisi pour le « cloche-pied ».

Il importe de ne pas montrer à l'enfant le geste à faire, car une imitation est alors possible.

Lorsque la latéralité est homogène (droite ou gauche), le problème ne se pose pas, même si « être gaucher » peut compliquer certains gestes quotidiens (écriture, utilisation de ciseaux, casserole à bec...) Il ne semble pas que le taux de morbidité des divers troubles du développement soit significativement différent entre une population de gauchers et une de droitiers.

Lorsque la latéralisation n'est pas homogène, il importe de laisser l'enfant totalement libre de son choix pour les activités usuelles jusqu'à l'entrée en dernière année de maternelle (5 ans). Au cours de celle-ci où un préapprentissage de l'écriture est possible, il vaut mieux ne pas intervenir trop tôt mais, vers la fin de l'année scolaire, commencer à favoriser l'utilisation de la main droite, sauf s'il existe une différence patente dans l'adresse gestuelle en faveur de la main gauche. Dans la majorité des cas l'utilisation de la main droite ne pose aucun problème. Il faut rappeler en effet que l'apprentissage et l'entraînement interviennent de façon décisive jusqu'à l'âge adulte pour influencer, voire modifier une asymétrie manuelle.

Lorsque des difficultés motrices semblent apparaître (dysgraphie, v. ci-dessous), il est préférable d'aider l'enfant par une rééducation graphomotrice ou psychomotrice, au sens large, axée sur la détente et l'obtention d'une bonne résolution musculaire.

Rappelons qu'en cas de lésions organiques (hémiplégie infantile par exemple), il est toujours préférable de favoriser l'utilisation du côté non lésé.

Signalons enfin un cas particulier et paradoxal : l'existence de ce qu'on pourrait appeler des « faux gauchers ». Il s'agit d'enfants latéralisés à droite, mais qui utilisent la main gauche pour les activités les plus valorisées (en particulier l'écriture). Cette utilisation se fait soit dans un contexte d'opposition à l'entourage, soit comme identification à un membre de la famille (parent, grand-parent, oncle, tante...) gaucher. La crainte de la fameuse « gaucherie contrariée » aboutit parfois à laisser ces enfants s'enfermer dans un choix névrotique aberrant, source de difficultés ultérieures. On conçoit que dans un tel contexte, la rééducation psychomotrice ou la psychothérapie consiste avant tout à faire prendre conscience à l'enfant de sa meilleure aisance à droite et à lui permettre de se dégager de son choix pathologique.

II. – La dysgraphie

Un enfant dysgraphique est un enfant dont la qualité de l'écriture est déficiente en dehors de tout déficit neurologique ou intellectuel pouvant expliquer cette déficience.

Il est difficile de trouver une place satisfaisante à ce problème de la dysgraphie étant donné les multiples interférences avec la motricité en tant que telle, mais aussi le rapport de l'enfant à son enseignant, la place que l'apprentissage scolaire occupe dans la dynamique familiale, la valeur symbolique de l'écrit, de la tenue en main du stylo, etc. L'écriture, moment significatif et transcription graphique du langage dépend d'une part d'un apprentissage scolaire hiérarchisé, d'autre part de facteurs maturatifs individuels, enfin de facteurs linguistiques, praxiques, psychosociaux, qui tous ensemble président à sa réalisation fonctionnelle. Nous n'aborderons pas ici la pédagogie de l'écriture, soulignant simplement l'importance qu'il faut accorder au problème de la liaison entre lecture-écriture, à la valeur expressive de l'écriture, enfin à la motricité graphique propre à l'enfant. Sur ce dernier point, il semble que l'effet de la maturation fonctionnelle soit plus importante que celui de l'apprentissage, du moins pour la copie d'écriture, et ce, jusqu'à l'âge de 5 ans 9 mois – 6 ans environ (Auzias) : avant cet âge, les enfants sont, dans leur majorité, incapables d'exécuter des copies lisibles et de déchiffrer ce qu'ils ont copié. En revanche, une fois la maturité motrice et manuelle atteinte, la qualité de l'apprentissage devient alors une variable essentielle.

L'étude clinique de la dysgraphie montre qu'elle s'associe souvent à d'autres séries de difficultés. On retrouve les associations suivantes :

– *désordre de l'organisation motrice :* débilité motrice, perturbations légères de l'organisation cinétique et tonique (dyspraxie mineure), instabilité ;

– *désordre spatio-temporel* marqué en particulier par des désordres dans l'organisation séquentielle du geste et de l'espace et par des troubles de la connaissance, de la représentation et de l'utilisation du corps, surtout dans son orientation spatiale ;

– *perturbation du langage et de la lecture :* voir Dyslexie et dysorthographie p. 115 ;

– *troubles affectifs enfin :* anxiété, fébrilité, inhibition, pouvant aller jusqu'à la constitution d'un véritable symptôme névrotique où la signification symbolique de l'écrit et du crayon pris en main deviennent prévalents. De réelles conduites phobiques ou obsessionnelles face à l'écriture peuvent se manifester par une dysgraphie dont la caractéristique est souvent alors d'être isolée, variable selon la nature de l'écrit ou la personne à qui s'adresse l'écrit, et de contraster avec une habileté gestuelle et manuelle par ailleurs conservée (dessin).

Ces diverses origines peuvent être regroupées réalisant au maximum « l'ébauche de crampe infantile », comparable à la crampe de l'écrivain chez l'adulte. On retrouve alors diversement associées : une maladresse, – une paratonie, – des réactions de catastrophe devant l'activité scripturale, – des difficultés de latéralisation ou de lecture, – des attitudes conflictuelles de type névrotique.

L'examen au moment de l'écriture met en évidence une crispation très importante de tout le bras, des arrêts forcés au cours de l'écriture, des phénomènes douloureux dans la main et le bras, une sudation importante. L'ensemble entraîne bien sûr un déplaisir extrême à écrire.

L'approche thérapeutique est fonction du registre de difficultés associées à la dysgraphie et de la signification de celle-ci dans l'organisation psychique de l'enfant : rééducation graphomotrice et psychomotrice quand dominent les perturbations spatio-temporelles et les troubles moteurs, relaxation quand la dystonie semble prévalente et que s'organise une « crampe de l'écriture », contournement du symptôme et abord psychothérapique quand les conditions affectives sont au premier plan et que le symptôme semble s'intégrer dans une structure névrotique.

III. – Débilité motrice

En 1911, Dupré isole une entité particulière qu'il nomme : « débilité motrice », faite de l'association :

■ **d'une maladresse de la motilité volontaire :** les gestes sont patauds, pesants, comme encombrés, la démarche est peu gracieuse. Face à une tâche ou une gestualité précise, l'enfant ne s'installe pas bien (tordu sur sa chaise, en déséquilibre...) ;

■ **de syncinésies,** c'est-à-dire de mouvements diffusant à des groupes musculaires normalement non concernés par un geste précis. On doit distinguer ici les **syncinésies d'imitation,** diffusant souvent horizontalement (les mouvements de prono-supination de la marionnette d'une main diffusant vers l'autre) assez fréquentes et disparaissant peu à peu au cours de l'évolution, et les **syncinésies toniques,** diffusant souvent selon l'axe vertical (mouvements bucco-faciaux importants lors des mouvements des mains, mouvements des bras lors des gestes aux membres inférieurs) n'existant que chez certains enfants et persistant avec l'âge. Ces dernières paraissent beaucoup plus pathologiques ;

■ **d'une paratonie** enfin qui se caractérise par l'impossibilité ou l'extrême difficulté à obtenir un relachement musculaire actif. Ainsi l'enfant, face à l'examinateur qui soutient ses mains ou avant-bras, maintient ceux-ci dans la même position en l'absence du soutien, même si on lui demande d'être décontracté. Cette paratonie, sorte de contracture cireuse qui pour certains peut aller jusqu'à la catalepsie, représente une entrave majeure pour une motilité souple et harmonieuse.

Des réflexes un peu vifs, quelques signes minimes d'irritation pyramidale peuvent accompagner ces manifestations. Pour Dupré, l'origine organique de cette débilité motrice n'était pas douteuse puisque, selon lui, elle relève d'un processus d'arrêt du développement du système pyramidal. En revanche, elle doit être distinguée des anomalies lésionnelles des voies motrices et des perturbations motrices accompagnant la déficience mentale profonde (v. p. 165).

Après sa description initiale, cette « débilité motrice » a connu une extension notable et excessive, puisque certains auteurs n'hésitaient pas à ranger sous ce vocable des perturbations allant de la chorée au bégaiement, en passant par les tics, l'instabilité, la psychopathie, etc.

Ainsi se trouvaient réunies sous un vocable unique des manifestations de nature et d'origine pathogénique forts diverses. On conçoit les risques d'une telle extension.

A notre époque, ce concept doit être délimité avec plus de rigueur. Il faut en exclure les syndromes neurologiques traduisant une lésion en foyer, et réserver ce terme aux difficultés motrices liées aux affects qui expriment chez l'enfant tant le malaise à « être dans son corps » qu'à occuper l'espace et à s'y mouvoir dans une motilité intentionnelle et symbolisée suffisamment fluide. La « débilité motrice » en tant que symptôme se rencontre ainsi chez des enfants à l'émotivité envahissante, avec de fréquentes mais discrètes perturbations du schéma corporel, et une vie fantasmatique parfois dominée par une médiocre distinction entre le soi et l'environnement. Toutefois elle peut, chez d'autres, se réduire à une maladresse gestuelle dont la signification névrotique est évidente, lorsque cette maladresse est liée à une personne ou à un environnement particuliers.

IV. – Dyspraxies de l'enfant

Il n'y a pas de frontières très précises entre la débilité motrice grave et ce qu'on appelle maintenant les dyspraxies de l'enfant. Ces dernières se caractérisent par l'existence de profondes perturbations de l'organisation du schéma corporel et de la représentation spatio-temporelle.

Au plan clinique il s'agit d'enfants qui sont incapables d'accomplir certaines séquences de gestes ou qui le font avec une extrême maladresse : s'habiller, lacer les chaussures, boutonner sa chemise, faire du vélo sans petites roues, après 6-7 ans. Leurs difficultés sont encore plus grandes au niveau de la réalisation de séquences rythmiques (par exemple taper alternativement dans les mains puis sur les genoux), dans les activités graphiques (dysgraphie majeure, médiocrité du dessin du bonhomme). L'échec est massif dans les opérations spatiales et les opérations logicomathématiques. Les épreuves telles que celles de Bender ou de la figure de Rey objectivent bien ces difficultés. Tout ceci aboutit évidemment à un échec scolaire massif en grande partie réactionnel aux troubles initiaux.

En revanche, le langage, s'il n'est pas strictement normal, est proportionnellement beaucoup moins perturbé.

L'examen neurologique est presque toujours normal ; les épreuves d'imitation des gestes, de désignation des diverses parties du corps échouent en totalité ou en partie.

Sur le plan affectif, on peut distinguer deux groupes d'enfants. Les premiers présentent des difficultés motrices prévalentes, sans traits psychopathologiques saillants ; on retrouve certes une immaturité ou des attitudes infantiles, une inhibition dans les contacts en partie réactionnelle probablement, car l'enfant dyspraxique est souvent l'objet de la risée et des quolibets de ses congénères, mais il reste dans le cadre d'un développement psycho-affectif sensiblement normal. Les autres manifestent en revanche des perturbations plus profondes de l'organisation de la personnalité qui se traduisent au plan clinique par leur aspect bizarre, par la difficulté du contact, par leur relatif isolement du groupe des enfants. Quant aux tests de personnalité, ils révèlent souvent une vie fantasmatique envahie par des thèmes archaïques. La question se pose chez de tels enfants d'une organisation prépsychotique ou psychotique.

L'abord thérapeutique est fonction de la profondeur des troubles de la personnalité associés. Une thérapie psychomotrice, une aide pédagogique sont souhaitables, voire indispensables. L'abord psychothérapique est souvent nécessaire.

V. – Instabilité psychomotrice

L'« instabilité » est un des grands motifs de consultation en pédopsychiatrie. Il s'agit le plus souvent de garçons (60 à 80 % des cas). Tantôt la demande de consultation vient de la famille, en particulier chez les enfants d'âge préscolaire entre 3-4 et 6-7 ans : « il n'arrête pas », « il ne tient pas en place », « il touche à tout », « il n'écoute rien », « il m'épuise », constituent les remarques essentielles de la litanie familiale. Tantôt à l'âge scolaire, entre 6 et 10-12 ans, l'enseignant pousse les parents à consulter en centrant alors souvent ses remarques sur l'instabilité de l'attention plus que du comportement : « il papillonne », « il a toujours la tête en l'air », « il est distrait », « il pourrait mieux faire s'il était attentif », etc. D'emblée se révèle par ces plaintes la double polarité de l'instabilité : le pôle moteur et le pôle des capacités d'attention.

Toutefois, il convient d'abord de limiter le cadre de l'instabilité, et de rappeler l'existence d'une période chez l'enfant de 2-3 ans, voire plus, où son attention est naturellement labile, où sa motricité explosive le pousse à multiplier les découvertes et expériences. L'entourage n'accepte pas toujours avec facilité cette conduite qui, pour maintes raisons (attitude rigide des parents, exiguïté excessive des lieux d'habitation, exigence aberrante de l'école), n'est pas tolérée. Ceci est d'autant plus important que l'enfant risque alors, face à l'intolérance du milieu et à ses exigences inaccessibles, d'accentuer cette conduite et de s'installer dans une véritable instabilité réactionnelle. Notons à cet égard que la vie urbaine actuelle n'est pas très adaptée aux besoins de catharsis motrice de l'enfant, et fait preuve d'une grande intolérance à ce qui devient trop aisément une « instabilité » pathologique. Citons, entre autres, les rythmes scolaires, l'exiguïté fréquente des appartements, l'absence d'espaces verts ou d'aire de détente, etc.

■ **Au plan clinique,** il convient donc de distinguer *l'instabilité motrice* proprement dite où l'enfant ne cesse d'être en mouvement (court de-çi de-là, croise et décroise jambes ou bras quand il est assis...) et *l'inattention ou instabilité psychique.* Si, le plus souvent, ces deux formes d'instabilité sont associées, chez certains enfants l'une d'entre elles peut occuper le devant de la scène. L'examen somatique est normal.

Le bilan psychomoteur met souvent en évidence, outre l'instabilité motrice, une instabilité posturale et l'existence de *« réaction de prestance »* (Wallon) : attitudes guindées, aldutomorphes.

L'étude du tonus permet selon certains (Berges) de distinguer des instabilités avec paratonie caractérisées par un fond permanent de contractures ou de tension où l'instabilité apparaît comme une « échappée » par rapport à cet état de contrôle, et des instabilités où le bilan tonique paraît normal mais où, en revanche, existent de nombreux signes d'une émotivité envahissante, voire chaotique : regard inquiet, sursaut important à la moindre surprise, moiteur des mains, bouffée vasomotrice au visage... Ces enfants ont l'air d'être dans un état permanent d'hypervigilance anxieuse, comme si l'environnement était à chaque instant susceptible d'être dangereux ou défaillant.

Parfois d'autres manifestations psychopathologiques s'associent à cette instabilité : énurésie, troubles du sommeil, difficultés scolaires, comportements agressifs avec réaction de prestance , susceptibilité importante et parfois tendance à la destructivité.

Sur le plan familial on retrouve fréquemment chez ces enfants instables une constellation particulière : mère proche de son garçon, mais cette proximité masque souvent des fantasmes agressifs ou de morts ; père lointain, disqualifié par la mère ou se disqualifiant lui-même dans la relation à son fils, avec parfois une agressivité crûment exprimée envers cet enfant ressenti comme un concurrent direct par rapport à la mère (Ch. Flavigny).

L'instabilité psychomotrice est avant tout un symptôme et en tant que tel, on peut l'observer dans diverses organisations psychopathologiques. Cependant outre la fréquence d'un vécu dépressif sous-jacent, l'instabilité étant alors comprise comme un défense contre la dépression (voir p. 332), dans de nombreux cas ce symptôme semble s'intégrer dans une organisation psychopathologique, type prépsychose (voir p. 367) ou dysharmonie d'évolution (voir p. 370).

Pour finir, nous rapprocherons l'« Instabilité psychomotrice » de ce que les auteurs Anglosaxons appelaient l'« enfant hyperkinétique » et de nos jours, les « Troubles déficitaires de l'attention », tels qu'ils sont décrits dans le D.S.M.III. Pour une critique de ce syndrome nous renvoyons le lecteur p. 373.

■ **Le contexte psychologique** est variable. Tout d'abord l'instabilité peut faire partie d'un état réactionnel à une situation traumatisante ou anxiogène pour l'enfant. Rappelons que plus l'enfant est jeune, plus son mode d'expression d'un malaise ou d'une tension psychique passe facilement par le corps. L'agir est au début la modalité la plus spontanée et la plus naturelle de réponse. Ainsi l'instabilité réactionnelle se rencontre-t-elle après des interventions chirurgicales, des séparations, des dissociations familiales, etc.

Chez d'autres enfants, l'instabilité paraît relativement isolée : il n'existe pas de difficultés majeures dans les autres axes de développement, l'équilibre psycho-affectif ne paraît pas franchement perturbé. Le niveau intellectuel est normal. Le problème se pose alors du degré de tolérance de l'entourage, en particulier familial, à ce trait de comportement. Il est probable que certains enfants présentent de façon congénitale une motricité plus « explosive » que d'autres. Dans ces derniers cas, la réponse de l'environnement par une intolérance ou des exigences trop grandes, risque de fixer ensuite la réaction motrice dans un état pathologique, déterminant en quelque sorte une manière d'être particulière : l'instabilité.

Enfin, chez certains enfants, l'instabilité prend une signification psychopathologique plus nette. Il en va ainsi de certaines conduites quasi provocatrices et dangereuses, l'enfant se mettant sans cesse en situation périlleuse ou de réprimande, comme pour se punir lui-même ou se faire punir. L'instabilité peut dans ce cas prendre la signification d'une recherche d'autopunition, comme on le voit chez des enfants qui souffrent d'un sentiment de culpabilité névrotique. Ailleurs, l'instabilité est soit la réponse à une angoisse permanente, en particulier lorsque dominent les mécanismes mentaux projectifs persécutifs, soit un équivalent de défense maniaque face à des angoisses dépressives ou d'abandon. L'entretien psychodynamique, l'utilisation éventuelle des tests de personnalité (Rorschach, T.A.T., Patte Noire) permettront de mieux situer le niveau de désorganisation ou d'inorganisation de la personnalité. Il n'est pas rare alors que l'instabilité ne soit qu'un des éléments d'une organisation psychotique ou prépsychotique.

■ **La réponse thérapeutique,** face à cet enfant instable, à donner à l'enfant lui-même et à sa famille n'est bien évidemment pas univoque. Elle sera fonction de la réaction de l'environnement à l'instabilité, réaction qui peut aller de la punition ou de la coercition franche à la complaisance, voire à la provocation ; fonction de l'existence ou non de troubles associés (échec scolaire, énurésie...) ; fonction de la profondeur des troubles de personnalité. Ainsi l'action thérapeutique pourra porter soit sur un réaménagement éducatif (conseils éducatifs aux parents ou à l'école, pratique de sport ou de centre aéré), soit sur une tentative de réinvestissement libidinal positif de l'ensemble du corps statique (relaxation) ou dynamique (divers jeux psychomoteurs, danse rythmique), soit sur une recherche de dégagement des conflits psycho-affectifs (psychothérapie).

VI. – Les tics

Les tics consistent en l'exécution soudaine et impérieuse, involontaire et absurde, de mouvements répétés qui représentent souvent une « caricature d'acte naturel » (Charcot). Leur exécution peut être précédée d'un besoin, leur répression causer un malaise. La volonté ou la distraction peuvent les suspendre temporairement. Ils disparaissent habituellement au cours du sommeil.

Les tics de la face sont les plus fréquents : clignements des paupières, froncement de sourcils, rictus, protusion de la langue, mouvement de menton... Au niveau du cou on note des tics de hochement, de salutation, de négation, de rotation ; citons également les tics de haussement d'épaules, des bras, des mains, des doigts et enfin les tics respiratoires (renifler, bailler, se moucher, toussoter, souffler, etc.) ou phonatoires (claquement de langue, grognement, cris plus ou moins articulés, aboiement).

Tous ces tics peuvent être isolés ou associés, rester identiques chez un même patient ou se succéder. Ils apparaissent le plus souvent vers 6-7 ans, et s'installent peu à peu. Avant la survenue du tic, le sujet ressent parfois une sensation de tension et le tic survient comme une sorte de décharge qui le soulage. Il n'est pas rare qu'un sentiment de honte ou de culpabilité accompagne le tic, sentiment qui peut être renforcé par l'attitude de l'entourage.

Il faut distinguer les tics des divers autres mouvements anormaux qui ne possèdent ni la brusquerie ni l'aspect stéréotypé : mouvements choréiques, gestes conjuratoires de certains obsessionnels graves (frotter les pieds sur le paillasson, toucher préventivement un objet...), stéréotypie psychotique (marquée par la finesse et la bizarrerie du geste), rythmies diverses (des membres, de la tête) moins brusques.

L'évolution permet de distinguer :

■ **les tics transitoires,** passagers, qu'on peut rapprocher de diverses habitudes nerveuses. Ils disparaissent spontanément. Ce sont de loin les plus fréquents ;

■ **les tics chroniques** qui constituent une affectation durable accompagnant une organisation névrotique caractérisée.

■ **La signification** du tic n'est pas univoque. Il fait partie de ces conduites déviantes qui s'installent à un stade évolutif particulier de l'enfant, et dont la persistance peut servir de point d'ancrage à de multiples conflits ultérieurs, et prendre de ce fait des significations successives, jusqu'à perdre peu à peu sa/ses significations(s) initiale(s), pour devenir une sorte de manière d'être profondément ancrée dans le soma.

Au début le tic peut être une simple conduite motrice réactionnelle à une situation d'anxiété passagère (lors de maladie, de séparation...). Il traduit cependant la facilité, chez certains enfants, avec laquelle passent dans la motricité les affects, conflits et tensions psychiques. L'association à une instabilité est d'ailleurs fréquente. Devant cette facilité, on conçoit que le tic puisse devenir une voie de décharge tensionnelle privilégiée.

L'association de tics et de traits obsessionnels est fréquente. Il s'agit d'enfants qui se contrôlent avec une grande vigilance, qui répriment activement une agressivité dont l'intensité peut être soit héréditaire, soit le résultat de situations traumatisantes réelles ; le tic prend alors souvent une signification soit directement agressive dans une symbolisation grossière, soit autopunitive par retournement sur soi de l'agressivité. Le contact avec ce type d'enfant « tiqueur » est souvent difficile, voire distant. Il est rare que l'enfant évoque spontanément son symptôme, allant parfois jusqu'à le nier. Apparemment soumis et passif, cette passivité masque en réalité une forte opposition. Il n'est pas rare que ses dessins soient perfectionnistes et rigoureux, les tics apparaissant par bouffées et interrompant ce graphisme contrôlé.

Dans d'autres cas, le tic prend une signification plus directe de conversion hystérique. Cela se voit surtout chez des enfants plus âgés ou des adolescents, les tics succédant à des accidents, des interventions chirurgicales.

Quoi qu'il en soit de sa signification psychodynamique pour l'enfant lui-même, la réponse de l'entourage, et surtout des parents, aux premières manifestations de tics peut être déterminante dans l'évolution. Des remarques trop insistantes, des moqueries, voire une interdiction vont accroître l'anxiété ou l'angoisse, et la lier directement aux décharges motrices. Ces dernières se trouveront ainsi reliées aux images parentales, et porteront de ce fait la charge libidinale ou agressive qui s'y rattache. Ainsi se met en place une organisation névrotique, le tic servant à la fois à renforcer le conflit et à décharger la tension pulsionnelle permettant d'évacuer le retour du refoulé. La signification symbolique du tic sera bien évidemment variable pour chaque enfant, selon ses propres lignes de développement et ses propres points conflictuels.

A un niveau plus archaïque, le tic peut survenir chez des enfants présentant de graves troubles de la personnalité, évoquant des organisations psychotiques. Il peut alors prendre la signification de décharge pulsionnelle directe dans un corps dont le vécu morcelé est si proche qu'il doit toujours être contrôlé et sous tension.

■ **Attitude thérapeutique :** la plupart des médicaments psychotropes n'ont pas ou ont peu d'action sur les tics, à l'exception des butyrophénones dont la posologie efficace connaît de grands écarts de variation d'un patient à l'autre.

Au niveau de la famille, il importe que l'anxiété face à ce symptôme et les réactions qu'elle suscite puissent être comprises, reconnues et apaisées, si on veut que les conseils (ne pas s'occuper des tics, ne pas les réprimer ni les survaloriser) soient suivis.

A l'égard de l'enfant lui-même, l'abord thérapeutique dépend à la fois des troubles psychopathologiques associés et du rôle que les tics continuent à y jouer. On peut ainsi proposer :

– une thérapie psychomotrice ou une relaxation, lorsque le tic a une signification essentiellement réactionnelle et que s'y associe un comportement moteur fait d'instabilité ou de maladresse ;

– une psychothérapie lorsque le symptôme est pris dans une organisation névrotique ou psychotique qui lui donne sa signification et que le tic lui-même renforce ;

– une thérapie comportementale de type « immersion » ou « déconditionnement opérant » (on demande au patient d'exécuter volontairement, face à une glace, le tic pendant une demi-heure tous les jours ou tous les deux jours) lorsque le symptôme apparaît plus comme une habitude motrice, ayant en grande partie perdu sa signification originelle.

Quelles que soient ces thérapies, un certain nombre d'enfants, tout en étant améliorés, conservent leurs tics et deviendront des adultes tiqueurs.

■ **La maladie de Gilles de la Tourette.** Individualisée sous ce nom par le D.S.M.III, la maladie de Gilles de la Tourette se caractérise par l'association :

– de tics nombreux, récurrents, répétitifs, rapides, siègeant le plus souvent au visage et aux membres supérieurs ;

– de multiples tics vocaux sous forme de coprolalie (« gros mots »), d'écholalie (répétition en écho de ce que dit l'interlocuteur), de grognements, reniflements, aboiements...

Cette affection débute le plus souvent entre 2 et 15 ans, est durable (un an ou plus). L'intensité des tics est variable, dépendant en partie du contexte ; le sujet peut supprimer volontairement ses tics pendant quelques minutes ou quelques heures.

En association à ces manifestations, certains auteurs ont décrit des anomalies neurologiques « mineures » (hyper-réactivité, signes neurologiques discrets, anomalies non spécifiques à l'E.E.G.).

En fait, cet ensemble syndromique est assez rare, les tics moteurs pouvant exister isolément sans les tics vocaux faisant alors parler de « maladie des tics » (Guinon) ; celle-ci doit cependant être distinguée de la «maladie de Gilles de la Tourette » proprement dite.

De nombreuses discussions étiopathologiques ont récemment eu lieu, actualisées par le centenaire de la première description de la maladie (1885). Classiquement considérée comme une forme névrotique particulière entrant le plus souvent dans le cadre d'une psychopathologie obsessionnelle, certains auteurs invoquent une étiologie lésionnelle (au niveau des neurotransmetteurs) en raison des discrètes perturbations observées et de l'efficacité de certains psychotropes (butyrophénone, pimozide, clonazepam). Cependant les résultats divergents des études neurobiochimiques ne permettent pas « de proposer aujourd'hui une explication biochimique cohérente de ce syndrome » (Dugas). A l'opposé certaines psychothérapies à travers le sens retrouvé et dévoilé des divers tics et l'évolution parfois favorable qui s'ensuit, plaideraient en faveur d'une origine névrotique ou prénévrotique, borderline (Lébovici et Coll.).

VII. – Trichotillomanie – Onychophagie

La **trichotillomanie** caractérise le besoin plus ou moins irrésistible de se tortiller, de se caresser, de se tirer, voire de s'arracher les cheveux. De larges plaques de pelade peuvent apparaître ainsi quand les cheveux sont arrachés par touffe. Dans certains cas, l'enfant mange ses cheveux, provoquant un trichobezoard. S'il n'y a pas une signification univoque à ce symptôme, les auteurs insistent tantôt sur le pôle autoérotique (caresse, autostimulation du cuir chevelu), tantôt sur le pôle auto-agressif. Cette conduite peut d'ailleurs apparaître dans des situations de frustration ou de carence : séparation des parents, décès de l'un d'eux, naissance d'un cadet, placement en institution... et n'être qu'une des conduites déviantes au sein d'un tableau plus vaste.

Plus fréquente encore est l'**onychophagie** puisque, selon certains auteurs, on la rencontrerait chez 10 à 30 % des enfants. Ce comportement persiste d'ailleurs chez de nombreux adultes. Quoiqu'on ne puisse décrire un type psychologique d'enfant onychophage, il s'agit souvent de sujets anxieux, vifs, actifs et autoritaires. D'autres traits de comportements déviants ne sont pas rares : instabilité psychomotrice, énurésie.

Si l'enfant n'éprouve aucune gêne quand il est jeune, avec l'âge, en particulier s'il s'agit d'une adolescente, un sentiment de gêne, voire une véritable honte peut accompagner l'onychophagie, le préjudice esthétique étant alors mis en avant.

Sur le plan théorique certains ont repéré dans cette conduite un déplacement auto-érotique qui associe le plaisir de la succion et un équivalent masturbatoire assez direct, avec une connotation auto-agressive et punitive, tant par les lésions provoquées que par la réaction désapprobatrice de l'entourage. Il est possible d'ailleurs que la réaction anxieuse, interdictrice ou agressive des parents devant les premières tentatives d'onychophagie de leur enfant provoque chez ce dernier une fixation à cette conduite qui prend alors une signification névrotique.

Bibliographie

AJURIAGUERRA (J. DE), STAMBAK (M.) : L'évolution des syncinésies chez l'enfant. *Presse médicale,* 1955, *39,* p. 817-819.

AJURIAGUERRA (J. DE), BONVALOT-SOUBIRAN (G.) : Indications et techniques de rééducation psychomotrice en psychiatrie infantile. *Psychiat. enfant.,* 1959, *2* (2), p. 423-494.

AJURIAGUERRA (J. DE), HECAEN (H.), ANGELERGUES (R.) : Les apraxies. Variétés cliniques et latéralisation lésionnelle. *Rev. neurol.,* 1960, *1,* p. 566-595.

AJURIAGUERRA (J. DE), AUZIAS (M.), COUMES (I.), DENNER (A.).

AUZIAS (M.) : Enfants gauchers, enfants droitiers. Delachaux et Niestlé, Neuchâtel, 1975, 1 vol., 246 p.

AUZIAS (M.) : Les troubles de l'écriture chez l'enfant. Delachaux et Niestlé, Neuchâtel, 1981, 1 vol., 2e éd.

LAVONDES-MONOD (V.), PERRON (R.), STAMBAK (M.) : *L'écriture de l'enfant.* Delachaux et Niestlé, Neuchâtel, 1964, 2 vol.

BERGES (J.), LÉZINE (I.) : *Test d'imitation de gestes. Technique d'exploration du schéma corporel et des praxies chez l'enfant de 3 à 6 ans.* Masson et Cie, Paris, 1963, 1 vol., 128 p.

DALERY (J.), MAILLET (J.), VILLARD (R. de) : Les tics de l'enfant. *Neuropsychiat. de l'enf.,* 1980, *28* (12), p. 581-585.

DUGAS M. : Le Syndrome de Gilles de La Tourette. Etat actuel de la maladie des tics. *Presse Med.*, 1985, 14, 589-593.

DUPRÉ (E.) : *Pathologie de l'émotivité et de l'imagination.* Payot, Paris, 1925.

DUPRÉ (E.), MERKLEN (P.) : La débilité motrice dans ses rapports avec la débilité mentale. *Rapport au 19e Congrès des Aliénistes et Neurologistes français.* Nantes, 1909.

FLAVIGNY (Ch.) : Psychodynamique de l'instabilité infantile. *Psy. Enf.*, 1988, 31, 2, 445-473.

GALIFRET-GRANJON (N.) : Les praxies chez l'enfant, d'après Piaget. *Psychiat. enfant.,* 1961, *4* (2), p. 580-591.

ISPANOVIC-RADOJKOVIC (V.), MELJAC (C.), BERGES (J.) : Dyspraxiques, figuratif et sémiotique. *Neuropsychiatrie enfance,* 1982, **30**, 12, p. 657-670.

KOUPERNIK (C.), DAILLY (R.) : *Développement neuropsychique du nourrisson.* P.U.F., Paris, 1968.

LEBOVICI (S), MORON (P.), CHILAND (C.), SAUVAGE (D.) : Les tics chez l'enfant (série d'articles). *Neuropsychiatrie enf.,* 1983, **31,** 4, p. 169-177.

LEBOVICI (S.), RABAIN (J.F.), NATHAN (T.), THOMAS (R.), DUBOZ (M.M.) ; A propos de la maladie de Gilles de La Tourette. *Psy. Enf.*, 1986, 29, 1, 5-59.

STAMBAK (M.), L'HERITEAU (D.), AUZIAS (M.), BERGES (J.), AJURIAGUERRA (J. DE) : Les dyspraxies chez l'enfant. *Psychiat. enfant.,* 1964, *7,* p. 381-496.

STAMBAK (M.), PECHEUX (M.G.), HARRISON (A.), BERGES (J.) : Méthodes d'approche pour l'étude de la motricité chez l'enfant. *Rev. Neuropsychiat. infant.*, 1967, *15*, p. 155-167.
TOURETTE (G. de La) : Étude sur une affection nerveuse caractérisée par l'incoordination motrice accompagnée d'écholalie et de coprolalie. *Arch. neurol.*, 1885, *9*, p. 158-200.
TZAVARAS (A.) : Droitiers et gauchers. *E.M.C. Neurologie*, Paris, 1978, 17 022 C 10.
WALLON (H.) : *L'enfant turbulent.* Alcan, Paris, 1925.
WALLON (H.) : L'habileté manuelle. *Enfance*, 1963, 16, p. 111-120.

6

Psychopathologie du langage

I. – Généralités

Chapitre essentiel de la psychopathologie de l'enfant, les troubles du langage sont importants à la fois pour leur signification et par leur fréquence comme motif de consultation. C'est entre 4 et 8 ans que la famille consulte le plus souvent, marquant ainsi d'abord la période d'acquisition du langage parlé, puis la période d'acquisition de la lecture et de l'écriture.

Un retentissement sur l'ensemble des interactions entre l'enfant et son environnement (famille, école, camarades) peut survenir si les troubles sont importants et aboutir à des difficultés psycho-affectives diverses. Il devient alors très difficile de faire la part des troubles réactionnels secondaires et des difficultés initiales.

L'étude des troubles du langage suppose une bonne connaissance du développement normal du langage, tant dans sa dimension neurophysiologique (organe phonatoire, intégrité cérébrale, audition normale) que dans sa dimension psycho-affective. Nous n'étudierons pas ici les troubles du langage qu'on rencontre en cas de surdité (p. 235) ou d'encéphalopathie grave (p. 165) renvoyant le lecteur à ces titres. Toutefois il faut toujours rechercher un déficit auditif car, même minime (entre 20 et 40 décibels), quand il se situe dans la zone conversationnelle, il peut altérer profondément les capacités de discrimination phonétique du langage humain, et entraîner de ce fait des perturbations.

C'est le cas en particulier des déficits auditifs modérés qui se caractérisent pour certains par l'existence d'une courbe en U à l'audiogramme, c'est-à-dire un déficit portant sur les fréquences moyennes. De tels déficits doivent toujours être recherchés et éventuellement appareillés au moindre doute. (L'exploration de l'audition est traitée p. 68).

Le langage normal chez l'enfant

Chez l'enfant normal, l'acquisition du langage se développe selon un plan dont la régularité frappe. L'ontogénèse du langage semble se faire autour de trois étapes essentielles dont les limites intermédiaires sont relativement arbitraires, mais dont la succession est régulière. On distingue ainsi :

1°) le prélangage (jusqu'à 12-13 mois, parfois 18 mois) ;
2°) le petit langage (de 10 mois à 2 ans 1/2-3 ans) ;
3°) le langage (à partir de 3 ans).

1°) Prélangage

A partir des cris du nourrisson qui au début n'ont d'autres significations que d'exprimer un malaise physiologique, peu à peu se constituent les préformes d'une communication entre l'enfant et son entourage ; en effet les cris en fonction des réponses que donne la mère expriment bientôt toute une gamme de sensations (colère, impatience, douleur, satisfaction, plaisir même). En outre pour certains auteurs (Vigotsky, Bruner) il existe un rapport étroit entre certains aspects de la motrocité, de l'émission artro-phonématique et les préformes du langage d'où le concept « d'actes de langage ».

A partir de 1 mois, à mesure que le bébé acquiert une meilleure coordination de la respiration, apparaît le **babillage** ou les **lallations :** le gazouillis du nourrisson est constitué au début de sons non spécifiques en réponse à des stimuli non spécifiques. Le babillage s'enrichit rapidement sur le plan qualitatif si bien que l'enfant semble capable de produire, de manière purement aléatoire, tous les sons imaginables. Le rôle de cette activité pour la formation des coordinations neuromotrices articulatoires est certainement essentiel.

A partir de 6-8 mois, apparaît la période de l'« **écholalie** » : une sorte de « dialogue » s'instaure entre le petit enfant et sa mère ou son père : il répond à la parole de l'adulte par une sorte de mélopée relativement homogène, continue. Peu à peu, la richesse des émissions sonores initiales se réduit pour ne laisser la place qu'à quelques émissions vocaliques et consonantiques fondamentales. En même temps l'adulte semble ajuster son discours à la capacité de réception de l'enfant : construction de phrase simple, son aigu de la voix là où l'oreille de l'enfant discrimine le mieux.

Parfois ce babil régresse peu à peu pour laisser la place à une période de silence, parfois au contraire au babil succède directement le petit langage.

2°) Petit langage

Les premiers mots apparaissent souvent en situation d'écholalie, en même temps que les premières suites dotées de sens se différencient par des traits oppositionnels d'un rendement pauvre du fait de leur nombre limité, mais facile à exploiter : papa, maman, encore, tiens, donne...

A 12 mois un enfant peut avoir acquis 5 à 10 mots ; à 2 ans, le vocabulaire peut atteindre 200 mots, avec de grands écarts dans l'âge des acquisitions et dans leur rapidité. Mais l'ordre des acquisitions reste sensiblement le même. Un fait demeure constant : la compréhension passive précède toujours l'expression active.

A la période du « mot-phrase », l'enfant utilise un mot dont la signification dépend du contexte gestuel, mimique ou situationnel, signification qui d'ailleurs est en grande partie celle que donne l'adulte. Ainsi « toto » peut signifier : « je vois une auto », « j'entends une auto », « c'est l'auto de papa », etc. Le langage accompagne toujours l'action, la renforce, mais ne s'y substitue pas encore.

Vers 18 mois apparaissent les premières « phrases », c'est-à-dire les premières combinaisons de 2 mots-phrases : « pati-papa », « dodo-bébé », etc. Le système phonologique reste toujours très limité. A la même période apparaît la négation : en français il s'agit soit du non, soit de la particule négative « pas » : « pas dodo », « pas pati »..., introduisant l'enfant dans les premiers maniements conceptuels et les premières oppositions sémantiques (v. Spitz : Le second organisateur p. 21).

Peu à peu, la manipulation du mot devient de plus en plus indépendante des énoncés stéréotypés, l'organisation linguistique se structure avec l'apparition successive des énoncés d'affirmation, de constatation, d'ordre, de négation, d'interrogation... Cependant le « parler bébé » persiste quelques mois, marqué par les simplifications à la fois articulatoires, phonématiques et syntaxiques. Le « parler-bébé » est structuralement identique à ce qu'on appelle le « retard de parole » (v. p. 112) quand il persiste au-delà de 3-4 ans.

A l'évidence, le rôle de la famille est à cette époque considérable grâce au « bain de langage » dans lequel l'enfant se trouve plongé. En l'absence de stimulation langagière, un appauvrissement ou un retard d'acquisition du stock verbal est constant (v. Les familles-problèmes p. 396 et le cas du bilinguisme p. 444).

3°) Langage

C'est la période la plus longue et la plus complexe de l'acquisition du langage qui se marque par un enrichissement à la fois quantitatif (entre 3 ans 1/2 et 5 ans un enfant peut maîtriser jusqu'à 1 500 mots, sans toujours en saisir très exactement le sens) et qualitatif. *« L'accès au langage proprement dit se caractérise par un abandon progressif des structures élémentaires du langage enfantin et du vocabulaire qui lui est spécifique auxquels se substituent des constructions de plus en plus conformes au langage de l'adulte »* (C. P. Bouton). En même temps le langage devient peu à peu un moyen de connaissance, un substitut de l'expérience directe. La redondance avec l'action et/ou le geste disparaît progressivement.

Vers 3 ans, l'introduction du *« je »* peut être considérée comme la première étape de l'accession au langage après une période où l'enfant se désigne par « moi » et une longue transition où il utilise « moi je... ».

L'enrichissement quantitatif et qualitatif semble se faire à partir de deux types d'activité langagière (Bouton) :

– une activité verbale « libre », où l'enfant continue d'utiliser une « grammaire » autonome, établie à partir du petit langage ;

– une activité verbale « mimétique » où l'enfant répète à sa façon le modèle de l'adulte, acquérant progressivement des mots nouveaux et des constructions nouvelles qui sont ensuite réinvestis dans son activité verbale « libre ».

Ceci montre bien la constante interaction entre les acquisitions langagières de l'enfant et les stimulations provenant de son entourage.

Entre 4 et 5 ans, l'organisation syntaxique du langage devient de plus en plus complexe, de telle sorte que l'enfant peut se passer de tout support concret pour communiquer. Il en arrive à l'utilisation des subordinations (qui, parce que), du conditionnel, des alternances, etc. Il passe ainsi du langage implicite (quand la compréhension du message verbal nécessite des informations extra-linguistiques supplémentaires) au langage explicite qui se suffit à lui-même.

II. – Psychopathologie du langage

A. – Troubles de l'articulation

Ils se caractérisent par l'existence isolée de déformations phonétiques portant plus souvent sur les consonnes que sur les voyelles. Chez le même enfant, c'est habituellement le même phonème qui est toujours déformé. On distingue :

– le zozotement (ou zézaiement ou sigmatisme interdental), l'extrémité de la langue reste trop près des incisives ou entre les dents ;

– le schlintement (ou sigmatisme latéral) caractérisé par un écoulement d'air uni ou bilatéral. Ce dernier trouble articulatoire peut s'associer à une malformation de la voûte palatine de type ogival, sans que cette association soit obligatoire.

Les troubles articulatoires sont fréquents et banals jusqu'à 5 ans. Passé cet âge, s'ils persistent, une rééducation s'impose. Leur signification psycho-affective est parfois facile à saisir lorsqu'ils s'intègrent dans un contexte oppositionnel ou régressif (naissance d'un puîné), avec même un « parler bébé », nécessitant alors un abord psychothérapique. Souvent ils sont isolés, sans retentissement notable sur les autres lignes du développement.

B. – Retard de parole

Il s'agit d'une mauvaise intégration des divers phonèmes constitutifs d'un mot : leur nombre, leur qualité, leur succession peuvent être modifiés. Sans signification jusqu'à 5 ans, leur persistance au-delà de cet âge signe une perturbation de l'intégration et de l'apprentissage de la parole, et nécessite un abord thérapeutique. Théoriquement le retard de parole ne s'accompagne pas d'anomalie syntaxique, mais en réalité il s'associe souvent au retard de langage.

Quand on analyse les anomalies on peut décrire :

– des confusions phonématiques portant soit sur les consonnes constrictives (j → ch, z → s) ou occlusives (d → t, g → k), soit sur l'inversion de ces dernières (f → p, z → d), soit sur les voyelles (an → a, in → é, oua → a) ;

– l'omission des finales (pour → pou) ;

– la simplification de phonèmes complexes ;

– le déplacement de certains phonèmes (lavabo → valabo) ;

– des assimilations.

Contrairement aux troubles de l'articulation, d'une part les erreurs ne sont pas constantes, d'autre part chaque phonème peut être correctement prononcé isolément.

Face à ces troubles élocutoires, la réaction de la famille est importante, soit en reprenant constamment l'enfant, empêchant ainsi toute spontanéité de la parole, soit inversement en ignorant totalement le trouble, laissant l'enfant sans repère possible.

C. – Retard simple de langage

Le retard simple de langage se caractérise par l'existence de perturbations du langage chez un enfant qui ne présente ni arriération intellectuelle, ni surdité profonde, ni organisation psychotique.

La construction de la phrase, son organisation syntaxique sont perturbées. Sur le plan clinique, l'élément essentiel est le retard à l'apparition de la première phase (après 3 ans), suivi d'un « parler bébé » prolongé. Les anomalies constatées sont très variables : trouble dans l'ordination des mots de la phrase, erreur de construction grammaticale (agrammatisme), verbe employé à l'infinitif, mauvaise utilisation du pronom personnel. On note aussi des omissions de mots, fausses liaisons, barbarismes, etc. (ature papa pati → la voiture de papa est partie). La compréhension est en principe bonne mais son évaluation chez l'enfant jeune est parfois difficile. Lorsque les troubles de compréhension sont manifestes, le pronostic est plus réservé.

■ **L'évolution** peut être spontanément favorable, mais il est rare qu'un retard de langage persistant au-delà de 5 ans disparaisse totalement malgré un enrichissement progressif. La rééducation, dès 4 ans, en cas de retard sévère s'impose. Le pronostic est plus réservé en cas de trouble associé de la compréhension. Un bégaiement, une dyslexie-dysorthographie peuvent succéder au retard de langage.

■ **Le niveau intellectuel** apprécié par les tests de performance, où le langage n'intervient pas, ne présente pas de caractéristiques différentes de la population témoin. Toutefois, lorsque le retard de langage est important, réalisant au maximum un tableau de dysphasie, certaines difficultés intellectuelles ont été décrites : perturbation dans l'espace et le temps avec une mauvaise organisation du schéma corporel, nécessité d'apports extraverbaux pour une compréhension satisfaisante, intelligence portant sur une saisie concrète des problèmes.

La personnalité des enfants dépend de la profondeur du trouble, des interactions familiales et environnementales. Outre des enfants dont la personnalité semble normale, on a aussi décrit des « dysphasiques prolixes peu contrôlées » expansifs et des « dysphasiques économes », enfin des enfants dont les troubles de personnalité peuvent être plus importants, de type prépsychotique.

■ **Au niveau étiologique,** l'accent est mis, selon les auteurs, soit sur l'*immaturité cérébrale* (par exemple antécédent de prématurité), soit sur la *carence quantitative et/ou qualitative* de stimulation langagière due à un environnement socio-économique défavorable, soit sur l'*équilibre psycho-affectif* et l'absence d'« appétence » langagière (Pichon). La qualité des relations affectives familiales joue alors un rôle important (carence affective, absence d'interaction langagière mère-enfant, soit parce que la mère parle peu, soit parce qu'elle est dépressive, etc.). En clinique, il n'est pas rare que ces divers facteurs coexistent.

Dans tous les cas la période de 3 à 5 ans représente un seuil critique avec risque de fixation des troubles. C'est pourquoi il importe qu'une aide thérapeutique soit très rapidement instaurée. Le plus souvent il s'agira d'une rééducation orthophonique, parfois d'une rééducation psychomotrice portant avant tout son effort sur les composantes spatio-temporelles (rythme, mélodie...) et l'intégration du schéma corporel. Dans certains cas une psychothérapie couplée mère-enfant s'avère nécessaire lorsque leurs relations paraissent s'organiser de façon pathologique, et que les désordres psycho-affectifs primitifs ou secondaires sont importants.

D. – Audimutités

En France on définit par audimutités des enfants de plus de 6 ans dont le langage est quasi absent, sans qu'on retrouve une déficience intellectuelle profonde, un déficit auditif ou une organisation psychotique manifeste de la personnalité.

Le langage est absent ou réduit à quelques phonèmes. Après une rééducation prolongée et intensive, certains enfants acquièrent un peu de vocabulaire, mais butent sur la construction de phrases. L'agrammatisme reste généralement total, l'association de trois phonèmes ou plus devient aléatoire. A noter que chaque phonème est bien articulé isolément. La compréhension semble parfois normale, du moins pour les consignes simples ou les idées concrètes. Dans d'autres cas, la compréhension du langage semble atteinte, mais une communication par les gestes ou par les intonations de voix est possible. L'intensité des troubles de la compréhension permet d'isoler deux pôles : les « audimutités d'expression » et les « audimutités de compréhension ». En tout état de cause, la relation établie avec ces enfants est assez différente de la relation avec l'enfant psychotique.

Des troubles praxiques divers peuvent être associés : dyspraxie bucco-faciale, difficultés de reproduction des structures rythmiques, pertubations temporo-spatiales. Le niveau intellectuel est difficile à évaluer, mais les capacités d'intelligence pratique de ces enfants surprennent souvent.

Sur le plan affectif, cette quasi-absence de langage n'est pas sans retentissement : il s'agit souvent d'enfants impulsifs, exigeants, voire coléreux. Il est évidemment difficile dans ces troubles affectifs de faire la distinction entre cause et conséquence de la perturbation du langage.

L'évolution au niveau du langage est décevante malgré toutes les rééducations entreprises. En revanche, lorsqu'une insertion sociale devient possible à l'adolescence (tâches concrètes, métier manuel simple), un certain équilibre psycho-affectif peut être atteint.

Il n'y a pas d'origine étiologique précise à ces audimutités.

E. – Aphasies

Bien que de nature différente nous rapprocherons des audimutités les quelques cas d'aphasie de l'enfant. Contrairement à l'adulte, l'atteinte précoce de l'hémisphère dominant ne donne pas chez l'enfant de troubles caractéristiques du langage grâce à la possibilité de nombreuses voies de suppléance. Toutefois des atteintes lésionnelles organiques ou fonctionnelles des divers centres impliqués dans l'audition et le langage peuvent aboutir à une aphasie comme l'illustrent les rares cas de surdité acquise à la période d'apprentissage du langage. Parmi ces aphasies, certaines parfois appelées agnosies auditives semblent isolables (syndrome de Landau-Klefner) : elles associent un trouble du langage portant d'abord sur la compréhension (inattention auditive et incompréhension verbale, tandis que la discrimination des sons purs reste normale), puis sur l'expression, et des manifestations épileptiques sous forme de crises généralisées ou hémicorporelles. Il existe une concomitance nette entre les manifestations épileptiques et les troubles du langage. Tous les deux apparaissent entre 3 et 5 ans, et évoluent par poussées plus ou moins régressives. Il est rare que la rééducation verbale soit complète, surtout si les troubles aphasiques se sont installés précocement. Le niveau intellectuel reste normal ou subnormal. Les troubles du comportement (impulsivité, instabilité) sont fréquents. Il n'y a pas de traitement spécifique en dehors du traitement antiépileptique.

Plus proche des aphasies de l'adulte sont les quelques cas d'aphasie post-traumatique observés chez l'enfant (Launay et Houzel) : elles se caractérisent plutôt par un appauvrissement du langage, et non pas par la logorrhée, les paraphasies ou stéréotypies verbales qu'on observe chez l'adulte.

F. – Dyslexie-dysorthorgraphie

La dyslexie se caractérise par une difficulté à acquérir la lecture à l'âge habituel en dehors de toute débilité ou déficience sensorielle. A cette dyslexie s'associe des difficultés d'orthographe d'où le nom de dyslexie-dysorthographie.

Selon les auteurs entre 5 et 15 % des enfants connaissent ces difficultés. La scolarité obligatoire et l'accession de la quasi-totalité de la population au langage écrit a bien évidemment révélé ce trouble, aussi les premières descriptions datent de la fin du 19e siècle. La technique d'apprentissage de la lecture a été souvent incriminée à l'origine de la dyslexie, mais nous verrons par la suite que si l'école intervient, les troubles ne sont pas purement réductibles à des erreurs pédagogiques.

On ne peut parler de dyslexie avant 7 ans, 7 ans 1/2 car avant cet âge, des erreurs similaires sont banales par leur fréquence.

1o) Description

a) Dyslexie : on note des confusions de graphèmes dont la correspondance phonétique est proche (a – an, s – ch, u – ou) ou dont la forme est proche (p – q, d – b), des inversions (or – ro, cri – cir), des omissions (bar – ba, arbre – arbe) ou encore des additions, des substitutions. Au niveau de la phrase, il existe une difficulté à en saisir le découpage et le rythme. La compréhension du texte lu est souvent supérieure à ce que pourrait en laisser croire le déchiffrage, néanmoins il est rare que la totalité de l'information écrite soit appréhendée. Le décalage va croissant avec l'âge de l'enfant, les exigences scolaires et les capacités de lecture si bien que les difficultés scolaires initialement centrées sur la lecture, deviennent rapidement globales en l'absence de traitement.

Ces difficultés sont bien mises en évidence grâce à la batterie de tests élaborée par Madame Borel-Maisonny. Afin de disposer d'une possibilité d'étalonnage et de comparaison, un test de leximétrie (test de l'alouette) a été mis au point qui permet d'attribuer à chaque enfant un « cœfficient lexique » qui est le rapport entre l'âge lexique et l'âge chronologique sans qu'on puisse en déduire des conclusions pathogéniques.

b) Dysorthographie : les fautes constatées, qui elles aussi sont banales au début de l'apprentissage, sont semblables à celles qu'on observe en lecture : confusion, inversion, omission, difficultés à retranscrire les homophones (les homonymes non homographes : mer – mère, eau – haut, ...), confusion de genre, de nombre, erreurs syntaxiques grossières (leçon – le sont).

2°) Facteurs associés

Il existe avec la dyslexie certaines associations dont la fréquence mérite d'être relevée sans qu'on puisse cependant faire de celle-ci l'origine étiologique unique du trouble.

a) Retard de langage : c'est un antécédent fréquent. Certains ont même considéré qu'il était constant mais inapparent, révélé en fait par les difficultés supplémentaires inhérentes à la lecture. Il importe toutefois d'analyser plus finement les antécédents du trouble du langage. Des études catamnestiques d'enfants ayant un retard de langage invitent ainsi à distinguer ceux qui ont en outre des difficultés de compréhension : la dyslexie-dysorthographie surviendrait ensuite quasi constamment, et ceux qui n'ont pas de difficultés de compréhension : la dyslexie-dysorthographie serait beaucoup moins fréquente.

b) Troubles de la latéralisation : la gaucherie et surtout la mauvaise latéralisation, tant visuelle qu'auditive ont fréquemment été invoquées à l'origine de la dyslexie (Horton). Les études statistiques par comparaison à l'ensemble de la population de gauchers sont difficiles à conduire, et donnent des résultats de signification variable. La fréquence des gauchers et des enfants mal latéralisés serait comprise entre 30 et 50 % parmi les enfants dyslexiques.

La « gaucherie contrariée » a été rendue responsable des troubles, surtout à une époque où on imposait assez vigoureusement à l'enfant un choix. Dans un tel contexte, il est probable que le climat affectif de contrainte ait été un facteur favorisant non négligeable. Actuellement le respect de la latéralisation spontanée de l'enfant est plus grand, et dans ces conditions les gauchers ne subissent plus la pression normative ancienne. Chez l'enfant mal latéralisé, favoriser dans un climat affectif non répressif l'utilisation de la main droite n'est pas à l'origine de difficultés supplémentaires. Il existe d'ailleurs des enfants mal latéralisés sans trouble de type dyslexique.

c) Troubles de l'organisation temporo-spatiale : les confusions entre les lettres de formes identiques, mais inversées dans l'espace (p – q, b – d), les difficultés à saisir le rythme spontané de la phrase ont été à l'origine d'une hypothèse portant sur une perturbation de l'organisation de l'espace et du temps chez les enfants dyslexiques. Ainsi a-t-on décrit leur incapacité à reproduire les structures rythmiques perçues à l'audition de même que leurs erreurs trop fréquentes dans l'orientation droite-gauche.

3°) Facteurs étiologiques

Outre les associations que nous venons de voir, de nombreux facteurs sont invoqués dans l'origine de ce trouble qui se situe à un carrefour de la maturation individuelle et sociale de l'enfant. Le cortex cérébral, le patrimoine génétique, l'équilibre affectif, les erreurs pédagogiques sont ainsi tour à tour rendus responsables.

a) Facteurs génétiques : ils sont invoqués dans la reconnaissance de la dyslexie à la fois sur la fréquence prédominante des garçons par rapport aux filles, sur l'existence de cas familiaux (ascendants ou collatéraux), sur la concordance du trouble chez les jumeaux homozygotes. Certains auteurs ont même été jusqu'à caractériser la transmission (hérédité mono-hybride autosomique) que d'autres contestent. Il faut reconnaître que ces déductions sont issues d'études statistiques d'un grand nombre d'observations où manquent de nombreux éléments ce qui rend leurs conclusions aléatoires. La corrélation entre retard de langage et dyslexie a fait évoquer « une fragilité constitutionnelle » portant sur l'ensemble des capacités d'apprentissage du langage.

b) Souffrance cérébrale : la fréquence d'antécédents néonatals (grossesse et accouchement difficiles, prématurité, réanimation néonatale...) a conduit certains auteurs à invoquer une souffrance cérébrale. Nous en rapprocherons « l'immaturité cérébrale » également avancée, sans qu'on sache très exactement ce que ce vocable recouvre (v. p. 56).

c) Troubles perceptifs : dans cette hypothèse, les facteurs périphériques, en particulier la vue, sont rendus responsables des difficultés de lecture. La dyslexie a d'ailleurs historiquement été décrite d'abord par un ophtalmologue (Minshdwood 1895). Si on n'invoque plus maintenant l'acuité visuelle en elle-même, divers auteurs plus récemment se sont tournés vers l'étude de l'oculomotricité, décrivant soit une dyspraxie oculaire, soit une non-latéralisation du regard. Toutefois, si la réalité de ces troubles est indéniable sans qu'on sache d'ailleurs s'ils sont primitifs ou secondaires, ils ne sont pas constants chez les enfants dyslexiques, et se rencontrent chez les non dyslexiques. En tout état de cause, l'intégration des graphèmes pour aboutir à la compréhension symbolique du langage lu ne saurait se réduire à la simple perception sensorielle.

d) Equilibre psycho-affectif : faire la part des perturbations affectives secondaires à la dyslexie ou au contraire initiatrices de celle-ci est bien difficile. Longtemps on a pensé que ces perturbations étaient avant tout réactionnelles, tandis qu'actuellement certains considèrent la dyslexie comme une manifestation possible de troubles de la personnalité. Si aucun regroupement psychopathologique précis ne peut être corrélé à la dyslexie, il est néanmoins vrai que les enfants dyslexiques présentent souvent des troubles de comportement de type impulsif avec « passage à l'acte » facile et fréquent. On rejoint là, comme pour l'acquisition du langage parlé, toute la problématique de la symbolisation avec la médiation (investissement des processus secondaires, capacité de tolérance à la frustation) qu'elle permet. Sans nier la dimension réactionnelle de ces troubles chez un enfant confronté à l'échec scolaire et à un décalage de plus en plus grand entre ses capacités et l'exigence de son environnement social, il faut souligner que l'apprentissage de la lecture se produit normalement chez l'enfant à un âge où les conflits psycho-affectifs s'apaisent, ce qui facilite l'investissement sublimatoire de la connaissance scolaire. On conçoit que les divers troubles de personnalité, dont la caractérisque commune est de maintenir un état conflictuel toujours actif, puissent rendre aléatoire cet apprentissage de la lecture, ou l'intégrer dans une nouvelle conduite pathologique.

e) Milieu socio-culturel : il semble exister une corrélation entre un niveau socio-culturel bas ou médiocre et l'apparition d'une dyslexie. Toutefois, ce n'est pas une relation simple car s'y associent de nombreux facteurs de compensation ou d'aggravation : relation parent-enfant, différence culturelle entre autres.

f) Intelligence : par définition on ne parlait initialement de dyslexie que chez les enfants de niveau intellectuel normal aux tests d'évaluation. En réalité, il convient d'être moins arbitraire en ce domaine : de nombreux enfants débiles légers et moyens présentent des difficultés d'apprentissage de la lecture en tous points identiques à celles que nous avons décrites. Eux aussi bénéficient grandement d'une aide pédagogique adaptée, et dans ces conditions pourront acquérir la lecture. Outre le problème plus général de la débilité (v. p. 164), il convient donc de dépister ces difficultés et de les traiter.

g) Pédagogie : la méthode globale d'apprentissage de lecture a, un temps, été rendue responsable de la dyslexie. En réalité, des études statistiques comparatives ont montré qu'il n'en était rien, mais qu'en revanche cette méthode révélait plus rapidement les enfants qui allaient avoir des difficultés. Comme pour l'ensemble de la pédagogie il n'y pas une bonne et unique méthode pour apprendre à lire, mais il y a beaucoup d'enseignants et beaucoup d'enfants dont les relations réciproques sont déterminantes. Au niveau de l'enseignant lui-même, son aisance à utiliser telle ou telle méthode sa confiance en celle-ci, sa défiance en celle-là, son propre enthousiasme ou son pessimisme sont des facteurs bien plus importants.

4°) Traitement

La place de la dyslexie dans l'ensemble des difficultés de l'enfant, le caractère primitif ou réactionnel de ces dernières sont à prendre en considération avant d'engager l'enfant dans une thérapie. Si la dyslexie s'inscrit dans le cadre d'un trouble profond de la personnalité avec une attitude d'opposition plus ou moins vigoureuse à toute acquisition nouvelle, surtout scolaire, on conçoit que la rééducation va rapidement buter sur le symptôme, et une approche thérapeutique plus globale est souhaitable.

Toutefois la rééducation est le plus souvent indispensable. L'essentiel est que l'enfant l'accepte et y soit motivé, ce qui est l'affaire du consultant, du rééducateur et aussi des parents ! Là encore la méthode utilisée est beaucoup plus fonction du rééducateur que de l'enfant. On distingue les méthodes fondées sur la lecture (Borel-Maisonny) à base phonétique où des gestes symboliques cherchent à susciter l'association signes écrits-sons et les méthodes fondées sur l'écriture (Chassagny) en utilisant des séries (mots s'enchaînant soit par leurs formes, soit par leurs sens) et où l'enfant s'autocorrige (ex. : « ratôt » : l'enfant est invité à écrire bateau, puis château, chapeau, radeau, enfin rateau).

Si dans la majorité des cas la rééducation aboutit en 6 à 24 mois à une diminution, voire une disparition des difficultés, il reste un pourcentage d'enfants (10 à 15 %) faisant peu ou pas de progrès. Devrait se poser alors la question d'une pédagogie spéciale faisant appel le moins possible à la lecture et à l'écriture.

Nous en profiterons ici pour mettre en relief le rôle de l'école à un âge critique pour l'enfant. De petites difficultés, dans une classe non surchargée et avec un enseignant disponible pourront s'atténuer et disparaître tandis que de médiocres conditions pédagogiques fixent le désordre et sont à l'origine de troubles réactionnels chez l'enfant : refus scolaire, réaction de catastrophe, inhibition.

G. – Bégaiement

Perturbation dans le domaine des interactions orales, le bégaiement est un trouble du débit élocutoire et non du langage en lui-même. Il se rencontre chez 1 % des enfants environ, en majorité des garçons (3 à 4 garçons pour 1 fille). On distingue le bégaiement tonique avec blocage et impossibilité d'émettre un son pendant un certain temps, et le bégaiement clonique marqué par une répétition involontaire, saccadée et explosive d'une syllabe, souvent la première de la phrase. On a voulu décrire une succession de ces deux types de bégaiement, mais en réalité ils coexistent très souvent.

Ce bégaiement s'accompagne fréquemment de divers mouvements moteurs : crispation du visage, tics, ou gestes variables plus ou moins stéréotypés du visage, de la main, des membres inférieurs ; des manifestations émotives (rougeurs, malaises, moiteurs des mains) s'y associent.

Il apparaît habituellement entre 3 et 5 ans. On appelle parfois malencontreusement « bégaiement physiologique » une phase de répétition des syllabes sans tension spasmodique ou tonique qui survient vers 3-4 ans, et qui n'a aucun rapport avec le bégaiement vrai. Ultérieurement, dans l'enfance ou l'adolescence un bégaiement peut survenir, parfois soudainement, après un choc affectif ou émotionnel.

Les diverses explorations neurophysiologiques n'ont permis de découvrir aucune anomalie fonctionnelle, ce que confirme aussi la variabilité du bégaiement d'un jour à l'autre en fonction de l'interlocuteur, de l'état affectif du locuteur lui-même et du contenu de son discours. Le bégaiement s'accentue lorsque la relation est susceptible de déclencher une émotion (parent, école, étranger...) et s'apaise ou disparaît lorsque les émotions sont plus facilement contrôlées (texte connu « par cœur », soliloque, chant, dialogue avec un objet ou un animal...).

1°) Facteurs associés

L'hérédité a été invoquée, qu'on retrouve dans 30 % des cas environ.

La dyslatéralité (gauchers, latéralisation non homogène), invoquée initialement est loin d'être retrouvée chez tous les bègues, de même que tous les gauchers ne sont pas bègues. Son importance semble en fait réduite.

L'existence d'un retard de langage est en revanche fréquente : 50 % environ des bègues présentent de tels antécédents. Cette coexistence a été à l'origine d'une hypothèse pathogénique, faisant du bégaiement un « défaut d'immédiateté linguistique » (Pichon), c'est-à-dire une incapacité à trouver le mot adéquat dans l'urgence qu'impose l'élocution.

L'intelligence des enfants bègues est en tout point similaire à celle d'un groupe témoin. On ne retrouve pas, contrairement au retard de langage, de perturbations temporo-spatiales.

2°) Psychopathologie du bégaiement

Les perturbations psycho-affectives de l'enfant bègue sont telles que nul ne songe à les ignorer. Toutefois le symptôme portant essentiellement sur une distorsion de la communication interindividuelle, les divers travaux abordant les difficultés psychoaffectives du bègue oscillent constamment entre deux pôles : une personnalité pathologique, un environnement pathologique.

« Personnalité » du bègue. Si certains auteurs eurent un temps l'espoir de décrire « une » personnalité pathologique du sujet bègue, ce temps est heureusement révolu. Néanmoins, certains traits de personnalité se retrouvent avec une fréquence élevée : introversion et anxiété, passivité et soumission, agressivité et impulsivité existent dans presque toutes les descriptions.

Les études psychanalytiques situent le bégaiement soit entre l'hystérie de conversion et la névrose obsessionnelle (O. Fenichel), soit dans le cadre d'une organisation paranoïde que le bègue structure par des défenses obsessionnelles au niveau du contenu de son discours, et par des défenses hystériques dans la forme manifeste de son élocution (Anzieu).

Un peu à part, mais centré aussi sur l'individu, citons l'abord psychophysiologique faisant du bégaiement le résultat d'un conflit d'approche et d'évitement où l'anxiété suscite le blocage qui par *feed-back* négatif libère dans un second temps la parole d'où l'aspect saccadé et répétitif du langage (Sheehan).

En fait la genèse de ces troubles ne peut être comprise hors du problème de la communication et de la réalisation du langage : les réactions anxieuses, hostiles ou agressives face à autrui sont ainsi susceptibles de bloquer la spontanéité langagière et de faire apparaître le symptôme.

Environnement du bègue. Ici encore fut tentée une typologie caractérielle de l'entourage du bègue. Les mères sont bien sûr au premier plan : anxieuses et surprotectrices ou distantes et peu chaleureuses, mères manquant de sécurité et insatisfaites, contradictoires dans leurs attitudes captatrices puis rejetantes...

L'attention actuelle se porte plus sur l'interaction mère-enfant, le bégaiement étant compris comme l'incapacité initiale d'introduire la distance que la communication langagière permet normalement entre deux individus. Ceci serait dû, chez l'enfant, à l'angoisse excessive devant toute distance dans sa relation à la mère, avec pour corollaire l'incapacité de la dévaloriser ou de l'agresser, et chez la mère à l'ambivalence extrême avec laquelle elle accueille cette prise de distance (G. Wyatt). Le père n'intervient que comme personnage idéalisé, mais en fait irréel, sans rapport avec la personne réelle qui existe.

3°) Évolution et traitement

Si dans certains cas le bégaiement s'atténue, voire disparaît spontanément avec l'âge, sa persistance possible et l'entrave relationnelle qu'il représente justifient l'abord thérapeutique.

Tous les auteurs s'accordent à reconnaître que plus le traitement du bégaiement est précoce, plus il est rapide et meilleurs en sont les résultats. C'est entre 5 et 7 ans que la thérapie doit être entreprise.

Après 10 ans, à l'adolescence ensuite, les traitements deviennent difficiles et les résultats, du moins quant au symptôme, aléatoires. Ceci se comprend d'autant plus aisément que le bégaiement a pu avec le développement de l'enfant se détacher de sa signification émotionnelle primitive et persister simplement comme une « trace » sans rapport avec la problématique psycho-affective de l'individu actuel.

Au plan technique, avec l'enfant jeune, la rééducation orthophonique est souhaitable, mais elle devra veiller à laisser s'extérioriser l'agressivité toujours latente. Avec l'enfant plus âgé, surtout s'il existe des traits névrotiques, une psychothérapie peut être utile lorsque l'enfant ou l'adolescent l'accepte et que les parents toléreront ses manifestations d'autonomie. Des techniques où le centrage sur la parole est moins exclusif, comme la relaxation ou le psychodrame, peuvent être utiles.

H. – Le mutisme

Le mutisme est l'absence de langage chez un enfant ayant antérieurement parlé et dont les désordres n'entrent pas dans le cadre de l'aphasie. On peut distinguer :

le mutisme total acquis qui survient le plus souvent après un choc affectif. Il s'observe en particulier à l'adolescence. De durée variable mais souvent passager, y succède alors soit une période de parole chuchotée soit parfois un bégaiement transitoire ;

le mutisme électif durable : le lieu du mutisme est variable, intrafamilial ou au contraire scolaire, extrafamilial. Il apparaît souvent vers 6-7 ans et peut durer plusieurs années. D'autres symptômes peuvent être observés : inhibition motrice, oppositions, énurésie... Fait remarquable : lorsque l'enfant est mutique à l'école, il peut conserver longtemps une activité écrite et progresser apparemment normalement dans sa scolarité (dictée, calcul, leçon transmise par écrit).

Au plan psychopathologique

Si le mutisme émotionnel traduit souvent un mécanisme de conversion hystérique, en particulier à l'adolescence, en revanche la compréhension dynamique du mutisme électif global est plus difficile à aborder. Le lien qui unit le couple mère-enfant est toujours très fort et le langage peut y être alors investi comme une menace potentielle envers ce lien. Il semble que, malgré une apparente adaptation de surface, ce mutisme masque souvent des troubles profonds de la personnalité de type psychotique ou prépsychotique. Souvent un « secret familial », un non-dit, existe dans ces familles ; le mutisme semble sceller entre eux certains membres de la famille (en particulier la mère et son enfant) et interdire la divulgation de ce secret hors du territoire familial. Ce secret s'articule en général autour d'un drame familial : naissance illégitime, folie, mort (Myquel).

Traitement

Le traitement du mutisme émotionnel s'apparente à l'abord thérapeutique des névroses traumatiques (thérapie de soutien utilisant les explications et la suggestion). Dans le cas du mutisme électif, le traitement psychothérapique peut être difficile en particulier à cause du contre-transfert que le symptôme suscite chez le thérapeute. Un psychodrame, mais aussi une séparation familiale, peuvent aider à modifier le symptôme.

Bibliographie

AIMARD (P.) : *L'enfant et son langage.* Simep, Villeurbanne, 1972.

AJURIAGUERRA (J. DE) : Organisation psychologique et troubles du développement du langage : étude d'un groupe d'enfants dysphasiques. *In* AJURIAGUERRA et COLL. *Problèmes de psycho-linguistique,* Symposium, Neuchâtel, 1962. P.U.F., Paris, 1963, p. 109-142.

AJURIAGUERRA (J. DE), AUZIAS (M.) et COLL : *L'écriture de l'enfant.* Delachaux et Niestlé, Neuchâtel, 1964.

ANZIEU (A.) : Sur quelques traits de la personnalité du bègue. *Bul. Psycho.,* 1968, *21,* p. 1022-1028.

BOUTON (C.P.) : *Le développement du langage : aspects normaux et pathologiques.* Masson, Paris, 1979, 1 vol.

BUCHSENSCHUTZ (E.) : Troubles sévères de la compréhension du langage associés à une épilepsie. *Neuropsy. enf. et ado.,* 1979, XXVII, p. 361-373.

BRUNER (J.S.) : Savoir faire, savoir dire. *P.U.F.*, Paris, 1983, 1 vol., 292 p.

DUGAS (M.), BERTHODIN (M.L.), MOREAU (L.) : Indication d'une rééducation orthophonique chez l'enfant d'âge scolaire. *Rev. Prat.,* 1978, *28* (23), p. 1751-1763.

EDGCUMBE (R.M.) : Toward a developmental line for the acquisition of language. *Psycho-analytic study of the child,* 1981, 36, p. 71-103.

JAKOBSON (R.) : *Langage enfantin et aphasie* (traduit de l'anglais et de l'allemand par J.P. Boons et R. Zygouris). Ed. de Minuit, Paris, 1969.

LA GENESE DE LA PAROLE : *Symposium de l'Association de Psychologie Scientifique de Langue Française.* P.U.F., Paris, 1977, 1 vol.

LAUNAY (Cl.), BOREL-MAISONNY (S.) : *Les troubles du langage, de la parole et de la voix chez l'enfant.* Masson, Paris, 1972.

MARCELLI (D.) : Personnalité du bègue : approche thérapeutique. *Neuro psy. enf. et Ado.,* 1979, XXVII, p. 259-263.

MYQUEL (M.), GRANON (M.) : Le mutisme électif extra-familial de l'enfant. *Neuropsychiatrie enfance,* 1982, **30,** 6, p. 329-339.

PICHON (E.) : *Le développement psychique de l'enfant et de l'adolescent.* Masson, Paris, 1936.

SINCLAIR de ZWART (H.) : *Acquisition du langage et développement de la pensée.* Dunod, Paris, 1967.

WYATT (G.L.) : *La relation mère-enfant et l'acquisition du langage.* Dessart, Bruxelles, 1969, 1 vol.

7

Psychopathologie de la sphère oro-alimentaire

I. – Généralités

Autour de l'alimentation se noue l'axe d'interaction le plus précoce entre mère et enfant, axe qui constituera le noyau de référence des divers stades ultérieurs du développement. L'importance des échanges entre l'enfant et son environnement en ce qui concerne l'alimentation n'est plus à démontrer, mais la multiplicité des facteurs intervenant rend difficile l'étude de ces échanges. Nous évoquerons brièvement les facteurs qui tiennent à l'enfant lui-même, puis à la relation maternelle, enfin à la dimension socio-culturelle de l'alimentation.

Le nouveau-né possède un équipement neurophysiologique particulièrement bien développé dès la naissance au niveau du comportement de succion : le réflexe des points cardinaux accompagné de la rotation de la tête, le réflexe de fouissement, le réflexe de succion et de déglutition (accompagnés des tentatives de préhension des doigts) représentent une unité motrice immédiatement fonctionnelle. Il ne faudrait pas en conclure pour autant que tous les bébés présentent le même comportement face à la nourriture.

Les infirmières de maternité savent rapidement distinguer, dès les premiers repas, les « petits mangeurs » et les « gloutons ». Lorsqu'on étudie le rythme de succion de la tétine et la fréquence des arrêts, on peut aussi distinguer des nourrissons qui tètent à un rythme rapide, presque sans pause, et d'autres, dont le rythme de succion est plus lent et entrecoupé de nombreux arrêts. Il semble d'ailleurs que les garçons fassent plus souvent partie de ce second groupe (I. Lézine et coll.). Mais ce comportement de succion, déjà différent d'un nouveau-né à l'autre, s'accompagne d'un ensemble de manifestations elles aussi variables. Certains bébés pleurent, s'agitent bruyamment devant ce qu'ils doivent ressentir comme une intolérable tension, d'autres paraissent attendre plus paisiblement l'arrivée de la nourriture. Certains tètent les yeux ouverts, d'autres les yeux fermés.

Quoi qu'il en soit de ces variations individuelles, il semble que d'une part la succion constitue pour le bébé un besoin en soi : lorsque le repas est pris trop vite, le bébé à tendance à prolonger le temps de succion avec ses doigts ou un autre objet ; d'autre part, l'alimentation d'un bébé ne se réduit pas au seul apaisement de la faim physiologique, mais représente le prototype des interactions humaines. Très tôt, Freud a ainsi distingué la satisfaction du besoin alimentaire lui-même (la faim) et la prime de plaisir (succion) que le nourrisson en retire, dont on pourrait schématiquement dire que la trace ontogénique en restera l'appétit. Autour de cette « prime de plaisir » s'organisent chez le bébé les premières intériorisations de relations humaines sur lesquelles s'étaieront ultérieurement les divers choix d'objets de l'enfant. Toutefois, la tendance actuelle est de considérer qu'à cette « prime de plaisir » ne participent pas uniquement la succion et la satisfaction de la faim, mais aussi l'ensemble du maniement de l'enfant (Winnicott) : contacts corporels, paroles, regards, caresses ou bercements maternels..., et son besoin d'attachement (Bowlby).

La succion est néanmoins le « temps fort » de cet échange et représentera le mode privilégié grâce auquel le nourrisson commence à explorer le monde qui l'environne ; en témoigne cette phase où il porte systématiquement tout à la bouche (4-5 mois à 10-12 mois).

De cet échange dont nous avons relevé jusque-là la dimension libidinale, il ne faut pas croire que l'agressivité soit exclue. Engloutir, faire disparaître, supprimer, est déjà un mouvement agressif, et même si nous devons accueillir avec prudence l'hypothèse de fantasme agressif précocissime dirigé contre le sein maternel (Klein), il n'en reste pas moins que nourrir un bébé, c'est aussi faire disparaître l'état de tension, l'appétence antérieurs. Si l'échange alimentaire n'a pas été fructueux, la disparition de ce besoin risque d'être ressentie par le bébé comme une perte, une menace, voire un danger d'anéantissement : tous les auteurs décrivent les bébés qui ont des coliques du troisième mois (v. p. 349) ou une anorexie précoce (v. p. 128) comme des bébés vifs, actifs, toniques... On peut se demander si, précisément, l'état de réplétion postprandial ne constitue pas pour ceux-ci une menace potentielle. L'agressivité liée à l'incorporation devient claire à la phase sadique orale (v. p. 16) comme en témoigne le plaisir des petits enfants à mordiller et même à mordre franchement (12-18 mois).

Nous ne reprendrons pas ici l'étude de l'évolution de l'oralité (v. p. 16) ; mais il importe d'en souligner les diverses significations avec l'âge et les stades libidinaux et agressifs.

L'attitude de la mère est fonction à la fois du comportement de son nouveau-né, de ses propres affects face à l'oralité, mais aussi de sa capacité d'apprentissage ou d'adaptation aux situations nouvelles. Ainsi I. Lézine et coll. ont montré qu'au cours des premiers biberons, *« peu de mères primipares trouvent d'emblée de façon souple et adroite, les gestes qu'il faut faire pour tenir le bébé, le manipuler, le calmer et satisfaire ses besoins de façon immédiatement gratifiante »*. Au début leur rythme d'alimentation, les arrêts et reprises qu'elles imposent ne correspondent pas au rythme propre du bébé. Le plus souvent, vers le quatrième jour environ, se produit une sorte d'adaptation réciproque, la mère primipare prenant conscience de son nourrisson comme tel, et exprimant le sentiment d'être mieux capable de s'occuper de l'enfant. Cette adaptation réciproque se produit beaucoup plus rapidement chez les secondipares.

Outre ce processus d'harmonisation réciproque, les mères réagissent différemment en fonction des manifestations de l'enfant : les unes semblent effrayées de l'avidité de celui-ci, les autres en sont fières. Inversement, certaines mères peuvent exprimer la crainte qu'une succion lente et interrompue ne soit l'indice de difficultés alimentaires futures. Ces diverses attitudes que l'enfant éveille proviennent à l'évidence des propres fantasmes inconscients ou préconscients de la mère, fantasmes dont la réactivation risque d'entraîner le couple mère-enfant dans une situation pathogène pour l'un comme pour l'autre.

La société enfin intervient elle aussi de façon tout à fait privilégiée dans l'échange alimentaire mère-enfant. Notre propos n'est pas de nous étendre ici sur l'ensemble du symbolisme culturel lié à l'alimentation, ni sur le rôle social toujours fondamental du repas (après la scène primitive, vient la Cène familiale). Rappelons ainsi qu'à l'adolescence de nombreux conflits tournent autour du repas familial, et qu'une fréquente remarque des jeunes filles anorectiques mentales est le dégoût qu'elles déclarent éprouver à voir leurs parents manger. Il convient aussi d'envisager la place de la puériculture dans la relation entre le bébé et sa mère. A la variabilité des conduites citées ci-dessus, la puériculture a longtemps répondu par une pression monomorphe où le pôle diététique (qualité et quantité des aliments) était outrageusement privilégié par rapport au pôle relationnel).

De nos jours, la tendance serait plutôt inverse, et avec l'alimentation à la demande le risque est plus de laisser la jeune mère complètement désarmée face à ses craintes et fantasmes concernant l'alimentation sans le guide rassurant que constituaient les conseils et recommandations diététiques.

Nous étudierons maintenant l'anorexie du nourrisson, les obésités et certaines conduites alimentaires aberrantes. La colique idiopathique du troisième mois, les vomissements psychogènes, le mérycisme seront envisagés dans le chapitre consacré aux troubles psychosomatiques (v. p. 346).

II. – Étude psychopathologique

A. – Anorexie du second trimestre

Cette anorexie survient le plus souvent entre 5 et 8 mois. Elle apparaît soit progressivement, soit brutalement, parfois à l'occasion d'un changement de régime alimentaire : sevrage ou ablactation (d'où le terme « anorexie du sevrage »), introduction de morceaux... Classiquement, il s'agit d'un nourrisson vif, tonique, éveillé, manifestant de la curiosité pour l'entourage, en avance dans son développement. Très vite ce refus de nourriture, plus ou moins total, suscite une réaction anxieuse de la mère ; apparaît alors tout un manège dont le but est de faire manger l'enfant : on tente de le distraire, de jouer, de le séduire, on attend qu'il soit somnolent, ou au contraire on l'attache, lui fixe les mains, tente d'ouvrir sa bouche de force. Inéluctablement l'enfant sort victorieux du combat, la mère épuisée et vaincue. Famille ou amis sont réquisitionnés pour donner conseils et avis dont la divergence ne fait qu'accroître l'anxiété maternelle.

Cette anorexie est isolée, le nourrisson continue à grandir et souvent à grossir. Il est rare que l'anorexie soit si profonde qu'elle entraîne une cassure de la courbe de poids, puis de la courbe staturale. Une constipation peut l'accompagner. Une appétence vive pour les liquides compense souvent l'anorexie envers les solides. Il n'est pas rare enfin que cette anorexie soit centrée sur la relation à la mère, et que le nourrisson mange parfaitement avec tout autre personne (nourrice, puéricultrice de la crêche, grand-mère...). La mère ressent cette conduite comme un refus directement centré sur elle, est angoissée, contrariée dès l'approche du repas, n'a plus la disponibilité nécessaire. Dans ces conditions le repas ne signifie plus pour l'enfant prendre de la nourriture, mais plutôt absorber l'angoisse de sa mère (Dolto).

L'évolution permet de distinguer deux formes (Kreisler) :

anorexie simple : elle apparaît comme un trouble essentiellement réactionnel (au sevrage, à une maladie intercurrente, à un changement de cadre de vie...), passager, conduite de refus liée souvent à une attitude de forçage de la mère. Le problème se résout rapidement avec un changement d'attitude de la part de la mère, après qu'elle ait été rassurée, ou avec quelques aménagements pratiques (repas donné par le père ou une tierce personne, aide temporaire d'une puéricultrice...) ;

anorexie mentale grave : elle ne diffère en rien, au début, de la précédente. Mais soit parce que la réaction anorectique de l'enfant est profondément inscrite dans son corps, soit que l'attitude maternelle ne soit pas susceptible de changement, le comportement anorectique persiste. D'autres troubles peuvent apparaître : difficultés de sommeil, colères intenses, spasme du sanglot... Face à la nourriture l'enfant marque soit un total désintérêt, soit une opposition vive. Dans ce dernier cas les repas constituent de véritables assauts entre une mère qui tente d'utiliser toutes les ruses pour introduire un peu de nourriture dans la bouche de l'enfant (séduction, chantage, menace, coercition...) et un enfant qui se débat, crache, en projette dans tous les sens, renverse son assiette...

Ce comportement anorectique peut être entrecoupé de périodes pendant lesquelles l'enfant mange mieux, tout en se montrant capricieux : uniquement des aliments sucrés, ou des laitages, ou des légumes... Les vomissements sont fréquents, ponctuant les quelques repas qu'il a daigné prendre. Dans ces conditions un retentissement somatique est possible. L'enfant devient pâle, d'allure chétive sans toutefois développer de véritable maladie.

Longtemps les parents sont à la recherche d'une origine organique qui est rare (cardiopathie, malabsorption digestive, infection, encéphalopathie ou tumeur cérébrale) et qui ne s'accompagne pas du même contexte psychologique.

Abord psychopathologique

L'attention s'est d'abord centrée sur les mères d'anorectiques. Bien qu'elles soient souvent décrites comme autoritaires, manipulatrices et envahissantes, elles sont loin de présenter un profil psychophathologique précis. En revanche, pour toutes, la relation alimentaire semble être l'axe d'interaction privilégié masquant sous le besoin de nourrissage une vive angoisse de ne pas être une bonne mère, ou une angoisse d'abandon, ou de mort...

Chez le nourrisson, le refus alimentaire a reçu diverses interprétations en fonction des stades génétiques du développement. L'anorexie peut être comprise comme une tentative faite pour éviter la phase de réplétion et de détente postprandiale, vécue comme potentiellement dangereuse à cause de la disparition de toute tension. De son côté Spitz a considéré que le détournement de la tête du biberon ou du sein pour marquer la satiété représentait le prototype du geste sémantique « non », et qu'en ce sens l'anorexie était une conduite massive de refus dans la relation mère-enfant qui risquait ensuite d'entraver l'accession à une symbolisation plus mentalisée. Dans le même esprit on a remarqué la fréquente et excessive familiarité des nourrissons anorectiques envers les étrangers, à une époque où se constitue normalement l'angoisse de l'étranger. Cette familiarité serait le témoin d'une incapacité à individualiser le visage maternel et à focaliser l'angoisse sur le visage étranger. Le refus alimentaire témoigne de la « contamination anxieuse » que subit la relation à la mère, avec la tentative de maîtrise qui en résulte. Cette difficulté de mentalisation pourrait constituer le lit d'une future organisation psychosomatique.

L'attitude thérapeutique doit se centrer sur la relation mère-enfant, tenter d'apaiser l'angoisse maternelle et de réduire les attitudes nocives les plus marquées. La seule décision de consulter un pédopsychiatre suffit parfois à calmer ces craintes : ainsi il n'est pas rare que le bébé mange bien la veille de la consultation. Toutefois, comme ces attitudes ont pour origine des fantasmes préconscients ou inconscients de la mère portant sur la relation de nourrissage, une psychothérapie soit de la mère seule, soit du couple mère-enfant est parfois nécessaire.

Formes particulières d'anorexie du nourrisson

En fonction de l'âge, on rencontre plus rarement :

– ***l'anorexie essentielle précoce*** qui apparaît dès la naissance, sans intervalle libre, chez un nourrisson passif au début, semblant ne marquer aucun intérêt pour les biberons. L'attitude d'opposition apparaît secondairement ;

Au plan diagnostique, signalons que l'anorexie précoce grave peut être un des premiers signes d'autisme ou de psychose infantile précoce dont les autres manifestations doivent toujours être recherchées : elles peuvent apparaître peu à peu dans la seconde année ;

– ***l'anorexie de la seconde enfance*** succède le plus souvent à la forme typique. Toutefois elle peut apparaître à cet âge, marquée par une vive attitude d'opposition et l'existence fréquente de caprices alimentaires plus ou moins changeants.

– ***l'anorexie mentale des jeunes filles*** (v. Abrégé de Psychopathologie de l'adolescent 2e éd., 1988, p. 132).

B. – Obésité

Longtemps maintenus au second plan derrière l'anorexie mentale, les problèmes soulevés par l'obésité commencent à occuper le devant de la scène, en particulier à la suite des nombreux travaux portant sur l'obésité de l'adulte et son évolution, d'où il ressort que la précocité d'apparition de l'obésité est un facteur important de pronostic.

Au plan clinique l'obésité se définit par un excédent d'au moins 20 % du poids par rapport à la moyenne normale pour la taille. Un excédent de plus de 60 % représente un facteur de risque certain. La fréquence de l'obésité est d'environ 5 % dans la population scolaire.

Bien que la demande de consultation soit souvent tardive, aux environs de la puberté, le début de l'obésité peut être précoce, dès la première année de la vie, c'est dire qu'il existe un grand écart entre l'âge de constitution et l'âge de consultation pour obésité. Il existe deux périodes de prédilection pour la constitution d'une obésité : dès la première année de la vie, puis lors de la période prépubertaire entre 10-13 ans. On distingue ainsi les obésités primaires et les obésités secondaires.

En fonction de l'aspect et du nombre des adipocytes, les pédiatres décrivent :

– les obésités hyperplasiques où le pool d'adipocytes est trop élevé, obésités qui se constitueraient dès la première année de vie ;

– les obésités hypertrophiques lorsque le nombre de cellules graisseuses est normal, mais leur taille excessive ;

– les obésités mixtes enfin.

Sur le plan alimentaire l'obésité se constitue parfois à la suite de crises boulimiques de l'enfant, mais le plus souvent elle est consécutive à une hyperphagie entretenue par le climat familial. L'excès d'apport peut être global ou se faire en faveur des glucides (féculents ou sucreries) absorbés surtout l'après-midi après le retour de l'école.

Les obésités comportant une cause endocrinienne sont exceptionnelles (moins de 1 %) et s'accompagnent d'un retard de croissance.

Au plan psychologique il est parfois difficile, une fois l'obésité installée, de distinguer la dimension réactionnelle ou causale des troubles observés.

Personnalité de l'enfant obèse

Une typologie caractéristique de l'obésité fut recherchée, en particulier dans l'opposition anorexie-maigreur-hyperactivité et polyphagie-obésité-passivité (H. Bruch). Les enfants obèses sont souvent décrits comme mous, apathiques, timides, tout en étant capables de réactions de prestance sous forme de colère subite. Toutefois l'apathie et la passivité ne sont pas constantes, une certaine activité physique pouvant au contraire les caractériser. D'autres symptômes témoins de la souffrance psychologique s'associent souvent à l'obésité : échec scolaire, énurésie, qu'on rencontrerait plus souvent dans les obésités secondaires. Lorsque l'efficience intellectuelle est normale ou supérieure, l'inhibition ou la passivité entrave souvent la réussite.

Le plus souvent l'obésité ne s'inscrit pas dans un tableau syndromique net, bien qu'elle s'intègre parfois dans un tableau psychopathologique précis tel qu'une psychose. Au sein de cette psychose l'obésité peut alors se caractériser par son aspect monstrueux (60 % et plus de surcharge), et par sa variabilité réalisant ce qu'on a appelé « l'obésité baudruche ».

L'obésité se rencontre aussi fréquemment dans les tableaux de débilité mentale : la recherche par l'enfant de satisfactions immédiates, non symbolisées, la réduction de la fonction parentale à son rôle nourricier, plus qu'éducatif, sont les explications proposées. On retrouve souvent l'existence d'une carence affective qui peut d'ailleurs être associée à un tableau de débilité ou pseudo-débilité. La problématique du plein et du vide y occupe une place privilégiée, l'enfant tentant de combler le manque si cruellement ressenti.

Evolution de l'obésité

Nous avons déjà signalé le grand écart existant entre la constitution de l'obésité elle-même et l'âge de l'enfant lors de la première consultation. Sauf cas exceptionnel, c'est à la puberté, entre 11 et 13 ans, que les parents s'inquiètent, plus souvent pour leur fille que pour leur garçon. Tous les auteurs s'accordent à reconnaître la relative persistance du symptôme malgré les divers traitements entrepris. Seuls 15 à 25 % des obésités régressent (Job), les autres persistent à l'âge adulte.

Eléments de réflexion psychopathologique

L'enfant obèse et sa famille : le déterminisme familial et culturel de l'obésité est important. Ainsi, il existe des familles d'obèses où s'intriquent des facteurs génétiques et des habitudes alimentaires. De même l'obésité est fréquente chez les enfants de classes défavorisées qui viennent d'accéder à la « société de consommation ». Dans ces familles l'obésité est encore investie du symbolisme de « bonne santé ».

Dans la constellation familiale on a décrit le comportement excessivement nourricier des mères (H. Bruch) qui répondent à toute manifestation de leur bébé par un apport alimentaire : cela pertuberait la sensation de faim de l'enfant, toute tension ultérieure déclenchant un besoin d'absorber quelque chose.

L'enfant obèse et son corps : le schéma corporel de l'enfant obèse est souvent perturbé, d'autant plus que l'obésité s'est constituée précocement. La représentation d'un corps filiforme, aérien, n'est pas rare. Nous abordons ici la problématique de l'identité, y compris celle de l'identité sexuée, où l'obésité joue un rôle différent selon le sexe. Très schématiquement on pourrait dire que l'obésité de la fillette est un moyen actif d'affirmation virile de son corps déniant sa castration, tandis que chez le garçon, l'obésité qui noie le sexe dans la graisse prépubienne apparaît comme une protection passive contre les angoisses de castration, en masquant l'existence même de ce sexe, ce que révèlent bien parfois les tests projectifs.

Vie fantasmatique de l'enfant obèse : sous les attitudes de prestance, de force et de vigueur, se dévoile assez souvent un vécu dépressif plus ou moins important, contre lequel l'obèse cherche à se protéger : le vide, le manque, l'absence, sont ressentis avec acuité. Rapidement se trouve mobilisée une vie fantasmatique liée à l'oralité, sous-tendue par d'intenses angoisses de dévoration, le monde extérieur étant vécu comme dangereux. Face à ce danger, la régression narcissique dont témoigne le fréquent recours aux thèmes marins et océaniques dans les tests est le second versant, l'obésité servant d'affirmation de soi et prenant de manière concrète la place de l'image de soi idéale. Ainsi l'obésité aurait constamment ce double rôle : d'une part protecteur contre l'environnement et d'autre part garant de l'intégrité et de la valeur de l'image de soi, l'importance relative de l'un ou l'autre rôle expliquant la variété des tableaux cliniques.

Traitement

S'adresser uniquement au symptôme de l'obésité est généralement source de déconvenue et d'échec, d'autant plus que le régime est demandé par les parents et non par l'enfant. S'il est possible de faire maigrir l'enfant le temps du régime, il reprend aussi vite les kilos perdus dès l'arrêt de ce dernier.

La restriction calorique, certes utile, voire indispensable, doit s'accompagner d'une évaluation du rôle psychosomatique de l'obésité et d'une motivation de l'enfant à ce traitement. Quelques consultations thérapeutiques ou même une psychothérapie de soutien sont nécessaires.

Les traitements médicamenteux sont à déconseiller, les anorexigènes amphétaminiques doivent être maniés avec prudence.

C. – Comportements alimentaires déviants

Crises de boulimie

Elles peuvent se voir chez des adolescents anorectiques, ou des enfants obèses, mais aussi chez des enfants présentant divers types de structures mentales. Il s'agit d'impulsions irrésistibles à s'alimenter, survenant brutalement, accompagnées ou non de sensations de faim, concernant en temps normal des aliments appréciés ou non par le sujet, le plus souvent sans discrimination. Elles sont décrites comme un besoin impérieux de se remplir la bouche, en mâchant plus ou moins, véritables faims dévorantes qui peuvent durer un temps variable de quelques minutes à plusieurs heures. Elles cessent brutalement, souvent suivies d'une impression de dégoût à la vue du réfrigérateur dévasté, des pots de confiture vides et la constatation amère de l'absence totale de tout sens critique et de toute hygiène alimentaire pendant la durée du phénomène. Elles se terminent souvent dans un accès de torpeur, voire de somnolence dans lequel un sentiment de réplétion peut être vécu, soit avec dégoût, soit avec plaisir.

Signalons que de graves crises boulimiques s'intègrent parfois dans une conduite psychotique où la nourriture est le support d'un investissement délirant.

Maniérisme et dégoûts électifs

Il s'agit de comportements très fréquents dans la petite enfance, alternant parfois avec des périodes anorectiques. Ils concernent certains genres d'aliments, soit dans le sens du dégoût, soit dans le sens du désir. On peut citer par exemple le désir électif des aliments lactés de couleur blanche, les désirs électifs de sucreries, de chocolat. A l'inverse, on peut citer le dégoût électif des viandes, des aliments filandreux type haricots verts, asperges, poireaux.

Certains aliments suscitent des réactions souvent vives chez l'enfant, soit du fait de la couleur, de la consistance ou du caractère hautement symbolique de l'aliment : ainsi la « peau sur le lait » laisse rarement indifférent l'enfant qui y réagit le plus souvent par le dégoût, parfois par le désir. Le désir régressif du sein renversé en son contraire sous forme de dégoût en serait l'explication (A. Freud). Si ces goûts et dégoûts électifs sont le témoin évident de l'investissement fantasmatique particulier de certains aliments et de leur absorption (ainsi par exemple la tentative de contrôler ou de dénier l'agressivité orale et les fantasmes cannibaliques dans le refus de la viande), ils sont aussi pour l'enfant un moyen de pression et de manipulation de son entourage. Le jeune enfant anorectique obtient parfois que ses parents accomplissent des prouesses pour se procurer « le produit » désiré, confirmant ainsi sa toute-puissance sur eux.

A un âge plus avancé de telles conduites persistantes peuvent témoigner d'organisations plus franchement pathologiques, voire véhiculer des idées délirantes de type hypocondriaque.

Potomanie

Il s'agit d'un besoin impérieux de boire de grandes quantités d'eau, ou à défaut tout autre liquide. Lorsqu'on tente de limiter cette conduite, certains auteurs ont décrit des enfants capables de boire leur propre urine.

Le diagnostic différentiel doit soigneusement éliminer une cause organique (diabète glycosurique, diabète insipide, syndrome polyuro-polydipsique), avant d'affirmer la potomanie.

Au plan psychopathologique, si certains enfants présentent des troubles de personnalité s'inscrivant dans le cadre d'une psychose, chez d'autres cette potomanie apparaît comme une perturbation de la notion de soif qui trouve sa signification soit dans un comportement névrotique régressif (la première alimentation du nourrisson est liquide, et l'absorption des premiers « morceaux » posent souvent de nombreux problèmes tant aux mères angoissées par la crainte de l'étouffement qu'aux enfants eux-mêmes, non habitués à mastiquer), soit dans un comportement d'opposition à l'entourage, le plus souvent à la mère qui cherche à limiter la quantité de liquide ingéré.

Les épisodes spontanément régressifs de potomanie ne sont pas rares. Ils peuvent parfois précéder une conduite boulimique ou inversement anorectique, ou la suivre.

Pica

Du nom latin de la pie, l'oiseau à la voracité omnivore, on décrit sous le terme de pica l'ingestion de substances non comestibles au-delà de la période normale (entre 4 et 9-10 mois) au cours de laquelle l'enfant porte tout à sa bouche comme premier moyen d'appréhension du monde. Dans le pica, l'enfant absorbe les substances les plus diverses : clou, pièce de monnaie, bouton, petits jouets, crayon, cendre de cigarette, papier, plâtre, herbe, terre, sable, etc. Parfois l'enfant absorbe toujours le même objet, mais le plus souvent il absorbe n'importe quoi.

Ce comportement semble s'observer soit chez des enfants en situation de carence affective profonde ou d'abandon, soit chez des enfants psychotiques, s'associant alors à d'autres perturbations, en particulier des troubles de la fonction alimentaire et digestive (anorexie, diarrhée/constipation, incontinence...).

Certains auteurs, devant la constatation fréquente d'une anémie hypochrome chez ces enfants, ont interprété leur comportement comme une recherche de fer. Une thérapeutique martiale aurait permis quelques améliorations de la conduite de pica, mais ces résultats se sont avérés très inconstants.

Coprophagie

Elle n'est pas fréquente dans l'enfance. S'il n'est pas rare que le petit enfant entre 2 et 4 ans, au moment de l'acquisition de la propreté, étale au moins une fois ses matières dans son lit, sur ses draps ou sur son mur, cette conduite est généralement isolée, et se renverse rapidement en dégoût. En revanche, le goût pour les matières fécales est rare et traduit une profonde perturbation, tant de l'investissement corporel que de la relation à l'autre, et en particulier à la mère. Le comportement de coprophagie s'observe souvent quand l'enfant est seul, dans son lit, et on pourrait y voir une sorte de parallélisme avec le mérycisme.

Les mères des enfants coprophages seraient souvent froides, inaffectives et mêmes hostiles, allant jusqu'à maltraiter leur enfant (Spitz). La coprophagie s'intègre le plus souvent dans un tableau évocateur de psychose.

Bibliographie

Bruch (H.) : *Les yeux et le ventre.* Payot, Paris, 1975.

Brusset (B.) : *L'assiette et le miroir.* Privat, Toulouse, 1977.

Cukier-Memeury (F.), Lézine (I.), Ajuriaguerra (J. de) : Les postures de l'allaitement au sein chez les femmes primipares. *Psychiatrie enfant,* 1979, *22* (2), p. 503-518.

Doyard (P.A.) : Le pédiatre et l'obésité de l'enfant. *Perspectives psychiatriques,* 1979, *17* (74), p. 362-365.

Kestemberg (E.), Kestemberg (J.), Decobert (S.) : *La faim et le corps.* P.U.F., Paris, 1972.

KREISLER (L.), FAIN (M.), SOULE (M.) : *L'enfant et son corps.* P.U.F., Paris, 1974.

MARCELLI (D.), CANARELLA (Th.), GASPARD (B.) : Les aspects cliniques de l'obésité de l'enfant. *Perspectives psychiatriques,* 1979, *17* (74), p. 366-374.

SELVINI-PALAZZOLI (M.), BOSCOLO (L.), CECCHIN (G.), PRATA (G.) : *Paradoxe et contre-paradoxe.* E.S.F., Paris, 1980.

8

Troubles sphinctériens

I. – Généralités

Dans l'acquisition de la propreté et du contrôle sphinctérien, urinaire ou anal, trois axes interviennent : un axe neurophysiologique, un axe culturel et un axe relationnel.

La neurophysiologie sphinctérienne est marquée par le passage d'un comportement réflexe automatique à un comportement volontaire contrôlé. Chez le nouveau-né la miction et la défécation succèdent d'abord à la réplétion. Le contrôle des sphinctères striés est acquis progressivement, le contrôle du sphincter anal précède en général celui du sphincter vésical.

Ce contrôle fait intervenir de multiples composantes : maturation locale, capacité précoce de conditionnement... Si bien qu'il est vite difficile de distinguer la part de ces facteurs.

Les études portant sur la motricité vésicale par l'enregistrement des courbes de pression intravésicale ont permis de distinger plusieurs stades (Lauret) : automatisme infantile (courbe A1 jusqu'à 1 an) ; début d'inhibition (A2 jusqu'à 2 ans) ; possibilité d'inhibition complète (B1 jusqu'à 3 ans) ; courbe de type adulte (B2 après 3 ans) : l'acquisition d'un véritable contrôle sphinctérien n'est pas possible avant que la motricité vésicale soit parvenue à ce dernier palier, même si un conditionnement précoce peut faire croire à une apparente propreté.

Le contexte culturel ne peut être dissocié de l'apprentissage de la propreté. Selon les cultures, cet apprentissage se déroule dans un contexte plus ou moins rigide, réalisant sur l'enfant des pressions sévères, modérées ou légères (Anthony). L'évolution récente des mœurs, la diffusion des connaissances sur la petite enfance, un climat de plus grand libéralisme ont beaucoup atténué la pression à l'apprentissage de la propreté chez les enfants des pays occidentaux, ce qui influencera peut-être la fréquence des perturbations liées à cette fonction.

Toutefois certaines mères continuent d'exercer de vives pressions sur l'apprentissage : un conditionnement précoce dès la première année est alors possible mais il y a tous les risques pour que ce conditionnement cède au moment précis où l'enfant commence à établir un contrôle personnel.

Le dernier axe est l'axe relationnel : par-delà la maturation neurophysiologique et la pression culturelle dans notre société où la relation mère-enfant est privilégiée et protégée, l'acquisition de la propreté est, au cours des deuxième et troisième années, un des éléments de transaction dans la dyade mère-enfant.

Les matières fécales, et à un moindre degré l'urine, véhiculent une forte charge affective qui peut être positive ou négative, mais reste liée au contenu du corps donc au corps lui-même. L'acquisition du contrôle sphinctérien se fait à la suite du plaisir pris d'abord à l'expulsion puis à la rétention, puis au couple rétention-expulsion : la maîtrise nouvelle sur son corps procure à l'enfant une jubilation renforcée encore par la satisfaction maternelle. La nature de l'investissement de cette fonction de rétention-expulsion, investissement pulsionnel à prédominance libidinale ou à prédominance agressive, dépend en grande partie du style de relation entre mère et enfant qui se noue autour du contrôle sphinctérien : exigence impérieuse de la mère qui dépossède l'enfant d'une partie de son corps et reçoit son urine ou ses selles avec un masque de dégoût ; satisfaction d'une mère à voir son enfant progresser et s'autonomiser dans ces conduites quotidiennes et reçoit son urine ou ses selles avec plaisir.

C'est ainsi que s'opère le passage du couple rétention-expulsion au couple offrande-refus ou au couple bon cadeau-mauvais détritus.

Les études épidémiologiques confirment l'importance de cette dimension relationnelle en révélant la fréquence des troubles sphinctériens et autres dans les conditions d'apprentissage inadéquat (Nourrissier).

II. – Énurésie

L'énurésie se définit comme l'émission active complète et non contrôlée d'urine une fois passé l'âge de la maturité physiologique habituellement acquise entre 3 et 4 ans. L'énurésie secondaire se caractérise par l'existence d'une période antérieure de propreté transitoire. L'énurésie primaire succède directement à la période de non-contrôle physiologique, cette dernière forme est de loin la plus fréquente.

Suivant le rythme nycthéméral on distingue l'énurésie nocturne, la plus fréquente, diurne souvent associée à des mictions impérieuses, ou mixte. De même, en fonction de la fréquence, on décrit une énurésie quotidienne, irrégulière, ou intermittente (énurésie transitoire avec de longs intervalles secs).

Il s'agit d'un symptôme fréquent, qui concerne 10 à 15 % des enfants, avec une nette prédominance des garçons (2/1). Il s'associe parfois à d'autres manifestations : encoprésie le plus souvent, potomanie, immaturité motrice. Signalons une fréquence élevée et inexpliquée de sténose du pylore dans les antécédents d'enfants énurétiques.

A. – Diagnostic différentiel

Il est habituellement aisé :

– les *affections urologiques*, infectieuses, irritatives (calculs vésicaux), ou malformatives (abouchement anormal ou ectopique des uretères, atrésie du méat.) s'accompagnent souvent d'autres signes mictionnels : mictions très fréquentes, difficiles (retard d'évacuation, faiblesse du jet) ou douloureuses. Au moindre signe suspect, des explorations complémentaires se justifient ;

– *les affections neurologiques* (vessie neurologique avec miction réflexe ou par regorgement) sont évidentes par les troubles associés, qu'elles soient d'origines infectieuses (myélites), ou malformatives (spina-bifida) ;

– l'épilepsie nocturne peut être plus difficile à reconnaître si l'émission d'urine en constitue le seul témoin. En cas de doute, un enregistrement électroencéphalographique nocturne peut être nécessaire.

B. – Facteurs étiologiques

Il faut les envisager en fonction des divers axes qui concourent à l'acquisition de la propreté :

– axe des inter-relations familiales ;

– axe du développement psycho-affectif de l'enfant.

Comme tous les symptômes qui concernent le corps chez l'enfant, on note une interaction étroite entre ces différents axes : les vissicitudes de l'un se trouveront estompées ou renforcées selon le déroulement des autres axes. Ainsi, un retard de maturation physiologique peut-il servir de point d'ancrage à un conflit affectif de type rétention-expulsion dont le développement trouve son origine soit dans l'intensité de la vie pulsionnelle de l'enfant, soit dans le surinvestissement familial des fonctions excrémentielles.

A partir de là, privilégier un facteur étiologique par rapport à un autre dépend souvent de la position théorique des auteurs. Nous exposerons ici les différents facteurs le plus souvent retenus :

■ **un facteur héréditaire** trouve son explication dans la relative fréquence d'énurésie familiale, sans qu'une transmission génétique précise ait été également mise en évidence. Signalons que l'énurésie a pu être considérée dans une perspective éthologique comme la résurgence pathologique d'un comportement inné normalement réprimé ; la levée de cette répression présenterait, dans cette perspective, une analogie avec le marquage du territoire chez l'animal.

■ **la mécanique vésicale de l'énurétique** a été très étudiée. La capacité vésicale, la pression intravésicale ne semblent pas différentes de celles de l'enfant normal. Toutefois, chez ces enfants énurétiques des enregistrements cytomanométriques ont montré l'existence de courbes de pressions dont la dynamique est identique à celle qu'on retrouve chez des enfants plus jeunes (1 à 3 ans). Ces constatations justifient l'évocation d'une *« immaturité neuromotrice de la vessie »*, dont l'importance et la fréquence varient selon les auteurs.

■ **le sommeil de l'énurétique** a été l'objet des études les plus récentes. D'une part l'enfant énurétique fait souvent des rêves « mouillés » : jeux dans ou avec l'eau, inondation, ou simplement rêve de miction.

Au niveau de la qualité du sommeil, sa profondeur a parfois été incriminée, mais les enregistrements polygraphiques systématiques du sommeil n'ont montré aucune différence significative par rapport aux enfants non énurétiques. En ce qui concerne les diverses phases du sommeil, l'énurésie survient le plus souvent juste avant l'apparition d'une phase de rêve. Le maintien de l'enfant dans l'urine semble exercer un effet de blocage sur l'apparition des phases III et IV du sommeil profond qui surviennent normalement si celui-ci est changé après sa miction.

Dans le temps, la miction soit unique, soit répétée (une à deux fois), survient une heure à une heure et demie après l'endormissement.

■ **Les facteurs psychologiques** restent les plus évidents. Il n'est que de se rappeler la fréquente correspondance entre la survenue ou la disparition de l'énurésie et celle d'un épisode marquant de la vie de l'enfant : séparation familiale, naissance d'un cadet, entrée à l'école, émotions de toutes natures...

Ces facteurs psychologiques peuvent jouer soit au niveau de l'enfant lui-même, soit au niveau de l'environnement familial.

L'enfant et sa personnalité

En ce qui concerne une certaine typologie psychologique il est classique d'opposer les énurétiques passifs, mous, dociles, et ceux qui sont agressifs, revandicants, opposants. On a aussi évoqué l'immaturité et l'émotivité chez des enfants souffrant « d'éréthisme vésical ». En réalité la grande variété des profils décrits en montre le peu d'intérêt relatif.

Quant à la signification que prend l'énurésie dans l'imagination de l'enfant, celle-ci est fonction à la fois du point de fixation du développement psycho-affectif auquel correspond ce symptôme (phase anale de rétention-expulsion) et des remaniements ultérieurs du fait de la poursuite de ce développement. Ainsi la miction s'enrichit rapidement d'une symbolique sexuelle : utilisation auto-érotique de l'excitation urétrale, équivalent masturbatoire, agressivité urétrale, affirmation virile chez le garçon... Le symptôme prend alors place dans un ensemble névrotique plus vaste.

Signalons que certains auteurs assimilent l'énurésie à un symptôme de « dépression masquée », en raison principalement de l'activité de l'imipramine (v. p. 338).

L'environnement de l'enfant

Il intervient selon deux versants, soit par carence ou déficit, soit par surinvestissement. Dans le premier cadre, signalons la fréquence des conflits familiaux, (dissociation familiale, carences socio-économiques au sens large) dans les familles d'enfants énurétiques. Il existe aussi une fréquence élevée d'énurétiques parmi les enfants vivant dans des internats. D'un autre côté, le surinvestissement de la fonction sphinctérienne par les parents est fréquent : mise sur le pot intempestive et précoce, ritualisation plus ou moins cœrcitive (sur le pot toutes les heures...). Ceci se voit surtout chez des mères obsessionnelles ou phobiques, qui ont besoin d'un cadre éducatif bien délimité, sans respect pour le rythme propre de l'enfant. Ainsi se trouve conflictualisée cette fonction sphinctérienne : angoisse, peur, sentiment de culpabilité ou de honte, opposition vont progressivement accompagner la miction.

L'existence de l'énurésie peut en elle-même modifier l'attitude familiale, et de ce fait pérenniser, en la fixant, la conduite pathologique. Ainsi, la réponse familiale peut se faire sur le registre de l'agressivité : punition, menace, moquerie, voire violence physique, ou à l'opposé par une complaisance protectrice : plaisir à manipuler des couches, à laver l'enfant, impossibilité d'éloignement (pas de classe de neige, pas de séjour chez des amis...) en raison des complications occasionnées.

Le symptôme se trouve de ce fait fixé, soit par l'existence de bénéfices secondaires, soit parce qu'il vient s'inscrire dans un conflit névrotique qui s'organise peu à peu.

Associations psychopathologiques

■ **Arriération mentale :** l'énurésie y est d'autant plus fréquente que la débilité est profonde. Cette association souligne *a contrario* l'importance de la maturation neurophysiologique.

■ **Psychose :** symptôme fréquent au sein d'un ensemble de perturbation beaucoup plus vaste.

■ **Névrose :** la dimension symbolique de l'énurésie y est particulièrement repérable et a aidé à sa compréhension.

C. – Traitement

Il dépend du contexte psychologique. La majorité des énurésies disparaît dans la seconde enfance : l'appréciation de l'efficacité thérapeutique doit tenir compte de cette donnée. Les diverses mesures thérapeutiques s'adressent à des enfants de plus de 4 ans et demi.

Mesures générales

Elles consistent en corrections des mesures éducatives néfastes : apprentissage trop précoce ou rigide, excès de précaution (couche, bambinette, lange, alèzes multiples, soins intimes répétés...).

Modération des boissons le soir, sans que cela prenne un aspect excessif, hygiène de vie avec pratique de sport (natation) pour les enfants inactifs.

Ces mesures demandent la participation de la famille, mais aussi l'abandon éventuel de positions qui reflétaient les conflits névrotiques maternels, c'est dire qu'elles ne sont pas toujours facile à obtenir !

Thérapies médicamenteuses :

Elles se résument actuellement à la prescription d'imipramine en deux prises (16 h et au coucher) :

- 10 à 30 mg de 6 à 9 ans ;
- 20 à 50 mg au-delà (comprimés à 10 et 25 mg).

Ces produits de la série des antidépresseurs ont à la fois une activité anticholinergique périphérique, relâchant la musculature lisse de la vessie (détrusor), et une action stimulante sur le système nerveux central. Il est préférable de ne pas prescrire ces produits avant 6 ans.

Réveil nocturne

Réveil à heure régulière par les parents. Après une miction complète au coucher, on réveille complètement l'enfant une heure à une heure et demie après l'endormissement, pendant des périodes de trois semaines à un mois.

Réveil par un avertisseur sonore dont le déclenchement résulte de la conductibilité des draps dès l'émission des premières gouttes d'urine. Il est préférable de ne pas utiliser cet appareil avant 7-8 ans. L'importance du bruit peut poser des problèmes (fratrie, voisinage) et en réduire l'utilisation. Néanmoins, lorsque l'enfant accepte cet appareil, on assiste rapidement à une diminution du nombre des sonneries, puis à des réveils spontanés.

Motivations de l'enfant

L'information de l'enfant sur le fonctionnement urinaire est fondamentale : démystifier le symptôme, permettre à l'enfant de ne plus se vivre comme une victime soumise et coupable. Des dessins, l'explication du trajet des urines depuis la bouche jusqu'au sphincter peuvent être utiles.

La participation de l'enfant aux résultats par la notation sur un cahier va dans le sens de cette motivation, sans que cela devienne un comportement obsessionnel.

Psychothérapies

Elles s'adressent aux cas où le contexte névrotique est au premier plan, ou tout au moins lorsque prévalent les déterminants psychologiques :

– soit psychothérapie courte, associant attitudes explicatives, suggestives, et interprétations éclaircissant la signification du symptôme ;

– soit psychothérapie classique ou psychodrame, lorsque le contexte névrotique la rend nécessaire.

III. – Encoprésie

L'encoprésie est une défécation dans la culotte chez un enfant qui a dépassé l'âge habituel d'acquisition de la propreté (entre 2 et 3 ans).

On distingue l'encoprésie primaire sans phase antérieure de propreté, et l'encoprésie secondaire, beaucoup plus fréquente, après une phase plus ou moins longue de propreté. Elle est presque exclusivement diurne. Ainsi, contrairement, à l'énurésie, la forme la plus fréquente est l'encoprésie secondaire diurne. On compte environ 3 garçons encoprétiques pour une fille. L'âge d'apparition du symptôme se situe habituellement entre 7 et 8 ans. Sa fréquence est estimée aux environs de 1,5 à 3 % selon l'âge. Elle s'associe très souvent à l'énurésie (25 % des cas) qui est parfois diurne elle aussi. Encoprésie et énurésie peuvent être concomitantes ou se succéder par périodes alternantes.

L'étude de séries suffisamment importantes n'a pas révélé d'autre association caractéristique, il n'y a pas en particulier d'antécédent somatique plus élevé chez les enfants encoprétiques. On ne retrouve pas non plus d'antécédents familiaux. Il faut distinguer l'encoprésie des incontinences anales qu'on observe dans certains syndromes neurologiques (syndrome de la queue de cheval) et chez les grands encéphalopathes.

A. – Étude clinique

L'aspect des selles est variable : selles bien moulées, évacuées en totalité dans la culotte, selles glaireuses, molles et abondantes, emplissant le slip, et coulant dans le pantalon, simples « fuites » suintantes tachant le linge.

Le rythme est tout aussi variable : quotidien ou pluriquotidien, l'encoprésie est cependant souvent intermittente, nettement scandée par les épisodes de la vie de l'enfant : vacances, séparation du milieu familial, école. Une certaine régularité d'heure ou de lieu est parfois repérable (Marfan parlait de « défécation involontaire des écoliers »), mais ceci n'est pas constant.

Les conditions de la défécation ne sont pas indifférentes. Certains enfants s'isolent et s'absorbent dans une activité qui n'est pas très différente de la conduite habituelle des enfants qui vont aux W.C. D'autres évacuent leurs selles sans cesser leurs activités ; certains, enfin, laissent échapper celles-ci sur le chemin des toilettes tandis qu'ils y courent. Le caractère volontaire ou non de l'encoprésie reste un sujet de discussion. Lorsqu'on l'interroge, l'enfant met toujours en avant l'incapacité de se contrôler, mais certaines observations vont à l'encontre de ce caractère toujours involontaire. Il en est de même de la conscience ou non de la défécation elle-même. Certains enfants affirment « ne rien sentir », d'autres déclarent sentir normalement la selle, mais être incapables de se retenir.

Le rapport de l'enfant avec ses selles mérite d'être toujours soigneusement étudié :

– parfois l'enfant semble indifférent à son symptôme, seule l'odeur qui incommode l'entourage en révèle l'existence ;

– souvent, il développe des conduites de dissimulation, voire d'accumulation : les slips sont cachés ou rangés dans un tiroir, au-dessus d'une armoire. Le plus souvent l'enfant conserve à la fois la culotte et les matières fécales. Très rarement, il cherche à dissimuler l'encoprésie en lavant sa culotte. Le plus souvent ces conduites se déroulent avec un sentiment de honte, et sont cachées à l'entourage, sauf à la mère.

Il arrive enfin plus rarement que l'enfant ait un comportement provocateur, exhibant son linge souillé, indifférent aux remarques ou remontrances.

B. – Facteurs étiologiques

Plus encore que l'énurésie, la dimension relationnelle et psychologique est au premier plan dans la constitution d'une encoprésie. Néanmoins, d'autres facteurs peuvent intervenir.

1°) Pertubations physiologiques

Les études du transit intestinal, de la mécanique du sphincter anal, des pressions de l'ampoule rectale, de la sensibilité de la muqueuse anale, n'ont mis en évidence aucune anomalie organique ou fonctionnelle. Certains, toutefois, distinguent une encoprésie avec rectum vide, et une encoprésie avec rectum plein, plus fréquente, accompagnée ou non de fécalomes sigmoïdiens. Le toucher rectal, la radio de l'abdomen sans préparation permettent de retrouver ces fécalomes. La présence de ces derniers objective la rétention de matière fécale et pose le problème de l'association de l'encoprésie avec la constipation. On a avancé l'hypothèse que l'encoprésie serait une sorte de défécation par « regorgement » ou par « suintement » parce que la sensibilité et la motricité normales de l'ampoule rectale seraient perturbées par l'accumulation des matières ainsi retenues. Les épreuves d'explorations dynamiques n'ont pas confirmé cette hypothèse.

2°) Personnalité de l'enfant

Il n'y a pas un profil psychologique univoque, mais les traits de personnalité pathologique semblent plus tranchés que dans le cas de l'énurésie. On a ainsi décrit :
– des enfants passifs et anxieux exprimant leur agressivité de manière immature. C'est le type « clochard » de M. Fain ;
– des enfants opposants, avec des traits obsessionnels où l'encoprésie prend l'allure d'un refus de se soumettre à la norme sociale (c'est le type « délinquant » de M. Fain) ;

– enfin, l'encoprésie peut s'inscrire dans le cadre d'une conduite où la dimension perverse domine : régression ou fixation à un mode de satisfaction archaïque centrée à la fois sur la rétention puis l'érotisation secondaire de la conduite déviante.

Au niveau de l'investigation psychanalytique on retrouve chez l'enfant encoprétique une importante fixation anale où tantôt le pôle expulsion-agression, tantôt le pôle rétention sont particulièrement investis. Du fait des particularités de la constellation familiale que nous verrons dans le paragraphe suivant, l'enfant semble établir un rapport privilégié à la mère sur un mode prégénital, l'objet d'échange étant le « pénis anal », car le « pénis paternel » paraît fantasmatiquement inaccessible.

3°) La famille

Elle présente des particularités centrées sur la relation mère-enfant. Les pères sont en effet souvent timides et réservés, voire franchement effacés ; ils interviennent peu dans la relation mère-enfant.

Au niveau des mères, il semble exister des traits distinctifs. Elles sont fréquemment anxieuses, émotives, surprotectrices et masquent cette anxiété soit derrière une conduite assez rigide en matière d'éducation sphinctérienne (mise sur le pot dès les premiers mois), soit derrière une préoccupation excessive au niveau des « évacuations » de leur enfant (survalorisation de la selle quotidienne, lavement et suppositoire dès qu'il n'y a pas eu la selle de la journée). Par rapport au symptôme, il n'est pas rare qu'une véritable complicité secondaire s'instaure entre l'enfant et sa mère qui a pour objet soit les soins du corps, soit l'échange des slips souillés.

Au niveau psychosocial, les dissociations familiales sont fréquentes ; les changements dans l'organisation familiale marquent souvent le début de l'encoprésie : début du travail de la mère, mise à l'école, naissance d'un cadet.

C. – Évolution

Elle dépend de la profondeur du conflit qui s'organise autour de ce symptôme, c'est-à-dire d'une part de la gravité de l'organisation névrotique maternelle, et d'autre part des remaniements ou déviations qu'il suscite dans le développement de l'enfant lui-même.

Un grand nombre d'encoprésies disparaissent spontanément après une période de quelques semaines ou mois. Celles qui persistent sur plusieurs années sont toujours des formes graves par leur fréquence, par la dimension psychopathologique nettement perceptible (nombreux traits de caractères anaux) et par la pathologie familiale (carence socio-éducative majeure, absence de père).

A distance le symptôme finit toujours par disparaître au moment de l'adolescence, mais souvent pour laisser la place à des traits franchement caractériels ou névrotiques : soucis excessifs de propreté, parcimonie ou avarice, méticulosité, indécision, tendance à accumuler...

D. – Traitement

Il faut éviter des traitements symptomatiques et les diverses manœuvres qui se centrent autour du sphincter anal. Pour certains auteurs, cependant, d'importants fécalomes présents dans le sigmoïde et dans l'ampoule rectale modifient profondément la sensibilité de la muqueuse, et doivent être évacués par des lavements prudents. Il faut toutefois réduire au maximum ces manipulations.

L'action thérapeutique doit inclure la famille. Si les parents deviennent capables de mettre en relation le symptôme de l'enfant et le fonctionnement de la famille et d'apporter les quelques correctifs comportementaux nécessaires, le symptôme disparaît souvent.

Lorsque l'encoprésie s'inscrit dans un conflit névrotique déjà organisé, une psychothérapie individuelle de type analytique doit alors être proposée. La séparation du milieu familial modifie souvent le symptôme, mais son effet est temporaire. Néanmoins, lorsque l'organisation familiale est franchement pathologique et inamovible, elle peut constituer un des temps de l'abord thérapeutique global.

IV. – Constipation psychogène et mégacôlon fonctionnel

En dehors de toute cause organique, la constipation représente un motif d'inquiétude assez fréquent d'un ou des parents : ceci d'autant plus que l'apprentissage de la propreté sphinctérienne s'est fait sur un mode conflictualisé. La selle de l'enfant ponctue ainsi chaque journée d'un cadeau libérateur pour l'angoisse parentale, de même que son absence et par conséquent sa rétention dans le ventre menace l'intégrité du corps de l'enfant.

Ce surinvestissement de la selle est à l'évidence rapidement perçu par l'enfant qui exerce son contrôle sur ses exonérations, pas toujours dans le sens désiré par les parents. Ainsi, après un apprentissage réflexe toujours possible, de la défécation à un âge trop précoce (dès le premier trimestre de la vie comme cela a pu se faire dans quelques crêches ou avec des mères trop rigides) survient inéluctablement un « retour à la saleté » qui pour l'enfant est un moyen de s'approprier son corps tandis que pour la mère c'est le signe d'une opposition. Très tôt, dans un tel contexte, une constipation opiniâtre risque de s'installer. La réponse parentale au moyen de manipulations anales : thermomètre, suppositoire, voire excitation de l'anus avec le doigt, ne peut que fixer un peu plus le surinvestissement de cette zone et de cette conduite.

De nombreuses constipations restent isolées, pouvant persister pendant une grande partie de l'enfance. Dans d'autres cas, la symptomatologie s'enrichit d'une encoprésie qui est le plus souvent transitoire. Au maximum est réalisé le tableau de **mégacôlon fonctionnel.**

Ce mégacôlon doit être distingué du mégacôlon secondaire à un obstacle (congénital par rétrécissement, ou acquis de type tumoral) et du mégacôlon congénital de la maladie de Hirschprung (absence de cellules ganglionnaires dans les plexus nerveux de la muqueuse de l'extrémité colique).

Dans le mégacôlon fonctionnel, la constipation survient au cours du second semestre et persiste. L'étude radiologique a montré que la défécation se produit en quelque sorte à l'envers (M. Soulé) : lorsque la selle arrive au sphincter anal la contraction aboutit non pas à l'exonération, mais à la rétropulsion de la selle dans le sigmoïde et le côlon gauche. L'accumulation des matières provoque la dilatation colique bien visible au lavement baryté.

Il est essentiel de reconnaître assez tôt ce mécanisme et de distinguer la constipation psychogène des autres types de constipation, car si ces diverses manœuvres exploratoires sont amplement justifiées au début des troubles, leurs répétitions abusives auront le même effet de fixation du symptôme que l'attitude parentale déjà décrite.

Au plan psychopathologique il semble que ce dysfonctionnement physiologique soit au début mis au service d'un investissement « quasi pervers » de la fonction : la maîtrise ainsi acquise sur l'objet interne permet dans un premier temps d'éviter l'angoisse de perte (niveau phobique). Dans un second temps se produit une érotisation secondaire de la contraction sphinctérienne et de l'excitation de la muqueuse lors de ce fonctionnement inverse qu'on a pu rapprocher de l'excitation masturbatoire. En même temps l'enfant expérimente sa toute-puissance sur son corps et sur l'environnement dont l'inquiétude est pour lui source de bénéfices secondaires.

Ce fonctionnement auto-érotique de la zone anale avec la forte pulsion d'emprise sur l'objet qui semble le caractériser est à rapprocher de ce qu'on observe chez les nourrissons mérycistes (M. Soulé) (v. p. 351).

Au plan familial Soulé note le rôle important du père particulièrement inquiet devant la constipation, alors qu'il semble se désintéresser de l'encoprésie fréquemment associée. Une véritable connivence père-enfant semble s'organiser autour de l'exonération.

Selon Soulé l'attitude thérapeutique consiste à bien montrer à l'enfant la connaissance que l'on a du mécanisme actif de sa constipation et des satisfactions « quasi masturbatoires » qu'il en retire, sans pour autant l'acccuser ou le culpabiliser. A partir de là il est possible d'obtenir de l'enfant une défécation régulière qui supprime la constipation, l'encoprésie et enfin le mégacôlon fonctionnel.

Bibliographie

BOURGUIGNON (A.), GUILLON (F.) : Application d'une hypothèse éthologique à l'énurésie. *Psychiatrie enfant,* 1977, 20 (1), p. 223-244.

DUCHE (D.J.) : *L'énurésie.* P.U.F., Paris, 1968, *« Que sais-je ? ».*

KOHLER (C.), CAREL (A.) : L'encoprésie. *Annales médico psych.* 1971, 2 (4), p. 497-507.

KREISLER (L.), FAIN (M.), SOULE (M.) : Encoprésie et mégacôlon fonctionnel. *In L'enfant et son corps,* P.U.F., Paris, 1974, p. 213-290.

KREISLER (L.) : L'énurésie. E.M.C., Paris, 1977, *Pédiatrie,* 4101 G 95.

LAUNAY (C.), LAUZAMNE (K.) : L'encoprésie. *Rev. neuropsych. inf.,* 1970, 18 (9), p. 635-662.

LEVINE (M.) : Children with encopresis : a descriptive analysis. *Pediatries,* 1975, 56 (6), p. 412-416.

SOULE (M.), SOULE (N.) : *L'énurésie.* E.S.F., Paris, 1967.

TRIDON (P.) et coll : L'encoprésie (série d'articles) *Neuropsychiatrie enf.,* 1983, **31,** 4, p. 193-215.

9

Psychopathologie des fonctions cognitives

I. – Généralités

L'expérience clinique montre combien il est artificiel de séparer ce qu'on appelle l'état affectif et les fonctions cognitives, car des perturbations dans un de ces domaines finissent habituellement par retentir sur l'autre : ainsi de graves perturbations affectives s'accompagnent toujours, à la longue, de troubles cognitifs. De même, il est exceptionnel que la déficience intellectuelle ne se complique pas de quelques difficultés affectives, d'autant plus graves que la déficience est profonde.

Néanmoins la clarté didactique rend nécessaire cette séparation que la réalité clinique justifie en partie : s'il est évident, comme nous venons de le dire, qu'un retentissement réciproque existe entre la lignée cognitive et la lignée affective, il est aussi évident que certains enfants présentent une déficience intellectuelle élective. Dans la dernière partie du paragraphe consacré à la débilité mentale, nous tenterons, à la suite de Misès, de proposer une analyse psychopathologique des rapports entres ces deux lignées.

Au préalable, il conviendrait de définir ces fonctions cognitives, termes que nous préférons à celui « d'intelligence ». Binet, promoteur du premier test d'intelligence, avait coutume lorsqu'on lui demandait « Qu'est-ce que l'intelligence ? » de répondre : – comme on le prétend – « *c'est ce que mesure mon test* » ! Il montrait par là son humour, mais surtout la difficulté à définir l'intelligence. A la suite de Dailly, nous dirons que l'intelligence est *« cette activité qui permet à l'être humain d'apprendre, de connaître, d'utiliser son savoir, de créer, de s'adapter au monde et de le maîtriser ».* De son côté, Piaget a bien montré qu'on ne pouvait se limiter à une simple étude quantitative de l'intelligence (le niveau des performances évalué par le Q.I.), mais qu'une étude qualitative prenant en compte les modalités du raisonnement, le type de structure logique sous-jacent, était indispensable. Enfin, des auteurs comme Zazzo ou Misès ont souhaité voir intégrer à la notion d'intelligence, non seulement l'efficience scolaire, mais aussi des valeurs telles que la capacité d'intégration sociale ou de compréhension des relations inter-individuelles.

Ces différentes approches des fonctions cognitives rendent compte de la multiplicité et de la variété des « tests » propres à en donner une évaluation. Depuis les travaux de Binet, de nombreux auteurs ont ainsi proposé des techniques d'évaluation qu'on peut très schématiquement répartir en deux types :

- la méthode psychométrique issue des travaux de Binet ;
- la méthode clinique issue des travaux de Piaget.

Avant de présenter brièvement ces différents tests, il est utile, parlant des tests cognitifs, de distinguer deux registres : celui des fonctions de réalisation et celui des fonctions appétitives. Par « fonction de réalisation », nous entendons l'ensemble de l'équipement neurophysiologique de base ainsi que l'évolution de la maturation de cet équipement. Ceci veut dire que la structure même du système nerveux central, l'équipement génétique qui la détermine, les aléas de son embryogénèse, sont des facteurs à prendre en considération. Mais dans cette fonction de réalisation intervient aussi le processus de la maturation individuelle. On sait maintenant que certaines acquisitions cognitives sont possibles, et d'autant plus aisées qu'elles correspondent à des stades génétiques de sensibilité particulière. Passé ce stade privilégié, l'acquisition devient impossible ou dénaturée. Ce processus a été particulièrement bien mis en évidence par les travaux de Piaget dont on peut rapprocher la découverte par les éthologues du processus de l'empreinte.

Nous ne reprendrons pas ici l'étude du développement normal de l'intelligence et de ses diverses phases, sensori-motrice, préopératoire, opératoire concrète, et formelle étudiées au chapitre du développement normal (v. p. 26), mais nous rappellerons que les théories de Piaget ont posé pour principe fondamental une succession strictement invariable de ces stades : l'accession au stade suivant nécessite l'intégration du stade précédent, toute perturbation de celui-ci entraînant des perturbations de celui-là.

Quant à la fonction « appétitive », elle représente l'énergie nécessaire au bon fonctionnement de la fonction de réalisation. En osant une analogie mécanique, nous dirions qu'une automobile ne peut avancer qu'avec un moteur et de l'essence, le moteur étant l'équivalent de la fonction de réalisation, l'essence celui de la fonction appétitive. Par quoi est sous-tendu cet investissement des fonctions cognitives ?

Pour Piaget lui-même, l'affectivité conçue comme intentionalité, pulsion à agir, fournit l'énergie nécessaire aux fonctions cognitives :

« elle assigne une valeur aux activités et en règle l'énergie ». La théorie psychanalytique donne une large place à cette affectivité comprise dans son sens le plus large. Ainsi l'investissement des processus secondaires marqué par la capacité de différer la satisfaction, de la repousser à la fois dans le temps et dans l'espace (autre moment et/ou autre lieu), représente la base sur laquelle les processus cognitifs s'élaboreront. Toutefois, pour que le bébé, puis le jeune enfant investissent ces processus secondaires, il faut que, d'une part, au niveau de l'environnement l'espace et le temps soient régulièrement investis (il s'agit ici de la permanence des soins maternels qui seule permet au bébé d'accéder à la notion de permanence de l'objet : v. p. 22) et, d'autre part, que le moi de l'enfant trouve un plaisir accru à différer la satisfaction. Cette capacité à différer la satisfaction provient à la fois du plaisir à l'anticiper mentalement (plaisir hallucinatoire), et aussi du plaisir que retire le moi de l'enfant à planifier son action, à en devenir peu à peu le maître. C'est ainsi que peuvent être mis en place les mécanismes de déplacement et de sublimation, bases même de la distribution de l'énergie pour les processus cognitifs.

Ainsi, il est non seulement schématique, mais faux d'opposer une fonction intellectuelle et une fonction affective qui se développeraient chacune de façon quasi mécanique dans l'ignorance l'une de l'autre. Leur évolution et maturation ne peuvent être comprises que dans une dialectique d'échanges réciproques.

II. – Évaluation des fonctions cognitives

A la demande du ministre de l'Instruction Publique, et pour élaborer le statut des arriérés mentaux au sein d'une scolarité devenue peu à peu obligatoire, Alfred Binet propose en 1905, une « Échelle métrique de l'intelligence » ancêtre de tous les tests d'évaluation ultérieure. Plusieurs fois complétée, cette échelle qui sera ensuite connue sous le nom de « test de Binet-Simon » introduisait deux nouveautés :

– la possibilité de situer les enfants pathologiques dans une hiérarchie « chiffrée » du déficit mental ;

– la possibilité de dépister dès le début de la scolarité certaines déficiences intellectuelles qui, jusqu'à l'entrée à l'école, étaient passées inaperçues.

Quelles que soient les critiques ultérieures faites à ce test et à ses suivants, il est incontestable qu'il apportait pour les éducateurs et les pédagogues un instrument fiable de mesure, ce qui en fit son succès avant même qu'on s'interroge sur la nature de ce qui était mesuré. Ultérieurement, divers tests ont été mis au point avec un double souci : pour les uns il s'agissait dans la même perspective que le test de Binet-Simon d'affiner l'évaluation soit pour une tranche d'âge, soit pour une aptitude particulière ; pour les autres, il s'agissait d'approcher la nature des processus intellectuels (Piaget). Nous retrouvons ici la distinction entre les tests psychométriques et les épreuves cliniques.

Précisons qu'il s'agit dans ce paragraphe d'un bref aperçu des tests où nous donnerons leurs caractéristiques essentielles, leurs champs de validité et leurs limites. Nous n'envisagerons pas le détail de ces tests, ni leur technique de passation qu'on trouvera dans les manuels spécialisés.

A. – Évaluation psychométrique : le niveau de la performance

L'absence d'un langage suffisant avant 3-4 ans constitue une limite qui permet de distinguer les tests préverbaux fondés essentiellement sur l'étude du développement psychomoteur, des tests où intervient largement le langage lors de la seconde enfance.

1°) Tests préverbaux de développement psychomoteur

Les tests de Gesell, de Brunet-Lézine et de Casati-Lézine évaluent une série de performances motrices étalonnées pour chaque âge. A chaque série peut être attribué non seulement un âge de développement (A.D.), mais un quotient de développement (Q.D.), rapport de l'âge de développement sur l'âge réel.

Si ces « baby-tests », comme on les a appelés, permettent de situer le développement psychomoteur d'un nourrisson ou d'un petit enfant par rapport à une moyenne, ils ne constituent en aucun cas un équivalent du quotient intellectuel (Q.I.). Il existe en effet une faible corrélation entre le Q.D. de la petite enfance et le Q.I. de l'adolescence chez le même enfant.

Age d'application : pour la dernière version de Brunet-Lézine de quelques mois à 5 ans.

2°) Tests de la seconde enfance

a) Binet-Simon, Terman-Merill, Nemi

Nous regroupons ces tests tous issus du test initial de Binet après diverses révisions. Citons :

– la révision américaine (1937) : Terman-Merill ;

– la révision française de 1966 : Nouvelle Echelle Métrique de l'Intelligence (NEMI) de Zazzo.

Ces tests regroupent diverses épreuves sans se soucier des fonctions intellectuelles auxquelles elles font appel. Les versions les plus récentes ont été étalonnées avec des enfants normaux : ainsi l'étalonnage de la NEMI repose sur 550 enfants des deux sexes « prélevés » sur le tout-venant de quatorze groupes scolaires de Paris (Zazzo 1966).

■ **Résultats :** ils s'expriment en référence à l'âge et traduisent le degré de dispersion par rapport à une moyenne d'âge. Il s'agit donc d'échelles d'âges qui, pour chaque enfant, traduisent le retard ou l'avance de développement intellectuel. Ainsi pour chaque épreuve est défini un âge mental, lorsque la majorité des enfants d'un âge précis réussit cette épreuve alors que la majorité des enfants de l'âge immédiatement inférieur y échoue.

Un enfant de 6 ans aura un âge mental de 6 ans s'il réussit les épreuves normalement réussies par la majorité des enfants de 6 ans, un âge mental de 4 ans et demi s'il ne réussit que les épreuves normalement réussies par la majorité des enfants de quatre ans et demi et échoue aux épreuves réussies par la majorité des enfants de 5 ans, etc. En réalité, il est rapidement apparu plus facile d'exprimer les résultats en terme de Quotient Intellectuel (Q.I.).

■ **Quotient intellectuel :** C'est le rapport

$$\text{Q.I.} = \frac{\text{Age mental (A.M.)}}{\text{Age chronologique (A.C.)}}$$

Ce Q.I. illustre immédiatement le degré de dispersion (retard ou avance) de l'âge mental d'un enfant par rapport à son âge chronologique ou, comme le dit Zazzo, par rapport à l'âge mental moyen des enfants de son âge. Pour cet auteur, on définit en réalité par cette méthode un « quotient d'âge ». Nous verrons à la fin de ce paragraphe les problèmes que soulève l'utilisation du Q.I.

■ **Limites de validité :** Pour beaucoup d'auteurs, ces tests donnent une place trop grande aux acquisitions scolaires, en particulier le Binet-Simon (rappelons que Binet a étalonné son test à la demande du ministre de l'Instruction Publique pour repérer les enfants inaptes à suivre cette instruction). Le rôle du milieu social, affectif et culturel est trop important et aussi le rôle du langage, surtout après 7 ans. Le Binet-Simon est utilisable entre 4 et 10 ans. Le Terrman-Merill peut être utilisé jusqu'à l'âge adulte.

b) W.I.S.C. et W.I.S.P.P.

Ces épreuves sont issues du *Wechsler-Bellevue* pour adulte qui n'est utilisable qu'à partir de 12 ans. Le W.I.S.C. *(Wechsler Intelligence Scale for Children)* est applicable à partir de 6 ans, et le W.I.S.P.P. *(Wechsler Intelligence Scale for the Preschool Period)* est applicable entre 4 et

6 ans. L'intérêt de ces tests est de faire une distinction entre les épreuves faisant appel au langage et les autres. Le W.I.S.C. comprend ainsi 6 subtests verbaux (information – compréhension – arithmétique – similitude – vocabulaire – répétition de chiffres) et 6 subtests non verbaux dits de « performance » (images lacunaires – classements d'images – cubes de Kohs – assemblage des puzzles – code – labyrinthe). En combinant ensemble les subtests de chacune des échelles on obtient une note verbale et une note performance dont la combinaison donne une note globale.

■ **Résultats :** ces tests sont construits de telle sorte que la notation des résultats obtenus par un enfant donne la dispersion en écart type qui sépare cet enfant de la moyenne de son âge. L'âge de référence n'est donc pas diachronique (dispersion par rapport à l'âge de développement), mais synchronique (dispersion par rapport à une moyenne relative dans un groupe d'âge).

■ **Quotient intellectuel :** il traduit l'expression statistique de la construction du test. Par définition le Q.I. de 100 correspond au percentile 50, chaque déviation standard (D.S.) traduisant un écart de 15 points par rapport à cette moyenne. Il s'agit donc d'un « Q.I. Standard » par opposition au « Q.I. d'âge » du Binet-Simon. On définit un Q.I. verbal (Q.I.V.) correspondant aux épreuves verbales, un Q.I. performance (QIP) et un Q.I. global (Q.I.G.) combinaison des deux précédents.

■ **Limites de validité :** Nous avons déjà donné les limites d'âge : W.I.S.P.P. 4-6 ans, W.I.S.C. 6-12 ans, Wechsler-Bellevue après 12 ans. L'existence de deux échelles, verbale et performance, avait pour objectif de tempérer la prépondérance du facteur verbal dans les tests précédents. En réalité, chaque série représente un test spécifique. L'avantage est de dépasser la notion d'un Q.I. global pour s'intéresser plutôt au profil obtenu à cette batterie de subtests : profil homogène ou au contraire hétérogène. Nous reverrons à propos de la débilité l'importance de ce facteur d'hétérogénéité.

C) Tests instrumentaux

Ils sont très nombreux, aussi nous citerons ici uniquement ceux qui sont les plus utilisés en clinique. Leur but est d'explorer un champ plus précis des fonctions cognitives centrées, soit sur le schéma corporel, soit sur l'organisation spatiale, soit sur le langage, etc. Citons ainsi :

■ **test d'initiation de geste de Bergès-Lézine** Pour explorer la connaissance du schéma corporel chez des enfants de 3 à 10 ans ;

■ **test de Bender** qui explore l'organisation graphoperceptive d'enfants entre 4 et 7 ans ;

■ **figure de Rey** (v. fig. 3) : on demande à l'enfant de reproduire le dessin en le gardant sous les yeux. Ce test explore l'organisation spatiale, la capacité d'attention et la mémoire immédiate ;

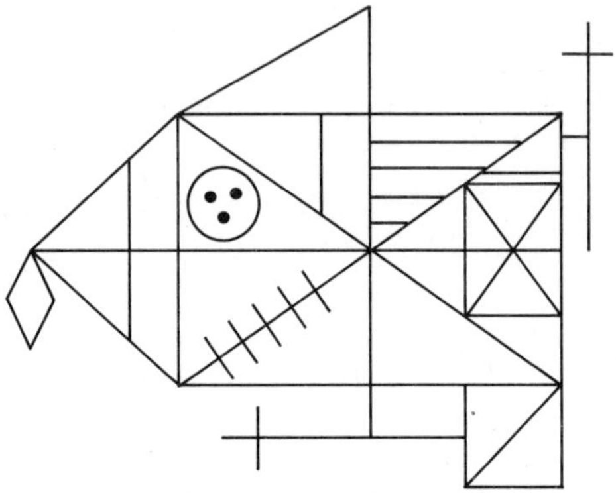

FIG. 3. – *Figure de Rey.*

■ **test de Benton :** épreuve d'organisation visuo-motrice et d'évaluation de la mémoire différée (reproduction des figures géométriques après 10 secondes d'observation). Applicable après 8 ans.

Citons uniquement pour mémoire les nombreux tests de langage oral ou écrit (Borel-Maisonny, C. Chassagny, test de l'Alouette) qui ont été étudiés dans le chapitre consacré à la psychopathologie du langage (v. p. 111).

3°) Test faisant intervenir la socialisation

De nombreux auteurs se sont préoccupés de faire intervenir, non seulement les capacités intellectuelles en terme de performance individuelle, mais aussi ce qu'on pourrait appeler une « compétence sociale » caractérisée à la fois par la capacité d'autonomie des principales conduites socialisées et par la qualité des facteurs relationnels, sorte de maturité sociale. Ces recherches trouvent leur origine dans la constatation clinique fréquente d'un décalage entre un niveau intellectuel tel qu'on le définit par les tests classiques, et une capacité d'insertion sociale satisfaisante, du moins chez certains enfants débiles. On sait aussi qu'un nombre important d'enfants considérés comme débiles par l'Education Nationale, trouveront à l'âge adulte une insertion socioprofessionnelle tout à fait satisfaisante, et ne seront plus ensuite considérés comme débiles.

C'est contre la prépondérance d'une évaluation des performances individuelles au détriment de cette « compétence sociale » que des auteurs comme Zazzo ou Misès et Perron-Borelli, ont réagi en proposant de nouvelles échelles d'évaluation.

a) Échelle de développement psychosocial (D.P.S.) de Zazzo

Cette échelle comporte trois parties qui permettent de définir un niveau global de D.P.S., mais aussi un profil de développement :

– acquisition de l'autodirection : capacité de se suffire à soi-même, débrouillardise (repas, toilette, habillage, travail scolaire, déplacement, sortie) ;

– évolution des intérêts (intérêt pour les livres, la vie sociale : sport activité culturelle...) ;

– relations interindividuelles enfin (relations avec les parents, les autres enfants).

Elle a été étalonnée à partir de garçons normaux de 5 à 12 ans.

b) Échelle différentielle d'efficience intellectuelle (E.D.E.I.) de Misès et Perron-Borelli

Répondant à la nécessité d'établir un test permettant une discrimination plus fine dans les zones de la débilité profonde et sévère, l'ensemble des E.D.E.I. se compose de cinq échelles : Connaissances – Compréhension sociale – Conceptualisation – Analyse catégorielle – Adaptation concrète, et de deux échelles complémentaires de vocabulaire : dénomination d'image – définition. Les trois premières échelles sont constituées par des épreuves verbales, les deux suivantes par des épreuves non verbales.

Ce test a été étalonné à partir d'une population de filles de 8 à 11 ans.

Les résultats sont exprimés en âge mental (A.M.) et en quotient de développement (Q.D.) soit global, soit par échelle. Comme ces épreuves (D.P.S. et E.D.E.I.) sont surtout destinées à l'analyse différentielle des enfants débiles, nous en donnerons les résultats dans le cadre du chapitre suivant (v. p. 167).

4° Réflexions sur le quotient intellectuel : les principes de son utilisation

Il est inutile de revenir trop longuement ici sur les nombreuses querelles que le Q.I. a suscitées, certains accusant même ces tests d'être principalement au service d'une société bourgeoise répressive (M. Tort). Sans entrer dans la polémique, nous voudrions donner les principes d'une utilisation correcte du Q.I. et de ses limites.

Tout d'abord le Q.I. doit être évalué en fonction du contexte clinique, une évaluation optimale nécessitant une bonne adéquation entre le sujet et les conditions de passation : ainsi le test pratiqué au cours d'un épisode délirant aigu, ou le premier jour de l'hospitalisation ou lors de situation angoissante (séparation parentale brutale, situation de stress renforcée par l'aspect examen) donnera des résultats tronqués et partiellement faux. En effet, il n'est pas rare qu'un écart de 10 à 15 points ou plus pour un même test sépare les passations effectuées l'une dans de mauvaises conditions, l'autre dans de meilleures conditions.

Il n'existe pas de Q.I. absolu mais, comme nous l'avons montré, chaque Q.I. doit être rapporté à un test précis et relié aux conditions d'étalonnage et à la définition qui lui sont propres : Q.I. traduisant un quotient d'âge (Binet-Simon, Terman-Merill) ou Q.I. témoin de la dispersion (W.I.S.C., W.I.S.P.P.). On note une grande variabilité d'un test à l'autre, non seulement entre « Q.I. d'âge » et « Q.I. standard », mais aussi entre divers Q.I. d'âge. La corrélation entre tous ces tests est par conséquent loin d'être toujours satisfaisante.

Constance du Q.I.

Au début de la psychométrie, ce Q.I. fut compris à tort comme étant le reflet d'une capacité intellectuelle, quasi-mesure physiologique de l'activité cérébrale. Binet lui-même avait émis l'hypothèse d'une constance du Q.I. chez les arriérés ; on en arriva dans les années 20 à considérer que le Q.I. était le témoin d'une capacité intellectuelle congénitale invariable. Depuis, le Q.I. a été ramené à une plus juste évaluation. En effet le Q.I. d'âge évalue beaucoup plus l'avance ou le retard d'une vitesse de croissance qu'une potentialité absolue. Or la vitesse de croissance est éminemment variable d'un enfant à l'autre, et chez un même enfant d'une période à une autre, sans préjuger nécessairement le but final. Zazzo a très justement fait les remarques suivantes : sur un plan statistique moyen *« le Q.I. normal est constant, non par expérience mais par définition ou, ce qui revient au même, par construction ».* En revanche pour un enfant particulier *« le Q.I. n'est pas constant par définition, seule l'expérience peut répondre »* (Perron-Borelli). Les études catamnestiques ont bien montré cette variabilité relative du Q.I. pour un même enfant. Enfin, pour chaque test, on note une variabilité de la valeur de la déviation standard (D.S.) en fonction de l'âge, si bien qu'à Q.I. égal, la répartition statistique d'un enfant n'a pas la même signification à deux âges différents (ceci est valable, tant pour les Q.I. d'âge que pour les Q.I. standards).

En conclusion, croire que le Q.I. conserve pour un enfant précis une valeur constante relève d'une mauvaise compréhension et d'une extension abusive du général au particulier. Il est en effet probable que la confusion a été entretenue par une vision statistique pure, dans laquelle par construction même le Q.I. devait être constant d'un âge à l'autre. Ce n'est jamais le cas pour l'individu isolé. Ceci est un facteur important à prendre en considération dans la discussion des facteurs héréditaires liés au Q.I.

Quotient intellectuel et hérédité

Dans le paragraphe précédent, on a vu qu'il existait une opposition entre le regard du statisticien et celui du clinicien à propos de la constance du Q.I. Pour un sujet particulier, le Q.I. est en réalité variable avec l'âge, le type de test, la situation du test, etc. La même opposition entre statisticien et clinicien s'observe sur le point de la nature héréditaire ou non du Q.I. Il va de soi que plus on donne au Q.I. une valeur relative, plus le poids de l'hérédité est lui aussi relatif, et inversement. Ainsi, dans les années 20 et 30, certains estimaient que l'hérédité intervenait pour 80 % dans la valeur du Q.I. Depuis, de nombreux auteurs ont aussi voulu quantifier le poids respectif de l'hérédité et des facteurs éducatifs au sens le plus large : ainsi l'écart est grand entre ceux qui s'attachent à une pure visée statistique et le clinicien confronté au cas individuel.

Auparavant, il convient de préciser que nous envisagerons dans un chapitre ultérieur les facteurs héréditaires pathologiques (aberration chromosomique, anomalies métaboliques diverses, etc.). On ne considérera ici que l'hérédité chez un sujet supposé biologiquement sain. L'importance des facteurs socioculturels n'est plus à démontrer : les enfants des classes socio-économiques aisées ont statistiquement un Q.I. plus élevé que ceux des classes défavorisées. Le Q.I. déterminerait-il ainsi la place sociale qu'occupe chaque sujet (Jensen) ? Toutefois, de nombreuses études ont montré, en particulier chez les enfants adoptés, que le Q.I. de l'enfant variait en fonction des conditions éducatives et socio-économiques du milieu où l'enfant est élevé, illustrant l'importance de l'environnement : des enfants de familles modestes adoptés par des parents vivant dans des situations économiques favorisées ont un Q.I. qui se rapproche des enfants biologiques issus de ce dernier milieu (Schiff).

La qualité des relations affectives joue également un rôle considérable. Dans leur grande majorité, les enfants gravement carencés (hospitalisme, enfants battus) ont fréquemment une efficience intellectuelle médiocre. La majeure partie des troubles affectifs s'accompagne de déficit mineur ou transitoire, ce qui a conduit certains auteurs à parler de fausse-débilité (v. le problème de l'inhibition intellectuelle p. 321) pour l'opposer à la « vraie débilité », celle où existerait une lésion cérébrale, même minime. Si une telle distinction apparaît trop artificielle au clinicien, elle répond toutefois en partie au vaste problème des débilités légères où aucune cause apparente n'est retrouvée. Nous verrons ce point particulier au chapitre suivant (p. 170).

En conclusion, l'intervention de facteurs héréditaires dans la détermination des capacités intellectuelles est très probable comme le montrent diverses études sur les jumeaux hétéro ou monozygotes. Cependant il s'agit à l'évidence d'une transmission polygénique complexe car aucune loi de transmission héréditaire simple n'a été vérifiée. Il serait d'ailleurs plus exact de parler d'héritabilité plutôt que d'hérédité (Roubertoux), mettant ainsi en évidence un degré variable de capacité à apprendre, plutôt qu'une valeur absolue de l'intelligence. Cette capacité à apprendre donne un rôle majeur aux facteurs de l'environnement comme le montre un nombre sans cesse croissant de travaux. La théorie de l'empreinte et des périodes critiques que l'éthologie a largement répandu illustre clairement le lien entre une certaine aptitude à apprendre génétiquement déterminée et l'apport de l'environnement. Dans cette perspective, il existe un retentissement étroit et constant entre les facteurs génétiques et les facteurs liés à l'environnement, rendant illusoire un partage trop rigoureux entre ces deux lignées.

B. – Évaluation clinique : le comment de la performance

Contrairement aux autres tests cités précédemment, l'objectif de l'évaluation clinique n'est pas de déterminer à quel niveau se situe une performance, mais quelle stratégie le sujet utilise pour y parvenir. Ainsi les épreuves (terme préférable à celui de test) que Piaget et ses continuateurs ont proposées, s'inscrivent dans un contexte clinique différent : une conversation avec l'enfant où s'échangent argumentation et contre-argumentation permet d'appréhender la structure même du raisonnement. Les notions de rendement ou de performance dont témoignent « la standardisation » la plus rigoureuse possible et la limitation, ou la mesure fréquente du temps de la passation habituelle aux tests psychométriques y sont en revanche, sinon étrangères, du moins secondaires. L'important est de situer le niveau du raisonnement en fonction des divers stades qui représentent autant de structures logiques différentes.

Ces considérations rendent compte de la moindre standardisation de ces épreuves et de la nécessité d'une bonne connaissance des théories piagétiennes pour les utiliser au mieux.

■ **A la période préopératoire :** celle de l'intelligence représentative, entre 2 et 7 ans, ces épreuves reposent sur l'analyse génétique de figures géométriques simples (rond, carré, losange) puis complexes (drapeau de Gessel, figure complexe de N. Verda : v. fig. 4) et celle d'un personnage humain.

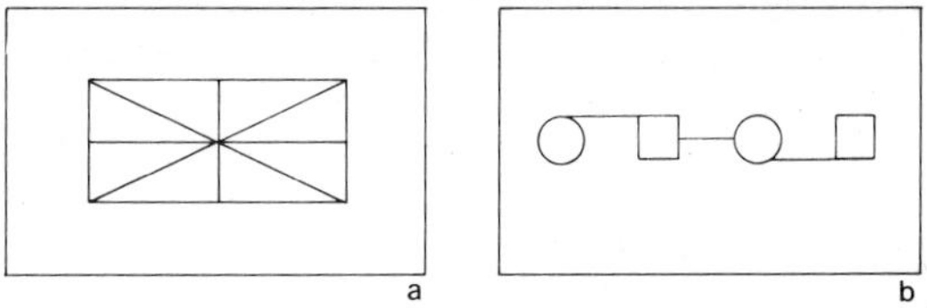

FIG. 4. – a) *Drapeau de Gessel* ; b) *figure complexe de N. Verda.*

■ **A la période des opérations concrètes,** entre 7 et 11 ans, les mécanismes opératoires portent avant tout sur des objets concrets, manipulables. Ils ont été en partie standardisés dans des « Epreuves de développement de la pensée logique » (voir ci-dessous).

■ **La période des opérations formelles** enfin correspond au développement de la structure de « groupe combinatoire » et débute à partir de 12 ans. Après le stade opératoire concret l'accession au stade opératoire formel se caractérise par la capacité du préadolescent (entre 12 et 16 ans) à raisonner par hypothèse, à envisager l'ensemble des cas possibles et à considérer le réel comme un simple cas particulier. La méthode expérimentale, la nécessité de démontrer des propositions énoncées, la notion de probabilité deviennent accessibles. Sur le plan pratique, la mise en place d'une possibilité de raisonnement hypothético-déductif se traduit par l'accession au groupe des opérations formelles de transformation : l'identique, la négation, la réciproque et la négation de la réciproque, c'est-à-dire la corrélative (I.N.R.C.). Ainsi, à titre d'exemple, au stade concret, l'enfant comprend que 2/4 est plus grand que 1/4 parce qu'il n'a à comparer que 1 et 2, mais c'est seulement au stade formel qu'il comprend l'égalité 1/3 et 2/6 parce qu'il peut établir un rapport entre la comparaison des numérateurs d'une part et la comparaison des dénominateurs d'autre part : il peut poser ces deux proportions et le rapport entre deux rapports.

L'évaluation de ces opérations formelles est devenue possible avec la mise au point de l'**Echelle de Pensée Logique (E.P.L.)** * étalonnée sur un groupe de garçons et filles âgés de 9 à 16 ans. Elle couvre donc une partie du stade opératoire concret et l'ensemble du stade des opérations formelles (Formel A et Formel B).

L'E.P.L. se compose d'une série de cinq épreuves :
– épreuve d'opérations combinatoires de type permutation ;
– épreuve de quantification des probabilités ;
– épreuve construite autour des facteurs qui modifient la fréquence des oscillations d'un pendule ;

* Pour les détails voir : Echelle de Développement de la Pensée Logique de F. Longeot, Éditions Scientifiques et Psychologiques, à Issy-les-Moulineaux, 91130.

– épreuve de coordination de deux systèmes de référence distincts dans la représentation de l'espace (courbes mécaniques) ;
– épreuve de conservation et de dissociation des notions de poids et de volume.

Les résultats permettent de situer le fonctionnement mental d'un enfant dans l'une des 4 classes : stade concret, intermédiaire, formel A et formel B.

Pour B. Inhelder, le niveau opératoire formel qui caractérise la pensée adulte n'est pas atteint par l'enfant débile. Celui-ci reste fixé au niveau des opérations concrètes.

La correspondance entre l'évaluation clinique et les tests psychométriques classiques est satisfaisante au niveau statistique, mais il existe de nombreuses discordances individuelles : *« un Q.I. bas peut être compatible avec un niveau de raisonnement satisfaisant et inversement, un Q.I. satisfaisant peut se voir chez des sujets dont le niveau de raisonnement est insuffisant »* (Dailly). Nous retrouvons ici l'écart entre une visée purement statistique et le point de vue du clinicien préoccupé avant tout par un individu.

III. – Déficience mentale

La pédopsychiatrie s'est constituée autour de la déficience mentale qui, à ses débuts, représentait pratiquement son unique objet d'étude. Les diverses entités nosographiques actuelles sont presque toutes issues du cadre de l'« idiotisme » où Pinel confondait « demeuré », déficience intellectuelle et état de stupeur. Esquirol distingue ensuite demeuré et idiotisme : *« L'homme en démence est privé des biens dont il était comblé, c'est un riche devenu pauvre ! L'idiot, lui, a toujours été dans l'infortune et la misère »*. Puis parmi les idiots, Esquirol sépare l'idiotie et l'imbécilité (sujet moins profondément atteint). Seguin, à la fin du XIXe siècle, isole à nouveau l'idiotie et l'imbécilité dont il reconnaît l'incurabilité, de l'« arriération mentale » caractérisée par une lenteur plus ou moins récupérable du développement intellectuel. Binet enfin, au début du XXe siècle, introduit la psychométrie qui deviendra vite le critère de partage des diverses déficiences.

A. – Définition – Classification – Fréquence

■ **Définition :** s'il n'y a pas de doute quand il s'agit d'une déficience profonde, en revanche, il est malaisé de définir la limite supérieure de la déficience. L'exigence scolaire a été à l'origine de la création des tests avec pour souci de distinguer les enfants aptes à une scolarité normale et ceux qui ne le sont pas. Aussi a-t-on quasiment confondu, au début de la psychométrie, débilité et inaptitude scolaire. Or, en utilisant un tel critère, des travaux récents (Chiland) ont montré qu'un Q.I. ⩾ 96 était nécessaire pour poursuivre, de nos jours, une scolarité satisfaisante : selon ce critère, la débilité commence-t-elle à partir d'un Q.I. < 96 ? D'un autre côté, sur le plan statistique, la plupart des tests (en particulier le W.I.S.C.) sont construits pour que la majorité de la population (95 %) soit comprise entre – 2 et + 2 déviations standards : dans cette optique statisticienne, la déviance anormale commence à un Q.I. ⩽ 70 car, quand le Q.I. est supérieur à 70, on se situe dans le champ de la répartition gaussienne normale. D'un point de vue pratique et empirique, de nombreux pédiatres et pédopsychiatres (Dailly) considèrent de leur côté que la débilité se caractérise par un Q.I. ⩽ 85. Enfin, en utilisant non plus une mesure psychométrique, mais grâce à l'étude des structures logiques, d'autres auteurs (Inhelder) caractérisent la débilité par l'impossibilité d'accéder aux structures de la pensée formelle. On le voit, définir une limite supérieure à la débilité est malaisé.

Ces incertitudes pèsent lourdement sur l'approche conceptuelle et théorique du problème de la débilité et expliquent en partie les divergences de point de vue. Quoi qu'il en soit, en utilisant la classification psychométrique, il est habituel de distinguer parmi les déficients mentaux :

- l'idiot : Q.I. ⩽ 20-25 ;
- l'imbécile : Q.I. ⩽ 40-50 ;
- le débile mental : Q.I. ⩽ 75.

■ **La classification** de l'O.M.S. et des États-Unis est la suivante :

- déficience mentale profonde : Q.I. ⩽ 25 ;
- déficience mentale sévère : Q.I. ⩽ 40 ;
- déficience mentale modérée : Q.I. ⩽ 55 ;
- déficience mentale légère : Q.I. ⩽ 70 ;
- déficience mentale limite : Q.I. ⩽ 85 ;

■ **La fréquence** de la déficience mentale dépend à l'évidence de sa définition (en particulier si on y inclut ou non la déficience limite). Elle varie, pour les enfants d'âge scolaire, entre 1,5 % et 5,5 % selon les études. La déficience mentale sévère et profonde est comprise entre 0,3 et 0,6 %. C'est la seule à être souvent dépistée avant la période scolaire. La déficience mentale légère ou limite n'est habituellement reconnue qu'à l'âge scolaire. Il existe un pic de fréquence entre 10 et 14 ans, puis une diminution brutale du nombre de débiles au-delà de cet âge : cette diminution épidémiologique montre combien la débilité mentale, en particulier limite, est liée à la situation scolaire. A tous les niveaux de la déficience mentale on note une prépondérance de garçons (60 %).

B. – Étude clinique

La référence au Q.I. ne doit pas, en dépit de sa facilité d'utilisation, faire oublier ses problèmes méthodologiques (v. p. 157) en particulier la variabilité fréquente de ce Q.I. C'est dire que les limites ici sont arbitraires, un enfant pouvant très bien évoluer dans un sens ou dans l'autre. Ces limites sont donc relatives, et n'ont de validité que statistiques.

1°) Niveau de développement et efficience sociale

■ **Déficience mentale profonde :** le niveau mental ne dépasse pas 2 à 3 ans. On note dans la petite enfance un retard massif de toutes les acquisitions, qui restent souvent incomplètes. L'autonomie des conduites de la vie quotidienne est partielle (alimentation, toilette, contrôle sphinctérien), mais peut toutefois être améliorée dans le cadre d'une bonne relation. Le langage est quasi inexistant, réduit à quelques mots ou phonèmes. Ces patients dépendent d'un tiers, le plus souvent d'une structure institutionnelle.

L'existence d'anomalies morphologiques, de troubles neurologiques, de crises épileptiques associées est fréquente.

■ **Déficience mentale sévère et modérée :** ces sujets ne dépassent pas un âge mental de 6-7 ans. Le retard de développement psychomoteur est fréquent. Une certaine autonomie dans les conduites sociales est possible, surtout si l'enfant évolue dans un cadre stimulant et chaleureux, mais un encadrement protecteur reste nécessaire. Le langage reste asyntaxique, quoique son niveau dépende beaucoup du degré de stimulation de l'entourage. La lecture, en revanche, est impossible ou reste au niveau d'un déchiffrage rudimentaire ; la scolarisation est impossible. La pensée se maintient au stade pré-opératoire.

■ **Déficience mentale légère et limite :** la scolarité devient un critère fondamental : l'échec scolaire caractérise ces enfants qui, jusqu'à l'entrée à l'école, ont eu le plus souvent un développement psychomoteur normal. Le langage ne présente pas d'anomalie grossière, l'insertion sociale extrascolaire (avec la famille, les autres enfants) est souvent satisfaisante. Il est rare de trouver des anomalies somatiques associées. En réalité ce sont donc les exigences d'une scolarité obligatoire qui conduisent à isoler ce groupe. L'incapacité d'accéder à une structure de pensée formelle représente une limite à la progression dès les premières classes de la scolarité primaire.

C'est dans ce groupe que l'équilibre affectif, la qualité des relations avec l'entourage, le poids des facteurs socio-économiques et culturels semblent jouer un rôle fondamental sur lequel nous reviendrons (p. 171).

2°) Troubles affectifs, des conduites et du comportement

La présence de ces troubles est sinon constante, du moins très fréquente. Leurs manifestations cliniques dépendent en partie de la profondeur du déficit cognitif : on peut décrire deux extrêmes entre lesquels tous les intermédiaires peuvent se rencontrer.

■ **Dans la déficience mentale profonde et sévère,** on rencontre fréquemment des perturbations relationnelles massives : isolement, voire véritable retrait affectif, stéréotypies fréquentes sous forme de balancement, décharges agressives et grande impulsivité, en particulier en cas de malaise ou de frustration, automutilations (v. p. 209) plus ou moins graves. L'ensemble de ces symptômes n'est pas sans évoquer ce qu'on observe dans certaines psychoses infantiles précoces, ce qui a fait discuter la possibilité d'une organisation psychotique conjointe dans ces déficits massifs (Misès).

■ **Dans la déficience mentale limite ou légère,** les perturbations affectives sont très fréquentes (50 % des cas selon Heuyer) et s'organisent selon deux lignées :

1°) le versant des manifestations comportementales : instabilité, réaction de prestance pouvant aller jusqu'aux réactions coléreuses devant l'échec, troubles du comportement en particulier chez l'adolescent entraîné par ceux de son âge (petit délit, vol...). A ces conduites s'associe souvent une organisation très rigide marquée par des jugements à l'« emporte-pièce », excessifs, sans autocritiques ;

2°) l'autre versant est représenté par l'inhibition, la passivité, l'abattement, une soumission extrême à l'entourage des adultes comme des enfants. Les possibilités intellectuelles peuvent, elles aussi, subir le poids de cette inhibition : les tests mettent alors en évidence des échecs répétés qui entravent l'efficience intellectuelle.

L'existence de ces perturbations affectives traduit pour Misès le caractère dysharmonique de l'organisation de la personnalité de l'enfant débile dont la baisse de l'efficience doit être comprise comme une manifestation symptomatique au sein d'une organisation psychopathologique à évaluer. Nous reverrons ce point dans le chapitre consacré à l'étude psychopathologique.

Chez d'autres enfants, en revanche, on ne note pas de troubles affectifs particuliers en dehors d'un certain infantilisme ou puérilisme : il s'agirait ici, selon certains auteurs, de la débilité « harmonieuse, simple ou normale ». Dans cette optique, la débilité normale ne serait que le témoin de la répartition gaussienne du Q.I. (v. p. 154).

3°) Troubles instrumentaux

L'existence de troubles instrumentaux est fréquente, sinon constante, y compris dans la débilité légère ou limite. Nous ne ferons que les citer brièvement ici, en priant le lecteur de se reporter pour chaque conduite au chapitre qui lui est consacré. On note entre autres :

– des troubles du langage : outre l'habituelle constatation d'un niveau inférieur aux épreuves verbales par rapport aux épreuves non verbales, on note fréquemment l'existence de médiocres niveaux phonématiques, grammaticaux et syntaxiques (Garrone) ;

– des troubles du développement moteur et des praxies, d'autant plus évidents que les épreuves proposées sont complexes. Des troubles du schéma corporel, des dyspraxies sont souvent retrouvés (Bergès). La « débilité motrice », concept forgé par Dupré et qui peut s'associer à la débilité mentale, est envisagée p. 97.

En réalité tous les types de troubles instrumentaux peuvent s'observer. Le problème est d'apprécier leur relation avec le déficit intellectuel, ce que nous reverrons dans les paragraphes suivants.

C. – Analyse discriminative des fonctions intellectuelles et abord psychopathologique

1°) Analyse discriminative

L'étude de la débilité a suivi en grande partie une évolution parallèle aux recherches psychométriques : ainsi lorsqu'on a considéré au début que le Q.I. reflétait une capacité intellectuelle globale, la débilité fut elle aussi considérée comme une baisse globale de l'efficience. De même un quotient de développement abaissé témoignait d'un simple ralentissement du développement intellectuel : ainsi un enfant de 7 ans, dont le Q.I. était de 70 avait, estimait-on, un niveau identique à un enfant de 5 ans.

En réalité, avec la multiplication des échelles psychométriques, leur dégagement progressif de l'apport scolaire, la meilleure connaissance des divers secteurs du développement de l'enfant, une telle conception a rapidement révélé ses limites : l'utilisation des batteries de tests a montré d'une part que le niveau de performance variait en fonction du test utilisé (ce qui relativisait déjà la notion d'un niveau global), d'autre part que les divers résultats obtenus par un enfant de 7 ans avec un Q.D. de 70 au Binet-Simon, par exemple, n'étaient en rien superposables à ceux obtenus par un enfant de 5 ans de développement normal ; enfin qu'à l'intérieur d'un groupe d'enfants débiles de même niveau global, on notait de grandes différences dans cette hétérogénéité. Devant ces résultats, l'hypothèse d'une débilité unique, monomorphe, simple ralentissement du développement n'était plus plausible : le cadre de la débilité mentale devait être démembré. Ainsi, dès 1929, dans un travail prémonitoire, grâce à l'utilisation d'une large batterie de tests,

Vermeylen proposait déjà de distinguer des débilités « harmoniques » et des débilités « dysharmoniques ».

En effet, dans une seconde période, renonçant à l'unité du cadre de la débilité, les auteurs cherchèrent à distinguer deux classes parmi les débiles, en se fondant en particulier sur la recherche étiologique. C'est ainsi que furent isolées la **débilité exogène** et la **débilité endogène** (Strauss – Chiva – Dailly). La première, dite exogène, correspondrait aux cas où une étiologie organique, quelle qu'en soit la nature (malformative, infectieuse, toxique...) a entraîné une perturbation au niveau du S.N.C., tandis que dans la seconde, dite endogène, on ne retrouve aucune étiologie évidente : cet état est alors attribué à l'hérédité polygénique dont témoigne la répartition gaussienne du Q.I. Dans ce cadre, la débilité exogène – pathologique –, se distingue par l'importance :

– des troubles perceptifs ;
– des troubles du rythme et de l'organisation spatio-temporelle ;
– de la pensée purement concrète avec un aspect « rigide », peu évolutif, peu adaptatif ;
– des troubles affectifs associés : impulsivité, agressivité.

Ainsi, dans cette conception, si la débilité exogène est bien dysharmonique, il existerait à l'opposé une débilité endogène, dite normale, qui reviendrait à la constatation d'un ralentissement homogène du développement intellectuel génétiquement déterminé.

Toutefois les travaux les plus récents portant sur l'analyse du fonctionnement cognitif, non seulement en termes de performance, mais aussi en termes d'opérativité (épreuve piagétienne) ou en termes de compétence sociale (D.P.S., E.D.E.I.) ont montré combien l'existence de cette débilité normale, homogène, était hypothétique. En effet, chez pratiquement tous les enfants débiles on constate une hétérogénéité de leurs résultats. Si des variations individuelles sont toujours possibles sur le plan statistique on constate toujours que :

– le niveau des épreuves verbales est inférieur au niveau des épreuves non verbales ;
– les épreuves perceptivo-motrices sont moins bien réussies, de même que les tests d'exploration du schéma corporel ;
– en revanche, les épreuves d'intelligence psychosociale (D.P.S. – E.D.E.I.) sont d'un meilleur niveau. Ainsi à la D.P.S. : l'autodirection est supérieure à la relation interindividuelle, supérieure aux intérêts, supérieure aux échelles non verbales classiques, supérieure aux échelles verbales.

De la même manière, l'évaluation du niveau opératoire (Inhelder) des enfants débiles semble montrer l'existence d'une constante fluctuation entre des niveaux de fonctionnement très différents : niveaux préopératoire, opératoire concret, voire stade sensori-moteur se chevauchent et s'entrecroisent lorsque l'enfant débile est confronté à un problème. Il paraît incapable de développer une stratégie opératoire cohérente et présente de brusques ruptures dans l'organisation de la pensée. Dans tous les cas, l'accession au stade de la pensée formelle semble bloquée.

S'il est vrai que l'hétérogénéité des niveaux est habituellement plus grande dans le cas de la débilité dite exogène, il restait cependant à expliquer pourquoi la débilité endogène présentait aussi une telle hétérogénéité. Les auteurs ont alors cherché à mettre en évidence ou à hypostasier l'existence d'un facteur responsable de cette hétérogénéité. C'est ainsi que Zazzo et coll. ont proposé le concept d'**hétérochronie** qui *« exprime d'abord tout simplement un fait : l'enfant débile type se développe à des vitesses différentes suivant les différents secteurs de la croissance psychobiologique »*. L'hétérochronie n'est pas une simple collection de vitesses disparates. Elle est un système, une structure. Cette hétérochronie est pour Zazzo la caractéristique du débile et trouve son origine dans un facteur de maturation neurophysiologique déficient génétiquement déterminé.

De son côté, Inhelder, pour rendre compte de la fluctuation constatée dans les niveaux opératoires, avance l'hypothèse d'une « **viscosité génétique** » responsable de la lenteur du développement cognitif qui entraînerait des fixations à des niveaux d'organisations archaïques.

Quelle que soit leur formulation, ces travaux, conduits par des statisticiens ou des épistémologues plus soucieux de définir une classe que de se pencher sur un individu, aboutissent à isoler un trait qui spécifierait la débilité, trait le plus souvent inscrit dans le patrimoine génétique (débilité normale, hétérochronie, viscosité, inertie oligophrénique de Luria, rigidité mentale de Lewin). Toutefois, cette perspective a permis de passer d'un concept global de débilité envisagé sous le seul angle du manque, à une conceptualisation dynamique, diachronique de la débilité, comme structure en cours de création à cause d'une maturation défectueuse.

C'est contre de telles conceptualisations que de nombreux travaux récents sur les enfants débiles s'élèvent : leur point commun est de resituer le facteur « efficience intellectuelle » au sein de l'ensemble de l'organisation psychopathologique d'un individu. Dans cette optique la déficience mentale n'est plus une caractéristique d'une classe structurelle unique (souvent inscrite dès l'origine dans le patrimoine génétique) mais n'est qu'un symptôme témoin de structures mentales sous-jacentes, pouvant être très différentes les unes des autres, sans être nécessairement reliées à une étiologie organique précise. Lorsqu'une origine organique est repérable, elle n'est plus dans ce contexte l'élément déterminant et explicatif unique de la débilité.

Ainsi, en conclusion d'une importante recherche qui conduit Garrone et coll. à réfuter l'habituelle distinction entre débilité exogène et endogène, les auteurs déclarent : *« la débilité mentale pourrait être comprise comme l'aboutissement d'un processus ou d'une série de processus de nature ou d'origine diverses [...] La forme du dysfonctionnement et donc du symptôme clinique serait déterminée par le moment du trauma et par l'histoire du développement, plutôt que par l'étiologie »*. De la même manière, Gibello, utilisant les références piagétiennes définit la **dysharmonie cognitive** comme *« une anomalie permanente de la pensée rationnelle servant de défense contre les angoisses archaïques »*. Plus récemment cet auteur décrit les « Retards d'Organisation du raisonnement » chez des enfants qui se caractérisent par l'existence d'un décalage entre un Q.I. situé dans la zone de la normalité et au contraire un niveau d'organisation de la pensée en termes piagétiens très en retard. Qu'il s'agisse de dysharmonie cognitive ou de retard d'organisation du raisonnement, ces défaillances dans l'investissement des processus de pensées témoignent de processus psychopathologiques sous-jacents mettant le plus souvent en jeu des mécanismes de défenses dits archaïques (voir p. 367 et 370).

2°) Abord psychopathologique

Pour le clinicien, confronté à l'individu, la démarche psychopathologique consiste après l'évaluation globale du Q.I., l'étude discriminative des fonctions cognitives et des divers troubles instrumentaux associés, la recherche étiologique enfin, à évaluer la place de cette atteinte des fonctions cognitives en tant que symptôme au sein d'une organisation mentale particulière.

Sans nier l'importance de ce que nous avons appelé la fonction de réalisation (v. p. 151), il s'agit ici de prendre en considération la fonction appétitive d'où la dimension du désir et du plaisir ne peut être exclue, ainsi que les diverses stratégies utilisées par l'enfant pour y faire face (en particulier investissement réciproque des processus primaires et/ou secondaires). Certains auteurs considèrent d'ailleurs que la fonction appétitive et l'organisation fantasmatique jouent un rôle prévalent. Ainsi pour M. Mannoni, l'enfant débile est pris dans une relation duelle qui lui interdit l'accès à la position du sujet : *« même dans le cas où un facteur organique est en jeu, un tel enfant n'a pas seulement à faire face à une difficulté innée, mais encore à la manière dont la mère utilise cette défectuosité dans un monde fantasmatique qui finit par leur être commun à tous les deux »*. Dans cette relation duelle la fonction paternelle organisatrice de l'ordre symbolique ne peut trouver sa place. Toutefois, cette position extrême reçoit de nombreuses critiques : celle d'une confusion entre la genèse même de la maladie et les réaménagements psycho-affectifs qui lui succèdent (Lébovici), ou celle d'une attitude antinosographique, d'une unification excessive des mécanismes (Misès).

En revanche, l'interaction entre fonctions de réalisation et fonctions appétitives, est au centre des réflexions d'auteurs tels que Lang, Misès, Perron, Garrone. Pour Misès, *« les atteintes organiques réintroduisent nécessairement les perturbations relationnelles et réciproquement à partir de troubles graves d'ordre affectif, naissent parfois des distorsions durables qui laissent des empreintes définitives dans l'organisation des grandes fonctions »*. Il est essentiel, dans ces conditions, d'évaluer face à chaque enfant *« la place qu'occupe l'atteinte des fonctions cognitives vis-à-vis des autres dysharmonies de la personnalité »*. C'est dans cette perspective qu'ont été élaborées les échelles différentielles d'efficiences intellectuelles (E.D.E.I. v. p. 157). Dans une tentative de regroupement psychopathologique tenant compte à la fois de la nécessaire description synchronique (organisation structurelle actuelle de l'enfant et place du déficit dans cette organisation) et de la visée diachronique propre à l'enfance (potentiel évolutif ouvert ou fermé de cette organisation), Misès propose de distinguer :

■ **les déficiences dysharmoniques :** on note une concomitance de facteurs déficitaires, de troubles instrumentaux divers (troubles du langage, dyspraxies importantes), de troubles affectifs variables. Au sein de ce groupe Misès isole :

– les dysharmonies à versant psychotique où les performances intellectuelles sont souvent très limitées et s'accompagnent d'une angoisse profonde qu'expriment cliniquement les conduites d'agitation ou de retrait, les bizarreries de comportement, et qui se traduit aux tests de personnalité par une vie fantasmatique très primitive, crûment exprimée avec une médiocre distinction entre le réel et l'imaginaire. Toutefois, *« il n'y a pas pour autant ici instructuration globale ni coupure totale dans l'adaptation à la réalité » ;*

– les déficiences dysharmoniques à versant névrotique : le déficit intellectuel y est habituellement moins sévère, associé à des symptômes variables, identiques à ceux rencontrés chez des enfants non déficitaires : phobie, obsession, conduite d'échec, inhibition. L'absence d'une prise en considération de cette organisation psychopathologique peut conduire à une aggravation, puis à une fixation du déficit ;

■ **les déficiences harmoniques :** elles se caractérisent par la prévalence de la lignée déficitaire, non pas en fonction de sa profondeur, mais plutôt en fonction de son rôle dynamique ; toute l'organisation mentale paraît structurée autour du déficit qui permet en quelque sorte une « abrasion », une disparition des autres symptômes. Ces déficiences harmoniques constituent le risque évolutif majeur des organisations dysharmoniques, le déficit s'aggravant avec l'âge.

On le voit, dans cette optique, la déficience mentale n'est pas le résultat d'un manque initial, mais représente *« une structure historique construite »* (Ajuriaguerra) dont le déterminisme est nécessairement plurifactoriel.

D. – Facteurs étiologiques

1°) Facteurs organiques

Toutes les atteintes du S.N.C. quelle qu'en soit la cause, sont susceptibles d'entraîner une diminution des capacités intellectuelles. Sur un plan statistique, il existe une corrélation entre la profondeur du déficit intellectuel et l'existence d'une étiologie organique : plus le déficit est profond, plus la probabilité de trouver une cause organique est grande. Toutefois, au niveau des cas individuels, des exceptions sont possibles, des déficits profonds peuvent ne s'accompagner malgré toutes les recherches, d'aucune étiologie organique évidente.

Les diverses étiologies possibles seront envisagées au chapitre consacré à la défectologie (v. p. 232).

2°) Facteurs psychosociaux

Contrairement aux facteurs organiques, les facteurs psychosociaux apparaissent d'autant plus importants qu'on se situe dans le cadre de la débilité légère et limite. Toutes les études épidémiologiques et statistiques s'accordent à reconnaître que la débilité légère est d'autant plus fréquente que les conditions de vie socio-économique sont basses, que la stimulation culturelle fournie par l'environnement familial est médiocre. Ainsi, comparant un groupe d'enfants débiles avec des manifestations neurologiques associées à un groupe d'enfants débiles sans étiologie organique manifeste, Garone et coll. trouvèrent qu'il existait une concordance constante et forte entre la débilité légère, « sans cause organique » et des conditions socioculturelles défavorables ; en revanche les enfants présentant des troubles neurologiques associés appartiennent à toutes les couches socioculturelles. Cette concordance est si forte que ces auteurs n'ont trouvé, sur une plus vaste enquête parmi les cas de débilité légère, aucun enfant issu de couches socioculturelles favorisées ou moyennement favorisées. Tous les enfants débiles légers sont issus, sans exception, de classes sociales défavorisées, bien que les conditions économiques de ces familles ne soient pas trop mauvaises : ils concluent à la prévalence de la pauvreté culturelle, de la pauvreté des échanges entre les individus, de la médiocre stimulation par les parents, de leur indifférence et passivité face aux échecs de leurs enfants.

Outre les facteurs socio-économiques, *le climat affectif* joue un rôle fondamental : on sait depuis Spitz et ses observations sur l'hospitalisme les effets désorganisants des carences affectives graves. Le tableau de carence affective, de dépression anaclitique s'accompagne fréquemment d'une baisse de l'efficience intellectuelle qui s'intègre alors dans un ensemble sémiologique plus vaste (v. p. 392).

E. – Attitudes thérapeutiques

Tout ce qui a été dit précédemment avait pour but de montrer qu'il n'existe pas une débilité en général, mais de nombreux enfants débiles, différents, tant par la profondeur de leur handicap que par les troubles associés, l'organisation psychopathologique sous-jacente, les diverses étiologies possibles. Ainsi, il n'existe pas une attitude thérapeutique commune, mais une série de mesures dont l'utilisation dépendra de chaque cas individuel. Nous n'envisagerons pas ici les thérapies propres à une étiologie particulière (antiépileptique, extrait thyroïdien, régime sans phénylalanine, etc.) qui sont étudiées dans d'autres chapitres. D'une façon générale, les axes thérapeutiques s'organisent autour de trois directions :

– l'abord psychothérapique de l'enfant et/ou de sa famille ;
– les mesures pédagogiques ;
– les mesures institutionnelles.

Ces diverses mesures ne sont certes pas incompatibles entre elles, mais l'utilisation privilégiée de l'une ou de l'autre dépend avant tout, et nous semble-t-il dans un ordre d'importance décroissant :

– de l'évaluation psychopathologique de l'enfant et de la dynamique familiale ;
– des possibilités socio-économiques de la famille (par exemple, les deux parents travaillent-ils ? L'un d'eux a-t-il la possibilité ou le désir de s'arrêter ?) et des capacités d'accueil local (existence d'un hôpital de jour pour enfants débiles, de classes spécialisées à distance raisonnable du domicile) ;
– de la profondeur du déficit enfin.

1°) Abord psychothérapique

Il peut s'agir de psychothérapie de soutien ou de psychothérapie d'inspiration analytique (v. p. 494). Son indication dépend de la place de la symptomatologie déficitaire au sein de l'organisation psychopathologique : plus le déficit apparaît comme le symptôme d'une souffrance psycho-affective dont témoignent l'angoisse ou diverses conduites pathologiques associées, plus la psychothérapie paraît indiquée.

L'abord familial, sous forme de guidance, de psychothérapie familiale ou de thérapie couplée mère-enfant, ne doit pas être négligée. L'enfant débile suscite toujours des difficultés relationnelles au sein de sa famille : tendance au rejet ou à l'hyperprotection, démission devant la profondeur du handicap ou refus de celui-ci. Dans le couple lui-même, M. Mannoni a bien montré comment l'enfant débile s'interposait entre son père et sa mère, le père réagissant souvent par la résignation ou l'ignorance, tandis que la mère se trouve consciemment ou non prise dans une relation trop étroite avec son enfant, oscillant entre des attitudes de dressage ou un comportement de soumission face à ses exigences.

La prise de conscience progressive de ce lien fortement teinté de sado-masochisme, la réintroduction du père ou d'un équivalent symbolique dans un climat ni culpabilisant, ni agressif, peuvent aider les parents et l'enfant. Lorsque prévalent de médiocres conditions socio-économiques, une aide plus concrète de la famille (travailleur social, aide familiale) peut être temporairement utile si elle ne se transforme pas en une assistance chronique.

2°) Mesures pédagogiques

Elles représentent parfois le seul abord possible lorsque l'enfant semble s'organiser totalement autour du symptôme déficitaire (déficience harmonique ou fixée). Elles constituent fréquemment le premier temps du traitement.

D'une part on peut proposer une rééducation individuelle (orthophonique, « psychopédagogique ») lorsqu'un secteur paraît particulièrement déficient. D'autre part existe le vaste champ des diverses classes et établissements spécialisés. Nous n'en ferons pas ici le détail (d'autant qu'il change fréquemment !). Citons les classes de perfectionnement, d'adaptation, les sections d'éducation spécialisée, les écoles nationales pour débiles moyens ou légers (v. les chapitres sur l'école et sur les institutions sociales). Nous ferons simplement deux remarques d'ordre général :

– il y a un grand écart entre la théorie administrative et la pratique : l'équipement local est souvent déficient, si bien que l'indication par l'école de tel ou tel type de pédagogie spécialisée dépend plus souvent des structures localement existantes que des besoins propres de l'enfant ;

– quelles que soient les bonnes intentions affichées (possibilité de rattrapage pour une insertion future dans le circuit scolaire normal, meilleure prise en considération du cas individuel, etc.), ces structures ont fonctionné jusque-là plutôt comme des facteurs d'exclusion que comme des possibilités de réinsertion. C'est pourquoi, en pratique, il nous semble que tout doit être raisonnablement tenté au niveau de l'enfant et de sa famille, avant d'accepter ces solutions.

3°) Mesures institutionnelles

Les placements institutionnels en externat (E.M.P. hôpital de jour) présentent l'avantage de regrouper sur le même lieu des possibilités d'action psychothérapique et des mesures pédagogiques adaptées.

Quant aux placements en internat, c'est une mesure qui doit être envisagée en particulier lorsque l'enfant est en situation de rejet, lorsque sa présence permanente au foyer est la source d'un grave conflit non mobilisable dans l'immédiat, lorsque la profondeur du déficit aliène totalement un membre de la famille au service de cet encéphalopathe profond.

IV. – Les enfants surdoués

L'intérêt porté aux enfants surdoués connaît une extension récente, quoique la principale étude statistique de Terman et coll. sur ce sujet ait commencé en 1925.

L'existence d'enfants surdoués n'est pas contestable, en revanche les critères distinctifs sont variables. Généralement le niveau élevé des performances intellectuelles sert de repère avec sa traduction en Q.I. Sisk parle de surdoués quand le Q.I. est supérieur à 120-130. Pour d'autres, le Q.I. doit être au moins de 135-140. Chauvin de son côté estime que l'apprentissage spontané, sans forçage familial de la lecture, dès l'âge de 4-5 ans, est un bon élément de repérage de l'enfant surdoué. Cependant le critère intellectuel ne devrait pas être exclusif, d'autres secteurs de la personnalité étant tout aussi valables. Ainsi aux États-Unis une étude se propose de prendre en considération les secteurs suivants : *1°)* les capacités intellectuelles générales ; *2°)* l'aptitude scolaire spécifique ; *3°)* la pensée créative ou productive ; *4°)* l'art visuel ou d'expression ; *5°)* les qualités de meneurs ; *6°)* les capacités psychomotrices.

Si l'intention peut paraître louable, il reste en revanche à définir sur quels critères on évaluera, par exemple, la « pensée créative » ou l'« art visuel ».

Enfin, il faut distinguer l'enfant habituellement surdoué de l'enfant trop stimulé et forcé, cas bien plus fréquent. La compétition sociale des parents à travers leur enfant, des contraintes d'apprentissage excessives et très précoces peuvent lui donner une apparente précocité qui s'estompera rapidement.

A. – Abord épidémiologique

La fréquence d'enfants surdoués par rapport à l'ensemble de la population préscolaire et scolaire dépend évidemment du seuil inférieur retenu : dans l'ensemble les évaluations oscillent entre 2 et 5 %, l'enfant supérieurement doué (Q.I. > 160) étant exceptionnel (Davis 0,001 %).

Les quelques enquêtes portant sur un nombre élevé de surdoués (Terman : 1 500 cas, G. Prat : 141 cas) donnent les caractéristiques suivantes :

– *sexe :* pourcentage supérieur de garçons ;

– *fratrie :* fréquence d'aîné au sein d'une fratrie moyenne ;

– *niveau socio-économique :* fréquence de familles de niveau supérieur, vivant dans des conditions d'aisance matérielle et de bon niveau culturel. Cependant les enfants surdoués peuvent provenir de toutes les couches sociales ;

– *origine ethnique :* fréquence d'enfants d'origine juive ;

– *développement physique :* dans l'ensemble ces enfants présentent une bonne santé physique, leur développement staturo-pondéral les situe à la limite supérieure (Terman) ;

– *aptitude scolaire :* il semble exister une répartition bifocale. D'un côté de nombreux enfants présentent une avance scolaire, sautent des classes, de l'autre il existe une forte proportion d'entre eux qui connaissent des difficultés, pouvant aller jusqu'à l'échec scolaire paradoxal ;

– intérêts, caractères : quoique cette variable soit difficile à évaluer, il semble que les diverses études s'accordent sur certains points :

• *la grande appétence à la lecture :* outre l'apprentissage précoce, ces enfants sont tous de grands lecteurs ;

• *la fréquence de l'isolement :* ils aiment être seuls, préférant les jeux de construction, d'élaboration. Toutefois, il ne s'agit pas d'un retrait social car cet isolement est intermittent.

■ **Évolution au long cours :** pour Terman et coll. (étude catamnestique pendant 35 ans), les enfants conservent leur bonne capacité intellectuelle. Le niveau de leur situation dépend autant de la situation sociale de leur père que de leur propre aptitude. Ce maintien des capacités intellectuelles n'apparaît pas dans l'étude de G. Prat : au contraire, de nombreux enfants ont une diminution de leur efficience quand ils sont placés dans de mauvaises conditions.

B. – Difficultés de l'enfant surdoué

L'intérêt porté aux enfants surdoués entraîne une attention accrue sur leurs difficultés. Dans l'ensemble, ces difficultés sont dues au décalage qui existe entre une maturité intellectuelle trop précoce et les autres secteurs.

■ **Décalage social :** l'enfant surdoué, en particulier dans le domaine intellectuel, est en constant déséquilibre par rapport à sa classe d'âge : ses goûts et intérêts intellectuels le conduisent à s'intégrer à un groupe d'enfants plus âgés, tandis que sa maturité physique et affective le rapproche plus souvent de ceux de son âge. Au sein de sa famille, le même décalage est fréquent entre la maturité de l'enfant et le niveau d'exigence ou de dépendance demandé par les parents.

■ **Décalage interne :** de même que pour l'étude de l'enfant débile, l'étude des diverses capacités de l'enfant surdoué met en évidence une hétérogénéité de niveau que Terrassier propose d'appeler dyssynchronie. Ainsi, *« globalement les enfants surdoués au plan intellectuel n'ont pas la même précocité au plan psychomoteur ».* S'ils peuvent apprendre à lire dès l'âge de 4-5 ans, l'apprentissage de l'écriture est difficile en raison de la relative maladresse motrice, si bien que l'enfant peut développer une réaction d'intolérance à l'égard des modes d'expression écrite. On note également un décalage entre le niveau des épreuves verbales et le niveau des épreuves non verbales, en faveur de ces dernières. Enfin, le décalage est fréquent entre une maturité intellectuelle en avance et une maturité psycho-affective plus proche de l'âge chronologique.

Manifestations psychopathologiques

Le décalage interne et social de l'enfant surdoué peut être source de souffrance, mais il ne doit pas être considéré en soi comme anormal.

En revanche, il peut susciter l'apparition de conduites plus pathologiques : les enfants surdoués paraissent ainsi sur-représentés dans une population d'enfants à problème (G. Prat). Les symptômes le plus souvent rencontrés sont l'instabilité et l'échec scolaire paradoxal, cet échec scolaire dont le risque est évoqué par tous les auteurs, tient tantôt au désintérêt ou à l'inapétence envers les activités scolaires, en particulier lorsque l'enfant est maintenu dans la classe correspondant à son âge réel, tantôt à des mécanismes plus pathologiques : inhibition intellectuelle, attitude d'échec.

Ces manifestations peuvent être rattachées à l'existence fréquente d'une importante angoisse : les surdoués sont des enfants facilement anxieux : l'angoisse existentielle (questions sur la mort, sur Dieu), l'angoisse névrotique peuvent d'ailleurs aboutir à constituer de véritables organisations pathologiques, en particulier névrotiques : l'apparition des conduites obsessionnelles en raison de cette extrême maturité du Moi est aussi fréquente (v. p. 316).

C. – Conduites pratiques

En dehors des conduites psychopathologiques qui nécessitent des mesures thérapeutiques adaptées (en particulier psychothérapie), la principale question est celle de la pédagogie, particulière ou non, à offrir à ces enfants. Dans certains pays, des mesures ont été prises à l'échelon national depuis quelques années. Elles se répartissent ainsi :

– création de classes spéciales pour enfants surdoués (États-Unis, Israël) ;

– maintien de l'enfant surdoué dans sa classe d'âge, mais supplément pédagogique adapté, soit dans l'école même, soit dans un autre lieu, en dehors des heures scolaires (Israël, Grande-Bretagne) ;

– absence de mesure particulière (France), sinon, au niveau individuel, le saut de classe.

Chaque mesure a ses avantages et ses défauts, ses détracteurs et ses fanatiques, car derrière le problème posé par les enfants surdoués, se profilent aussi les problèmes de la génétique, de l'intelligence et de la morale politique des individus (égalitarisme ou élitisme, etc.). Maintenu dans sa classe d'âge, l'enfant surdoué s'étiole souvent, se désintéresse de l'école, souffre de son décalage intellectuel. La création de classes spéciales leur donne certes une pédagogie adaptée, stimule leur créativité, permet une meilleure insertion dans le groupe, mais en même temps cela revient à favoriser ceux qui sont déjà les plus favorisés (renforcement de l'inégalité sociale), à donner un sentiment de supériorité, à entrer dans une compétition néfaste.

D'une manière plus générale, les méthodes adaptées répondent soit à une accélération, soit à un enrichissement de l'enseignement. Nous retrouvons là ce que tout jeune lycéen apprend : *« Mieux vaut une tête bien faite qu'une tête bien pleine »* (Montaigne 1533-1592).

Bibliographie

BINET (A.), SIMON (Th.) : La mesure du développement de l'intelligence chez les jeunes enfants. *Publications de la Société Alfred Binet.* Bourrelier éd., Paris, 1954, 8e édition.

CHIVA (M.) : *Débiles normaux et débiles pathologiques.* Delachaux et Niestlé, Lausanne, 1973.

DAILLY (R.) : Débiles pathologiques et débiles normaux. *Méd. Inf.,* 1976, *83* (8), p. 971-986.

GARRONNE (G.), GUIGNARD (Fi.), RODRIGUEZ (R.) : Etude pluridimensionnelle du syndrome dit « Débilité mentale légère ». *Confrontations Psychiatriques,* Spécia, 1973 (10), p. 85-112.

GIBELLO (B). : Les retards ou régressions d'organisation du raisonnement. *Neuropsych. Enf. Ado.* 1985, 33, 1,3-11.

GIBELLO (B.) : *L'enfant à l'intelligence troublée.* Centurion ed. Paris, 1984 1 vol.

MANNONI (M.) : *L'enfant, sa « maladie » et les autres.* Seuil, Paris, 1967, 1 vol.

MISES (R.) : *L'enfant déficient mental.* P.U.F., Paris, 1975.

MISES (R.) : Approche psychopathologique des déficiences intellectuelles de l'enfant. *Pédiatrie,* 4101 J., 10, E.M.C., Paris, 1979.

PRAT (G.) : Vingt ans de psychopathologie de l'enfant doué et surdoué en internat psychothérapique. *Neuropsych. de l'enfance,* 1979, *27* (10-11), p. 467-474.

ROUX-DUFORT (L.) : A propos des enfants surdoués. *Psychiatrie enfant,* 1982, **25,** 1, p. 27-149.

TERMAN (L.) et coll. *Génétic Studies of genius.* Stanford University Press, California, Vol. I, 1925 ; Vol. II, 1926 ; Vol. III, 1930 ; Vol. IV, 1947 ; Vol. V, 1959.

TERRASSIER (J.-C.) : Le syndrome de dyssynchronie. *Neuropsych. de l'enfance,* 1979, *27* (10-11), p. 445-450.

ZAZZO (R.) et coll. : *Manuel pour l'examen psychologique de l'enfant.* Delachaux et Niestlé, Neuchâtel, 1969, 3e édition.

ZAZZO (R.) : *Les débilités mentales.* A. Collin, Paris, 1971, 2e édition.

NUMÉROS SPÉCIAUX : *Confrontations psychiatriques,* Spécia, Paris, 1973, no 10, 1 vol. Articles de MISES, LANG, PERRON, GARRONNE, TAYLIER, etc.

NUMÉROS SPÉCIAUX : *Médecine Infantile :* 3 numéros avec des articles de : Dailly, Plantade, Rondil, Fessard, Lefort, Blondet, Wolf, etc. *1* 1976, 83 (8), p. 881-1010 ; *2* 1978, 85 (3), p. 301-413 ; *3* 1978, 85 (4), p. 419-559.

NUMÉROS SPÉCIAUX : *Revue de Neuropsychiatrie,* puis *Neuropsychiatrie de l'Enfance :* Articles de Lang, Gibello, Mises, Kholer, Tomkiewicz, etc. 1974, 22 (1-2), p. 1-150 ; 1979, 27 (1-2), p. 3-124 ; 1981, 29 (1-2), p. 1-122.

10

Troubles du comportement

Le regroupement dans ce même chapitre de conduites très diverses se justifie plus par l'habitude prise de les traiter ensemble que par une unité psychopathologique. Leur seul point commun est d'être des conduites socialisées, leur évolution dépendant en grande partie du processus de socialisation et de ses déviations. Hormis ce point, ce regroupement en un même chapitre du mensonge, du vol et de la fugue est arbitraire, et n'a pas de valeur en soi.

Ces conduites symptomatiques ne doivent pas être intégrées d'emblée dans une organisation pathologique particulière (telle que la psychopathie), mais être comprises comme le témoin de la maturation progressive de l'enfant, en particulier la discrimination progressive entre fantasme et réalité, dépendance et indépendance, soi et non-soi. C'est pourquoi il existe pour toutes ces conduites un continuum allant de la normalité, où elles participent alors aux processus de développement, à l'expression d'organisations pathologiques les plus variables. Dans tous les cas, si ces conduites ne semblent pas avoir une signification psychopathologique particulière lorsqu'elles surviennent de façon intermittente ou isolée, en revanche leur répétition et reproduction dans le temps, leur association, peuvent constituer les premiers signes de ce qui deviendra à l'adolescence une organisation psychopathique manifeste (voir Psychopathologie de l'adolescent chapitre 12 : Les conduites psychopathiques).

Le mensonge

« Il ment comme il respire », dicton qui s'applique souvent à l'enfant, et qui souligne deux composantes du mensonge :
– sa fréquence ;
– sa fonction quasi vitale.

Si tous les enfants mentent, c'est qu'il y a une raison. Au niveau de l'investissement du langage, quand vers 3-4 ans, l'enfant découvre la possibilité nouvelle de ne pas tout dire, puis de dire ce qui n'est pas et d'inventer une histoire, une étape importante est franchie. Mentir est pour l'enfant la possibilité d'acquérir peu à peu la certitude que son monde imaginaire interne lui reste personnel. S'il est vrai qu'initialement l'enfant fait moins bien la distinction entre la réalité et son monde imaginaire, en revanche il perçoit assez vite dans le monde matériel qui l'environne le vrai du faux. Toutefois, cette distinction ne prendra pas sa pleine signification avant 6-7 ans, âge où s'intègrent plus solidement les diverses valeurs sociales et morales. Si mentir pourra permettre à l'enfant de continuer à se protéger, dire la vérité s'intégrera peu à peu dans une conduite sociale où l'estime de soi et la reconnaissance des autres viendront au premier plan.

De nombreux auteurs ont proposé une réflexion sur le mensonge. Il faut d'abord en préciser la définition : le mensonge apparaît comme l'action d'altérer sciemment la vérité ; il s'agit de propos contenant une assertion contraire à la vérité. Un deuxième sens peut être attribué au mensonge : dans le registre poétique il renvoie à la fable et à la fiction. Sur un plan philosophique et moral, deux couples sont constamment en opposition : d'un côté le couple vérité-mensonge, de l'autre le couple vérité-erreur.

Chez l'enfant, la distinction entre le vrai et le faux, puis entre la vérité et le mensonge est progressive. Pour Piaget, avant 6 ans, l'enfant ne fait pas la distinction entre mensonge, activité ludique et fabulation. Peu à peu, après 8 ans, le mensonge acquerra sa dimension intentionnelle. Entre ces deux étapes, avec d'un côté la prévalence de l'activité ludique, de la fabulation et du fantasme avant 6 ans, et de l'autre le mensonge intentionnel après 8 ans, se situe une période où le vrai et le faux sont distingués, mais où le mensonge est confondu avec l'erreur.

Depuis Freud le mensonge a été l'objet de quelques travaux de psychanalystes, lesquels recommandent précisément à leur patient de « tout dire ». Freud avait lui-même mis en relation les premières et fondamentales interrogations de l'enfant sur la naissance avec le mensonge de l'adulte. En effet disait-il, à la question « *d'où viennent les enfants* ? », il est répondu par la fable et la cigogne. Pour Freud : « *De ce premier acte d'incroyance date son indépendance intellectuelle et souvent il se sent, de ce jour, en grave opposition avec les adultes auxquels il ne pardonne au fond jamais en cette occasion de l'avoir trompé.* » Pourtant il faut bien reconnaître que nos enfants actuels savent tous que le bébé est dans le ventre de la maman, mais ils continuent de mentir à l'occasion. Aussi il ne nous semble pas qu'on puisse fonder le mensonge de l'enfant sur ce premier mensonge de l'adulte. Ferenczi avait, quant à lui, développé une notion intéressante, reliant le mensonge au sentiment nouveau de « toute puissance de la pensée ». Cette toute puissance de la pensée pourra être mise au service de la préservation du narcissisme infantile également tout puissant, du moi – idéal : le mensonge devient alors le moyen de regagner cette toute puissance ou du moins d'en conserver l'illusion. Le mensonge compensatoire, que nous reverrons, s'inscrit directement dans cette perspective. Complémentaire à ce point de vue est celui de Tausk : pour cet auteur, l'important dans le mensonge est que l'enfant découvre la non-transparence de la pensée alors qu'il avait parfois le fantasme que ses parents, et surtout sa mère, pouvait connaître, deviner toutes ses pensées. Le mensonge devient le témoin qu'une limite existe entre l'imaginaire de chaque individu, que les psychés ne sont pas confondues. M. Klein formule une hypothèse qui va dans ce sens puisqu'elle relie le mensonge chez l'enfant au déclin de la puissance parentale. Nous terminerons ces quelques notes par Anna Freud qui, parlant du mensonge, pense surtout, nous semble-t-il, à la fabulation quand elle insiste sur les phénomènes régressifs et la prédominance des processus primaires sur les processus secondaires.

A entendre toutes ces fonctions intéressantes du mensonge, on peut légitimement se poser une question et renverser l'interrogation initiale à savoir non pas « pourquoi les enfants mentent-ils ? », mais « pourquoi disent-ils parfois la vérité ? ». En effet, dire la vérité ne va pas de soi et représente un véritable apprentissage progressif. L'apprentissage du langage constitue en lui-même une incitation au mensonge ne serait-ce que par l'importance de cette période du langage correspondant à la phase anale du développement libidinal où l'enfant dit « non » à tout, où il instaure une clôture dans son propre discours. Il y a donc tout un apprentissage social de la vérité : les parents valorisent en général l'aveu de la vérité et en font le témoin d'un comportement de responsabilité teinté d'adultomorphisme. Dire la vérité sera peu à peu pour l'enfant le moyen encore plus subtil de satisfaire ses parents, de satisfaire aux exigences sociales et, *in fine*, de satisfaire sa propre estime de soi, c'est-à-dire son propre narcissisme. On perçoit dès à présent l'un des paradoxes du mensonge : en effet si primitivement le mensonge peut être mis au service de la toute puissance narcissique, son usage persistant ne fait qu'appauvrir l'estime de soi, et par conséquent le fondement narcissique de la personne : peu à peu le mensonge devient un paravent dont la seule fonction est de masquer ce vide narcissique : la mythomanie en est l'illustration typique.

Sur le plan clinique, il est classique de distinguer, chez l'enfant, trois types de mensonge : le mensonge utilitaire, le mensonge compensatoire, la mythomanie.

■ **Le mensonge utilitaire** correspond très directement au mensonge de l'adulte : mentir pour en retirer un avantage ou s'éviter un désagrément peut apparaître comme la conduite la plus immédiate dont l'exemple est la dissimulation ou la falsification de la note d'école.

Le comportement de l'entourage face à cette conduite banale en soi en déterminera l'évolution. Inattentif ou trop crédule, l'entourage risque d'en favoriser le déploiement, rigoureux et moralisant à l'excès, il peut provoquer l'enfoncement dans une conduite de plus en plus mensongère (le deuxième mensonge pour expliquer le premier). Le relever, ne pas trop y insister permettra à l'enfant de ne pas perdre la face et d'en comprendre l'inutilité. L'attitude de l'enfant face au mensonge dépend en partie du comportement de l'adulte lui-même, en particulier des parents. Trop souvent les adultes mentent à l'enfant et dévalorisent ainsi leur propre parole. Il n'est pas rare que le petit menteur ait des parents menteurs... même si c'est « pour son bien ». Le mensonge peut alors devenir un mode de communication privilégié, sinon unique, s'associant à d'autres comportements déviants : fugue, vol, etc.

■ **Le mensonge compensatoire** traduit non pas la recherche d'un bénéfice concret, mais la recherche d'une image que le sujet croit inaccessible ou perdue : il s'invente une famille plus riche, plus noble ou plus savante, il s'attribue des exploits scolaires, sportifs, amoureux, guerriers... En réalité, cette rêverie est bien banale et normale, du moins dans la petite enfance et lorsqu'elle occupe une place raisonnable dans l'imaginaire de l'enfant.

Certains enfants développent une rêverie imaginaire qui prend une place prédominante ou qui devient très élaborée. Dans « **le roman familial** » l'enfant se construit toute une famille et dialogue avec ses divers membres ; il peut aussi s'inventer un double, souvent un frère ou une sœur, ou un ami auquel il commente sa vie, en compagnie duquel il joue. Banales jusqu'à 6 ans où de telles conduites s'inscrivent dans l'espace de rêverie transitionnel permettant à l'enfant d'élaborer son identité narcissique, au-delà de cet âge leurs persistances signent souvent des troubles psychopathologiques plus marqués : personnalité de type hystérique, immaturité traduisant l'incertitude identificatoire, trouble plus profond de la conscience de soi. Ainsi la fabulation constitue une des conduites caractéristiques des enfants prépsychotiques.

■ **La mythomanie** est le degré extrême de cette rêverie fabulatoire. Cette entité nosographique a été proposée par Dupré en 1905 qui appelait ainsi « la tendance pathologique plus ou moins volontaire et consciente au mensonge et à la création de fables imaginaires ». La mythomanie est décrite par cet auteur comme vaniteuse, maligne, perverse et ajoute-t-il, encore physiologique chez l'enfant. Lorsqu'on tente de comprendre la signification psychopathologique de la mythomanie, il apparaît souvent que celle-ci est un véritable support narcissique, mais un support bâti sur du vent, auquel cependant, l'enfant tient précisément comme trompe-l'œil de ce vide. L'enfant gravement mythomane est souvent confronté à des carences extrêmement graves, non seulement des carences dans les apports affectifs habituels et nécessaires, mais aussi des carences dans les lignées parentales, des incertitudes identificatoires (père et/ou mère inconnu(e), ou plus encore, connu(e) par certains membres de la famille, mais tenu(e) caché(e)). Très proche de la mythomanie est le délire de rêverie : c'est un terme dû à G. Heuyer qui caractérise des enfants vivant en permanence dans un monde de rêve à thème mégalomaniaque, où la distinction entre délire et rêverie n'est pas toujours aisée. La paraphrénie de l'adulte en est l'équivalent.

Le vol

Le vol est la conduite délinquante la plus fréquente de l'enfant puisqu'elle représente 70 % environ des « délits » de mineurs. On l'observe beaucoup plus souvent chez le garçon que chez la fille, et sa fréquence augmente avec l'âge.

Toutefois, on ne peut parler de vol avant que l'enfant ait acquis une claire notion de la propriété : *« Les concepts de « à moi » et de « pas à moi » se développent très progressivement, parallèlement aux progrès qui mènent l'enfant vers l'achèvement de son individualité »* déclare Anna Freud. La notion de « à moi » est d'ailleurs acquise bien avant l'autre notion qui nécessite le renoncement de l'enfant à son égocentrisme initial. L'enfant passe naturellement par une période où tout lui appartient, du moins tout est sa propriété potentielle. A cette période « être privé de » ou « être volé » a un sens pour lui, tandis que « prendre à » ou « voler » n'en a pas.

Cependant la notion de vol réclame, outre le développement suffisant du concept de propriété, de limite de soi et de l'autre, le développement du concept moral de bien et de mal, avec toutes ses implications socioculturelles. Aussi, ce n'est qu'à l'âge où la socialisation commence à prendre un sens pour l'enfant, c'est-à-dire vers 6-7 ans, que la conduite de vol peut être appelée ainsi, non seulement par l'observateur, mais par l'enfant lui-même.

Avec l'âge, on observe une évolution progressive de la nature des vols, allant des friandises dérobées à la maison par le petit enfant aux vols caractérisés et répétés de l'adolescent organisé en bande. Toutefois, il n'y a pas d'enchaînement inéluctable et l'enfant qui vole de façon accidentelle ne deviendra pas nécessairement un voleur (Lauzel).

■ **Le lieu du vol** est d'abord domestique : le petit enfant vole à la maison (friandises, pièces de monnaie), d'abord les membres de la famille : parents, fratrie ; puis le cercle des larçins s'élargit aux voisins ou amis, à l'école (vestiaire), au club sportif, enfin à la rue et aux magasins (étalages des supermarchés).

■ **Les objets volés,** anodins au début et significatifs de la demande de l'enfant (bonbons, nourriture, petits jouets), deviennent rapidement plus utilitaires : argent (le vol domestique peut atteindre des sommes importantes), objets convoités (disques, livres) ou parfois collectionnés (cendriers), moyens de transport : vélo puis mobylette, jusqu'à la voiture chez l'adolescent. L'objet est parfois aberrant au sens où l'enfant n'en éprouve aucun besoin lorsque c'est l'acte même du vol qui est investi.

■ **L'utilisation de l'objet volé** est des plus variable. Celui-ci est parfois directement consommé ou utilisé. Ailleurs, il est soigneusement caché, les objets sont entassés mais non utilisés lorsque les vols se répètent, avec un sentiment d'angoisse et de crainte d'être découvert. Dans d'autres cas, non rares, l'objet est abandonné de manière ostensiblement visible, comme si l'enfant cherchait à être découvert ou dénoncé ; ou encore, il est cassé et détruit, ou donné et distribué aux autres (nourriture, argent, disques, livres, etc.) : vol généreux de Heuyer et Dublineau.

■ **Le comportement de l'enfant** présente de grandes variations parfois liées à l'âge. Le malaise et le sentiment de faute existent rarement au début. L'enfant jeune s'approprie l'objet sans culpabilité : la réaction de l'entourage à ces premières conduites leur donnera un sens secondaire.

Tantôt on observe une lutte anxieuse contre le geste, celui-ci est accompli à l'acmé de la tension qui s'en trouve alors soulagée ; l'enfant est seul lors du vol, mal à l'aise, un sentiment de culpabilité apparaît ensuite qui peut expliquer la recherche de punition. Tantôt, au contraire, le vol ne s'accompagne ni de tension ni de culpabilité, il est vécu comme une juste revendication ou réparation d'un manque. L'idée même du vol peut être refoulée, l'enfant ou l'adolescent parlant alors d'emprunt, en particulier pour les véhicules. Il peut s'agir aussi d'une provocation, d'un rite d'initiation à la loi de la bande, voire du vol « sportif », véritable compétition entre adolescents. Plus le vol s'inscrit dans un comportement de groupe, plus sa signification antisociale risque d'être grande.

■ **Origine psychogénétique et signification psychopathologique du vol.** La revendication à l'égard de l'objet qu'implique à l'évidence la conduite de vol a été perçue par la quasi-totalité des auteurs : les notions de carence affective, d'abandon intrafamilial ou réel, de séparation parentale, d'extrême rigueur ou de démission éducative totale accompagnent toutes les descriptions d'enfant voleur.

La mère est d'ailleurs très habituellement la première personne volée. Winnicott souligne à cet égard que *« l'enfant qui vole un objet ne*

cherche pas l'objet volé, mais cherche la mère sur laquelle il a des droits ». Lorsque la mère fait défaut à l'enfant, ce dernier estime avoir des droits sur elle ; le vol (du point de vue d'une tierce personnne) n'est pour lui que la juste réappropriation de son bien. Winnicott insiste sur la signification pas toujours négative du vol : il persiste une revendication, un espoir envers l'objet. L'important est de ne pas décevoir cette attente. Ainsi la réaction des parents est primordiale, elle se situe entre deux extrêmes néfastes.

D'un côté une excessive rigueur donne à une conduite plutôt banale une signification d'emblée pathologique : l'enfant est un voleur et deviendra *ipso facto* un suspect permanent. L'enfant peut alors s'enfermer dans une conduite masochique répétitive où les craintes se trouvent chaque fois confirmées, tant du côté de l'enfant que de ses parents ou de l'entourage (enseignant, éducateur).

A l'autre extrémité on rencontre une tolérance, sinon une véritable complaisance à l'égard de ces conduites : l'enfant se sent excusé, autorisé même. Certains parents projettent ainsi sur leur enfant leur propre tendance antisociale qu'ils sont alors incapables de limiter.

C'est à partir de ce sentiment de carence initiale (réelle ou fantasmatique de la part de l'enfant) et de la réaction parentale aux premiers vols, que cette conduite prend un sens dans son organisation psychopathologique. Là encore, au sein des processus mentaux d'intériorisation de la loi parentale (maternelle puis paternelle) et de la loi sociale, c'est-à-dire l'organisation progressive du surmoi, le vol se situe sur un continuum qui va d'une extrémité marquée par l'excessive rigueur surmoïque dont l'enfant ne peut se dégager, à l'autre extrémité marquée par l'absence totale d'instance critique dont la conduite antisociale est la résultante.

Ainsi le vol s'observe dans le cadre d'une organisation névrotique évidente : la revendication d'une affection ou d'une autorité se teinte fréquemment d'un sentiment de culpabilité (par exemple chez des enfants de parents séparés) : le vol satisfait à la fois le manque et le besoin de punition.

A l'autre extrémité, le vol est une des conduites symptomatiques les plus habituelles de la psychopathie et signe fréquemment le mode d'entrée dans la délinquance. La conduite antisociale peut être recherchée en tant que telle comme rite d'initiation au groupe. Souvent le vol s'inscrit dans une conduite déviante, plus organisée, où les bénéfices matériels ou financiers sont directement recherchés. La culpabilité est souvent totalement déniée, projetée sur l'extérieur avec parfois même la complaisance des mass-media : c'est la faute de la société.

Au stade intermédiaire se situe le vol de l'objet-fétiche ou encore l'investissement pervers de la conduite de vol : la jouissance ne peut être obtenue que par certains objets (lingerie féminine) ou lors du passage à l'acte lui-même. La culpabilité ou la honte n'accompagnent pas nécessairement le passage à l'acte, mais lui succèdent souvent.

La fugue

Un enfant fugue lorsqu'il abandonne le lieu où il doit normalement être, pour déambuler pendant des heures, voire des jours sans rentrer chez lui.

Comme pour le vol, il est difficile de parler de fugue avant que l'enfant ait une claire conscience de son domicile : le petit enfant qui s'égare au marché, dans le grand magasin ou sur la plage n'est pas un fugueur. En pratique, on ne parle pas de fugue avant 6-7 ans.

■ **La durée de la fugue** est très variable et dépend en partie de l'âge de l'enfant. Les préadolescents et adolescents peuvent faire des fugues prolongées, tandis que le jeune enfant rentre, ou se fait prendre par la police à la tombée de la nuit.

■ **Lorsqu'il fugue** l'enfant n'a souvent aucun but : il erre autour du domicile, se cache plus ou moins dans des lieux environnants (cave, terrain vague). Parfois il va dans un endroit de prédilection (centre commercial, entrée de cinéma) où il traîne, indécis et désœuvré. Manifestement il cherche à se faire prendre ou récupérer par les parents ou les voisins. Dans d'autres cas, la fugue a un but précis. Lorsqu'il s'agit d'un jeune enfant (moins de 11-12 ans), le but de la fugue est de quitter l'endroit détesté ou redouté pour rejoindre l'autre (fugue pour rejoindre une nourrice, les grands-parents). Plus l'enfant est grand, et surtout à l'adolescence, plus la fugue s'inscrit dans un comportement socialisé au sein d'un groupe : fugue pour aller chez des « copains », pour faire une « virée ». La fugue fait alors souvent partie d'un comportement dit psychopathique et peut être l'occasion de conduite antisociale plus caractérisée (vol, violence).

Plus encore que pour le vol, il n'y a pas de profil psychopathologique particulier du fugueur. Un élément paraît certain : l'extrême fréquence des ruptures que l'enfant fugueur a subies dans sa vie : divorce ou séparation des parents, abandon, carence affective, placements multiples, déménagements nombreux. Ces facteurs paraissent d'autant plus prépondérants que l'enfant est jeune. Chez l'adolescent fugueur, en revanche, ce sont les facteurs généraux de la prédélinquance (psychologique, sociologique, économique) qui prédominent.

L'impulsivité caractérise bon nombre d'enfants fugueurs pour lesquels la fugue représente une décharge motrice agie face à une tension insurmontable qu'ils fuient. Pour d'autres, au contraire, la fugue est longuement préparée ou du moins imaginée à l'avance, et peut représenter une conduite relativement adaptée pour exprimer une souffrance ou une demande que les adultes se refusent à entendre : ainsi en est-il de ces enfants qui subissent des placements multiples contre leur gré (problème de la limite d'âge des établissements ou de certains placements nourriciers) ou sans qu'on tienne suffisamment compte de leur avis.

■ **Parmi les formes étiologiques** nous citerons pour mémoire la classsique fugue épileptique, beaucoup plus rare que cela a été décrit. Si l'épilepsie temporale peut expliquer une déambulation, elle est rarement à l'origine d'une conduite élaborée.

La fugue hystérique avec amnésie se voit rarement chez l'enfant, mais parfois chez l'adolescent(e).

L'errance de l'enfant psychotique ou autistique mérite à peine le nom de fugue. Certaines psychoses se caractérisent toutefois par un besoin compulsif de l'enfant d'échapper à toute limite imposée, y compris les limites de lieu. A l'adolescence il n'est pas rare qu'un épisode délirant aigu ou un début de schizophrénie commence par un « voyage pathologique » qui se présente comme une fugue dans un contexte discordant.

■ **Fugues de l'école :** nous ferons une place à part aux fugues de l'école, qui sont très fréquentes. Au départ il est difficile de les distinguer de l'école buissonnière pendant laquelle l'enfant traîne dans la rue ou se cache jusqu'à l'heure du retour normal à la maison. Il s'agit souvent d'enfants qui ont des difficultés scolaires, se trouvant en situation d'échec ou ont un comportement plus franchement psychopathique. En revanche, les fugues scolaires répétées s'accompagnent fréquemment d'un contexte anxieux et peuvent inaugurer une véritable phobie scolaire (v. p. 436) qui s'intègre alors dans une organisation névrotique infantile. Ces fugues scolaires peuvent rester longtemps ignorées de la famille, lorsque l'enfant affecte d'aller en classe et rentre à l'heure habituelle, faisant parfois les devoirs procurés auprés d'un camarade ou même inventés par lui, avec bulletin de notes à l'appui. Néanmoins, soit la famille finit par découvrir la réalité, soit l'angoisse de l'enfant atteint un degré tel qu'il en parle à ses parents.

Si, à l'évidence, il n'y a pas de traitement spécifique de la fugue, nous signalerons cependant des attitudes qui induisent régulièrement la conduite de fugue. Au premier rang de celles-ci la répression amène, en particulier chez l'adolescent(e), une recrudescence des fugues. Les premières modalités de réponse de l'entourage lorsqu'elles se font sur ce mode (interdiction de sortie, surveillance, bouclage dans la chambre), risquent de cristalliser une conduite pathologique où l'enfant trouve certain bénéfice à mobiliser sa famille, quand ce n'est pas la police et la gendarmerie, et se voit confirmer ainsi l'attachement de ses parents, chaque fois qu'il en doute.

Les conduites d'addiction

Les enquêtes épidémiologiques confirment l'expérience du clinicien : la population entre l'enfance et la préadolescence (9-10 ans à 13-14 ans) est de plus en plus concernée par la consommation de certaines drogues ou de certains produits déviés de leur usage naturel (colle, solvant) de même que par la consommation de tabac et d'alcool.

■ **La consommation d'alcool** : les études épidémiologiques mettent toutes en évidence à travers des pays différents (France, pays Scandinaves, Etats-Unis, U.R.S.S. ...) certaines données similaires :

– un âge de plus en plus précoce du début de la consommation ; 7, 8, 9 ans sont des âges fréquemment cités ;

– un pourcentage non négligeable d'enfants buvant régulièrement ; 6,4 % entre 6-10 ans boivent de la bière à table, 1,3 % du vin (Zourbas, Rennes, 1981) ;

– des manifestations d'ivresse commençant dès l'âge de 10 ans, avec de fréquentes récidives (3 % des lycéens affirment avoir été ivres au moins trois fois avant 16 ans). Ce type d'alcoolisation caractérisera ensuite la consommation dite « toxicomaniaque » de certains adolescents : l'ivresse, la défonce étant systématiquement recherchées ;

– une augmentation importante de la consommation de bière, cidre, mais aussi apéritif ou digestif au détriment du vin ;

– une majorité de garçons, même si la consommation d'alcool chez les filles augmente parfois plus vite que celle des garçons ;

– les facteurs environnementaux semblent jouer un rôle prépondérant. Les enfants évoluent généralement dans un environnement psychosocial lourd : mère souvent seule, père habituellement alcoolique quand il est à la maison, fréquentes conduites d'inadaptation à l'école ou à la maison ;

– le premier contact avec l'alcool se produit le plus souvent en famille, à l'occasion de fêtes ou de cérémonies (mariage, anniversaire...) contrairement à l'alcoolisation des adolescents qui boivent entre eux ;

– parmi les facteurs devant faire craindre une récidive après une première crise d'ivresse, on peut noter : être garçon, avoir commis des actes délinquants, avoir un père alcoolique, être ivre pendant la semaine et non le week-end ou à l'occasion d'une fête (Rydelius et Coll., 1985).

■ **La consommation de solvants.**

Les produits utilisés sont très divers : solvants industriels vendus chez les droguistes (acétone, trichloréthylène), solvants contenus dans certains produits (colle pour maquette ou rustine, vernis, peinture, détachant...), gaz propulseur d'aérosols, ... à la limite n'importe quel produit provoquant des effets d'ébriété et/ou euphorisants peut être utilisé quelle que soit sa toxicité naturelle.

L'inhalation du produit se fait à l'air libre, seul ou plus souvent à trois ou quatre : dans un récipient (fond de bouteille, cuillère), sur un tampon mis sous le nez ou simplement étalé dans la main et reniflé (sniffage). Parfois il est chauffé pour accélérer l'évaporation.

Les effets sont d'abord une ébriété et euphorie rapide (quick drunk) avec sensation de bien-être. Rapidement des complications peuvent apparaître selon la quantité et la nature du produit inhalé : céphalées, vomissements, troubles de l'équilibre, troubles neurologiques pouvant aller jusqu'au coma avec ou sans convulsions. Le nombre de décès, bien qu'encore minime, croît régulièrement (11 en 81, 20 en 83 en France). Plus rarement d'autres complications psychiques apparaissent : hallucinations avec vision colorée, altération de l'expérience temporelle, sensation de déréalisation. Des conduites auto ou hétéro-agressives peuvent accompagner ces vécus particuliers. Lorsqu'il n'y a pas de complication, l'état ébrieux et euphorique cesse rapidement et le jeune peut renouveler plusieurs fois sa prise contrôlant ainsi son expérience.

La tolérance se développe assez rapidement amenant le jeune à augmenter les doses, une *dépendance* peut aussi apparaître.

Les complications ne sont pas rares. Outre les complications neurologiques déjà évoquées, citons sans les détailler : complications nephrologiques (trichloréthyléne, toluène), hépatologiques, cardiologiques, hématologiques, pneumologiques.

Contrairement à la consommation de l'alcool, le sniffage se pratique en dehors de la famille, en petite bande, dans les caves, locaux à l'abandon, derrière une palissade. L'aspect « épidémique » est fréquent : plusieurs enfants ou pré-adolescents d'un même établissement sont soudain concernés. Les auteurs américains considèrent que les enfants sont souvent issus des « classes moyennes » dont la structure familiale serait de « type rigide ». En France les auteurs mettent en avant la carence affective et éducative, les enfants semblant issus de « milieux défavorisés » et ayant souvent vécus des situations abandonniques (Charles-Nicolas). L'échec ou le rejet scolaire y est habituel. Dans 76 % des cas il s'agit de garçons. La durée moyenne de la période de sniffage est d'environ deux ans. Il est encore difficile de prédire l'évolution du sniffage. Botbol et Coll. distinguent parmi ceux-ci : – un « pôle d'assomption » avec mise en avant du groupe, du plaisir sensoriel, de la conduite de défi. Le risque d'addiction guette ces préadolescents ; – un « pôle d'abolition » avec mise en avant de l'inconscience, du risque physique. Plus volontiers solitaire, la prise risque d'aller jusqu'aux conduites d'auto-destruction.

L'absence d'approche individuelle, d'engagement dans une relation thérapeutique ou d'évaluation psychologique (bilan psychologique) effectués sur un nombre suffisant d'enfants rend aléatoires les hypothèses psychopathologiques. La carence affective, la dépression et les conduites d'évitement de celle-ci (prise de risques, conduites provoquantes) sont souvent évoquées.

Problème social majeur, cette toxicomanie du « pauvre » qui devient aussi celle de l'enfant pose la question des mesures de prévention et d'assistance à une enfance en danger (voir dernière partie).

Bibliographie

BOTBOL (M.), ANGEL (P.), FACY (F.), ISSERLIS (C.) : *Adolescents et inhalation volontaire de solvants volatile.* Neuropsychiat. Enf. Ado., 1988, 36, 2-3, 87-96.

CHARLES NICOLAS (A). : *Toxicomanie aux solvants chez les pré-adolescents.* Neuropsychiat. Enf. Ado., 1988, 36, 2-3, 61-63.

LAUZEL (J.P.) : *L'enfant voleur.* P.U.F., Paris, 1966.

MICHAUX (L.) : *L'enfant pervers.* P.U.F., Paris, 1961.

NERON (G.) : *L'enfant fugueur.* P.U.F., Paris, 1968.

PARQUET Ph. (J.), BAILLY (D.) : *Aspects de l'alcoolisation des enfants et des adolescents.* Neuropsychiat. Enf. Ado., 1988, 36, 2-3, 97-107.

RYDELIUS (P.A.) : Toxicomanie et alcoolisme chez les enfants et les adolescents en Suède p. 193-203. in : *Enfants dans la tourmente : parents de demain* Coll. L'enfant dans sa famille vol. 7. P.U.F. ed. Paris, 1985, 1 vol.

SUTTER (J.M.) : *Le mensonge chez l'enfant.* P.U.F., Paris, 1972.

WINNICOTT (D.W.) : *De la pédiatrie à la psychanalyse : la tendance antisociale.* Payot, Paris, 1969, p. 175-184.

11

Psychopathologie du jeu

Généralités

Bien que les écrits sur le jeu soient très nombreux, il n'y a pas à proprement parler d'études psychopathologiques du jeu chez l'enfant. Pourtant, aussi bien dans le champ d'exploration psychanalytique que dans les recherches sur le développement cognitif, le jeu a occupé une place considérable. Depuis la description désormais classique par Freud du jeu de la bobine chez un enfant de 18 mois, de nombreux psychanalystes ont observé des enfants dans des situations de jeu, et en ont déduit des hypothèses métapsychologiques, sans que pour autant une théorie du jeu ait été élaborée. De la même manière, le jeu a été pour Piaget un instrument privilégié de l'étude des divers stades cognitifs.

Outre sa place dans la maturation de l'individu, la dimension sociale du jeu a été précocement soulignée, même si sa signification n'est pas identique pour tous. Ainsi, de nombreux auteurs considèrent que le jeu reproduit à vide des comportements, des croyances ou des rites auparavant chargés de signification culturelle (Hirn, Groos). Pour d'autres, en particulier Huizinga, c'est au contraire du jeu lui-même que vient la culture ; toutes les manifestations importantes de la culture sont calquées sur lui et sont tributaires de l'esprit de recherche, du respect de la règle, du détachement que crée et entretient le jeu.

Quelle que soit la fonction culturelle du jeu, le degré de socialisation qu'il nécessite sert parfois à en classer les divers types dans une perspective structuraliste ou génétique. E. Erickson décrit ainsi les jeux se déroulant dans l'autosphère (exploration des sensations corporelles propres), puis dans la microsphère (environnement proche de l'enfant), enfin dans la macrosphère sociale.

A la question de savoir pourquoi l'individu, enfant ou adulte, joue, les réponses sont nombreuses et variées : le jeu a été compris tantôt comme surplus d'énergie à évacuer, tantôt comme trace phylogénétique du développement ontogénique, tantôt comme une façon d'exercer des compétences futures. Les études récentes se sont, quant à elles, plus modestement attachées à une description dont l'intérêt se porte soit sur le jeu lui-même, soit sur le joueur.

Ainsi Piaget propose une classification fondée sur la structure du jeu mais qui, en même temps, suit étroitement l'évolution génétique des processus cognitifs. Il distingue :

■ **les jeux d'exercice,** caractéristiques de la période sensori-motrice, allant de la naissance à 2 ans environ. A partir de réactions circulaires primaires (utilisation spontanée des capacités et des fonctions à mesure qu'elles apparaissent), puis secondaires, le bébé cherche grâce au jeu sensori-moteur à harmoniser progressivement les actes aux informations nouvelles reçues, et à incorporer ces informations au « savoir comment » et aux moyens de classification (v. p. 28) ;

■ **les jeux symboliques,** entre 2 ans et 7-8 ans, ajoutent à l'exercice lui-même la dimension du symbolisme et de la fiction, c'est-à-dire la capacité de représenter par des gestes une réalité non actuelle. L'exemple typique est le jeu du semblant, de faire « comme si ». Selon Piaget le jeu symbolique organise la pensée de l'enfant à un stade où le langage n'a pas encore atteint la maîtrise suffisante, il permet la manipulation et même la production d'images mentales au cours desquelles, grâce à la répétition, l'enfant assimile les situations nouvelles ;

■ **les jeux de règles** enfin, d'abord comme imitation du jeu des aînés, puis s'organisant spontanément à partir de 7-8 ans, marquent la socialisation de l'enfant. Alors que les jeux précédents tentent à décroître avec l'âge, les jeux de règles, au contraire, augmentent de fréquence, montrant bien l'importance des relations et du code social.

Dans une perspective génétique, mais moins centrée sur les stades cognitifs, S. Millar distingue à la phase sensori-motrice les jeux d'exploration où soit l'objet, soit l'expérience, sont neufs, les jeux de manipulation où l'objet est connu, les jeux d'exercice où l'on observe des changements dans l'activité mais pas dans l'objet (faire tout ce qui est possible avec le même objet), les jeux répétitifs dont le rôle est d'enregistrer ou de codifier l'expérience avec le plaisir que représente la prévisibilité de l'action.

De son côté, R. Caillois propose une classification structurelle des jeux selon un double axe :

■ **le premier axe** est représenté par un facteur d'ordre, de codification allant ainsi du jeu d'improvisation libre, d'épanouissement insouciant qu'il dénomme *paidia,* au jeu réglé, rigoureux qui demande patience, effort ou adresse, et qu'il nomme *ludus.* Il n'est pas loin ici de l'opposition anglo-saxonne entre le « play » et le « game » que le français traduit par le même substantif : « jeu » ;

■ **le second axe** s'attache à décrire la structure même des jeux selon quatre composantes fondamentales :
- l'*agôn :* jeu où domine la compétition ;
- l'*aléa* où le ressort ludique est le hasard ;
- la *mimicry* domaine de l'illusion, du fictif et du « comme si » ;
- l'*ilinx* enfin où le vertige, la transe, le spasme nourrissent le jeu.

Chacune de ces quatre composantes peut s'associer aux autres non de façon arbitraire puisqu'il existe des conjonctions fondamentales (*agôn* et *aléa, mimicry* et *ilinx*), contingentes (*aléa* et *ilinx, agôn* et *mimicry*), voire selon l'auteur impossibles (*agôn* et *ilinx*).

L'apport psychanalytique

De leur côté les psychanalystes ont été moins attentifs à la description du jeu lui-même qu'à la signification qu'il pouvait avoir en fonction du développement psycho-affectif de l'enfant. Freud a ouvert la voie en décrivant cet enfant de 18 mois qui jouait de façon répétitive avec une bobine attachée à un fil, criant O-O-O (*fort :* loin en allemand) lorsqu'il la jetait, puis saluant d'un joyeux *da* (voilà) sa réapparition lorsqu'il tirait le fil. Il est remarquable que cette observation se situe juste à 18 mois, âge charnière entre le jeu d'exercice sensori-moteur et le début des jeux symboliques. Freud considère que ce jeu avec la jubilation que l'enfant en retire lui permet d'assimiler psychiquement un événement impressionnant (l'absence de la mère), de s'en rendre maître et de renverser ainsi les rôles : il n'est plus un sujet passif, mais devient un acteur. Il y a dans ce jeu une subtile interaction entre la manipulation répétitive de l'absence-présence de la bobine et l'intériorisation de la relation maternelle, à un stade où le langage est trop rudimentaire pour être le médiateur de cette symbolisation, bien qu'il accompagne les gestes essentiels (OOO, *da*). Par la suite le classique jeu du « cache-cache », ou du « coucou » avec la participation active et maturante de l'adulte renforce la maîtrise par l'enfant des notions de présence et d'absence.

Anna Freud, prolongeant les descriptions de son père, met en évidence un mécanisme privilégié dans la situation de jeu qu'elle dénomme « identification à l'agresseur » où s'observent précisément le renversement de l'attitude passive en active, le retournement du masochisme en sadisme, et l'appropriation de la maîtrise. Elle souligne également le rôle fondamental que tient le jeu dans le processus de socialisation de l'enfant, allant même jusqu'à en faire un des éléments de l'aptitude au travail de l'adulte.

De son côté Mélanie Klein centre immédiatement son intérêt sur le jeu qui, selon elle, occupe dans l'analyse de l'enfant la même place que le rêve dans l'analyse d'adulte. Comme le rêve, le jeu permet une satisfaction substitutive des désirs, mais son rôle ne s'arrête pas là : grâce aux mécanismes de clivage et de projection, le jeu permet d'évacuer par l'intermédiaire de la personnification la charge d'angoisse suscitée par le conflit intrapsychique, qu'il s'agisse d'un conflit intersystématique (par exemple entre un Surmoi archaïque et le Ça), d'un conflit entre deux images intériorisées clivées (bon sein-mauvais sein) ou d'un conflit entre deux niveaux de relations intériorisées (images prégénitales et images œdipiennes). La projection de ces conflits et de l'angoisse qui les accompagne sur la réalité extérieure représentée dans le jeu permet à la fois une meilleure maîtrise de cette réalité et un apaisement de l'angoisse interne. Ainsi *« le jeu transforme l'angoisse de l'enfant normal en plaisir »*.

Toutefois le risque d'une telle conception est de faire du jeu la représentation directe des divers instincts ou pulsions, et d'aboutir à un décriptage symbolique immédiat qui situe d'emblée celui-ci au niveau de la fantasmatique la plus profonde et la plus archaïque. Elle risque aussi de négliger l'étude de l'organisation formelle du jeu et de la place qu'y occupe la relation réelle à l'adulte.

C'est sur cette relation à l'adulte exprimée dans le jeu qu'insistent Lébovici, Diatkine et Soulé, en particulier dans le cadre psychothérapique : le jeu est une expérience émotionnelle correctrice en présence d'un adulte bienveillant, expérience au cours de laquelle l'enfant exprime non seulement ses affects agressifs, mais aussi les relations positives qu'il lui porte.

Tous les travaux de Winnicott portent la marque de son originalité profonde et de son souci permanent de tenir compte de cette interaction entre l'enfant et son environnement. Dans cette perspective, le jeu occupe un plan privilégié puisqu'il est au centre de ce que Winnicott appelle les **phénomènes transitionnels.** Il définit aussi la notion d'espace de jeu : *« cette aire où l'on joue n'est pas la réalité psychique interne. Elle est en dehors de l'individu, mais elle n'appartient pas non plus au monde extérieur »*. C'est l'aire de l'illusion, intermédiaire entre le dedans et le dehors. Jouer est un processus universel, caractéristique de la santé, grâce auquel dès les premiers mois le bébé fait l'expérience de son omnipotence dans un champ aménagé au préalable par sa mère. Le jeu doit être distingué des instincts, en particulier des pulsions sexuelles ou agressives, dont l'activation constitue une menace réelle : *« l'élément agréable que comporte le jeu implique que l'éveil pulsionnel n'est pas excessif... le jeu est en lui-même excitant et précaire »*. Winnicott définit ainsi une troisième aire entre le monde interne et la réalité externe, aire qui au départ est la propriété commune de la mère et du bébé. Peu à peu le bébé, puis le jeune enfant prend une certaine autonomie dans cette aire intermédiaire, en particulier grâce à son **objet transitionnel.**

Cet objet constitue une sorte de matérialisation des phénomènes transitionnels. Winnicott désigne ainsi le bout de couverture ou de drap, la peluche dont l'enfant ne peut se passer, voire simplement son pouce. Cet objet transitionnel prend la place de l'objet de la première relation et précède l'établissement de l'épreuve de réalité. L'enfant exerce sur lui un contrôle omnipotent et magique, mais aussi une manipulation tout à fait réelle, ce en quoi il se distingue des objets fantasmatiques internes dont, souligne Winnicott, il ne représente pas une simple projection.

Bien qu'il faille considérer avec prudence toute matérialisation trop rapide, l'objet transitionnel ainsi défini, représente souvent le premier jouet que l'enfant manipule, du moins reconnu comme tel par les adultes.

Il y aurait beaucoup à dire sur la place que le jouet occupe dans l'activité ludique de l'enfant, mais ses déterminants sont si nombreux, culturels, socio-économiques, familiaux, éthiques, etc. que ce sujet dépasse largement le cadre de ce chapitre.

Abord psychopathologique des conduites de jeu

Nous soulignions au début du précédent paragraphe le contraste entre l'importance de la place occupée par le jeu dans l'étude des processus de développement de l'enfant ou dans l'étude des processus thérapeutiques, et la relative rareté des travaux où sont étudiés les aspects spécifiques du jeu en fonction de la pathologie de l'enfant : en suivant les descriptions exposées ci-dessus, on pourrait ainsi poser la question de savoir si on observe des différences dans l'évolution génétique, dans les processus dynamiques ou dans l'organisation structurelle des jeux, selon cette pathologie.

Stades génétiques de l'évolution du jeu et niveau intellectuel

Les quelques études qui ont tenté de mettre en corrélation le niveau intellectuel et la capacité de jeu, ont montré que les enfants doués jouent beaucoup à des jeux variés où ils se montrent changeants et inventifs. En revanche, les **enfants retardés** jouent peu, passant d'assez longues périodes inactifs. Ils préfèrent les jeux sans règles compliquées, auxquels jouent généralement des enfants plus jeunes. Il n'est pas rare de voir des enfants de plus de 6-7 ans jouer encore à des jeux de manipulation ou de répétition qui évoquent les jeux sensori-moteurs. De même, les premières activités caractéristiques du début de la phase symbolique telles que remplir-vider ou ouvrir-fermer, avec les notions concomitantes de dedans-dehors, de présence-absence, persistent bien au-delà de l'âge normal. En revanche les enfants débiles paraissent préférer les activités sociales qui d'ailleurs déclenchent beaucoup moins les processus de compétition que chez les enfants de niveau normal.

Jeu et expression pulsionnelle

Winnicott insiste beaucoup sur la distinction entre le jeu et l'émergence pulsionnelle, voulant se démarquer nettement en ce domaine des conceptions kleiniennes. Il convient de noter que c'est à partir d'enfants psychotiques ou prépsychotiques que M. Klein fit précisément ses premières observations. Ceci explique probablement la place privilégiée qu'occupe la vie fantasmatique la plus archaïque dans leur jeu et sa lisibilité plus aisée.

En effet, plus la vie fantasmatique de l'enfant est envahissante, plus la projection sur la réalité environnante est grande et plus le jeu est saturé de ces projections. Ceci s'observe particulièrement bien chez les enfants prépsychotiques où toute l'activité ludique est bientôt envahie de thèmes de dévoration agressive, de destruction, d'anéantissement, régression qui s'observe non seulement dans le contenu du jeu mais aussi dans son organisation formelle. En effet, des pulsions ou des fantasmes trop envahissants peuvent interrompre le jeu qui devient instable, changeant, chaotique. Un jeu calme et tranquille demande que l'enfant puisse maintenir ses pulsions à distance. On observe bien ces perturbations formelles du jeu chez les enfants instables qui, en outre, se révèlent souvent incapables d'accepter la règle du jeu, c'est-à-dire en dernier ressort sa dimension codifiée et symbolique.

L'envahissement du jeu par la pulsion agressive est également caractéristique du jeu des enfants et adolescents psychopathes pour lesquels jouer devient rapidement l'équivalent de passage à l'acte pulsionnel.

La place qu'occupe l'expression de l'agressivité dans le jeu semble varier aussi en fonction du sexe. Tous les auteurs s'accordent à reconnaître que les garçons jouent plus volontiers à lutter, entrent plus facilement en compétition que les filles. Les jeux des garçons seraient plus variés que ceux des filles. Les déterminants culturels et sociaux pèsent à l'évidence d'un poids considérable dans ces différences entre jeux de garçons et de filles, différences qui paraissent s'estomper peu à peu, les filles jouant cependant plus facilement aux jeux des garçons que l'inverse.

Dans les jeux des filles, le plaisir pris à la maîtrise passe plus souvent au premier plan devant l'expression pulsionnelle. Le risque se situe alors dans l'excès de formalisme du jeu qui perd ainsi une partie de sa créativité. Pour notre part, nous voyons là une des explications possible du jeu si fréquent de l'école qu'on rencontre beaucoup plus souvent chez les filles que chez les garçons à la période de latence.

Si l'expression pulsionnelle sous-tend l'existence et le déroulement de nombreux jeux, la dimension fantasmatique dans ses aspects les plus mentalisés alimente certains jeux en particulier lorsqu'il s'agit « d'inventer une histoire ». *Le roman familial* en est l'illustration typique. Freud le premier a attiré l'attention sur le besoin de certains enfants de modifier imaginairement leurs liens avec leurs parents : ils s'inventent d'autres parents (lointains, plus riches, beaux, savants, glorieux) qui auraient été dans l'obligation de les abandonner ou de les confier à ces adultes qui l'élèvent . Il s'agit bien entendu d'une « histoire » liée aux pressions que le complexe d'Oedipe exercent sur le moi de l'enfant (désir de rabaisser les parents, désir de grandeur...). Les enfants abandonnés et adoptés construisent souvent un tel roman familial (voir p. 423).

D'autres enfants s'inventent un « compagnon imaginaire » avec lequel ils dialoguent, s'amusent, rivalisent... Il s'agit souvent d'enfants unique, volontiers inhibé ou timide, vivant parfois dans une famille très repliée sur elle-même. Dans quelques cas le dialogue avec le « compagnon imaginaire » peut envahir la vie de l'enfant, devenir quasi sensorialisé (hallucination) et évoquer une organisation psychotique de la personnalité.

Variations structurelles du jeu

En reprenant les quatre composantes fondamentales des jeux selon Caillois, à savoir la compétition *(agôn),* le hasard *(aléa),* le comme si *(mimicry)* et le vertige *(ilinx),* il peut paraître intéressant d'examiner les activités des enfants psychotiques.

Deux composantes paraissent ainsi pratiquement absentes : l'*agôn* et l'*aléa.* Les jeux de compétition par la dimension sociale qu'ils impliquent, la nécessaire présence de l'autre reconnue comme une personne différente semble se situer hors du champ de préoccupation de l'enfant psychotique : la plupart des activités « ludiques » de l'enfant autistique ou psychotique consistent ainsi à manipuler indéfiniment un objet avec des schèmes d'actions très répétitifs, totalement repliés sur son autosphère. Quant au hasard, toute la préoccupation du sujet est précisément de le rejeter, de faire qu'il n'advienne jamais : la stéréotypie des activités, la répétition des conduites visent à la reproduction sans changement d'un univers pétrifié où le hasard n'existe pas.

En revanche, de nombreuses activités d'enfants psychotiques se rapprochent de ce que Caillois définit comme *ilinx* : mouvement de toupie, balancement jusqu'au vertige, fascination par tout ce qui tourne, la majorité des mouvements stéréotypés ayant par eux-mêmes une dimension quasi vertigineuse. Ce vertige serait-il l'équivalent d'une décharge pulsionnelle primitive, ou constitue-t-il une trace archaïque des premières réactions circulaires du stade sensori-moteur, la question reste en suspens.

Toutefois on peut se demander s'il convient de dénommer « jeu » ces activités psychotiques qui, par leur fonction de décharge pulsionnelle, sont précisément à l'opposé de la définition donnée par Winnicott.

Clinique de l'objet transitionnel

Dans le repérage des fonctions du jeu selon la pathologie de l'enfant, la clinique de l'objet transitionnel est incontestablement ce qui a été le mieux étudié. Les travaux portent sur son existence ou son absence et sur ses caractéristiques physiques. S'il s'agit d'un phénomène quasi universel, du moins lorsqu'on utilise une définition extensive qui ne le réduit pas à un simple jouet, il est fréquent en revanche de constater des distorsions graves dans l'utilisation de l'objet transitionnel chez les enfants autistiques ou qui ont une déstructuration psychotique précoce. L'utilisation satisfaisante d'un objet transitionnel semble pouvoir être corrélée avec la capacité d'intérioriser des relations d'objet de bonne qualité. Geisman et coll. étudient ainsi un groupe d'enfants autistiques, psychotiques et prépsychotiques. Ils constatent qu'un tiers des enfants n'utilisent pas d'objet transitionnel : ce sont tous des enfants autistiques ou psychotiques.

Les caractéristiques physiques de l'objet transitionnel sont également importantes, de même que la permanence de son investissement : l'objet présente souvent une consistance particulière, dure, métallique, une morphologie bizarre (petits robots articulés), il est fréquemment cassé, abandonné. Ainsi Geissman et coll. notent que les seuls enfants du groupe étudié à avoir un réel objet transitionnel sont les enfants prépsychotiques. Les autres enfants ont soit un objet mou, mais bientôt détruit ou abandonné, soit un objet bizarre (pantin mécanique). Ils proposent aussi de distinguer parmi les objets privilégiés de l'enfant les objets auto-érotiques, les objets psychotiques, les objets transitionnels, les objets fétiches et les jouets. Cette classification respecte une sorte de graduation parallèle à la reconnaissance et à l'investissement des relations d'objet. Il existerait en outre une corrélation entre la gravité de la pathologie et la qualité de l'objet transitionnel.

A l'opposé de cette pathologie psychotique marquée par l'absence ou la dénaturation de l'objet transitionnel, il est peut-être possible de décrire une pathologie marquée par son investissement excessif. Normalement le destin de l'objet transitionnel, dit Winnicott, est de disparaître progressivement « dans les limbes » ; il n'est ni détruit, ni abandonné, mais l'investissement que l'enfant fait de cet objet se délite peu à peu. En revanche, certains enfants ne peuvent renoncer soit à l'illusion de toute-puissance sur l'objet, soit à la protection régressive qu'il apporte. Ils le conservent bien au-delà de l'âge habituel (5-6 ans). Ce sont des enfants qui présentent de petits traits névrotiques anxieux et immatures. Winnicott souligne que cet objet risque de devenir un objet fétiche de la vie sexuelle adulte si l'enfant, puis l'adolescent ne peut y renoncer.

En conclusion, nous avons brièvement tenté une approche psychopathologique de l'utilisation du jeu chez l'enfant. Jouer est une activité paradoxale, aussi est-ce un paradoxe que de vouloir la définir avec trop de rigueur, mais l'exploration des conduites ludiques présente une telle importance pour l'évaluation psychodynamique d'un enfant qu'il nous a paru indispensable d'y sensibiliser le lecteur.

Bibliographie

CAILLOIS (R.) : *Les jeux et les hommes.* Gallimard, Paris, 1958, coll. *Idées.*
CHATEAU (J.) : *L'enfant et le jeu.* Scarabée, Paris, 1967.
GEISSMANN (C.), GEISSMANN (P.), CROGNIER (E.) : L'espace transitionnel chez l'enfant psychotique. *Psychiatrie enf.,* 1978, *21* (2), p. 373-424.
GUTTON (Ph.) : *Le jeu chez l'enfant,* Larousse, Paris, 1973, 1 vol.
HENRIOT (E.) : *Le jeu.* P.U.F., Paris, 1969.
LEBOVICI (S.), SOULE (M;) : *La connaissance de l'enfant par la psychanalyse : le psychanalyste et le jeu de l'enfant.* P.U.F., Paris, 1970, p. 141-160.
MARCELLI (D.), BRACONNIER (A.), DEROUET (N.), VINCENT (R.) : L'espace du jeu chez l'adolescent psychopathe. 77e Congrès de Psychiatrie et de Neurologie : *Rapport du Congrès,* p. 364-369.
MILLAR (S.) : *La psychologie du jeu.* Payot, Paris, 1979, 1 vol.
WINNICOTT (D.W.) : Jeu et réalité. Gallimard, Paris, 1975.
NUMÉRO SPÉCIAL : Le jeu chez l'enfant. *Neuropsychiatrie enf. 1982,* **30,** 7-8, p. 369-463.

12

Psychopathologie des conduites agressives

Comme tous les concepts d'ensemble la définition de l'agressivité dépend en grande partie de la place qu'occupe le chercheur qui tente d'en appréhender le sens. La signification de l'agressivité n'est pas univoque : il y a bien des écarts sinon des discordances ou des incompréhensions entre les points de vue du neurophysiologiste, de l'éthologue, du psychologue ou du psychanalyste. Pourtant, concernant l'enfant, l'agressivité est un concept central : est-elle primaire ou secondaire ? A-t-elle un rôle maturant ou destructurant ? Est-elle évitable ou inévitable, normale ou pathologique ? A la question de l'agressivité s'attache directement le problème du passage à l'acte si important en clinique infantile, mais aussi celui de l'angoisse pour laquelle on pourrait poser les mêmes questions : primaire ou secondaire ? maturante ou destructurante ? etc. (v. L'angoisse p. 307).

Avant d'aborder la clinique proprement dite de l'agressivité, ses excès, ses déviations de but (auto-agressivité) ou son inhibition, nous tenterons un rapide survol de la problématique de l'agressivité.

I. – Concept de l'agressivité

Si chacun comprend *a priori* et intuitivement ce qu'agressivité veut dire, en donner une définition rigoureuse est malaisé. Il convient d'abord de distinguer l'agressivité en tant qu'état ou potentialité et la conduite agressive objectivement observable. D'une manière très générale chez l'animal, agressivité et conduite agressive sont en rapport étroit avec la notion géographique du territoire : plus un animal s'éloigne du centre de son territoire, plus il est sur ses gardes, présentant un état d'éveil proche de l'agressivité, mais moins ses conduites sont agressives. Inversement, plus l'animal est proche du centre de son territoire, moins son état semble agressif, mais plus ses conduites seront agressives en cas de nécessité. Utilisant la notion de territoire de manière métaphorique, on pourrait dire qu'il existe une relation inversement proportionnelle entre l'agressivité et le rapport du sujet avec son « être-territoire ». Toutefois, il est impossible de parler de l'agressivité ou des conduites agressives sans introduire le tiers observateur : ici se pose la question de l'agressivité, conduite simplement objective et celle de l'agressivité sous-tendue par une intentionnalité particulière : le bébé qui griffe ou mordille le visage de sa mère, le chat qui joue avec la souris sont-ils agressifs ? L'oiseau qui, toutes plumes et bec sortis, défend sa couvée contre l'intrus est-il agressif ? Le grand frère qui se précipite sur sa jeune sœur parce qu'elle tousse et qu'en proie à un fantasme de mort il a peur de la voir s'étrangler, est-il agressif ?

Ces questions ne présentent pas de réponse simple ou plutôt présentent des réponses qui dépendent des positions épistémologiques de l'observateur. Pour certains la description physique du sujet : horripilation des poils, redressement des oreilles, froncement des sourcils, cris, inclinaison de la nageoire ou du corps, etc. seront, selon chaque espèce, des indices d'agressivité. Pour d'autres, la destruction ou la détérioration de l'objet visé (chose ou personne) seront le repère objectivable nécessaire. D'autres encore ne prendront en compte que l'intentionnalité agressive, et dans ce registre les réactions de défense ne seront pas tenues pour agressives. Pour d'autres enfin seul compte le vécu fantasmatique qui s'attache à telle ou telle conduite.

On voit clairement la multiplicité des modèles théoriques : agressivité-état tensionnel particulier, agressivité-conduite objectivable, agressivité-défense de soi, agressivité-destruction de l'objet, agressivité-intentionnalité. Nous essaierons de manière nécessairement très concise, de mettre en place les principales théories qui sont à la base de la problématique de l'agressivité chez l'enfant.

A. – Bases neurophysiologiques de l'agressivité

La préoccupation du neurophysiologiste est de décrire des conduites précises sans préjuger de leur intentionnalité. Sur le plan expérimental, il étudie, grâce à des techniques de destruction ou stimulation localisées au niveau du S.N.C. ou par des moyens pharmacologiques, les variations de ces conduites. En réalité, à la lecture des divers travaux on constate que l'agressivité est soit rapportée à une expression émotionnelle (réaction de rage par exemple), soit à une conduite d'attaque.

Le premier type de travaux se caractérise par la recherche de la localisation au niveau du S.N.C. d'un centre « de l'agressivité », soit par destruction localisée, soit par stimulation stéréotaxique d'aires cérébrales précises. On est ainsi arrivé à décrire des centres favorisant les conduites agressives et d'autres les inhibant. Bien que variables d'une espèce à l'autre, on peut grossièrement considérer que ces régions se situent dans les zones thalamo-hypothalamiques (noyau caudé en particulier) et dans le bulbe olfactif. Ainsi, à titre d'exemple (Mandel et Karli), l'ablation de l'amygdale dans l'espèce dite « rat tueur » rend l'animal pacifique, tandis que l'ablation du bulbe olfactif dans l'espèce « rat non tueur » en fait un « rat tueur ». On peut conclure que dans cette espèce le bulbe olfactif fonctionne comme un inhibiteur du comportement agressif. Ceci est corrélé par des études psychopharmacologiques montrant que chez le rat tueur le taux d'acide gamma-amino-butyrique (G.A.B.A.) est abaissé dans le bulbe olfactif et que son injection ou l'injection de son inhibiteur diminue le comportement agressif du rat tueur.

A côté de ces expériences de localisation on rencontre une série d'expériences visant à modifier le seuil de réactivité du système nerveux central en utilisant diverses substances pharmacologiques. Au rang des substances qui exacerbent les réactions agressives, citons les d-amphétamines et aussi la testostérone.

Dans la majorité des espèces le comportement du mâle est plus agressif que celui de la femelle, mais l'injection de testostérone renforce encore ce comportement agressif chez le mâle ou suscite celui de la femelle, en particulier lorsque les injections se situent à la période de sensibilité néonatale (v. p. 217). Avec une extrême prudence, et à titre d'illustration, nous en rapprocherons en clinique humaine le problème du chromosome surnuméraire Y (syndrome 47XYY) baptisé un peu rapidement « chromosome de la délinquance ».

B. – Bases éthologiques de l'agressivité

L'éthologue étudie l'individu (humain ou animal) le plus possible dans son milieu naturel et dans ses interactions avec les autres individus de même espèce ou d'espèce différente. Lorsqu'il tente d'appréhender l'agressivité, l'éthologue ne se contente pas de la définir par son action prédatrice mais y ajoute un facteur d'intentionnalité. Ainsi, pour K. Lorenz, « un chien se jetant avec passion sur un lièvre a la même expression joyeuse et attentive qu'en disant bonjour à son maître ou qu'en s'attendant à quelque événement agréable ». Selon cet auteur les relations inter-espèces ne sont presque jamais « agressives », ce qualificatif étant pratiquement réservé aux relations intra-espèce, qu'il s'agisse de la défense du territoire ou de la hiérarchie au sein du groupe social.

Ainsi, pour l'éthologue, l'agressivité reste encore une conduite objectivable mais déjà sous-tendue d'un minimumm d'intentionnalité (défense et/ou affirmation du territoire ou de la hiérarchie sociale).

Dans la conduite agressive qui survient le plus souvent au sein d'un contexte ritualisé sont ainsi décrits :

– des postures de menace avant que toute lutte ne s'engage (certains plumages d'oiseaux, les grognements ou émissions sonores d'insectes ou de poissons, le hérissement de la crinière, l'horripilation des poils, etc.) : ces postures sont souvent identiques dans les affrontements intra ou interespèces ;

– le comportement du combat lui-même qui présente de grandes différences selon qu'il est intra ou interspécifique. Quand il lutte avec une autre espèce, surtout quand il s'agit de se nourrir, l'animal utilise ses armes (dents, griffes, cornes) de façon directe. En revanche, dans les luttes intra-espèces la mimique est chargée d'agressivité mais l'animal n'utilise pas ses instruments les plus dangereux ou les utilise *a minima* (inclinaison des cornes de la gazelle, déviation du bec de l'oie cendrée de façon à ne pas blesser dangereusement l'adversaire) ;

– l'attitude de soumission enfin est propre à l'attaque intra-espèce : généralement l'animal présente soit son point de faiblesse (la gorge chez le loup) soit se place en position de soumission sexuelle ou montre ses organes génito-urinaires. Dans ces conditions la lutte s'arrête, le perdant abandonnant le terrain, la place ou la propriété de la partenaire sexuelle.

Ces combats sont plus fréquents chez les mâles que chez les femelles, plus fréquents chez les jeunes animaux que chez les adultes. Leur fréquence varie d'un animal à l'autre au sein d'une même espèce. Enfin il existe des variations extrêmement importantes entre les espèces, certaines étant réputées combatives, d'autres moins. Mais malgré ce déterminisme génétique il est aussi possible de favoriser ou d'inhiber l'agressivité selon les conditions d'élevage (Scott) ce qui pose l'importante question du caractère inné ou acquis de « l'instinct agressif ». S'il existe quelques auteurs pour réfuter l'innéité d'un tel instinct, la majorité des éthologues actuels reconnaissent l'importance des conduites d'agressivité liées comme nous l'avons dit à la notion de territoire ou de possession familiale et secondairement aussi à la préservation de l'espèce.

Il existe d'ailleurs de nombreux inhibiteurs de cette réaction d'agressivité, en particulier intraspécifique : caractéristique morphologique des petits dont les proportions du corps (en particulier rapport front/face) inhibe la conduite agressive de l'adulte, marquage du territoire ou des petits par les urines et/ou par des pherhormones (en l'absence de ces marquages la mère peut dévorer ses petits).

Ces principes de l'observation éthologique ont été repris par certains auteurs dans l'observation de l'homme et surtout de l'enfant avec la même méthodologie et les mêmes présupposés (en particulier défense du territoire). Signalons ainsi les travaux de H. Montagner et coll. Etudiant des enfants en crèche entre 18 mois et 5 ans, cet auteur décrit des séquences de comportements, les unes destinées à établir un lien ou un apaisement (offrande, inclinaison de la tête sur l'épaule, sourire, caresse), les autres qui entraînent la rupture de relation, le refus ou l'agression (ouverture large et soudaine de la bouche, cri aigu, grimace, extension en pronation du bras et de l'avant-bras). Dans les conduites d'agression il existe une progression qui va du visage à la main : crier – mordre – pousser – griffer – taper. Plus que chaque item en lui-même, c'est la séquence comportementale qui apparaît fondamentale.

L'auteur met en évidence une évolution des rapports entre séquence d'apaisement et séquence agressive entre 2 ans et 4-5 ans où s'affine peu à peu une typologie de chaque enfant (leader, dominant-agressif) et qui semble être en corrélation étroite avec les modes d'interactions familiaux en particulier maternels, encore que l'auteur ne précise pas avec rigueur la technique d'observation des mères.

C. – Bases psychanalytiques de l'agressivité

Depuis *Au-delà du principe du Plaisir,* le dualisme pulsionnel introduit par Freud, pulsion de vie-pulsion de mort continuent à être l'objet de débat pour de nombreux auteurs. A la notion de conduites agressives objectivables (même si intervient un minimum d'interprétation sur le plan de l'intentionnalité comme on l'a vu dans les descriptions éthologiques) se substitue en effet ici la notion de l'agressivité en tant que concept purement théorique, position qui, dans une spécialité dite scientifique, serait totalement inacceptable. Le dualisme pulsionnel ainsi posé et porté à son paroxysme par un auteur comme M. Klein continue d'être énergiquement refusé par de nombreux auteurs.

La question est d'importance tant pratique que théorique. Elle peut se formuler de la façon suivante : la pulsion de mort et l'agressivité (sans que ces deux niveaux soient nécessairement confondus) sont-elles primaires (d'où découlerait aussi une angoisse dite primaire) ou ne représentent-elles que des états secondaires (à une frustration, à l'intégration culturelle...) ? En d'autres termes, le développement de l'enfant puis de l'individu est-il nécessairement conflictuel ou peut-on faire l'économie du conflit (mythe d'une enfance nirvhanique et d'une éducation parfaite) ?

Nous retrouvons directement ces interrogations dans la pratique clinique. En effet si l'agressivité est une réalité indiscutable de l'enfance, il convient, lorsqu'on aborde en clinique ce problème, de distinguer clairement (Widlöcher) :

– les conduites agressives en tant qu'expressions agies de pulsions variées ;

– les fantasmes d'agression ou de destruction dans lesquels l'objet et le sujet sont souvent confondus, le Moi et le non-Moi indistincts ;

– les fantaisies agressives enfin où l'enfant élabore peu à peu son espace psychique.

Il faut bien prendre conscience qu'ici un saut épistémologique supplémentaire est effectué : il ne s'agit plus de la simple description d'un système d'attitudes si complexe soit-il (point de vue neurophysiologique), ni d'une séquence de comportement externe toutefois sous-tendue par une intentionnalité (point de vue éthologique), mais d'une élaboration fantasmatique interne vécue, ressentie et exprimée par le sujet dans une conduite intériorisée ou extériorisée dont l'origine reste à jamais insaisissable pour l'observateur externe, sinon dans une position d'empathie intuitive.

Le plan de discussion essentiel reste l'existence des fantasmes d'agression ou de destruction et la place qu'ils occupent dans le fonctionnement mental : ces fantasmes sont-ils primaires comme le soutient M. Klein, ou répondent-ils à des expériences défavorables excessives (frustration, carence affective, chaos maternel) ? Une chose est certaine : quelles que soient les conditions d'élevage de l'enfant, si bonnes soient-elles, il n'existe pas d'enfant sans fantaisie agressive (« tu es mort, je t'ai tué », jeux d'accident, du docteur, de la guerre). En revanche, on note fréquemment une opposition entre fantaisies agressives et fantasmes agressifs et destructeurs : lorsque ces fantasmes apparaissent trop envahissants, l'enfant ne peut exprimer de fantaisies agressives et présente fréquemment un aspect inhibé et angoissé alternant éventuellement avec des conduites de brusques passages à l'acte. A l'inverse, l'enfant qui présente une organisation ludique et une rêverie fantasmatique où passent facilement de nombreuses fantaisies agressives ne laisse pas percevoir dans les couches les plus profondes de son psychisme des fantasmes destructeurs particulièrement intenses. Ainsi s'opposent fantasmes agressifs et fantaisies agressives ; nous retrouvons ici l'opposition processus primaire/processus secondaire, les fantasmes agressifs appartenant au domaine le plus archaïque sans que l'enfant puisse les élaborer, tandis que les seconds sont intégrés à sa personnalité et à son Moi. Les jeux participent à cette intégration de façon privilégiée et représentent l'aire intermédiaire où l'enfant peut expérimenter ses fantaisies agressives sans être ni destructeur pour les autres ni détruit par celles-ci (v. p. 193 Psychopathologie du jeu). Dans ce même registre on peut évoquer les thèmes principaux des rêves de l'enfant dont le contenu est directement agressif avec une confusion fréquente agresseur/agressé. Ces rêves représentent l'intermédiaire entre la fantaisie agressive diurne et le fantasme destructeur primaire. Ils constituent indirectement une illustration de la place prépondérante qu'occupe la problématique de l'agressivité dans les processus de l'élaboration psychique, sans que nous puissions décider ici si cette fantasmatique agressive est le témoin direct d'une « pulsion de mort » initiale.

D. – Notion de mort chez l'enfant

L'évolution de la notion de mort chez l'enfant englobe de manière indissociable une dimension sociologique et aussi un point de vue génétique concernant l'enfant lui-même.

Au plan sociologique le rapport de l'enfant à la mort doit s'envisager selon deux optiques : la mort de l'enfant d'une part et la manière dont la mort est présentée à l'enfant d'autre part. Si l'adulte s'entoure de multiples défenses devant la mort, que dire de son attitude devant la disparition d'un enfant ? Le mythe de la totale innocence de l'enfant rend sa mort tout à fait inacceptable. Bien plus, si la mort a particulièrement reculé devant les progrès de la médecine c'est bien chez le jeune enfant. La mort de l'enfant apparaît désormais comme un échec que l'on tait. Aujourd'hui les enfants sont le plus possible écartés du deuil. Autrefois, la mort *« grande cérémonie quasi publique que le défunt présidait »* (Ph. Ariès) voyait se réunir autour d'elle l'ensemble du groupe social. De nos jours cette mort s'éloigne de plus en plus et l'enfant en est presque totalement écarté. Même à l'école ce phénomène se remarque aussi : la lecture des manuels scolaires est à cet égard tout à fait révélatrice. Dans les manuels du début de ce siècle, la mort, qu'il s'agisse d'humains ou d'animaux, intervenait pratiquement à chaque page des livres d'apprentissage de lecture. De nos jours, les manuels scolaires sont totalement aseptisés, la mort n'y intervient plus que de manière très anecdotique et distanciée. Les enfants d'aujourd'hui ne voient plus guère la mort qu'à travers le petit écran de télévision. Mais là, dans les *westerns,* les scènes policières, comme au cours du journal parlé qu'on regarde en mangeant, la mort est devenue un spectacle, elle rassure car elle est devenue fiction : les morts ce sont les autres. Ainsi un double mouvement apparaît, d'une part l'enfant est de moins en moins confronté à la mort réelle, d'autre part on lui présente de plus en plus une mort fictive dont on peut renaître sans cesse. Comment dans ce contexte l'enfant peut-il acquérir le sens et la notion de la mort ? C'est tout le problème de l'évolution du concept de mort chez l'enfant.

L'évolution de ce concept va s'organiser autour de deux points essentiels : d'une part comment percevoir l'absence et d'autre part comment intégrer la permanence de l'absence ? Dans cette perspective la mort est conçue comme terme définitif à la vie. Elle sous-entend le vécu d'anéantissement de soi ou de l'autre, l'intégration des réactions à la perte et à la séparation. Le problème pour l'enfant est de savoir comment il peut accéder à une connaissance et à une conscience de ce qui est imperceptible, à la limite impensable, c'est-à-dire introduire à sa place une représentation puis un concept de « non-être ». Les auteurs qui ont essayé d'aborder ce problème chez l'enfant distinguent divers stades dans l'acquisition de ce sens de la mort. Passant sur les divergences, nous pouvons néanmoins résumer leurs travaux en y repérant quatre phases :

– la première serait celle d'une incompréhension totale et d'une complète indifférence. Elle se prolongerait jusqu'à l'âge de deux ans. Les seules réactions seraient celles qui surviennent après une absence ou une séparation. Ces réactions dureraient peu sauf en cas de traumatisme ou de séparations répétées. Il n'y aurait pas de représentation consciente objectivable ;

– la seconde phase abstraite répondrait à une perception mythique de la mort : celle-ci étant appréhendée comme l'envers du réel. Elle devient pures cessation et disparition. Cette mort est d'ailleurs provisoire, temporaire et réversible, à la fois reconnue et plus ou moins déniée dans ses conséquences. Cette étape se prolongerait jusqu'à 4-6 ans. Les deux états : la vie-la mort ne s'opposent pas, ne sont pas contradictoires. Ce sont deux états différents mais ni menaçants, ni opposés, chacun étant réversible ;

– de cette phase, l'évolution se ferait ensuite vers une phase concrète qui se prolonge jusque vers 9 ans. C'est la phase du réalisme infantile, de la personnification. Elle correspond d'ailleurs à la maîtrise de la permanence de l'objet et se traduit par des représentations concrètes : cadavre, cimetière, squelette, tombeau. La personne meurt mais reste au début représentable dans le temps et dans l'espace : simplement, elle ne peut ni bouger, ni parler, ni respirer ; elle est absente, partie, malade, pétrifiée dans une autre façon de vivre. Entre 4 et 9 ans cependant trois modifications de cette notion de mort vont intervenir permettant de diviser cette phase en deux sous-périodes. C'est d'abord le passage d'une référence individuelle, ma mort, la mort de telle personne, à une référence universelle (tous les hommes sont mortels, d'abord les vieux) ; ensuite le passage du temporaire et réversible à l'irréversible et définitif : c'est le problème de l'acceptation réaliste du destin humain sans émotion particulière, mais en même temps crainte éventuelle de la mort de l'objet aimé et non plus de sa simple absence. Enfin survient la modification du sens moral attaché à la mort. D'une mort envisagée comme punition ou vengeance, elle devient un processus naturel, élément d'un cycle biologique ;

– ainsi l'enfant entre-t-il dans la quatrième phase à nouveau abstraite entre 9 et 11 ans, celle de l'angoisse existentielle qui suppose l'accès à la symbolisation de la mort et à la maîtrise de ce concept, mais aussi la crainte de la perte réelle et de l'issue de son propre destin. Nous sortons ici de la problématique de l'enfance proprement dite pour rejoindre la problématique de l'adolescence avec la reviviscence des angoisses antérieures et l'introduction de la pensée adulte sur la mort, ses corollaires philosophiques, métaphysiques, religieux, psychosociologiques et éthiques.

Toutefois il ne faudrait pas réduire la notion du concept de mort et le vécu de cette mort à son seul aspect cognitif. D'autres facteurs interviennent outre les facteurs sociologiques déjà cités : la manière dont ses proches parlent à l'enfant de la mort, l'expérience personnelle qu'il peut en avoir à travers le décès de parents ou une maladie grave (v. p. 451), etc. Enfin au plan imaginaire, l'enfant utilise de multiples représentations intermédiaires pour tenter de figurer la mort et ses conséquences. P. Ferrari évoque le rôle du fantôme « où se côtoient le « déjà mort » et le « encore vivant »... et qui serait une sorte d'objet transitionnel mortel utilisé par l'enfant dans sa relation à la mort ». De même la fascination de l'enfant pour le squelette humain « constituerait une tentative pour maîtriser l'horreur qu'inspire le cadavre..., une tentative pour arrêter la décomposition ». On sait combien sont fréquentes chez l'enfant les évocations des fantômes ou des squelettes : même quand la société fait tout pour que l'enfant soit le moins possible confronté à la mort, la fantasmagorie de l'enfant garde à la mort et ses représentations une place centrale.

II. – Clinique des conduites hétéro-agressives

Dès l'âge le plus tendre l'enfant sait manifester son déplaisir avant même sa colère : il existe en effet un continuum entre les réactions au manque et à la frustration (qu'on pourrait en terme d'éthologie comprendre comme des empiètements sur le « territoire » du nourrisson) et la manifestation de revendication plus ou moins agressive à l'égard de l'entourage : demander, réclamer, exiger impliquent un minimum d'agressivité. Les premières conduites directement agressives surviennent à la fin de la deuxième année et au cours de la troisième année. Auparavant, le petit enfant peut présenter des réactions de rage avec agitation violente, trépignements, cris lorsqu'il n'obtient pas ce qu'il attend. Vers 2-3 ans, l'enfant adopte fréquemment un comportement opposant, coléreux. En même temps, il attaque, griffe, tire les cheveux, mord les enfants de son âge (enfants mordeurs) au parc ou dans le bac à sable, parfois aussi dans sa famille. Puis ces réactions s'estompent : vers 4 ans l'enfant exprime son agressivité verbalement mais non plus en geste. Ses fantaisies agressives sont alors souvent riches et nombreuses comme en témoignent ses jeux en même temps que les rêves d'angoisse et d'agression font leur apparition. Il existe cependant une grande différence selon le sexe : les garçons adoptent plus souvent des attitudes agressives que les filles. Toutefois une violence *à minima* persiste fréquemment : en témoignent les nombreuses agressions sur les animaux (la mouche sans aile et le lance-pierre contre l'oiseau) ou entre enfants (*La guerre des boutons*).

A. – L'hétéro-agressivité excessive

Si, dans la majorité des cas, les conduites directement agressives disparaissent, certains enfants continuent à se montrer violents, tapent leurs camarades, voire des adultes ou leurs parents, cassent les objets des autres ou les leurs. Au maximum se trouve réalisé le tableau du « **bourreau familial** » enfant parfois très jeune qui par son comportement commande toute la famille : ce sont des enfants dits impulsifs qui, à la moindre contrariété, entrent dans de violentes colères ou même de véritables réactions de rage. Ils ont tendance à utiliser les autres et surtout leurs parents comme de simples instruments mis à leur disposition : ils ne tolèrent aucun retard dans la satisfaction de leur demande. Parfois cette attitude est sélective, ne se produisant qu'en présence de certaines personnes : l'un ou l'autre parent, les grands-parents. Le facteur éducatif joue dans ces cas un rôle prépondérant : l'adulte « victime » s'avère généralement faible, incapable de donner une limite à l'enfant, au pire véritablement complice en prenant plaisir à se laisser martyriser par ce dernier. Ce tableau est fréquent dans les relations enfant-grands-parents ou enfant-parent lorsque cet enfant est placé en crêche ou en nourrice (l'adulte renonce à son rôle d'éducateur et soigne sa culpabilité en ne causant pas de frustration à son enfant).

Plus grave est le comportement non sélectif de l'enfant qui, face à toute frustration, réagit violemment réalisant au maximum le tableau de l'intolérance à la frustration.

Cette intolérance à la frustration banale et normale vers 2-3 ans, prend chez certains des proportions inquiétantes à la phase de latence et à la préadolescence : bris de mobilier, menace permanente de passage à l'acte, violence envers la fratrie, fugue, etc. Ce comportement survient dans des familles où l'entente entre parents est médiocre ou artificielle, l'autorité parentale et surtout paternelle fréquemment bafouée (en particulier par la mère), et où les modes d'interactions familiaux se sont précocement organisés autour du chantage (« si tu fais ceci, tu auras cela » du parent auquel répond le « si j'ai cela, je ferai ceci » de l'enfant).

Ce type de comportement fait habituellement le lit d'une future organisation psychopathique (v. Avant-propos : Abrégé de psychopathologie de l'adolescent). D'autant plus que cette intolérance à la frustration déborde le strict cadre familial et s'étend aux relations socialisées de l'enfant (camarade, enseignant, éducateur...).

A un degré supplémentaire la réaction d'intolérance à la frustration peut apparaître pour des motifs les plus minimes en dehors même de toute relation avec une personne (disparition d'un petit jouet, changement dans le décor habituel...) et provoque une désorganisation complète du comportement de l'enfant. La séquence colère-agitation-coup de pied ou de poing en tous sens-auto-agressivité finale, montre l'importance de la pulsion agressive et la médiocre distinction entre le soi et le monde externe. Ces graves intolérances à la frustration représentent un des principaux signes cliniques des psychoses précoces (v. *Auto-agressivité*).

B. – Conduites violentes caractérisées

Si la violence du préadolescent (entre 10-13 ans) ne fait pas encore partie du décor quotidien, elle est désormais reconnue.

Nous distinguerons d'abord la violence matérielle : destruction d'objets, de salle de classe, saccage de locaux divers. Ces conduites violentes sont le propre de bandes d'adolescents et apparaissent le plus souvent dans des conditions socio-économiques défavorables (grands ensembles, structures familiales éclatées). Elles sont généralement impulsives, non préméditées et débutent par une sorte de jeu où les conséquences des actes violents ne sont pas nettement envisagées : on peut voir là la déviation urbaine d'une violence jadis plus diffuse et mieux tolérée dans les campagnes (chasse de divers animaux, bagarre entre bandes). Dans d'autres cas, il semble s'agir d'une violence déjà organisée avec une connotation antisociale nette : vol avec menace, rançonnage, etc. Le risque pour cette classe d'âge est d'entrer prématurément dans le circuit de la « prédélinquance » avec ses mécanismes d'exclusion et de renforcement des conduites les plus pathologiques.

C. – Conduites meurtrières

La presse se fait régulièrement l'écho d'acte meurtrier de jeunes enfants (assassinat d'un vagabon, meurtre d'un enfant au collège). Nous y ajouterons les très rares cas d'enfants paricides : l'impulsivité, l'immaturité affective, la carence du contexte familial se retrouvent dans toutes les observations. L'intégration de la permanence de l'objet n'est pas toujours solidement établie : mourir ou tuer ayant plus la signification de « se débarrasser » que de « disparaître à jamais » (Ochonisky). Ces éléments font évoquer des organisations prépsychotiques.

D. – L'inhibition grave de l'agressivité : le masochisme

Nous ne traiterons pas ici de l'inhibition intellectuelle ni de l'inhibition avec des traits névrotiques (v. p. 321). Nous nous centrerons sur certains traits cliniques particuliers : ainsi certains enfants se caractérisent par un évitement important de toute conduite ou situation agressive qui va bien au-delà de la simple « peur des coups » ou de la punition. Il n'est pas rare que ces enfants soient trop sages en apparence, d'allure soumise. Ils ne protestent pas, ne se mettent jamais en colère, n'expriment pas de sentiment de rivalité par rapport à la fratrie. Chez d'autres, ces mêmes conduites alternent avec de brusques « à-coups » où l'enfant se sent victime des autres, persécuté, objet de moqueries ou de menaces.

Tous les degrés de pathologie existent depuis l'inhibition légère jusqu'à la totale incapacité de se défendre. Dans ce dernier cas l'investigation psychopathologique révèle fréquemment une vie fantasmatique riche, dominée par d'intenses fantasmes de destruction. L'enfant vit alors ses fantasmes comme des menaces réelles venant de l'extérieur ou craint de posséder en lui une destructivité sans limite. Cette confusion entre fantasme et réalité caractérise des structures mentales généralement pré-œdipiennes qui se sont organisées autour d'une position schizoparanoïde (M. Klein).

Au maximum on observe ces enfants qui semblent avidement chercher à être l'objet de persécution : exclusion, moquerie, perte répétée des objets personnels, voire de véritables agressions (éternelles victimes). Dans un certain nombre de cas, il s'agit d'un processus classique d'érotisation masochique de la souffrance, mais pour la majorité, cette dimension névrotique paraît très secondaire. La persécution devient une sorte de modalité relationnelle de base : chaque nouvelle agression ne fait que confirmer la fantasmatique persécutive sous-jacente. Ces « positions masochiques primaires » représentent l'intermédiaire avec les conduites directement auto-agressives et s'observent dans les organisations psychotiques ou prépsychotiques.

III. – Clinique des conduites auto-agressives

A. – Automutilations

Il existe un double continuum à la fois génétique et structurel dans les automutilations : continuum génétique en ce sens que la conduite automutilatrice au sens le plus large apparaît très tôt, à un âge où on peut considérer que le bébé ne distingue pas encore très bien son corps propre et l'extérieur : griffures de son propre visage, mordillement de ses doigts parfois jusqu'au sang, heurts rythmiques de la tête ou d'une partie du corps contre le sol ou la paroi du lit sont des conduites non exceptionnelles entre 6-8 mois et 2 ans. Elles disparaissent habituellement pour laisser la place aux conduites hétéro-agressives déjà décrites. Continuum structurel aussi en ce sens que, de la conduite automutilatrice la plus banale et la plus répandue comme l'onycophagie (v. p. 105) ou le grattage des croûtes, jusqu'à la grande automutilation, tous les intermédiaires s'observent. Nous évoquerons ici les plus typiques.

1°) Automutilations fixées des grands encéphalopathes ou des psychotiques précoces

Les conduites automutilatrices dans les tableaux d'encéphalopathies les plus graves (qu'elles soient organiques ou psychogénétiques) sont assez fréquentes et témoignent de l'inorganisation des limites du corps. Etant donné l'aspect profondément régréssé et habituellement mutique de ces enfants, la signification de l'automutilation est l'objet de nombreuses discussions : absence de perception de la douleur, pathologie centrencéphalique particulière, non perception de son corps, autostimulation, etc. sont les raisons invoquées tour à tour. Dans la majorité des cas la conduite automutilatrice ne peut être rattachée à une étiologie précise.

Nous signalerons toutefois deux exceptions marquées par une conduite automutilatrice très stéréotypée corrélée à un diagnostic étiologique précis : l'arrachage des cheveux observé dans la maladie de Menkes, le rongement des doigts qui peut atteindre l'autodévoration dans la maladie de Lesh-Nyhan. Si ces maladies sont certes rares, elles ont néanmoins un incontestable intérêt pour l'étude génétique des traits de comportements isolés.

Sur le plan sémiologique les conduites automutilatrices intéressent d'abord la tête (heurtée sur le sol, contre les radiateurs), puis la bouche (morsure des lèvres, de la langue, des joues, des doigts ou des poings), puis la main (coups sur les yeux, la poitrine), etc. Chaque enfant adopte souvent une conduite automutilatrice précise.

Sur le plan dynamique ces conduites automutilatrices semblent répondre à un certain degré de motivation. Ainsi pour Duché, Braconnier et coll. on les observe :

1°) en réponse à une frustration ;

2°) comme signe d'appel ou de sollicitation de l'entourage (la conduite automutilatrice est alors souvent moins violente et destructrice) ;

3°) comme redirection sur soi après une interaction agressive venant de l'entourage (bousculade par exemple) ;

4°) comme comportement autostimulateur enfin dans un contexte solitaire, l'intensité des coups étant faible.

En réalité, on pourrait dire que dans les cas *1* et *3* la destructivité de la conduite automutilatrice est grande, alors que dans le cas *2* cette même conduite a plutôt valeur de communication et que dans le cas *4* elle représente une sorte de persistance des conduites autostimulatrices banales du nourrisson.

Au plan étiologique, en dehors des étiologies très précises citées plus haut, ces conduites automutilatrices s'observent dans les grandes encéphalopathies et les psychoses précoces sans langage. On les note aussi dans les états abandonniques ou les grandes carences affectives.

2°) Automutilations impulsives

Différentes des précédentes sont les automutilations qui s'observent au cours d'une grande crise d'agitation, secondaire à une frustration, et qui traduisent une profonde intolérance à la frustration (v. p. 207). Chez certains enfants en même temps qu'ils présentent un état de grande colère, d'agitation et d'hétéro-agressivité, on note parfois de véritables conduites automutilatrices : ils se laissent tomber brutalement sur le sol, se jettent ou tentent de se jeter dans l'escalier, se donnent impulsivement une série de coups... La dangerosité de ces conduites peut être grande ; la limite avec les tentatives de suicide est imprécise (cas de la phlébotomie impulsive avec le morceau de verre qui vient d'être cassé).

Ces automutilations impulsives s'observent chez des enfants moins perturbés que les précédents, en particulier chez des adolescents ou préadolescents dont les conduites psychopathiques masquent un noyau psychotique sous-jacent.

B. – Tentatives de suicide (T.S.) de l'enfant

Habituellement confondues avec les T.S. de l'adolescent*, les T.S. de l'enfant sont rares, il est vrai, mais non exceptionnelles puisque 10 % des T.S. d'enfants et d'adolescents concernent des enfants de moins de 12 ans. Plus l'enfant est jeune plus le problème de l'intentionalité de la conduite suicidaire est une question qui se pose. Nous renvoyons là le lecteur au chapitre introductif p. 204 où ce point est étudié en même temps que celui de l'évolution génétique de la notion de mort chez l'enfant.

Sur le plan épidémiologique par rapport aux T.S. de l'adolescent * la seule différence notable est la sur-représentation des garçons d'autant plus grande que l'enfant est plus jeune (entre 2 et 3 garçons pour une fille). En revanche, le choix de la méthode utilisée distingue l'enfant de l'adolescent : plus l'enfant est jeune, plus le moyen utilisé est brutal, violent et traumatique : strangulation, pendaison, précipitation sous une voiture, noyade sont les moyens utilisés par les plus jeunes. L'intoxication médicamenteuse, première des méthodes utilisées à l'adolescence, n'apparaît qu'après l'âge de 10 ans. Compte tenu du sexe et de l'âge, on pourrait établir une sorte de rapport entre garçon/strangulation/pendaison/défenestration et fille/précipitation/intoxication.

Deux constatations face à ces méthodes s'imposent : l'importance de l'impulsivité, du passage à l'acte d'une part, et de l'autre la fréquence de l'atteinte de la fonction respiratoire comme si l'enfant connaissait très tôt le caractère vital de cette fonction (ceci est à mettre en parallèle avec la fréquence de la pathologie somatique et psychosomatique de l'arbre respiratoire chez le petit enfant).

La signification de ces tentatives est variable, proche de celle qu'on retrouve à d'autres périodes : fonction d'évitement ou de fuite d'une situation déplaisante, parfois anodine aux yeux de l'adulte (mauvaise note, banale réprimande) ; appel lorsque l'enfant cherche à attirer vers lui une attention ou une affection qu'il estime avoir perdue (on retrouve un grand nombre d'antécédents de placements familiaux, d'abandon, de ruptures multiples), c'est ce qu'on nommait de façon péjorative le suicide-chantage : désir de punition d'autant plus fréquent que l'enfant n'a pu entrer de façon satisfaisante dans la période de latence et qu'il

* Non traitées ici (voir avant-propos).

continue de vivre sous le poids d'une culpabilité œdipienne excessive. Plus particulier à l'enfant semble être le désir d'union magique par-delà la mort avec la personne que l'enfant vient de perdre ou croit avoir perdue. Peu avant le suicide de l'enfant on retrouve ainsi fréquemment le décès d'un parent ou d'un membre de la fratrie, une hospitalisation pour maladie, ou un départ.

Ceci pose le problème sur le plan psychopathologique du rapport entre conduite suicidaire et état dépressif de l'enfant. Si l'expérience d'une perte est fréquente dans les antécédents proches, il serait abusif et faux d'assimiler la T.S. de l'enfant à une manifestation d'un état dépressif. Ce serait en outre négliger la problématique de l'agressivité à l'égard de l'autre et de son retournement contre soi sous forme de culpabilité, ou de l'agression de l'image de l'autre que porte en lui l'enfant. S'agressant il agresse dans le même temps l'autre. Toute mère a fait l'expérience que quand son enfant cherche à l'agresser, c'est souvent par son propre corps qu'il passe : refus de manger par exemple, montrant par là que l'image de soi et l'image de l'autre sont moins bien différenciées que chez l'adulte, mais aussi qu'on attaque dans le même mouvement l'image de soi et l'image de l'autre qu'on porte en soi. Il existe une dialectique très subtile entre l'agression de l'autre et l'agression de soi, dialectique constamment retrouvée dans les tentatives de suicide de l'adulte mais qui existe dans les tentatives de suicide de l'enfant, d'autant plus que l'autre existe non seulement par l'image intériorisée que l'enfant porte en lui-même, mais aussi par sa présence physique constante face à l'enfant.

Sur le plan étiologique enfin la majorité des auteurs insiste sur la rareté des états psychiatriques caractérisés : psychoses, névroses typiques sont exceptionnelles. Le plus souvent on ne retrouve que de vagues traits d'immaturité, de labilité affective, d'impulsivité, sans qu'un tableau précis puisse être isolé.

C. – Conduites dangereuses et équivalents suicidaires

Un certain nombre d'auteurs (Duché, Riquet, Gessel, Bakwin...) ont établi un parallélisme entre les conduites suicidaires manifestes et la propension aux accidents chez certains enfants. Il existe en effet un continuum entre accident, suicide-accident, suicide-jeu et suicide avec désir de mort consciemment exprimé avant les T.S.

Certains enfants adoptent ainsi des conduites de « défi » propres à mettre en danger leur vie (marcher au bord du précipice, traverser la rue à toute allure en fermant les yeux...), cette notion de risque étant plus ou moins consciente. Chez d'autres, leur histoire clinique est émaillée d'une impressionnante série d'accidents (fractures répétées, morsures par des animaux, brûlures diverses, accidents ménagers à répétition). Les quelques études portant sur ces enfants ou sur ces familles mettent en évidence une incontestable communauté de traits avec les cas de T.S. Ceci doit inciter non seulement le pédopsychiatre mais aussi le pédiatre ou le généraliste à envisager ces accidents répétitifs, non pas comme le résultat d'une fatalité, mais comme le témoin d'un contexte psychopathologique particulier.

Bibliographie

Duche (D.J.) : Les tentatives de suicide chez l'enfant et l'adolescent. *Psychiatrie enfant,* 1964, *7,* (1), p. 1-114.

Duche (D.J.), Braconnier (A.), Khemici (M.) : Etude des comportements automulateurs chez des enfants encéphalopathes sans langage. *Neuropsychiatrie de l'Enfance,* 1979, *27* (12), p. 521-527.

Enfants et Violence : Les 10-13 ans, âge invisible. *Autrement, 22,* 1979.

Ferrari (P.) : L'enfant et la mort. *Neuropsychiatrie enf.*, 1979, 27, 4-5, 177-186.

Flavigny (Ch.) : Les gestes, suicidaires de l'enfant. *Neuropsychiatrie enf.* 1982, **30,** 10-11, p. 537-562.

Gourdon-Hanus (D.), Hanus (M.), Jassaud (R.) : Le deuil chez l'enfant. *Psychiatrie enfant,* 1980, *23* (1), p. 319-340.

Karli (P.) : Les conduites agressives. *Recherche,* 1971, *18,* 2, p. 1013-1021.

Karli (P.) : Neurobiologie des comportements d'agression. *P.U.F.,* Paris, 1982, coll. Nodule, 1 vol.

Lorentz (K.) : *L'agression.* Flammarion, Paris, 1969.

Male (P.) : Le suicide chez l'enfant et l'adolescent. *Rev. prat.,* 1971, *21,* 32, p. 4827-4840.

Marcelli (D.) : Les tentatives de suicide de l'enfant : Aspect statistique et épidémiologique général. *Acta paedopsychiat.,* 1978, *43,* p. 213-221.

Montagner (M.) : *L'enfant et la communication.* Stock, Paris, 1978.

Numero Special : L'enfant et la mort. Articles de Ferrari, Dugas, Ebtinger, Kohler, etc. *Neuropsychiatrie de l'enf.,* 1979, *27,* 4-5, p. 177-233.

Poussin (G.) : Les conduites automutilatrices. *Psychiatrie enfant,* 1978, *21* (1), p. 67-131.

Widlocher (D.) : Le rôle des fantasmes d'agression dans la dynamique de l'agressivité. *In Les troubles du caractère. 2e Congrès européen de pédopsychiatrie,* 1963, vol. 2, p. 1193-1198.

13

Psychopathologie de la différence des sexes et des conduites sexuelles

I. – Mythes, différence des sexes et sexualité

S'il est une question où mythe et réalité s'interpénètrent, assurément la question de la différence des sexes est une de celle-là. Le mythe d'une individualité complète et autonome, d'un hermaphrodisme heureux et satisfait, d'un narcissisme absolu, d'une complétude gémellaire nirvhanique, tisse la toile de fond du problème de la différence des sexes, qu'il s'agisse d'un mythe originaire (Adam) ou d'un désir ultérieur (romantisme allemand). Etudier la sexualité de l'enfant, dont l'immaturité génitale représente par sa durée même une caractéristique de l'espèce humaine, ne saurait éluder cette dimension du mythe sur lequel nous reviendrons.

Toute la problématique du narcissisme, objet des préoccupations et des recherches les plus récentes sous-tend également cette question. A la possible bisexualité originaire, au problème de la constitution de l'identité sexuée de l'individu, à la place primordiale du corpus social dans les fonctions classiquement attribuées à chaque sexe répondent souvent comme en écho des « études scientifiques », expériences physiologiques expérimentales et études analogiques du comportement animal dont le rôle paraît être plus souvent d'assurer la conviction du scripteur que d'éclairer la lanterne du lecteur.

Nous essaierons dans ce trop court chapitre de mettre en place les principaux jalons qui marquent le chemin de la différence sexuelle, de la perception de cette différence par l'enfant et de l'émergence de la sexualité qui doit se dégager progressivement de la génitalité. En effet, il est probable que, s'il n'y avait pas eu de période de latence dans l'enfance, il n'y aurait pas de sexualité, mais seulement une fonction reproductrice comme cela s'observe dans l'immense majorité des espèces animales. Un des grands mérites de Freud est d'avoir pu parler de la sexualité du petit garçon sans honte ni agressivité, ni refoulement : on déclare souvent que Freud a « découvert » la sexualité de l'enfant. Rien n'est plus faux si on entend par là que Freud a découvert la sexualité infantile comme Christophe Colomb a découvert l'Amérique. Bien avant Freud, les très nombreux articles médicaux destinés à montrer les dangers des pratiques sexuelles infantiles, les ingénieux appareils destinés à interdire tout « attouchement » par l'enfant de ses organes génitaux témoignent bien que la sexualité de l'enfant était connue, mais réprimée, au moins depuis la grande vague puritaine des deux siècles précédents (XVIIIe et XIXe siècles).

Le mérite de Freud est d'avoir découvert cette sexualité infantile, mais au sens d'avoir enlevé la couverture qui la tenait cachée. Toutefois cette sexualité découverte, mise à nu, a fait un temps oublier le rôle de la phase de latence, rôle qui reste aussi mystérieux aux yeux des physiologistes que des psychologues ou psychanalystes.

Ainsi l'*infans* à mesure qu'il se constitue comme individu doit non seulement se reconnaître un sexe et renoncer à l'autre, mais encore accepter de ne pas trouver avant longtemps un véritable objet de satisfaction sexuelle : peut-être cette longue période dite de latence a-t-elle précisément pour rôle de permettre à l'*infans* toute une gamme d'expériences, d'essais et d'erreurs jamais satisfaisants par définition (l'orgasme est pour plus tard), mais qui laisse ouvert le champ de la découverte. Certains chercheurs voient là une des sources du succès de l'espèce humaine.

Nous ne reprendrons pas ici l'étude du développement de la libido envisagée ailleurs (v. p. 15), car nous nous centrerons plus précisément sur l'évolution de la sexualité et de ses avatars physiologiques et psychologiques.

II. – Base physiologique et physiopathologique de la différentiation sexuelle

Nous rappellerons qu'on doit distinguer le **sexe génétique** (chromosomes 46 XY ou 46 XX), le **sexe gonadique** (la structure des gonades mâles ou femelles), le **sexe corporel** (caractères sexuels primaires : organes génitaux internes et externes, caractères sexuels secondaires : pilosité, sein, morphologie, etc.), le **sexe de l'état civil,** enfin le **sexe « vécu ».** Ce « sexe vécu » renvoie à la notion *d'identité sexuée* dans laquelle se reconnaît l'individu. Selon Stoller cette identité sexuée inclut deux composantes : l'*identité de genre,* c'est-à-dire le rôle social de l'un ou l'autre sexe, et l'*identité de sexe.* Stoller distingue ainsi deux notions : *le « genre »* qui est un concept psychologique et sociologique et *le « sexe »* qui est un concept biologique.

Il n'existe pas deux lignées sexuelles totalement différentes, l'une mâle l'autre femelle, dès la conception de l'œuf, mais au contraire une constante interaction qui prend souvent d'ailleurs l'allure d'une répression physiologique d'une lignée par l'autre. Les achoppements fréquents entre ces deux lignées sont à chaque étape illustrés par certains types d'anomalies.

Les recherches les plus récentes tendent à montrer qu'il existerait une sorte de « sexe neutre »; à partir duquel se ferait le développement : cet état est plus proche du sexe féminin qui représenterait en quelque sorte le sexe premier (il existe ici au plan biologique un strict inversement du mythe d'Adam d'où sortirait Eve). Le rôle de l'Y est primitivement d'induire la sécrétion de testostérone qui secondairement entraîne la masculinisation du tractus urogénital. En l'absence de l'Y, ou en l'absence de testostérone, le développement se fait vers une morphologie féminine qui représenterait l'évolution « passive spontanée ». Les biologistes continuent en revanche de s'interroger sur le rôle du deuxième X du sexe génétique féminin 46XX.

A. – Sexe chromosomique

46 XY chez l'homme,
46 XX chez la femme.

La présence d'un deuxième X détermine la présence du « corpuscule de Barr » ou chromatine sexuelle (donc absence de cette chromatine sexuelle chez les 46 XY et les 45 XO).

Anomalies

– 45 XO : *syndrome de Turner* marqué par une morphologie féminine avec certaine malformation (ptérygium Coli) et une débilité de profondeur variable ;

– 47 XXY *syndrome de Klinefelter* avec un morphotype masculin d'aspect longiligne. La débilité est fréquente.

Signalons enfin le problème des mosaïques chromosomiques qui se caractérisent par un équipement génétique variable d'une cellule gonadique à l'autre, réalisant au maximum le tableau de l'hermaphrodisme vrai avec un ovotestis uni ou bilatéral. Sur le plan des organes génitaux externes, tous les types d'ambiguïté peuvent s'observer.

B. – Sexe gonadique et sécrétion hormonale

Normalement le sexe chromosomique oriente l'évolution de la gonade et ce dès la sixième ou septième semaine de la vie embryonnaire. Comme on l'a vu, la sécrétion de testostérone masculinise le tractus urogénital. Après une diminution relative du taux circulant d'hormones sexuelles chez le fœtus, on observe une brusque augmentation de ce taux autour de la période néonatale, surtout chez le garçon. Ces taux très élevés se maintiennent pendant trois à sept mois chez le garçon, pour revenir à des taux faibles, caractéristiques de l'enfance. Ce pic de sécrétion d'hormones mâles chez le nouveau-né garçon explique l'existence des érections à cet âge ; il serait responsable en partie de l'orientation psychosexuelle du système nerveux central. Chez le nouveau-né fille, l'élévation des taux d'hormones sexuelles est moins importante et s'éteint beaucoup plus rapidement. Ces taux d'hormones sexuelles élevés à la naissance correspondraient à une phase de réceptivité particulière et transitoire de l'axe hypothalamo-hypophysaire. Cette sensibilité particulière du S.N.C. du nouveau-né mâle semble démontrée chez certaines espèces animales : la forte sécrétion hormonale mâle marquerait une sorte d'empreinte indélébile, « masculinisant » le cerveau et inhibant le centre d'activité cyclique hypothalamo-hypophysaire caractéristique du fonctionnement des femelles.

Après une longue période de silence, propre à l'espèce humaine, les sécrétions sexuelles reprennent à la puberté qui survient entre 10 et 17 ans chez la fille et 11 et 18 ans chez le garçon (limites physiologiques extrêmes).

Principales anomalies

a) Anomalies fonctionnelles : notons d'abord l'existence de **puberté précoce** (avant 9 ans chez la fille et 10 ans chez le garçon) d'origine presque toujours tumorale chez le garçon, et presque toujours fonctionnelle chez la fille. La découverte de la tumeur et son traitement chez le garçon, la récente mise au point du frénateur hypophysaire, donnent à la médecine somatique quelques armes pour lutter contre ces pubertés précoces qui perturbent souvent beaucoup l'équilibre psycho-affectif de l'enfant.

A l'opposé, les **retards pubertaires** (au-delà de 17 ans chez la fille et de 18 ans chez le garçon) sont le plus souvent de type fonctionnel quand ils sont isolés, sans autres signes endocriniens. Une exploration soigneuse de l'ensemble des fonctions hypothalamo-hypophysaires est toutefois nécessaire. Les difficultés psycho-affectives de la série inhibition-isolement sont fréquentes par le décalage que ce retard pubertaire provoque avec les autres adolescents.

b) Anomalies organiques : il s'agit des **pseudohermaphrodismes** masculins (gonade mâle) ou féminins (gonade femelle) : les organes génitaux sont d'apparence soit ambiguë, soit opposée au sexe chromosomique qui lui, en revanche, est normal (46 XY ou 46 XX). Ceci s'observe dans les cas d'imprégnation du fœtus par l'hormone de sexe opposé (par exemple pseudohermaphrodisme féminin par hyperplasie congénitale virilisante des surrénales) ou par insensibilité des récepteurs à l'hormone normale (par exemple dans le testicule féminisant).

Ce sont dans ces pseudohermaphrodismes qu'existent les problèmes les plus difficiles d'identité sexuelle. Lorsqu'un enfant a été élevé dans un sexe civil auquel il s'est correctement identifié, le changement de sexe, passé l'âge de 3-4 ans, pose de difficiles problèmes où doivent être mises en balance l'importance de l'ambiguïté sexuelle, les capacités de la chirurgie plastique, la profondeur de l'identité sexuelle individuelle et sociale. C'est dire qu'aucune règle générale ne peut être définie, chaque cas représentant une indication particulière. D'une manière générale, de nombreux travaux (Stoller, Kreisler) ont montré que le sexe social, c'est-à-dire le sexe assigné à l'enfant par les parents, constitue le pôle organisateur autour duquel s'affirme l'identité sexuée de l'enfant lui-même, et que dans toute la mesure du possible il est préférable de maintenir ce choix. Il existe quelques cas où le doute sur l'identité sexuée, non seulement du corps médical, mais aussi de la famille, provoque certes une faille dans les processus d'identification de l'enfant, mais autorise une plasticité plus grande (Daymas) ; dans ces cas, un changement de sexe plus tardif est moins perturbant.

Nous venons de voir très schématiquement les bases physiologiques de la différence des sexes. Nous avons pu observer que les erreurs, les indifférenciations, les incertitudes existent à tous les paliers organiques de cette différenciation sexuée. Dans les paragraphes suivants, c'est sur les mécanismes psychologiques sociaux, familiaux et individuels, que portera notre attention, après que la différenciation physiologique se soit constituée de façon satisfaisante.

III. – Bases psychologiques et sociologiques de la différence des sexes

Parler de différence des sexes sur le plan sociologique introduit dans le débat une dimension politique à laquelle non seulement nous n'échapperons pas, mais surtout à laquelle l'enfant lui-même n'échappera pas. La question peut se formuler de la manière suivante : dans quelle mesure la perception d'une différence s'accompagne-t-elle d'un sentiment de hiérarchie de valeurs ?

Certes les réponses culturelles à cette interrogation abondent : chacun sait, au moins pour nos sociétés occidentales, combien le sexe mâle a pu servir de référence (et sert encore) : les valeurs éthiques, morales, physiques, caractéristiques de l'homme ont en effet une tendance certaine à être définies en positif, et les valeurs contraires, dites féminines, en négatif. Il est évident que les parents, puis l'enfant dès son plus jeune âge, seront imprégnés d'un tel mode de pensée.

Encore plus fondamental pour l'enfant nous semble être cependant le moment où il percevra l'existence d'une différence sexuelle : bien évidemment ce moment est préparé de longue date par le sexe que ses parents lui ont assigné dans la manière de l'élever, le porter, l'habiller, lui parler, etc. Toutefois, une phase importante précède ce mouvement : il s'agit de la période fusionnelle normale avec la mère où le bébé établit son sentiment d'existence (son *self*), période qu'il doit dépasser au moment de la phase de « séparation-individuation » (M. Malher) ou lors de la « position dépressive » (M. Klein). Ce sentiment d'existence constitue l'ancrage à partir duquel l'enfant se reconnaîtra comme individu, avant de se reconnaître un sexe. Stoller considère dans ces conditions que la relation fusionnelle mère-fille apporte un sentiment d'individualité plus solide aux filles que la relation mère-garçon n'en apporte aux garçons, où le décalage du sexe introduit un doute identificatoire plus grand. Le résultat clinique en est chez le garçon, puis chez l'homme, une crainte plus grande de l'homosexualité que chez la fille parce que, selon Stoller, les racines de ce qu'il appelle la « masculinité » sont moins bien assurées.

Une fois établi le sentiment d'individualité, l'enfant est alors confronté au problème de la différence des sexes : il doit reconnaître son appartenance à un sexe et renoncer au fantasme originaire d'omnipotence ou de complétude. A l'évidence l'attitude de la famille joue encore ici un rôle considérable, mais l'enfant se trouve introduit dans la dialectique de la reconnaissance d'un manque avec l'émergence d'un désir et, en corollaire, la dialectique de la complétude et du plaisir : c'est autour de ces quatre termes, manque-désir, complétude-plaisir, que doit s'organiser la sexualité de l'enfant, toujours marquée, comme nous l'avons précisé en introduction, par l'immaturité physiologique infantile.

Cette immaturité sexuelle physiologique conduit à distinguer génitalité et sexualité, le premier terme impliquant la maturité des organes génitaux, le second étant plus centré sur la recherche d'un plaisir qui cependant ne doit pas faire oublier les trois temps précédents (manque-désir-complétude). Pour l'enfant, quel que soit son sexe, accepter son manque c'est renoncer à sa toute-puissance infantile (non seulement pouvoir être totalement satisfait par la mère, mais aussi pouvoir totalement la satisfaire), et projeter sur le couple parental cet état de complétude enviée. Aussi l'enfant passe-t-il du mythe de la complétude narcissique au mythe de la scène primitive à partir duquel s'organise la **curiosité sexuelle.**

Dans la théorie psychanalytique, c'est sur cette curiosité sexuelle que reposent les tendances voyeuristes/exhibitionnistes de l'enfant, mais aussi ses désirs épistémophiliques dans une sublimation de bonne qualité. On peut ainsi observer de subtils décalages optiques qui font passer l'enfant de la dialectique d'une complétude narcissique (dyade mère-enfant) à celle de l'écart sexuel (garçon-fille à la phase œdipienne) et enfin à celle de l'écart de génération (enfant-adulte à la période de latence).

Nous avons vu que la dissymétrie du couple mère-garçon explique peut-être la plus grande incertitude identificatoire du garçon que de la fille (Stoller). Doit-on voir dans cette dissymétrie un des grands problèmes de la pédopsychiatrie, celui de la dissymétrie de morbidité en fonction du sexe? Nous allons brièvement aborder ce point.

Morbidité en pédopsychiatrie et dissymétrie en fonction du sexe

Toutes les études épidémiologiques s'accordent à reconnaître l'existence d'une sur-représentation des garçons par rapport aux filles dans la population consultante en pédopsychiatrie. Avant 14 ans, on compte entre 60 à 65 % de garçons pour 35 à 40 % de filles, proportion qui diminue peu à peu pour s'inverser autour de 18 ans (1,4 filles pour 1 garçon), seule période où le sexe féminin est sur-représenté dans l'enfance.

La disparité de sexe varie selon les diverses maladies. Ainsi à titre d'exemple on peut citer :

- autisme infantile : 3 à 4 garçons pour 1 fille ;
- autre psychose infantile : 2 garçons pour 1 fille ;
- troubles des conduites et du comportement : 4 garçons pour 1 fille ;
- troubles du langage : 2 garçons pour 1 fille.

Certaines pathologies sont quasi spécifiques d'un sexe : le bégaiement et les tics s'observent dans une proportion de 7 à 8 garçons pour 1 fille. La prédominance chez les filles ne s'observe que pour l'anorexie mentale (déséquilibre très important : 10 filles pour 1 garçon) et pour les troubles névrotiques dans une moindre proportion. D'une manière générale, on peut dire que les garçons ont une fragilité plus grande et sont, à diagnostic égal, plus sérieusement atteints que les filles.

Cette disparité globale aux dépens des garçons reçoit des explications multiples : organiques, sociologiques, psychologiques. Ainsi la vulnérabilité génétique et la fragilité biologique sont incontestablement plus grandes chez le garçon (mortalité néonatale plus grande), la vulnérabilité du développement est également supérieure. A ces facteurs s'ajouterait pour certains un élément culturel : inquiétude des parents plus grande pour les garçons que pour les filles en raison de l'importance de l'insertion sociale. Enfin, au plan individuel, l'identification plus directe entre une mère et sa fille (Stoller) assurerait à celle-ci une base plus solide qu'au garçon.

Mais d'une manière générale, la dispersion autour de la norme semble différente selon le sexe. De ce point de vue, peu d'études se sont attachées à définir un écart type pour diverses pathologies en comparant les deux sexes. Pour les éthologues, une des caractéristiques du sexe mâle dans les diverses espèces animales est précisément une plus grande dispersion des conduites autour de la normalité avec, par conséquent, un rôle d'exploration et d'innovation supérieur (I. Eibl-Eibesfeldt), tandis que le sexe femelle semble présenter une plus grande concentration autour de la norme, et assumer un rôle plus important de conservation, tant des conduites que du « patrimoine » culturel au sens le plus large.

Doit-on voir dans cet écart à la norme supérieure chez les garçons une des raisons de leur sur-représentation en pédopsychiatrie ? Il est certain par exemple qu'une institution telle que l'école (v. p. 430) tolère mal les écarts trop grands par rapport à une norme peut-être définie plus pour le sexe féminin que pour le sexe masculin. Outre les différences connues dans les capacités intellectuelles (supériorité des filles sur le plan verbal, des garçons dans l'élaboration logique et la visualisation spatiale), il existe d'importantes différences comportementales entre garçon et fille. Ainsi, à l'école maternelle, Zazzo a noté une turbulence supérieure chez les garçons, une coopération et une sociabilité supérieures chez les filles, et une tendance à l'isolement dans des activités de construction plus importante chez les garçons. Comme on le voit, turbulence et isolement sont des valeurs plutôt « négatives » tandis que coopération et sociabilité sont des valeurs plutôt « positives » aux yeux de l'école. Il existe ici tout un champ de recherche épidémiologique encore très incomplètement étudié.

Ce problème de la variation du taux de morbidité en fonction du sexe est d'autant plus important que chez les adultes la proportion est inverse : toutes les études montrent qu'entre 25 et 35 ans, les courbes de morbidité se croisent. Après cet âge, les femmes sont sur-représentées, même en tenant compte de la mortalité masculine supérieure (névrose, dépression). Ainsi est posée la question de la prévention et de la prédictivité en pédopsychiatrie : notre action dépend-t-elle avant tout des réactions d'intolérance ou d'inquiétude du milieu ? Ignore-t-elle ou ne peut-elle pas repérer les futures perturbations de l'adulte ? (v. le normal et le pathologique p. 47)

IV. – La sexualité de l'enfant et ses avatars

C'est à partir de 2-3 ans, mais pour certains auteurs plut tôt encore, que l'enfant semble reconnaître son appartenance à un sexe. La

curiosité sexuelle s'exprime directement entre 3 et 5 ans (questions sur le « zizi », la « fente ») accompagnée d'une attitude souvent exhibitionniste. Cette dernière s'atténue vers 5-6 ans, mais on observe alors des jeux de manipulation ou d'exploration (le jeu du docteur entre garçon et fille) en même temps que par rapport aux adultes s'établit un sentiment de gêne, voire de honte. A partir de 7-8 ans, l'autre sexe est généralement mis à distance jusqu'au début de l'adolescence : dans la cour de l'école primaire, malgré la mixité, les garçons jouent avec les garçons, et les filles entre elles.

Parallèlement à ces découvertes sur son propre sexe, évoluent les théories de l'enfant sur la conception du bébé : fécondation orale (par les aliments ou le baiser), puis mictionnelle, naissance du bébé par l'anus ou par l'ombilic avec des fantasmes plus ou moins sadiques et agressifs de déchirure du ventre. La scène primitive (relation sexuelle entre les parents) est également vécue sur un mode fréquemment agressif : attaque de la mère par le père, morsure ou castration. Le vécu sera bien évidemment influencé largement par l'attitude réelle du couple que l'enfant a sous les yeux, qui déterminera aussi la nature de ses rapports aux autres.

A. – Évolution des manipulations sexuelles

La découverte du sexe s'accompagne bientôt de sa manipulation. Intégrée au départ, vers le 6-7e mois, dans les schèmes sensori-moteurs qui favorisent la découverte du corps, la manipulation du sexe devient rapidement, dès l'âge de 2-3 ans, une activité en soi où la recherche d'un plaisir masturbatoire apparaît vite comme essentielle. Pour des raisons de configuration anatomique, la sexualité du petit garçon, bien visible et repérable, a d'abord servi de référence et de modèle (Freud), la sexualité de la petite fille étant expliquée en négatif par rapport à la précédente.

Il est certain que les **manipulations sexuelles** les plus précoces (à partir du 6-7e mois), incluses dans les schèmes sensori-moteurs ne sont possibles que chez le garçon. D'ailleurs les mères rapportent fréquemment sur un ton où se mélangent crainte, fierté, dégoût ou plaisir (c'est selon), qu'à l'heure du bain : « il se tire dessus avec vigueur ». Les véritables masturbations apparaissent vers 2-3 ans, tant chez le garçon que chez la fillette, s'atténuent pendant un an ou deux, avant de reprendre intensément entre 5-6 ans soit sous forme de masturbation directe, soit sous forme d'activité rythmique : balancement du corps, flexion-extension des cuisses, etc. De ce point de vue, il semble que la petite fille découvre non seulement son clitoris, mais également son vagin aussi bien que le garçon découvre son pénis. On pourrait en retrouver un indice indirect dans la grande fréquence des vaginites de la petite fille causées par l'intromission d'un objet ou du doigt dans le vagin.

A cet âge, l'activité masturbatoire s'accompagne d'une fréquente activité fantasmatique plus ou moins culpabilisée en fonction de l'attitude parentale : fantaisie urinaire ou défécatoire, fantaisie sur la scène primitive parentale.

A la période de latence cette activité masturbatoire s'atténue, mais il n'est pas rare qu'elle persiste de façon intermittente. La reprise des masturbations est quasi constante dans la période pubertaire et à l'adolescence. La masturbation de l'adolescent se caractérise par le riche contexte fantasmatique qui l'accompagne : fantaisie sur un/une éventuelle partenaire, culpabilité intense, fantasme agressif, honte et dégoût, fantasmes qui alternent le plus souvent chez le/la même adolescent(e).

Les déviations par rapport à cette sexualité habituelle sont représentées par les masturbations intempestives dans un contexte névrotique, habituellement culpabilisé (crainte de maladie, d'anomalie, de détérioration des organes sexuels). Elles peuvent se produire dans un contexte exhibitionniste, sans aucune retenue, alors témoin d'un état psychotique.

Nous avons déjà évoqué la curiosité sexuelle de l'enfant par rapport à la sexualité adulte, en particulier parentale ; avec l'activation habituelle de la pulsion voyeuriste. Cette pulsion voyeuriste peut atteindre une intensité quasi pathologique, encore que l'évolution des mœurs sociales l'ait beaucoup atténuée. Il en va de même de son opposé, **l'exhibitionnisme** qui au siècle précédent était entaché d'un caractère nettement pathologique. Seuls, à l'heure actuelle, les préadolescents et adolescents exhibitionnistes, avec souvent des conduites masturbatoires ou agressives, conservent leur caractère déviant. Nous citerons pour mémoire l'exhibitionnisme des enfants psychotiques qui n'est en réalité qu'une méconnaissance des limites de son propre corps.

En fait d'exhibitionnisme, il serait peut-être plus opportun, à notre époque, de parler de l'exhibitionnisme parental envers les enfants : l'évolution des mœurs a conduit de nombreux parents à un libéralisme bienfaisant au niveau du corps et de la nudité. Se promener nu dans l'appartement, partager la salle de bain, sont devenus des conduites banales dans de nombreuses familles. Toutefois, les parents oublient ou feignent d'oublier que lorsque leur enfant grandit il peut vivre alors cette nudité comme une provocation incestueuse, source de souffrance et paradoxalement d'exacerbation de ses conflits psychiques (névrotiques ou psychotiques).

B. – Évolution du partenaire sexuel : problème de l'homosexualité

Il convient ici de distinguer la sexualité de l'enfant et celle de l'adolescent. Pour le premier, en raison de son immaturité physiologique, parler d'un « partenaire sexuel » constitue un abus de langage. Néanmoins, l'enfant en période de latence évolue au sein de compagnons formant un groupe social qui, pour reprendre la distinction de Stoller, assure son identité de genre. Ce n'est qu'après la période de latence, avec l'adolescence et l'apparition de la maturité sexuelle, que l'identité sexuelle et le choix d'un partenaire sexuel véritable se posent. Nous n'aborderons pas ici la dimension culturelle de l'homosexualité : la valeur positive ou négative, initiatique ou perturbatrice de l'expérience homosexuelle varie totalement d'une culture à l'autre. Il en est de même du problème de la « normalité » (normalité étant ici opposée à maladie) de l'homosexualité. Chacun sait que l'homosexualité est soit une « maladie », soit un « délit », soit une déviance tolérée, soit un état quasi privilégié selon le pays et sa culture.

Précisons enfin que tout un courant d'attitudes organicistes tend à interpréter l'homosexualité dans un schéma purement somatique, sans qu'aucun résultat, en dehors des études sur les paires de jumeaux, ait apporté des arguments rigoureux.

1°) Au cours de la période dite de latence

C'est au cours de cette période que se renforce l'identité de genre : dans la majorité des cas les enfants jouent de façon quasi exclusive entre 7-8 ans et 12-13 ans avec des enfants du même sexe. Ils affichent habituellemeent un désintérêt, voire un mépris pour les jeux, activités ou fréquentations de l'autre sexe. Ces relations « unisexes » peuvent parfois s'accompagner d'ébauches de rapports homosexuels de groupe ou de couple : concours sur la taille du sexe ou la puissance urinaire, attouchements manuels, buccaux ou anaux, plus fréquents chez le garçon que chez la fille. Ces attitudes exclusives peuvent, chez des parents peu assurés eux-mêmes dans leur choix sexuel, ou enfermés dans des positions hétérosexuelles défensives, leur faire craindre une homosexualité future. Le plus souvent, il n'en est rien.

Beaucoup plus inquiétante en réalité est l'attitude de l'enfant qui dès cet âge n'aime que les jeux de l'autre sexe, fréquente uniquement les enfants du sexe opposé (la poule mouillée, le garçon manqué). Cette apparente « hétérosexualité » masque en réalité un doute sur l'identité de genre, et peut constituer un véritable noyau homosexuel ultérieur, l'enfant s'identifiant aux conduites sociales du genre opposé. Chez de tels enfants la constellation familiale est souvent perturbée : père faible plus ou moins ridiculisé par sa femme, mère profondément hostile à l'égard du sexe de son enfant, surtout s'il s'agit d'un garçon. Cette constellation devient caricaturale dans le **transsexualisme.** Il convient toutefois d'être très prudent dans l'évolution et le pronostic lointain car l'adolescence permet de nombreux remaniements.

2o) Au cours de l'adolescence

La maturité sexuelle ne s'acquiert pas magiquement : une longue période d'incertitude, de flottement, d'hésitation, prélude en général à l'établissement de l'identité sexuée. Nous reviendrons plus en détail sur ce problème dans l'étude de la sexualité à l'adolescence (v. Psychopathologie de l'Adolescent, 2e éd., chapitre 7, p. 181).

Nous dirons simplement ici que les expériences transitoires homosexuelles, tant chez le garçon que chez la fille, sont très fréquentes, et sans valeur pronostique réelle. Là encore, les attitudes défensives des parents peuvent leur faire craindre une homosexualité définitive chez leur adolescent(e), et risquent surtout d'exacerber les défenses névrotiques de cet adolescent contre ses pulsions sexuelles (culpabilité, honte, ascétisme).

C. – L'enfant et l'adolescent objets de manipulation sexuelle de la part d'un adulte

Les relations avec des adultes pédophiles (soit homosexuelle anale, soit hétérosexuelle), lorsqu'elles sont uniques ou exceptionnelles et surviennent avant l'adolescence, ne semblent pas entraîner de perturbations trop profondes, ni fixation sexuelle définitive. En revanche, l'utilisation régulière et/ou vénale d'un préadolescent ou d'un adolescent par un adulte, peut fixer cet adolescent dans un choix d'objet sexuel pathologique.

Si la réalité de ces agressions sexuelles d'un enfant par un adulte est indiscutable, beaucoup plus fréquentes néanmoins sont les allégations par l'enfant d'une violence sexuelle fantasmatique : rien n'est plus difficile en ce domaine que de faire la distinction entre agression et fantasme d'agression. Notons cependant que ces allégations surviennent souvent dans un contexte particulier : existence parmi les camarades d'un récit identique, plaintes « épidémiques » dans une même classe ou internat. Plus l'enfant est âgé, plus la construction mythique et/ou mythomaniaque risque d'être élaborée, réaliste et difficile à évaluer. Le risque est bien évidemment une spirale d'angoisse où la famille, le corps médical, les services de justice amplifient à tour de rôle le récit de l'enfant. La prudence la plus grande est donc recommandée.

D. – Déviations sexuelles particulières

Fétichisme

Dans le chapitre consacré à la psychopathologie du jeu (v. p. 190), nous avons envisagé le destin de l'objet transitionnel qui normalement disparaît progressivement. Chez certains enfants, cet objet est conservé bien au-delà de l'âge normal, ceci souvent en relation avec une attitude de complicité excessive de la part de la mère. Winnicott souligne le risque de voir dans ces conditions cet objet transitionnel transformé en fétiche. Dans certains cas l'objet choisi a d'emblée une signification fétichiste (sous-vêtement féminin appartenant à la mère). A la puberté on peut observer, surtout chez le garçon, une réactivation de l'utilisation des objets fétiches, pouvant aboutir à l'adolescence à un début de comportement pervers : utilisation d'objet fétiche au cours des masturbations.

Travestissement

Dans cette conduite déviante propre aux garçons, selon Stoller, l'identité de sexe est assurée (le garçon se reconnaît comme tel), mais l'identité de genre est fluctuante. Le travestissement est le plus souvent épisodique et correspond à des moments de crise : angoisse abandonnique, rupture familiale. Chez d'autres enfants, le travestissement représente une conduite plus élaborée ayant débuté à un âge très tendre : dès 3-4 ans, ces garçons prennent plaisir à s'habiller avec les vêtements de leur mère. La complaisance et même la provocation maternelle sont constantes. Le père est absent physiquement ou psychiquement. Il peut avoir le même type de complicité à l'égard du symptôme de son enfant que la mère.

Transsexualisme

C'est, selon Stoller, *« la conviction d'un sujet biologiquement normal d'appartenir à l'autre sexe »*. Ce transsexualisme est pratiquement spécifique du garçon. On pourrait dire qu'ici l'identité de sexe est perturbée (refus de son sexe biologique) tandis que l'identité de genre est profondément ancrée (les sujets s'identifiant totalement au genre sexué opposé). Le pédopsychiatre est exceptionnellement confronté à ce problème car le transsexuel ne consulte pas dans son enfance, il ne consulte qu'à l'âge adulte, en général pour obtenir une transformation de son sexe conforme à son identité de genre. Selon Stoller, la relation de la mère avec son futur transsexuel est marquée « *par une symbiose trop gratifiante* » : plus une mère prolonge cette symbiose, plus elle est à tout moment obligée de gratifier le petit enfant, plus la féminité risque d'infiltrer le noyau de l'identité de genre. On conçoit que dans cette optique la consultation de la mère pour son enfant soit exceptionnelle ! La complicité entre mère et garçon dans le cas du transsexuel mâle est, selon Stoller, très étroite : la mère allaite plus longtemps son enfant, établit un contact cutané direct avec lui, l'habille en fille. Le père est absent ou compte peu. Bien que plus rare, le transsexualisme féminin existe aussi.

L'évolution à long terme reste dominée par la demande de changement de sexe et ses aléas, mais ce problème dépasse largement le cadre de cet ouvrage.

E. – Problème de la perversité et des perversions

Il convient de distinguer conduite perverse (perversion) et structure perverse (la perversité). Les perversions sont typiquement des conduites sexuelles déviantes où le partenaire n'est utilisé que comme objet pour obtenir la satisfaction sexuelle. La perversité est en revanche une structure mentale dont les déterminants sont, selon les auteurs, soit constitutionnalistes (position psychiatrique traditionnelle), soit psychogénétiques (déni du sexe féminin). La nature même de l'enfant, son immaturité sexuelle où génitalité et sexualité doivent être distinguées, ont conduit certains auteurs, Freud le premier, à évoquer la « perversité » de l'enfant. Tout ce présent chapitre a montré combien le choix d'objet sexuel est par définition fluctuant, et ne témoigne pas nécessairement d'une organisation perverse ultérieure.

Plus important et actuel nous paraît être dans ce contexte la problématique de l'agressivité liée ou non à la sexualité. La perversité est alors assimilée à un comportement sado-masochique prévalent. Il s'agit cependant d'un concept d'utilisation ambiguë, puisque sous le même terme se trouvent englobées des théories constitutionnalistes ou des positions psychopathologiques. De façon très schématique l'organisation pulsionnelle de l'enfant dit pervers révèle un envahissement de la pulsion libidinale par la pulsion agressive : le plaisir est pris à mordre, attaquer, détruire, mais aussi souiller, dénaturer...

Si le maniement de l'agressivité représente une phase importante de l'apprentissage de l'enfant, habituellement on observe à partir de la phase de la socialisation (7-8 ans) un dégagement progressif de ces deux pulsions. Chez certains enfants, le plaisir, voire la jouissance ne s'obtiennent que dans un climat de destruction (sadisme) ou de souffrance (masochisme). Nous avons envisagé plus en détail ces points au chapitre précédent (v. p. 208).

F. – Sexualité vénale de l'enfant

Qu'il s'agisse de prostitution ou d'homosexualité vénale, l'existence d'une sexualité vénale chez un(e) adolescent(e) ou même préadolescent(e), implique souvent à son origine l'existence d'une série de facteurs qui se renforcent réciproquement. Les déterminants sociologiques semblent prépondérants (pauvreté économique et culturelle, famille dissociée, alcoolisme, etc.), surtout si cette sexualité est particulièrement « organisée » et est exercée sous la « contrainte-protection » d'adultes.

Dans quelques cas un profil plus pathologique caractérise l'individu en particulier lorsqu'on observe des comportements de type psychopathique. La sexualité vénale peut parfois représenter la source de revenus financiers nécessaires à l'achat de drogues chez le toxicomane (type de délinquance par nécessité : v. Avant-propos).

Enfin le passage à l'acte sexuel s'intègre parfois à des perturbations plus profondes de la personnalité comme on l'observe dans certains cas de bouffées délirantes ou de psychoses de l'adolescent, surtout chez la fille quand la thématique délirante se centre autour de la maternité. Toutefois dans ces cas, il s'agit plus d'une sexualité chaotique et intempestive que d'une sexualité vénale.

Bibliographie

BETTSCHART (W.), HENNY (R.), BOLOGNINI (M.) : La sureprésentation des garçons par rapport aux filles dans les consultations de psychiatrie d'enfants. *Psych. enf.,* 1978, *21* (1), p. 297-304.

CASADEBAIG (F.), CHEVALIER (A.), DIATKINE (R.), GABEL (M.), LEBOVICI (S.) : L'étude du paramètre sexe dans les cas suivis en psychiatrie de l'enfant et de l'adolescent. *Psych. enf.,* 1978, *21* (1), p. 237-295.

CHILAND (C.), Enfance et transsexualisme. *Psych. Enf. 1988, 31, 2, 313-373.*

DAYMAS (S.) : Le transsexuel et le psychanalyste. In *Corps et langage en psychanalyse.* Presses Universitaires, Lyon, 1980, p. 73-82.

FREUD (S.) : *La vie sexuelle.* P.U.F., Paris, 1970.

FREUD (S.) : *Névrose, Psychose et perversion.* P.U.F., Paris, 1973.

HUBBLE (D.) : *Paediatric Endocrinology.* Blackwell Scientific Publications, Oxford, 1969.

JONGEN (E.) et COLL. : Étude comparative des données cliniques des cohortes de trois services de psychiatrie de l'enfant. *Psych. enf.,* 1973, *16* (2), p. 515-564.

KREISLER (L.) : Les intersexuels avec ambiguïté génitale. *Psych. enf.*, 1970, *13* (1), p. 5-127.
KREISLER (L.) : L'identité sexuelle. *Psych. enf.*, 1970, *13* (1), p. 307-326.
KREISLER (L.) : L'enfant et l'adolescent de sexe ambigu ou l'envers du mythe. *Nouvelle revue de psychanalyse, 7,* p. 117-133. Gallimard, Paris, 1973.
LEBOVICI (S.), KREISLER (L.) : L'homosexualité chez l'enfant et l'adolescent. *Psych. enf.*, 1965, *8* (1), p. 57-134.
MICHAUX (L.) : *L'enfant pervers.* P.U.F., Paris, 1952.
PINSKY (L.), DUCHARME (J.R.), COLLU (R.) : Les ambiguïtés sexuelles. E.M.C., Paris, 1978, *Pédiatrie* 4107 B 50.
STOLLER (R.) : Faits et hypothèses : un examen du concept freudien de bisexualité. *Nouvelle revue de psychanalyse, 7,* p. 135-155. Gallimard, Paris, 1973.
STOLLER (R.) : *Recherche sur l'identité sexuelle.* Gallimard, Paris, 1978.
SULLEROT (E). (sous la direction de) : *Le fait féminin.* Fayard, Paris, 1978, 1 vol.

Troisième partie

Grands regroupements nosographiques

14

Défectologie

Dans ce chapitre se trouve réuni un ensemble pathologique assez disparate, dont le seul point commun est l'existence d'un déficit quelle qu'en soit la nature (sensoriel, moteur, mental). Dans tous les cas ce déficit retentit profondément sur le processus maturatif habituel de l'enfant, entraîne d'importantes modifications de la dynamique familiale (centrées autour de l'acceptation ou du refus du handicap), suscite secondairement des difficultés dans l'élaboration de l'image de soi de chaque enfant, se complique ainsi de « troubles réactionnels » qui, par leur intensité, peuvent être au premier plan. L'analyse rigoureuse de ces divers niveaux est indispensable avant d'attribuer globalement l'ensemble des manifestations constatées à une étiologie ponctuelle.

Sur le plan épidémiologique, la fréquence d'un handicap sévère dans la population générale est de 14 pour 1 000 (Salbreux et coll.). Parmi l'ensemble des enfants handicapés, la répartition est la suivante :

- déficience mentale profonde et sévère : 21 % ;
- atteinte motrice : 19 % ;
- comitialité : 18 % ;
- troubles sensoriels : 17 %,
  dont amblyopies : 4,6 %,
  cécités : 2,4 %,
  hypoacousies : 4,8 %,
  surdités : 5,5 %.

Dans l'analyse factorielle de ces enfants un élément est constant : la fréquence des polyhandicapés (42 % des enfants handicapés sévères souffrent d'un polyhandicap : déficience mentale sévère, infirmité motrice cérébrale, comitialité, troubles du comportement...). Cette constatation pose d'importants problèmes d'hygiène mentale car la majorité des institutions accepte avec réticence ces enfants polyhandicapés. Or les mêmes enquêtes épidémiologiques (Duplant et coll.,

Zafiropoulos et coll.) montrent l'importance de la première orientation : la majorité des enfants reste dans la « filière de départ » (82,5 %), rares étant ceux où une réorientation est envisagée. Le choix de cette filière dépend certes de la nature du (des) handicap(s), mais elle est également corélée au niveau socio-économique de la famille.

I. – Déficience sensorielle

L'existence d'un déficit sensoriel prive l'enfant d'une source d'information qui lui permet normalement de découvrir le monde dans une interaction circulaire longtemps répétée avant d'être maîtrisée puis intériorisée dans son psychisme. L'absence du retour visuel ou auditif habituel rend tout un canal de communication non valide. Le problème réside dans le fait que si l'enfant ne se sent pas, au départ, handicapé, son entourage qui a souvent les plus grandes difficultés à communiquer sans utiliser ce canal inexistant, risque alors de vivre pour son propre compte un sentiment de handicap et de projeter ce sentiment dans le vécu de l'enfant. Un enfant déficient sensoriel n'est pas un enfant « normal sans la vue ou l'ouïe », c'est un autre enfant. La non-acceptation ou non-reconnaissance de cette altérité peut aboutir à des distorsions graves dans les diverses étapes maturatives. Ainsi le déficit sensoriel pose un double problème : d'une part une différence fondamentale dans l'équipement génétique initial qui modifie certains axes de développement (en particulier l'organisation temporo-spatiale), d'autre part une interaction avec l'entourage qui peut s'organiser autour d'un déficit vécu tant par l'enfant que par ses parents comme une blessure intolérable. La fréquence des troubles psychopathologiques associés aux déficits sensoriels trouve là son explication.

Il va de soi que les difficultés seront d'autant plus importantes que le déficit est massif, congénital ou très précoce. Dans les déficits secondaires les difficultés instrumentales seront moins importantes, mais la problématique de la blessure ou de la perte est au premier rang.

A. – Surdité

1°) Définition - Généralités

« L'enfant hypoacousique est celui dont l'acuité auditive est insuffisante pour lui permettre d'apprendre sa propre langue, de participer aux activités normales de son âge, de suivre avec profit l'enseignement scolaire général. » (définitition de l'O.M.S.). La surdité se définit en fonction de sa profondeur, de sa nature ou de son étiologie.

a) Classification suivant la profondeur

Ce classement est établi dans la zone de conversion entre 500 et 2 000 périodes/sec. pour la meilleure oreille :

■ **surdité totale ou cophose :** déficit supérieur à 85 décibels ;

■ **demi sourd profond :** déficit de 60 à 85 décibels ;

■ **demi sourd léger :** déficit de 40 à 60 décibels : l'acquisition du langage est possible, mais l'articulation et la voix sont défectueuses ;

■ **mal entendant :** déficit inférieur à 40 décibels : le langage se développe. Il existe parfois des troubles articulatoires.

Selon la répartition du déficit en fonction de la fréquence, on distingue aussi :

1°) les courbes en pente où le déficit porte surtout sur les aiguës,

2°) les courbes horizontales où le déficit est identique quelle que soit la fréquence,

3°) les courbes en U où le déficit porte sur une bande de fréquence atteignant ou non la zone conversationnelle.

b) Classification suivant le type anatomo-physiologique

■ **Surdités de transmission :** les plus fréquentes, la conduction osseuse est normale, la perception de la parole n'est pas trop perturbée ;

■ **surdités de réception :** la réception de la parole est très déformée, les difficultés d'apprentissage phonétique sont considérables. Elles sont isolées ou associées aux précédentes ;

■ **troubles de l'identification :** habituels dans les surdités de réception, ils peuvent toutefois exister séparément : troubles d'intégration auditive ou de symbolisation d'origine centrale.

c) Classification selon l'étiologie

■ **Origine génétique** (50 %) : congénitale ou dégénérative ;

■ **origine prénatale :** embryopathie (exemple : rubéole) ou fœtopathie ;

■ **origine néonatale :** prématurité, souffrance péri-natale (20 %) ;

■ **acquise pendant l'enfance :** causes infectieuses (méningites), toxiques (streptomycine), traumatiques (fracture du rocher).

Il reste un important pourcentage de surdités de **cause inconnue,** environ 36 %.

Le problème posé par l'enfant sourd est en grande partie conditionné par l'acquisition ou non du langage parlé et écrit. Plus la surdité est profonde, plus la mutité est certaine. La surdité totale prive l'enfant de toute information acoustique et rend par conséquent sans valeur toute émission sonore : ainsi voit-on le babil des 2-3 premiers mois disparaître complètement vers 5-6 mois. Cette privation sensorielle rend compte des déviances du processus maturatif, déviances renforcées par une fréquente inadéquation entre le mode privilégié d'interaction de l'enfant sourd et la réponse de l'entourage. La date d'apparition de la surdité doit aussi être prise en considération : dès la naissance ou avant l'apparition du langage, au contraire après l'apparition du langage (le problème étant alors de préserver ce qui a déjà été acquis sur ce plan).

Les principales techniques d'exploration de l'audition ont été étudiées p. 68.

2°) Difficultés psychologiques de l'enfant sourd

a) Développement cognitif

A l'évidence, il faut tenir compte de la profondeur de la surdité, et surtout de son retentissement sur le langage. L'absence de langage fut longtemps considérée comme une entrave essentielle au développement intellectuel satisfaisant de l'enfant sourd. Cependant l'évaluation des capacités intellectuelles par des épreuves non verbales, ou par des tests spécialement conçus, montre que les enfants sourds-muets, dans la mesure où ils sont correctement stimulés, développent une intelligence pratique proche de la normale. Toutefois, il persiste fréquemment un décalage dans le domaine de l'abstraction et de la pensée formelle.

Ainsi les enfants sourds ont en moyenne un retard de deux à cinq ans dans leurs acquisitions par rapport aux entendants, les décalages les plus importants se situant dans les épreuves qui font appel au raisonnement abstrait. Pour Oléron, l'enfant sourd se maintient souvent à un niveau perceptuel sans atteindre le niveau conceptuel. Les capacités de repérage temporo-spatial (Bideaud, Colin et coll.) semblent déficientes : la construction des relations spatiales, la mise en relation des perspectives montrent un retard de deux à trois ans par rapport aux entendants, ainsi que la persistance d'une stratégie où le stade de l'imitation gestuelle est difficilement dépassé.

Toutefois les résultats sont loin d'être homogènes. Certains travaux (Furth et Youniss cités par Bouton) trouvent que les enfants sourds font preuve d'une intelligence opérationnelle égale, sinon supérieure aux entendants. La comparaison avec des entendants issus de milieux défavorisés sur le plan langage (carence culturelle, sociale) conduit à penser que le retard serait dû plus à une déficience générale de l'expérience qu'à un manque spécifique de langage (Bouton). Enfin on observe souvent une égalisation des performances avec l'âge : ainsi la mémoire visuelle des jeunes enfants sourds est inférieure à celle des entendants, mais l'écart n'existe plus à partir de 15-16 ans (Rozanova cité par P. Aimard).

b) Développement affectif

De même que pour le développement cognitif, la profondeur de la surdité conditionne les difficultés relationnelles. L'incapacité d'utiliser la communication verbale rend compte de certains comportements fréquents : l'enfant sourd est bruyant, peu discipliné, avec une émotivité très labile. On le décrit volontiers comme têtu, obstiné, supportant mal la frustration, coléreux. Ses jeux sont solitaires avec un repli sur lui-même parfois important (Aimard). Au plan relationnel on décrit un comportement égocentrique, une difficulté à comprendre et ressentir les sentiments d'autrui (Altshuler). Les sentiments d'insécurité sont fréquents, pouvant aller jusqu'à un vécu franchement persécutif.

Lorsque l'enfant sourd est démutisé, son langage, de même que la compréhension du langage des autres, restent cependant particuliers : ignorance des inflexions de voix, difficulté à saisir les jeux de mots ou les expressions paradoxales (par exemple, l'enfant revenant sale, auquel la mère adresse un « eh ! bien ! tu es propre ! ») langage rigide, conformiste et peu nuancé, etc.

Toutes ces caractéristiques tiennent à la profonde perturbation des canaux de communication les plus habituels et sont d'autant plus importantes que l'entourage ne s'adapte pas à l'enfant sourd. Ainsi on a constaté que les enfants sourds, nés de parents sourds (Pintmer et coll.) sont mieux adaptés affectivement et socialement ; de même, dans certaines régions où la surdité héréditaire est fréquente (Repond) les enfants sourds sont mieux intégrés.

Ceci met en lumière le rôle des parents de l'enfant sourd. Les réactions de honte ou de culpabilité, de rejet ou de surprotection doivent d'abord être surmontées avant qu'une véritable « éducation » des parents soit entreprise : maintien du langage, certes, (le risque est que les parents soient eux-mêmes muets avec leur enfant sourd), mais aussi renforcement du contact humain (« dialogue tonique »), importance de la communication par le regard et le geste chez le petit enfant. L'information des parents, leur étroite collaboration sont des facteurs nécessaires et indispensables au moment de la démutisation.

c) Psychopathologie de l'enfant sourd

Nous aborderons ici les difficultés qui vont au-delà des traits évoqués au paragraphe précédent. Sur le plan statistique, la fréquence de la pathologie psychiatrique dans la population d'enfants sourds est différemment appréciée (entre 6 et 15 %), mais semble supérieure à ce qui s'observe dans une population d'enfants entendants. Il n'y a pas de relation directe entre la profondeur du déficit auditif et l'existence de troubles psychiatriques, au contraire Williams trouve des désordres psychiatriques plus fréquents en cas de perte modérée de l'audition. Bien que de natures très diverses, les difficultés psychopathologiques paraissent relever le plus souvent des associations suivantes :

1°) surdité et arriération ;
2°) surdité et troubles du comportement ;
3°) surdité et autisme infantile.

■ **Surdité et arriération :** dans un nombre important de cas, la surdité s'inscrit dans le cadre d'une maladie héréditaire, avec atteinte du S.N.C. (morphodysplasies diverses, maladie métabolique, affection dégénérative) ou d'une pathologie multifocale (rubéole congénitale, prématurité, incompatibilité Rhésus, etc.).

L'arriération et la surdité renforcent leurs effets dysmaturatifs réciproques.

■ **Surdité et troubles du comportement :** nous avons signalé la fréquence des conduites impulsives, coléreuses, d'opposition. Ces conduites peuvent atteindre une intensité telle qu'elles s'inscrivent dans le cadre d'une organisation psychopathique : réactions antisociales, violence caractérisée, déviations sexuelles qui, selon Altshuler et Rainer, seraient assez fréquentes.

■ **Surdité et autisme :** de nombreux auteurs signalent la fréquence de cette association. Il convient ici de distinguer les traits de comportements d'allure psychotique (réactions de retrait et d'isolement), de la psychose en tant que structure mentale. De nombreux enfants sourds présentent avant toute démutisation et tentative d'appareillage de telles réactions. Un comportement en apparence indifférent à autrui, une utilisation de l'autre comme simple prolongement de soi (par exemple en se servant de la main de l'autre comme objet) peuvent évoquer une psychose.

En réalité, l'appétence au contact, l'adaptation vite satisfaisante à l'appareillage, l'évolution du contact lorsque l'enfant découvre le monde sonore, montrent que ces réactions représentent des conduites adaptatives face à la privation sensorielle. Cependant, l'association autisme infantile et surdité n'est pas exceptionnelle : le refus permanent de contact, l'importance des stéréotypies, l'incapacité, voire le refus de s'adapter à l'appareillage et d'accepter une communication langagière doivent rapidement alerter. L'abord thérapeutique est rendu difficile parce que l'enfant autiste utilise fréquemment son déficit sensoriel comme moyen supplémentaire d'isolement, de refus de contact. Ces difficultés rendent compte de la nécessité d'institutions spécialisées pour ces enfants multihandicapés. Il en existe quelques-unes en France.

B. – Cécité

1°) Définition – Généralités

On considère comme aveugle un enfant dont l'acuité visuelle est inférieure à 1/20e (U.S.A. : 1/10e). L'amblyopie correspond à une acuité visuelle inférieure à 3/10e.

Sur le plan pédagogique, l'enfant aveugle est celui dont l'écriture sera nécessairement le braille et non le noir (nom donné à l'écriture des voyants). Ces deux définitions se recoupent globalement. Ainsi définies la cécité et l'amblyopie profonde touchent environ 3 000 jeunes de moins de 21 ans en France.

En réalité ces définitions de la cécité sont trop limitatives, elles ne tiennent aucun compte du champ visuel, ni de la vision périphérique (pris en considération aux États-Unis). Il existe tous les intermédiaires entre la cécité complète et une vue normale ; ces restes visuels conditionnent en grande partie l'évolution psycho-affective de chaque enfant. La date d'apparition de la cécité joue également un rôle considérable. Le développement de l'enfant sera très différent s'il a déjà reçu des informations visuelles. Nous ne pouvons nous étendre ici sur ces diverses considérations, conseillant dans ce cas la lecture des revues spécialisées.

L'orientation pédagogique des enfants aveugles est régie depuis 1975 par la loi d'orientation sur l'enfance handicapée (v. p. 465). Les parents de l'enfant aveugle peuvent percevoir à ce titre une allocation d'éducation spécialisée.

L'absence d'un des principaux canaux d'afférence sensorielle prive l'enfant aveugle d'une source considérable d'informations et d'interactions avec l'entourage : l'accrochage du regard dès les premiers jours, la reconnaissance du visage familier, le stade du miroir, etc. sont autant d'étapes fondamentales de la maturation où le regard-vision intervient au premier chef. Cette privation d'afférence visuelle rend compte du développement particulier de l'enfant aveugle qui ne doit pas être considéré comme un enfant normal sans la vue, mais bien comme un enfant autre. Ainsi, à titre d'exemple, la motricité du jeune enfant est considérablement influencée par la stimulation visuelle : *« la motricité est automotrice au début. Elle est ultérieurement motivée par des appels extérieurs visuels en particulier et la situation assise et la marche permettent l'exploration de l'espace. Ces appels sont inexistants chez l'aveugle, leurs besoins étant d'ailleurs satisfaits par autrui »*. L'étude du bébé montre que son regard est accroché par la main ou l'objet qu'il tient lorsque l'un ou l'autre passe dans son champ visuel ; cet accrochage représente le premier temps de la réaction circulaire primaire. On comprend dans ces conditions combien la désafférentation sensorielle peut modifier profondément le processus maturatif habituel.

2°) Difficultés psychologiques de l'enfant aveugle

a) Développement psychomoteur

Dans les premiers mois de la vie, les enfants aveugles sont décrits comme des bébés calmes, passifs. On note peu d'activités spontanées aux membres supérieurs qui, en l'absence de stimulation, restent longtemps en position néonatale (demi-fléchis, mains à hauteur des épaules), tandis que la motricité des membres inférieurs est souvent plus riche (Burlingham). La saisie volontaire de l'objet se fait beaucoup plus tard et la notion de permanence de l'objet est acquise bien au-delà de la première année, et reste longtemps fragile.

On note fréquemment un retard du développement postural. La marche est acquise tardivement (entre 2 et 3 ans) et risque de devenir un facteur de dépendance supplémentaire vis-à-vis de l'entourage (« fais attention ») si celui-ci n'est pas aidé. Ceci rend compte du possible désinvestissement de certaines fonctions (manipulation d'objet, habillage, marche) qui ne sont pas renforcées par la réponse visuelle.

b) Développement cognitif

En dehors de toute atteinte spécifique liée à une étiologie particulière, le développement intellectuel de l'enfant aveugle marque un certain retard par rapport aux voyants, l'activité exploratoire ne pouvant remplacer à elle seule l'ensemble des informations fournies par l'association de la manipulation et de la vision. Les épreuves d'exploration tactile, les épreuves de type spatial (Hatwell, Menaker) mettent en évidence un retard constant. Toutefois, ce retard tend à se combler avec l'âge. L'efficience intellectuelle des enfants aveugles présente une distribution sensiblement normale, identique à celle de la population des voyants, si on excepte les déficiences intellectuelles dues à un facteur particulier, évidemment sur-représentées dans la population d'enfants aveugles (encéphalopathie prénatale ou néonatale).

Le langage de l'enfant aveugle connaît également une évolution particulière. Après une apparition dans les conditions habituelles, le langage présente une stagnation, voire une véritable régression pendant la deuxième année : le stock verbal augmente peu ou même diminue. A partir de la troisième année, le langage progresse mais il peut être utilisé par l'enfant soit comme une autostimulation, soit comme une tentative répétée de mieux appréhender l'objet. Ces motivations seraient à l'origine du **verbalisme** si souvent observé chez l'enfant aveugle : long bavardage solitaire, répétition de mots ou de phrases dont le sens n'est pas toujours compris.

c) Développement affectif

On a décrit un certain nombre de traits qui seraient plus fréquemment rencontrés chez l'enfant aveugle : importance de l'anxiété, refus de la compétition, manque d'agressivité, sensibilité aux frustrations. Toutefois, il importe de signaler ici le rôle considérable que joue l'environnement, car la cécité plus que tout autre déficit, rend l'enfant dépendant de cet environnement. Les réactions de la famille à la cécité de l'enfant sont toujours vives et intenses, allant de l'abandon affectif à l'hyperprotection, en passant par toutes les combinaisons intermédiaires. Pour Max Field *« l'enfant aveugle est si dépendant vis-à-vis de son entourage que la plus grande partie de ses possibilités d'action à un moment donné est un reflet de l'efficience de son entourage »*. Les mères, après une période de ressentiment, traversent fréquemment, lorsque leur enfant a 2 ou 3 ans, un état dépressif dû soit à la culpabilité du fait de leurs affects agressifs, soit à un sentiment d'incompétence. La relation mère-enfant aveugle risque de s'organiser autour de la surprotection rendue nécessaire par le déficit car *« peu de mères peuvent comprendre qu'en réalité l'enfant ne vit pas un déficit, mais un état « autre » que celui de l'enfant voyant »* (Lairy). L'entourage et surtout la mère doivent nécessairement être aidés. Toutefois, selon Lairy et coll., il paraît important de nuancer l'assertion très générale selon laquelle l'attitude inadéquate de l'environnement serait responsable de l'inadaptation à la cécité : l'absence de vision rend très difficile l'éducation de l'enfant et justifie tous les efforts de guidance.

d) Abord psychopathologique

Certaines conduites se retrouvent fréquemment chez l'enfant aveugle, mais semblent s'inscrire dans un registre psychopathologique particulier.

Au niveau de l'organisation motrice, on a décrit de fréquentes **phobies du toucher :** enfant qui retire sa main ou l'ouvre dès qu'elle s'est refermée sur un objet (Lairy). Ce fait est à rapprocher de la constatation d'un désintérêt fréquent envers l'activité de manipulation manuelle dans la petite enfance en même temps que les membres inférieurs sont activement utilisés. De plus, l'enfant surprotégé ressent l'anxiété de l'environnement face à ses tentatives d'exploration tactile ou encore la fréquente désapprobation que suscite ce type d'exploration.

■ **Les blindismes** sont des mouvements particuliers aux aveugles : gestes automatiques, répétitifs, rythmiques (balancement de la tête, du tronc, d'un membre, sautillement d'un pied sur l'autre, doigt dans les yeux...). Plus fréquents lorsque l'enfant est seul ou s'isole, ils s'atténuent ou disparaissent après une activité physique. Ils ont été interprétés comme des mouvements d'autostimulation. Tous les intermédiaires existent entre le blindisme intermittent analogue à certaines habitudes motrices des voyants et les blindismes véritables stéréotypies traduisant le retrait autistique.

■ **La psychose** précoce serait pour certains plus fréquente chez l'enfant aveugle que chez l'enfant sourd (Freedman). L'importance des stéréotypies est à signaler. Le polyhandicap rend très difficile l'abord thérapeutique.

II. – Encéphalopathies infantiles

Les rapports entre une encéphalopathie d'étiologie déterminée et l'organisation psychopathologique que présente un enfant particulier sont loin d'être simples. Longtemps limité à la seule mesure du déficit, l'abord psychopathologique d'enfants encéphalopathes profonds ne peut plus ignorer de nos jours le poids de divers facteurs (environnement, famille, institution, histoire de l'individu) venant moduler l'expression clinique de cette encéphalopathie.

La difficulté d'approche oscille toujours entre deux pôles opposés : d'un côté considérer que l'ensemble des conduites observées ne peut être que la conséquence du défaut d'équipement neurophysiologique, ce qui revient à réduire l'enfant encéphalopathe à son seul déficit, de l'autre côté considérer que le « vécu » individuel, la relation particulière à la mère, peuvent être seuls responsables de l'état présent de l'enfant, ce qui revient à nier ou à ignorer tout facteur étiologique autre qu'existentiel. Dans le chapitre consacré à la psychopathologie des fonctions cognitives (v. p. 150), nous avons déjà tenté de montrer la nature de la démarche clinique : après l'évaluation de l'efficience intellectuelle et le repérage des conduites pathologiques associées (niveau sémiologique), il convient de comprendre comment ces conduites s'articulent entre elles (analyse psychopathologique synchronique) ou de les resituer dans le processus maturatif propre à l'enfant (analyse psychopathologique diachronique) ; enfin, pour terminer, il faut rechercher les facteurs qui ont contribué à cet état, qu'ils soient externes ou internes (niveau étiologique). Les deux premiers niveaux ayant déjà été analysés, de même que le rôle des facteurs d'environnement (familiaux, socio-économiques entre autres), nous ne présenterons ici qu'un tableau très résumé des principales étiologies organiques responsables des encéphalopathies infantiles, ne retenant pour chacune d'elles que les seuls éléments distinctifs. A titre d'exemple, et en raison de sa fréquence, nous ferons une exception pour l'enfant mongolien.

A. – Trisomie 21

La trisomie 21, ou mongolisme, ou syndrome de Down (États-Unis) est la plus fréquente des aberrations chromosomiques autosomiques.

Bien que le tableau clinique soit connu depuis le milieu du XIXe siècle (Seguin 1846), c'est en 1959 qu'il fut rattaché par Turpin, Lejeune et Gauthier à une anomalie chromosomique : chromosome 21 supplémentaire (45 XY). Dans 95 % des cas, il s'agit d'un chromosome libre, dans 3 % des cas, il s'agit d'une translocation, et dans 2 % des cas, d'une mosaïque.

La fréquence d'apparition est de 1 pour 700 naissances environ. Le seul facteur étiologique certain est l'âge de la mère : avant 30 ans, le risque est de 1 pour 3 000, de 35 à 39 ans, de 4 pour 1 000, au-delà de 45 ans, de 1 pour 50 naissances. Pour toutes les femmes à risques (femme âgée, existence de trisomie dans la famille, constatation d'une translocation équilibrée), l'amniocentèse permet maintenant un diagnostic prénatal au cours du second trimestre de la grossesse avec la possibilité de l'interrompre. Parmi une population d'enfants handicapés, la fréquence du mongolisme est d'environ 19 % parmi ceux dont le Q.I. $\leqslant$ 65.

Nous ne décrirons pas le tableau clinique, mais en raison de sa fréquence, nous envisagerons les traits comportementaux les plus fréquemment retrouvés chez l'enfant trisomique. Précisons d'emblée qu'il n'y a pas un mongolien-type, mais que chaque enfant reste, quelle que soit sa pathologie somatique, le produit d'une conjonction entre un équipement neurophysiologique de base et un vécu particulier, pouvant moduler presque à l'infini cet équipement de base. Cette constante interaction rend compte de la diversité individuelle où s'observent des enfants profondément déficitaires, d'autres dont le comportement se rapproche d'organisations psychotiques, d'autres enfin qui se conduisent comme des « débiles harmonieux » et gentils avec un déficit modéré. Les traits que nous allons rapporter constituent la toile de fond que l'histoire individuelle viendra colorer diversement.

Développement psychomoteur

Il est globalement ralenti, les acquisitions étant entravées par l'hypotonie et l'hyperlaxité ligamentaire toujours présentes. Dans la petite enfance, ce sont des nourrissons calmes, tranquilles, pleurant peu, aimant se faire dorloter, dormant beaucoup, silencieux dans la journée, capables de rester de longues heures inactifs sans réclamer : la passivité, la lenteur et l'inertie dominent le tableau, mais la demande affective rend ces nourrissons très gratifiants pour leurs mères. Celles-ci peuvent prendre un réel plaisir avec cet enfant particulièrement facile. La marche est acquise entre 2 et 3 ans. La parole apparaît vers 4-5 ans, elle se développe assez rapidement, mais parvient vite à un palier. Les troubles articulatoires, le bégaiement sont assez fréquents. Cette période de « maternage heureux » semble être à l'origine de l'habituelle demande affective du mongolien : plaisir à la relation duelle, demande régressive, en particulier besoin de gratification orale.

A partir de 6-7 ans, l'**instabilité** se fait de plus en plus remarquer, qu'elle soit motrice (ne tient pas en place, papillonne, fait des grimaces), intellectuelle (activité changeante, peu de capacité d'attention) ou affective (changements brusques d'humeur). Cette instabilité contraste effectivement avec la période de passivité précédente. Elle est souvent à l'origine de difficultés d'insertion dans le groupe d'enfants et confronte la famille au handicap qui avait pu être nié ou ignoré jusque-là.

Développement cognitif

Le retard intellectuel est constant, mais de profondeur variable. Sur une importante population (Moor), la courbe des Q.I. semble observer une répartition gaussienne analogue à la population générale, mais avec un décalage de 50-60 points environ. On rencontre ainsi des mongoliens « doués » avec des quotients de 70, et d'autres dont le quotient est inférieur à 20. La moyenne se situe autour d'un quotient de 40-45. Les résultats sont dans l'ensemble homogènes avec une faible dispersion des résultats, tant dans les échelles verbales que dans celles des performances (W.I.S.C.).

Les acquisitions pédagogiques sont importantes mais resteront réduites : accession aux rudiments de la lecture, ébauche d'opérations mathématiques simples (addition). Ce niveau est rarement dépassé, le stade des opérations logiques n'étant généralement pas atteint. Ces éléments sont importants car ils situent le cadre évolutif de l'enfant mongolien : apprentissage certes possible mais qui restera limité. Or ce sont des enfants particulièrement sensibles au conditionnement, surtout lorsqu'il est renforcé par une gratification (affective, alimentaire ou autre) : un tel conditionnement peut permettre d'obtenir d'étonnantes « performances » pédagogiques mais qui ne sont pour l'enfant d'aucune signification ni utilité, et qui nécessitent un perpétuel renforcement, souvent au prix de l'équilibre affectif.

Développement affectif

A partir de 6-7 ans, après la petite enfance, le comportement change comme nous l'avons vu. Cependant l'enfant mongolien reste le plus souvent un enfant gai, un peu « clown », imitant les autres, ayant besoin de contacts physiques, sociable, aimant les jeux dont il saisit souvent très vite les règles. Il est classique de signaler qu'il aime la musique, mais il semble s'agir plutôt de la mélodie et du contact maternel régressif qui l'accompagne. Il est gourmand, l'obésité est fréquente. Il est très sensible au rejet et devient alors volontiers opposant, entêté, boudeur et coléreux. Avec l'âge, à partir de 12-13 ans, il semble que ce versant caractériel puisse devenir prévalent. La frustration reste difficilement acceptée et suscite soit un mouvement régressif vers une demande affective ou la recherche d'une compensation orale, soit une réaction coléreuse.

Les conduites plus directement témoins de perturbations psychopathologiques sont assez rares : on a signalé des conduites obsessionnelles et ritualisées, parfois difficiles à distinguer des réponses au conditionnement, des états d'apragmatismes, de mutisme. L'intensité de l'instabilité, de l'éparpillement, l'intolérance extrême à la frustration avec des manifestations secondaires de repli font parfois évoquer une organisation psychotique associée. Ceci pose le problème des états déficitaires ou des dysharmonies à versant psychotique (v. p. 170).

B. – Grandes catégories d'encéphalopathies

1°) Encéphalopathies congénitales

C'est un groupe d'affections soit d'origine génétique (anomalie chromosomique, anomalie génique, origine héréditaire plus ou moins bien connue), soit d'origine acquise en début de grossesse (embryopathie), ou plus tardive (fœtopathie).

a) Aberration chromosomique

■ **Trisomie 21** (v. p. 241) ;

■ **trisomie 13-15, trisomie 18**, délétion partielle du bras court du chromosome 5.

b) Déficit enzymatique

■ **Phénylcétonurie :** oligophrénie progressive avec parfois convulsions ou spasmes en flexion. Sur le plan clinique, signalons l'hypopigmentation des cheveux (enfants blonds aux yeux bleus). Fréquence 1 pour 20 000 naissances. Diagnostic néonatal par *test de Guthrie.*

■ **Galactosémie** ou fructosémie congénitale. On note une hépatomégalie, des accidents hypoglycémiques. Diagnostic orienté par l'existence d'une méliturie.

■ Citons la **maladie de Hartnup**, la leucinose, l'homocystinurie (groupe des amino-acidopathies).

■ **Maladies de surcharge :** elles correspondent à des blocages métaboliques entraînant l'accumulation d'une substance située en amont du blocage : cette accumulation progressive rend compte de l'existence d'un intervalle libre fréquent de durée variable (quelques mois, même quelques années) et de l'aggravation progressive des symptômes marquée par une régression portant en particulier sur les acquisitions psychomotrices (sourire, préhension, marche, etc.). Citons parmi ces maladies :

– *les sphingolipidoses :*

• maladie de Tay-Sachs : début néonatal, existence de clonies audiogènes, tache rouge au fond d'œil à partir de 2-3 mois ;

• maladie de Gaucher dans ses deux formes précoce ou juvénile ;

• maladie de Niemann-Pick ;

• leucodystrophie métachromatique : maladie de Scholz-Greenfield apparaissant vers 12-18 mois ; maladie de Krabbe (début entre 4-7 mois) ;

– *les mucopolysaccharidoses :*

• maladie de Hurler : début pendant la deuxième année. Débilité progressive. Hydrocéphalie et atteinte sensorielle possible (surdité, amblyopie) ;

• maladie de Hunter, de San Filippo ;

– *la maladie de Wilson :* début vers la dixième année. Signes neurologiques (dystonie, tremblement). Diagnostic : existence d'un anneau vert péricornéen bilatéral. Biologie : diminution de la céruloplasmine avec augmentation du cuivre albuminique.

c) Malformations cérébrales

– Microcéphalie congénitale, porencéphalie ou hydrencéphalie ;

– craniosténose ;

– dysplasies diverses : maladie de Crouzon, dyscéphalie à tête d'oiseau, syndrome de Cockayne, Syndrome de Laurence-Moon-Biedl, etc.

d) Groupe des neurœctodermoses

On désigne sous ce nom un ensemble de maladies héréditaires où sont associés un syndrome neurologique et des manifestations cutanées. La débilité est quasi constante et profonde. Citons :

– *la neurofibromatose de Recklinghausen :* les signes cutanés sont des tumeurs mollasses ou surtout des taches café au lait. Les signes neurologiques sont les plus variables, témoins de neurinomes de localisations diverses (nerfs crâniens, médullaire) ;

– *la sclérose tubéreuse de Bourneville :* les signes cutanés, faits d'adénomes sébacés en « ailes de papillon » autour de la racine du nez, sont très caractéristiques ;

– *la maladie de Sturge-Weber :* le naevus de la face, l'arriération mentale et l'épilepsie forment une triade caractéristique.

e) Encéphalopathies endocriniennes et métaboliques

L'hypothyroïdie congénitale a vu son pronostic très amélioré par l'opothérapie. Toutefois il reste sombre dans l'athyréose où la presque totalité des enfants demeurent débiles profonds.

Signalons en outre les encéphalopathies liées à *l'hypoglycémie, l'hypercalcémie* (syndrome de Fanconi-Schlesinger).

f) Embryopathies

– *Encéphalopathie rubéolique* (microcéphalie, microphtalmie et cataracte, canal artériel) ;
– *encéphalopathie toxique.*

g) Fœtopathies

Toxoplasmose congénitale (hydrocéphalie, microcéphalie, crises convulsives, choriorétinite).

2°) Encéphalopathies néonatales

Elles sont beaucoup plus fréquentes. Une prévention bien conçue devrait les voir diminuer. Elles ne sont pas évolutives mais cicatricielles, témoins de la lésion du S.N.C. au moment de la naissance. L'origine en est le plus souvent :

– les traumatismes obstétricaux : les lésions cérébrales peuvent être dues à l'anorexie cérébrale, à l'œdème, à l'hémorragie méningée, plus rarement à l'obstruction vasculaire. Sur le plan clinique, tous les tableaux peuvent s'observer depuis l'encéphalopathie profonde isolée jusqu'aux atteintes motrices type *hémiplégie cérébrale infantile* ou *maladie de Little* sans déficience mentale. En réalité l'association de troubles neurologiques divers et d'une déficience mentale est fréquente.
– la prématurité : elle se surajoute fréquemment (v. p. 457).

3°) Encéphalopathies acquises

a) Groupe des encéphalites

A la phase aiguë on observe un tableau de souffrance cérébrale diffuse : altération de la conscience, signe d'hypertension intracrânienne, désordres neurovégétatifs, rigidité de décérébration, crise épileptique, signes méningés, dans un contexte inflammatoire. Il existe parfois des signes de localisations neurologiques.

Le problème pour le pédopsychiatre se situe essentiellement à la période tardive. En effet, la guérison peut être complète, en revanche il persiste souvent des séquelles où s'associent la déficience mentale de profondeur variable et des troubles du comportement parfois très intenses. Dans certains cas on observe des conduites régressives dont l'intensité peut évoquer des états de démences infantiles ou des troubles d'aspect psychotique. Citons :

– *l'encéphalite herpétique* caractérisée par l'importance relative des signes de localisation ;

– *l'encéphalite postrougeoleuse*, la plus fréquente des encéphalites postinfectieuses ;

– un peu à part, *la leucoencéphalite sclérosante subaiguë* de Van Bogaert débute dans la seconde enfance avec une détérioration mentale progressive, des mouvements anormaux de type myoclonique. l'E.E.G. est très caractéristique : onde pointue suivie d'une onde lente d'apparition périodique sur l'ensemble du scalp.

b) Maladie de Schilder

Elle apparaît dans la seconde enfance avec une détérioration mentale progressive et des déficits sensoriels progressifs (vision). L'évolution se fait par poussées au cours desquelles des troubles du comportement peuvent apparaître, entrecoupées de courtes rémissions. Le décès est constant après 12-18 mois d'évolution.

c) Encéphalopathies séquellaires

Toutes les atteintes du S.N.C. peuvent, après la phase aiguë, laisser des séquelles psychiques qui n'ont habituellement rien de spécifique. Seule l'étude des antécédents permet de rattacher l'encéphalopathie constatée à une étiologie particulière :

– tumeurs cérébrales ;

– intoxications diverses (saturnine, oxycarbonée) ;

– méningites et méningoencéphalites bactériennes ou tuberculeuses.

Séquelles de traumatisme crânien

Nous les isolerons en raison de leur fréquence car le traumatisme crânien est la localisation la plus habituelle de la pathologie traumatique de l'enfance. Les séquelles psychiques sont diversement appréciées selon les auteurs.

Le syndrome subjectif semble plus rare que chez l'adulte (céphalée, vertiges, fatigabilité...). Il disparaît au bout de un à deux ans.

■ **Troubles intellectuels :** ils sont en rapport avec la gravité du traumatisme : lorsque le coma dépasse 8-10 jours, ils sont très fréquents. Les troubles mnésiques sont importants avec amnésie de fixation ce qui peut donner des résultats paradoxaux dans l'étude du fonctionnement mental : le raisonnement logique peut être conservé mais les prémisses du raisonnement sont oubliées.

Globalement le niveau intellectuel est trés hétérogène et accuse une détérioration de profondeur variable. Des troubles plus spécifiques sont possibles : troubles du langage, dyspraxie fine, troubles de la reconnaissance des formes et de l'organisation spatiale. Ces troubles doivent être analysés avec précision car une aide pédagogique particulière peut éviter à l'enfant de s'enfoncer dans l'échec scolaire global.

■ **Troubles de la personnalité :** ils sont dominés par la rigidité caractérielle, l'impulsivité, la labilité émotionnelle. On observe parfois un apragmatisme important ou des conduites régressives, certes constantes à la phase aiguë, mais qui se pérennisent. Les tests projectifs mettent en évidence le fréquent manque de participation affective, la fréquence des chocs, la tendance à la persévération dans les réponses.

L'entourage, surtout la famille, joue un rôle considérable dans les possibilités de réinsertion. Plusieurs auteurs (Rum) ont noté la fréquence supérieure de séquelles lorsque la famille est déficiente. Ceci pose le problème de la reconstruction *a postériori* de l'histoire de l'enfant par les parents : ainsi certaine famille attribue systématiquement et indistinctement toute perturbation ou déviance du développement de leur enfant à un facteur externe et contingent. La réalité d'une atteinte du S.N.C., le plus souvent traumatique, parfois infectieuse (encéphalite) risque alors de fonctionner comme un écran sur lequel se projettent les différents conflits intrafamiliaux. Ceci explique en partie les grands écarts de fréquence avec lesquels les auteurs rapportent l'existence de séquelles. L'attitude de la société, la demande d'expertise et de réparation viennent encore, dans le cas du traumatisme crânien, compliquer les diverses interactions. L'enfant « expertisé » s'organise autour de son traumatisme et de ses séquelles, ce qui peut contribuer à fixer les troubles.

4°) L'examen d'un enfant encéphalopathe

Devant un enfant encéphalopathe, les habituelles questions que se pose le clinicien sont celles de l'étiologie et des investigations cliniques nécessaires. Quand commencer à entreprendre des explorations complémentaires, et où s'arrêter ? Bien que cette question soit aisée à formuler, il n'est pas toujours facile d'y répondre. C'est cette démarche essentiellement pratique que nous envisagerons rapidement.

L'interrogatoire

L'interrogatoire reste un temps essentiel et doit porter sur :

■ **les antécédents de l'enfant** qui peuvent à eux seuls être révélateurs : souffrance néonatale, antécédent d'encéphalite, de traumatisme crânien ;

■ **les antécédents familiaux** qui doivent être soigneusement analysés :
– cas identiques dans la fratrie, chez les ascendants ou collatéraux (cousins) ;
– trait morphologique particulier ;
– consanguinité ;

■ **L'étude de l'évolution morbide.** Elle est fondamentale : les troubles sont-ils apparus d'emblée ou après un intervalle libre ?

■ **A-t-on observé une régression psychomotrice ?** Cette notion est un des meilleurs éléments d'appréciation de l'évolutivité d'une encéphalopathie : il s'agit de régression dans les conduites motrices (perte de la marche, de la station debout ou assise, perte de la préhension, du sourire, etc.). On doit la distinguer d'une stagnation dans les acquisitions, laquelle entraîne certes une régression relative par rapport à l'âge, mais les acquis sont conservés.

L'examen physique

■ **Observation du comportement spontané :** gestualité, tonicité, mouvements anormaux.

■ **Examen neurologique :** mesure du périmètre crânien, étude du tonus, déficit moteur, atteinte sensorielle ou sensitive, paires crâniennes.

L'examen général

Malformation particulière à la face, aux extrémités, aux membres ;
– état de la peau (naevus, adénomes sébacés, angiomes) ;
– recherche d'hépatosplénomégalie, de cardiopathie, etc. ;
– examen opthalmique, auditif.

Au terme de cette exploration purement clinique, certaines étiologies se dégagent avec une quasi-certitude : I.M.C., trisomie, Bourneville, Crouzon, etc. Les explorations doivent alors être réduites au strict nécessaire. Souvent, en particulier lorsqu'on retrouve un contexte familial, lorsqu'on note une évolutivité des explorations complémentaires s'avèrent nécessaires. Ces explorations ne sont pas toujours gratuites car, s'il est vrai qu'elles débouchent rarement sur un traitement spécifique, en revanche elles peuvent conduire la famille à un conseil génétique et/ou à des mesures préventives de plus en plus fréquentes (dosage enzymatique *in utero*).

Explorations complémentaires

■ **Tomodensitométrie** et **R.M.N.** (cf. p. 67) ont révolutionné la démarche diagnostique par leur inocuité et la valeur des renseignements obtenus. A elles seules, elles permettent le diagnostic des tumeurs cérébrales, des hydrocéphalies, de certaines neuro-ectodermoses, des leucodystrophie diverses (Schilder, Krabbe). Elles représentent de nos jours le premier temps avant tout autre investigation du S.N.C. Artériographies diverses, encéphalographies gazeuses, scintigraphies viendront secondairement préciser tel ou tel trouble.

■ **L'électro-encéphalogramme**, de pratique si courante, apporte en réalité peu de renseignements, sauf exception (maladie de Van Bogaert) en dehors de l'épilepsie proprement dite.

■ **Enfin les multiples examens hématologiques, enzymatiques, biochimiques** ne devront être demandés que si des éléments cliniques orientent avec rigueur la recherche et sur les conseils d'un neuropédiatre.

III. – Infirmité motrice cérébrale

L'infirmité motrice cérébrale constitue le troisième volet des déficiences de l'enfant (19 % des enfants handicapés). Après les déficiences sensorielles et les encéphalopathies, il s'agit ici d'une atteinte des capacités motrices de l'enfant. Le degré d'infirmité est très variable, allant d'une discrète spasticité entravant à peine la marche jusqu'aux grandes rétractions rendant quasi impossible toute motricité.

■ **Étiologie des infirmités motrices cérébrales :** elle est presque toujours liée aux conditions de naissance : traumatisme obstétrical (56 %), prématurité (30 %), pathologie néonatale diverse (ictère nucléaire). Cette étiologie souligne l'importance de la prévention afin d'en diminuer sensiblement la fréquence.

■ **Localisation des troubles :** elle est variable : atteinte d'un seul membre (monoplégie), d'une moitié du corps (hémiplégie), de deux membres (diplégie : maladie de Little) des membres inférieurs (paraplégie), des quatre membres (quadriplégie).

■ **Nature neurologique de la lésion :** elle est aussi variable :

1°) trouble du tonus : hypotonie fréquente au début à laquelle succède généralement une hypertonie, une spasticité avec le risque majeur de rétraction et de fixation en position vicieuse et douloureuse (pied bot ou équin) ;

2°) paralysie motrice totale ou partielle (parésie) avec le risque évolutif d'une atrophie progressive du groupe musculaire atteint et d'un ralentissement de sa croissance ;

3°) mouvements anormaux de type athétosique qui entravent profondément la gestualité intentionnelle et parfois aussi les possibilités articulatoires ;

4°) troubles cérébelleux avec des ataxies statiques ou kinétiques entravant elles aussi les possibilités motrices en particulier la marche.

■ **Développement du langage :** le langage se développe même en cas de lésion cérébrale gauche congénitale (l'aphasie congénitale vraie est exceptionnelle v. p. 114). En revanche, l'atteinte motrice de l'appareil phonatoire et articulaire (athétose) peut entraîner des troubles articulatoires.

■ **Niveau intellectuel :** il est théoriquement normal dans ce qu'on appelle l'infirmité motrice cérébrale « pure ». En réalité, le polyhandicap est fréquent. Seul 47 % des infirmités motrices cérébrales ont un Q.I. normal ou supérieur. Les autres présentent une déficience mentale (légère 17 %, moyenne 16 %, profonde 20 %) qui constitue un handicap supplémentaire aux possibilités de rééducation.

Signalons enfin la fréquence d'autres déficits associés : épilepsie, déficit sensoriel complet ou surtout partiel.

L'étude de l'organisation cognitive révèle la fréquence des troubles de l'orientation temporo-spatiale et du schéma corporel, aisément compréhensible en raison de l'atteinte motrice.

■ **Troubles affectifs :** ils dépendent à la fois du degré de l'atteinte cérébrale (profondeur de la débilité) et de la réaction de l'enfant et de sa famille au handicap. Les enfants infirmes moteurs cérébraux sont souvent décrits comme inhibés, faciles, soumis et passifs. L'adolescence, en revanche, peut être une étape difficile, marquée par la perception douloureuse d'une image physique différente, « anormale », dévalorisée et dévalorisante. L'intensité de ces réactions dépend en partie de la façon dont le handicap a été accepté ou refusé par la famille dès la petite enfance.

A cet égard Winnicott rappelle qu'un enfant doit être aimé tel qu'il est, y compris avec son handicap et non tel qu'il devrait être, car la normalité, pour un enfant, c'est ce qu'il est. Seule cette acceptation initiale peut permettre à l'enfant un investissement positif d'une image de soi satisfaisante.

Bibliographie

AJURIAGUERRA (J. DE), ABENSEN (J.) : Désorbre psychopathologique chez l'enfant sourd. *Psychiatrie enfant,* 1972, *15,* (1), p. 217-244.

ANDREY (B.), VIDOVIC-SIF (S.) : Phénomènes de régression et processus de restructuration de la personnalité dans quelques cas d'enfants et d'adolescents traumatisés crâniens graves. *Psychiatrie enfant,* 1977, *20* (1), p. 179-222.

BOLTANSKI (E.) (sous la direction de) : *L'enfance handicapée.* Privat, Toulouse, 1977.

BOUTON (C.P.) : Le développement du langage : aspects normaux et pathologiques. Troubles dus à des altérations auditives majeures. Masson, Paris, 1979, p. 178-190.

BRINICH (P.M.) : Application of the metapsychological profile to the assessment of deaf children. *Psychoanalytic Study Child,* 1981, *36,* 3-32.

COSNIER (J.) : La communication non verbale de l'enfant sourd. *Psychiatrie enfant,* 1978, *21* (1), p. 171-208.

DIAMENT (A.J.), SCHMIDT (B.J.), ROSEMBERG (S.) : Le diagnostic neuropédiatrique de la déficience mentale. *Annales Nestlé,* 1978, *75,* p. 7-50.

GARELLI (M.), MARTIN (C.) : L'appréciation du niveau mental dans l'infirmité motrice cérébrale. *Rev. prat.,* 1969, *19* (10), p. 1551-1561.

LAIRY (G.C.), NETCHINE (S.), NEYRAUT (M.T.) : L'enfant déficient visuel. *Psychiatrie enfant,* 1962, *5* (2), p. 357-440.

LANG (J.L.) : *Introduction à la psychopathologie infantile : psychologie et psychopathologie de l'enfant mongolien.* Dunod, Paris, 1979, 1 vol., p. 113-145.

NUMÉRO SPÉCIAL : L'enfant aveugle. Articles de Vincelet, Redlet, Martinez, Lissonde, etc. *Perspectives psychiatriques,* 1978, *16* (67), p. 207-289.

NUMÉRO SPÉCIAL : L'enfant handicapé physique : Développement affectif et cognitif. Articles de Bideaud, Colin, Domergue, Nurit, etc. *Neuropsychiat. de l'enf.,* 1980, *28* (1-2), p. 1-67.

OSSON (D.), DHELLEMES (P.), ANSAR (C.), NZEYIMANA (C.) : Les troubles psychiques éloignés des enfants traumatisés crâniens. *Neuropsychiat. de l'enf.,* 1979, *27* (9), p. 401-407.

ROUGIER (B.), SALBREUX (R.), DENIAUD (J.M.), TOMKIEWICK (S.) : Prise en charge des handicapés en fonction de leur handicap et de la catégorie socioprofessionnelle de leurs parents. *Neuropsychiat. de l'enf.,* 1979, *27* (1-2), p. 29-44.

SALBREUX (R.), DENIAUD (J.M.), TOMKIEWICZ (S.), MANCIAUX (M.) : Typologie et prévalence des handicapés sévères et multiples dans une population d'enfants. *Neuropsychiat. de l'enf.,* 1979, *2* (1-2), p. 5-28.

TURPIN (J.C.) : Encéphalopathies du nourrisson et du jeune enfant. E.M.C., Paris, 1973, *Pédiatrie* 4093 C 10.

WILLS (D.M.) : Some notes on the application of the diagnostic profile to young blind children. *Psychoanalytic Study Child,* 1981, *36,* 217-237, 237.

15

Épilepsie de l'enfant

I. – Définition, généralités, épidémiologie

L'épilepsie est une affection caractérisée par la survenue répétitive de crises d'aspect clinique variable, mais toujours dues à la décharge hypersynchrone d'un ensemble de neurones. Les symptômes cliniques ou paracliniques observés essentiellement dans l'intervalle des crises sont contingents, mais il n'y a pas d'épilepsie sans crise clinique.

Ainsi définie l'épilepsie est fréquente chez l'enfant et l'adolescent, puisque 50 % des crises apparaissent avant 10 ans, et 70 % avant 20 ans. Chez l'enfant, l'incidence moyenne (taux de nouveaux cas pour 1 000 sujets), est de 0,6 ‰ à 1,2 ‰ et la prévalence (nombre de malades pour 1 000) de 6 à 8 ‰. Ces chiffres décroissent dans la population adulte, ce qui montre qu'un certain nombre d'épileptiques guérissent. De nos jours, on tend à décrire trois grands types d'épilepsie.

Épilepsies généralisées primaires

Elles sont caractérisées par :

– *sur le plan clinique* une altération ou une abolition de la conscience avec des manifestations végétatives et/ou des phénomènes moteurs (convulsions toniques et/ou cloniques, perte de tonus, perte de mouvements) bilatéraux et symétriques ;

– *sur le plan électrique,* une série de paroxysmes généralisés sur les deux hépisphères, répartis de façon synchrone et symétrique.

Épilepsies généralisées secondaires

Elles sont la traduction de lésions cérébrales diffuses ou étendues. Les crises sont très variables sur le plan clinique, mais leur traduction électrique est le plus souvent asymétrique et asynchrone. Le rythme de fond dans l'intervalle intercritique est toujours perturbé.

Chez l'enfant ces épilepsies généralisées secondaires correspondent à un processus non spécifique (syndrome de West et syndrome de Lennox-Gastaut) ou plus rarement spécifique (maladie de Lafora, lipidoses...). On les regroupe souvent sous le nom d'encéphalopathies épileptogènes.

Épilepsies partielles ou focales

Les symptômes cliniques sont très divers en fonction de l'aire corticale impliquée ; ils sont tantôt élémentaires, sans altération de la conscience (convulsion localisée, symptôme sensitif ou sensoriel, symptôme végétatif : salivation, pâleur...), tantôt à sémiologie complexe, associant une obnubilation ou même une suppression de la conscience et des conduites diverses (automatismes psychomoteurs oro-alimentaires, ambulatoires ou verbaux, manifestations psycho-sensorielles de type illusion ou hallucination, manifestations psychiques). Au plan électrique les paroxysmes sont très localisés, parfois même difficilement repérables.

La fréquence relative de ces trois types d'épilepsie n'est pas la même chez l'enfant et chez l'adulte. L'enfant présente plus souvent des crises généralisées primaires (40 % des cas) ou des crises généralisées secondaires (18 %) (chez l'adulte, respectivement 20 % et 2 %). En revanche, les épilepsies partielles sont moins fréquentes : 40 % des cas (adulte 80 %), mais contrairement à l'adulte, leur étiologie n'est pratiquement jamais lésionnelle.

L'hérédité de l'épilepsie ne répond pas à un mécanisme simple. En dehors d'affections héréditaires connues associées à une épilepsie (neuroectodermose par exemple), on n'a pas mis en évidence un mode de transmission génétique précis. On peut simplement noter que les parents ou la fratrie d'un enfant épileptique présentent des modifications électro-encéphalographiques plus fréquentes que dans la population générale.

Dans 20 % des cas, on retrouve parmi les ascendants ou collatéraux un autre sujet atteint, mais rarement plus. La concordance chez les jumeaux univitellins est forte (62 % : Lennox), mais non totale. En conclusion, si une « sensibilité » héréditaire est possible, aucun mode de transmission n'est connu.

La progressive maturation cérébrale du nourrisson, puis de l'enfant explique que la sémiologie des crises évolue en fonction de l'âge. Le cortex du nouveau-né et du nourrisson présente un seuil épileptogène très bas, mais une faible capacité de diffusion (les relations interhémisphériques ne sont qu'ébauchées). Ce seuil s'élève progressivement avec la maturation en même temps que s'accroissent les interconnections : ceci rend compte de la fréquence des crises localisées chez le nourrisson, puis de l'apparition progressive des crises généralisées. Étant donné cette évolution, nous distinguerons les formes de l'épilepsie de l'enfant selon l'âge.

II. – Étude clinique

A. – Convulsions du nouveau-né et du nourrisson (0 à 3 ans)

Nous ne ferons que les citer car, pour de nombreux auteurs, ces convulsions n'entrent pas dans le cadre de l'épilepsie. Il s'agit le plus souvent de formes localisées dont l'étiologie est liée soit à la pathologie néonatale (traumatisme obstétrical, infection néonatale, hypoglycémie, hypocalcémie...), soit, surtout à partir du second semestre, au développement d'encéphalopathies évolutives.

Les **convulsions de l'hyperthermie,** très fréquentes, doivent être sorties du cadre de l'épilepsie : elles apparaissent lors d'une fièvre supérieure à 38° 5, au cours de la seconde ou troisième année. La crise est de courte durée, il n'y a pas d'antécédent neurologique. L'évolution est le plus souvent favorable lorsque des précautions sont prises systématiquement dès l'apparition de tout nouvel accès fébrile. A distance on note toutefois un pourcentage d'épilepsie ultérieure (5 % des cas) plus élevé que dans la population générale. Le traitement est avant tout préventif, la prescription d'antiépileptique au long cours n'est pas justifiée.

B. – Épilepsie chez l'enfant de 3 à 12 ans

Deux formes cliniques d'épilepsies sont caractéristiques de cet âge : le petit mal et l'épilepsie à paroxysme rolandique. Le syndrome de Lennox-Gastaut débute aussi à la même période. Nous le regrouperons avec les autres encéphalopathies épileptogènes (v. p. 259).

1°) Petit mal

Il débute entre 3 et 9 ans ; il diminue de fréquence à partir de 10-15 ans pour disparaître totalement dans 40 à 45 % des cas. Dans les autres cas il persiste ou se complique de crises de grand mal. Son apparition aux âges extrêmes (avant 4 ans ou après 10 ans) est toujours un facteur de mauvais pronostic, en particulier quand il est associé à des crises convulsives.

Sur le plan clinique le petit mal appartient à la classe des épilepsies généralisées primaires, et se caractérise par les **absences.** Absences simples : suspension isolée de la vigilance et du contact à début et fin brusques, avec reprise de l'activité là où l'absence l'avait interrompue. Absences complexes lorsqu'à la suspension de conscience s'associent des phénomènes moteurs (hypotonie avec chute ou myoclonie de la face, ou rejet de la tête en arrière), des automatismes (déglutition, croiser les jambes, défaire un bouton...), des phénomènes végétatifs.

L'épisode critique dure en moyenne 5 à 15 secondes, rarement plus de 30 secondes. Le relâchement d'activité est un facteur favorisant, alors que l'attention en réduit la fréquence.

L'E.E.G. est caractéristique. Pendant la crise : pointe-onde à 3 cycles/seconde, généralisées, bilatérales, symétriques, régulières et synchromes à prédominance fronto-centrale. Lorsque le petit mal apparaît à la période caractéristique et qu'il est isolé, les explorations complémentaires sont inutiles car toujours normales.

2°) Épilepsie à paroxysme rolandique (E.P.R.)

C'est la plus fréquente et la plus bénigne des épilepsies de l'enfant (15 à 20 % des cas), souvent nocturne (50 % des épilepsies nocturnes sont des E.P.R.). Cliniquement on observe :

– des crises motrices le plus souvent partielles et nocturnes. Les crises morphéiques oro-bucco-pharyngées, réveillant l'enfant, avec salivation et bruits bucco-pharyngés sont les plus typiques ;

– le développement intellectuel et neurologique est normal ;

– *l'E.E.G.* révèle des paroxysmes variables en fréquence et en morphologie d'un sujet à l'autre : bouffée d'onde aiguë ou de pointes-ondes de 3 à 5 cycles/seconde à foyer latéralisé, mais parfois changeant de côté ou même foyers bilatéraux et alternants. Le sommeil est un bon activateur : la crise apparaît à l'endormissement ou au réveil. Les paroxysmes électriques intercritiques localisés à la région rolandique sont fréquents ;

– *l'évolution* se fait pratiquement toujours vers la guérison vers l'âge de 15 ans.

Les explorations complémentaires sont toujours normales et ne sont pas justifiées. Cette bénignité, cette absence d'étiologie tumorale différencient totalement ces épilepsies partielles de l'enfant des épilepsies localisées de l'adulte.

3°) Autres épilepsies partielles

Elles sont moins fréquentes. Elles sont parfois symptomatiques d'une lésion cérébrale, mais le plus souvent elles partagent les caractéristiques étiologiques et évolutives des épilepsies à paroxysme rolandique.

C. – Épilepsie du grand enfant et de l'adolescent (plus de 10 ans)

1°) Grand mal

Il apparaît vers 10-11 ans, et se caractérise par la *grande crise tonico-motrice* où se succèdent :

– la perte de connaissance initiale brutale avec ou sans cri provoquant la chute ;

– la phase tonique généralisée pendant 10 à 20 secondes : tête rejetée en arrière, mâchoire serrée, membres inférieurs en extension, membres supérieurs en demi-flexion, respiration bloquée ;

– la phase clonique généralisée pendant 40 à 60 secondes : secousses brusques intenses s'espaçant progressivement ;

– la phase stertoreuse avec retour progressif de la respiration et coma postcritique de durée variable.

La morsure de la langue, la perte des urines sont aléatoires. En revanche, l'amnésie totale de la crise est constante.

A l'E.E.G. on observe d'abord une décharge généralisée de rythmes rapides recrutants (phase tonique), puis des polypointes ou polypointes-ondes progressivement ralenties (phase clonique), enfin des ondes lentes postcritiques (phase stertoreuse). Le tracé intercritique présente souvent des bouffées irrégulières de pointes-ondes, la stimulation lumineuse intermittente provoque souvent une réponse.

2°) Épilepsie généralisée primaire de l'adolescent

Le grand mal s'associe dans un quart des cas à des *myoclonies généralisées* qui surviennent le plus souvent le matin (au réveil ou pendant le petit déjeuner), sans abolition de conscience, prédominant aux membres supérieurs. On observe également dans 20 % des cas des absences petit mal.

L'association grand mal-myoclonies matinales conscientes-petit-mal réalise l'**épilepsie généralisée primaire** caractéristique du grand enfant et de l'adolescent. Elle est toujours cryptogénétique ; son pronostic est assez favorable. Aucune exploration complémentaire complexe n'est justifiée.

D. – Encéphalopathies épileptogènes ou épilepsies généralisées secondaires

Dans de rares cas, ces encéphalopathies sont secondaires à des atteintes spécifiques génétiques, métaboliques (amino-acidopathies) ou dégénératives (lipidoses, maladie d'Unverricht-Lundborg), mais le plus souvent il s'agit d'atteintes non spécifiques : syndromes de West et de Lennox-Gastaut. Elles sont très caractéristiques de l'enfant.

1°) Syndrome de West ou syndrome des spasmes en flexion

C'est une encéphalopathie épileptogène grave qui débute généralement dans la première année de la vie, entre 3 et 10 mois. Les crises toniques brèves sont caractéristiques : contraction soudaine, généralisée et relativement lente des muscles de la tête, du cou, du tronc, et des membres parfois en extension, le plus souvent en flexion : l'enfant se plie en deux après un petit cri. On observe plusieurs crises quotidiennes de 3 à 10 spasmes, chaque spasme durant 2 à 3 secondes.

L'E.E.G. est profondément perturbé : présence d'ondes lentes et de pointes amples sur tout le scalp, asynchrones et variables dans leur localisation d'un moment à l'autre, réalisant ce qu'on a appelé « hypsarythmic » ou « dysrythmie majeure ».

L'atteinte psychique se caractérise par un arrêt ou une régression du développement psychomoteur, et une attitude de profonde indifférence aux stimulations externes. Cette atteinte peut précéder, accompagner ou suivre les spasmes.

L'étiologie reste inconnue. Parfois aucune anomalie antérieure n'est décelable ; dans quelques cas il existe une pathologie cérébrale variable (malformative, traumatique, infectieuse...). Il semble que le syndrome de West traduit à un moment particulier de la maturation neuropsychique du nourrisson un mode de réaction globale du fait d'un seuil épileptogène abaissé.

L'évolution est sombre dans la majorité des cas (80 %) : aggravation de la détérioration psychique aboutissant à un tableau d'encéphalopathie profonde (v. p. 164), avec souvent apparition de conduites très archaïques. Dans quelques cas, l'évolution des crises aboutit à un tableau proche du syndrome de Lennox-Gastaut. Rares enfin sont les évolutions franchement favorables, avec disparition des spasmes et reprise du développement psychomoteur car ce dernier montre souvent un retard persistant.

2°) Syndrome de Lennox-Gastaut

Il apparaît entre 2 et 7 ans, parfois plus tard. Les crises cliniques sont toujours nombreuses (plusieurs dizaines par jour) et d'aspects divers :

– crises toniques brèves en particulier pendant le sommeil ;

– absences atypiques, à début et fin moins brusques, associées à des phénomènes moteurs (tonique, atonique ou myoclonique) ;

– myoclonies massives ou parcellaires ;

– crises atoniques brutales ;

– crises généralisées tonico-cloniques (grand mal) ;

– crises partielles motrices, sensorielles, végétatives.

En réalité, tous les types de crises cliniques peuvent s'observer.

L'E.E.G. présente dans les tracés intercritiques des pointes-ondes lentes au rythme de 1 à 2,5 cycles/seconde, bilatérales, organisées en bouffées plus ou moins régulières. Le rythme de base a souvent disparu complètement.

L'insuffisance intellectuelle est quasi constante, souvent profonde. L'existence fréquente de troubles de comportement d'allure psychotique a conduit certains auteurs (Misès) à discuter les rapports entre les psychoses infantiles et ce syndrome (v. p. 264).

Ici encore l'étiologie est imprécise : parfois on ne retrouve aucun antécédent, dans d'autres cas on note des signes de souffrance cérébrale non spécifiques. Comme pour le syndrome de West, l'expression clinique du syndrome de Lennox-Gastaut semble être le témoin d'un mode de réaction non spécifique et global, caractéristique d'un stade maturatif.

L'évolution à long terme est dominée par le risque de détérioration progressive car la majorité des thérapeutiques antiépileptiques est d'une efficacité minime et transitoire. Quelques améliorations spectaculaires sont possibles dont certaines ont été rattachées à une élaboration psychothérapique (Bouchard et coll.).

E. – Explorations complémentaires et diagnostic différentiel

Certaines formes d'épilepsie de l'enfant correspondent à des entités maintenant bien connues et dont l'exploration n'apporte aucune information supplémentaire. Il est alors *inutile de multiplier les examens et investigations dans ces cas typiques :* il en est ainsi du petit mal typique, de l'épilepsie à paroxysme rolandique, de l'épilepsie généralisée primaire de l'adolescent.

Dans les quelques cas où le doute persiste, la *tomodensitométrie* donne maintenant de précieux résultats mais qui débouchent rarement sur une attitude pratique : il s'agit en effet souvent d'atteinte séquellaire, de dilatation ventriculaire ou d'atrophie plus ou moins localisée. Seules doivent être explorées les épilepsies associées à des symptômes évoquant une encéphalopathie spécifique, évolutive ou non (car le diagnostic peut conduire à un conseil génétique) ou celles dont l'association à des symptômes neurologiques évolutifs peut faire craindre une tumeur cérébrale.

Le diagnostic différentiel se discute classiquement avec :

– les crises non épileptiques : syncope, crise tétanique ;

– les crises hystériques ;

– chez l'enfant plus jeune, les spasmes du sanglot (v. p. 356) et la convulsion fébrile (p. 256).

III. – Abord psychopathologique

L'importance des facteurs psychologiques dans le déclenchement ou au contraire la diminution des crises, le rôle indiscutable de l'attention ont très tôt conduit à s'interroger sur le sens psychologique des crises d'épilepsie et de la maladie épileptique. En outre, les troubles psychiques de diverses natures paraissent plus fréquents chez l'épileptique, surtout adulte. Ainsi les écrits consacrés à ce sujet sont légions. L'intérêt s'est focalisé sur deux points. D'un côté de nombreux auteurs ont tenté de comprendre la signification de la crise épileptique dans le vécu conscient et inconscient du sujet. D'un autre côté, on a essayé de rattacher à la maladie épileptique un certain profil de personnalité caractéristique. Ceci a conduit à parler de « personnalité épileptoïde ». Si cette dernière approche paraît certes dépassée, de nombreux auteurs continuent cependant de s'interroger sur les conséquences psycho-affectives et les remaniements structurels qui résultent d'une maladie dont l'impact social est très grand. Nous reprendrons cette progression en étudiant successivement la signification de la crise, puis le problème de la « personnalité épileptique » et de la psychopathologie intercritique, enfin le retentissement social et scolaire de l'épilepsie. Auparavant, il convient de noter que, sauf pour certaines encéphalapothies épileptogènes, dans leur grande majorité, les crises d'épilepsie de l'enfant ne traduisent pas une lésion cérébrale, lésion que la trace écrite de l'E.E.G. viendrait authentifier. En réalité, la décharge synchrone des neurones cérébraux provient certes d'un seuil d'excitabilité et de recrutement abaissé, mais elle ne représente rien d'autre qu'une anomalie fonctionnelle. Ceci a amené certains auteurs à évoquer un mécanisme psychologique à l'origine même de ce désordre fonctionnel.

A. – Compréhension psychopathologique de la crise

Freud le premier, dans son travail intitulé *Dostoïevki et le Parricide* (1929) s'est penché sur la signification de la crise : selon lui, l'épileptique tente de résoudre par la crise un conflit entre un Surmoi sadique et un Moi masochique : la crise est un équivalent d'acte suicidaire, véritable meurtre introjecté, qui se caractérise par la désintrication des pulsions à la suite de l'effondrement du Moi. Après cette première approche psychogénétique, de nombreux psychanalystes ont proposé une interprétation des crises (Kardiner, Schilder, Fenichel, Greenson, L. et A. Covello). La crise épileptique est ainsi rapprochée d'une « crise d'affects » chez des sujets prédisposés : le système pulsionnel des sujets épileptiques est qualifié de sadique et destructeur, leur Moi est incapable de s'y opposer. La crise est toujours interprétée comme le résultat de l'inondation traumatique du Moi défaillant par des pulsions désorganisantes et désintriquées.

Certains évoquent à l'origine une organisation proche des « structures psychosomatiques » (v. p. 346) : la crise renvoie à un fonctionnement psyché-soma indifférencié, soit régressif (Ferrenczi, Winnicott), soit témoin d'un manque au niveau psychique. La crise physique vient relayer dans ce dernier cas l'état de blocage et d'incapacité d'élaboration des conflits psychiques (Covello).

Signalons enfin que la théorie du traumatisme psychique est fréquemment invoquée dans le déclenchement de la crise : la coïncidence entre un événement fortuit de la réalité et l'organisation fantasmatique du sujet crée les conditions d'un traumatisme psychique dont la seule issue serait la crise. *« Chez les enfants qui font une crise comitiale, la résonance entre ce qui est perçu dans la réalité extérieure, la pulsion et les représentations refoulées est grande et si brutale que les défenses vigiles sont submergées par les conflits inconscients »* (Bouchard et coll.).

Ces élaborations théoriques concernant la crise visent toutes à donner un sens à ce qui, pour le sujet et pour l'entourage, en paraît dépourvu, à introduire une continuité fantasmatique dans ce qui paraît être une rupture. En général, ces théories ne nient pas la possibilité d'une anomalie somatique fonctionnelle ou organique, mais cherchent à réintroduire l'histoire de l'individu dans un événement apparemment contingent et externe.

B. – Abord intercritique de l'épileptique

L'autre mode d'approche a consisté, à la suite de F. Mikowska, à définir la personnalité de base des patients épileptiques. Rappelons que sous le terme « épileptoïde », F. Minkowska avait regroupé des facteurs caractéristiques selon elle du *Rorschach* de sujets épileptiques : viscosité, persévération, attachement au concret, agressivité sociale... Avec la multiplication des études portant sur de nombreux patients présentant différents types d'épilepsie, il apparaît que ces facteurs d'une part ne sont pas spécifiques de l'épilepsie (on les rencontre dans d'autres champs pathologiques : traumatisme crânien, séquelles d'encéphalite) et, d'autre part, ne s'observent pas, loin de là, chez tous les épileptiques, en particulier chez les enfants. Certains auteurs ont ainsi suggéré que cette « personnalité épileptoïde » n'était en réalité qu'une pathologie secondaire, soit à la multiplicité des crises avec les réactions qu'elles induisent, soit surtout à l'action ralentissante des thérapeutiques (phénobarbital). La « personnalité épileptoïde » ne serait qu'une réélaboration secondaire à une pathologie iatrogène. C'est pour éviter une telle confusion que certains auteurs se sont attachés à décrire le mécanisme psychopathologique sous-tendant la première crise (Bouchard et coll.), mais il est difficile de les suivre dans leur conclusion concernant la structure psychopathologique de sujets dits épileptiques, alors même que ces sujets n'ont fait parfois qu'une seule crise : il faut rappeler que l'épilepsie se définit par la répétition de crises cliniques. C'est autour de cette répétition des crises et des réaménagements secondaires mis en place par le sujet et/ou son entourage que la personnalité de l'épileptique s'organique.

Ainsi Beauchesne déclare : *« nous pensons que la façon dont l'entourage donne un sens à la crise qui n'en a pas, et ne peut en avoir originellement, est capitale dans la réorganisation du sujet ».* Dans cette réorganisation, si le concept même de « personnalité épileptoïde » comme fondement de la maladie épileptique est vivement critiqué de nos jours, certains traits de caractère s'observent toutefois plus volontiers tels la lenteur fréquente de l'idéation (bradypsychie), l'irritabilité, la labilité de l'humeur, l'impulsivité. Notons cependant que chez l'enfant ces traits de caractère coexistent plus volontiers avec les crises de grand mal qu'en cas de petit mal-absences. Toutefois, de nombreux enfants ne présentent aucun trait de personnalité spécifique. Seule, l'« immaturité » est souvent rapportée par les auteurs.

Cependant, s'il n'existe pas d'organisation pathologique spécifique de l'épilepsie, il est évident qu'une maladie qui rompt brutalement le cours de la pensée de l'individu et dont l'impact social est si grand, provoque inévitablement des mouvements psycho-affectifs multiples. Les ruptures répétées et imprévues de la continuité psychique et physique, semblent être à l'origine d'un vécu très proche de grande fragilité narcissique : l'image du corps est toujours menaçée, le sentiment de perte (perte de conscience, perte de contrôle, perte de relation...) toujours vif. Certaines caractéristiques décrites dans la « personnalité épileptoïde » peuvent d'ailleurs être comprises comme des défenses contre ces menaces pesant sur l'image du corps, et sur la continuité de l'investissement du soi (Winnicott) : il en est ainsi de la viscosité, de l'adhérence aux stimulis. De même on peut noter la fréquence avec laquelle le sujet épileptique a besoin d'instaurer des liens entre des percepts divers (au *Rorschach* par exemple) et une extrême sensibilité aux ruptures de lien.

Associations pathologiques particulières

a) Épilepsie et efficience intellectuelle

La difficulté à évaluer le degré de l'entrave au fonctionnement mental provient du fait que la majorité des études du Q.I. de sujets épileptiques ne distingue pas clairement les différents types de population ; en particulier chez l'enfant l'existence des encéphalopathies épileptogènes peut, sur un plan épidémiologique, faire dévier fortement vers le bas les évaluations.

Les études sur un grand nombre (Freudenberg, Bouchard) montrent que la répartition du Q.I. des enfants épileptiques respecte grossièrement la répartition gaussienne de la population générale, avec cependant un décalage vers les Q.I. bas.

En cas de niveau légèrement inférieur, il convient de tenir compte, pour une évaluation optimale des capacités psychiques :

– de la bradypsychie : la suppression du facteur temps améliore la performance ;

– des « ruptures de contact » en cas de crises fréquentes ;

– du ralentissement dû au traitement, en particulier avec le phénobarbital.

La répétition des évaluations peut montrer des écarts importants en fonction de la qualité du contact avec l'examinateur, de l'équilibration thérapeutique, du délai depuis la dernière crise...

b) Détérioration mentale

Elle reste rare ; même lorsque les crises sont assez fréquentes l'efficience peut rester bonne. En revanche, dans les encéphalopathies spécifiques évolutives ou non, ou dans les encéphalopathies non spécifiques avec épilepsie (West, Lennox-Gastaut), la débilité profonde est habituelle, souvent évolutive avec une détérioration progressive. Le problème de l'association entre épilepsie-démence-psychose se pose ainsi pour un nombre important de cas.

c) Épilepsie et psychose

La survenue de crises d'épilepsie est une éventualité assez fréquente chez l'enfant psychotique : entre 12 et 20 % d'enfants psychotiques présentent des crises épileptiques. La clinique des crises d'épilepsie n'a rien de spécifique. Certains auteurs (Ferrey-Hanin) ont toutefois souligné la fréquence des crises nocturnes. Toutes les formes cliniques de psychose sont concernées. Le problème essentiel reste celui de la nature du rapport entre l'épilepsie et la psychose : soit psychose comme conséquence de l'épilepsie (Rimland, Lor-Henry), soit épilepsie comme simple symptôme de la psychose (Soulayrol). En clinique tous les types d'association et de succession temporelles peuvent s'observer : dans certains cas, les crises d'épilepsie paraissent inaugurales et entraîner des épisodes confusionnels, d'abord transitoires, puis progressivement des destructurations durables de l'organisation psychique. L'épilepsie temporale paraît plus souvent responsable. Dans d'autres cas, la psychose précède nettement l'apparition des crises épileptiques : leur survenue marque toujours *« un moment significatif de l'histoire de l'enfant psychotique, et y prend un sens »* (Soulayrol). La question se pose alors de la signification symptomatique de ces crises épileptiques dans une structure psychotique.

La majorité de ces psychoses avec épilepsie s'accompagne également d'une organisation cognitive déficitaire, ce qui a conduit Misès à tenter une articulation entre ces trois variables en distinguant :

– les formes démentielles où le déficit occupe une place importante dans le tableau clinique ;

– les psychoses à expression déficitaire, survenant chez des épileptiques ;

– entre ces deux pôles, les dysharmonies évolutives à expression déficitaire (v. p. 170).

C. – Abord familial et social de l'épilepsie

Le « mal comitial » dont la survenue interrompt la réunion des comices romaines, a de tout temps été le véhicule privilégié d'une fantasmatique sociale très riche. L'épileptique est tantôt sacralisé, porteur d'un mal et d'un signe divins, tantôt rejeté car possédé de l'esprit démoniaque, mais il ne laisse jamais le public indifférent. Chez l'enfant, la famille et l'école constituent le champ social de résonance.

La famille de l'épileptique présenterait un mode relationnel particulier marqué par l'existence de tensions importantes, avec des relations sado-masochistes. On a aussi noté l'existence chez l'un des deux parents d'un Surmoi sévère, interdisant toute expression d'agressivité (Guedeney, Kipman). On a relevé la fréquence et la prégnance d'une fantasmatique familiale organisée autour de la mort (Beauchesne). Quelle que soit l'organisation familiale initiale, la répétition imprévisible des crises provoque très vite un réaménagement autour de celles-ci : l'ambivalence est la règle. Les familles oscillent entre la surprotection dont l'excès peut d'ailleurs masquer les intentions agressives (l'enfant épileptique n'a plus aucune possibilité de loisirs en raison de la dangerosité supposée de toute activité : vélo, piscine...)

et le rejet, le manque d'affection et même le dégoût. La recherche du traumatisme, de l'anomalie cérébrale, ou de la tumeur (dont l'E.E.G. constitue pour beaucoup de familles le témoin direct : c'est dire la nécessaire prudence, tant dans l'utilisation que dans les comptes rendus qu'on peut leur donner) vise à extérioriser l'origine de la maladie, tandis que l'existence d'antécédents familiaux est vécue comme la trace d'une tare héréditaire plus ou moins honteuse.

Quant à l'école, elle paraît montrer une plus grande tolérance à l'égard des enfants épileptiques. Il est à noter que les crises d'épilepsies à l'école surviennent plus rarement que ne le voudrait la simple fréquence du taux de morbidité : ceci tendrait à montrer que l'enfant présente ses crises en dehors du cadre scolaire. La dangerosité, souvent mise en avant par l'institution scolaire, est quasi nulle, tant pour l'enfant, que pour son entourage. L'échec scolaire paraît un peu plus fréquent chez l'enfant épileptique, échec rattaché en général aux troubles associés. Une scolarité dans des établissements spécialisés pour épileptiques ne doit s'envisager que dans les cas où les crises sont d'une extrême fréquence, s'il existe une déficience intellectuelle profonde ou une organisation psychotique grave associée.

IV. – Traitement

A. – Antiépileptiques

Les divers antiépileptiques, leurs indications et leurs effets secondaires sont regroupés dans le tableau IV. D'une manière générale, chez l'enfant, la prescription d'un antiépileptique doit suivre les principes suivants :

– à activité thérapeutique égale, il faut impérativement choisir le produit qui présente le moins d'effet secondaire : c'est pourquoi le *Dépakine* tend de plus en plus à être utilisé comme premier traitement. L'utilisation du phénobarbital chez l'enfant doit être sinon proscrite, du moins réduite le plus possible à cause du retentissement psychique fréquent (instabilité et excitation paradoxale avec chute du rendement scolaire) ;

– la monothérapie est préférable. On ne donnera une double association qu'en cas de résistance ou de crises de types cliniques très variés (Lennox-Gastaut) ;

– l'association de trois antiépileptiques doit rester exceptionnelle ;

– *la surveillance* du traitement se fait sur la clinique et non sur l'E.E.G. La répétition des E.E.G. est le plus souvent inutile : un ou deux E.E.G. par an suffisent largement.

– *la posologie* efficace pour chaque produit doit maintenant se guider sur les dosages sanguins, car la dose efficace est très variable d'un patient à l'autre ;

– *le traitement* ne doit pas être modifié systématiquement dès la survenue d'une crise : seules des modifications importantes dans la durée, le rythme ou l'aspect des crises doivent faire reconsidérer la thérapeutique. Tout changement doit être progressif ;

– *l'interruption définitive* du traitement doit respecter chez l'enfant certaines conditions. Elle dépend de son âge et du type de crise. En moyenne, un délai de 18 mois à 2 ans, est nécessaire après la dernière crise avant de l'envisager. Dans tous les cas, cette interruption doit être *très progressive* (en particulier avec le phénobarbital). Dans le petit mal, l'épilepsie généralisée primaire du grand enfant (jusqu'à 12 ans), la disparition fréquente au moment de la puberté, doit faire envisager l'interruption entre 13 et 15-16 ans, si aucune crise ne survient.

L'épilepsie généralisée primaire de l'adolescent récidive souvent après interruption : il convient d'attendre au moins 3 à 4 ans après la dernière crise avant d'interrompre le traitement.

B. – Abord psychothérapique

De nombreux auteurs ont proposé un abord psychothérapique de l'enfant et une action de « guidance » familiale. Au niveau de la famille, il est en effet souhaitable de recueillir longuement les craintes et les angoisses suscitées par les crises. L'information doit permettre à la famille d'éviter les attitudes extrêmes, tant de protection excessive que de rejet injustifié.

La psychothérapie de l'enfant lui-même permet de réintroduire la crise dans son histoire, de lui donner un sens. Pour certains, cette psychothérapie est conduite conjointement à la prescription des antiépileptiques. Toutefois la majorité des thérapeutes préfèrent que les rôles soient différenciés. Un contact corporel direct, sous forme d'une relaxation ou d'une rééducation psychomotrice est souvent souhaitable.

TABLEAU IV. – INDICATIONS ET EFFETS SECONDAIRES DES ANTIÉPILEPTIQUES

	ÉPILEPSIES GÉNÉRALISÉES PRIMAIRES			EPILEPSIE PARTIELLE	EPILEPSIES SECON-
	Grand mal	*Absence Petit mal*	*Myoclonie*		*West*
Valproate de sodium *Dépakine*	+++	+++	+++	++	++
Phénobarbital *Gardénal*	+++		+++	++	
Primidione *Mysoline*	+++		+++	++	
Phénytoïne *Di-Hydan*	+++		+++	+++	
Carbamazépine *Tégrétol*	+++		+++	++	
Diazépam : *Valium*	++	++	++	+	+
Clonazépam : *Rivotril*	++	++	++	+	+
Clobazam : *Urbanyl*					
Nitrazépam *Mogadon*	+	++	+	+	+
Chlorazépate : *Tranxène*					
Succinimide *Zarontin*		+++			
Diones *Epidione* *Paradione*		++			
Trinuride : association de Phényléthylacétylurée, Phénytoïne *(Di-Hydan),* Phénobarbital.				++ (formes complexes)	

GÉNÉRALISÉES -DAIRES *Lennox Gastaut*	ÉTAT DE MAL CRISES PROLONGÉES	NOMBRE DE PRISES QUOTIDIENNES	EFFETS SECONDAIRES TOXICITÉ
++		2 à 3	*Très peu :* tremblements, troubles digestifs (nausées, vomissements) : régressifs.
		1 à 2	*Importants :* psychique (ralentissement ou excitation, baisse du rendement scolaire). Induction enzymatique. Erythrodermie.
		2 à 3	Nausée, vertiges. Toxicité chronique : idem phénobarbital.
		1 à 2	*Notables :* hypertrophie gingivale. Atteinte hématologique. Syndromes cérébello-vestibulaires.
		2 à 3	*Très peu* en cas de surdosage : vertige, ataxie, nausée, sensation d'ébriété, somnolence.
+ + ++	+++ (IV) +++ (IV)	2 1 à 2 2	*Fonction de la dose :* Somnolence réversible, excitabilité et irritabilité.
		1 à 2	*Rares :* troubles digestifs
		1 à 2	*Rares mais graves :* Syndrome néphrotique. Aplasie médullaire.
+ (crises toniques)		1 à 2	Hyperplasie gingivale. Somnolence et sédation.

Bibliographie

AICARDI (J.) : Épilepsie et petit mal. E.M.C., Paris, 1968, *Pédiatrie,* 4091 A 50.

BEAUCHESNE (H.) : L'enfant et l'adolescent épileptiques : une approche clinique et psychopathologique. *Psy. enf.,* 1976, *19* (2), p. 429-494.

BOUCHARD (R.), LORILLOUX (J.), GUEDENEY (C.), KIPMAN (D.) : *L'épilepsie essentielle de l'enfant.* P.U.F., Paris, 1975, 1 vol.

COVELLO (L.), COVELLO (A.) : *Épilepsie, symptôme ou maladie.* Hachette, Paris, 1971, 1 vol.

FERREY-HANIN (D.) : Le sommeil des enfants psychotiques. *Neuropsych. de l'enf.,* 1980, *28* (4-5), p. 216-220.

GASTAUD (H.) : L'épilepsie temporale. *Concours Médical,* 1980, Suppl. au n° *15*, p. 3-48.

LOISEAU (P.) : Étude des antiépileptiques actuellement utilisés. *Rev. prat.,* 1979, *29* (59), p. 4465-4477.

MISES (R.), MISES (J.), BEAUCHESNE (H.) : Le démembrement de la démence épileptique. *Psych. enf.,* 1968, *11* (1), p. 181-268.

SOULAYROL (R.) et coll. : Psychose de l'enfant et épilepsie. *Neuropsych. de l'enf.,* 1980, *28* (3), p. 77-78.

NUMÉRO SPÉCIAL : Épilepsie. *Neuropsych. de l'enf.,* 1983, *31,* 11-12, 499-559.

16

Psychoses infantiles

La psychose chez l'enfant occupe de nos jours, dans le cadre de la pédopsychiatrie, la place qu'y occupait la débilité mentale au début de ce siècle. D'abord ignorées, voire niées dans leur existence, les psychoses infantiles ont vu leurs fréquences croître parfois démesurément au point de constituer pour certains psychiatres la référence diagnostique la plus fréquente. Comme pour l'idiotie, l'imbécilité puis la débilité, la psychose a vu sa sémiologie évoluer, son cadre théorique changer. Certaines formes cliniques tendent à en être maintenant distinguées (prépsychose et parapsychose ; v. p. 367). En effet, le concept de psychose infantile a subi une évolution parallèle à celui de la démence précoce (Kraepelin), puis de la schizophrénie (Bleuler). Toutefois la translation simple du cadre sémiologique adulte à l'enfant buta sur deux points :

1°) la difficulté d'intégrer chez ce dernier le concept de démence qui suppose une organisation psychique préalable suffisamment développée ;

2°) la rareté, sinon l'absence du délire chronique chez l'enfant.

Ceci explique que les premières descriptions de psychoses infantiles (démence précocissisme de Sante de Sanctis en 1905, démence infantile de Heller en 1906 sur le modèle de la démence précoce, schizophrénie infantile de Potter en 1933 et de Lutz en 1936 sur le modèle de la schizophrénie de Bleuler) aboutirent à des impasses, car plus la rigueur calquée sur la pathologie adulte était grande, moins on retrouvait de cas cliniques. L'histoire récente des psychoses infantiles est marquée par l'introduction en 1943 de l'autisme de Kanner.

I. – Étude clinique des psychoses infantiles

Dans ce premier paragraphe nous étudierons les diverses conduites évocatrices d'une psychose infantile non pas par souci de privilégier le symptôme dans l'étude théorique, mais parce qu'en clinique, l'entourage, la famille, le médecin sont d'abord alertés par l'une ou l'autre de ces conduites. Aucune d'entre elles n'est pathognomonique ; certaines n'apparaissent pas dans un développement dit normal, d'autres ne sont que la persistance d'une conduite normale, caractéristique d'un stade plus précoce. Dans tous les cas, la persistance, l'aggravation, l'apparition des autres types de conduites pathologiques devront alerter le clinicien.

A. – Études des principales conduites

1°) Isolement – Autisme

Cette conduite s'observe avec une extrême fréquence dans les psychoses infantiles ; elle traduit l'incapacité de l'enfant à établir un système adéquat de communications avec son entourage. Particulièrement caractéristique de l'autisme précoce de Kanner, l'isolement peut exister dès le plus jeune âge.

■ **Au cours de la première année,** l'étude anamnestique retrouve souvent des traits de comportement dont l'existence doit de nos jours alerter précocement le clinicien. Les enfants autistes sont décrits par leur mère comme des bébés particulièrement calmes, voire « faciles » : ils ne demandent rien à personne, se manifestent peu, semblent heureux lorsqu'ils sont seuls. En présence d'un adulte ils sont indifférents. On a noté l'absence d'attitude anticipatrice : ne tournent pas la tête vers la mère qui rentre dans la chambre, ne s'agitent pas lorsqu'ils vont être pris dans les bras, ne tendent pas les bras. Le tonus dynamique est modifié, le « dialogue tonique » n'existe pas : impression d'un poids mort ou d'un sac de farine quand on les porte. Les principaux repères de l'éveil psychomoteur de la première année sont modifiés : absence de sourire (3e mois), absence de réaction d'angoisse devant l'étranger (8e mois).

■ **Au cours de la seconde et de la troisième année** l'autisme devient évident. Il n'existe pas de contact avec l'entourage y compris la mère qui a souvent le sentiment de ne pas être « reconnue » comme telle par son enfant. Le regard est vide, absent, difficile à accrocher.

Parfois au contraire on note une vigilence extrême, mais avec « un regard périphérique », c'est-à-dire que l'enfant autiste observe l'adulte « en coin », en particulier lorsqu'il ne se sent pas lui-même observé.

Le contact physique est refusé, ou lorsqu'il s'établit, il est d'une qualité bizarre ; l'enfant ne s'intéresse apparemment qu'à une partie du corps de l'adulte (cheveux, orifices du visage, genoux, pied) ou se sert de l'adulte comme d'un simple instrument (prend la main de celui-ci et la dirige vers l'objet désiré).

Il n'y a pas de réaction apparente au départ des parents (pas de pleurs) ni à la présence d'étrangers.

L'enfant autiste utilise les objets comme les personnes de manière partielle, bizarre, non symbolique, dans des manipulations répétitives et stéréotypées (mouvement de toupie). Les objets qui suscitent l'intérêt sont eux-mêmes bizarres : objets durs, bruyants, de forme complexe, morceau d'objet (pantin mécanique indéfiniment remonté, roue de poussette indéfiniment tournée, fil de fer, insecte ou ver de terre...). L'enfant peut s'attacher à un objet exclusif mais qui n'a rien à voir avec l'habituelle peluche que l'enfant normal serre contre lui pour dormir.

On a décrit « le signe du cube brûlant » : l'enfant approche lentement la main de l'objet et la retire soudainement dès qu'il le touche. Les poupées, les figurines humaines peuvent déclencher l'agressivité, être violemment désarticulées, les têtes arrachées.

Les relations avec les autres enfants sont nulles ou purement manipulatrices comme avec l'adulte. L'enfant autiste est indifférent aux jeux. Son absence de participation, son indifférence en fait un enfant « sage » qu'on oublie facilement dans son coin. Il n'est pas rare, du moins au début, que toute tentative de contact humain entraîne une recrudescence de l'autisme et des conduites bizarres, aboutissant même à des réactions de colère violentes, hétéro ou auto-agressives.

2°) Conduites motrices

Les anomalies tonico-motrices observées chez les enfants psychotiques sont très nombreuses et variées.

■ **Anomalie tonique :** hypotonie généralisée, en particulier posturale, avec absence de « dialogue tonique » entre l'enfant et sa mère. Dystonies et paratonies sont fréquentes. La catatonie est rare mais peut s'observer dans les psychoses de la seconde enfance.

■ **Gestualité inhabituelle** pour l'âge : l'exemple en est le jeu interminable avec les mains devant les yeux bien au-delà des 5-6 mois habituels, et qui peut persister longtemps. La marche peut être acquise dans les délais normaux, voire précocement. Dans quelques cas on note un retard qui reste souvent dans les limites du normal (18 mois-2 ans).

■ **Comportements moteurs particuliers :** les **stéréotypies** motrices sont très fréquentes. Ce sont des mouvements répétitifs, souvent rythmés dans lesquels l'enfant paraît s'absorber. Ils concernent le plus souvent les mains (mouvements fins des doigts ou des poignets), mais aussi la face (lèvre, langue), la marche (sur la pointe des pieds, mouvements de toupie), la tête (inclinaison, mouvement du cou), etc.

Parfois plus complexes, ces stéréotypies incluent un objet indéfiniment manipulé de la même manière ou l'ensemble du corps : déambulation, balancement debout d'un pied sur l'autre, ou allongé. Ces balancements sont toutefois plus fréquents chez les enfants abandonniques.

Notons une conduite particulière le **flairage :** l'enfant renifle les objets, les personnes, les aliments qu'il approche ou touche.

■ **L'instabilité :** fréquente, en particulier dans les psychoses précoces, non autistiques : enfant en perpétuel état d'agitation, grimpant sur les tables, les meubles, les radiateurs. On note parfois des heurts fréquents avec les meubles, les personnes, des chutes n'entraînant ni mouvement de défense, ni plainte. Ceci témoigne de la médiocrité de l'intégration du schéma corporel. A l'inverse, on peut noter une inhibition motrice massive parfois accompagnée de maladresse gestuelle, réalisant de véritables dyspraxies.

3°) Troubles du langage

Ils sont quasi constants dans les psychoses infantiles, d'autant plus qu'elles apparaissent précocement.

Le langage peut être totalement absent (autisme de Kanner), l'enfant est silencieux ou n'émet que des bruits bizarres et stéréotypés : grincement de dents, bruit de crécelle, cri aigu et déchirant. Son apparition est parfois très retardée, après 4-5 ans. Dans ce cas, il survient de façon anarchique : des blocs de phrases entières sont correctement articulés alors que l'enfant ne répète pas de simple phonème. De même on peut noter dans un premier temps l'apparition d'un néolangage incompréhensible. Le chantonnement est fréquent : l'enfant peut retenir parfaitement les paroles d'une chanson sans autre langage par ailleurs. L'écholalie caractérise la répétition systématique par l'enfant de phrase ou de mot qu'il vient d'entendre.

Lorsqu'un langage existe, on note des anomalies dans la mélodie avec un aspect chanté. Si le retard de langage, les troubles articulatoires ne sont pas constants, on note cependant une difficulté dans l'utilisation des pronoms (inversions pronominales) : le « je » est remplacé par « tu » ou « il » ou par le prénom. Le « oui » est rarement acquis.

On note aussi des stéréotypies verbales, des néologismes bizarres, un verbalisme solitaire. L'enfant psychotique peut utiliser des « mots-phrases » ou des « mots-valises » pour désigner tout un ensemble relationnel antérieurement perçu.

Lorsqu'un langage satisfaisant est apparu, on peut observer également des régressions : disparition de certains mots, pouvant aller jusqu'au mutisme secondaire, en particulier lorsque l'évolution psychotique survient dans la seconde enfance (6-12 ans). Dans d'autres cas plus rares, le langage paraît surinvesti : l'enfant fait preuve d'une extrême maîtrise verbale, apprend des pages de dictionnaire, voire des langues étrangères, vivantes ou mortes. Ce surinvestissement peut aller jusqu'à l'invention d'une langue nouvelle, avec une grammaire, une syntaxe, etc.

Dans tous les cas, l'élément significatif reste que le langage n'a pas une véritable fonction de communication avec l'autre ou, qu'à tout le moins, le plaisir ne réside pas dans cette communication. D'ailleurs, l'indifférence au langage de l'autre est habituelle : l'enfant ne répond pas à son prénom, semble indifférent aux bruits. Toutefois, une observation attentive peut révéler une « compréhension périphérique » (par analogie au regard périphérique) : alors que l'adulte adresse une demande ou une remarque à un autre enfant, il peut constater avec surprise que l'enfant psychotique réalise ce qui est demandé à un autre.

De telles observations permettent, lorsqu'elles sont possibles, d'écarter l'hypothèse d'une surdité et de préjuger d'une compréhension supérieure à l'expression. Toutefois, l'apparente et habituelle indifférence de l'enfant psychotique aux bruits et à la voix humaine, peut faire évoquer le diagnostic de surdité. En cas de doute, les explorations sont nécessaires (v. p. 68). Signalons aussi la possibilité d'un handicap multiple associant psychose et surdité (v. p. 237).

4°) Troubles des fonctions intellectuelles

Un déficit intellectuel est de constatation fréquente, sinon constante. La profondeur de ce déficit est variable, de même que son évolution. Anthony a décrit des évolutions « émergentes » avec une amélioration du Q.I., des évolutions « régressives », « statiques » ou « symbiotiques » ; ces dernières sont caractérisées par une variabilité de niveau en fonction de l'examinateur et de la qualité du contact. A l'intérieur d'une même échelle, la dispersion des résultats est habituelle, de même que l'écart entre le niveau verbal et le niveau performance (v. tests p. 289) ;

Diverses fonctions spécifiques (organisation temporospatiale, rythmique...) peuvent être perturbées, mais là aussi de façon anarchique, avec des réussites parfois étonnantes en secteur (calculateur de calendrier). Signalons toutefois la difficulté d'intégration du schéma corporel dont témoigne la médiocre qualité du dessin du bonhomme : bonhomme têtard, bonhomme sans fond, corps morcelé, non respect des proportions compte tenu de l'âge...

Le problème essentiel reste l'articulation entre la déficience mentale et la symptomatologie d'allure psychotique conçue l'une et l'autre soit comme le témoin d'organisation antinomique (position initiale de nombreux psychiatres : seuls les enfants intelligents pouvaient être psychotiques, les autres n'étant que débiles), soit comme des conduites cliniques qui ne préjugent pas nécessairement d'une étiopathogénie propre. Nous reviendrons sur le problème de l'articulation entre psychose et arriération (v. p. 283).

5°) Troubles affectifs

En dehors de l'autisme que nous avons isolé par souci didactique, des troubles affectifs sont d'observation fréquente ; ont été ainsi décrites :

■ **oscillations rapides d'humeur :** enfants où alternent parfois, sans raison manifeste, des phases de tristesse, de pleurs, ou simplement d'allure sérieuse (*serious babies* Harms) avec une inhibition ou une prostration motrice, et des phases d'exubérance, de rire, d'agitation motrice (v. p. 343 la discussion de la psychose maniaco-dépressive chez l'enfant) ;

■ **crises d'angoisse aiguë :** elles peuvent être spontanées ou succéder à des frustrations minimes, un changement imprévu de l'environnement (changement de place d'un objet, changement de coiffure d'un adulte). Elles surviennent quand l'enfant est seul ou au contraire lorsqu'on tente de forcer son attitude de repli et d'établir un contact. L'angoisse est massive, entraînant une rupture dans la continuité psychique de l'enfant qui probablement éprouve alors un vécu d'éclatement ou d'anéantissement. Les crises d'angoisse s'accompagnent souvent de crises d'agitation et de manifestations coléreuses hétéro ou auto-agressives ;

■ **crises de rire, proches du rire discordant** de l'adulte, *de cris ou de plainte brutale,* sans lien apparent avec l'ambiance ;

■ **crises de colère, intolérance aux frustrations, automutilations :** ce sont des réactions fréquentes. Elles ont été décrites p. 209.

6°) Troubles des conduites mentalisées

Nous ne ferons qu'évoquer ici *les phobies* qui ont généralement un aspect bizarre (phobie des bruits), envahissant, changeant (voire phobie archaïque p. 312). Elles sont fréquentes dans les psychoses de la seconde enfance.

■ **Les rituels** sont parfois envahissants. Outre les conduites stéréotypées dans les manipulations d'objet qui peuvent se rapprocher des rituels, on a aussi décrit des rituels de coucher, de vérification, de toucher, de rangement, de nettoyage.

■ **Le délire** est rare chez l'enfant. D'observation exceptionnelle avant 10-11 ans, la constatation d'une production imaginative envahissante pose alors le problème de la perception de la réalité, de la reconnaissance de la vérité et du mensonge, de la place de la rêverie enfin (v. p. 182). L'existence d'un délire témoigne toujours de profondes distorsions dans la reconnaissance de soi et d'autrui, du monde réel et du monde imaginaire. La thématique délirante est centrée sur le corps (proche de préoccupations hypocondriaques délirantes) ou reprend des thèmes évoqués dans l'entourage (thèmes spatiaux, cosmiques, dont la base se retrouve dans les feuilletons télévisés). On note parfois des idées persécutives, d'autant moins construites et élaborées que l'enfant est jeune. Un délire de persécution peut reprendre la thématique délirante d'un adulte (délire induit v. p. 409).

■ **Les hallucinations** sont difficiles à affirmer : certains enfants paraissent avoir des attitudes d'écoute ou d'observation fixes, pouvant évoquer des hallucinations auditives ou visuelles. Différencier la véritable hallucination, perception sensorielle sans objet, d'une attitude de rêverie autistique, n'est pas facile chez un jeune enfant, et pose en réalité un problème plus théorique que pratique.

7°) Troubles psychosomatiques et antécédents somatiques

Nous regroupons dans ce paragraphe l'ensemble des conduites où le corps de l'enfant intervient, aussi bien les classiques troubles psychosomatiques que des épisodes organiques, dont la fréquence doit retenir l'attention.

■ **Les troubles du sommeil** sont très fréquents. Ils sont de deux sortes. *Dans l'insomnie calme,* le bébé garde les yeux grands ouverts dans le noir, sans dormir, mais sans manifester ni réclamer la présence maternelle. Cette insomnie calme est très particulière et évocatrice. Dans *l'insomnie agitée,* l'enfant crie, remue, hurle sans pouvoir être calmé pendant des heures, toutes les nuits. Ces insomnies surviennent dès le premier semestre de la vie, elles peuvent durer des mois, voire des années.

■ **Les troubles alimentaires précoces** sont eux aussi fréquents : défaut de succion, anorexie, refus du biberon ou du sein, vomissements répétés. Ils apparaissent également dès le premier semestre.

■ **Les troubles sphinctériens** (énurésie, encoprésie) peuvent être primaires ou secondaires, permanents ou intermittents rythmés par les moments évolutifs, les phases d'anxiété, les séparations. Le retard d'acquisition de la propreté est habituel, mais on note parfois à l'inverse une propreté acquise très précocement.

Quelles qu'elles soient ces difficultés de nature psychosomatique ne sont pas spécifiques, mais leur survenue à une période inhabituelle par rapport aux troubles banals, leur intensité, leur fixité et leur persistance, représentent des indices inquiétants.

■ **Les antécédents somatiques :** si certains enfants psychotiques semblent bénéficier d'une excellente santé physique, l'existence d'antécédents pathologiques est toutefois nettement supérieure à ce qu'on observe dans une population normale. Signalons en particulier la fréquence des déshydratations aiguës (Dardenne et coll.). En outre les facteurs de vulnérabilité sont fréquents : grossesse difficile, prématurité, pathologie néonatale, etc.

■ **Le problème de l'épilepsie,** association fréquente avec les psychoses infantiles, est étudié au chapitre consacré à l'épilepsie (v. p. 264).

B. – Regroupement des conduites

Le second plan d'étude des psychoses infantiles est le plan syndromique, c'est-à-dire l'étude des regroupements en des ensembles plus ou moins stables et cohérents de traits de comportement. A ce niveau, il convient de noter d'emblée la grande richesse terminologique qui masque fréquemment des réalités cliniques identiques. La difficulté de l'étude syndromique des psychoses infantiles tient certes en partie à leur extrême diversité, mais surtout à l'ambiguïté du repérage nosographique propre à chaque auteur. En effet, si un accord peut grossièrement se dégager entre les auteurs lorsqu'ils décrivent une conduite particulière (stéréotypie, automutilation, troubles alimentaires, etc.), en revanche dans le repérage et l'isolement d'un syndrome interviennent des données de niveau très inégal : si le syndrome n'est parfois, selon le modèle médical traditionnel, qu'un simple ensemble de conduites régulièrement corrélées les unes aux autres (autisme de Kanner), souvent en réalité, il traduit les hypothèses théoriques utilisées par l'auteur, si bien qu'on se trouve confronté à une sorte de tautologie où des explications théoriques rendent compte d'un syndrome qui lui-même a été isolé à partir des prémices de ces théories : la psychose symbiotique de M. Malher en est un exemple. De telles remarques n'impliquent pas que le modèle ainsi dégagé soit faux ; la valeur heuristique de la psychose symbiotique justifie à elle seule son isolement.

Toutefois, il importe de saisir l'artifice de toute discussion nosographique où il s'agirait de distinguer par exemple entre psychose symbiotique (Malher), autisme secondaire régressif (Tustin), psychose à expression déficitaire (Misès), psychose de développement (Duché), etc. En réalité ces cadres nosographiques sont en partie l'expression du point de vue de l'auteur qui privilégie certains axes de repérage (sémiologique, ou évolutif, ou psychopathologique, ou étiopathogénique...) afin de donner quelque cohérence à un champ sémiologique qui en a fort peu. Cette disparité même pourrait d'ailleurs être tenue au niveau épidémiologique pour une des caractéristiques des psychoses infantiles.

Ces réflexions nous ont amenés à présenter dans le précédent paragraphe les conduites les plus caractéristiques rencontrées dans la pathologie psychotique de l'enfant sans préjuger de leurs associations possibles. Le regroupement que nous proposons ici inclut nécessairement une part d'arbitraire qui, en clinique, se traduit par la multiplicité des formes frontières : dysharmonie d'évolution à versant psychotique, parapsychose, prépsychose, troubles graves de la personnalité, etc. Étant donné l'importance, au moins quantitative, prise par ces diverses entités, nous les avons regroupées dans un chapitre ultérieur (p. 364). En ce qui concerne les psychoses infantiles précoces (avant 5-6 ans), le tableau V donne une correspondance approximative des divers syndromes en fonction des auteurs. Il n'y a pas d'équivalence stricte possible étant donné que les références épistémologiques sont différentes, voire divergentes ; en outre tous les auteurs soulignent l'existence de formes intermédiaires au sein même de leur classification. C'est pourquoi les limites sont marquées dans notre tableau par des pointillés situés à des hauteurs différentes.

La majorité des auteurs, du moins de langue française, s'accorde pour distinguer ces psychoses précoces des psychoses de la seconde enfance (6-12 ans) encore appelées psychoses de la phase de latence ou de l'âge scolaire (latence n'étant pris ici que comme repère chronologique).

Nous étudierons successivement sur le plan clinique :

- les psychoses précoces :
  . l'autisme précoce de Kanner,
  . les « autres » psychoses précoces,
- les psychoses de la seconde enfance.

TABLEAU V. – PSYCHOSES INFANTILES PRÉCOCES : TABLEAU COMPARATIF SELON LES AUTEURS

MALHER	TUSTIN	DUCHE-STORK	DIATKINE	MISES	LANG
Autisme infantile pathologique	Autisme primaire anormal	Autisme infantile précoce	Autisme de Kanner	Psychoses autistiques	
Psychoses symbiotiques	Autisme secondaire encapsulé	Psychose de développement	Psychoses précoces	Psychoses à expressions déficitaires	Dysharmonie évolutive / Parapsychoses
	Autisme secondaire régressif		Prépsychoses	Dysharmonie évolutive de structure psychotique	

1°) Psychoses précoces

a) L'autisme de Kanner

Décrit par Kanner dès 1943, sans préjuger de son étiologie, l'autisme précoce est le seul regroupement sémiologique admis par la quasi-totalité des auteurs, et isolé comme tel. Si un consensus se dégage concernant le syndrome clinique, il n'en va pas de même sur le plan de l'étiologie. L'autisme de Kanner constitue le terrain privilégié d'affrontement des diverses positions théoriques (organiques, psychogénétiques, systémiques...) au sein de la pédopsychiatrie, l'idéologie ou la passion militante venant souvent obscurcir les débats. Dans ce paragraphe nous décrirons uniquement le syndrome clinique, abordant les hypothèses étiologiques dans les chapitres ultérieurs (voir p. 293 et p. 297).

■ **Épidémiologie :** l'autisme de Kanner reste une affection rare dont la fréquence est évaluée entre 0,5 à 4/10 000 selon la rigueur de la définition, avec une moyenne de 1/10 000. On note une prédominance de garçons : 3 à 4 environ pour 1 fille.

■ **Clinique :** le début est précoce, la mère signalant parfois des comportements déconcertants dès les premiers jours. Habituellement, le syndrome devient repérable au cours du 2e ou 3e semestre, et évident dans la seconde année. Il associe alors :

– l'autisme ou isolement ou solitude (*aloneness*) ;

– l'immuabilité (*sameness*) qu'on pourrait traduire par « identitude », c'est-à-dire le besoin impérieux de l'enfant d'avoir son environnement toujours identique ;

– l'absence de langage ;

L'autisme et l'absence de langage, puis les particularités de son apparition ayant déjà été décrits (v. p. 272), nous ne détaillerons ici que « l'identitude » (*sameness*) ou immuabilité.

L'immuabilité traduit le besoin anxieux et impérieux de l'enfant autiste de maintenir son environnement identique : les objets, les meubles doivent conserver la même place, le même aspect, le même ordonnancement. L'intérêt pour des collections d'objets disparates toujours réunis de la même manière, le goût pour la reconstitution des puzzles en sont des exemples. L'enfant fait preuve parfois d'une étonnante mémoire : ainsi après de longues interruptions de thérapies, de retour dans la salle, l'enfant va chercher l'objet à sa place, le manipule comme s'il l'avait laissé là la veille.

A ces signes fondamentaux Kanner avait ajouté que *« le faciès frappe par son intelligence »*. Un tel critère est certes subjectif, mais traduit l'eumorphisme habituel de ces enfants qui jouissent aussi d'une bonne santé physique : ils sont rarement malades, ont un aspect bien portant et floride, un développement moteur satisfaisant qui contraste d'autant avec les difficultés de contact.

Parmi les autres manifestations particulières aux enfants autistes, signalons un seuil habituellement élevé aux stimulations douloureuses ou nociceptives dans certains domaines (en particulier au chaud et froid). La majorité des auteurs s'accordent pour reconnaître l'existence très précoce d'une perturbation dans les capacités de communication du bébé et jeune enfant autiste avec son proche environnement ; il y aurait une incapacité de reconnaissance et de discrimination des divers affects (mimiques faciales), ce qu'on retrouve aussi dans les particularités artrophonatoires du langage, quand celui-ci existe. Ces perturbations sont à l'origine d'une hypothése portant sur un défaut cognitif (Rutter, voir p. 296).

Kanner avait décrit dans ses premiers travaux une constellation familiale particulière : niveau socio-économique plutôt élevé, parents intellectuels plutôt froids, distants, avec des tendances obsessionnelles marquées. Il semble que ces caractéristiques tiennent en grande partie au biaisage introduit dans la population étudiée par Kanner.

En réalité l'autisme précoce s'observe dans tous les niveaux socio-culturels, et les caractéristiques des parents semblent plus incertaines, d'autant que l'enfant autiste est souvent le seul enfant si gravement perturbé parmi la fratrie, et que la précocité des troubles peut susciter des réactions déviantes dans l'entourage, en particulier chez la mère. Nous reviendrons sur ce point (v. p. 299).

■ **Évolution :** Deux facteurs présentent une valeur prédictive statistiquement vérifiée :

– l'existence d'un quotient intellectuel supérieur à 50 (Rutter) qui semble alors pouvoir se maintenir tandis que, dans le cas contraire, on observe habituellement une baisse progressive de l'efficience relative ;

– l'absence de langage au-delà de 5 ans (Kanner), qui risque de maintenir l'enfant dans son isolement autistique.

Dans l'ensemble l'évolution se répartit de la manière suivante :

– environ la moitié ou un peu moins des enfants n'évoluent pas : l'autisme reste intense, le langage n'est pas acquis, le fonctionnement cognitif n'est pas investi. Le tableau évolue avec l'âge vers un état d'arriération grave avec quelques traits particuliers : importance des stéréotypies, bizarrerie d'un trait de comportement, hyperinvestissement d'un secteur très étroit ;

– les autres (50 à 60 %) acquièrent un langage ou un début de langage (v. p. 274) : un minimum d'investissement cognitif paraît éviter l'évolution déficitaire grave. La symptomatologie s'enrichit fréquemment : troubles du comportement, rituels... Il est alors difficile de distinguer ces autismes précoces des autres psychoses infantiles plus tardives ;

– rares sont ceux qui peuvent accéder à un niveau d'autonomie permettant une insertion scolaire puis professionnelle.

■ **Les échelles d'évaluation :** en raison de l'aspect clinique, assez stéréotypé, du grand nombre d'études et de recherches conduites sur l'autisme, certains auteurs ont cherché à construire des échelles d'évaluation de l'autisme infantile afin d'obtenir une plus grande uniformité de diagnostic et des possibilités de comparaison à la fois entre chercheurs d'équipes différentes et, pour le même enfant, des comparaisons dans le temps. Citons les échelles de Polan et Spencer, de Lotter, de Ruttemberg, de Lelord et Sauvage... (voir le problème des échelles p. 74).

b) Les autres psychoses précoces
(en dehors de l'autisme de Kanner)

Elles se distinguent de l'autisme de Kanner parce qu'elles surviennent après une période de développement apparemment normal. Le début se situe entre 2 ans 1/2 -3 ans et 5-6 ans. Elles sont plus fréquentes que l'autisme de Kanner, qui dans sa délimitation clinique stricte, ne concerne pas plus de 10 % des psychoses précoces.

■ **Éléments cliniques :** la variabilité sémiologique est extrême, les conduites décrites dans le paragraphe précédent pouvant s'associer diversement. Notons sans les décrire à nouveau ici :
- les crises d'angoisse ;
- les perturbations motrices (instabilité majeure ou inhibition) ;
- les rituels défensifs ;
- les troubles du langage et de la voix ;
- les troubles psychosomatiques ;
- la fréquente labilité affective ;
- enfin l'existence d'un investissement déficitaire des fonctions cognitives.

Chaque auteur propose un regroupement de ces symptômes qui privilègie l'une de ces lignées en les éclairant d'un point de vue psychopathologique qui lui est propre. A titre d'exemple, M. Malher décrit ainsi *« la psychose symbiotique » : « les enfants du groupe symbiotique présentent rarement des troubles évidents de conduite pendant leur première année, sauf peut-être des troubles du sommeil... les réactions (pathologiques) se manifestent pendant la troisième ou la quatrième année... il semblerait que* ***la croissance maturative de la coordination motrice qui porte inhérente en elle le défi de l'indépendance provoque une coupure de la réalité...*** *(on observe) une irrégularité de croissance et une vulnérabilité du moi à toute frustration minime. L'anamnèse de ces enfants laisse voir avec évidence des réactions extrêmes aux échecs mineurs... par exemple, ils abandonneront la locomotion pendant des mois parce qu'ils sont tombés une fois ».* (M. Malher : *Psychoses infantiles*, Payot éd. p. 76-77).

Nous citons ce passage comme illustration de la démarche théorico-clinique qui anime M. Malher. Le passage souligné par nous montre clairement combien les symptômes sont décryptés grâce au présupposé théorique, lequel sert ensuite à organiser le tableau clinique. Ainsi l'évolution des psychoses symbiotiques est décrite comme une succession de manifestations affectives ambivalentes, tantôt recherche impérieuse d'un contact affectif avec autrui qui prend vite une allure fusionnelle, tantôt réaction d'angoisse et de fuite devant la menace représentée par cet engloutissement fusionnel. L'ambivalence agie des affects est extrême : l'enfant peut mordre et étreindre en même temps, caresser et pincer...

De la même manière F. Tustin centre ses recherches puis ses classifications sur l'étude de la conduite autistique et de ses fonctions défensives. Elle décrit trois types d'autisme :

1°) **l'autisme primaire anormal** qui est la prolongation de l'autisme primaire normal : il se rencontre en particulier dans les cas de carence affective grave (proche de l'hospitalisme de Spitz) ;

2°) dans **l'autisme secondaire à carapace** (ASC) l'enfant semble construire une sorte de carapace autour de son moi à la manière d'un crustacé. La fuite du contact est extrême. L'expression clinique de l'ASC est proche de l'autisme infantile de Kanner typique ;

3°) **l'autisme secondaire régressif** (ASR) enfin se caractérise par une régression protectrice face à la terreur éprouvée devant le non-moi, l'inconnu. La fragmentation, la dispersion et le clivage sont les mécanismes prévalents. Le tableau clinique où domine la confusion dans les repères tant internes qu'externes est proche des « autres psychoses précoces » décrites ci-dessus ou encore de ce que L. Bender appelle la schizophrénie infantile.

Dans la littérature de langue française le problème posé par les psychoses précoces, en dehors de l'autisme de Kanner, paraît être dominé par les *relations entre l'organisation psychotique et les manifestations de la série déficitaire.* Les travaux de Lang et de Misès, s'attachent particulièrement à éclairer ces rapports réciproques. Misès isole ainsi « les psychoses précoces à expressions déficitaires » marquées par un niveau d'efficience très bas. Toutefois, il ne s'agit pas là d'un critère distinctif d'avec l'autisme de Kanner, puisque l'efficience y est aussi très faible. L'importance de la prise en considération du déficit paraît avoir une double origine : d'un côté le mode de recrutement, essentiellement institutionnel, des populations étudiées, d'un autre côté la place considérable qu'a toujours occupé en France le problème de la débilité et l'écran que ce diagnostic place devant toute recherche psychopathologique en raison des fréquents présupposés organiques implicites.

D'une manière générale, sans reprendre ici ce qui a déjà été décrit dans le chapitre consacré à l'étude du fonctionnement cognitif (v. p. 166), on peut considérer qu'existe une interaction étroite entre l'investissement des processus secondaires et l'investissement des processus cognitifs : toute entrave à l'évolution satisfaisante de l'une de ces lignées retentit nécessairement sur l'autre, et vice versa.

Ainsi l'angoisse extrême de morcellement ou d'anéantissement, l'incapacité à tolérer la frustration, l'utilisation de mécanisme mentaux défensifs de type primitif (clivage, déni, omnipotence, projection), la précession des processus primaires, tous ces facteurs ne peuvent aller de pair avec l'investissement du temps et de l'espace, avec la découverte par l'enfant du plaisir que peut prendre son moi à planifier et programmer l'action, c'est-à-dire à utiliser ses fonctions cognitives. Inversement, une entrave organique au fonctionnement cérébral risque de rendre peu efficient l'investissement de ces mêmes processus secondaires, avec le risque permanent d'un retour défensif à un fonctionnement plus archaïque, immédiat et pulsionnel. Le mérite d'auteurs tels que Misès ou Lang est d'avoir su éclairer cette réciprocité entre facteurs de la série déficitaire et facteurs de la série psychotique. La constatation d'un déficit mental ne doit pas stériliser la démarche du clinicien à la seule recherche étiologique, mais l'inciter à évaluer le rôle psychopathologique de ce déficit au sein du fonctionnement mental.

Au plan clinique, toutes les modalités d'aménagement symptomatique sont possibles, depuis le tableau dominé par le pôle déficitaire (v. p. 166) et, à l'autre extrémité, le tableau dominé par les perturbations relationnelles et affectives de type psychotique : l'isolement de cadre nosographique trop rigoureux devient alors factice et aléatoire.

c) Les formes « frontières »

Nous ne ferons que rappeler ici le vaste champ de la pathologie « intermédiaire » entre les organisations névrotiques et les organisations psychotiques : dans tous les cas, le rapport à la réalité semble partiellement préservé, mais la nature des relations établies, le mode d'aménagement défensif, le vécu fantasmatique rapprochent toutes ces formes de ce qu'on observe dans les psychoses infantiles.

Appartiennent à ce champ :

- les dysharmonies évolutives à versant psychotique (v. p. 170) ;
- les dysthymies graves (v. p. 343) ;
- les prépsychoses (v. p. 367) ;
- les parapsychoses (v. p. 367) ;
- les organisations caractérielles graves (v. p. 371).

Cette énumération n'est pas exhaustive.

2° Psychoses de la seconde enfance

Nous regroupons ici les psychoses de l'enfant dont les signes manisfestes apparaissent entre 5-6 ans et 12-13 ans. Elles sont beaucoup plus rares que les psychoses précoces. D'ailleurs, un certain nombre d'entre elles ne sont en réalité que la prolongation d'une forme précoce :

nous avons déjà signalé les grandes lignes de l'évolution de l'autisme de Kanner et nous reviendrons sur l'évolution d'ensemble des psychoses infantiles ultérieurement (v. p. 290).

Dans quelques cas cliniques assez rares, les conduites psychotiques les plus manifestes surviennent après une petite enfance en apparence normale. Toutefois, il convient d'émettre certaines réserves quant à cette normalité et à l'acceptation d'un processus de destructuration analogue à ce qu'on observe en pathologie adulte. En effet l'enquête anamnestique permet fréquemment de retrouver des signes témoins d'une distorsion précoce dans l'une ou l'autre des lignées maturatives : anorexie précoce et rebelle, troubles graves du sommeil, phase d'angoisse extrême lors de la mise en maternelle, docilité et soumission excessives, rituels obsessionnels persistants et envahissants... Il n'est pas rare que ces troubles aient été banalisés par la famille et le médecin consultant. D'autre part l'existence d'un événement interminent externe est souvent mis en avant par les parents comme facteur déclenchant, en même temps qu'une reconstruction idéalisée du passé efface toutes les difficultés antérieures. La « normalité » passée n'est souvent en réalité que la projection sur l'extérieur de l'angoisse parentale.

Toutefois, par rapport aux psychoses précoces, ces formes de la seconde enfance surviennent sur une personnalité beaucoup mieux structurée, ayant atteint un degré de maturation nettement supérieur. Ainsi le langage est déjà élaboré, les processus cognitifs ont été investis et commencent à se dégager de la pensée magique, le réel est perçu comme tel et bien distinct de l'imaginaire. Les manifestations psychotiques à cet âge apparaissent comme des conduites régressives, voire déstructurantes par rapport aux attitudes antérieures de l'enfant.

Étude clinique

a) Réaction de retrait

Elle est la traduction de l'autisme secondaire : peu à peu l'enfant perd tout intérêt, il rompt les relations avec ses amis, s'isole de plus en plus dans sa chambre, refuse de sortir, arrête ses activités sportives ou culturelles. L'isolement affectif peut devenir extrême avec indifférence, froideur de contact. Dans certains cas, l'enfant conserve longtemps une adaptation sociale de surface, mais des troubles de comportement apparaissent généralement : refus scolaire sans raison apparente, fugue non motivée en forme d'errance, crise de colère ou d'agressivité... Cette réaction de retrait peut aller jusqu'à l'apragmatisme le plus total et même l'autoséquestration, conduite toutefois plus fréquente chez l'adolescent ou le jeune adulte. Parfois les troubles sont moins bruyants, mais révèlent une rupture avec les modes de vie antérieurs : hyperinvestissement dans un secteur (collection forcenée, pratique intense d'un sport), modification des conduits alimentaires...

Le contact peut révéler d'emblée une discordance, d'autant plus rare toutefois que l'enfant est plus jeune : bizarrerie du contact, rire discordant, barrages.

b) Conduites motrices

Elles s'organisent selon deux pôles (Misès) :

■ **L'inhibition et le retrait :** Cette conduite témoigne du retrait autistique ; aspect figé, mimique pauvre. Des attitudes catatoniques peuvent s'observer, elles sont souvent transitoires et marquent les phases d'aggravation ;

■ **l'instabilité et l'agitation psychomotrice** peuvent à l'inverse être au premier plan. Dans certains cas il s'agit d'une instabilité ancienne qui n'a jamais pu être contrôlée par l'enfant. Sur ce fond d'instabilité surviennent fréquemment des épisodes aigus qui semblent décompenser le fragile équilibre antérieur : crise d'agitation aiguë ou crise de colère avec comportement hétéro ou auto-agressif, fugues incessantes ou incoercibles. Dans d'autres cas l'excitation motrice rompt avec la conduite habituelle de l'enfant : il s'y ajoute souvent des troubles de sommeil (insomnie), un refus alimentaire, des troubles sphinctériens.

On observe parfois une véritable désorganisation du comportement avec apparition de conduites très impulsives. Elles peuvent se limiter à des violences verbales (à l'encontre de la famille, des camarades, des enseignants), mais s'extériorisent parfois dans des conduites dangereuses : agressions violentes d'un tiers, pyromanie, conduite délinquante. Les passages à l'acte sont imprévisibles, incontrôlables : la rationalisation froide ou l'indifférence vis-à-vis de ces conduites est la règle.

L'excitation psychique est beaucoup plus rare. Dans tous les cas elle est très différente de l'excitation maniaque observée chez l'adulte maniaco-dépressif : elle a un aspect grinçant, sans l'exaltation thymique habituelle. Les thèmes prédélirants persécutifs sont fréquents.

c) Troubles du langage

Ils s'inscrivent parfois dans la continuité de troubles précoces, mais dans d'autres cas le développement du langage était jusque-là normal. On note alors :

■ **la possibilité d'un mutisme secondaire** qui va de pair avec l'aggravation du retrait autistique. Peu à peu l'enfant cesse de parler, souvent d'abord à l'extérieur du cercle familial, puis le mutisme peut devenir total. On observe parfois un maintien des activités graphiques et une possibilité de communication par l'écriture ou le dessin (Diatkine) ;

■ **la régression formelle du langage** traduit souvent un épisode aigu : déstructuration de l'organisation linguistique avec apparition d'anomalies identiques à ce qui s'observe dans les psychoses précoces (inversion pronominale) pouvant aller jusqu'à une désorganisation complète (retour aux lallations, langage auto-érotique). Dans d'autres cas, on observe l'apparition de néologisme, de maniérisme verbal ;

- **l'hyperinvestissement du langage** paraît assez spécifique à certaines psychoses de la seconde enfance : recherche d'un langage adultomorphe avec un contrôle et une maîtrise absolus. L'enfant peut se mettre à apprendre les définitions du dictionnaire, ou une langue nouvelle... Dans tous les cas ce langage hyperinvesti apparaît comme un obstacle supplémentaire à la communication et surtout à l'échange affectif.

d) Défaillances de l'investissement cognitif

En dehors des formes déficitaires qui accompagnent l'évolution d'une psychose précoce (p. 283) on observe parfois de brusques défaillances ou même des effondrements des capacités intellectuelles. Ce sont ces formes qui faisaient classiquement évoquer les notions de *débilité évolutive* (Targowla) ou *d'encéphalopathie évolutive masquée.* Ce cadre rejoignait celui des « psychoses greffées » (débilité où seraient venus se surajouter des symptômes psychotiques). Le fondement théorique qui sous-tend toute cette terminologie est que le *primum movens* de l'ensemble des perturbations observées est lié à une étiologie organique menaçant l'intégrité du système nerveux central.

Dans quelques cas on constate, en particulier à la phase aiguë, un effondrement de l'efficience qui peut persister bien au-delà de cette période initiale. Il faut noter que cet apprauvrissement intellectuel apparaît bien souvent comme une défense contre un vécu psychotique de morcellement ou de déréalisation.

e) Troubles d'allures névrotiques

Nous ne ferons ici qu'évoquer la fréquence des phobies d'aspect archaïque et des obsessions. *Les phobies* peuvent être envahissantes, changeantes ou au contraire très fixées, rationalisées par l'enfant et par sa famille (p. 313). *Les manifestations de la série obsessionnelle* apparaissent comme très fréquentes et caractéristiques. Les rituels peuvent être anciens (rituels du coucher), mais s'enrichir de nouvelles manifestations : rituels de rangement, de nettoyage, de lavage (qui sous-tendent souvent des craintes hypocondriaques ou des idées délirantes de contamination), de vérification (électricité, gaz, porte...), rites conjuratoires de toucher, d'évitement (ne pas toucher telle marche).

Si l'idée obsédante est rare, en revanche l'investissement obsessionnel de la pensée peut aboutir à des intérêts exclusifs en secteur : intérêt pour la préhistoire ou l'ancien temps, pour tel personnage, pour les chiffres, pour la mécanique, pour le calcul (calculateur de calendrier...). L'abord psychopathologique de ces conduites est envisagé p. 318.

f) Manifestations de rupture avec la réalité

La distinction entre le fantasme, la rêverie et la réalité s'élabore progessivement chez l'enfant (v. p. 179). On peut considérer qu'en-dessous de 6 ans, la distinction est trop fragile, tant pour parler de mensonge que de délire. A partir de cet âge, le brusque envahissement de la pensée par des manifestations délirantes idéatives ou sensorialisées est possible, mais reste une éventualité rare. Au cours *d'épisodes aigus* marqués par une angoisse entrême on observe fréquemment :

– des bouffées d'angoisse hypocondriaques ou cénésthésiques : maux de tête, de ventre, impressions somatiques diverses, douleurs dans le dos, les membres, etc. Les angoisses hypocondriaques traduisent la fragilité du vécu corporel, le sentiment a minima de transformation ou la menace de morcellement ;

– des idées délirantes polymorphes souvent proches d'une fantasmatisation trop facilement extériorisée ; elles sont floues, labiles, peu construites. Les éléments de teinte persécutive sont les plus fréquents. L'organisation d'un délire construit, élaboré, est rare chez l'enfant, mais peut s'observer en particulier lorsque l'entourage familial joue un rôle facilitant ;

– l'existence d'hallucinations (perception sensorielle sans objet) reste discutable pour certains auteurs. Il est vrai que leur fréquence admise dépend beaucoup de la rigueur avec laquelle on les définit. La frontière avec la rêverie imaginative ou la fantaisie n'est pas toujours aisée à déterminer (v. p. 181). Les hallucinations sont le plus souvent auditives, puis visuelles et cénesthésiques. Assez caractéristiques lorsqu'elles s'accompagnent d'attitude d'écoute, elles sont en général peu élaborées (cri, craquement, ordre simple).

3°) Psychoses de la préadolescence et de l'adolescence

Ces formes sont traitées dans l'Abrégé de psychopathologie de l'adolescent (chapitre 10, p. 237, 2e éd.).

C. – Études psychométriques et test de personnalité

L'étude psychométrique ou de la personnalité à l'aide de tests se heurte dans un nombre important de cas soit à l'extrême faiblesse du niveau, soit au retrait autistique, à l'indifférence du patient face à la tâche qui lui est proposée et à la communication qui lui est imposée.

Lorsqu'une évaluation est possible, la grande diversité des résultats doit rendre prudent dans toute tentative d'uniformisation.

1°) Test de niveau

Il n'y a pas une efficience, ou un profil d'efficience caractéristique des psychoses infantiles. Dans toutes les études portant sur un grand nombre d'enfants, on relève :

– une dispersion des Q.I. globaux sans caractéristique propre à ce groupe au niveau des subtests. Notons toutefois le fréquent décalage dans l'efficience verbale supérieure à l'efficience performance (W.I.S.C. : Q.I.V. > Q.I.P.) en particulier dans les psychoses de la seconde enfance ;

– une dispersion des rendements aux divers subtests en fonction d'un investissement privilégié fluctuant qui dépend en grande partie de la qualité du contact entre l'enfant et l'examinateur.

L'application d'épreuves piagétiennes met en évidence la réticence de l'enfant psychotique à l'égard des phénomènes aléatoires, l'infériorité des opérations physiques par rapport aux opérations logicomathématiques, la difficulté à se placer au point de vue d'autrui, enfin la difficulté à établir une relation entre signifiant et signifié. On perçoit bien ici les difficultés rencontrées à la mise en place satisfaisante de la fonction symbolique.

2°) Test de personnalité

Le Rorschach a été particulièrement étudié. Là encore il est difficile de proposer un « profil » caractéristique des psychoses infantiles d'autant que l'évaluation des réponses doit aussi tenir compte de l'âge de l'enfant. Les éléments les plus évidents semblent être la massivité de la projection qui non seulement laisse aisément percevoir les fantasmes sous-jacents, mais qui aussi, de par son intensité, entrave l'acuité perceptive (transformation incessante des percepts, plaintes sur l'étrangeté ou la bizarrerie du matériel). Dans tous les cas l'organisation fantasmatique basale paraît renvoyer à une représentation parcellaire de l'image du corps, au sein d'une vive angoisse dont le sujet se défend, soit par la projection persécutive, soit par l'appauvrissement perceptuel (protocoles « désséchés »). En effet, sur le plan de la production *« il est faux de faire coïncider le terme de psychose avec l'expression foisonnante de fantasme de niveau archaïque libéré sans retenue à la moindre sollicitation... Certains protocoles très peu fournis en expressions manifestes du fantasme, mais étonnamment désorganisés et illogiques peuvent témoigner d'une expérience psychotique »* (Raush). L'évaluation doit donc prendre en considération et comparer l'expression formelle et l'expression fantasmatique.

D. – Évolution des psychoses infantiles

Etant donné la diversité sémiologique, les divergences psychopathologiques, la multiplicité des hypothèses étiopathogéniques, on ne s'étonnera pas de la variabilité évolutive des psychoses infantiles.

De l'ensemble des études consacrées à ce problème, nous ne retiendrons ici que les grandes lignes. Sur un plan purement descriptif on observe globalement les évolutions suivantes :

■ **évolution vers la débilité profonde ou sévère,** avec persistance ou aggravation du non-investissement cognitif initial. Ces cas évoluent vers le tableau des encéphalopathies infantiles en conservant parfois quelques traits spécifiques ;

■ **évolution centrée sur l'autisme** avec maintien de l'état initial « arelationnel ». Le langage peut être acquis, mais il reste bizarre, asyntaxique, l'inversion pronominale est de règle. L'intensité de l'autisme constitue une barrière aux tentatives de scolarisation ou d'insertion professionnelle malgré un investissement cognitif parfois partiellement conservé.

Dans les deux cas précédents, à l'âge adulte le tableau clinique sera celui d'une psychose déficitaire ou d'une psychose schizophrénique dominée par le symptôme autistique. La dépendance institutionnelle est en générale complète, l'adulte n'accédant pas à l'autonomie (Hospitalisation temps plein) ou seulement de façon partielle (Hôpital de jour au long court). Cette évolution concernerait environ un quart des cas (Manzano et Coll.).

■ **amélioration partielle** avec évolution de la symptomatologie ;

– soit vers des conduites mentalisées de type phobique ou surtout obsessionnelles plus ou moins handicapantes qui traduisent les tentatives d'enkystement et de contrôle interne par le sujet de la menace d'éclatement ;

– soit vers l'apparition de troubles majeurs du comportement de type caractériel grave ou psychopathique qui traduisent les tentatives de projection sur l'extérieur des mêmes pulsions destructrices.

Dans ces dernières formes le cap de l'adolescence paraît particulièrement difficile, mais constitue cependant par la réélaboration pulsionnelle qu'il suscite, une possible chance de remaniement. Il n'est pas rare que l'adaptation et la tolérance réciproque entre l'enfant et son milieu familial soient alors brusquement rompues. Signalons en particulier les fréquentes décompensations à l'adolescence de l'équilibre instauré dans des psychoses de type symbiotique entre mère et enfant, avec apparition de violence, agressivité directe sur la mère, de conduites sexuelles débridées, rendant soudain patente la relation quasi incestueuse passée jusque là inaperçue. Les épisodes psychotiques aigus de type « bouffée délirante » s'observent aussi fréquemment. Dans certains cas, ces évolutions temporairement chaotiques permettent toutefois une réélaboration de l'organisation fantasmatique, et un relatif dégagement par rapport au processus psychotique, aboutissant à des états « cicatriciels » autorisant une vie sociale au prix d'une discrète « bizarrerie ».

A l'âge adulte, ces patients entrent dans le cadre des « troubles de la personnalité » avec un déficit cognitif plus ou moins important, mais fréquent. L'insertion socio-professionnelle est précaire, l'adulte reste souvent dépendant de milieux protégés ou spécialisés (C.AT.). Cette évolution concernerait environ un quart des patients.

■ **Évolutions favorables ;** on observe parfois : régression relative de l'autisme, acquisition du langage, adaptation sociale suffisante pour permettre une scolarisation, puis une activité professionnelle. Ainsi sur les 11 patients décrits par Kanner en 1943, deux ont accédé à une insertion professionnelle et l'un des deux a fondé une famille. Toutefois en dehors de l'Autisme de Kanner proprement dit, certains auteurs ont constaté assez souvent des évolutions favorables sur l'ensemble des psychoses infantiles. Ainsi selon Manzano et Coll., la moitié environ des patients deviendraient des adultes capables d'une insertion socio-professionnelle et d'une adaptation psycho-sociale normale ou proche de la normalité. Ces patients entreraient dans le cadre des « troubles de la personnalité », mais sans déficit intellectuel.

De l'ensemble des études catamnestiques (Kanner, Eisenberg, Rutter, Goldfarb, Bender, Lebovici, Duché, etc.), on peut isoler certains facteurs qui paraissent avoir une réelle valeur pronostique. Nous ne donnerons ici aucun pourcentage car ceux-ci dépendent trop de la rigueur avec laquelle l'échantillon étudié a été sélectionné. Comme cette rigueur varie beaucoup d'un auteur à l'autre, toute étude statistique comparative est largement entachée d'erreur. Néanmoins, sur le plan qualitatif, les auteurs retrouvent souvent les mêmes facteurs. Ainsi *cinq types de facteurs* responsables d'un *pronostic défavorable* se retrouvent régulièrement.

■ **Facteurs de pronostic défavorable**

1°) *L'existence de facteurs organiques associés à la psychose infantile.* Il s'agit non seulement d'une atteinte neurologique (Goldfarb), mais aussi de facteur de morbidité générale (prématurité, accouchement difficile) ou d'épisodes somatiques précoces (déshydratation : Rivière, Jeammet).

2°) *L'absence de langage au-delà de 5 ans* (Kanner, de Myer) ou son apparition très retardée.

3°) *La profondeur du retard intellectuel* lors de la première évaluation (Rutter) : plus le déficit initial est profond, plus le pronostic est sombre.

4°) *La précocité d'apparition des troubles.* Plus la psychose est reconnue tôt, en particulier avant 2-3 ans, plus l'évolution vers la persistance de l'autisme grave ou l'évolution profondément déficitaire est à craindre (Bender). Toutefois, il semble que cette évolution globalement progressive et régulière mette l'enfant à l'abri de décompensations aiguës plus fréquentes dans les psychoses d'apparition plus tardive (Rivière et coll).

5°) *La qualité de la famille enfin* (Bender). L'existence d'une pathologie psychiatrique parentale, des parents séparés ou absents, en particulier l'absence de soutien maternel, sont des facteurs de mauvais pronostic.

Les facteurs de pronostic favorables s'inscrivent en opposition aux précédents, en particulier le délai retardé d'apparition. Certains auteurs (Lébovici) ont souligné que l'existence de phobies ou de manifestations obsessionnelles pouvait apparaître comme un facteur de pronostic relativement bon, évitant en particulier l'évolution déficitaire.

La nature du traitement influerait également sur l'évolution. Manzano et Coll. soulignent l'importance d'un maintien dans le cadre familial quand celui-ci est satisfaisant et le rôle positif d'une relation thérapeutique de longue durée avec une même personne pendant presque toute l'enfance et l'adolescence.

E. – Diagnostic différentiel

Les psychoses infantiles et l'Autisme de Kanner en particulier doivent être diagnostiqués le plus tôt possible afin de mettre en place des dispositions éducatives et thérapeutiques appropriées. Le problème est principalement celui d'un diagnostic positif. Cependant certaines entités sémiologiques et/ou nosographiques ayant des traits de comportements proches de l'autisme infantile commencent à être différenciées. Nous citerons comme exemple le **Syndrome de Rett,** dont les observations se multiplient. Il s'agit d'une encéphalopathie évolutive non congénitale, d'étiologie encore inconnue (atteinte métabolique, trouble d'un neuro-transmetteur, virus lent ?) ne touchant que des filles. Les critères de diagnostic sont les suivants (Aicardi et Coll.) :

1 – Développement neurologique et mental normal pendant les 7 à 18 premiers mois de la vie.

2 – Stagnation du développement à partir de cet âge, suivie d'une détérioration mentale et comportementale rapide, conduisant à un état de démence avec autisme en moins de 18 mois.

3 – Perte de la manipulation volontaire remplacée par des stéréotipies des mains (dont certaines apparaissent comme assez caractéristiques : frottement des mains croisées devant la poitrine, tapotement des dents avec les doigts repliés).

4 – Ataxie du tronc et de la marche.

5 – Microcéphalée acquise.

6 – Période prolongée de stabilisation apparente avec apparition insidieuse d'anomalies neurologiques (syndrome pyramidal modéré, épilepsie, troubles vaso-moteurs...)

7 – Sexe féminin.

Certaines conduites fréquentes dans l'autisme infantile ne s'observent pas dans le syndrome de Rett, en particulier il n'y a pas : – les habitudes de jeux stéréotypés, – la mise en rotation de petits objets, – le refus des contacts corporels et des marques d'affection partagées, – l'hyperactivité motrice, – l'attachement excessif à certains objets.

Il n'existe pas de traitement spécifique connu. Si un soutien psychologique peut apparaître nécessaire auprès des parents, il est bien évident que l'abord thérapeutique de l'enfant doit tenir compte du diagnostic de ce syndrome.

II. – Abord génétique et hypothèses à prédominance organique

A. – Abord génétique

A la suite de Carlier et Roubertoux, nous distinguerons les facteurs génétiques trouvés dans les psychoses précoces et ceux propres aux psychoses de la seconde enfance.

1°) Génétique des psychoses précoces

A partir d'un enfant autiste, l'étude du risque chez les parents ou dans la fratrie est variable. Selon Roubertoux, le risque de schizophrénie chez les antécédents serait nul. Notre expérience personnelle, certes limitée à quelques cas, va à l'encontre d'une telle affirmation (un garçon autiste avec un père schizophrène, un garçon autiste avec un père schizophrène et une grand-mère paternelle schizophrène.).

Quant aux risques encourus par la fratrie, ils oscillent entre 1,6 et 2,8 % nettement supérieur (×188) aux risques de la population générale ($8,6 \times 10^{-5}$). Toutefois, l'évaluation statistique est affectée par de nombreux biais, en particulier enfant encore jeune, fréquence des avortements spontanés chez les mères d'enfant autiste.

L'étude sur les jumeaux (Rimland 1964, Folstein et Rutter 1977) met en évidence une concordance plus élevée d'autisme chez les jumeaux monozygotes (100 % chez Rimland, 36 % chez Folstein et Rutter) que chez les jumeaux dizygotes. Ces résultats sont en faveur de l'intervention de facteurs génétiques, mais la méthode ne permet pas de trancher en faveur d'un mode de transmission.

2°) Génétique des psychoses de la seconde enfance

Les études génétiques tendent à prouver que le groupe des psychoses infantiles tardives est distinct du précédent.

Le risque chez les ascendants est très variable selon les auteurs puisqu'il va de 0 % (Rutter) à 43,3 % (Bender). Toutefois, les catégories nosographiques adoptées par L. Bender sont très souples [schizoïdie probable ?]. Lorsqu'on adopte un critère plus strict et quantifiable (existence d'une hospitalisation psychiatrique chez les ascendants), le risque est de 2,5 % environ. Ce risque est supérieur au risque moyen de la population générale (0,8 %).

Le risque de la fratrie varie aussi entre 0,67 % et 9 %, mais la majorité des auteurs ne précise pas l'âge de la fratrie, ni lors de l'examen, ni lors de l'entrée dans la maladie.

De l'ensemble de ces études sur le risque de morbidité, on peut dire qu'elles *« tendent à confirmer le caractère familial des psychoses infantiles autre que l'autisme, sans qu'il soit possible de dire si ce caractère est imputable à des facteurs génétiques ou à des facteurs d'environnement communs »* (Carlier et Roubertoux).

L'étude des jumeaux repose essentiellement sur le travail de Kallmann et Roth, sur 52 paires. La concordance de psychoses infantiles tardives est de 70 % chez les monozygotes et de 17 % chez les dizygotes, taux analogue à ce qui s'observe en pathologie adulte, et suggérant l'hypothèse d'une continuité pathogénique entre psychoses infantiles tardives et psychoses de l'adulte.

3°) Conclusion

Carlier et Roubertoux concluent leur étude par les remarques suivantes :

– l'analyse génétique montre que l'autisme infantile est une entité nosographique différente des autres psychoses de l'enfant ;

– les psychoses tardives présentent probablement une hétérogénéité étiologique. L'hypothèse d'une hétérogénéité génétique doit être retenue (mode de transmission différent aboutissant à un même phénotype).

Les auteurs se montrent dans l'ensemble extrêmement prudents, se gardant de toute affirmation intempestive en matière de psychoses infantiles et de génétique : l'origine génétique est une hypothèse probable, mais non unique ni certaine dans ses modalités.

B. – Hypothèses à prédominance organique

1°) Résultats des recherches

La série de travaux consacrés à la recherche d'une anomalie organique dans les psychoses infantiles est impressionnante, surtout dans le domaine plus précis de l'autisme infantile de Kanner. Depuis plusieurs années des résultats s'accumulent semblant montrer l'existence d'une anomalie neurologique (ou de plusieurs) dont le siège, la nature et le rôle ne sont toutefois pas encore précisés rigoureusement.

– *Les études chromosomiques :* certains cas d'association d'autisme et d'anomalies génétiques ont été décrites : X fragile, association à une phényl-cétonurie. Cependant ces associations ne sont pas la règle.

– *Les études anatomiques,* jusqu'à l'apparition de la R.M.N. (voir p. 67), n'avaient pas donné de résultats probants et spécifiques. Cependant un récent travail neuro-anatomique portant sur la morphologie du cervelet étudié grâce à des coupes sagittales par R.M.N. (Courchesnes et Coll., 1988) a montré l'existence d'une atrophie spécifique modérée, mais significative des lobules VI et VII du cervelet (surface de la coupe sagittale diminuée en moyenne de 50 % par rapport aux sujets témoins) : 14 patients sur 18 autistes âgés de 6 à 30 ans, présentaient une telle anomalie. La comparaison avec un groupe témoin permet de penser que ces anomalies sont spécifiques de l'autisme précoce. Cette atrophie pourrait s'accorder avec l'hypothése d'un défaut cognitif (rôle de ces lobules dans les divers processus d'intégration perceptive, motrice, sensorielle).

– *Les études électroencéphalographiques* (E.E.G.) révélent fréquemment l'existence d'anomalies mais qui ne sont ni localisées ni spécifiques (anomalies paroxystiques diffuses, bouffées d'ondes lentes...)

– *Les études biochimiques* portent sur divers domaines : neurotransmetteurs (sérotonine, catécholamine), enzymes (dopamine bêta-hydroxylase, glutathion-péroxydase...), certains métabolismes (calcium, acides aminés, peptides, etc.) Ainsi que le souligne D. Sauvage : « il n'est pas possible à l'heure actuelle de décrire une sémiologie biologique propre à l'autisme ». Mais incontestablement les résultats de ces divers études montrent l'existence de perturbations qui toutefois sont variables, inconstantes et de signification encore imprécise. Le plus constant des résultats est probablement l'élévation du taux sanguin de sérotonine chez les patients autistiques. Cependant il est encore difficile de donner un sens exact à cette augmentation (trouble de la régulation, excés de synthése, défaut de catabolisme, siège central ou périphérique, etc.)

– *La recherche d'une déficience sensorielle* minime n'a jamais, en dehors des cas bien connus d'association psychose-surdité ou psychose-cécité (v. p. 237, 241), mis en évidence le moindre indice quand les explorations ne font pas intervenir la participation active du sujet.

– *Une dernière hypothése biochimique ou enzymatique* constitue une intéressante voie de recherche : constatant la fréquence des fausses couches chez les mères d'enfant autiste, certains auteurs ont avancé l'hypothése d'une anomalie portant sur un enzyme fœtal (molécule indispensable pendant la vie fœtale, mais devenant inutile après la naissance ou peu après).

2°) Hypothèses organiques avancées

En dehors de ces travaux, de nombreux auteurs avancent des hypothèses étiologiques : dans la majorité des cas l'objectif est de délimiter une éventuelle anomalie qui serait responsable du développement de psychoses infantiles, celles-ci étant conçues sur le modèle médical : étiologie → anomalie cérébrale → syndrome → symptôme. Il est évident que l'autisme de Kanner, malgré sa rareté, se prête particulièrement bien, en raison de son tableau clinique stéréotypé à un tel modèle. Nous passerons rapidement en revue les principales hypothèses en soulignant qu'aucun élément de certitude n'a pu les étayer.

L'existence de perturbations sensorielles constitue le fondement étiologique proposé par certains. Ainsi Goldfarb et Pronovost estiment que l'enfant psychotique évite l'emploi de ses récepteurs à distance (vue, ouïe) et privilégie les récepteurs proximaux (toucher, odorat, goût). Rimland pense que les enfants autistes sont inaccessibles aux stimulus externes, peut-être en raison de lésion siégeant dans le système réticulé. A l'opposé, Bergman et Escalona estiment que l'enfant psychotique se défend par sa réaction de retrait contre une sensibilité exacerbée aux stimulis externes, notamment auditifs et visuels.

D'autres auteurs situent préférentiellement l'anomalie non pas dans le domaine sensoriel, mais au sein des processus cognitifs. Ainsi Goldstein suppose une agénésie du support de la pensée abstraite. Rutter, de son côté, considère que les enfants autistes ont un désordre primaire central du langage, impliquant à la fois la compréhension et son utilisation. Ce « défaut cognitif » (Rutter) invoqué serait à l'origine des difficultés ou de l'incapacité des enfants autistes à percevoir et à discriminer les divers affects, émotions, (en particulier à travers la mimique faciale), mais aussi à affiner la connaissance d'autrui (par exemple incapacité de se représenter la pensée ou les émotions d'autrui, incapacité d'imiter les conduites sociales). Néanmoins le siège et le mécanisme de ce « défaut cognitif » reste à préciser.

A ces théories qu'on pourrait dire purement constitutionalistes, s'ajoutent des hypothèses où un défaut d'équipement va entraîner des distorsions relationnelles, expliquant l'autisme. Ainsi pour L. Bender, il existe un défaut d'équipement dans les fonctions neurovégétatives et dans la régulation du tonus qui empêche l'enfant d'établir une communication satisfaisante avec sa mère, et empêche la mère d'adapter correctement son attitude à l'enfant. Le défaut d'équipement serait à l'origine du caractère progressivement pathogène de la relation mère-enfant. Anthony émet également l'hypothèse d'une telle distorsion relationnelle soit à cause d'une « barrière » dont l'épaisseur est excessive, empêchant toute information satisfaisante (autisme primaire idiopathique), soit au contraire à cause d'une« barrière » insuffisante rendant le bébé trop vulnérable à la moindre stimulation. Dans le premier cas si la mère n'est pas assez aimante, la barrière se solidifie, dans le second cas, le bébé élève sa barrière défensive devant des stimulations excessives, perçues comme douloureuses.

III. – Abord psychopathologique et hypothèses à prédominance psychogénétique

A. – Abord psychopathologique

S'il existe de grandes variations sémiologiques d'un enfant psychotique à un autre, variations encore renforcées par les écarts d'âge importants, à quelques détails près toutefois, une certaine similitude psychopathologique apparaît. Nous décrirons ici la nature du fonctionnement mental (le « comment » de la psychose), sans préjuger du processus initiateur (le « pourquoi »).

Cet ensemble de traits psychopathologiques pourrait constituer ce que certains auteurs appellent le « noyau psychotique », terminologie à laquelle nous souscrirons à condition toutefois qu'elle ne sous-entende pas l'hypothèse d'un processus pathogène quelconque (au même titre que l'anomalie enzymatique de la phénylcétonurie par exemple). Par noyau structurel psychotique, nous faisons référence à un ensemble de mécanismes psychopathologiques aboutissant à des conduites mentalisées ou agies, dont le regroupement ou l'association s'observent fréquemment dans ce type de patient. Parler de « noyau psychotique » implique donc qu'on ne se situe pas dans l'axe étiologique, mais uniquement dans l'axe psychopathologique. De ce point de vue, le « noyau structurel psychotique » fait référence à :

– **l'existence d'une angoisse primaire** d'anéantissement, de morcellement ou d'engloutissement, impliquant la dissolution ou la destruction complète de l'individu. En clinique, les crises d'angoisse des enfants psychotiques peuvent atteindre des degrés extrêmes ;

– **la non-distinction entre le soi et le non-soi,** la non-reconnaissance de ses limites et des limites de l'autre. La traduction clinique peut en être l'absence de sourire au visage humain, la non-apparition de l'angoisse de l'étranger ou des réactions paradoxales, la manipulation du corps propre ou du corps d'autrui comme un instrument externe, l'inattention portée aux limites du corps avec une grande fréquence de chute, blessure, accident, sans attitude protectrice ;

– **la rupture d'avec la réalité,** conséquence de l'absence de délimitation précise du contour de soi : la réalité externe est incluse dans le soi, et menace en permanence son existence. En clinique, on observe le plus souvent la défense contre cette rupture d'avec la réalité, illustrée par le besoin impérieux d'« identitude » (v. p. 280) ou par le repli autistique et les attitudes qui l'accompagnent. De minimes changements externes peuvent ainsi susciter l'apparition d'une réaction de catastrophe : changement du décor, nouvelle coiffure de la mère ou du soignant... ;

– **la prévalence des processus primaires** sur les processus secondaires : le non-investissement du temps et / ou de l'espace, associé aux caractéristiques précédentes, maintient l'enfant psychotique dans le registre des processus primaires où tout affect doit être évacué à l'instant, sans quoi il risque soit d'anéantir le sujet, soit d'être lui-même anéanti. Cette prévalence des processus primaires rend compte des divers mécanismes défensifs utilisés par l'enfant psychotique, en particulier le rôle joué par la décharge motrice externe : importance des passages à l'acte, des hétéro ou auto-agressions, des troubles comportementaux, des stéréotypies ou balancement, surtout lorsque l'enfant est envahi par un affect ;

– **l'absence de liaison entre les pulsions libidinales et les pulsions agressives** ou pour certains auteurs entre les pulsions de vie et les pulsions de mort aboutit à un état de désintrication pulsionnelle et à une prééminence fréquente des pulsions agressives ou pulsions de mort. Les fantasmes sont envahis par ces pulsions mortifères : fantasmes d'engloutissement, d'anéantissement, de morcellement, de dévoration, d'explosion, etc., sans que les pulsions libidinales ne puissent « lier » ou « secondariser » de tels fantasmes, d'où les particularités de l'angoisse.

– **l'utilisation de mécanismes de défenses archaïques.** Face à cette absence de cohérence et de limites du moi et de la personne, face à cette vie fantasmatique dominée par les processus primaires, l'angoisse archaïque et les fantasmes destructeurs, le fonctionnement mental utilise des **mécanismes de défenses** particuliers qu'on nomme volontiers **archaïques.** Nous les évoquerons succinctement :

. *l'identification projective* est cause et conséquence de l'indistinction soi non-soi. Particulièrement étudiée par les auteurs kleiniens, l'identification projective pathologique maintient l'enfant dans un univers cahotique. On peut en trouver l'illustration clinique dans l'inversion pronominale si fréquente (l'enfant psychotique répète les mots entendus, sans être capable de se constituer comme sujet de son discours, n'étant jamais que le porte-parole d'autrui ;

. *le clivage* présente de nombreuses conséquences : la vie affective, intellectuelle, l'environnement sont sans cesse l'objet d'une fragmentation rendant difficile l'acquisition d'une expérience vécue dans sa continuité. Le plus souvent il s'agit d'un clivage qualitatif aboutissant à un monde manichéen : *bon-mauvais, bien-mal, fusion-abandon, amour-haine,* sans continuité, sans passage possible de l'un à l'autre ;

. *l'introjection, le déni, l'idéalisation, l'omnipotence* (ces derniers faisant partie de ce qu'on appelle « les défenses maniaques ») sont aussi décrits. Ces mécanismes sont corrélés aux précédents dont ils renforcent parfois les effets. Ainsi l'idéalisation aboutit à construire un objet magnifique, tout puissant, mais en même temps redoutable (souvent l'image de la mère) dont il faut obtenir la protection, mais au prix du renoncement à son individuation.

Cette première ligne de défenses représente, dans l'ensemble, ce que M. Klein a appelé la *position schizo-paranoïde* qu'elle a décrite à partir d'enfants psychotiques en analyse avec elle (v. p. 19). De nombreux auteurs émettent maintenant l'hypothèse d'un état encore plus archaïque, *la position autistique* (Marcelli) qui se caractériserait par l'utilisation de mécanismes de défenses plus spécifiques. D. Meltzer a proposé les processus suivants :

– *l'identification adhésive* qui produit une dépendance absolue en se collant, dans laquelle il n'y a aucune existence séparée, aucune limite entre l'objet et la personne. L'identification adhésive entraîne une dépendance extrême à la surface des objets, à leur apparence avec une sensibilité aux trous, aux déchirures. En revanche, l'intérieur, l'état affectif interne des objets est en général ignoré. La conduite si caractéristique des enfants autistes de prendre la main d'autrui pour s'en servir comme d'un prolongement de soi peut être considérée comme un exemple d'identification adhésive d'autant que s'y associe en général un absence de pointing (v. p. 34, D. Marcelli) ;

– *le démantèlement* est un processus passif, qui consiste à se laisser aller, à découper l'expérience selon les lignes de la sensorialité pour aboutir à une collection dispersée d'objets unisensoriels, c'est-à-dire porteurs d'une seule et unique qualité : le voir, le toucher, le sentir, l'entendre, sont des sensations démantelées les unes des autres auxquelles s'attachent un fragment d'objet, ou un objet perçu dans un seul registre sensoriel ; l'expérience émotionnelle est aussi dispersée selon les lignes de la sensorialité. En clinique, l'utilisation des objets autistiques (v. p. 197), pantins mécaniques désarticulés, roues qui tournent indéfiniment, illustrent le rôle du démantèlement.

Ainsi décrit succinctement le « noyau psychotique » qu'il s'organise autour de la position schizo-paranoïde ou de la position autistique (ou encore, cas le plus fréquent, qu'il oscille entre ces deux positions) s'observe dans les diverses formes cliniques des psychoses infantiles avec quelques variantes qui traduisent en réalité la prévalence d'un de ces mécanismes sur les autres. D'ailleurs il n'est pas rare d'observer, au cours de la croissance chez le même enfant, des changements de conduites qui traduisent des évolutions dans l'aménagement défensif. Il nous paraît ainsi exister une continuité structurelle au sein de l'ensemble des psychoses infantiles, ce qui n'implique pas, répétons-le, une identité étiologique.

B. – Hypothèse psychogénétique centrée sur l'environnement : rôle des parents

Nous regroupons ici certaines propositions théoriques ou descriptions cliniques dans lesquelles l'entourage, au sens le plus large, joue un rôle important dans l'apparition, puis le maintien de la psychose de l'enfant. Ces hypothèses étiologiques ne sont pas toujours exclusives : d'autres facteurs constitutionnels, héréditaires, acquis, psychogénétiques ou organiques peuvent s'y associer.

La littérature sur les parents d'enfants psychotiques est riche, mais en réalité orientée presque exclusivement sur l'étude des parents d'enfants autistes. Peu de travaux ont été consacrés au contexte familial entourant les psychoses de la seconde enfance, qui sont généralement regroupées avec l'étude des familles de schizophrènes adultes. Nous ne ferons que citer les points qui paraissent les plus pertinents pour les psychoses infantiles.

Kanner a été le premier à décrire un certain profil psychologique chez les parents des 11 enfants autistes, objets de ses premiers travaux. Rappelons que ces parents se caractérisaient selon lui, par leur niveau intellectuel et socio-culturel élevé, par une froideur, une mécanisation et une obsessionalisation de surface : parents polis, dignes, froids ; ils observent leurs enfants plus qu'ils ne les aiment. *« Les enfants étaient l'objet d'observation et d'expériences, élevés d'un œil critique, plutôt qu'avec une chaleur authentique et avec joie de vivre ».*

En réalité, il semble que ces caractéristiques, certes fréquentes, ne soient pas constantes, elles résulteraient en partie du mode de recrutement de la population étudiée par Kanner.

A partir des études plus récentes (Rutter, Goldfard et Meyers, Ackerman), on peut retenir :

– une origine et un niveau socio-culturel variable, mais qui paraît se répartir plutôt vers les deux extrêmes : un pôle de niveau très défavorisé et un pôle de niveau culturel supérieur ;

– la sur-représentation des situations difficiles (divorce, couple incomplet, placement en institution) ;

– une atmosphère et une organisation familiale souvent confuses : les rôles parentaux sont peu différenciés ou changeants, l'écart des générations est mal précisé et incertain. Certains auteurs considèrent d'ailleurs qu'il faut trois générations pour « fabriquer » une psychose infantile (Bowen, Lébovici) ;

– les situations de drame (Ackerman), de désarroi parental (Goldfard et Meyers), de mystification (Lang) sont habituelles : l'enfant psychotique est souvent l'objet d'intenses et contradictoires projections fantasmatiques parentales, sans rapport aucun avec sa réalité existentielle propre. De même les frontières entre la réalité et les fantasmes familiaux sont floues ;

– enfin des modèles particuliers de communications intra-familiales rencontrés dans les familles de schizophrènes ont été décrits par le groupe de recherche de Palo Alto (Bateson, Watzlawick, Beavin). On les retrouve aussi dans les familles d'enfants autistes.

Ainsi le « double lien » ou « double impasse » *(double bind)* est un mode particulier de communication imposé par l'un (la mère ou un autre membre important de la famille) et auquel l'autre (l'enfant) ne peut échapper. L'émetteur adresse un double message contradictoire dans son contenu mais émis à des niveaux différents : par exemple message verbal associé à un message analogique (mimique, inflexion de la voie, etc.) de signification opposée. Placé dans cette situation dont il ne peut se dégager en raison de l'importance vitale où il est de maintenir le lien, le récepteur (l'enfant), est dans l'impossibilité d'assigner des « types logiques » aux percepts et aux messages, et de donner une réponse adaptée. La réponse « folle » n'est que la tentative désespérée pour satisfaire ce « double lien ».

En dehors de ce « double lien », Watzlawick décrit d'autres modes de communication pathologique (« tangentialisations », « disqualifications », « paradoxe ») qui semblent surtout repérables dans les familles de schizophrènes adultes.

Quelle que soit la valeur donnée à ces hypothèses étiologiques, il apparaît de nos jours artificiel de vouloir définir une typologie caractérielle des parents d'enfants psychotiques, d'autant qu'il est habituellement impossible de faire le tri entre les réactions parentales à la psychose de leur enfant et la causalité parentale de la psychose de l'enfance.

Certains travaux tendent à montrer l'intense désarroi que la réaction d'un enfant autiste peut susciter chez sa mère, modifiant ainsi ses conduites habituelles : le non-accrochage du regard, l'absence de toute attitude anticipatrice, le dialogue tonique perturbé ou inexistant, sont autant d'attitudes qui n'apportent à la mère aucune des satisfactions attendues du maternage, et ne peuvent la gratifier. Ces attitudes de l'enfant, parfois très précoces, peuvent entraîner chez la mère un désarroi, puis une mise à distance, une conduite apparemment mécanisée ou un rejet. Ainsi pour Soulé, la mère de l'enfant autiste ne peut faire le deuil de son enfant imaginaire (l'enfant fantasmatique de la nuit ou de l'imaginaire) étant donné son impossibilité ou incapacité à établir une communication mutuellement satisfaisante avec l'enfant réel (l'enfant autiste du jour et du quotidien). Dans une telle dialectique, et sachant l'importance cruciale des premiers échanges mère-enfant, il devient vite difficile et arbitraire de faire la part de ce qui est cause ou conséquence dans le comportement du parent et de l'enfant.

C. – Hypothèses psychogénétiques centrées sur l'enfant ou sur l'interaction parent-enfant

■ **L'apport de M. Klein,** quelles que soient les controverses qu'il suscite, reste essentiel. Rappelons que pour cet auteur, le développement de l'enfant normal passe par des phases archaïques, les premières angoisses vécues étant de nature psychotique : les défenses organisées contre ces angoisses psychotiques caractérisent la « position schizoparanoïde » propre aux tous premiers mois de la vie. La psychose infantile ne serait en quelque sorte que la persistance, au-delà de la période normale de cette phase. Toutefois, M. Klein ne fait pas la confusion qu'on lui attribue souvent à tort entre le développement normal du bébé, et l'état d'un malade avéré : dans le cas d'un psychotique enfant ou adulte, la persistance et l'exacerbation des modes de défenses archaïques sont dues à l'intensité des pulsions agressives et destructrices qui n'ont pu de ce fait autoriser le plein épanouissement des pulsions libidinales.

En fait, pour se défendre contre l'agressivité primaire ressentie comme dangereuse et mortifère, le sujet psychotique morcelle, clive, et projette ses affects sur les objets environnants : ainsi par *clivage et identification projective,* les objets environnants perdent leurs caractéristiques propres, deviennent persécuteurs et dangereux. Pour s'en défendre, le sujet psychotique introjecte les bonnes parties des objets et du soi en un ensemble confus, mais qui doit être omnipotent et omniscient (défense maniaque) pour lutter contre les mauvais objets externes.

Tandis que chez l'enfant normal l'épreuve de réalité, les progrès de la maturation, la permanence de la pulsion libidinale, permettent de surmonter la position schizoparanoïde, d'affronter la position dépressive et d'accéder à l'ambivalence névrotique, chez l'enfant psychotique, l'intensité des pulsions agressives (qu'elles soient d'origine congénitale ou acquises en raison d'un maternage inadéquat) interdit toute réification de l'objet et du soi, accentue le clivage et l'identification projective, maintient le sujet dans cette position archaïque.

Sans reprendre les fondements de cette théorie, les continuateurs de M. Klein portent leur attention sur certains points particuliers. Ainsi *H. Segal* s'attache à décrire l'émergence de l'organisation symbolique. Chez l'enfant psychotique, du fait en particulier de l'identification projective, il existe ce qu'elle appelle une « équation symbolique » : l'objet originel et le symbole ne sont pas différenciés dans la pensée du psychotique. Des permutations sont incessantes entre des fragments d'objets et des fragments du moi qui estompent le contour de la réalité, et entravent toute accession à un maniement satisfaisant du monde symbolique, donc de la pensée.

■ **F. Tustin** de son côté, reprenant en outre certains travaux de Winnicott, axe ses recherches sur la « dépression psychotique », sentiment de rupture dans la continuité, créant un « trou noir effrayant » contre lequel l'enfant lutte par des mécanismes archaïques de type enkystement ou repli autistique ou par l'identification projective ou maniaque. Ainsi l'enfant cherche à nier toute différence, toute discontinuité entre son corps et l'environnement, afin de préserver, autant que faire se peut, un sentiment de continuité minimum. Les « traces autistiques » ont précisément ce rôle : persistance d'une « trace-sensation » même en l'absence de « l'objet », tout l'investissement d'attention de l'enfant autiste se centrant sur cette sensation corporelle garant de ce sentiment de continuité.

■ **Margaret Malher** étudie l'évolution de la relation mère-enfant sous l'angle particulier de l'autonomisation progressive de ce dernier. A la lumière des travaux de psychologie génétique (Spitz) et de leur théorisation (Hartman), M. Malher décrit plusieurs phases et sous-phases dans cette autonomisation.

Dans la « phase autistique initiale » ou « autisme normal », le bébé n'a conscience ni de son individualité, ni de celle de sa mère : il oscille entre des phases de satisfaction et des phases de besoin. Il est alors dans un état de « désorientation hallucinatoire primaire », la satisfaction de ses besoins relevant de sa seule toute-puissance autistique. Peu à peu, l'enfant accède à la « phase symbiotique » lorsqu'il devient « capable d'attendre et d'anticiper avec confiance la satisfaction », ceci grâce aux traces mnésiques laissées par le plaisir de la gratification. Le pur besoin physiologique devient « désir », un début de moi et d'objet symbiotique apparaît. Ayant d'abord une conscience confuse du « principe maternant », l'enfant se vit initialement comme uni à la bonne mère au sein d'une membrane symbiotique, tandis que les mauvais objets sont projetés à l'extérieur de cette membrane sur le monde environnant. A ce stade le danger extrême est celui d'une perte de l'objet symbiotique qui équivaut à une perte d'une partie du moi lui-même.

Une troisième phase, dite de séparation individuation (de six à trente mois) apparaît « *lorsque l'enfant est très près de par son développement, au fonctionnement autonome, et y prend plaisir* » : l'explosion motrice de l'enfant lui permet de s'écarter de la mère, tout en continuant à utiliser celle-ci comme « balise externe d'orientation ». Peu à peu, l'intériorisation des objets et l'acquisition de la notion de permanence de l'objet donnent l'assurance nécessaire pour l'autonomisation. Toutefois il existe un décalage entre la notion de la permanance de l'objet (selon Piaget) et l'acquisition d'une permanence de l'objet libidinal : cette dernière est beaucoup plus progressive *« grinçante, cahoteuse, et plutôt instable jusqu'à trente mois »*. A ce stade, le risque majeur est celui d'une perte de l'objet.

La psychose infantile est conçue par M. Malher comme le résultat des échecs dans le processus d'individuation dont l'origine se trouve aussi bien chez l'enfant *(« incapacité innée du moi à neutraliser les pulsions, défaut de la capacité perceptive primaire du moi, effets désorganisateurs de la panique organismique de l'enfant sur un moi fragile »)* que chez la mère. Ainsi dans le développement de l'enfant certaines phases ne peuvent être dépassées en raison de l'angoisse massive que suscite l'accession au palier suivant. Pour s'en défendre l'enfant utilise ce que M. Malher appelle des *« mécanismes de maintien »* qui s'opposent à la progression du développement. Les organisations pathologiques ne sont donc pas simplement des fixations à un stade normal du développement ; il s'y ajoute toujours des mécanismes spécifiques tendant à bloquer la fluidité structurelle habituelle.

Dans le cas des *psychoses autistiques,* le mécanisme de maintien est une conduite hallucinatoire négative qui annule toute perception du monde externe, y compris la mère. Dans le cas *des psychoses symbiotiques,* le principe maternant est reconnu, mais l'enfant oscille entre un désir de fusion absolu au bon objet partiel, et la crainte du réengloutissement ou de l'anéantissement en cet objet. Les mécanismes de maintien s'organisent autour du clivage, entre une unité toute-puissante mère-enfant, et une projection persécutive sur le monde extérieur. La psychose devient patente lorsque l'illusion de l'unité mére-enfant ne peut plus être maintenue face au progrès de la maturation neurophysiologique (vers 3-4 ans).

En réalité, cette opposition tranchée entre psychose autistique et psychose symbiotique deviendra au fil des travaux de M. Malher, beaucoup moins nette, l'auteur reconnaissant l'existence de nombreuses formes de transition.

■ **Pour Winnicott,** l'origine de la psychose infantile est à chercher dans les avatars de la relation d'adaptation réciproque entre une mère et son enfant, en particulier au temps où l'enfant éprouve une « désillusion » à l'égard de celle-ci. Jusque-là l'enfant vit dans « l'illusion de toute-puissance » parce que la mère suffisamment bonne, soutient l'enfant *(holding),* le soigne *(handling)* et lui présente les objets *(object-presenting)* de telle sorte qu'il a le sentiment d'en être lui-même le créateur. Si la mère fait alors défaut, le nourrisson peut éprouver des « angoisses impensables » ou « agonies primitives » telles que le retour à un état non intégré, la sensation de ne pas cesser de tomber, la faillite de la « résidence dans le corps » ou la perte de sens du réel. Le nourrisson se défend contre ses angoisses par diverses défenses : la désingration, la dépersonnalisation, l'état autistique, l'exacerbation du narcissisme primaire, etc. La maladie psychotique est ainsi une défense contre ces sensations d'agonie déjà éprouvées : pour Winnicott, il ne s'agit donc pas, contrairement à M. Klein, et dans une moindre mesure à M. Malher, de fixation à des stades normaux du développement, mais d'une organisation déviante, pathologique et spécifique.

Nous limiterons arbitrairement à ces auteurs les hypothèses théoriques concernant les psychoses infantiles. Nous eussions pu citer aussi Bettelheim (notion de situation extrême), Lébovici, Diatkine et surtout Lacan et son école. Toutefois, il conviendrait alors de reprendre la totalité de leur élaboration théorique car la psychose infantile y occupe toujours une place importante. Il nous a paru plus utile pour le lecteur de donner un repère simple des principales théories concernant ce domaine si vaste.

Bibliographie

ADRIEN (J.L.), BARTHELEMY (C.), ETOURNEAU (F.), DANSART (P.), LELORD (G.) : Etude des troubles de la communication et de la cognition d'enfants autistes. *Neuropsychiat. Enf. Ado., 1988, 36, 7,* 253-260.

AICARDI (J.), RAMOS (O.) : Le syndrome de Rett : autisme, démence et ataxie d'évolution progressive chez la fille. *Neuropsychiat. Enf. Ado., 1986, 34, 5-6,* 275-281.

AMAR (M.) : *Essai sur l'évolution de la nosographie des psychoses infantiles.* Thèse, Bordeaux, 1975.

BERQUEZ (G.) : L'autisme infantile. P.U.F. *ed., Paris, 1983, 1vol.*

BETTELHEIN (B.) : *La forteresse vide.* Gallimard, Paris, 1969.

CARLIER (M.), ROUBERTHOUX (P.) : Psychoses à manifestations précoces et psychoses à manifestations tardives : apport de l'analyse génétique. *Psych. enf.,* 1979, *22* (2), p. 473-502.

DESPERT (L.) : *La schizophrénie infantile.* P.U.F., Paris, 1978.

DUCHE (D.J.), STORK (H.) : Psychoses et schizophrénies infantiles. E.M.C., Paris, 1971, *Pédiatrie,* 4101 N 10.

GEISSMANN(Cl.) et (P.) : L'enfant et sa psychose. *Dunod ed.,* Paris, 1984, 1 vol.

KLEIN (M.) : *Essais de psychanalyse.* Payot, Paris, 1972.

MAHLER (M.) : *Psychose infantile.* Payot, Paris, 1973.

MANZANO (J.), LAMUNIERE (M.C.), PECKOVA (M.) : L'enfant psychotique devenu adulte. *Neuropsych. Enf. Ado.,* 1987, 35, 10, 429-443.

MARCELLI (D.) : La position autistique : hypothèses psychopathologiques et ontogénétiques. *Psychiatrie Enf.,* 1983, **26,** 1, 5-55.

MARCELLI (D.) : *Position autistique et naissance de la Psyché.* P.U.F. éd., Paris, 1986, 1 vol.

MELTZER (D.), BREMNER (J.), HOXTER (S.), WEDDELL (D.), WITTENBERG (I.) : *Le monde de l'autisme.* Payot, Paris, 1980.

MISES (R.), MONIOT (M.) : Les psychoses de l'enfant. E.M.C., Paris, 1970, *Psychiatrie,* 37299 M 10, M 20, M 30.

NUMÉRO SPÉCIAL : Psychoses de l'enfant. Articles de Misès, Launey, Lang, Duché, etc. *Confrontations Psychiatriques,* Spécia, 1969, n° 3.

NUMÉRO SPÉCIAL : Autisme et psychoses infantiles précoces. *Neuropsychiatrie Enf.,* 1983, **31,** 5-6, 219-306.

OLLSON (B.), RETT (A.) : Behavioral observations concerning differential diagnosis between the Rett syndrom and Autism. *Brain Dev., 1985, 7, 3,* 281-289.

RIMLAND (S.) : The differentiation of childhood psychosis : an analysis of checkliste for 2 218 psychotic children. *J. Autism. Child. Schizoph.,* 1971, *1,* p. 161-174.

RIVIÈRE (P.), BRACONNIER (A.), DUCHE (D.J.) : Évolution des psychoses infantiles précoces : Études rétrospectives *Neuropsych. de l'enf.,* 1980, *28* (3), p. 117-131.

SAUVAGE (D.) : Autisme du nourrisson et du jeune enfant. Masson ed., Paris, 2e édition, 1986, 1 vol.

SOULE (M.), HOUZEL (D.), BOLLAERT (S.) : les psychoses infantiles précoces et leur traitement. *Psych. enf.,* 1976, *19,* (2), p. 341-397.

TUSTIN (F.) : *Autisme et psychose de l'enfant.* Seuil, Paris, 1977.

WIENER (P.) : autisme infantile et symbiose psychotique. *Psych. enf., 1978, 21* (1), p. 305-318.

WINNICOTT (D.W.) : La crainte de l'effondrement. *Nouvelle revue psychanalyse,* Gallimard, 1975, *11,* p. 35-44.

17

Troubles et organisations d'apparence névrotique

La névrose chez l'enfant a un destin particulier : il est probable que les psychiatres et psychanalystes d'adultes évoquent plus souvent « la névrose infantile » que les psychiatres ou psychanalystes d'enfants ne parlent de « la névrose d'un enfant ». Ceci nous introduit d'emblée à la double interrogation qui sera le fil conducteur de ce chapitre.

1°) Dans quelle mesure la névrose infantile est-elle une réalité de la clinique infantile ou une reconstruction théorique après coup chez un adulte névrosé ?

2°) La névrose de l'enfant possède-t-elle une autonomie distincte de la névrose de l'adulte, ou n'en est-elle qu'un simple calque ?

En effet le danger à propos de la névrose chez l'enfant est d'une part de se servir directement des reconstructions freudiennes sur la névrose infantile, et d'autre part d'adopter une attitude adultomorphiste avec l'habituelle distinction névrose phobique-névrose hystérique – névrose obsessionnelle qui dans le champ de la pédopsychiatrie ne correspond pas à une réalité clinique dans sa double perspective synchronique et diachronique, sauf peut-être dans les derniers stades de l'adolescence. En dehors de cette dernière période, la névrose de l'enfant se caractérise par une variabilité des conduites psychopathologiques qui épousent à la fois les aléas des interactions vécues par l'enfant et les remaniements consécutifs à la croissance. Cette plasticité bien différente des névroses de l'adulte nous oblige à distinguer deux niveaux d'études :

– le niveau des principales conduites mentalisées pathologiques (les classiques symptômes phobiques, hystériques, obsessionnels, etc.) ;

– le niveau d'une éventuelle organisation structurelle sous-jacente avec toutes les conceptualisations théoriques qui la sous-tendent.

I. – Psychopathologie des conduites dites névrotiques de l'enfant

A la base de toute la symptomatologie de l'enfant, névrotique ou non, on rencontre le problème de l'angoisse, les conduites pathologiques n'étant, somme toute, que les diverses stratégies utilisées par l'enfant pour négocier celle-ci. C'est pourquoi, avant d'aborder les conduites névrotiques, nous évoquerons le vaste problème de l'angoisse ou de l'anxiété.

A. – Angoisse et anxiété chez l'enfant

Il est classique, mais quelque peu artificiel, de distinguer l'anxiété, affect pénible associé à une attitude d'attente d'un événement imprévu, mais vécu comme désagréable, de l'angoisse accompagnée d'un cortège de manifestations somatiques (neurovégétatives et viscérales) et enfin de la peur liée à un objet ou à une situation précise, soit du fait de l'expérience, soit du fait de l'éducation. En fait, un gradient continu relie angoisse – anxiété – peur où l'on va d'un état qui serait purement physiologique (la réaction de stress) à une mentalisation progressive de la conduite (place du fantasme).

1°) Clinique de l'angoisse

L'angoisse surgit lorsque l'équipement maturatif de l'individu ne peut répondre de manière adéquate à une tension vécue comme menaçante : que cette tension soit d'origine interne ou externe, que l'équipement maturatif soit défaillant ou encore inexpérimenté ne change rien à la nature de l'affect. On conçoit toutefois que les manifestations cliniques de l'angoisse soient variées, multiples et changeantes. En clinique infantile, il faut distinguer les manifestations d'angoisse préverbales de celles qui surgissent quand l'enfant peut exprimer en parole ce qu'il éprouve.

a) Angoisse préverbale du nourrisson

La constatation de cette angoisse dépend en grande partie des capacités d'observation et d'empathie de l'adulte. Chaque mère connaît le registre des cris de son bébé qui exprime la colère, le bercement-plaisir, l'appel, mais parfois aussi la panique : ces derniers la font venir rapidement auprès de lui. Ces cris de panique s'accompagnent le plus souvent de grandes décharges motrices, témoins du malaise du bébé. Winnicott pour sa part va jusqu'à considérer que certaines convulsions du petit enfant pourraient être la manifestation d'une angoisse non surmontable psychiquement.

Nous n'aborderons pas ici l'angoisse du visage de l'étranger, prototype de la réaction anxieuse à la base de l'organisation phobique (v. p. 21), mais qu'il suffise d'évoquer le visage perdu, les grands yeux hagards, les cris stridents et incessants de détresse, l'hypertonie générale avec l'agitation fréquente des membres inférieurs du nourrisson de 11-12 mois qui vient d'être hospitalisé pour une banale raison intercurrente, on peut comprendre alors que la réaction d'angoisse n'est pas une simple projection de l'adulte sur l'enfant.

Pour ce qui concerne les autres manifestations de l'angoisse chez le nourrisson, elles se traduisent avant tout par des conduites somatiques. Nous prions le lecteur de se reporter en particulier au chapitre consacré à la pathologie psychosomatique du nourrisson (colique idiopathique, spasme du sanglot par exemple).

b) Anxiété de l'enfant

L'enfant anxieux vit en permanence avec un sentiment vague d'appréhension, comme si quelque chose de terrible allait survenir. Sur ce « fond anxieux », qui rend l'enfant irritable, facilement inquiet pour sa santé physique peuvent survenir des épisodes aigus, véritables attaques d'angoisse, dont le déclenchement peut être dû à des facteurs externes (maladie, entrée à l'école, changement de classe, déménagement, colonie de vacances, etc.), ou internes.

■ **L'épisode d'angoisse aigu :** plus l'enfant est jeune, plus le contexte somatique est riche (vomissement, céphalée, douleur abdominale ou des membres). L'enfant paraît terrifié, en sueur, il est difficilement accessible « au raisonnement ». Jeune, avant 7-8 ans, seule la présence d'un parent, père ou mère, est susceptible de calmer réellement cet accès d'angoisse. L'exemple le plus typique en est la terreur nocturne (v. p. 86). Avec l'âge, l'enfant extériorise son angoisse, non pas en l'exprimant, mais le plus souvent en l'agissant : ainsi le corollaire de la crise d'angoisse devient vers 11-12 ans, le **passage à l'acte** sous ses diverses formes : crises de colère, attitudes d'exigences insatiables, fugues, troubles divers du comportement. Le risque est alors que l'anxiété de l'adulte provoque une spirale ascendante où l'angoisse de l'un majore celle de l'autre. La contention physique ferme, mais bienveillante, la limitation de la destructivité de l'enfant représentent les meilleures attitudes propres à calmer dans un premier temps cet accès aigu d'angoisse.

■ **Les manifestations hypocondriaques :** le recours au langage du corps est d'autant plus fréquent et normal que l'enfant est jeune. Cependant on observe avec le temps l'existence chez certains d'une fixation au niveau de plaintes somatiques. Ainsi, à partir de 7-8 ans, on observe les conduites suivantes :

– état d'inquiétude permanent sur la santé ou sur une maladie éventuelle ;

– vague fatigue qui empêche de travailler ou même de jouer (en particulier la pratique du sport) ;

– douleurs ou malaises de localisations diverses : céphalée, troubles visuels, plaintes abdominales, état nauséeux, mal aux jambes, au dos...

Un élément est quasi constant : l'existence d'un important contexte somatique dans la famille, soit réelle maladie somatique, soit le plus souvent une attitude hypocondriaque marquée des parents. Cette hypocondrie de l'un ou des deux parents peut porter sur leur personne propre ou inclure le corps de leur enfant. Ceci est particulièrement fréquent quand il s'agit de la mère. Au maximum une telle interaction peut aboutir à une véritable organisation psychosomatique (v. p. 346).

Signalons enfin qu'un élément culturel organise parfois le discours sur le corps, les plaintes hypocondriaques paraissant plus fréquentes chez les adultes comme chez les enfants et adolescents immigrés (v. Psychopathologie de l'adolescent, chap. 19, 2e éd., p. 406).

2°) Problèmes théoriques posés par l'angoisse chez l'enfant

Si tous les cliniciens s'accordent pour reconnaître et décrire certaines manifestations d'angoisse chez l'enfant, si tous s'accordent aussi pour déclarer que l'intensité de l'angoisse vécue par tel ou tel enfant varie beaucoup (ils se séparent quant à l'origine innée ou acquise de cette variabilité), en revanche la discussion reste ouverte sur la place qu'occupe l'angoisse dans le développement de l'enfant. Les deux positions extrêmes pourraient se résumer ainsi : à une extrémité les tenants d'une angoisse-réponse, signal qu'un danger, un malaise, une menace provenant en général de l'extérieur risque de compromettre l'équilibre intérieur. Cette conceptualisation répond aux premières théories de Freud (l'angoisse due à l'impossibilité de satisfaction de la libido), mais aussi aux théories béhavioristes ou comportementalistes (névrose d'angoisse expérimentale). A l'autre extrémité, l'angoisse est une donnée constitutive de l'émergence de l'individu qui ne peut assumer son autonomie progressive que dans une opposition conflictuelle angoissante, mais aussi maturante. Cette conceptualisation répond à la position qu'adopte Freud dans *Inhibition, Symptôme et Angoisse* (l'angoisse est primaire, c'est elle qui alerte le moi d'un danger potentiel et qui provoque le refoulement). M. Klein a poussé à son extrémité cette conceptualisation en marquant d'emblée la lutte interne chez le bébé entre la pulsion de vie et la pulsion de mort.

Dans un autre type de formulation, on peut distinguer d'un côté les auteurs qui s'intéressent avant tout aux manifestations neurophysiologiques ou neuropsychologiques d'un malaise et aux conduites propres à l'éviter pour retrouver l'état antérieur, d'un autre côté les auteurs qui mettent avant tout l'accent sur le vécu fantasmatique et conflictuel, source d'angoisse, mais aussi palier nécessaire et inévitable de la croissance.

Nous étudierons rapidement les points de vue théoriques des principaux auteurs qui ont abordé le problème de l'angoisse chez l'enfant, en priant le lecteur de ne pas oublier qu'ils se situent nécessairement dans l'un ou l'autre champ théorique défini dans le paragraphe précédent.

Nous l'avons vu, la position de S. Freud a varié concernant l'angoisse de l'enfant et celle de l'adulte. Dans une première théorisation : *Trois Essais sur la Théorie de la Sexualité* (1905), *Le petit Hans* (1909), l'angoisse résulte du refoulement de la libido lorsqu'elle ne trouve pas l'objet de sa satisfaction : l'angoisse est donc secondaire et représente une imperfection, une scorie d'un mécanisme psychique (le refoulement) imparfait. Ainsi lorsque la mère est absente, la libido n'ayant plus d'objet de fixation doit être refoulée, ce qui provoque l'angoisse. Lorsque l'excitation sexuelle et le désir masturbatoire ne peuvent être maintenus à la conscience (Hans) la libido doit être refoulée et se transforme en angoisse. Cependant Freud est amené à remanier profondément cette théorie. Ce mouvement est concomitant du remaniement qui s'impose à lui à propos de la réalité d'un traumatisme sexuel dans l'enfance des patients, en particulier des hystériques : renonçant, non sans difficulté, à l'existence d'une scène réelle, il met en place l'hypothèse d'un fantasme de séduction dont les effets traumatiques sont tout aussi perturbants. Ces modifications le conduisent à repenser le statut de l'angoisse. Ainsi dans *Inhibition, Symptôme et Angoisse* (1926), c'est l'angoisse qui constitue un signal d'alarme et qui pousse le Moi de l'enfant à utiliser les divers mécanismes de défense à sa disposition pour lutter contre ce qu'il pressent comme un danger. Il importe de bien saisir ici qu'on est passé d'une compréhension réflexologiste de l'angoisse à une hypothèse métapsychologique, l'angoisse devenant le précurseur d'une élaboration fantasmatique secondaire. En fonction du stade maturatif de l'enfant, le niveau d'angoisse fantasmatique évolue comme l'a bien montré A. Freud, passant par exemple de l'angoisse de perte d'objet, à l'angoisse de perte d'amour de l'objet, puis à l'angoisse de castration (« Le Normal et le Pathologique »).

Pour M. Klein, le dualisme pulsionnel est constitutif de l'individu. Aussi le bébé, si jeune soit-il, doit faire face à l'antagonisme de ses pulsions agressives (qu'il projette) et de ses pulsions libidinales. Sans revenir ici sur ses principales élaborations théoriques (v. p. 18), nous dirons brièvement que les angoisses sont principalement persécutives à la phase schizoparanoïde : le bébé se défend de l'angoisse provoquée par ses pulsions agressives en projetant celles-ci sur les mauvais objets environnants (mauvais sein frustrant, puis mauvaise mère), en même temps que par clivage il protège l'image d'un bon sein gratifiant, puis d'une bonne mère. Ce clivage a toutefois pour conséquence de faire vivre le bébé, selon M. Klein, dans l'angoisse d'être « attaqué » par ce mauvais sein ou cette mauvaise mère (angoisse paranoïde). Un second palier est atteint lorsque se constituent les prémices de l'objet total où se trouve intériorisé la crainte de destruction du bon sein ou de la bonne mère. C'est alors que se déploient les angoisses dépressives, le bébé ayant le sentiment d'être mauvais envers des objets ou des personnes bonnes. Ce n'est que secondairement, passé le stade de la position dépressive, que par déplacement et condensation métonymique s'organisera l'angoisse de castration. A la lecture des œuvres de M. Klein, il est clair que l'angoisse est une donnée existentielle de base à laquelle nul enfant ne saurait échapper.

De nombreux auteurs se sont attachés à dater chronologiquement l'émergence de l'angoisse chez l'enfant, distinguant un avant et un après. Rank et le traumatisme de la naissance, prototype de toute angoisse ultérieure, Spitz et l'angoisse du visage de l'étranger, M. Malher et la phase de séparation-individuation en sont les exemples représentatifs.

Pour Spitz, le bébé ne connaît d'abord que des états de tensions physiologiques désagréables dans le premier semestre de sa vie. Au cours du second semestre, la reconnaissance progressive du visage maternel et la perception de son absence (peur du visage de l'étranger vers le huitième mois) constituent le second organisateur autour duquel l'élaboration psychique va se poursuivre. Nous reverrons ce point à propos des phobies.

Pour M. Malher, le point de départ est l'existence d'un état fusionnel entre mère et enfant totalement gratifiant d'où toute angoisse est exclue. L'angoisse apparaît aux premiers stades de la phase de séparation, à une époque où l'équipement maturatif de l'enfant a fait des progrès tels que, tant chez la mère que chez l'enfant, le fantasme d'une parfaite symbiose ne peut plus être maintenu. L'angoisse de séparation émerge alors autour de laquelle s'organiseront les étapes ultérieures.

Dans une perspective légèrement différente, Sandler et Joffe distinguent pour leur part deux états affectifs de base, l'un qui serait de souffrance (quasi physiologique) lorsque l'objet de la relation fusionnelle vient à manquer à l'époque où il est encore nécessaire, l'autre, véritable affect dépressif, qui apparaît dans un second temps, et se traduit par la nostalgie et la souffrance psychique secondaire à l'absence de l'objet, mais à une période plus tardive.

Bowlby considère que le besoin d'attachement du nourrisson à sa mère est un besoin primaire dont la non-satisfaction provoque l'apparition d'une *« angoisse primaire »*. Cette angoisse est toutefois comprise au début comme la résultante d'une impossibilité pour l'enfant à trouver son objet d'attachement normal. La réalité de l'absence directement inspirée des études éthologiques est plus importante ici que dans les travaux de Spitz où le décalage par rapport à un visage connu (celui de la mère) joue le rôle essentiel.

Sans prétendre épuiser la question de l'angoisse chez l'enfant et de ses origines, nous terminerons en évoquant Winnicott. Cet auteur reprend en partie les théories kleiniennes mais en y incluant la relation maternelle. La sollicitude maternelle primaire permet au nourrisson une gratification quasi complète de tous ses besoins. Les petites inadéquations progressives et inévitables entre mère et enfant vont peu à peu conduire le bébé à renoncer à ce sentiment illusoire de complétude et d'omnipotence, puis introduire la sensation d'un manque, source d'angoisse. Selon que la mère maintient ou non cet état de manque dans des limites acceptables ou non par l'enfant dépendra l'évolution maturative de ce dernier, et l'établissement d'une assurance suffisante ou, au contraire, l'apparition d'angoisse que Winnicott dans ses derniers travaux nommera la « crainte de l'effondrement », contre laquelle les défenses psychiques et somatiques sont élevées (v. p. 24).

Par ce très bref rappel théorique, notre propos a été surtout de montrer que tous les auteurs qui se sont penchés sur les premiers stades évolutifs de l'enfant ont nécessairement abordé le problème de l'émergence de l'angoisse, et que se trouvent indissolublement liées ici l'observation de l'enfant, les hypothèses théoriques qui sous-tendent cette observation, la clinique pédopsychiatrique, et l'enfance normale. Ceci nous ramène au problème de la nature normale ou pathologique de l'angoisse. C'est une question qui ne peut jamais être tranchée dans l'instantané d'une observation clinique, mais qui nécessite constamment une perspective dynamique. Comme le dit A. Freud : *« ce n'est pas la présence ou l'absence d'angoisse, sa qualité ou même sa quantité qui permet de prédire l'équilibre psychique ultérieur, ou la maladie. Ce qui est significatif à cet égard, c'est seulement la capacité du Moi de maîtriser l'angoisse »*.

B. – Conduites phobiques de l'enfant

Les phobies sont des craintes non justifiées d'un objet ou d'une situation, dont la confrontation est pour le sujet source d'une réaction intense d'angoisse. Par rapport à la phobie, le sujet, adulte ou enfant, tend à utiliser une stratégie défensive, toujours identique ou variable dans laquelle on peut décrire les *conduites d'évitement,* l'utilisation d'un *objet contraphobique* ou la technique de la *plongée en avant* (immersion chez les comportementalistes, apprentissage pour les réflexologistes).

La distinction est loin d'être aisée entre peur et phobie, distinction où interviennent le stade de maturation du Moi, mais aussi l'expérience vécue, l'éducation, les capacités d'apprentissage : de l'ensemble de ces facteurs résulte l'élaboration fantasmatique qui organise la peur ou la phobie. Comme pour l'angoisse, il nous paraît artificiel et trop didactique de distinguer des « peurs ou phobies normales » et des « peurs et phobies pathologiques ». Seule l'évaluation économique et dynamique peut donner des éléments de réponse, et non pas un simple repérage sémiologique.

1°) Les peurs

Toutefois les *peurs* constituent de par leur fréquence un événement quasi constant au cours de la croissance : peur du noir, peur des petits animaux, peur des animaux qui mordent (le loup), peur des étrangers, peur des fantômes ou des ogres (condensation de la peur du loup et de l'étranger). A partir de huit ans environ, la crainte existentielle, la peur de la mort apparaît, parfois directement exprimée ou sous forme de crainte hypocondriaque (v. p. 308). Dans ces réactions de peur, plusieurs facteurs interviennent :

– l'émergence du sentiment d'individualité, d'un soi qu'il faut préserver : ceci s'observe *a contrario* chez certains enfants psychotiques qui paraissent n'avoir conscience d'aucune limite d'eux-mêmes, et se mettent ainsi dans des situations périlleuses de façon répétitive ;

– le climat familial : la peur des animaux (les chiens) peut être induite autant par une pusillanimité excessive des parents, terrorisés chaque fois que l'enfant s'approche d'un animal, que par une non-perception de la légitime inquiétude de l'enfant. Les parents veulent alors absolument le forcer ; ils augmentent sa peur et son angoisse en le confrontant à l'objet redouté. La peur de l'eau en est un autre exemple :

– l'apprentissage enfin joue un rôle non négligeable, prévalent même pour les théoriciens du comportement, en modulant plus ou moins l'état affcctif qui a accompagné une première expérience vécue. La répétition de cette première expérience spontanée et active par l'enfant, ou contrainte et imposée par l'entourage, dégagée de son climat d'anxiété initiale ou majorée par la surcharge anxieuse de l'entourage, va peu à peu y lier ou délier une angoisse enclenchant un mécanisme de peur puis de phobie, ou au contraire une attitude adaptée et propice à la maturation. La phobie se constitue lorsque la peur envahit le Moi de l'enfant, et entrave ses capacités adaptatives et/ou évolutives. Toutefois, il convient de distinguer clairement les phobies dites archaïques ou prégénitales, des phobies de la période oedipienne : si le symptôme apparent est le même, le stade de muturation du Moi, les moyens de défense dont il dispose, la relation de dépendance à l'entourage sont tellement différents que les conséquences dynamiques de ces deux types de phobies sont totalement opposées.

2°) Phobies archaïques prégénitales

Il s'agit des peurs ou angoisses les plus précoces dont l'exemple le plus typique est l'angoisse du visage de l'étranger vers le huitième mois. Entre 6 mois et 18 mois, surviennent classiquement ces peurs du noir ou de l'inconnu. Spitz considère que cette réaction témoigne de la reconnaissance et de l'individualisation du visage de la mère par rapport aux autres visages humains, ce qui l'oppose au stade du sourire (2-3 mois) où le nourrisson perçoit un visage humain, non son individualité, puisqu'il sourit indistinctement à tout visage. Sur le plan théorique, on peut donc selon Spitz en inférer que le nourrisson perçoit l'absence, le manque, source de malaise, d'angoisse puis de peur.

Concernant ces phobies dites archaïques, nous remarquerons que seule la présence de la mère peut rassurer l'enfant, du moins avant qu'il atteigne la phase de prostration. Il n'y a ici aucun travail psychique d'élaboration symbolique : l'étranger est dangereux parce qu'il n'est pas la mère. La réalité devient dangereuse et persécutive dans une équivalence directe à peine symbolisée. Si on devait distinguer les phobies prégénitales des phobies dites œdipiennes, il serait à notre sens souhaitable d'insister sur cette équivalence symbolique directe dans les premières (bien mise en évidence dans les travaux de M Klein et repris dans ceux de Lacan), tandis que dans les secondes, c'est à un travail psychique de déplacement symbolique qu'on assiste.

Les phobies dites archaïques correspondent ainsi à l'incapacité du nourrisson d'élaborer mentalement l'angoisse. Les réactions de détresse et d'hospitalisme (v. p. 394) pouvant mettre sa vie en danger montrent combien le nourrisson n'a pas encore l'équipement maturatif nécessaire pour symboliser cette angoisse. On retrouve chez certains enfants psychotiques des phobies archaïques de ce style : la massivité de l'angoisse, la sidération habituelle de l'ensemble des capacités d'élaboration mentale, l'absence de contre-investissements efficaces (évitement, objets contraphobiques), la fréquence de la décharge motrice (grande crise d'agitation, d'automutilation ou de colère) comme seule issue possible à l'angoisse. Tous ces éléments caractérisent les phobies de type psychotique.

3°) Phobies de la période œdipienne

Il n'y a bien évidemment aucune rupture brutale, ni temporelle, ni structurelle entre ces deux types de phobies. Toutefois, l'apparition des peurs de la seconde enfance (entre 2-3 ans et 6-7 ans) semble correspondre à d'autres mécanismes mentaux. A cet age, *la nature des objets et situations phobiques* est quasi infinie : *animaux* (souris, rat, araignée, serpent, loup...) ; *éléments naturels* (eau, orage, tonnerre, éclairs), *paysage urbain* (ascenseur, grue, voiture ou camion) ; *personnages* (étranger, barbus, médecin) ; *personnages mythiques* (monstre, fantôme, ogre) ; *situation* (solitude ou agoraphobie, le noir, une pièce de l'appartement, le couloir, les hauteurs ou le vide) ; *la crainte de maladie* (peur de la saleté, des microbes souvent précurseur de rituels obsessionnels) ; *l'école* enfin (nous étudierons l'ensemble des phobies scolaires au chapitre consacré à l'école).

4°) Fonctions psychopathologiques

Cette énumération pourrait se poursuivre, mais ne doit pas faire oublier l'élément d'évaluation essentielle selon nous : le poids de l'investissement économique de l'objet ou de la situation phobique. Aussi, tous les intermédiaires existent entre l'enfant qui, la nuit, traverse en courant le couloir pour aller faire pipi au w.-c., avec un léger pincement de cœur, et celui qui hurle dans sa chambre, paralysé entre sa crainte d'uriner au lit, et sa terreur de devoir traverser ce même couloir. Dans le second cas, la réaction de la famille peut être déterminante en contraignant l'enfant (soit à cause de la propre attitude phobique des parents, soit par réaction teintée d'agressivité sadique), ce qui risque d'aboutir à une extension de l'angoisse phobique.

L'exemple le plus célèbre de la littérature pédopsychiatrique concernant les phobies œdipiennes est bien sûr « le petit Hans », cas rapporté par S. Freud en 1909 sur lequel il reviendra souvent : Hans vers 5 ans 1/2 se met à avoir peur de sortir dans la rue car il craint d'être mordu par un cheval. Au cours de l'analyse, il apparaît que cette peur du cheval est un *déplacement* de la peur du père et de la punition que celui-ci pourrait lui infliger en raison des désirs tendres qu'il ressent pour sa mère. Cette crainte d'être mordu se transforme secondairement en peur de voir les chevaux tomber, c'est-à-dire en une *représentation substitutive* de l'agressivité à l'égard du père. De même la peur de voir l'attelage lourdement chargé (la charrette) sortir du garage est le déplacement symbolique en son contraire du plaisir pris à exonérer avec la mère dans les w.-c., plaisir d'autant plus coupable qu'une petite sœur est née récemment. Dans ce très bref résumé, qui ne remplace en rien la lecture du texte, on voit clairement le travail psychique répété du *déplacement* symbolique et d'encastrement successif aboutissant à la *surdétermination* du symptôme. Il ne faut pas oublier les *bénéfices secondaires* de la phobie : rester à la maison près de sa mère, pouvoir maintenir la relation avec le père et même susciter son intérêt.

Ces opérations mentales : refoulement puis déplacement, surdétermination, contre-investissement et possibilité de bénéfice secondaire, témoignent d'une part de la mise en place des principales instances psychiques (Moi et Surmoi en particulier), d'autre part de leur relative efficacité à lier l'angoisse à des représentations symboliques, enfin de la possibilité de maintenir un cadre maturatif et évolutif. On le voit, ces éléments distinguent nettement les phobies dites œdipiennes des phobies archaïques.

5°) Évolution des phobies

Dans la majorité des cas, les phobies s'atténuent vers 7-8 ans, voire disparaissent du moins en apparence. Quelques enfants, en dehors des cas de psychose, conservent des conduites phobiques relativement fixées jusqu'à l'adolescence et au-delà. Il paraît indiscutable que l'attitude de l'entourage joue un rôle prépondérant dans la fixation ou non de ces conduites. L'un des parents est souvent phobique lui-même. Par sa compréhension excessive ou son attitude provocatrice, il semble organiser la conduite pathologique de l'enfant. Ceci apparaît de façon assez caricaturale dans la relation mère-fille phobique. Signalons également le cas des phobies de l'école dont certaines paraissent quasi immuables (v. p. 436).

C. – Conduites obsessionnelles de l'enfant

1°) Définition

L'obsession est une idée qui assiège (*obsidere* = assiéger) le patient avec un sentiment de malaise anxieux, dont il ne peut se défaire. On décrit aussi des rituels ou des compulsions à agir (rite du lavage, de vérification, de toucher, etc.) contre lesquels le patient lutte plus ou moins avec angoisse. Cette définition qui concerne aussi bien l'enfant que l'adulte met en évidence les deux versants des conduites obsessionnelles, mentalisées (obsessions) ou agies (rituels, compulsions). Cependant il est difficile de distinguer clairement chez l'enfant *le rituel* marqué par la répétition d'un même comportement ou ensemble de comportements (dont le type même est le rituel de vérification : du contenu du cartable, des objets nécessaires à l'endormissement, etc.) et *la compulsion* dominée par un sentiment de contrainte parfois précédée d'une lutte anxieuse. De nombreux rituels apparaissent chez l'enfant comme syntone au Moi (contrairement à la phobie), sans lutte anxieuse, du moins au début. Il existe ainsi une véritable ligne génétique allant de la simple répétition, à la ritualisation, au rituel, à la compulsion, jusqu'à la stéréotypie.

Si chez l'enfant l'existence de rituels est fréquente, les véritables pensées obsédantes sont plus rares. Toutefois, l'anamnèse des patients obsessionnels adultes révèle que 20 % d'entre eux ont commencé à avoir des idées obsédantes vers 15 ans, et 50 à 60 % avant 20 ans (Freedman). En revanche, il est rare d'évoquer de véritables symptômes obsessionnels avant 10 ou 12 ans environ, c'est-à-dire au décours de la période de latence. Les parents présentent fréquemment des traits obsessionnels ou un caractère obsessionnel marqué (rigueur, ordre, méticulosité, propreté, etc.). Quelques-uns sont psychotiques (Freedman).

2°) Rituels obsessionnels

Ils représentent le premier stade génétique d'apparition des conduites obsessionnelles. Il existe un lien direct entre les premières interactions du bébé avec son entourage, la répétition et l'apprentissage qui en résultent pour aller jusqu'au rituel lui-même. La « réaction circulaire » de Piaget peut être comprise comme l'ébauche d'une ritualisation. Le jeu de la bobine décrit par Freud nécessite la répétitivité du rejet (*for*) et de la récupération (*da*).

A. Freud a bien montré que le stade anal avec l'investissement de la maîtrise, du contrôle, de la propreté, de la rétention, toutes conduites qui traduisent fréquemment le contre-investissement du désir de salir (le jeu dans la gadoue), de se souiller (les fréquentes échappées encoprétiques transitoires), de détruire, représente en réalité une phase obsessionnelle transitoire et banale. Les exigences familiales ne vont pas sans influencer les exigences pulsionnelles internes : se laver les mains, bien se tenir, ne pas prononcer de « gros mots », ou, à l'opposé, laisser s'exprimer la crudité du langage et du comportement. Cette attitude éducative module la période anale, source de possible fixation ultérieure. Au décours de la phase anale et lors de la période œdipienne, si la conduite phobique est la plus fréquente, la tentative de maîtrise de l'angoisse par la ritualisation, est, en fréquence, la seconde issue choisie par l'enfant. Les rituels du coucher en sont un exemple : rite de rangement des pantoufles, d'arrangement de l'oreiller, histoire à raconter... Là encore, comme pour les phobies, la réponse de l'entourage peut orienter cette conduite dans un registre pathologique lorsqu'on ne permet pas à l'enfant de calmer son angoisse. A l'opposé, raconter l'histoire, placer les chaussons à leur place, rassure l'enfant qui désinvestira peu à peu ce comportement à mesure que la maturité du Moi lui fournira d'autres systèmes défensifs.

Les rituels représentent donc des conduites banales, souvent associées aux phobies ou y succédant. Comme elles, ils disparaissent habituellement vers 7-8 ans. Chez certains enfants persistent des rituels particuliers qui s'organisent le plus souvent autour de la propreté : lavage des mains, des verres, besoins répétitifs et conjuratoires de toucher auxquels s'associent alors des pensées obsédantes et conjuratoires, rites de vérifications divers (gaz, porte, électricité...). On observe ces conduites chez les enfants plus âgés, autour de la période de latence. Pour un certain nombre d'entre eux, ces conduites ritualisées s'intègrent dans un environnement familial très obsessionnalisé où elles sont souvent tolérées sans problème, sinon même favorisées. Il est rare, dans ce cas, qu'elles suscitent gêne et tension chez l'enfant. Elles s'accompagnent alors d'un ensemble de traits de comportement fortement évocateurs d'une organisation obsessionnelle.

Dans d'autre cas, les rituels obsessionnels paraissent représenter des tentatives plus ou moins désespérées de contention des pulsions vécues comme dangereuses et destructrices. La signification de ces rituels semble être avant tout de maintenir un environnement identique et invariable, et d'assurer cette immobilité. On est proche ici d'orgnisations psychotiques où les conduites ritualisées sont fréquentes (v. p. 276).

Signalons enfin que certaines conduites motrices particulières telles que les tics ont été assimilées aux symptômes obsessionnels. Sans aller jusqu'à une telle équivalence (tic = névrose obsessionnelle comportementale), l'association de tics et de traits de comportement obsessionnels est une observation fréquente, surtout lorsqu'une lutte anxieuse précède la décharge motrice.

3°) Les idées obsédantes

On les rencontre chez le préadolescent ou l'adolescent. Il s'agit parfois de pensées conjuratoires ou de véritables idées obsédantes. Mais plus souvent ces adolescents présentent un investissement obsessionnel de la pensée avec doute, rumination, pensée répétitive sur la mort, sur des thèmes métaphysiques ou religieux.

4°) Étude psychopathologique des conduites obsessionnelles

De même que nous avons distingué les phobies archaïques des phobies œdipiennes, il importe de distinguer le niveau économique et dynamique auquel se situe les conduites obsessionnelles observées chez un enfant.

S. Freud puis A. Freud ont bien montré qu'une des sources de l'organisation obsessionnelle est représentée par une maturité du moi en avance sur ses besoins pulsionnels que ce moi reprouve : il utilise alors des mécanismes de **contrôle** et d'**isolation** caractéristiques auxquels s'ajoute le mécanisme d'**annulation.** Cette situation est particulièrement fréquente en période de latence où le Moi connaît une poussée maturative considérable en même temps qu'il se plie aux exigences de la socialisation, tandis que les exigences pulsionnelles internes sont moins intenses. C'est pourquoi de petits traits obsessionnels sont fréquents chez l'enfant à cet âge (rangement du cartable, collections diverses, accumulation d'objets divers...), tous fréquemment associés d'ailleurs avec des traces de rejetons pulsionnels opposés (fouillis, refus de se laver...) ; tout cela montre que les traits obsessionnels ne compromettent pas l'évolution maturative normale. Sur cette lignée évolutive où les traits obsessionnels, voire les petits rituels sont quasi normaux, peut venir se greffer une fonction défensive névrotique surinvestissant secondairement ces conduites (Widlöcher) et les fixant.

Très différentes économiquement sont les conduites obsessionnelles qui paraissent pour l'enfant le seul moyen d'assurer la permanence, la cohérence d'un environnement et d'un sentiment d'individualité toujours prêt à voler en éclat. Dans ces cas, comme pour les phobies, la massivité des conduites obsessionnelles, leur caractère désadapté, surtout la désadaptation croissante qu'elles provoquent par rapport à la maturation, le manque de contre-investissement positif, témoignent de l'organisation prégénitale sous-jacente (v. les chapitres sur les psychoses et les états prépsychotiques).

D. – Conduites hystériques de l'enfant

Parce que la terminologie clinique prête encore plus à confusion que pour les phobies et les obsessions, il convient, parlant de l'hystérie, de distinguer clairement les symptômes hystériques (conversions, crises, fugues ou état crépusculaire, etc.) des traits de personnalité dite hystérique dont la délimitation chez l'enfant, la fillette en particulier, est pour le moins imprécise. Après une brève introduction d'épidémiologie, nous étudierons donc les principaux symptômes, puis le problème des traits de personnalité dite hystérique.

1°) Généralité : Epidémiologie

Si l'on excepte l'adolescence, les symptômes hystériques sont rares chez l'enfant, de l'ordre de quelques cas par an dans les services hospitaliers. Chez l'enfant de moins de 10 ans, il ne semble pas y avoir une prévalence certaine pour un sexe. La fréquence augmente à partir de 11-12 ans, en particulier chez la fille. A partir de 14-15 ans, on peut rencontrer des symptomatologies hystériques proches de celles observées chez l'adulte. Plusieurs observations classiques ont fait état d'« épidémie » de manifestations hystériques dans des classes ou des internats. De telles observations deviennent plus rares.

2°) Symptômes hystériques

Les *conversions* représentent les symptômes typiques de la pathologie adulte. Rares chez l'enfant, lorsqu'elles existent il s'agit toujours de conversions touchant l'appareil locomoteur, en particulier la marche : boiterie, attitude ébrieuse, incapacité de marcher. Le handicap est toujours grossier, peut céder quand l'enfant est couché ou n'est pas observé. Les troubles de la sensibilité sont rares, voire inexistants. Les autres symptômes durables décrits chez l'enfant sont représentés par l'hypoacousie, l'amaurose ou la cécité, l'aphonie ou le mutisme. Le plus souvent on les observe chez des enfants plus grands ou les adolescents.

Un élément paraît d'autant plus important que l'enfant est plus jeune : on retrouve de façon quasi constante un symptôme moteur identique dans le proche entourage : boiterie d'un parent, hémiplégie récente d'un grand-parent, accident avec handicap moteur d'un oncle... Si l'interrogatoire familial ne retrouve pas un tel contexte, si le symptôme paraît bizarre ou fluctuant, s'il n'est pas massif et fortement évocateur, s'il s'accompagne de petits troubles de la sensibilité ou d'autres signes généraux, nous ne saurions trop recommander la plus extrême prudence au clinicien avant de centrer son attention sur les « bénéfices secondaires » du symptôme. Tout enfant malade tire des bénéfices d'une maladie qui induit toujours, pour peu qu'elle se prolonge, d'importants réaménagements familiaux. Le diagnostic de conversion hystérique du petit enfant (moins de 10-11 ans) ne doit être accepté qu'après un bilan somatique avisé.

3°) Manifestations aiguës

Elles sont variables et plus fréquentes que les conversions, mais leur délimitation sémiologique dépend en partie de la rigueur ou de la facilité avec laquelle on évoque l'hystérie : les crises d'agitation, sans atteindre la grande crise en opisthotonos, les crises de tétanie normocalcémiques, les fugues, les états dits crépusculaires, le somnambulisme, les amnésies d'identité ou les dédoublements de personnalité sont tour à tour rattachés, parfois sans rigueur et par simple analogie avec la clinique adulte, à l'hystérie. Là encore de tels diagnostics doivent être acceptés avec réserve.

4°) Traits de personnalité hystérique

L'adulte hystérique est souvent traité d'infantile. Est-ce à dire que l'enfant est par nature hystérique ? Si l'on veut dire par là que l'enfant a besoin d'être aimé, besoin d'être regardé, besoin d'être objet d'admiration, qu'il aime se mettre en scène ou faire le pitre, qu'il passe vite des rires aux larmes, qu'il sait être tyrannique et exigeant, effectivement tout enfant entre 3 et 5 ou 6 ans est hystérique. Mais il y a là une confusion entre la structure psychopathologique de l'hystérie, une sémiologie purement descriptive de l'adulte, et enfin une méconnaissance de la position réelle de l'enfant dont le narcissisme ne peut se nourrir au départ que du narcissisme parental.

Ainsi ce qu'on nomme la labilité affective, l'égocentrisme, le théatralisme, le besoin d'être aimé, ne saurait avoir la même signification chez l'adulte que chez l'enfant. Il conviendrait d'ailleurs de distinguer plus rigoureusement chez l'adulte, névrose hystérique, personnalité infantile et organisation narcissique et d'en différencier clairement le narcissisme normal du petit enfant. Toutefois, en dehors de ces traits de personnalité, certains auteurs ont voulu voir dans la tendance à la simulation, au mensonge et à la mythomanie, dans la rêverie fabulante pouvant aller jusqu'au délire imaginatif de Dupré, des signes précurseurs d'une organisation hystérique, ce que l'évolution ultérieure de ces enfants est loin de confirmer.

Dans ces conditions, comme le signale Lebovici, le diagnostic d'hystérie chez un enfant, traduit plus souvent une contre-attitude agressive d'un adulte, qu'une réalité clinique.

5°) Hypothèses psychopathologiques

Freud a émis l'hypothèse que la prédisposition à la névrose obsessionnelle reposait sur une avance de développement du moi face à des pulsions libidinales inacceptables et inacceptées, ce qui déclenche leurs régressions. La même hypothèse inverse a été avancée pour une prédisposition à l'hystérie : il y aurait des pulsions libidinales trop intenses face à un moi encore immature, incapable ni de les contrôler, ni de les canaliser, de telle sorte que l'ensemble du corps et des conduites de l'enfant sont saturés d'investissements libidinaux.

Cette hypothèse se trouvait renforcée par les descriptions que les hystériques adultes font de leurs parents : ce père volontiers séducteur et dangereux, tenu à distance par une mère agressive et sévère, avec des souvenirs d'une sexualité infantile souvent exacerbée. Si dans la clinique on observe des enfants dont le vécu pulsionnel paraît proche, qui s'excitent avec une extrême facilité, dont la jouisance masturbatoire paraît intense (on évoque d'ailleurs plus dans ce cas une fillette hystérique et un garçon caractériel), il est rare que de tels enfants présentent une symptomatologie hystérique et il est rare que leurs parents offrent le profil décrit ci-dessus. En réalité, comme le souligne Lébovici, il semble que la mise en place du noyau hystérique faisant le lit d'une névrose hystérique de l'adulte s'organise dans **l'après-coup** de la phase de latence et corresponde à la névrose infantile en tant que modèle et non comme réalité clinique (v. p. 326). C'est le travail de réélaboration mentale, la reconstruction fantasmatique du passé qui donne une signification hystérique aux relations de l'enfant à ses images parentales. En ce sens *« l'hystérie dans les formes classiques n'appartient pas à la pathologie de l'enfant. L'adolescent la construit et la révèle après coup »*.

Comment comprendre dans ces conditions les rares conversions de l'enfant jeune ? Pour notre part, il nous semble que la relation réelle à l'entourage joue un rôle primordial, le corps de l'enfant étant certes sa propriété, mais appartenant aussi à la mère. D'ailleurs la distinction entre symptôme psychosomatique, plainte hypocondriaque et conversion hystérique est le plus souvent incertaine chez l'enfant. L'exemple de la céphalée est à cet égard typique. La complaisance familiale à l'égard du corps de l'enfant est toujours grande, l'anxiété vite excessive, les bénéfices dits secondaires trop massifs : tout cela ne correspond pas au travail de déplacement et de symbolisation observé dans la clinique adulte. L'évolution vers de graves organisations hypocondriaques ultérieures représente en réalité une issue plus fréquente chez les enfants qui présentent précocement cette symptomatologie d'allure hystérique que la constitution à l'âge adulte d'une névrose hystérique.

E. – L'inhibition

Bien que, par définition, elle ne fasse pas parler d'elle, l'inhibition est cependant un des symptômes les plus souvent rencontrés dans le cadre d'une consultation médicopsychologique. L'inhibition scolaire en particulier, représente un des motifs les plus fréquents de consultation d'un enfant entre 8 et 12 ans. L'inhibition peut toucher tous les secteurs de la vie de l'enfant, aussi bien les conduites socialisées que les conduites mentalisées.

1°) Inhibition des conduites externes et socialisées

Tous les degrés d'inhibition peuvent se voir dans le comportement. Il y a ainsi des enfants toujours calmes, facilement soumis, ne faisant jamais parler d'eux, qu'on qualifie volontiers de trop sages, mais qui conservent cependant une possibilité de contact avec les autres enfants : ils jouent ou travaillent avec plaisir.

On peut rencontrer des inhibitions plus importantes : enfants toujours isolés, n'osant pas, malgré leur désir parfois avoué, s'approcher des autres aussi bien des adultes que des enfants ; ils ne jouent pas dans la cour de l'école, restent chez eux pendant les jours de congé, refusent les activités de groupe. Leur attitude est parfois contrastée avec leur propre entourage (parent ou fratrie) où ils peuvent dans un cadre protégé se montrer autoritaires et dominateurs. Au maximum se trouve réalisé le tableau du mutisme extrafamilial (v. p. 122). Dans la majorité des cas la famille parle de *timidité* qui, lorsqu'elle devient trop importante, peut entraver les processus de socialisation de l'enfant.

L'inhibition peut toucher aussi le corps de l'enfant : peu mobile, peu actif, la mimique pauvre. Au maximum il s'agit de maladresse gestuelle, voire de véritables dyspraxies (v. p. 98) qui ne font qu'aggraver le cercle vicieux de la timidité.

2°) Inhibition des conduites mentalisées

L'inhibition porte ici soit sur l'organisation fantasmatique elle-même, soit sur le fonctionnement intellectuel. L'inhibition à rêver, imaginer, fantasmer est assez fréquente, même si elle ne représente pas un motif fréquent de consultation. Elle s'accompagne habituellement de petits traits obsessionnels. Il s'agit d'enfants jouant peu, ou alors à des jeux très conformistes, préférant recopier des dessins plutôt que d'en inventer, raturant et gommant beaucoup avec un graphisme mal assuré, parfois même tremblant, aimant les activités de manipulation qui ont toujours un aspect répétitif. Cette inhibition à fantasmer peut paradoxalement faciliter l'insertion sociale grâce à une *attitude conformiste.* Au maximum on peut décrire le tableau de la *niaiserie névrotique,* enfants qui paraissent, malgré leurs bons résultats scolaires, « bêtasses », ne comprenant pas la plaisanterie, facilement exploités par les autres.

L'inhibition intellectuelle, contrairement à la précédente, gêne l'école et les parents qui consultent. L'échec scolaire grave est rare en réalité, car les enfants se maintiennent juste à la limite. Ils paraissent entravés dans leur capacité de penser, toujour en retrait, interviennent peu dans les activités scolaires, craignent d'être interrogés. Confrontés à une question surtout si elle est orale, mais parfois aussi écrite, ces enfants expriment leur crainte extrême de se tromper, crainte qui peut aller jusqu'à un sentiment de « blanc » ou de « vide » dans la tête, illustration caricaturale du refoulement massif. Parfois on note un échec scolaire en secteur (orthographe ou calcul, ou langue vivante, etc.). Malgré un niveau intellectuel satisfaisant, ces enfants ont une allure de *pseudo débilité névrotique* qui représente dans la sphère cognitive l'équivalent du tableau de la niaiserie dans la sphère affective. Si dans la scolarité primaire, l'enfant ne rencontre habituellement pas de difficulté majeure, arrivé dans le secondaire, cette inhibition peut aboutir à un échec scolaire au moment où il est demandé une participation plus active et plus personnelle à l'enfant. Un nombre important de difficultés scolaires en 6e et 5e s'expliquent de cette sorte.

Certaines inhibitions s'accompagnent toutefois d'une diminution plus ou moins importante de l'efficience intellectuelle objectivable aux tests intellectuels. Nous renvoyons sur ce point le lecteur au chapitre consacré à la psychopathologie des fonctions intellectuelles (v. p. 166).

3°) Psychopathologie de l'inhibition

Dans *Inhibition, Symptôme et Angoisse,* S. Freud montre que l'inhibition est l'expression d'une limitation fonctionnelle du Moi dont le but est d'éviter un conflit avec le Ça, c'est-à-dire d'éviter la confrontation aux pulsions libidinales ou agressives. Le symptôme, en revanche, représente un compromis qui permet une satisfaction pulsionnelle au moins partielle. D'un point de vue économique et dynamique, l'inhibition se place donc en deça du symptôme. C'est d'ailleurs une constatation clinique et psychothérapeutique fréquente : l'inhibition, lorsqu'elle s'atténue, laisse transparaître d'autres conduites symptomatiques phobiques, obsessionnelles ou agressives par exemple. Chez un grand nombre d'enfants inhibés, une expression fantasmatique parfois très riche succède à la phase d'inhibition du début de la thérapie, accompagnée ou non de changements de comportement : enfant qui devient turbulent ou agressif, qui n'a plus la sagesse ancienne. On comprend la nécessité d'une étroite collaboration avec les parents pour qu'ils accèdent à une compréhension positive de ces changements.

D'une manière générale les pulsions libidinales mais surtout agressives sont souvent vives et vécues comme angoissantes et source de culpabilité par l'enfant inhibé. Le refoulement massif de ces pulsions représente la seule possibilité, en raison d'un Moi trop fragile ou de contraintes éducatives et parentales trop rigoureuses. Lorsque l'inhibition domine dans son versant socialisé, les tests projectifs peuvent révéler directement la richesse et l'intensité pulsionnelle sous-jacente. L'abord thérapeutique est en général assez facile.

Lorsque l'inhibition envahit les conduites mentalisées elles-mêmes, les tests s'avèrent en général pauvres, purement adaptatifs, ne faisant qu'objectiver un refoulement massif portant sur l'ensemble du psychisme. S'il n'existe pas dans un secteur un retour du refoulé sous forme d'un symptôme, l'abord thérapeutique est très difficile car l'enfant nie toute difficulté : il s'adapte de façon conformiste et soumise, tant à l'école qu'à sa psychothérapie.

Dans certains cas, l'inhibition paraît tellement massive, semble entraver à un point tel les capacités d'autonomisation de l'enfant, qu'une pathologie plus lourde, de type psychotique n'est pas à exclure : c'est ce qu'on observe dans certains mutismes extrafamiliaux graves et prolongés.

II. – La névrose chez l'enfant

Dans la première partie de ce chapitre, nous avons évité le terme de névrose, nous limitant de façon intentionnelle à l'étude des conduites névrotiques. L'existence d'une névrose en tant qu'organisation structurée chez l'enfant n'a pas toujours été acceptée sans réserve, et reste d'ailleurs une question débattue : pour certains, on ne peut parler de névrose sans intériorisations suffisantes des relations d'objet et surtout une différenciation topique entre les instances surmoïque et moïque qui permettent l'aménagement d'un conflit dit névrotique (stade phallique-œdipien). Pour de nombreux auteurs, ces conditions excluent du champ des névroses la pathologie du petit enfant (avant 4-5 ans) et expliquent aussi la fluidité de la symptomatologie en fonction de la maturation de l'enfant. Au cours de la croissance, en effet, les capacités adaptatives du Moi de l'enfant, les pulsions auxquelles il doit faire face, l'intériorisation de la loi parentale, d'abord personnalisée puis de plus en plus abstraite et socialisée, sont à l'origine d'un équilibre sans cesse rompu et retrouvé sur de nouvelles bases. Ces réaménagements dynamiques et économiques permanents rendent compte de la variabilité sémiologique. Ainsi, contrairement à l'adulte, il n'existe pas chez l'enfant, sauf exception, une névrose phobique, hystérique ou obsessionnelle qui témoignerait de modes d'interactions relativement stabilisés. Les organisations névrotiques de l'enfant, dans la mesure où elles existent, doivent par conséquent répondre à deux critères :

– une variabilité sémiologique dans le temps conjointe aux réaménagements pulsionnels caractéristiques de chaque stade maturatif ;

– le maintien dans un cadre de développement grossièrement satisfaisant.

Ces critères avaient été parfaitement exposés par A. Freud dès 1945 dans *Le traitement psychanalytique des enfants.* Pour rester au plus près de la clinique, cette variabilité nous impose une étude diachronique des névroses de l'enfant et non un abord structurel.

A. – Aspects cliniques de la névrose de l'enfant selon l'âge

1°) A la période œdipienne (5-7 ans)

Quelques enfants paraissent brutalement figés dans une émergence symptomatique bruyante. Nous ne rappellerons pas ici le cas du *petit Hans,* sinon pour montrer la prévalence des conduites phobiques à cet âge. Il n'est pas rare que d'autres manifestations, troubles du sommeil, difficultés alimentaires, instabilité s'y associent. L'apparition de rituels marque une étape évolutive, et témoigne des tentatives de contrôle par le Moi de l'enfant. L'élément essentiel d'évaluation est représenté par la possibilité ou non d'élaboration secondaire de l'angoisse : les symptômes ont-ils une capacité de liaison suffisante pour permettre la poursuite du développement ? Dans le cas contraire, malgré la multiplicité des symptômes, l'angoisse de l'enfant toujours plus vive aboutit à un retour à des positions prégénitales (voir organisation prépsychotique) et risque d'entrainer une fixation symptomatique.

La majorité de ces états aigus évolue vers une diminution progressive des conduites les plus bruyantes (en particulier phobiques) ; souvent persistent à partir de 7-8 ans quelques traits obsessionnels et ce qu'on appelle un « terrain anxieux ».

2°) A la période de latence (8-12 ans)

Deux types d'organisation se rencontrent de façon privilégiée. Sans revenir sur les remaniements propres à cette période, nous rappellerons simplement qu'elle se caractérise par un repli pulsionnel (souvent très relatif) en même temps que le Moi de l'enfant se tourne de façon privilégiée vers les investissements externes et socialisés. Les deux versants névrotiques en concordance avec le stade maturatif sont donc représentés soit par l'inhibition qui traduit, comme nous l'avons vu, le renoncement partiel d'un Moi encore adapté face à ses pulsions, soit par les conduites obsessionnelles qui illustrent la tentative de domination de ce Moi.

Comme le souligne Lébovici la vraie névrose de l'enfant en période de latence est ainsi illustrée par l'inhibition, en particulier intellectuelle. Il est fréquent que cette inhibition s'accompagne de discrets symptômes, non pas dans le champ des conduites mentalisées mais dans le domaine du comportement, ou d'un échec scolaire. La dimension de souffrance névrotique est en général totalement ignorée par l'enfant et projetée sur l'extérieur ce qui protège les possibilités adaptatives de son Moi.

L'autre type de configuration névrotique se caractérise par la prévalence des conduites obsessionnelles. Habituellement, il s'agit de petits rituels persistants et de traits de caractère là encore parfaitement syntone au Moi de l'enfant. Dans de rares cas cependant, on a décrit l'existence à cette période de symptômes obsessionnels plus francs : leur rigidité, leur massivité doit faire poser la question de leur fonction défensive par rapport à une éventuelle organisation prégénitale sous-jacente.

B. – Aspects théoriques de la névrose chez l'enfant

1°) Le modèle de la névrose infantile

Freud a défini, soit à partir d'observation sur l'enfant lui-même (le petit Hans), soit à partir de reconstruction chez les adultes névrosés (l'Homme aux rats, l'Homme aux loups) la névrose infantile. Citons à titre d'exemple le passage suivant :

« La vie sexuelle infantile consiste en une activité auto-érotique des composantes sexuelles prédominantes, dans des traces d'amour objectal et dans la formation de ce complexe qu'on serait en droit d'appeler le complexe nodal des névroses. Ce dernier comprend les premiers émois de tendresse ou d'hostilité envers les parents, frères et sœurs, le plus souvent après que la curiosité de l'enfant a été éveillée par la naissance d'un frère ou d'une sœur. Le fait que l'on forme généralement les mêmes fantasmes concernant sa propre enfance, indépendamment de ce que la vie réelle y apporte, s'explique par l'uniformité des tendances contenues dans ce complexe et par la constance avec laquelle apparaissent ultérieurement les influences modificatrices. Il appartient ainsi au complexe nodal de l'enfance que le père y assume le rôle de l'ennemi dans le domaine sexuel, de celui qui gêne l'activité sexuelle auto-érotique, et dans la grande majorité des cas, la réalité contribue largement à la réalité de cette situation affective. » (Freud : « L'homme aux rats », *in : Cinq psychanalyses,* p. 234-235 note 2).

Pour Freud la névrose infantile est ainsi un « complexe nodal » où s'organise la vie pulsionnelle de l'enfant. Nous ne reviendrons pas ici sur l'évolution libidinale de l'enfant (v. p. 15) sinon pour rappeler que les diverses pulsions partielles (orale, anale, phallique) doivent au moment de l'œdipe s'unifier sous le primat des pulsions génitales. Mais le *refoulement* vient dans un premier temps effacer cette préforme d'organisation névrotique ; seule la reconstruction *après coup* par l'adolescent puis l'adulte du vécu fantasmatique de la petite enfance viendra donner la signification habituellement traumatique que le névrosé adulte attribue à certains événements de son enfance.

Ainsi pour Freud lui-même la névrose infantile fonctionne plus comme un modèle explicatif de la névrose d'un adulte que comme une réalité de la clinique infantile. Il convient cependant de dire que le cas du petit Hans, présenté à la fois comme exemple de névrose infantile, comme cas clinique et comme prototype de développement quasi normal, est venu brouiller profondément les cartes. Smirnoff a souligné l'ambiguïté inhérente au fait d'utiliser le même terme de « névrose infantile » pour parler d'un état morbide et pour évoquer un moment fécond et structurant de l'organisation psychique de l'enfant. La même ambiguïté se retrouve dans l'utilisation du terme « *position dépressive* » (v. p. 332). Pour notre part, à la suite de Lebovici, il nous paraît préférable de réserver strictement le terme « névrose infantile » à la notion d'un modèle métapsychologique caractéristique d'un stade du développement normal de l'enfant et d'y opposer le terme de « névrose chez l'enfant » pour parler de la réalité clinique.

La névrose infantile traduit l'organisation de la sexualité infantile autour des positions phalliques, de la crainte de la menace de la castration et d'autre part des figurations de la problématique œdipienne. La « névrose infantile » en cours de constitution n'a qu'une « faible expressivité clinique » témoignant simplement de l'organisation progressive de l'appareil psychique avec la différenciation des instances et l'utilisation élargie des mécanismes de défenses (refoulement, déplacement, isolation, retournement en son contraire...). Cette « névrose infantile » quasi asymptomatique ne trouve son expressivité que dans le déploiement ultérieur d'une névrose à expression transférentielle chez un adulte et que dans la « névrose de transfert » mobilisée, *après coup,* par la cure psychanalytique elle-même. Ainsi selon P. Denis, la « névrose infantile » correspond à l'organisation de la période de latence elle-même. C'est la mise en place de cette névrose infantile qui rend compte, du fait du refoulement, de l'amnésie infantile. De ce point de vue la période de la latence n'est pas cette phase où « il ne se passe rien » comme une compréhension hâtive pourrait le laisser croire. C'est au contraire une phase de mise en « historicité » du sujet, le refoulement permettant que se constitue ce passé infantile inscrivant l'organisation psychique dans le déroulement du temps avec les scansions qui représenteront les divers « après-coup » : le sujet devient ainsi dépositaire d'une mémoire, d'un passé, toujours accessible, toujours remanié.

C'est à cette mise en latence que semble échouer la névrose chez l'enfant. La question se pose alors de la place de cette névrose chez l'enfant en fonction, comme nous l'avons plusieurs fois répété, des étapes de la maturation de l'enfant et de son environnement.

2°) Abord psychopathologique de la névrose de l'enfant

Nous rappellerons d'abord les positions théoriques des principaux auteurs qui se sont penchés sur les manifestations cliniques de la névrose chez l'enfant.

Anna Freud cherche à évaluer les critères d'organisation d'une névrose. Selon elle, si l'on décèle dans l'organisation libidinale une mobilité et une tendance à la progression qui contre-balancent la fixation névrotique on reste dans un cadre maturatif normal ; en revanche, lorsque l'aménagement pulsionnel et défensif paraît rigide, non mobilisable par le simple mouvement maturatif, une névrose est à craindre. Dans ses critères d'appréciation, A. Freud fait intervenir des facteurs quantitatifs et qualitatifs. Les facteurs quantitatifs se réfèrent à la force du Moi et à sa capacité à faire face de façon adaptée ou non aux exigences pulsionnelles variables. Les facteurs qualitatifs prennent en compte la nature des mécanismes de défense utilisés (refoulement, négation, formation réactionnelle, retournement en son contraire, projection, fuite dans le fantasme, etc.) en sachant que ce qui est pathologique n'est pas le fait d'utiliser un mécanisme de défense (c'est au contraire l'attitude normale), mais l'utilisation intensive, durable et souvent monomorphe d'un ou de quelques mécanismes de défense. Cette rigidité signe l'organisation pathologique et appauvrit en même temps le Moi de l'enfant.

Reprenant et poursuivant les formulations d'A. Freud, *H. Nagera* quant à lui distingue :

– les immixtions dans le développement, c'est-à-dire tout ce qui perturbe l'évolution normale du développement (d'origine culturelle, éducative ou individuelle). L'exemple en est l'exigence prématurée de la propreté sphinctérienne chez le bébé à un âge où il ne peut intégrer cette demande. Il s'agit dans la majorité des cas de conflits qui opposent les pulsions de l'enfant à son environnement. Si des symptômes passagers peuvent apparaître, ils sont en général transitoires, et cessent lorsque cesse la pression inadaptée de l'environnement ;

– les conflits de développement, inhérents à l'expérience vécue de chaque enfant : ils sont propres à un stade particulier et de nature transitoire. Ainsi en est-il des conflits internes inhérents au stade phallique-œdipien ;

– le conflit névrotique qui est lui, un conflit intériorisé. Il représente souvent des points de fixation d'un conflit de développement qu'il maintient et pérennise (angoisse de castration) ;

– la névrose proprement dite enfin. Elle est le témoin de conflits intériorisés survenant sur une organisation de la personnalité suffisamment différenciée. Elle se caractérise cependant à la fois par la dépendance de l'enfant à l'égard du monde extérieur dont les événements peuvent encore bouleverser l'organisation névrotique et par le maintien d'une fluidité symptomatique minimale.

Pour *M. Klein* l'intérêt de la névrose de l'enfant est d'être la forme d'évolution naturelle et positive du stade psychotique (schizoparanoïde) normal de l'enfant : il « guérit » de sa position psychotique en organisant une névrose à laquelle M. Klein ne s'intéresse pas outre mesure. Toutes ses descriptions portent en fait sur des organisations prégénitales avec les mécanismes défensifs qui les accompagnent (clivages, projection, etc.).

En revanche, en France, les psychiatres et psychanalystes d'enfants se sont plusieurs fois penchés sur le statut de la névrose chez l'enfant. Parmi ceux-ci les travaux de *Lébovici* occupent une place importante. Cet auteur distingue nettement la névrose infantile élevée au rang d'un modèle psychopathologique, et la névrose chez l'enfant, réalité clinique indiscutable : dans ce dernier cas, les symptômes névrotiques de l'enfant ne sont pas emportés par le refoulement secondaire (contrairement à ce qu'on observe dans le modèle de la névrose infantile), tout en étant cependant réélaborés dans *l'entre-deux,* ménagé par la période de latence. Cette réélaboration dans *l'entre-deux* distingue la névrose des organisations prégénitales et explique aussi la relative *discontinuité symptomatique* entre névrose de l'enfant et névrose de l'adulte. Cette mise en perspective conduit toutefois l'auteur à s'interroger sur la signification des symptômes névrotiques avant la période de latence : ils témoigneraient en réalité à la fois de « l'en deça » de la névrose infantile marquée par les conflits prégénitaux (de ce point de vue structurel, le terme de prénévrose proposé par les auteurs tels que Lang est pleinement justifié), puis de l'histoire des remaniements toujours possibles dus aux interactions de l'enfant avec son entourage familial. La névrose de l'adulte et sa réactualisation dans la névrose de transfert trouve son origine dans l'enregistrement des traces mnésiques, l'organisation de fantasmes inconscients et surtout la mise en latence que recouvre le travail de la mémoire, tantôt marqué du refoulement, tantôt marqué du retour du refoulé. La névrose de l'enfant de son côté se caractérise par la « proximité de son histoire organisatrice », et l'actualité sinon la mise en acte de ses relations imaginaires. La réalité dans laquelle vit l'enfant peut ainsi être à la fois plus traumatisante et plus thérapeutique que chez l'adulte.

Pour résumer très succinctement ces positions, on pourrait dire que chez l'adolescent, l'après-coup et la réélaboration fantasmatique permettent pleinement la mise en place d'une organisation névrotique, alors qu'à la période de latence le filigrane de cette même organisation névrotique se laisse percevoir avant tout, *in statu nascendi* dans le poids de l'inhibition et qu'enfin, à la période œdipienne, en dehors de la névrose infantile modèle théorique, les manifestations névrotiques témoignent plutôt d'une conflictualisation prégénitale. Dans ce dernier cas les termes de prénévrose (point de vue structurel : Lang) ou de prépsychose (point de vue évolutif et dynamique : Diatkine) paraissent plus judicieux (v. p. 358).

C. – Théories non psychanalytiques de la névrose

Nous rappellerons simplement pour mémoire les premiers modèles expérimentaux de ce qu'on appelle « la névrose » chez l'animal (expérience de Pavlov) lorsqu'on place celui-ci devant un choix impossible : les manifestations d'angoisse, de stress physiologiques, voire de pathologie somatique n'ont que de lointains rapports avec la névrose humaine.

Plus proches de la clinique sont les hypothèses théoriques fondées sur les concepts d'apprentissage chez l'enfant. Pour Eysenck : les *« symptômes névrotiques sont des modèles de conduites appris qui, pour une raison ou une autre, sont inadaptés »*. La névrose n'a pas de réalité en soi en dehors du symptôme. Il est vrai, comme nous l'avons démontré à propos des phobies, que l'entourage et l'apprentissage qui en résulte peuvent moduler en grande partie l'état affectif qui accompagne une expérience. Expérience vécue et environnement peuvent fonctionner comme un conditionnement opérant négatif (Skinner) et entraîner ainsi l'enfant, puis l'adulte dans une habitude névrotique persistante inadaptée.

Toutefois, si de tels modèles proposent une explication satisfaisante de la persistance de cette habitude, voire de son renforcement, ils n'expliquent pas l'origine, le pourquoi (Regnault) de la conduite. L'efficience des thérapies de déconditionnement, tant chez l'enfant que chez l'adulte, montre cependant qu'un symptôme peut par sa seule présence entraîner de profondes perturbations psychiques, et que sa levée peut aussi s'accompagner de réaménagements salutaires y compris dans le registre des conflits inconscients.

Bibliographie

DENIS (P.) : La période de latence et son abord thérapeutique. *Psych. Enf.*, 1979, *22* (2), p. 281-334.

DIATKINE (G.) : Les obsessions chez l'enfant. *Confrontation Psychiatrique*, Specia ed., 1981, **20**, 57-90.

FREUD (A.) : *Le normal et le pathologique chez l'enfant.* Gallimard, Paris, 1968.

FREUD (A.) : *L'enfant dans la psychanalyse.* Gallimard, Paris, 1976.

FREUD (S.) : *Cinq psychanalyses : Analyse d'une phobie chez un petit garçon de 5 ans.* P.U.F., Paris, 1954, p. 93-198.

FREUD (S.) : *Inhibition, Symptôme et Angoisse.* P.U.F., Paris, 1968, 2e éd.

JACQUES (E.) : *Le concept Kleinnien de névrose infantile. Psych. enf.*, 1972, *15* (1), p. 5-19.

JAMES (M.) : Evolution des concepts de névrose infantile. *Psych. enf.*, 1972, *15* (1), p. 21-29.

KHAN (M.R.) : La névrose infantile : fausse organisation du self. *Psych. enf.*, 1972, *15*, (1), p. 31-44.

KLEIN (M.) : *Essais de psychanalyse.* Payot, Paris, 1968.
LEBOVICI (S.), BRAUNSCHWEIG (D.) : A propos de la névrose infantile. *Psych. enf.*, 1967 *10* (1), p. 43-122.
LEBOVICI (S.) : A propos de l'hystérie. *Psych. enf.*, 1974, *17*, (1), p. 5-52.
LEBOVICI (S.) : L'expérience du psychanalyste chez l'enfant et chez l'adulte devant le modèle de la névrose infantile et de la névrose de transfert. *39e Congrès des Psychanalystes de Langue Française.* P.U.F., Paris, 1979.
LEBOVICI (S.) : L'hystérie chez l'enfant et l'adolescent. *Confrontation Psych.* 1985, 25, 99-119.
MARCELLI (D.) : L'hypocondrie de l'enfant. *Psych. médicale,* 1981, 13, *5*, p. 771-776.
NAGERA (H.) : *Les troubles de la petite enfance.* Trad. J. Kalmanovitch. P.U.F., Paris, 1969.
RICHARDS ARNOLD (D.) : Self theory, conflict theory and the problem of hypocondriasis, *Psychoanal. Study Child,* 1981, *31,* 319-338.
SMIRNOFF (V.) : *La psychanalyse de l'enfant.* P.U.F., Paris, 1968.
VALENTIN (E.) : Les phobies chez l'enfant. *Perspectives psychiatriques,* 1980, *18* (4), p. 265-289.

18

Dépression de l'enfant

Dans ce chapitre nous respecterons l'évolution de la démarche historique au cours de laquelle on assista d'abord à un dégagement progressif du concept théorique de dépression chez l'enfant avant même que son existence clinique fût reconnue et acceptée. En effet, lorsqu'on évoque la dépression chez l'enfant, il existe un contraste entre l'extrême fréquence de la référence théorique et la grande rareté du tableau clinique, du moins dans son aspect adultomorphe. Niée dans sa réalité clinique, alors même qu'elle représentait selon les auteurs un stade maturatif fondamental du développement génétique, la dépression est maintenant acceptée, mais selon une compréhension, une sémiologie clinique très variables d'un auteur à l'autre. Il en découle de grandes variations, même sur un point aussi simple que celui de la fréquence. Au cours de ce chapitre, nous essaierons d'envisager ces diverses optiques pour rendre compte de l'hétérogénéité du cadre clinique. La dépression chez l'adulte dans sa dimension clinique, comme dans son abord théorique, est supposée connue du lecteur, nous n'y ferons qu'exceptionnellement référence.

I. – Abord théorique et psychopathologique

En 1934, M. Klein rédige sa *Contribution à l'étude de la psychogénèse des états dépressifs* qui contient en germe l'ensemble de son système théorique : la référence à la « position dépressive » s'y trouve clairement explicitée. Par la suite, cette position dépressive occupera selon M. Klein et ses continuateurs, une place charnière dans l'évolution psychogénétique de l'enfant. Sans revenir ici sur l'étude du développement normal (v. p. 18), il est important d'en résumer les axes principaux. La position dépressive, que M. Klein situe aux environs du second semestre, puis de la seconde année, correspond au stade de perception de l'objet total. Jusque-là l'enfant est protégé de la souffrance dépressive grâce aux mécanismes de clivage, de projection et d'introjection : les mauvais objets (mauvais sein, mauvaise mère, mauvaise partie du soi) sont séparés des bons et projetés sur l'espace environnant tandis que les bons objets sont incorporés au soi du bébé. Pulsions agressives et pulsions libidinales sont ainsi nettement séparées, de même que leurs objets d'investissement. Il s'agit de la phase schizoparanoïde. De nombreux mécanismes complémentaires ont pour but d'assurer l'efficacité et le maintien de ce clivage (déni, idéalisation ou dévalorisation de l'objet, contrôle omnipotent, etc.). Toutefois la maturation progressive contraint peu à peu l'enfant à percevoir la globalité de l'objet : le mauvais sein et le bon sein, la mauvaise mère et la bonne mère, sont en réalité un seul et unique objet d'où la souffrance, l'inquiétude et finalement « la dépression » du jeune enfant à cause des tendances agressives dont il fait preuve face à ces « bons objets » et la peur concomitante de les perdre. De cette souffrance qui résulte de son ambivalence, l'enfant peut se défendre en accentuant de façon pathologique le clivage et en déniant à l'aide de tous les mécanismes suscités, en particulier ceux de la série maniaque, sa dépendance ou sa crainte des mauvais objets. Dans l'éventualité positive, celle du développement normal, l'enfant fait face à sa souffrance, et tente grâce au processus de la réparation (dont les manifestations cliniques se relient directement au déplacement et à la sublimation) de restaurer, puis de préserver le bon objet de ses attaques sadiques.

Ultérieurement, M. Klein formulera quelques développements théoriques complémentaires en reprenant la comparaison déjà avancée par Freud et Abraham entre processus de deuil et état maniacodépressif, mais sans apporter de modifications fondamentales.

Bien que de nombreux auteurs ne reconnaissent pas, comme M. Klein, la précocité du dualisme pulsionnel et des premiers précurseurs surmoïques et moïques, tous s'entendent sur l'importance de cette phase même si le terme « dépressif » ne paraît pas toujours adéquat. En effet, l'utilisation d'une terminologie empruntée initialement à la psychopathologie de l'adulte pour décrire un stade normal du développement génétique de l'enfant a heurté plus d'un auteur. Les critiques de Winnicott (1954) conservent à cet égard toute leur actualité : cet auteur préfère le terme *d'inquiétude* ou de *compassion* pour définir le moment où l'enfant perçoit le caractère impitoyable de sa conduite antérieure à l'égard de sa mère.

La trop stricte délimitation dans le temps (au cours du second semestre) a suscité aussi des controverses. Parmi celles-ci, nous citerons celle de M. Malher pour qui la position dépressive se situerait bien après le deuxième semestre, entre le seizième et le vingt-quatrième mois, au moment de la prise de conscience par l'enfant de sa séparation, de son individuation, et de la perte de son omnipotence. A cette période, la mère perd aussi aux yeux de l'enfant la capacité de protection et de toute-puissance. Le moment dépressif correspond à ce double mouvement de relative déception en l'objet maternel et de meilleure perception de son individualité, mais en même temps de sa faiblesse.

Appuyant leurs élaborations théoriques sur des constatations cliniques plus que sur une reconstruction métapsychologique, Spitz puis Bowlby décrivent une réaction particulière de l'enfant. Par rapport aux précédents travaux, cette réaction diffère en ce sens qu'elle est avant tout consécutive à un événement externe, et ne résulte pas d'un développement maturatif où domine le conflit fantasmatique. Spitz relate ainsi le comportement de nourrissons de 6 à 18 mois, placés dans un environnement défavorable, après une séparation maternelle brutale : on note d'abord une période de pleurnichements puis un état de retrait et d'indifférence, en même temps qu'apparaissent une régression du développement et/ou de nombreux symptômes somatiques ; l'ensemble aboutit à un état de misère proche du marasme. Spitz appelle cette réaction « dépression anaclitique » parce que l'enfant normal s'appuie (ανακλειν) sur sa mère pour se développer, appui qui lui manque soudain dans la dépression anaclitique. Ultérieurement on décrira sous le terme d'hospitalisme puis d'hospitalisme intrafamilial (v. p. 392 le problème des carences affectives) le même type de réaction.

Bowlby se penche lui aussi sur les réactions de l'enfant à une séparation maternelle. Il note que l'âge le plus sensible se situe entre 5 mois et 3 ans, âge où l'on observe à la suite d'une séparation la séquence comportementale suivante.

1°) Une phase de protestation lors de la séparation : l'enfant pleure, s'agite, cherche à suivre ses parents, les appelle (surtout au coucher). Il est inconsolable, puis après 2 à 3 jours, les manifestations bruyantes s'atténuent.

2°) Une phase de désespoir survient alors : l'enfant refuse de manger, d'être habillé, il reste renfermé, inactif, ne demande plus rien à son entourage. Il semble dans un état de grand deuil.

3°) Une phase de détachement enfin : il ne refuse plus la présence des infirmiers, accepte leurs soins, la nourriture, les jouets. Si à ce moment-là, l'enfant revoit sa mère, il peut ne pas la reconnaître ou se détourner d'elle. Plus souvent il crie ou pleure.

Dans une perspective éthologique, Bowlby compare cette réaction à ce qu'on observe au cours d'expériences de séparation chez certains primates. Ceci constitue le point de départ pour sa théorie de l'attachement qui a été brièvement étudiée dans la première partie (v. p. 35). L'essentiel ici est de noter que la deuxième phase, celle du désespoir, paraît la plus proche de ce qu'on observe chez l'animal et des manifestations dépressives de l'adulte. Toutefois, pour Bowlby, il ne faut pas confondre séparation et dépression : l'angoisse déclenchée par la séparation, les processus de lutte contre cette angoisse (tels que colère, agitation, protestation) et la dépression elle-même, ne doivent pas être considérés comme de stricts équivalents.

Cette distinction, de même que la nécessaire distinction entre un état de souffrance clinique et la référence à la position dépressive en tant que stade maturatif normal, ont été reprises récemment dans les travaux de Sandler et Joffe. Pour eux, la réponse dépressive est une réaction affective de base : elle représente l'une des réponses possibles à un état de souffrance. Mais elle ne doit pas être confondue avec la souffrance et elle n'est pas la seule réponse possible. En effet, devant un état de souffrance l'enfant peut utiliser des mécanismes de rejet, d'évitement, de retrait, de colère ou même de rage qui sont distincts de la réaction dépressive. Cette souffrance peut aussi être un facteur de stimulation du processus d'individualisation. La réaction dépressive est pour les auteurs... *« la dernière réaction pour éviter l'impuissance devant la souffrance physique et psychologique »*. Elle traduit la perte d'un état de bien-être antérieur dans lequel la relation à l'objet satisfaisant est incluse. La perte de l'objet provoque une perte concomitante de cet état de bien-être, et secondairement un état de souffrance. La réaction dépressive, située juste avant le stade de résignation impuissante, est intimement liée au développement de l'agressivité non déchargée. En effet, l'état de souffrance suscite une intense colère qui, lorsqu'elle ne peut être déchargée, accroît le sentiment d'impuissance puis la réaction dépressive. Il convient donc de distinguer cette réaction dépressive d'autres types de réaction telle que la passivité ou la régression devant la souffrance.

Ces précisions et délimitations successives entre souffrance, état dépressif, perte d'objct, sont nécessaires pour éviter que la « position dépressive » et la « dépression clinique » ne deviennent des références explicatives permanentes, et par conséquent sans valeur. En effet, dans une première période les auteurs ont recherché chez l'enfant une sémiologie dépressive proche de celle de l'adulte, et ne la trouvant pas, ont nié l'existence de la dépression ; dans une seconde phase, les notions de dépression masquée, d'équivalent dépressif, la référence aux stades d'évolutions génétiques aboutirent à une extension, peut-être excessive, d'un tel diagnostic. Dans le paragraphe suivant, nous retrouverons ce problème à propos de la sémiologie dépressive de l'enfant.

Quoi qu'il en soit, ce rapide survol théorique permet cependant de souligner deux points fondamentaux dans les processus dépressifs :

– l'importance des pulsions agressives avec la possibilité de leur élaboration et/ou expression par le sujet ;

– l'importance de la perte ou de la séparation dans le passé de l'enfant dépressif.

II. – Étude clinique

La sémiologie de la dépression de l'enfant est particulièrement variée. Ainsi à titre d'exemple Weinberg et Coll. (cités par G. Nissen) relèvent les 10 conduites suivantes comme symptômes les plus importants de la dépression infantile :

1°) humeur dysphorique,
2°) auto-dépréciation,
3°) comportement agressif (agitation),
4°) troubles du sommeil,
5°) modifications des performances scolaires,
6°) diminution de la socialisation,
7°) modification de l'attitude envers l'école,
8°) plaintes somatiques,
9°) perte de l'énergie habituelle,
10°) modification inhabituelle de l'appétit et/ou du poids.

On le voit aisément, la variabilité symptômatique est extrême se situant dans des registres très différents : thymique (dysphorie), moral (dévalorisation), comportemental (agitation), somatique (sommeil, appétit), social (école, jeu). Cette variabilité dépend de l'enfant lui-même dont les modalités d'expression évoluent avec l'âge. Mais elle correspond également aux larges divergences de points de vue des cliniciens. Nous étudierons cette sémiologie selon deux axes successifs, l'un descriptif (A), l'autre temporel (B).

Dans la description clinique, nous isolerons quatre groupes de manifestations selon leur rapport théorique à la dépression, en distinguant les symptômes liés à une réponse dépressive, les symptômes rattachés à une souffrance dite dépressive, les symptômes apparaissant comme une défense contre la dépression (déni de la dépression), et enfin les « équivalents dépressifs ».

A. – Étude discriminative de la sémiologie dépressive chez l'enfant

■ **Symptômes directement liés à la dépression : la « réponse dépressive ».** – Il s'agit ici des manifestations les plus proches de celles qui constituent le tableau clinique de la pathologie adulte. Si elles sont loin d'être les plus fréquentes, il est cependant possible de les retrouver avec une assez grande netteté. Certains enfants présentent ainsi un état de prostration intense, ils se retirent et s'isolent dans un coin. On peut observer une inhibition motrice marquée par la difficulté à jouer, à accomplir la moindre tâche ou occupation (surtout celle qui auparavant était source de plaisir). Ces conduites peuvent être rapprochées du ralentissement moteur. Il est exceptionnel que l'enfant se plaigne directement d'une souffrance morale, toutefois les pleurs, la tristesse du visage en témoignent de même que l'ennui, l'indifférence à tout, la fatigue permanente. La dévalorisation de soi s'exprime habituellement sous la forme de constatations répétées comme « j'sais pas », « j'y arrive pas », « j'peux pas », qui émaillent le discours ou les jeux de l'enfant. Le sentiment d'être mal aimé est fréquent.

Sur le plan intellectuel on note des difficultés de concentration et de mémorisation, voire un ralentissement psychique dont l'enfant se plaint. Enfin les symptômes physiques sont fréquents : anorexie, troubles du sommeil (insomnie, cauchemars), céphalées ou migraines.

■ **Symptômes rattachés à la « souffrance dépressive ».** – Beaucoup plus fréquents ces symptômes s'éloignent quelque peu de la sémiologie de l'adulte.

La sagesse excessive qui peut aller jusqu'à une relative indifférence est parfois le témoin de l'état dépressif de même que l'inhibition qu'il n'est pas toujours aisé de distinguer d'une réaction de retrait et d'isolement. Nous noterons aussi la passivité ou une conduite d'apparente soumission, tant aux adultes qu'aux autres enfants.

L'échec scolaire et, dans une moindre mesure, le désintérêt scolaire ou le désinvestissement sont très fréquents : longue série d'échecs qui contrastent par rapport à un bon niveau d'efficience, ou plus caractéristique encore chute brutale du rendement scolaire. Les conduites phobiques, en particulier la phobie scolaire, peut traduire la crainte de l'éloignement du foyer familial ou de l'abandon et recouvrir un état dépressif.

Au niveau du corps ou de l'apparence physique, on note parfois une attitude permanente de débraillé, un aspect clochard, comme si l'enfant était incapable d'investir positivement son corps et son apparence. Très proches en sont les enfants qui perdent sans arrêt leurs affaires personnelles (habits, clefs, jouets).

Au maximum certains comportements apparaissent comme les témoins directs d'un sentiment de culpabilité ou d'un besoin de punition dont le lien au moins temporel avec un épisode dépressif est évident : blessures répétées, attitudes dangereuses, punitions incessantes à l'école, etc. L'apparition ou la réapparition de conduites directement auto-agressives est également possible.

Nous citerons enfin, sans les développer, les tentatives de suicide de l'enfant, et surtout de l'adolescent, en soulignant toutefois qu'il ne faut pas établir une équivalence directe entre dépression et tentative de suicide (v. p. 211).

■ **Symptômes analysés comme une défense contre la « position dépressive ».** – Dans ce groupe les symptômes sont de nature très diverse. En réalité c'est soit l'évaluation psychopathologique pendant l'entretien clinique ou grâce aux tests projectifs, soit la reconstruction génétique qui permettent de les rattacher au « noyau dépressif ». L'attitude de compréhension empathique prend ici le pas sur le décryptage sémiologique. Il faut toutefois souligner le risque d'abus de langage qui peut en résulter. Certaines conduites semblent s'inscrire directement dans le registre de ce que M. Klein appelle les défenses maniaques comme pour dénier tout affect dépressif ou pour en triompher. On peut citer ici la **turbulence** qui peut devenir une véritable **instabilité,** soit motrice, soit psychique avec une logorrhée évoquant directement la fuite maniaque des idées. Ces états posent la question de l'existence de la psychose maniaco-dépressive chez l'enfant (v. p. 343). D'autres conduites apparaissent comme des conduites de protestation ou de revendication face à l'état de souffrance. Citons ainsi :

– les conduites d'opposition, de bouderie, de colère ou même de rage ;

– les manifestations agressives (crises clastiques, violence avec les autres enfants) et même auto-agressives ;

– les troubles du comportement, vols, fugues, conduites délinquantes, conduites toxicomaniaques (cf. p. 186).

■ **Symptômes considérés comme des « équivalents dépressifs ». –** Par analogie avec la clinique adulte, un certain nombre de symptômes, en particulier de nature psychosomatique, sont considérés comme des équivalents dépressifs. Citons ici :

– l'énurésie ;

– l'eczéma, l'asthme ;

– l'obésité, l'anorexie isolée.

En réalité toutes les conduites pathalogiques de l'enfant ont pu ainsi être rattachées à une « dépression ». Il apparaît cependant que les auteurs qui utilisent ce concept d'équivalent dépressif relient dans une explication étiopathologique souvent sommaire un événement antérieur supposé traumatique et facteur de dépression (en particulier toute situation de perte) avec la conduite observée. C'est contre cette abusive extension que les travaux récents s'élèvent (v. Sandler et Joffe p. 335) en insistant sur la nécessaire distinction entre perte d'objet, état de souffrance et réaction dépressive.

B. – Dépression en fonction de l'âge

L'extrême variabilité de la sémiologie dépressive en fonction de l'âge impose une brève description, selon les stades maturatifs, sans toutefois reprendre le détail de ces conduites.

■ **Dépression du bébé et du très jeune enfant** (jusqu'à 24-30 mois) : la symptomatologie la plus manifeste a été décrite par Spitz (v. p. 334) qui a observé une période de pleurnichement, puis un état de retrait et d'indifférence allant jusqu'à la « dépression anaclitique » en cas de carence affective grave. Bowlby, de son côté, a étudié les conséquences d'une séparation : une phase de désespoir succède à la phase de protestation, quand cette séparation survient entre 5-6 mois et 2 ans 1/2-3 ans. Ces réactions de profonde détresse consécutives à la perte de l'objet privilégié d'attachement sont devenues plus rares grâce à leurs meilleures connaissances et à une plus grande sensibilité aux besoins, non seulement hygiéno-diététiques du bébé, mais aussi affectifs. Toutefois, ces tableaux se rencontrent encore dans de graves conditions de carence familiale (d'où le nom d'hospitalisme intrafamilial) ou de chaos éducatif (changement d'image maternelle, de condition de vie...). Dans de telles conditions, de véritables « **dépressions anaclitiques** » s'observent encore : bébés ou jeunes enfants prostrés, abattus, au regard éteint, isolés, en apparence indifférents à l'entourage, retirés. On note l'absence des manifestations d'éveil ou de jeux propres à chaque âge : absence de gazouillis ou de babillage, absence de jeux avec les mains ou les hochets, absence de curiosités exploratrices... Il existe au contraire de fréquentes autostimulations : balancements en position génupectorale, rythmies solitaires nocturnes ou à l'endormissement, mais surtout diurnes, geignements. Ces autostimulations peuvent aller jusqu'à des conduites auto-agressives. Les grandes acquisitions psychomotrices sont retardées : retard d'apparition de la position assise, puis de la marche, puis de la propreté qui toutes se font en général à la limite supérieure de la période normale. Souvent ces enfants commencent à marcher vers 20 mois. L'expression phonématique, puis langagière, est toujours profondément perturbée et retardée : le retard de langage deviendra quasi constant par la suite. L'évolution à long terme semble être marquée par une atténuation progressive de cette symptomatologie la plus manifeste. Mais, à distance, l'ensemble de la personnalité s'organise autour de la carence initiale avec de profondes perturbations dans l'établissement du narcissisme, ce qui conduit certains auteurs (Lustin, Mazet) à parler d'« organisation anaclitique ». Le risque évolutif majeur est l'installation dans la lignée déficitaire, que le retard soit global ou surtout électif. La dysharmonie fréquente du retard, les mauvaises conditions socio-économiques, l'environnement affectif défavorable, doivent inciter à aller au-delà du simple diagnostic de débilité mentale.

Plus fréquentes sont les réactions dépressives qui correspondent soit à des manques affectifs partiels (absences brèves mais répétées, images maternelles multiples, mère elle-même dépressive), soit à des inadéquations dans l'interaction mère-enfant. Plus l'enfant est jeune, plus la symptomatologie s'inscrit dans des conduites psychosomatiques : anorexie et troubles du sommeil sont de loin les plus fréquents. On peut citer aussi les épisodes diarrhéiques, les affections dermatologiques (eczéma, pelade), les affections respiratoires (asthme).

■ **Dépression du jeune enfant** (3 ans à 5-6 ans) : à cet âge, les manifestations symptomatiques de la dépression sont particulièrement variées. Si les symptômes directement liés à la dépression peuvent s'observer au décours d'une séparation ou d'une perte brutale (v. p. 334), le plus souvent il s'agit de conduite de lutte contre les affects dépressifs. Les perturbations comportementales sont souvent au premier plan : isolement ou retrait, calme excessif parfois, mais le plus souvent on observe une agitation, une instabilité importante, des conduites agressives auto- ou surtout hétéroagressive, des autostimulations prolongées, en particulier conduites masturbatoires chroniques et compulsionnelles. On note aussi un aspect fréquemment cahotique de l'état affectif : quête affective intense alternant avec des attitudes de prestance, de refus relationnel, de colère et de violence au moindre refus ; il existe parfois des oscillations d'humeur avec alternance d'états d'agitation euphorique puis de pleurs silencieux.

Les acquisitions sociales habituelles à cet âge sont en général troublées : pas de jeux avec les autres enfants, pas d'autonomisation dans les conduites de la vie quotidienne (toilette, habillage). Les perturbations somatiques sont fréquentes : difficultés de sommeil avec réveil nocturne fréquent, cauchemars, somnolence diurne, troubles de l'appétit avec parfois oscillations entre refus alimentaire et phase boulimique, énurésie, mais parfois aussi encoprésie intermittente. Avec l'adulte, il peut exister une sensibilité extrême aux séparations, une quête relationnelle si intense que toute activité autonome est impossible, l'enfant cherchant sans cesse à « faire plaisir » à l'adulte : dans ces conditions la mise à l'école maternelle est en général difficile ou impossible parce que l'insertion dans le groupe d'enfants n'est pas supportée, l'enfant ayant besoin d'une relation duelle. Les « bêtises » sont fréquentes, l'enfant cherchant manifestement la punition de l'adulte comme sanction d'une culpabilité imaginaire toujours vive.

L'évolution, en l'absence de traitement et/ou de correction du facteur déclenchant, risque de se faire dans le sens d'une aggravation des troubles du comportement et des échecs dans la socialisation.

■ **Dépression du grand enfant** (5-6 ans à 12-13 ans) : peu à peu l'enfant dispose de moyens de plus en plus élaborés ou diversifiés pour exprimer sa souffrance dépressive. A cet âge, la symptomatologie semble se regrouper autour de deux pôles :

1°) d'un côté les manifestations directement liées à la souffrance dépressive avec parfois des conduites d'auto-dépréciation, d'autodévalorisation, une souffrance morale directement exprimée (« j'peux pas », « j'y arrive pas », « j'sais pas », « j'suis fatigué »...) ;

2°) d'un autre côté on observe souvent des conduites liées à la protestation et à la lutte contre ces affects dépressifs.

Les troubles du comportement sont habituels : colère, impulsivité et agressivité, vols répétés, mensonges et/ou comportements mythomanes, fugues.

Dans tous les cas, l'échec scolaire est quasi constant. Il accentue la désadaptation de l'enfant à son environnement (en particulier à son groupe d'âge), confirme à ses yeux son incapacité, son incompétence et renforce le sentiment de culpabilité. Les causes de cet échec scolaire sont multiples : persistance et aggravation des troubles instrumentaux anciens (retard de langage, dyspraxie), instabilité d'attention, difficulté de concentration avec fatigabilité (analogue à l'incapacité de travailler de l'adulte dépressif).

■ **Dépression de l'adolescent** : très fréquente et étroitement liée aux remaniements psycho-affectifs propres à cet âge, la dépression de l'adolescent est étudiée dans l'Abrégé de Psychopathologie de l'Adolescent, chapitre 8, 2e ed. p. 207.

C. – Fréquence – Évolution

Il est facile à la lumière des descriptions précédentes de comprendre les écarts importants dans l'estimation de la fréquence. Les écarts vont de 3 % à 25 % selon que les auteurs retiennent uniquement les manifestations dépressives analogues à celles de l'adulte (Weber) ou incluent les « équivalents dépressifs » (Toolan).

Quant à l'évolution, elle aussi est très diversement appréciée selon les auteurs. Les rares études catamnestiques des dépressions de l'enfant (Nissen, Diatkine, Penot) font état soit d'une fréquente persistance d'un état dépressif à moyen terme, soit surtout d'une évolution vers des troubles de types comportementaux (psychopathie), caractériels ou psychosomatiques. La dépression de l'enfant ne semble pas préluder nécessairement à l'apparition d'épisodes dépressifs à l'âge adulte, de même qu'on retrouve rarement chez l'adulte déprimé de tels antécédents pendant l'enfance.

III. – Contexte étiopathologique

Il nous paraît préférable de parler ici d'un contexte favorisant plutôt que d'évoquer une étiologie précise. En effet, le risque, déjà signalé, est de relier dans une causalité linéaire les événements observés et la conduite présente de l'enfant. Cette attitude conduit par exemple à baptiser « dépression » toute manifestation secondaire à une perte, la symptomatologie clinique et la cause supposée formant une sorte d'explication globalisante, réductrice... et parfois fausse.

Toutefois, certains contextes, certaines circonstances traumatiques se retrouvent avec une grande fréquence dans les antécédents d'enfants qui présentent la sémiologie décrite ci-dessus. Parmi ces facteurs nous isolerons la situation de perte, puis le contexte familial.

A. – Existence de perte ou de séparation

Elle est très fréquente sinon constante dans l'histoire d'enfants dépressifs ou déprimés. La perte peut être réelle et prolongée : décès d'un ou des parents, d'un membre de la fratrie, d'un adulte proche de l'enfant (grand-parent, nourrice...), séparation brutale et complète, soit par disparition de l'un des proches (séparation parentale, départ d'un frère...) soit par éloignement de l'enfant lui-même (hospitalisation, placement nourricier ou institutionnel non préparé...).

L'événement apparaît d'autant plus traumatisant que l'enfant a un âge critique (6 mois à 4-5 ans) et qu'aucun repère permanent ne persiste (changement de cadre, disparition de la fratrie).

La séparation peut être temporaire (maladie, brève hospitalisation, absence momentanée d'un des parents), mais susciter une angoisse d'abandon qui persiste bien au-delà du retour à la situation normale. Elle est parfois purement fantasmatique : sentiment de ne plus être aimé, d'avoir perdu la possibilité de contact avec un proche. Ces facteurs doivent être rapprochés du contexte familial habituellement décrit.

B. – Environnement familial

De l'ensemble des études sur le milieu familial, plusieurs points ressortent régulièrement (Poznanski et Zrull, Penot, Agraas) :

– la fréquence d'antécédents de dépression chez les parents, en particulier chez la mère. Deux mécanismes ont été avancés pour expliquer cette fréquence : 1°) un mécanisme d'identification au parent déprimé ; 2°) un sentiment que la mère est à la fois inaccessible et indisponible et qu'en même temps l'enfant est lui-même incapable de la consoler, de la gratifier ou de la satisfaire. L'enfant est donc confronté à un double mouvement de frustration et de culpabilité. On conçoit dans une telle situation que l'agressivité ne puisse trouver une cible externe d'expression ;

– la fréquence de la carence parentale, surtout maternelle : médiocre contact parent-enfant, peu sinon pas de stimulation affective, verbale ou éducative. Un parent est parfois ouvertement rejetant : dévalorisation, agressivité, hostilité ou indifférence totale envers l'enfant, pouvant aller jusqu'au rejet complet.

Plus rarement ont été décrites d'autres composantes parentales, en particulier une excessive sévérité éducative (Penot) suscitant chez l'enfant la constitution d'une instance surmoïque particulièrement sévère et impitoyable.

IV. – Organisation maniaco-dépressive chez l'enfant

L'existence d'une psychose maniaco-dépressive apparue dans l'enfance et se poursuivant à l'âge adulte soulève plus des problèmes théoriques que de réels problèmes cliniques. En effet, tous les auteurs s'accordent à reconnaître l'extrême rareté d'un tel état au cas où il existe. Comme pour la reconnaissance de la dépression, la démarche théorique a suivi le même cheminement : recherche d'une sémiologie comparable à celle de l'adulte, puis tentative d'isoler une sémiologie propre à l'enfant.

Sur le plan épidémiologique les études tant anamnestiques que catamnestiques sont peu probantes. Les antécédents infantiles des maniaco-dépressifs adultes ne mettent en évidence aucun trouble spécifique de cette maladie pendant l'enfance (Kraepelin, Ajuriaguerra). Inversement, dans le devenir lointain des enfants suivis et hospitalisés en service de psychiatrie infantile (Dahl), on n'observe aucune psychose maniaco-dépressive.

La recherche de manifestations cliniques identiques à celles de l'adulte montre que plus la rigueur méthodologique est grande (exigence de véritable état maniaque ou dépressif, alternance, périodicité, antécédents familiaux, etc.), plus il est difficile sinon exceptionnel de les observer dans l'enfance (Anthony).

Des travaux plus récents ont cherché à se démarquer de la sémiologie de l'adulte. Les concepts de **psychose affective** (Harms) ou de **dysthymie grave** (Lang) répondent à une telle préoccupation. Le symptôme essentiel, dès la petite enfance, est représenté par l'alternance rapide et brutale d'états affectifs extrêmes et opposés : crises de rire ou d'exubérance sans raisons manifestes auxquelles succèdent des états de prostration, d'abattement, voire de pleurs ou de larmes. Les bébés ont souvent un air de tristesse et de sérieux (*serious babies),* alternant avec de brusques décharges motrices.

L'étude des antécédents révèle la fréquence des carences affectives massives, des ruptures répétées. Quant à l'évolution, elle ne semble pas se faire vers l'apparition d'une psychose maniaco-dépressive. Habituellement, c'est à l'organisation d'une psychose dissociative (Lebovici) ou d'une organisation de type psychopatique (Penot) qu'on assiste à l'adolescence.

En conclusion, l'hypothèse d'une continuité structurelle entre ces psychoses affectives et la psychose maniaco-dépressive de l'adulte repose sur des bases très fragiles, si ce n'est l'importance de la faille narcissique toujours retrouvée, mais dont l'expression symptomatique varie avec l'âge.

V. – Abord thérapeutique

Nous serons extrêmement brefs, ne dégageant ici que les axes essentiels du traitement.

La **prévention** paraît à l'évidence un abord essentiel : prévention de la relation mère-enfant en évitant les ruptures par le travail de guidance, prévention sociale par l'équipement en personnel, la formation et la sensibilisation correctes de celui-ci dans les crêches, les services de pédiatrie, les institutions, prévention institutionnelle en répétant le rôle néfaste des ruptures de placements nourriciers, etc.

Devant l'enfant dépressif, l'abord thérapeutique peut porter sur l'enfant ou sur son environnement.

A. – Traitements médicamenteux

Leur rôle n'est pas négligeable quand l'abord relationnel paraît temporairement impossible : les antidépresseurs tricycliques (Imipramine : 10 mg/j. de 2 à 4 ans, 30 mg/j. de 4 à 8 ans, 50 à 75 mg/j entre 8 et 15 ans, Clomipramine : 0,5 à 2 mg/kg/j.) peuvent améliorer temporairement les conduites dépressives les plus manifestes (tristesse, abattement, prostration mais aussi opposition, labilité affective).

Mais leur effet est souvent transitoire, un échappement après quelques semaines d'utilisation s'observe habituellement.

Le *Carbonate de Lithium* (Lithémie entre 0,60 et 1,2 mEq/L avec contrôle hebdomadaire puis mensuel) a apporté quelques améliorations dans les psychoses maniaco-dépressives de l'adolescence (Dugas). Dans l'enfance, les résultats sont médiocres ou inconstants, en particulier dans les états d'instabilité psychomotrice.

B. – Thérapies relationnelles

La mise en place d'une psychothéraphie est, bien entendu, fondamentale dans la mesure où l'enfant lui-même, et surtout son entourage familial, l'accepte et paraît capable de la stabilité suffisante pour conduire le traitement à son terme. La technique psychothérapique elle-même est fonction de l'âge de l'enfant, du thérapeute, des conditions locales; thérapie analytique, psychodrame, psychothérapie d'inspiration analytique ou de soutien. L'aide apportée aux parents est d'autant plus importante que l'enfant est jeune. La thérapie couplée mère-enfant est particulièrement dynamique chez les petits (2 à 6 ans) comme chez la mère elle-même (restauration narcissique).

C. – Interventions sur l'environnement

Elles sont de nature très diverses car elles dépendent pour chaque cas de l'importance relative des facteurs d'environnement et des facteurs internes : carence massive, décès parental, simple éloignement transitoire, angoisse d'abandon plus fantasmatique que réelle, etc.

Ces interventions ont pour but soit de restaurer un lien mère-enfant plus satisfaisant (guidance parentale, hospitalisations couplées mère-enfant pendant de brèves périodes), soit d'instaurer un nouveau lien faute de pouvoir intervenir sur le précédent : placement nourricier, placement familial spécialisé pour les jeunes enfants, internats pour les plus grands, etc. Entre les deux se situent les prises en charge à temps partiel (hôpital de jour, E.M.P.) quand la gravité des troubles du comportement ou la massivité de la dépression interdit tout maintien dans le système pédagogique habituel.

Bibliographie

DUGAS (M.), MOUREN (M.C.) Les troubles de l'humeur chez l'enfant de moins de 13 ans. P.U.F., Paris, 1980.

JOFFE (W.G.), SANDLER (J.) : Remarque sur la souffrance, la dépression et l'individuation. *Psychiat. enf.,* 1967, *10* (1), p. 123-156.

LANG (J.L.) : Les dysthymies graves. In : *Aux frontières de la psychose infantile.* P.U.F., Paris, 1978, p 189-269.

MOUREN (M.C.), DUGAS (M.) : Aspects cliniques et évolutifs de la dépression de l'enfant. *Neuropsychiatrie enf.,* 1982, *30,* 10-11, p. 521-535.

NISSEN (G.) : Dépressions de l'enfance et de l'adolescence. *Triangle,* 1983, **23,** 1-1, p. 43-50.

PENOT (B.) : Étude des dépressions infantiles. *Psychiat. enfant,* 1973, *16* (2), p. 301-380.

SIBERTIN-BLANC (D.), MAZET (Ph.) : la psychose maniaco-dépressive existe-t-elle chez l'enfant ? *Persp. psych.,* 1977, *15* (1), p. 25-29

SOLNIT (A.J.) : Depression and Mourning. In : *American handbook of psychiatry.* Second ed., vol.2, p. 107-115. Basic Book, Inc., New York, 1974.

TOOLAN (J.M.) : Depression in children and adolescents. *Am. J. of Orthopsychiat.,* 1962, *32, p. 404-415.*

NUMÉRO SPÉCIAL : La dépression. *Neuropsychiatrie enf.,* 1982, *30,* 10-11, p. 521-654.

19

Troubles psychosomatiques

Parler de psychosomatique chez l'enfant nous place entre deux écueils : d'un côté celui d'étendre à l'excès l'appellation de psychosomatique et d'y englober des troubles les plus divers dès l'instant qu'au sein d'une maladie un facteur psychologique, causal ou réactionnel, peut être décelé (cette position risque de par son extension de vider de tout contenu la notion même de trouble psychosomatique) ; d'un autre côté existe le risque d'effectuer des généralisations hâtives à partir des études psychosomatiques de l'adulte, en oubliant le caractère spécifique des manifestations somatiques de l'enfant, en particulier leurs liens constants avec les processus de maturation et les processus de développement.

Aussi convient-il de délimiter d'abord ce que nous entendons par « psychosomatique » en excluant de ce champ, à la suite de Kreisler et coll. :

– les réactions psychologiques secondaires à des maladies somatiques : ainsi en est-il du retentissement d'une hémophilie, d'une cardiopathie ou d'une malformation congénitale ;

– les aggravations de maladies somatiques en raison de difficultés psychologiques : par exemple les comas diabétiques répétés de l'adolescent qui refuse son insulino-dépendance ;

– les manifestations somatiques liées à un mécanisme mental de conversion, bien que le partage entre une céphalée par conversion hystérique et une céphalée symptôme psychosomatique soit loin d'être aisé ;

– enfin les multiples allégations somatiques d'enfants qui s'expriment d'autant plus facilement par une plainte somatique que leur entourage est trop disposé à les écouter : la fatigue, les douleurs diverses en sont de fréquents exemples.

Le second point concerne la question suivante : la symptomatologie psychosomatique de l'enfant présente-t-elle une particularité par rapport à celle de l'adulte ? Il faut d'abord souligner qu'à la naissance il n'y a rien de plus « psychosomatique » qu'un nourrisson : le corps occupe une place privilégiée dans le vaste champ des interactions avec l'entourage, les diverses fonctions physiologiques (alimentation, élimination sphinctérienne, tonus statique et dynamique...) servant de base pour la communication avec l'entourage dont le rôle est d'ailleurs de « mentaliser » ce comportement, en particulier grâce aux capacités d'illusion anticipatrice de la mère. Certains analystes ont pu considérer que les symptômes psychosomatiques de l'adulte étaient la traduction d'une perturbation de l'organisation fantasmatique, la pensée fonctionnant sur un mode opératoire, sans que s'instaure un dialogue avec des images fantasmatiques intériorisées. Chez l'enfant, et ce d'autant plus qu'il est jeune, le dialogue s'établit d'abord, non avec des images, mais avec les personnes bien réelles de son environnement : le symptôme psychosomatique prend une place privilégiée dans le système d'interaction mère-enfant, et c'est dans cette perspective qu'on doit l'envisager. La question se pose alors de savoir si la symptomatologie psychosomatique que présente un nourrisson ou un enfant se poursuivra à l'âge adulte.

Les études catamnestiques sont encore trop peu nombreuses et s'étendent sur des temps trop courts pour répondre avec rigueur à cette interrogation. Toutefois il semble que l'existence de troubles psychosomatiques graves dans la petite enfance fasse plutôt le lit d'organisations ultérieures différentes telles que la psychose ou surtout la psychopathie.

Il existe donc là une importante différence avec l'adulte, le facteur de l'évolutivité nous conduisant à une autre caractéristique propre aux symptômes psychosomatiques de l'enfant : leurs rapports étroits avec les stades maturatifs successifs que parcourt l'enfant. De nombreuses manifestations psychosomatiques tendent à survenir à des âges spécifiques montrant ainsi combien les troubles doivent être mis en étroite relation avec la maturation du fonctionnement des organes et avec les caractéristiques du développement psychologique. On pourrait ainsi schématiquement dresser une sorte de « calendrier » des manifestations psychosomatiques en fonction de l'âge :

- colique idiopathique entre 3 et 6 mois ;
- vomissement du premier semestre ;
- anorexie du second semestre ;
- eczéma infantile entre 8 et 24 mois ;
- douleurs abdominales vers 3-4 ans ;
- asthme du jeune enfant de 5 ans ;
- céphalée de l'enfant de 6-7 ans.

A cette relative spécificité en fonction de l'âge, certains auteurs ont voulu associer une spécificité de la relation mère-enfant. D'une évaluation caractérologique globale de la mère (envahissante et hyperprotectrice, ou rejetante et agressive, ou anxieuse) on est ensuite passé à un modèle d'interaction caractéristique d'une pathologie précise. Spitz range ainsi les désordres psychosomatiques selon deux grands types d'attitudes maternelles : les désordres psychotoxiques qui répondent à des relations mère-enfant inappropriées et les désordres par déficience qui répondent à des relations mère-enfant quantitativement insuffisantes (v. tableau VI), chacun de ces désordres étant caractéristique d'une attitude maternelle (Spitz : *De la naissance à la parole*, p. 158).

TABLEAU VI. CLASSIFICATION ÉTIOLOGIQUE DES MALADIES PSYCHOGÈNES DE L'ENFANCE CORRESPONDANT AUX ATTITUDES MATERNELLES.

	FACTEUR ÉTIOLOGIQUE FOURNI PAR LES ATTITUDES MATERNELLES	MALADIE DE L'ENFANT
Psychotoxique (facteur qualitatif)	Rejet primaire manifeste	Coma du nouveau-né (Ribble)
	Indulgence primaire excessive et anxieuse	Colique des trois mois
	Hostilité déguisée en anxiété	Eczéma infantile
	Oscillations entre les cajoleries et l'hostilité	Hypermotilité (balancement)
	Sautes d'humeur cycliques catathymiques	Jeux fécaux
	Hostilité consciemment compensée	Hyperthymie agressive (Bowlby)
Déficience (facteur quantitatif)	Privation affective partielle	Dépression anaclitique
	Privation affective complète	Marasme

Allant plus avant dans la spirale d'interactions mère-enfant, il importe d'évaluer non seulement le retentissement de l'attitude maternelle sur l'enfant, mais aussi la modification de cette attitude face aux symptômes de l'enfant. En effet la mère est particulièrement sensible aux manifestations psychosomatiques de son enfant qui induisent chez elle de nouvelles attitudes. Ainsi l'agressivité qui sous-tend la relation mère-enfant est souvent totalement annulée dès qu'apparaissent les symptômes psychosomatiques (agressivité déplacée alors sur la relation mère-médecin), la mère prenant un rôle de mère-thérapeute au sens où l'entend Winnicott, l'enfant ayant pour bénéfice de se « faire soigner » par celle-ci. Le rapport de soin qu'instaure fréquemment entre mère et enfant la pathologie psychosomatique nous paraît fondamental.

Quant à l'éventualité d'une constitution psychosomatique chez l'enfant, comparable à ce qui a été décrit chez l'adulte (Alexander, Schur, Michel de M'Uzan et Fain) il ne semble pas qu'on retrouve chez l'enfant des traits semblables, d'autant que, comme nous l'avons dit, l'évolution lointaine de la pathologie psychosomatique de l'enfant se fait dans des directions très variables.

En ce qui concerne le choix d'organe, outre l'importance des processus maturatifs déjà largement soulignés, nous rappellerons la théorie de la fragilité d'organe (méïopragie d'appel servant de point d'ancrage aux troubles).

Sur le plan pratique, face à un enfant qui présente une symptomatologie fortement évocatrice d'un problème psychosomatique, la démarche d'investigation est double :

– d'un côté tenter de mettre en évidence le *« lien psychosomatique »* non seulement par l'étude d'une corrélation entre un symptôme et un événement extérieur (les vomissements au départ de la mère, la céphalée devant la composition de français), mais aussi à la lumière des étapes privilégiées du développement que nous avons citées ;

– d'un autre côté tenter d'appréhender le sens que prend le symptôme psychosomatique dans la spirale d'interaction mère-enfant, et le rôle économique qu'il y occupe.

Dans ce chapitre, nous envisagerons successivement :

- les maladies de la sphère digestive :
  - colique idiopathique,
  - vomissement,
  - mérycisme,
  - recto-colite hémorragique ;
- les maladies de l'arbre respiratoire :
  - asthme,
  - spasme du sanglot ;
- pathologie de la sphère cutanée :
  - eczéma,
  - pelade ;
- céphalée, migraine ;
- nanisme carentiel.

I. – Maladies de la sphère digestive

A. – Coliques idiopathiques des trois premiers mois

Connue des pédiatres depuis longtemps, la colique idiopathique du nourrisson se caractérise par la survenue après un intervalle libre de

8-10 jours, de cris et hurlements qui se produisent après le repas au moment où l'enfant va s'assoupir. L'examen somatique est strictement normal. Les cris cessent lorsque la mère donne à nouveau le biberon à son bébé, mais réapparaissent aussitôt après. La dimension « psychosomatique » de ces manifestations a été suspectée devant l'efficacité thérapeutique de la sucette et du bercement : aussitôt le nourrisson se calme avant de s'endormir paisiblement. Cette colique s'améliore ou disparaît si l'enfant est confié à une nourrice ou hospitalisé.

Dans l'ensemble, l'observateur remarque qu'il s'agit de nourrissons hypertoniques, mangeant avec voracité. Les mères sont anxieuses, tendues, faisant preuve d'une excessive sollicitude ou impatientes, peu respectueuses des rythmes propres à l'enfant. Spitz fait de la rencontre entre cette « sollicitude primaire excessive et anxieuse » de la mère, et l'hypertonie de l'enfant, le facteur déclenchant : l'enfant manifeste plus facilement qu'un autre un certain désagrément et la réponse anxieuse de la mère (le plus souvent par un biberon supplémentaire), ne fait qu'accroître ce désagrément (surcharge gastrique). La sucette (possibilité d'un investissement auto-érotique de la succion : sucette-pacificateur des auteurs anglo-saxons) ou le bercement (régression à la compétude narcissique primaire) représentent deux moyens physiques d'apaisement des tensions qui permettent l'écoulement de l'excitation diffuse déclenchée par la prise de biberon parce qu'un système plus mentalisé tel que la réalisation hallucinatoire du désir n'a pu se mettre en place du fait de l'anxiété maternelle (Fain et coll.).

La colique cesse à la fois en raison de « l'apprentissage » et de l'ajustement progressif de la mère à son enfant, et aussi parce que ce dernier découvre avec l'âge de nouvelles voies de décharge des tensions : gestualité intentionnelle, suçage du pouce, etc.

B. – Vomissement

1°) Vomissement du nourrisson et du petit enfant

Symptôme particulièrement fréquent, surtout chez le nourrisson, il existe tout un continuum entre la simple régurgitation banale et physiologique, le gros « renvoi » et le véritable vomissement. Théoriquement le vomissement concerne un lait qui a déjà subi le processus de la digestion (âcreté de l'odeur), à l'opposé de ce qu'on voit dans la régurgitation. La distinction n'est cependant pas toujours aisée, d'autant que la physiologie même du cardia (jonction œsophage/estomac) du nourrisson rend plus faciles ces vomissements.

En dehors de toute anomalie physiologique (malposition cardiotubérositaire) ou d'épisode pathologique (infection, déshydratation...), certains nourrissons vomissent avec une déconcertante facilité.

Souvent il s'agit de nourrissons anorectiques (v. p. 128) où l'interaction alimentaire entre mère et enfant s'est précocement engagée sur une voie conflictuelle. Les vomissements alternent avec les épisodes anorectiques. Ils peuvent s'associer à des comportements alimentaires particuliers : refus de tout morceau qui déclenche aussitôt le vomissement, goût électif ou au contraire attitude boulimique. Ils surviennent parfois sans aucun effort apparent, ailleurs ils apparaissent secondaires à des efforts de contraction des muscles abdominaux. Plus exceptionnelles sont les conduites quasi perverses où le nourrisson cherche à se faire vomir par introduction de doigts dans la bouche, afin de déclencher un réflexe nauséeux.

La distinction entre ces nourrissons vomisseurs chez lesquels la dimension psychopathologique paraît être au premier plan, et ceux pour lesquels il s'agit d'un simple trouble fonctionnel (discrète béance du cardia) n'est pas facile.

2°) Vomissement du grand enfant

Avec l'âge, avec la diversification de l'alimentation, avec l'acquisition de l'autonomie alimentaire, les vomissements s'estompent progressivement dans le cours de la seconde année. Néanmoins, chez certains enfants la facilité à vomir persiste et peut survenir dans des contextes très variés, en particulier dès qu'une contrainte ou un sentiment d'anxiété ou d'angoisse apparaissent : les vomissements du matin avant l'école en sont l'exemple typique. A cet égard signalons qu'on retrouve assez souvent dans les antécédents de ces enfants des vomissements précoces, comme si était marquée par ce symptôme l'existence d'une voie privilégiée des décharges tensionnelles. Parmi eux quelques-uns développeront ultérieurement une phobie scolaire.

C. – Mérycisme

Le mérycisme survient au cours du second trimestre. Il se caractérise par une régurgitation provoquée tantôt par des efforts manifestes, tantôt par une facilité exagérée à ramener la nourriture dans la bouche. Ce vomissement provoqué aboutit à une rumination : l'enfant garde en totalité ou en partie les aliments dans sa bouche, les mâchonne avant de les ravaler. Parfois, une grande partie de la nourriture est rejetée, seule une bouchée étant conservée. Dans ces cas, une dénutrition, voire une déshydratation peuvent apparaître.

Ce trouble n'a lieu que lorsque l'enfant est seul. Au cours de cette rumination, toute son activité semble suspendue : immobile, atone, le regard vide, étranger au monde extérieur. Parfois, d'autres manifestations alternent avec le mérycisme : balancement de la tête, succion des doigts, trichotillomanie. Ces comportements cessent lorsque l'enfant ressent la présence d'un adulte. L'appétit est conservé, voire exagéré.

Tous les auteurs admettent que cette activité est secondaire à un syndrome de carence maternelle : les mères sont distantes, froides, peu carressantes. Elles élèvent souvent leur bébé dans un cadre ritualisé et obsessionnel. Certains auteurs ont interprété leurs fréquentes craintes de maladie ou de mort de l'enfant comme témoin de leur agressivité inconsciente dirigée contre celui-ci. L'établissement d'une relation chaleureuse suspend d'ailleurs le comportement méryciste du nourrisson : celui-ci se montre souvent avide de contact affectif sans réticence aucune. A ce titre, l'établissement d'une séparation avec un maternage adéquat a pu être préconisé.

La compréhension psychopathologique du mérycisme doit tenir compte de l'âge électif de survenue, entre 6-10 mois : une analogie avec le jeu de la bobine décrit par Freud (Fain et coll.) a été avancée : le nourrisson tente de maîtriser la carence maternelle par une satisfaction auto-érotique, manifestant par là-même son refus de toute dépendance. Cette autosuffisance va de pair avec une érotisation secondaire du dysfonctionnement musculaire (Soulé) : renversement du fonctionnement de la musculature lisse œsophagienne permettant au nourrisson d'éviter la position passive.

L'aspect très élaboré du mérycisme fait poser le problème d'une précocité et d'une maturité excessive mises au service d'un comportement quasi autistique avec toutes les perturbations ultérieures possible dans l'établissement de relations d'objets satisfaisantes.

L'évolution à court terme est favorable, la disparition du symptôme étant expliquée, comme dans le cas de la colique idiopathique, par l'investissement de nouvelles zones de décharge grâce à la maturation neurophysiologique. Le pronostic lointain reste imprécis.

D. – Rectocolite ulcéro-hémorragique

La place de la rectocolite ulcéro-hémorragique dans le cadre des maladies psychosomatiques de l'enfant dépend en grande partie de l'origine géographique des auteurs. Fort peu étudiée de ce point de vue en France où cette maladie reste du domaine strict des pédiatres somaticiens, même s'ils en soulignent les fréquents déterminants psychologiques (séparation parentale, naissance d'un cadet, entrée à l'école, début de la puberté...), la rectocolite a été l'objet de nombreuses études de psychiatres ou psychanalystes américains (Prugh, M. Sperling). Il semble d'ailleurs que chez l'enfant elle soit plus fréquente aux États-Unis qu'en France.

La rectocolite ulcéro-hémorragique survient le plus souvent chez des enfants d'âge scolaire, vers 7-8 ans, ou au début de la puberté (11-13 ans). Certains auteurs notent l'existence fréquente d'antécédents d'anorexie, et la concomitance de divers signes névrotiques : phobie, rituel obsessionnel entre autres (Sichel et Fasla). L'épisode de diarrhée sanglante survient parfois au moment d'une séparation réelle ou fantasmatique d'avec la mère.

Au plan psychopathologique, ces enfants sont souvent décrits comme effacés, soumis, obéissants. La survenue d'un épisode psychotique associé à la poussée ulcéreuse a été décrite. La mère présente des traits dépressifs, mais s'avère en réalité autoritaire, agressive, dominatrice et hyperprotectrice. La relation mère-enfant passerait d'une tonalité agressive et rejetante en temps normal à une relation de soins envahissante et manipulatrice, lorsque les symptômes apparaissent, donnant à l'enfant le bénéfice d'une position régressive (M. Sperling).

Selon les auteurs anglo-saxons, le traitement psychothérapique est efficace, tant sur les traits de caractère que sur l'évolution même des poussées de rectocolite. En France, les positions des somaticiens sont tout à fait en retrait, et la prééminence du traitement chirurgical fort peu remise en question. La discordance entre ces deux types d'attitude devrait susciter une réflexion et des travaux approfondis car il semble que l'abord psychothérapeutique puisse être à l'origine de rémission et de stabilisation.

II. – Asthme de l'enfant

La composante psychique de l'asthme de l'enfant a été reconnue depuis fort longtemps et fut même, à une période, tenue pour le facteur essentiel. Les travaux modernes ont montré l'importance des mécanismes allergiques et infectieux à l'origine du mécanisme de contraction de la musculeuse bronchiolaire, sans pour autant en faire le seul facteur déclenchant des crises. En effet, s'il est bien établi maintenant que le contact respiratoire de l'allergène est susceptible de provoquer la décharge d'histamine responsable de la bronchoconstriction, donc la bradypnée avec tirage inspiratoire typique de la crise d'asthme, il est tout aussi bien établi que chez un même sujet une crise peut survenir en l'absence d'allergène. Inversement, malgré la présence d'allergène, la crise peut ne pas se déclencher chez des patients qui ont suivi une psychothérapie. Cette absence de crise d'asthme en présence de l'allergène s'accompagne paradoxalement d'une persistance de l'hypersensibilité spécifique aux tests *in vivo* ou *in vitro*.

On ne peut donc considérer le processus de déclenchement de la crise d'asthme comme univoque : de nombreux facteurs paraissent susceptibles d'agir ; en revanche, une fois le processus engagé, on assiste à une sorte de « voie finale commune », la réaction étant identique quelle qu'en soit l'étiologie (héréditaire, allergique, infectieuse, psychogénétique).

Il paraît vain dans ces conditions de déterminer une hiérarchie des processus comme on le voit faire parfois, afin de savoir ce qui du somatique ou du psychologique serait fondamental. Comme dans toutes les affections psychosomatiques, il devient vite impossible, une fois la réaction morbide établie, de déterminer dans l'interaction familiale, ce qui est constitutif de ce qui est simplement réactionnel. Néanmoins, l'environnement joue un rôle fondamental puisque les crises asthmatiques apparaissent souvent après un traumatisme affectif et qu'ultérieurement l'enfant fait ses crises dans des conditions bien déterminées : en présence ou en l'absence d'une même personne, identité de lieu ou de circonstance, sans que cela soit lié directement à l'allergène, etc.

Au plan clinique, l'asthme de l'enfant apparaît habituellement dans le cours de la troisième année, et persiste pendant toute l'enfance. La puberté est un cap important car un grand nombre d'asthmes disparaissent alors, tandis que quelques autres persistent à l'âge adulte.

A. – Personnalité de l'enfant asthmatique et interactions familiales

Le plus souvent l'enfant asthmatique est décrit comme sage, calme, plutôt dépendant, soumis à son entourage, facilement anxieux. La scolarité est souvent très investie, la maladie étant d'ailleurs vécue comme une entrave à une meilleure réussite. Des absences trop nombreuses peuvent être à l'origine des difficultés scolaires. Toutefois, d'autres enfants se montrent volontiers agressifs, exigeants ou provocateurs.

Les relations familiales paraissent assez spécifiques, surtout en ce qui concerne la mère. Celle-ci apparaît souvent comme assez rejetante ou du moins froide, conformiste, « hypernormale ». Il n'est pas rare que les seuls échanges affectifs tournent autour de la maladie : la mère soigne l'enfant et sa propre culpabilité, l'enfant se soumet à sa mère tout en suscitant l'angoisse de cette dernière. L'ambivalence des affects, tant de la mère (rejet/culpabilité), que de l'enfant (soumission/indépendance) trouverait ainsi son issue dans la relation de soin établie autour des crises d'asthme. Dans d'autres cas il semble s'établir un lien d'identification narcissique étroit entre l'enfant et ses parents dont les perturbations psychopathologiques propres s'équilibrent grâce aux projections narcissiques sur leur enfant (Zylberszac). Ce dernier en arrive à « étouffer » sous la massivité de cet investissement narcissique. L'amélioration des crises lors des séparations du milieu familial confirmerait la validité de ce point de vue. Fréquemment les crises réapparaissent d'ailleurs au retour en famille.

L'interprétation psychopathologique de la crise d'asthme se fait le plus souvent en référence à l'archaïsme de la fonction respiratoire :

le cri-pleur, premier signe de détresse du bébé, précurseur de la communication, ne peut être dépassé. L'environnement familial donnerait valeur de communication à la crise d'asthme, au même titre que les pleurs habituels de l'enfant normal. De nombreux auteurs signalent en effet que l'enfant asthmatique pleure peu.

Quant à la psychopathologie de l'enfant lui-même, il semble que sous son aspect fréquemment hyperadapté, l'organisation de sa vie fantasmatique reste largement infiltrée de traits prégénitaux. La « pensée opératoire » décrite typiquement chez les sujets allergiques adultes (M. Marty) ne semble apparaître que chez les enfants qui, du fait de leur maladie, ont subi de nombreux placements, et séparations.

B. – Attitude thérapeutique

Il n'y a aucun parallélisme entre la gravité et la fréquence des crises d'asthme et la gravité des perturbations psychologiques. Le premier temps thérapeutique consiste donc à évaluer la place qu'occupent les processus mentaux, en particulier le rôle de l'angoisse, au milieu des différents facteurs déclenchants. Lorsque le déterminisme psychique apparaît prévalent, il importe d'en tenir compte car un traitement purement physique (désinfection, désensibilisation, corticothérapie) risquerait d'être un échec.

La séparation de la famille donne certes des résultats souvent spectaculaires mais qui disparaissent dès le retour à la maison, si aucune modification en profondeur de la dynamique familiale n'est intervenue. La psychothérapie de l'enfant et, chez des enfants jeunes, la psychothérapie couplée mère-enfant, bien que difficile, peut apaiser l'« angoisse du souffle », et créer les conditions d'une amélioration symptomatique secondaire.

C. – Asthme du nourrisson

L'asthme du nourrisson, que d'autres préfèrent appeler bronchite asthmatiforme en raison du contexte fébrile habituel, présente quelques particularités méritant d'être soulignées.

Sur le plan clinique, signalons d'abord sa survenue lors du second semestre, et sa disparition fréquente vers 2-3 ans. Notons aussi l'absence d'angoisse manifeste chez l'enfant dyspnéique qui ne paraît pas outre mesure incommodé par cette dyspnée : il reste actif, joueur, gai même. Au plan psychologique l'excessive familiarité sans qu'apparaisse l'angoisse normale de l'étranger a aussi été notée chez ces nourrissons. On peut l'attribuer soit à des conditions de maternage défectueuses où le substitut maternel change trop souvent (garde à temps partiel par exemple), soit à un environnement surprotecteur et envahissant.

Au plan psychopathologique la survenue de l'asthme traduirait l'échec de l'élaboration mentale du mécanisme d'angoisse de l'étranger (Fain), l'issue plus fréquente de cet échec dans l'auto-érotisme comme on peut l'observer au cours du mérycisme étant là barrée par la conduite « hypernormative » de la mère. Le déploiement du second organisateur de Spitz serait ainsi entravé soit par une triangulation trop rapide entre des personnages équivalents (garde partielle), soit par la massivité de l'investissement maternel.

Toutefois, ces hypothèses pathogéniques ne sont pas confirmées par d'autres auteurs. Ainsi Gautier et coll. ne retrouvent chez le nourrisson asthmatique et dans l'interaction avec sa mère aucune caractéristique spécifique en dehors d'une inquiétude un peu excessive de l'éloignement maternel. Ces auteurs considèrent que les descriptions des relations mère-enfant pathogènes, valables pour l'enfant asthmatique plus âgé, ne s'observent pas encore à ce stade précoce, la réactivité asthmatique n'étant qu'un facteur de vulnérabilité susceptible d'entraîner la relation mère-enfant dans une ambivalence secondairement pathogène et pathologique.

III. – Spasme du sanglot

A. – Généralités

Le spasme du sanglot se caractérise par une perte de connaissance brêve due à une anoxie cérébrale chez un enfant le plus souvent âgé de 6 à 18 mois, qui survient dans des conditions précises. On distingue deux formes :

■ **La forme bleue,** la plus fréquente (80 %) est marquée par une perte de connaissance survenant dans un contexte de pleurs à l'occasion d'une réprimande, d'une frustration, d'une douleur : l'enfant sanglote, sa respiration s'accélère jusqu'au blocage en inspiration forcée, une cyanose apparaît et l'enfant perd connaissance quelques secondes.

■ **La forme pâle** se caractérise par la survenue d'une syncope à l'occasion d'un événement le plus souvent désagréable : douleur subite, peur, émotion intense. L'enfant pousse un cri bref, pâlit et tombe.

Dans les deux formes une contraction en opisthotonos, quelques mouvements cloniques des membres, une révulsion des globes oculaires peuvent accompagner ces pertes de connaissance. On les observe plus souvent dans la forme pâle.

Dans les deux cas la crise est brève, quelques secondes, une minute au plus, l'enfant en sort fatigué.

Le plus souvent, le même enfant fait toujours le même type de crise, il arrive cependant que la forme bleue et la forme pâle alternent. La fréquence du spasme du sanglot serait de 4 à 5 % dans une population générale.

Sur le plan somatique l'évolution est bénigne, il n'y a aucun signe neurologique associé ni séquelle à redouter.

Habituellement les crises disparaissent vers l'âge de 3 ans, mais peuvent parfois persister bien au-delà. Les circonstances de survenue du spasme méritent d'être notées car il n'est pas rare qu'on ne l'observe qu'en présence de certain membre de la famille (mère ou grand-mère) toujours le même.

■ **Sur le plan neurophysiologique** les études électro-encéphalographiques (Gastaut) ont montré l'absence de toute anomalie de type épileptique et l'existence de signe typique d'anoxie cérébrale (asphyxie due au blocage respiratoire de la forme bleue, ischémie due à l'arrêt cardiaque de la forme pâle) au moment de la perte de connaissance.

B. – Abords psychologique et psychopathologique

Au plan psychologique

Tous les auteurs notent la différence entre la forme bleue et la forme pâle. Dans la première les enfants sont volontiers énergiques, actifs, facilement opposants et coléreux, dominateurs. Une anorexie d'opposition s'observe souvent. Dans la seconde, la forme pâle, les enfants paraissent plutôt craintifs, timides, dépendants, en un mot passifs. Il est facile et tentant d'opposer ainsi une forme bleue, active, virile et une forme pâle, passive, féminine (Fain).

Au plan psychopathologique

La compréhension de ce trouble fonctionnel doit se faire à plusieurs niveaux. L'importance de la relation entre l'enfant et le personnage sensible, le plus souvent la mère, doit être soulignée ; l'angoisse que celle-ci ressent l'amène à un comportement de prévenance, voire de soumission pour éviter le spasme évocateur de mort chez son enfant. Ce dernier retirera vite de cette crainte des bénéfices secondaires qui vont alimenter une mégalomanie sans cesse reconfirmée par les nouvelles crises.

L'importance du rôle de la respiration doit aussi être notée. Cette fonction est probablement la première fonction dont le caractère immédiatement vital est très tôt perçu chez l'enfant ; la possibilité d'un contrôle conscient, les modifications qu'entraînent l'hypo ou l'hypercapnie sont peut-être perçues beaucoup plus précocement qu'on ne le pense. A cet égard Soulé parle d'un véritable « étayage » de la fonction respiratoire au sens où, comme pour la faim et l'oralité, la satisfaction de la fonction physiologique sert d'étayage à la fixation d'un investissement libidinal.

D'après Fain le spasme du sanglot fonctionnerait comme une « préforme d'acte pervers », l'investissement privilégié se faisant contre nature, au niveau de la sensation d'asphyxie, véritable équivalent de décharge orgasmique, de coït, et finalement de simulacre de mort. La perte de connaissance interviendrait comme une fusion régressive et mortifère à la mère, rendue possible par la défaillance d'un investissement plus symbolisé et mentalisé.

C. – Attitude thérapeutique

Elle est d'autant plus simple que l'enfant est jeune. Elle porte avant tout sur l'entourage qu'il importe de rassurer : la bénignité de l'évolution somatique, la distinction nette d'avec l'épilepsie doivent être expliquées. La mère ou la grand-mère doivent pouvoir exprimer leurs angoisses et un soutien psychothérapique peut leur être nécessaire. Il est important d'obtenir que la crainte du spasme ne soit plus le prétexte à abandonner toute attitude éducative, et que la mère se désintéresse relativement de ces manifestations. Rapidement les spasmes s'espacent dans le temps avant de disparaître. L'avenir psychopathologique reste plus incertain, les études catamnestiques étant pratiquement inexistantes.

IV. – Pathologie de la sphère cutanée

Lieu de contact privilégié avec le monde environnant, barrière contre les agressions extérieures, enveloppe qui limite et contient le dedans, zone d'échange entre l'intérieur et l'extérieur, la peau est un organe dont les fonctions physiologiques et psychologiques sont riches et diversifiées. Miroir fidèle des influences psychiques,les manifestations cutanées (rougeur, pâleur, sudation, horripilation) ont des origines autant physiologiques que psychologiques. Il n'est pas étonnant dans ces conditions que les manifestations psychosomatiques s'y retrouvent souvent.

A. – Eczéma du nourrisson

Dans sa forme typique, l'eczéma atopique du nourrisson commence au cours du second trimestre. Il débute sur les joues, le cou et peut s'étendre progressivement à tout le corps. Il est fréquent de voir cet eczéma régresser dans le courant de la seconde année et, dans quelques cas, un asthme infantile y succède. On décrit aussi l'eczéma des plis, forme où l'irritation locale paraît jouer un rôle plus important.

Spitz a bien montré la fréquence élevée des eczémas de nourrissons vivant dans des conditions institutionnelles (institutions pour mères célibataires). Selon cet auteur, l'hostilité, déguisée en anxiété manifeste chez la mère, serait à l'origine de la réponse cutanée pathologique d'un nourrisson présentant toutefois une « prédisposition congénitale ».

La guérison dans le courant de la seconde année s'expliquerait, comme dans le cas d'autres manifestations psychosomatiques, par les nouveaux investissements rendus possible par le développement de l'enfant ; dans le cas de l'eczéma, l'acquisition de la marche rend le nourrisson moins dépendant du contact maternel.

On décrit chez les enfants plus âgés qui présentent un eczéma, une personnalité où se remarquent la soumission, la sensibilité, une anxiété importante. Les mères semblent osciller entre le rejet et la surprotection, laquelle se manifeste d'ailleurs par un souci thérapeutique envahissant : les seuls contacts tendres entre mère et enfant consistent pour celle-là à passer de la pommade sur le corps de celui-ci.

B. – Pelades

Le déterminisme psychogénétique des pelades, tant de l'adulte que de l'enfant, est bien connu ; mais les études psychodynamiques sont rares. Les auteurs s'accordent pour reconnaître que le choc affectif à l'origine de la pelade représente souvent une perte réelle ou symbolique. On retrouve fréquemment la notion d'un abandon. Signalons le cas particulier des pelades décalvantes qui, cliniquement, se caractérisent par la perte de tous les poils (cheveux, cils, sourcils, poils axillaires, pubiens, etc.), et dont le déterminisme psychogénétique semble identique. Nous avons eu ainsi l'occasion d'observer la constitution rapide d'une pelade décalvante chez un enfant dans une situation d'abandon aiguë et chez un autre au décours d'un épisode psychotique aigu.

V. – Affections diverses

A. – Migraines

Elles se caractérisent par la survenue brutale d'une pâleur avec une céphalée intense et pulsatile, le plus souvent sans phénomène visuel.

L'enfant est nauséeux, puis il vomit, ce qui calme l'accès. Ces migraines surviennent généralement chez l'enfant d'âge scolaire, et sont parfois liées à une scolarité très investie. Le caractère familial de la migraine est souvent relevé.

B. – Céphalées

Elles sont elles aussi liées à la scolarité, et il n'est pas toujours facile de les distinguer des migraines, sinon que leur survenue et leur disparition sont moins soudaines. La recherche du bénéfice secondaire (rester à la maison, éviter la composition, la matière redoutée, la séance de piscine) est souvent claire, la céphalée étant le résultat direct de la tension entre une peur ou une angoisse et un désir d'autonomie ou d'affirmation de soi.

Dans d'autres cas, les céphalées répondent à un mécanisme assez direct de conversion hystérique, en particulier lorsque l'enfant se trouve placé au sein d'un conflit sur lequel il ne peut agir (mésentente parentale ou divorce par exemple). Le renoncement à la pensée, à l'élaboration mentale risque chez un enfant d'être plus lourd de conséquence que chez un adulte où les processus cognitifs sont arrivés à maturité. A noter qu'un des parents est fréquemment céphalalgique lui-même.

C. – Retard de croissance d'origine psycho-sociale

Décrit initialement par des pédiatres endocrinologues (Rappaport et coll.), le « nanisme psychosocial » se caractérise par l'existence d'un important retard de croissance (supérieur à trois déviations standard) associé à un ralentissement de la vitesse de croissance chez un enfant âgé de plus de trois ans. Sur le plan clinique, cette petite taille est soit isolée chez un enfant par ailleurs en bon état général, soit associée à d'autres éléments : traces de coups (hématomes, fractures) chez des enfants maltraités, maigreur en cas d'anorexie, symptômes psychosomatiques divers (anorexie, insomnie, diarrhée, énurésie, encoprésie) ou troubles du comportement.

Il n'y a pas de signe de dysmorphie. L'examen radiologique révèle un important retard de maturation osseuse qui se rapproche en général de l'âge correspondant à la taille.

Sur le plan social, ces enfants sont issus de familles très défavorisées, avec souvent des fratries nombreuses, sans que cela soit toutefois constant.

Le diagnostic différentiel se pose avec la pathologie hypothalamo-hypophysaire, en particulier les insuffisances globales ou électives. C'est un diagnostic très difficile, car ce retard de croissance s'accompagne souvent d'une diminution du taux de S.T.H. Le climat familial peut être un indice. Le seul critère diagnostique valable est la normalisation rapide du taux de S.T.H. et la reprise de la croissance staturale après la séparation du milieu familial.

■ **L'interprétation physiopathologique** de ce retard de croissance n'est pas univoque. Les auteurs s'accordent tous à reconnaître la dimension profondément carentielle du milieu familial mais le lien entre cette carence affective souvent manifeste, et l'altération neuro-endocrinienne reste mystérieux. L'extrême rapidité de la réversibilité dès la séparation familiale et la normalisation des taux hormonaux surprennent et déconcertent les auteurs. Une carence nutritionnelle a aussi été invoquée, en particulier devant une prise de poids souvent rapide et importante. Le retard de croissance observé dans certaines anorexies graves a pu servir de modèle.

■ **L'étude psychopathologique** de ces enfants permet de distinguer un groupe d'enfants inhibés, tendus, vivant de façon défensive, dans une position soit de passivité, soit d'opposition. Un second groupe se caractérise, au contraire, par d'intenses capacités projectives, envahissantes et souvent confuses, proches de ce qu'on observe dans les prépsychoses.

Un point commun est représenté par une tendance excessive à l'agir, dans un contexte dominé par la violence des rapports entre l'enfant et son environnement, la mère en particulier. Un lien haineux particulièrement intense semble unir mère et enfant (G. Rimbault).

■ **L'attitude thérapeutique** préconisée est la séparation prolongée de l'enfant du milieu familial. Les raisons avancées en sont l'efficacité (reprise de la croissance qui dans certains cas est de nouveau arrêtée au retour en famille) et l'urgence relative qu'impose un symptôme dont la trace évidente risque de persister toute la vie. Néanmoins, si les bénéfices de la séparation sont évidents pour la croissance, les études portant sur les conséquences pour l'équilibre psycho-affectif de ces enfants restent à faire.

D. – Psychosomatique du grand enfant : la relation de soin

En guise de conclusion à ce chapitre sur la psychosomatique de l'enfant, nous pensons utile de revenir sur un mode d'interaction déjà évoqué en introduction : la relation de soin entre la mère et l'enfant.

Si l'on a pu en présence d'un nourrisson décrire des types d'organisation assez précis et particuliers (mérycisme ou spasme du sanglot par exemple), il n'en va pas de même au fur et à mesure que l'enfant grandit. Plus l'enfant est âgé, en effet, et moins il semble exister un lien étroit entre un type de symptôme somatique et une organisation psychologique spécifique. La raison de cette évolution nous paraît être que, contrairement à l'adulte où la relation psychosomatique s'interpose dans le dialogue interne du patient avec ses propres images intériorisées, le symptôme psychosomatique de l'enfant vient occuper le champ très concret des interactions de cet enfant avec son entourage, et tout particulièrement les parents.

A cet égard l'impossibilité tant chez l'enfant que chez le/les parent(s), d'exprimer le versant agressif de la nécessaire ambivalence relationnelle semble être à l'origine d'un grand nombre de manifestations somatiques. Celles-ci permettent la déflexion sur le corps de l'enfant de l'agressivité habituellement socialisée et son renversement en sollicitude excessive ou en relation purement thérapeutique de soin.

Des symptômes tels que les douleurs abdominales si fréquentes chez l'enfant, et source d'une telle inquiétude chez les mères en constituent à notre avis un exemple caricatural. D'autres manifestations ont peut-être attiré moins directement l'attention, mais nous paraissent répondre à une dynamique identique. C'est par exemple le cas de certaines angines ou otites à répétition. Ainsi, nous avons plusieurs fois eu l'occasion de voir s'apaiser un conflit aigu entre une mère et un enfant centré en particulier sur l'alimentation, à la seconde même où soit l'angine, soit l'otite autorise l'enfant à ne pas manger, et sa mère à ne pas le forcer : le conflit s'apaise, l'enfant trouve dans la régression et les soins maternels les gratifications nécessaires, la mère déplace alors sur le médecin généraliste, pédiatre ou O.R.L., la dépendance agressive qu'elle ressent envers son enfant. Le caractère répétitif de ces épisodes qui surviennent tous les mois, toutes les quinzaines, voire toutes les semaines, épisodes dont la réalité somatique n'est pas douteuse, comme en témoigne l'inflammation de la gorge ou du tympan, devrait inciter le médecin somaticien a en saisir la dimension réellement psychosomatique. Ceci veut dire que, outre le nécessaire traitement somatique de l'épisode actuel, il convient d'en intégrer la signification individuelle et transactionnelle, afin d'amener un changement qui seul pourra prévenir les rechutes.

Bibliographie

Barranger (M.H.) : *A propos du nanisme psychosocial : étude d'une population exposée.* Thèse, Paris VI, 1981.

Dugas (M.), Morel (P.), Le Heuzey (M.F.), Pringuey (D.) : La pelade : une maladie psychosomatique ? *Neuropsychiatrie enf.,* 1983, *31,* 4, p. 179-191.

GAUTHIER (Y.) et coll. : L'asthme chez le très jeune enfant (14-30 mois) : caractéristiques allergiques et psychologiques. *Psychiatrie enfant*, 1976, *19* (1), p. 3-146.
GUTTON (PH.), CASTEX (E.), ESTRABAUD (M.) : Les vomissements psychogènes. *Psychologie médicale*, 1978, *10* (4), p. 671-700.
KREISLER (L.), FAIN (M.), SOULE (M.) : *L'enfant et son corps.* P.U.F., Paris, 1974.
KREISLER (L.) : *L'enfant du désordre psychosomatique.* Privat éd., Toulouse, 1981, 1 vol., 400 p.
MARCELLI (D.) : L'hypocondrie chez l'enfant. *Psychologie médicale*, 1981, *13* (5), p. 771-776.
MARTY (P.), DE M'UZAN (M.), DAVID (CH.) : *L'investigation psychosomatique* P.U.F., Paris, 1963.
MONEY (J.) : The syndrome of Abuse Dwarfism (Psychosocial dwarfism or reversible hyposomatropism). *Am. J. Deasease child*, 1977, *131*, p. 508-513.
RAPPAPORT (R.), ROYER (P.) : Retard de croissance d'origine psychosociale et nutritionnelle. Journée Parisienne de Pédiatrie, Paris, 1975. *Med. et Science*, Flammarion, 1975, p. 145-155.
SICHEL (J.P.), FASLA (F.) : La rectocolite ulcéro-hémorragique chez l'enfant. *Psychiatrie enfant*, 1975, *18* (1), p. 7-73.

20

Aux frontières de la nosographie

Problème de la prédictivité

Après avoir envisagé des entités nosographiques assez bien circonscrites, nous allons aborder dans ce chapitre des entités beaucoup moins bien délimitées, beaucoup plus fluctuantes. L'utilisation de ces concepts, qu'il s'agisse de **prépsychose, d'organisations dysharmoniques,** de **pathologie caractérielle** ou de **désordre cérébral mineur** *(Minimal Brain Dysfonction)* répond en pédopsychiatrie à une préoccupation essentielle, celle du pronostic ; mais cette utilisation est également sous-tendue par une conceptualisation théorique qui n'est pas toujours clairement exprimée à la fois par les auteurs qui proposent ces entités cliniques, et par les cliniciens qui les utilisent.

En ce qui concerne le pronostic, il est certain que nous sommes ici devant le point d'interrogation essentiel du pédopsychiatre. Nous avons vu les difficultés et l'incertitude à définir la normalité chez l'enfant (v. p. 47) étant donné qu'à l'axe synchronique, c'est-à-dire le cliché descriptif statique de l'état momentané de l'enfant, doit correspondre sur l'axe diachronique l'évaluation de la capacité d'évolution d'une structure ou d'une personnalité dans un organisme en cours de maturation. Il ne suffit donc pas de constater à un âge précis un décalage par rapport à une certaine normalité statistique (par exemple une absence ou un grave retard de langage au-delà de 30 mois), encore faut-il apprécier si le réaménagement économique et dynamique imposé par le symptôme tend à accentuer le décalage par rapport au développement ou permet malgré tout le maintien dans le cadre général du développement.

Dans le premier cas, le symptôme entraîne une désadaptation de plus en plus profonde, grave, voire irréversible ; dans le second cas, il n'est qu'un élément relativement contingent, parfois même utile en focalisant ainsi l'angoisse ou les pulsions agressives, tout en permettant une poursuite relativement normale des processus de maturation et de développement.

Cette double visée synchronique et diachronique explique la difficulté méthodologique propre à la pédopsychiatrie. Dans ce domaine, il y a peu de symptômes qui puissent être directement rattachés à une entité nosographique précise laquelle correspond à une organisation structurelle définie : l'exemple le plus caractéristique de cette correspondance linéaire reste le cas de l'autisme infantile précoce ; mais quelque soit son intérêt théorique, sa fréquence est faible. Au contraire, dans la majorité des autres conduites observées chez l'enfant, un symptôme est rarement corrélé de façon régulière à un syndrome et encore plus rarement corrélé à une organisation structurelle.

Prenons comme exemple le cas classique de la phobie infantile (peur de l'étranger, peur du noir ou peur du loup, etc.). Nous retrouvons cette conduite mentale dans le développement normal de l'enfant où elle permet une focalisation de l'angoisse et présente une incontestable valeur organisatrice du psychisme, témoignant de la mise en place chez cet enfant entre 8-10 mois et 3-4 ans des mécanismes de refoulement et de déplacement (v. p. 315). On sait par exemple que l'absence d'angoisse devant l'étranger peut témoigner d'une non-reconnaissance du soi et du non-soi, prémice d'une organisation psychotique ultérieure. De la même façon, à la phase œdipienne, la classique peur du loup (ou du noir) représente un moyen économique efficace de lier l'angoisse de castration à un objet ou une situation symboliques. Les conséquences en sont assez peu invalidantes pour l'enfant ; au contraire même, il peut ainsi poursuivre un commerce facile avec son père qui, grâce à cela, conserve pleinement son rôle éducatif. En revanche, les symptômes phobiques peuvent atteindre une grande intensité et ne pas être capables de lier l'angoisse si bien que de nouvelles phobies apparaissent régulièrement (v. le cas de Carine *in : La Psychanalyse précoce*). Dans une telle situation le symptôme entrave les capacités maturatives de l'enfant (impossibilité de sortir, impossibilité de dormir, impossibilité d'apprendre, etc.) et représente de ce fait un facteur de déstabilisation et de désorganisation de plus en plus profond.

Ainsi dans l'exemple choisi, le même symptôme apparaît tantôt dans un contexte normal, tantôt dans une organisation structurelle conflictuelle (conflit œdipien) mais où il représente une issue plutôt positive à ce conflit, tantôt dans une organisation où il n'apparaît pas capable de jouer un rôle organisateur du conflit sous-jacent. On voit combien, dans un tel contexte, la prédictivité, lorsqu'elle repose uniquement sur une description sémiologique, paraît aléatoire.

Outre le repérage des symptômes, l'attention doit aussi se porter sur les processus maturatifs eux-mêmes et comparer, comme le recommande A. Freud, les diverses lignes de développement de l'enfant les unes par rapport aux autres. Une nouvelle notion se trouve ainsi introduite : celle d'harmonie ou de dysharmonie entre ces diverses lignes de développement (maturité du moi, niveau d'exigence pulsionnelle, type de relation d'objet). Dans une telle perspective l'impact économique de la dysharmonie doit être évalué. Il importe cependant d'avoir présent à l'esprit que le développement « harmonieux » est un mythe, et qu'il existe toujours un certain degré de dysharmonie : le problème face à un enfant devrait en réalité se formuler de la manière suivante : la dysharmonie que l'on constate chez celui-ci sucite-t-elle une souffrance modérée, mais qui représente en fin de compte un moteur du processus maturatif ou, à l'opposé, atteint-elle un degré tel, qu'elle bloque un processus maturatif avec pour résultat d'accroître la dysharmonie déjà présente ? Dans la première hypothèse la dysharmonie constatée n'est pas un facteur grave de morbidité, ce qui s'observe en revanche dans la seconde.

Après ce premier palier de description psychopathologique, intervient un second palier, celui de l'étiologie. Sans entrer ici dans le vaste et incertain débat entre la psychogénése et l'organogénése des troubles observés chez un enfant, il faut néanmoins avoir présente à l'esprit la conceptualisation, ou l'absence de conceptualisation théorique qui sous-tendent les tableaux cliniques décrits. Ainsi la description d'un ensemble sémiologique peut aller de pair avec l'hypothèse d'un processus morbide sous-jacent qui se développerait progressivement, produisant les divers symptômes constatés. Cette conception était au XIXe siècle celle des psychiatres français lorsqu'ils décrivaient la syphilis congénitale, ou des psychiatres allemands avec la démence précoce. On retrouve de telles positions aujourd'hui à propos de l'autisme infantile par exemple. Pour d'autres auteurs, au contraire, le regroupement sémiologique n'implique pas nécessairement de poser l'hypothèse d'un processus morbide sous-jacent : il s'agit alors soit d'une simple corrélation de traits statistiquement validée, soit d'un facteur psychogénétique d'origine variable, mais qui peut avoir pour effet cette déstabilisation ou cet écart de plus en plus grand par rapport à la norme (synchronique ou diachronique dont nous avons déja parlé). D'autres auteurs enfin considèrent que l'évaluation pronostique chez l'enfant devrait prendre en compte un nombre si important de variables pour prétendre à un minimum de rigueur, qu'elle est le plus souvent impossible ; sauf cas très particulier, l'évolution est beaucoup trop variable et incertaine pour être enfermée, selon eux, dans un cadre nosographique rigoureux, comme celui des névroses, ou surtout des psychoses.

C'est à l'ensemble de ces considérations que correspondent des cadres conceptuels tels que prépsychoses, parapsychoses, dysharmonies évolutives ou dysharmonies cognitives, désordre cérébral *a minima*, chacun mettant plus particulièrement en relief tel ou tel point. Ainsi le concept de **prépsychose** nous semble insister au niveau psychopathologique sur l'importance de l'évaluation économique et dynamique d'une conduite pathologique, et au niveau étiologique sur la difficulté et l'incertitude conceptuelle concernant la nosographie en pédopsychiatrie. Le concept de **dysharmonie,** quant à lui, met clairement en évidence l'importance de la nécessaire visée diachronique à travers la comparaison de ces lignes de développement que nous avons déjà évoquées, soit sur le plan psycho-affectif, soit sur le plan cognitif. Enfin le concept de **désordre cérébral mineur** est sous-tendu de façon étroite, et sans être explicité toujours clairement, par l'hypothèse d'une étiologie organique, qu'il s'agisse d'un désordre fonctionnel ou d'une anomalie de la structure cérébrale. Ce sont ces diverses entités que nous allons brièvement exposer dans ce chapitre.

Prépsychoses de l'enfant

Il s'agit d'une terminologie rencontrée de plus en plus fréquemment et dont les caractéristiques cliniques ne sont pas toujours évidentes. Cette entité qui par son nom montre bien le souci de prédictivité inhérent à la pédopsychiatrie, doit son succès à deux facteurs opposés. L'un, plutôt négatif, fait du terme de prépsychose un cadre d'attente où on appelle ainsi « tout ce qui est plus grave qu'une névrose, et moins grave qu'une psychose » avec l'incertitude évolutive qui s'y rattache. L'autre facteur constituerait la définition « en positif », attribuant à l'entité « prépsychose » une organisation structurelle qui lui serait propre et dont le destin évolutif reste à préciser.

Toutefois, avant d'aborder le domaine clinique, nous devons consacrer quelques mots à des questions de terminologie si importantes ici. Les termes en effet foisonnent, d'autant que le partage entre les descriptions de l'adulte et celles de l'enfant ne sont pas toujours claires. Il apparaît cependant un relatif consensus pour parler d'état-limite chez l'adulte et de prépsychose chez l'enfant, bien qu'on rencontre aussi des termes tels que : **atypic child, état pseudonévrotique** ou **prénévrotique, structure préschizophrénique, parapsychose, borderline child, « faux-self », personnalité « comme si »** *(as if)*, etc. Nous n'entrerons pas dans cette querelle terminologique, mais il importe de savoir que, sous un éclairage souvent différent, on décrit en réalité le même type d'enfant. Nous envisagerons rapidement la symptomatologie clinique et les résultats des principaux tests psychologiques avant d'étudier la structure psychopathologique et les points de vue théoriques des principaux auteurs.

Description clinique

Il n'y a pas une symptomatologie propre aux prépsychoses. Tous les symptômes peuvent d'ailleurs se rencontrer, qu'il s'agisse de manifestations endopsychiques (phobies ou rituels obsessionnels), de troubles du comportement (instabilité, tic, inhibition), de troubles d'une des grandes fonctions somatiques (insomnie grave, anorexie rebelle), de retard de maturation d'une lignée particulière (retard de langage), de difficultés relationnelles majeures (isolement au sein de la fratrie et des congénères, médiocre insertion scolaire). Faire le tableau des troubles rencontrés dans les prépsychoses reviendrait à dresser la liste de tous les symptômes cliniques. Nous insisterons sur les points qui paraissent essentiels :

– **la multiplicité et la variabilité des symptômes ;** ainsi des tics qui apparaissent puis disparaissent pour laisser la place à des terreurs nocturnes et une insomnie relative, à laquelle succède une phase d'instabilité majeure avec des phobies plus ou moins variées. Ces symptômes se caractérisent en réalité par leur inefficacité à lier l'angoisse tant d'un point de vue économique que dynamique. Cet enfant qui apparemment reste au contact avec la réalité, qui ne présente pas une symptomatologie psychotique manifeste, ne paraît pas en revanche capable d'établir une organisation psychique susceptible de lui permettre une maîtrise et un dégagement d'une angoisse toujours perceptible ;

– sous l'apparente adaptation à la réalité déjà évoquée, le contact avec l'enfant prépsychotique, s'il ne donne pas la sensation de bizarrerie ou d'étrangeté rencontrée chez les enfants psychotiques, est souvent de qualité particulière : l'investissement de la relation peut être massif, l'expression fantasmatique grâce au jeu trop facile et trop immédiate. La thématique, comme nous le reverrons aux tests projectifs, est constamment dominée par une intense agressivité mal contenue. Le passage à l'acte dans ce contexte est particulièrement fréquent et représente souvent un mode privilégié d'évacuation de la tension psychique. Ce passage à l'acte se fait sur un mode auto ou hétéro-agressif, parfois avec une impulsivité extrême.

A l'opposé, la relation clinique peut être dominée par l'inhibition, laissant peu de place à l'expression de cet univers fantasmatique, ou par une apparente soumission aux désirs ou aux attentes supposés de l'adulte. Ce dernier cas correspond au tableau de niaiserie si bien décrit par Diatkine.

Tests psychologiques

Ils sont particulièrement utiles dans l'évaluation clinique de l'enfant prépsychotique. Certes, lorsque celui-ci se place sur le versant de la trop grande facilité d'expression fantasmatique, ils ne font que confirmer ce qu'a déjà révélé la relation clinique. En revanche, ils montrent toute leur valeur lorsque l'enfant met en avant une sorte de pseudo-adaptation (faux-self) ou de soumission à l'interlocuteur. Nous ne détaillerons pas ici les tests de niveaux que nous envisagerons plus précisément dans le cadre des dysharmonies (v. p. 168).

Les tests projectifs, en particulier le Rorschach, montrent l'intense besoin d'expression fantasmatique qui se fait sans grand souci d'utiliser les facteurs dits intellectuels. La kinesthésie, l'animation priment la reconnaissance formelle. La productivité est grande, les associations abondantes et infantiles, la référence au monde animal est privilégiée. Sur le plan des mécanismes mentaux on peut noter l'importance de la projection, du clivage, de l'identification projective. La nature de la fantasmatique exprimée met en relief l'importance de l'agressivité dont le niveau d'élaboration est d'ailleurs très variable d'une réponse à l'autre chez le même enfant : dévoration orale, fantasmatique sadique-anale, menace d'annihilation enfin. Les images parentales mobilisées se situent soit à un niveau très infantile avec fréquemment une dimension abandonnique, soit franchement prégénital en particulier l'image maternelle. Par rapport aux enfants psychotiques, la labilité du niveau des réponses, les capacités de récupération remarquables d'une planche à l'autre, la capacité préservée d'une perception formelle adéquate, surtout si l'investigateur tente de cadrer l'enfant, représentent des contrastes évidents.

Étude psychopathologique

Ce que nous venons de décrire à propos des tests projectifs laisse déjà largement entrevoir les grandes lignes autour desquelles s'organise le fonctionnement mental. Au niveau des mécanismes de défense le **clivage** est, de l'avis des divers auteurs, le facteur essentiel. Cependant, à la différence des psychoses, le clivage porte avant tout sur les aspects qualitatifs des objets (Marcelli) le bon et le mauvais étant activement maintenus séparés. Ainsi ces enfants paraissent typiquement bloqués au niveau de la phase schizoparanoïde, et ne peuvent accéder à la position dépressive pour établir des relations d'objet pleines et entières. Ce clivage s'accompagne d'autres types de mécanismes défensifs : identification projective, idéalisation, déni, omnipotence, qui tous aboutissent à créer une sorte de cercle vicieux renforçant le clivage. Diatkine insiste sur l'importance relative des processus primaires de pensée qui ne peuvent être ni tempérés ni organisés par une secondarisation efficiente. Au sein de ces processus primaires, l'agressivité – qu'elle réponde à des expériences de frustrations trop sévères dépassant les capacités adaptatives du moi de l'enfant, ou qu'elle trouve sa source dans l'équipement inné de l'enfant – est envahissante (Widlöcher), entravant toute organisation cohérente de la vie libidinale. Sur le plan structurel, si le moi et le non-moi semblent distincts, en revanche l'organisation surmoïque est le plus souvent déficiente, remplacée d'ailleurs par la problèmatique narcissique.

Les images parentales ne s'organisent pas dans le registre œdipien, mais restent saturées de traits préœdipiens : mère envahissante, toute-puissante et dangereuse, image paternelle mal distinguée de l'image maternelle, toutes les deux investies d'un pouvoir phallique redouté.

Évolution

Dès le début de ce chapitre nous avons signalé que le terme de prépsychose renvoie précisément au problème de la prédictivité en pédopsychiatrie. Nous ne reviendrons donc pas ici sur les problèmes généraux déjà abordés et nous nous limiterons au strict problème clinique.

Sur le plan clinique les enfants ainsi reconnus comme prépsychotiques semblent avoir une évolution assez variable (Diatkine). Quelques-uns développeront en fin de période de latence une organisation psychotique évidente, d'autres présenteront soit une évolution déficitaire ou pseudo-déficitaire (tableau de la niaiserie), soit une évolution dominée par un déficit dans un secteur particulier (dyspraxie importante, retard persistant de langage, echec scolaire...). Un grand nombre d'enfants enfin s'organisent autour d'une pathologie qu'on pourrait appeler caractérielle : sous une adaptation en surface à la réalité, domine la fragilitté de cette adaptation, une rigidité évidente du fonctionnement mental marquée par les processus projectifs et le passage à l'acte, et une symptomatologie pouvant évoquer la psychopathie. Ces dernières formes présentent une continuité certaine avec les tableaux cliniques décrits par les psychiatres d'adultes sous le nom d'état-limite. Nous reverrons cette pathologie dite caractérielle un peu plus loin (v. p. 371).

Organisations dysharmoniques

Qu'il s'agisse de dysharmonie d'évolution (Male, Lebovici, Misès, Lang) ou de dysharmonie cognitive (Gibello), l'accent est mis sur l'équilibre dynamique ou le déséquilibre grandissant qui s'établit entre des lignées en cours de maturation. L'éclairage est donc avant tout génétique-évolutif plus que structurel. Anna Freud est un des premiers auteurs à avoir attiré l'attention sur les lignées de développement et leur nécessaire équilibre, constatant : *« quand le Moi et le Surmoi ont une maturité insuffisante par rapport aux niveaux de l'activité pulsionnelle, ni les relations affectives d'objets appropriés, ni un sens social et moral suffisant, ne sont à même de lier et de contrôler les pulsions partielles prégénitales et agressives »*. A. Freud montre par là l'effet désorganisateur de la dysharmonie.

Très schématiquement les descriptions se centrent soit sur le décalage entre les lignées de la maturation neurobiologique (exemple : développement de la motricité, du langage ou de l'intelligence), soit sur les lignées de la maturation pulsionnelle et de l'organisation de la personnalité (sexualisation trop précoce par rapport à une organisation du moi encore infantile, ou au contraire hypermaturité du moi qui n'accepte pas le niveau pulsionnel régressif), soit sur la dysharmonie au sein d'une même lignée (ainsi dans la lignée cognitive coexistence de stades préopératoire, opératoire ou logique).

L'important ici n'est pas dans une description statique d'un stade particulier de l'enfant. De ce point de vue on constate qu'on pourrait reprendre ici la totalité des diverses descriptions des conduites pathologiques citées dans la seconde partie de cet ouvrage. Pour ces auteurs, *« l'important est de reconstituer le fonctionnement mental de l'enfant et d'apprécier si les défenses mises en œuvre dont le trouble instrumental est une modalité, jouent leur rôle protecteur sans bloquer toute possibilité évolutive ou, au contraire, si l'on assiste à une restriction des conduites appétitives et des possibilités d'investissement, et à l'organisation de situations irréversibles »* (Jeammet). Selon les œuvres l'accent est mis tantôt sur le déséquilibre pulsionnel (Lebovici, Diatkine), tantôt sur l'origine génétique et les remaniements structurels (Misès, Lang) que la dysharmonie provoque.

Plus qu'à une description clinique, c'est à une conceptualisation théorique que renvoient ces notions de dysharmonie. Il ne nous paraît pas justifié d'ajouter encore un tableau clinique particulier dans ce vaste domaine nosographique, ce qui serait d'ailleurs faire un mésusage de ces concepts. En revanche le souci méthodologique qui a présidé à l'individualisation de ces derniers s'articule étroitement avec les préoccupations les plus fondamentales du pédopsychiatre.

Pathologie caractérielle

Il est difficile, quel qu'en soit notre désir, de passer sous silence l'épineuse question de la pathologie caractérielle de l'enfant ; en effet l'appellation « trouble du caractère et du comportement » connaît un usage d'autant plus large que son contenu est incertain.

Si la définition du comportement en tant que conduite extériorisée et objectivable par autrui est relativement simple, la définition du caractère en revanche est sujette à caution. La référence au caractère fut très utilisée par les psychiatres et pédopsychiatres des générations précédentes, mais il semble que, à l'heure actuelle, cette tendance s'atténue. C'est heureux car, de même que la notion de personnalité, celle de caractère accumule une somme d'ambiguïtés.

D'une façon générale lorsqu'on parle de caractère, cela sous-entend toujours une description globalisante de l'individu, une saisie certes globale, mais aussi réductionniste dans une sorte de typologie bien arrêtée. Ainsi, pour Heuyer, le caractère est-il représenté par *« l'ensemble des tendances émotivo-affectives congénitales ou acquises qui règlent les rapports de l'individu aux conditions du milieu »*. Cette définition condensée montre que le caractère se définit en référence :

– à la notion de congénital ou d'inné ;
– au rapport avec le milieu (social, éducatif, pédagogique) ;
– à la globalité de l'individu.

Ainsi lorsqu'un auteur parle du caractère, ou lorsqu'un clinicien parle d'un « enfant caractériel », on ne sait pas dans la majorité des cas si cette terminologie renvoie à une sorte de typologie globalisante le plus souvent d'origine constitutionaliste (caractère paranoïaque ou cyclothymique par exemple), à une description purement sémiologique d'un trait particulier (enfant opposant ou coléreux), ou à une entité pathologique sous-tendue par un processus morbide (caractère psychopathique sur fond de déséquilibre).

On conçoit toutes les confusions que ce terme peut véhiculer ! Quelques tentatives méritoires et courageuses d'organiser ce maquis terminologique (Lang) ne nous paraissent pas toujours couronnées de succès : ainsi la distinction entre troubles caractériels réactionnels, troubles caractériels structuraux et structures caractérielles pathologiques proposée par cet auteur n'emporte pas notre conviction pour la pratique clinique.

Brièvement nous dirons qu'au plan du trait sémiologique, l'adjectif caractériel est utilisé pour décrire des enfants instables, agressifs, hyperémotifs, anxieux, impulsifs, renfermés ou excités, opposants ou versatiles, coléreux, etc. Au plan d'une saisie globale de l'individu, on parlera de caractère hystérique, obsessionnel, pervers, psychopatique ou sociopathique, ceci soit dans une optique constitutionaliste héréditaire, parfois même en supposant l'existence d'un processus morbide sous-jacent (dégénérescence de Magnan), soit dans une optique de typologie génétique (caractère oral, anal ou urétral), mais où, ici aussi, l'ensemble de la personnalité pourrait être rattachée à un point d'ancrage particulier.

Dans une perspective dynamique, nous avancerons les hypothèses suivantes lorsqu'on évoque « le caractère » :

■ **au niveau de l'individu,** on est confronté à :

– l'importance des pulsions agressives, extériorisées ou non, mises en acte ou non, mais où le passage à l'acte est un mode de résolution fréquent du conflit ;

– l'aspect fréquemment égosyntone du trait caractériel, c'est-à-dire que la conduite déviante n'est pas source de souffrance chez l'enfant, qui, au contraire, extériorise habituellement l'origine du conflit (« c'est pas moi, c'est un tel, les autres, la société », etc.), même s'il est amené à souffrir secondairement des conséquences de son agir ;

■ **au niveau de l'environnement,** on doit prendre en considération l'importance des schèmes d'interaction souvent déviants, précocement intériorisés : carence affective ou éducative, grave déficience socio-économique, profonde instabilité familiale, se retrouvent constamment. En effet l'externalisation des conflits, mode réactionnel privilégié du sujet dit « caractériel » n'est souvent que la reprise par ce sujet du mode d'interaction habituelle de son entourage.

En conclusion, l'utilisation du terme « caractériel » est souvent une solution de facilité, mais risque de représenter en même temps pour l'enfant le placage d'une redoutable « étiquette », alors que toutes les études catamnestiques ont montré combien l'extrême variabilité d'évolution de ces cas constituait *a posteriori* une preuve de l'absence de tout cadre psychopathologique ou étiopathogénique véritable. Le clinicien devra donc faire preuve d'une grande prudence dans le maniement de la notion de caractère s'il ne veut pas tomber dans la facilité, et recouvrir sous des étiquettes pseudosavantes, ce que chaque mère dit parfois de son enfant : « il a un caractère de cochon » ou « il a un caractère facile ».

Troubles déficitaires de l'attention

Le Trouble Déficitaire de l'Attention (T.D.A.) est la nouvelle appellation que propose le D.S.M. III (1980) de ce que les auteurs anglo-saxons ont successivement appelé « Minimal Brain Desease » (M.B.D. : Lésion Cérébrale à minima) puis concernant les mêmes initiales « Minimal Brain Dysfunction » que nous avions traduit dans la précédente édition par « Désordre Cérébral Mineur » (2e édition p. 364) ; enfin plus récemment les termes de « Syndromes hyperkinétiques » ou de « Réaction hyperkinétique » étaient utilisés.

Il existe une continuité subtile de ce syndrome depuis les premières descriptions de ce qui s'appelait initialement « Minimal Brain Injury » et portait sur les séquelles comportementales d'enfants atteints d'encéphalites infectieuses (en particulier Encéphalite de Von Economo : 1917) d'intoxication ou de traumatismes craniens. Peu à peu la très relative similitude avec des symptômes d'hyperkinésie et d'inattention observés chez de nombreux autres enfants conduisit les auteurs à élargir le cadre de ce syndrome. L'existence d'antécédents neuropathologiques, au début certains, ne fut plus posée que comme une hypothése étiopathologique : puisque les enfants souffrant d'une séquelle d'encéphalite ou de traumatisme crânien présentent des troubles moteurs de type instabilité ou hyperkinésie et des défauts de l'attention, il est apparu « logique » de poser l'hypothése d'une lésion cérébrale minime chez tous les enfants instables et/ou inattentifs. L'entité « Trouble déficitaire de l'Attention » constitue le dernier maillon de cette succession. Entre les notions de M.B.D., d'hyperkinésie, puis de T.D.A., l'intérêt s'est déplacé du pôle moteur (instabilité) au pôle idéïque (déficit de l'attention) mais en conservant le même présupposé, celui d'un déficit neurocérébral.

En 1957, Bradley introduisit le traitement de ce syndrome par les « amphétamines », justifiant l'activité de ces produits par l'existence probable d'une lésion cérébrale mineure.

En raison de la diffusion extrême que ce concept connaît, il nous paraît indispensable d'en donner un exposé clair puis de le resituer dans l'ensemble du champ d'activité pédopsychiatrique (voir § : B).

A. – Description clinique

Dans sa classification le D.S.M. III distingue trois entités :
– Trouble déficitaire de l'attention avec hyperactivité.
– Trouble déficitaire de l'attention sans hyperactivité.
– Trouble déficitaire de l'attention type résiduel.

Ce syndrome est constitué par :

– *des difficultés d'attention* : faible capacité à se concentrer, à se fixer sur une tâche, à organiser puis finir son travail. Les enfants semblent ne pas écouter ce qu'on leur dit : leur travail est volontiers négligé comportant de nombreuses fautes ;

– *des difficultés motrices* : activité motrice exagérée pour l'âge, enfant toujours « sur la brèche », courant, grimpant, « monté sur ressort ». A l'école les enfants sont agités, remuants : ils se balancent, tripotent toujours quelque chose, bougent leurs jambes. Il existe également une impulsivité avec une difficulté à respecter les règles, le cadre : intervention soudaine en classe, non respect des consignes dans les activités sportives. Cette impulsivité peut aller jusqu'à des troubles du comportement de types colère, agressivité ;

– *des difficultés cognitives* révélées par les tests dont les résultats sont en général minorés du fait de l'inattention : difficultés de repérage spatio-temporel, difficulté à saisir le sens des séquences rythmiques, perturbation aux tests de Bender ;

– *des difficultés diverses :* retard scolaire risquant de s'accumuler, trouble du contrôle sphinctérien (énurésie), labilité affective, conflit avec l'entourage, les camarades... ;

– *des signes neurologiques mineurs* parfois retrouvés : incoordination motrice fine, mouvements choréïformes, anomalies perceptivo-motrices, gaucherie, signes non spécifiques à l'E.E.G. Ces signes neurologiques sont de bons éléments de diagnostic mais ne sont pas indispensables. De même certains auteurs avaient décrit des « stigmates physiques » : anomalie de l'épicanthus et des oreilles, voutes palatines accentuées, strabisme, troisième orteil long et palmé, crâne petit ou trop pointu... sur lesquelles les descriptions actuelles insistent moins.

Ce syndrome est dix fois plus fréquent chez le garçon que chez la fille et atteindrait 3 % des enfants prépubaires. Il survient souvent dans la troisième année, mais n'est parfois diagnostiqué qu'au moment de la fréquentation scolaire (6/7 ans).

Trois grands types d'évolution sont possibles :

– soit la cédation et la disparition lors de l'adolescence ;

– soit la persistance complète jusqu'à l'âge adulte. Apparaissent alors des complications, telles que l'échec scolaire ou les conduites d'exclusion (personnalité antisociale) ;

– soit une persistance partielle des difficultés d'attention et de l'impulsivité, mais une disparition relative de l'hyperkinésie (type résiduel).

Plus que sur l'entretien clinique avec l'enfant ou les tests projectifs, tous deux d'intérêt secondaire, le diagnostic repose sur une anamnèse soigneuse et une confrontation entre pédiatre, enseignant, psychologue, parents et psychiatre et, malgré « *le manque de critère pathognomonique* » et la « *variabilité des symptômes en fonction de l'environnement* » il existe une « *similitude suffisante dans les troubles du comportement, et une réponse suffisante à des médicaments identiques pour justifier l'utilisation clinique de cette entité nosographique* » (Wender).

En outre le diagnostic par excès ne présente pas de risques excessifs puisqu'un « *essai de chimiothérapie est facile, inoffensif, et permet une évaluation rapide de la réponse de l'enfant au traitement* ».

Toutefois inquiet de l'extrême fréquence diagnostique avec ses implications thérapeutiques (le diagnostic de M.B.D. étant posé dans presque 50 % des cas vus en service de pédopsychiatrie aux Etats-Unis), l'« American Psychiatric Association » énonce des limites diagnostiques au T.D.A. Il faut en exclure :

– l'activité excessive adaptée à l'âge ;

– les enfants vivant dans un environnement inadéquat, désorganisé ou cahotique chez lesquels il est souvent difficile de déterminer si la désorganisation du comportement est une réponse à un environnement défavorable ou si elle témoigne de la pathologie propre de l'enfant ;

– le retard mental grave et profond qui peut parfois s'accompagner de troubles similaires au T.D.A. mais qui doit en être distingué ;

– les troubles des conduites liés à une psychose infantile.

Parmi les facteurs étiologiques retenus, outre les affections neurologiques déjà citées (infectieuses, toxiques ou traumatiques) qui furent à l'origine de ce syndrome, les auteurs citent un facteur génétique, la pathologie foetale et néonatale. Sur le plan pathogénique, l'hypothèse avancée est celle d'un dysfonctionnement physiologique, portant peut-être sur le métabolisme mono-aminergique (les amphétamines augmentent le taux des mono-amines).

B. – Base théorique sous-jacente : conséquence

Malgré les changements successifs d'appellation, le Trouble Déficitaire de l'Attention reste dans le droit fil théorique de cette « nébuleuse syndromique » propre aux auteurs anglo-saxons et américains en particulier.

Tel qu'il est défini, ce syndrome connaît une extension majeure aux yeux des auteurs anglo-saxons, puisqu'en « employant une définition large du M.B.D., on trouve que la moitié des enfants qui sont vus en consultation externe peuvent être rangés dans cette catégorie », et qu'ils représentent « *80 % des enfants dont les enseignants estiment qu'ils ont d'importantes difficultés de comportement* » (Warren).

Les conséquences de ce diagnostic ne sont pas négligeables, puisqu'il commande l'attitude thérapeutique : celle-ci repose avant tout sur la prescription de psychostimulants au premier rang desquels se placent les **amphétamines**. Selon les auteurs, entre deux tiers et quatre cinquièmes des enfants sont améliorés par ce traitement. On conçoit les risques d'abus massif de ces prescriptions, abus qui ont même alerté le grand public ! Toutefois, c'est avec une certaine sérénité que les prescripteurs écartent les diverses objections dont la principale est le risque de susciter une toxicomanie ultérieure devant la prescription d'amphétamine. Ainsi, pour innocenter la thérapie, se servent-ils de l'analogie suivante : « *aucun argument ne suggère que l'enfant épileptique avec les anticonvulsivants, l'enfant diabétique avec l'insuline, l'enfant rhumatismal avec les sulfamides, ou l'asthmatique avec les corticoïdes, présentent un risque d'utilisation abusive de drogue supérieur au reste de la population d'adolescent* » (Wender). Quand aux prescriptions de convenance de la part des (ou pour les) enseignants, les échecs scolaires des enfants les justifient à eux seuls.

Il nous paraît intéressant de replacer ce syndrome dans une évolution historique. D'abord isolé à partir de tableaux qui constituaient des séquelles d'épisodes neuropathologiques certains, mais de localisation diffuse, ce syndrome a ensuite été étendu à un ensemble de symptômes dont l'hétérogénéité est extrême. Même si les auteurs reconnaissent ne pas toujours trouver de lésion organique, l'existence de ces dernières constitue l'*a priori* théorique sur lequel est bâti le syndrome. De même que, sauf rares exceptions, il n'existe en général pas de relation causale directe entre un type de dysfonctionnement neurologique connu et un trouble du comportement précis, inversement il est pour le moins hasardeux, face à des troubles du comportement divers de supposer l'existence de lésions cérébrales même mineures. Les recherches d'un « marqueur biologique » ont toutes été négatives. De nombreux auteurs, y compris nord-américains, mettent en doute la validité de ce syndrome. Aucune compréhension psychodynamique n'est envisagée, l'enfant étant considéré comme si ce n'était pas un être social engagé dans une série d'interactions (famille, école...) qui peuvent aussi jouer leur rôle. Pour notre part, nous voyons un curieux parallélisme entre le succès que connaît actuellement ce syndrome, succès qui nous paraît directement lié à une position dogmatique, et le succès qu'ont connu, voici un temps, d'autres théories comme la dégénérescence mentale avec le concept d'enfant caractériel (Magnan) ou la débilité motrice (Dupré) auxquelles d'ailleurs il n'est jamais fait référence. De même les travaux de nombreux auteurs sur l'instabilité psychomotrice et, à un autre degré, la dyspraxie ne sont jamais ni utilisés, ni même mentionnés.

Ainsi les appelations successives : « Minimal Brain Injury », « Minimal Brain Desease », « Minimal Brain Dysfunction »,

« Hyperkinétic Syndrome », « Hyperkinétic Disorder » et enfin « Attention Deficit Disorder » restent liés à une compréhension très restrictive des particularités des conduites d'un enfant : chaque « désordre » d'une conduite est a priori lié à un facteur étiologique précis et univoque dans un enchaînement causal linéaire formant une « entité » close sur elle-même. Les multiples spécificités de l'enfant à la fois du fait de sa maturation, du fait de sa dépendance à l'environnement, mais aussi du fait de son psychisme en voie de structuration semble ignorées, de même que tout abord psycho-dynamique donnant un sens à ces conduites autre que celui d'un simple « déficit ».

Si nous nous sommes étendus peut-être trop longuement sur ce syndrome, c'est parce que nous craignons de voir son usage se répandre et que nous voyons là une régression grave dans notre pratique de pédopsychiatre.

Bibliographie

AMADO (G.) : *Les enfants difficiles.* P.U.F., Paris, 1955.

CRABTREE (L.M.-J.C.) : Minimal Brain Dysfunction in Adolescents and Young Adults, diagnostic and therapeutic perspectives. *Adolescent Psychiatry,* 1981, **9,** p. 307-320.

DIATKINE (R.) : *L'enfant prépsychotique. Psychiatrie enf.*, 1969, *12* (2), p. 413-446.

DIATKINE (R.), SIMON (J.) : *La psychanalyse précoce.* P.U.F, Paris, 1972, 1 vol.

DOPCHIE (N.) : *Le syndrome hiperkinétique. Psychiatrie enf.*, 1968, *11* (2), p. 589-619.

D.S.M. III : *Trouble déficitaire de l'Attention. Edition Française, Masson ed.,* Paris, 1983, 1 vol.

GIBELLO (B.) : Dysharmonie cognitive. *Rev. de neuropsychiatrie infantile,* 1976, *24* (9), p. 439-452.

HECHTMAN (L.), WEISS (G.), PERLMAN (T.), TUCK (D.) : Hyperactives as Young Adults : various clinical outconics. *Adolescent Psychiatry,* 1981, **9,** p. 295-306.

JEAMMET (Ph.) : A propos des dysharmonies évolutives de l'enfant. *Psychiatrie enf.*, 1978, *21* (2), p. 639-648.

KERNBERG (O.) : *Les troubles limites de la personnalité.* Privat, Toulouse, 1979.

LANG (J.L.) : Les dysharmonies d'évolution. *Psychanalyse à l'Université,* 1977, *2* (6), p. 283-307.

LANG (J. L.) : *Aux frontières de la psychose infantile.* P.U.F., Paris, 1978.
LANG (J. L.) : Les organisations caractérielles, psychotiques et perverses. *In : Introduction à la psychopathologie infantile.* Dunod, Paris, 1979, p. 250-310.
MARCELLI (D.) : Les états limites en psychiatrie. P.U.F., Collection *Nodules,* Paris, 1981.
MARCELLI (D.) : Le clivage dans les prépsychoses de l'enfant. *Psychiatrie enf.*, 1981, **24,** 2, p. 301-335.
MICOUIN (G.), BOUCRIS (J. Cl.) : *L'enfant instable ou hyperkinétique. Psy. Enf.* 1988, 31, 2, 473-507
MISÈS (R.) (sous la direction de) : Les dysharmonies évolutives de l'enfant. *L'information psychiatrique*, 1977, *53* (9).
PINE (F.) : On the concept « Borderline » in children : A clinical essay. *Psychoanalytic study of che child*, 1974, *29*, p. 341-368.
THIVIERGE (J.) : *Les troubles par déficit attentionnel. Neuropsych. Enf. Ado.* 1985, 33, 8-9, 401-403.
WENDER (P. H.) EISENBERG (L.) : Minimal Brain Dysfunction in children. *In : American Handbook of Psychiatry.* Second Edition, vol. 2, p. 130-146. Basic Books Inc., New-York, 1974.
WIDLOCHER (D.) : Etude psychopathologique des états prépsychotiques. *Rev. neuropsychiatrie infantile*, 1973, *21* (12), p. 735-744.
WIDLOCHER (D.) : Les états-limites : discussion nosologique ou réflexion psychopathologique. *Prospective psychiatrique*, 1979, *70* (1), p. 7-12.

Quatrième partie

L'enfant dans son environnement

21

Introduction à l'étude de l'enfant dans son environnement

La quatrième partie de ce livre est consacrée à l'étude de l'enfant dans son environnement. Nous entendons par là, l'étude des diverses situations qui paraissent, par leur existence et leur nature, à l'origine de perturbations spécifiques ou non chez l'enfant. Ceci nous conduit directement, en guise d'introduction, à définir les notions de traumatisme psychique, de troubles réactionnels nommés plus volontiers par les auteurs anglo-saxons troubles situationnels, mais aussi ce qu'on appelle les facteurs de risques, avec la notion récente de vulnérabilité.

I. – Notion de traumatisme

La notion de traumatisme occupe une place centrale dans la théorie psychanalytique. Freud s'est maintes fois penché sur la question du traumatisme psychique : il le définit d'abord comme une expérience vécue, source d'une excitation telle que les moyens psychiques normaux et habituels ne peuvent suffire, ce qui entraîne l'apparition de troubles (définition économique). Le « pare-excitation » a subi, à cause du traumatisme, une effraction que toute l'énergie psychique tentera d'endiguer. La première théorie de la névrose fait jouer au traumatisme infantile réel un rôle crucial : la séduction sexuelle réelle exercée par un adulte sur l'enfant sera d'abord refoulée, mais ultérieurement, à l'âge adulte, un événement fortuit peut « après coup » lui donner une signification traumatique. Cependant Freud devra renoncer à la réalité externe du « traumastime » : en effet tous les enfants subiraient-ils une séduction sexuelle réelle de la part des adultes ?

Dans « *Inhibition, symptôme et angoisse* », la situation traumatique devient interne : est appelée traumatique la situation où le Moi craint d'être sans recours. L'angoisse est le signal d'alarme : son rôle est d'éviter la survenue de cette situation traumatique. Par conséquent les excitations pulsionnelles internes deviennent aussi « traumatiques » que les menaces externes. Dans cette dernière hypothèse, l'accent est mis sur les fantasmes eux-mêmes, et non sur la vie réelle. Dans tous les cas la situation traumatique se caractérise par le fait que le Moi est débordé dans ses capacités de défenses : « *l'essence d'une situation traumatique tient à la détresse éprouvée par le Moi en face de l'accumulation de l'excitation, qu'elle soit d'origine externe ou interne* » (A. Freud). La névrose traumatique (d'origine externe) est l'illustration clinique de la première situation, la névrose infantile (d'origine interne) l'illustration de la deuxième.

Chez l'enfant, l'expérience clinique montre la fréquence des situations dites traumatiques et la désorganisation psychique qui peut en résulter. Lorsqu'on veut repérer les situations traumatiques on retrouve les deux définitions données par Freud : excès de stimulation avec effraction du pare-excitation ou prévalence des fantasmes qui menacent l'intégrité du Moi.

En conséquence, seront dites « traumatiques » :

– d'une part les situations de nature ou d'intensité telles qu'elles débordent les capacités adaptatives du Moi de l'enfant : par exemple une séparation brutale et prolongée d'avec la mère entre 6 et 18 mois ;

– d'autre part, les situations externes qui entrent en résonance avec les désirs ou craintes fantasmatiques actuels de l'enfant en fonction de son niveau de maturation. Ainsi une mésentente ou une séparation parentale, en pleine période œdipienne, peut aller directement dans le sens du désir œdipien, et susciter une culpabilité intense (v. p. 404). Dans ce cas la réalité vient malencontreusement renforcer l'imaginaire (créant une confusion entre dedans/dehors, fantames/réalité), ce qui peut entraîner une régression ou même une désorganisation grave. « *Ces traumatismes extérieurs deviennent intérieurs s'ils entrent en rapport, ou coïncident, avec la réalisation d'angoisses profondes ou de fantasmes de désirs ou encore lorsqu'ils les symbolisent* » (A. Freud).

II. – Notions de troubles réactionnels

Très fréquemment, et pour des conduites de diverses natures, il est fait référence à la notion de « troubles réactionnels ». On peut ainsi citer, à titre d'exemple : l'instabilité, l'échec scolaire, les troubles du sommeil, un état dépressif, des troubles du comportement (fugue, vol), etc. *A priori,* aucun dénominateur commun ne semble regrouper ces conduites situées d'ailleurs à des niveaux psychopathologiques hétérogènes : tantôt le trouble réactionnel se limite à une conduite précise (fugue), tantôt il contient implicitement une référence à un ensemble conceptuel (dépression). Le seul point commun est qu'apparemment on rend responsable des troubles, un événement externe en l'absence duquel ils ne se seraient peut-être pas produits.

Dans une perspective adultomorphe, la notion de réaction trouve sa place dans une série de couples antithétiques (exogène/endogène, psychogénétique/organogénétique, fonctionnel/organique) ; l'opposition entre dépression réactionnelle exogène psychogénétique et dépression endogène organogénétique en représente la caricature.

Toutefois pour H. Ey, si, sur le plan biologique, *« la réaction est une tentative de retour à l'équilibre antérieur menacé par un danger externe »*, sur le plan psychologique la réaction, bien qu'allant dans le même sens, est plus complexe : elle *« met en jeu des motivations conscientes et inconscientes »*. Enfin, en psychopathologie, *« le concept de réaction ne se justifie que* **par réaction** *contre les conceptions mécanicistes qui considèrent les maladies mentales comme des détraquements de la machine nerveuse : toutes les maladies mentales comportent une composante réactionnelle, mais aucune ne se définit dans sa spécificité par son caractère réactionnel. »*.

En revanche, Jaspers donne la rigoureuse définition suivante : la réaction vraie est celle *« dont le contenu est en rapport compréhensible avec l'événement, qui ne serait pas née sans lui, et dont l'évolution dépend de l'événement et de ses rapports avec lui »*. Ainsi entendus, l'événement et les manifestations réactionnelles doivent s'observer dans une causalité linéaire avec une concomitance de temps et d'intensité.

Or, chez l'enfant dont le psychisme est en constante évolution et maturation, il est faux de croire qu'une réaction suscitée par un événement externe pourra disparaître en même temps que cet événement, sans avoir jamais influé sur l'évolution maturative dite normale. La réaction, au sens où elle est définie par Jaspers, représente plus un point de référence théorique et hypothétique qu'une réalité clinique.

En pratique, dans la clinique de l'enfant, on est ainsi conduit à parler de troubles réactionnels lorsqu'il n'y a pas d'organisation pathologique structurée de type névrotique, mais que les troubles constatés vont au-delà de la simple « variation de la normale » (Lébovici, et Diatkine). En outre, *« le trouble réactionnel constitue une réponse actuelle »* (Misès) pour laquelle on ne se permet pas de préjuger de l'avenir (Soulé).

Cependant, évoquer un trouble réactionnel implique souvent dans l'esprit du clinicien un schéma explicatif linéaire, entre une origine habituellement externe et la déviation constatée, en même temps qu'une évaluation pronostique : le trouble a toutes les chances de disparaître si l'on remédie à la situation pathogène et qu'on la corrige.

Cette attitude revient à méconnaître les interactions constantes entre la progressive maturation psychique de l'enfant et son environnement. Ainsi H. Nagera, tenant compte des stades du développement psycho-affectif, préfère quant à lui distinguer :

– les « immixtions dans le développement », c'est-à-dire tout ce qui perturbe l'évolution normale du développement. Ces immixtions ont des conséquences qui dépendent du stade spécifique du développement au cours duquel elles surviennent. Citons par exemple des exigences prématurées et rigides de propreté ou une séparation mère – enfant précoce ;

– les « conflits de développement » : ils sont propres à un stade et de nature transitoire, disparaissent dès que le stade est dépassé. La pression de l'environnement peut en revanche exacerber, voire fixer ce conflit. Ainsi la culpabilité liée à l'activité masturbatoire entraîne un conflit de développement transitoire, propre à la phase phallique – œdipienne. Mais, elle peut être renforcée et même fixée par des interdits ou des menaces parentales excessives.

– Les « conflits névrotiques » enfin sont des conflits internalisés, souvent la continuation d'un conflit de développement qui n'a pas été bien résolu en temps voulu.

Dans cette perspective, la réaction ne résulte plus d'une interaction purement externe : au contraire, devant des troubles dits « réactionnels » on doit appréhender, non seulement la nature des relations entre les protagonistes (au sens behavioriste du couple stimulus – réponse), mais aussi le degré d'intériorisation et d'assimilation du modèle relationnel proposé, et ce en fonction du stade maturatif actuel de l'enfant.

Ainsi l'étude des troubles réactionnels doit aborder le couple actif/réactif (famille/enfant, mère/enfant, enseignant/enfant, société/enfant...) sous plusieurs points de vue :

– d'une part il est souhaitable d'évaluer la pathogénicité potentielle et la signification symbolique globale du premier intervenant (famille, mère, enseignant, société...) ;

– d'autre part, il faut resituer l'enfant dans la perspective diachronique de ses étapes maturatives (stade de dépendance absolue à la mère, ou phase précise de la période œdipienne, ou conflit d'identité de l'adolescent) pour évaluer, dans l'actuel de l'interaction, le comment de la réaction.

La première approche est de nature épidémiologique ou statistique : elle permet de dégager des « facteurs de risques » et les caractéristiques générales d'une population particulière. La seconde démarche est de nature fondamentalement individuelle, portant sur l'organisation psychopathologique de l'enfant, c'est-à-dire sur les rapports entre ses diverses instances psychiques (Moi, Surmoi, idéal du moi) et ses pulsions et fantasmes conscients ou inconscients.

La difficulté pour le pédopsychiatre est que ces deux démarches sont d'essence contradictoire. Il est habituel que les tenants de l'approche épidémiologique ignorent les tenants de l'approche individuelle, et vice-versa. Le résultat le plus clair en est un appauvrissement réducteur. Ayant précisé le cadre des « troubles réactionnels », nous envisagerons brièvement celui des facteurs de risques.

III. – Notion de « facteurs de risques »

On appelle « facteur de risque » toutes les conditions existentielles chez l'enfant ou dans son environnement qui entraînent un risque de morbidité mentale supérieur à celui qu'on observe dans la population générale à travers les enquêtes épidémiologiques. Ces « facteurs de risques » sont maintenant bien connus :

– chez l'enfant citons ainsi : la prématurité, la souffrance néonatale, la gémellarité, la pathologie somatique précoce, les séparations précoces ;

– dans la famille citons : la séparation parentale, la mésentente chronique, l'alcoolisme, la maladie chronique, en particulier d'un parent, le couple incomplet (mère célibataire), le décès ;

– dans la société enfin citons : la misère socio-économique, la situation de migrant.

Ces variables ne sont pas indépendantes. Fréquemment elles se renforcent avec des effets cumulatifs : misère socio-économique et prématurité par exemple.

Toutefois, on constate que la nature de la situation pathogène est variable : elle se prête plus ou moins bien à l'analyse épidémiologique ou individuelle. Ainsi peut-on distinguer :

– les événements ponctuels et repérables (hospitalisation, séparation parentale, décès, naissance d'un cadet, mouvement migratoire) ;

– les situations chroniques et durables (insuffisance socio-économique, climat familial dégradé) ou qui ont des effets prolongés (prématurité).

Le recueil de l'ensemble des « facteurs de risques » conduit à l'établissement de « profils de risques » qui devraient avoir, selon les auteurs, une valeur prédictive. A titre d'exemple le profil de risque et le détail d'un item sont donnés dans les tableaux VII et VIII d'après Anthony.

TABLEAU VII – PROFIL DE RISQUE (D'APRÈS ANTHONY)

TYPE DE RISQUE	INTENSITÉ DU RISQUE					
	1	2	3	4	5	6
Charge génétique *Charge reproductive* *Charge « constitutionnelle »* *Charge développementale* *Charge de santé physique* *Charge environnementale* *Charge traumatique*						
SCORE TOTAL DU RISQUE	*1 Haut risque (28 – 42)* *2 Risque modéré (14 – 27)* *3 Risque faible (0 – 13)*					

TABLEAU VIII – EXEMPLE D'ITEM INTERVENANT DANS LE TABLEAU DU PROFIL DE RISQUE : LA CHARGE REPRODUCTIVE (D'APRÈS ANTHONY)

Aucun accident apparent	0
Mauvaise santé prénatale de la mère : vomissements, gain de poids, élévation de la tension, albuminurie, gonflement, etc.	1
Mauvaise santé du fœtus : risque d'avortement, signe de détresse fœtale, etc.	1
Difficultés périnatales chez la mère : accouchement retardé, forceps, césarienne, placenta prævia, éclampsie, etc.	1
Difficultés périnatales chez l'enfant : présentation anormale, gémellité, procidence du cordon, signes de détresse fœtale, etc.	1
Difficultés postnatales : anoxie, cyanose, jaunisse, prématurité, poids de naissance insuffisant, moulage excessif, etc.	1
Difficultés néo-natales : lésion intracrânienne, convulsions, infection, etc.	1
Total à reporter dans le profil de risque	

IV. – Limites de ces enquêtes et limites de la notion de « facteur de risques »

Dans la majeure partie des cas, les études qui définissent les « facteurs de risques » sont *rétrospectives,* à partir d'une situation déviante déjà avérée. En revanche, les études *prospectives* n'ont pas rencontré le même succès : *« aucun facteur spécifique de risque ne permet de prédire la psychopathologie ultérieure. A tous égards, être né et élevé dans la misère menace le développement dans sa normalité. Cependant même ce fait indiscutable laisse sans solution deux problèmes d'importance. Premièrement, la prédiction est statistique et non individuelle. On ne peut prédire qui sera perturbé ou épargné, et encore moins le type ou la gravité de la pathologie. Deuxièmement, on ne sait pas à quels âges ou à quelles périodes, la pauvreté agit sur le fonctionnement de l'enfant »* (S. Escalona).

Lorsqu'on prend en compte les divers « facteurs de risques » définis par les enquêtes *rétrospectives* pour mettre au point une enquête *prospective,* on aboutit dans certains cas à inscrire jusqu'à 60 % des enfants comme étant des enfants à risques (Hersov), ce qui annule les avantages du dépistage sélectif, et montre bien les limites de la méthode.

En outre, une psychopathologie manifeste dans la petite enfance, ne prédit pas nécessairement une inadaptation ultérieure (v. p. 364). Ainsi, on peut considérer que l'étude des facteurs de risques présente un intérêt épidémiologique certain, en mettant en évidence des facteurs psychosociaux de souffrances psychiques ; mais à l'opposé, elle a un intérêt restreint pour l'évaluation pronostique d'un individu. Il faut y adjoindre les notions de compétence et de vulnérabilité.

V. – Notions de compétence et de vulnérabilité

L'enfant est un être en croissance, en changement : or le changement implique toujours un risque, car il induit une période de fragilité d'autant que les paramètres qui règlent ou dérèglent ce changement sont multiples. Cette multiplicité des paramètres, cette interaction permanente de plusieurs variables à la fois rend compte des incertitudes sur la croissance elle-même et des difficultés propres aux études prospectives. Ainsi que le souligne A. Freud « c'est moins l'enfant qui est vulnérable que le processus de développement lui-même ». Les notions de compétence et de vulnérabilité cherchent précisément à dépasser la simple évaluation d'un supposé « potentiel inné » pour considérer plutôt les capacités de faire face, tant du côté de l'enfant que de sa famille, aux nécessités de l'épigénèse.

1°) La compétence

Hartmann avait déjà évoqué une certaine « précapacité d'adaptation » du Moi, définissant ainsi l'équipement neuro-sensoriel de base (mémoire, perception, mobilité, etc.). Cette expression tend à être remplacée de nos jours par celle de compétence qui prend en compte non seulement l'équipement de base, mais aussi la plasticité adaptative du nourrisson à son environnement, ses capacités d'adéquation au maternage qu'il reçoit, ses facultés de trouver en lui-même les moyens de se stabiliser (par exemple la « consolabilité »).

Dans le chapitre introductif, nous avons déjà évoqué cette compétence (v. p. 40) qui, comme le précise Bruner, porte à la fois sur la manipulation des objets et sur les capacités d'interaction : « Il est possible de classer les formes que présente la première compétence en :

1°) formes régulatrices des interactions avec d'autres membres de la même espèce d'une part et

2°) formes impliquées dans la maîtrise des objets, des outils, et des séquences d'événements à organisation spatiale et temporelle d'autre part. » La maîtrise est souvent évoquée, à côté de la notion de compétence : cette maîtrise évoque « la capacité de vaincre activement un obstacle né d'exigences intérieures, de stress environnementaux et de conflits entre des pressions internes et environnementales »... (Solnit).

De nombreuses études ont montré grâce à la mise au point d'échelles d'évaluation précise, l'extrême précocité d'apparition de cette compétence ainsi que sa variabilité d'un enfant à l'autre, même chez des jumeaux homozygotes (Cohen). A titre d'exemple, l'Échelle d'Évaluation de la Première Semaine (First Week Evaluation Scale) prend en compte : la santé générale, l'attention, le fonctionnement et l'adaptation biologique, la vigueur, le calme et la performance neurologique. Mais, l'échelle qui semble être la plus utilisée est celle de T.B. Brazelton. Cette « Échelle d'Évaluation du Comportement Néonatal » se donne pour but de cataloguer le comportement interrelationnel du nouveau-né, c'est-à-dire d'évaluer sa compétence interactive. Elle comprend 27 questions ayant trait au comportement, notées de 1 à 9, et 20 réactions provoquées, notées de 1 à 3. En outre, six états de vigilance du bébé sont définis. La caractéristique de cette Échelle est de se fonder sur la réaction la plus performante du bébé et non sur la moyenne des réactions (ceci signifie en particulier que certaines réactions ne devront être recherchées qu'au cours d'état de vigilance adéquat). La fiabilité de cette Échelle paraît satisfaisante entre des mains entraînées. Cette Échelle présente un double intérêt :

1°) dans le domaine de la recherche, elle permet des comparaisons et des évaluations plus fines que le simple A.P.G.A.R., sur l'état des nouveau-nés selon les modalités de naissance (par exemple comparaison de nouveau-né ayant reçu des drogues anesthésiques par l'intermédiaire de leur mère, et ceux qui n'en ont pas reçues) ;

2°) dans le domaine clinique, l'Échelle de Brazelton permet d'ores et déjà une évaluation de certains nourrissons, en particulier quand ils sont nés dans des conditions difficiles (prématurés) et de juger leur « irritabilité », leur capacité de retrait ou leur « consolabilité ».

2°) La vulnérabilité

Cette seconde notion est initialement dérivée des travaux de Freud et a été reprise par Bergman et Escalona à travers l'hypothèse d'une « barrière protectrice contre les stimuli ». Pour ces auteurs, cette « barrière » présente une épaisseur variable selon les enfants. Dans certains cas la barrière est trop mince d'où une sensibilité excessive sans possibilité de se protéger contre les inévitables intrusions ou maladresses de l'environnement ; dans d'autres cas, la barrière est trop épaisse et surtout trop étanche, d'où une sensibilité défectueuse qui ne permet pas au Moi de l'enfant de faire les bonnes expériences précoces nécessaires. Cette vulnérabilité est à la fois d'origine constitutionnelle génétique, mais aussi construite par la structuration épigénétique progressive. A titre d'exemple, devant la constatation de la plus grande fréquence de troubles psychopathologiques dans les couches les plus défavorisées de la population, il ne faut pas oublier comme le souligne Erlenmeyer-Kimling la possible interaction de ces deux séries de facteurs. En effet, « aussi bien la vulnérabilité génétique qu'un stress excessif se retrouve avec une fréquence disproportionnée dans les couches inférieures de la société, mais le fait de se retrouver dans une situation inférieure peut aussi diminuer la capacité de l'individu à faire face au stress ». La vulnérabilité qui évoque les sensibilités et les faiblesses patentes ou latentes, immédiates ou différées peut être comprise comme une capacité (ou une incapacité) de résistance aux contraintes de l'environnement. A côté de l'indéniable dimension génétique, la construction épigénétique de la vulnérabilité peut être comprise comme le résultat de la perception par le nourrisson, puis l'enfant de sa possibilité d'anticiper sur les événements et d'en modifier le cours par sa propre compétence ou au contraire, son incapacité majeure à influer en quoi que ce soit sur le cours des événements. Le cas des enfants victimes des sévices illustre le développement épigénétique de cette vulnérabilité.

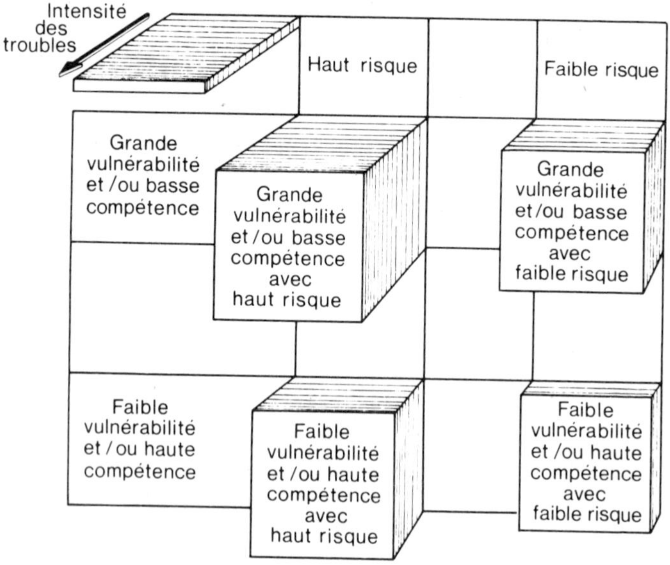

FIG. 5. – *Rapports entre vulnérabilité, compétence, facteurs de risque et présence de troubles.*

En conclusion, deux variables complémentaires sont ainsi définies : *la compétence* qui représente les capacités d'adaptation *active* du nourrisson à son environnement et la *vulnérabilité* (ou l'invulnérabilité) qui résulte de ses capacités de défense *passive.*

Compétence et vulnérabilité rendent compte des aléas des études prospectives sur la morbidité individuelle de nourrissons placés pourtant devant les mêmes facteurs de risques. Anthony propose ainsi une grille prenant en compte les rapports dialectiques existant entre risque, compétence et vulnérabilité dans l'apparition d'un trouble. La figure 5 tente d'illustrer l'interaction entre ces trois axes.

Bibliographie

ANTHONY (E. J.), CHILAND (C.), KOUPERNICK (C.) : *L'enfant à haut risque psychiatrique.* P.U.F., Paris, 1980, 1 vol. 550 p.

ANTHONY (E.J.), CHILAND (C.), KOUPERNIK (C.) : *L'enfant vulnérable* (série d'articles). P.U.F., Paris, 1982, 1 vol., 506 p.

BRAZELTON (T.B.) : Echelle d'évaluation du comportement néonatal. *Neuropsychiat. Enf.,* 1983, **31,** *2-3,* p. 61-96.

ESCALONA (S. K.) : Programmes d'intervention pour les enfants à haut risque psychiatrique. *In : L'enfant à haut risque psychiatrique.* P.U.F., Paris, 1980, p.61-73.

FREUD (S.) : *Inhibition, symptôme et angoisse.* P.U.F., Paris, 1951.

HERSOV (L. A.) : Risque et maîtrise chez l'enfant : les facteurs génétiques et constitutionnels et les premières expériences. *In : L'enfant à haut risque psychiatrique.* Anthony-Chiland-Koupernick. P.U.F., Paris, 1980, p. 91-102.

NAGERA (H.) : *Les troubles de la petite enfance.* P.U.F., Paris, 1969.

PELICIER (Y.) : Réaction et histoire de personnalité. *Conformité psychiatrique,* Spécia, Paris, 1974, *12,* p. 7-17.

SOULE (M.), SOULE (N.) : Les troubles réactionnels en psychiatrie de l'enfant. *Confrontations psychiatriques,* Spécia, Paris, 1974, *12,* p. 63-80.

22

L'enfant dans sa famille

Ce chapitre aborde l'étude de l'enfant dans sa famille. Bien que l'évolution culturelle soit très rapide, la famille nucléaire, c'est-à-dire l'ensemble père-mère-enfant reste le mode d'organisation sociale le plus fréquent dans notre société occidentale : il continue à servir de modèle et de référence malgré les nombreuses critiques qu'on lui adresse.

Etudier ce sujet, c'est non seulement parler de l'enfant réel, mais aussi de l'enfant tel qu'il existe dans le désir et les fantasmes de la mère, du père et du couple parental. Ceci revient à poser une double question : qu'en est-il du « désir d'enfant » ? ; que recouvre la « fonction parentale » ? La place que l'enfant occupe dans une famille provient à la fois de l'imaginaire parental (l'enfant que, dès avant sa conception, les parents ont en tête), mais aussi de la manière dont l'enfant réel se moule dans cet imaginaire compte tenu de ses compétences propres (le bébé interactif voir p. 40) et du possible ou impossible travail psychique parental de réaménagement fantasmatique (le deuil de l'enfant du fantasme pour s'adapter à l'enfant de la réalité). Le désir d'enfant, tel qu'il est consciemment ressenti par l'un et/ou l'autre des parents, varie à l'infini dans ses motivations et ses expressions : prouver sa fertilité, affirmer son statut d'adulte, vouloir être enceinte, vouloir un garçon, une fille, avoir envie d'un enfant avec ce partenaire, faire ce que veulent les parents, chercher à soigner une dépression, une mésentente de couple, remplacer un enfant perdu, etc. Ces motivations conscientes masquent en réalité les dispositions préconscientes et inconscientes des adultes en situation d'être parents : elles se situent au cœur même de la problématique œdipienne et de l'inscription de chacun dans son destin. L'enfant doit ainsi trouver sa place dans la dynamique psychique de l'individu (en tenant compte de la problématique œdipienne de chacun), du couple (qui souvent concrétise à travers l'enfant un idéal futur), de la famille (qui inscrit chacun des siens dans la mythologie familiale). On comprend la complexité de la « fonction parentale » impossible métier disait Freud, tant ses facettes sont multiples.

Pour notre part nous proposons de distinguer trois ordres de parentalité qui organisent chacun un axe relationnel principal, même si dans la réalité clinique ces trois « ordres » sont largement dépendants les uns des autres, d'autant plus dépendants qu'on se situe dans le registre de la normalité. Nous décrirons ainsi très succinctement l'ordre technocratique, l'ordre capitaliste, l'ordre symbolique et les regrouperons dans un tableau synthétique (voir tableau).

L'ordre technocratique consiste à élever un enfant. La science en est la puériculture et surtout de nos jours l'éthologie humaine. C'est le bébé réel interactif, auquel l'adulte est confronté dans une relation dyadique dont le prototype reste la relation mère-enfant. Le fantasme qui imprègne cet ordre est le « fantasme de séduction » dont une expression consciente est la question que se pose chaque mère : « serai-je capable de m'occuper de cet enfant ? », ce qui au niveau inconscient pourrait se traduire par : « serai-je capable de séduire mon enfant ? ».

L'ordre capitaliste renvoie au désir ou au besoin d'avoir un enfant. La science première en est la gynécologie-obstétrique, y compris dans ses dérivés les plus récents marqués par les techniques « modernes » de procréation artificielle. C'est ici le bébé fantasmatique auquel l'adulte est confronté, celui qui vient prendre place dans la névrose œdipienne de chacun au sein d'une relation triangulaire synchronique dont le prototype est la relation : père-mère-enfant. Le fantasme qui imprègne cet ordre est le « fantasme de scène primitive » dont une des expressions conscientes est : « puis-je avoir un enfant ? », ce qui au niveau inconscient pourrait se traduire par : « serai-je capable de prendre la place de mon père/ma mère dans la chambre parentale ? ».

L'ordre symbolique signifie être parent. La « science » pourrait en être l'ethnologie et la religion. C'est le bébé puis l'enfant imaginaire qui est ici concerné, celui que les parents projettent d'inscrire dans l'histoire familiale au sein d'une relation triangulaire diachronique transgénérationnelle dont le protopype est la relation entre grand-parents-parents-enfant. Le fantasme qui imprègne cet ordre est le « mythe des origines » dont une des expressions conscientes chez les parents à propos de leur enfant est la question « que deviendra-t-il/elle ? » et dont l'écho est chez l'enfant « d'où est-ce-que je proviens ? ».

Les précédentes remarques sont d'abord des repères destinés à montrer la complexité de cette fonction parentale. Dans de nombreuses cultures ces divers ordres de parentalité ne sont pas toujours assumés par les mêmes personnes : les géniteurs ne sont pas nécessairement ceux qui élèvent l'enfant, ni ceux que l'enfant appelle « père » ou « mère ». A travers l'adoption, les placements en institution ou en famille d'accueil, les techniques de procréation artificielle, on observe aussi dans notre société cette disjonction entre le fait d'avoir un enfant,

TABLEAU I. REPRÉSENTATION SCHÉMATIQUE DES DIVERS TYPE DE PARENTALITÉ

Type de Parentalité	Ordre Technocratique	Ordre Capitaliste	Ordre Symbolique
Fonction	Elever un enfant	Avoir un enfant	Etre parent
Science Fondatrice	Puériculture	Gynécologie Obstétrique	Ethnologie religion
Intervenants	mère/enfant	pére/mère/enfant	Famille/enfant
Type de relation	dyadique	Triangulaire synchronique	Transgénérationnelle diachronique
Type de bébé	bébé interactif	bébé fantasmatique	bébé imaginaire
Fantasme agissant	Fantasme de séduction	Fantasme de scène primitive	Fantasme des origines

d'élever un enfant ou d'être parent. Néanmoins dans la majorité des cas, la conjonction de ces trois ordres de parentalité sur les mêmes personnes peut être tenu pour une des caractéristiques de nos sociétés occidentales : la complexité ainsi évidente de la fonction parentale est-elle à la base de la complexité croissante de ces mêmes sociétés ?.

Cette complexité rend compte aussi des achoppements multiples de la fonction parentale. Sans croire à une causalité simpliste de type linéaire, il est évident que la « famille » joue un rôle fondamental aussi bien dans le développement normal que dans l'apparition de conditions psychopathologiques. Il n'y a pratiquement aucun chapitre de ce livre où il n'est implicitement fait référence au contexte familial : trouble psychosomatique précoce, bégaiement, psychose de l'enfant, etc. L'objet de ce chapitre n'est pas de regrouper ici ces divers axes psychopathologiques. Nous n'y avons retenu que les perturbations où la famille apparaît comme le facteur causal essentiel. Nous aborderons ainsi successivement le problème de la carence affective, puis les déviations pathologiques de la relation parents-enfants (enfants victimes de sévices, parents malades mentaux, enfants victimes d'inceste ou incestueux) ; enfin les problèmes posés par les familles incomplètes ou en crises (divorce, mère célibataire) pour terminer par l'adoption.

I. – Carence affective

La carence affective a fait l'objet d'importantes recherches dans les années 1940 à 1960, à une époque où l'efficacité thérapeutique nouvelle obtenue en particulier grâce aux antibiotiques a permis de poser un regard plus critique sur les conditions d'élevage des nourrissons, soumises jusque-là à des impératifs d'hygiène très rigoureux. Les travaux de L. Bender, L. Despert, de Spitz aux États-Unis, de A. Freud, de Bowlby en Angleterre, de J. Aubry, de M. David en France, témoignent de l'intérêt porté à cette question. De nos jours, la notion de carence de soins maternels conserve une place privilégiée, mais dans une optique légèrement modifiée : en effet, il n'est plus question de nos jours de mettre en doute, ou de contester la nocivité des conditions d'élevage en institution décrites par Spitz, des placements prolongés, des hospitalisations répétées (souvent pour des motifs futiles) ; en revanche l'attention se porte actuellement sur ce qu'on pourrait appeler « l'hospitalisme intrafamilial », dans des familles qui ne paraissent pas pouvoir donner à leur(s) nourrisson(s) ou leur(s) enfant(s) les diverses stimulations nécessaires. Ces « familles-problèmes », « familles à risques », ou « familles sans qualité » représentent le nouveau champ de l'action médicosociale.

A. – Définitions

La carence affective est multiple, tant dans sa nature que dans sa forme. Il est impossible de la définir de manière univoque car il faut tenir compte dans l'interaction mère-enfant de trois dimensions :

1°) l'insuffisance d'interaction qui renvoie à l'absence de la mère ou du substitut maternel (placement institutionnel précoce) ;

2°) la discontinuité des liens qui met en cause les séparations quels qu'en soient les motifs.

3°) la distorsion qui rend compte de la qualité de l'apport maternel (mère chaotique, imprévisible) ;

B. – Clinique

Il n'existe pas de sémiologie propre à l'enfant en situation de carence affective, sauf peut-être le tableau décrit par Spitz sous le nom « d'hospitalisme » dont il convient à vrai dire de reconnaître la rareté actuelle.

La carence affective produit des effets variables selon sa nature (insuffisance, distorsion ou discontinuité), mais aussi selon sa durée, selon l'âge de l'enfant, selon la qualité du maternage qui l'a précédée. Toutes ces variables rendent compte de la diversité sémiologique évolutive et pronostique observée dans les tableaux qu'on regroupe probablement à tort sous le nom de carence affective. Le terme plus général de désafférentation a été proposé car de caractère plus neutre (Ajuriaguerra).

Nous étudierons séparément les effets propres aux trois grands types de carences que nous avons définis : la clarté didactique rend souhaitable cette distinction, même si, en clinique, les interférences sont fréquentes, de même que les effets cumulatifs : par exemple la discontinuité des liens s'associe souvent à la carence par distorsion.

1°) Sémiologie de la carence par insuffisance : l'hospitalisme

Rappelons que, dans son travail princeps, Spitz a comparé le développement psycho-affectif de deux populations d'enfants. D'une part des enfants de mères délinquantes dans une institution pénitentiaire : chaque mère, malgré sa pathologie, s'occupait de son enfant pendant la journée avec l'aide d'une infirmière compétente. D'autre part des enfants placés en orphelinats, recevant des soins hygiéno-diététiques sans défaut, mais manquant de tous contacts humains chaleureux pendant une grande partie de la journée. La réaction d'hospitalisme s'observe dans la seconde population, et n'apparaît dans la première qu'après une séparation d'avec la mère.

Spitz décrivit trois phases : phase de pleurnichement, phase de glapissement, de perte de poids et d'arrêt de développement, phase de retrait et de refus de conctact, aboutissant au tableau de « dépression anaclitique » déjà décrit p. 338.

Sur le plan méthodologique ce travail fut critiqué en raison de l'absence d'explorations somatiques complémentaires. Certains pédiatres ont ainsi émis l'hypothèse que les enfants décrits par Spitz étaient en réalité en période d'incubation d'une maladie infectieuse ou étaient peut-être atteints d'encéphalopathies évolutives. Mais ceci ne retire rien à l'extraordinaire fonction de sensibilisation que ce travail eut à son époque.

Actuellement les institutions s'occupant de nourrissons ont dans leur majorité pris conscience des dangers de la carence affective : des efforts ont partout été accomplis pour limiter le nombre d'intervenants (souvent très élevé lorsqu'on prend la peine de l'évaluer avec précision) auprès du même enfant, pour favoriser les contacts maternants, et surtout pour éviter les placements institutionnels. On peut considérer maintenant que, dans les pays occidentaux, l'hospitalisme décrit par Spitz est devenu une rareté.

2°) Sémiologie de la discontinuité des liens : la séparation

La séparation mère-enfant reste un événement trop fréquent dans les conditions de vie actuelle, bien qu'on en sache les dommages. Bowlby a décrit les trois stades de la réaction à la séparation (v. p. 334) :

1°) phase de protestation ;
2°) phase de désespoir ;
3°) phase de détachement.

Cette réaction est particulièrement intense chez l'enfant de 5 mois à 3 ans ; la répétition des séparations semble aussi très nocive car l'enfant développe rapidement une extrême sensibilité et une angoisse permanente qui se traduit par une dépendance excessive à son environnement (réaction **d'attachement angoissé** de Bowlby). En dehors des manifestations directement liées à la séparation on observe, surtout lorsque la séparation se prolonge :

– un arrêt fréquent du développement affectif et cognitif avec des chutes parfois spectaculaires des Q.D. et des Q.I.;

– des perturbations somatiques : grande fragilité aux infections, maladies fréquentes ;

– des troubles psychosomatiques (anorexie, énurésie, troubles du sommeil) ;

– la symptomatologie décrite dans le cadre de la dépression (v. p. 336) et sur laquelle nous ne reviendrons pas ici ;

– chez l'enfant plus grand, les difficultés d'adaptation à l'école, les troubles du comportement sont habituels.

L'évolution dépend de l'âge au moment de la séparation et de la durée de celle-ci. Ainsworth résume dans un rapport de l'O.M.S., de manière très pertinente, ces divers facteurs :

1°) la réparation des dommages résultant d'une séparation frustrante de courte durée semble être assez rapide et assez complète en ce qui concerne le comportement dans les conditions ordinaires. Il y a cependant des raisons de penser que le sujet reste vulnérable aux menaces de séparations pouvant intervenir par la suite : en d'autres termes, il y aurait au moins un dommage « masqué » qui interdit de parler de réversibilité complète.

2°) La suppression de la carence, même après des expériences frustrantes assez prolongées dans la première enfance, peut amener une amélioration rapide et considérable du comportement manifeste et des fonctions intellectuelles générales ; toutefois, l'apparition de la parole peut être retardée même si la carence cesse avant que le sujet ait atteint l'âge de douze mois, et l'on ne peut exclure la possibilité d'effets sur d'autres aspects spécifiques des processus intellectuels et des fonctions de personnalité tant que des recherches approfondies n'auront pas fait toute la lumière voulue.

3°) Lorsqu'elle est grave et prolongée, qu'elle commence au début de la première année de vie et persiste pendant trois ans, la carence a généralement, tant sur les processus intellectuels que sur la personnalité, des effets très fâcheux qui paraissent irréversibles.

4°) Lorsqu'ils commencent au cours de la deuxième année de vie, les épisodes de carence grave et prolongée ont sur la personnalité certains effets défavorables qui sont à la fois profonds et durables, mais les atteintes à l'intelligence semblent généralement être complètement réversibles.

5°) Les effets de l'âge, au début et à la fin de l'expérience de carence, conditionnent incontestablement la réversibilité du dommage mais on ne les connaît pas de façon assez détaillée pour fixer les limites précises à une phase sensible du développement de tel ou de tel processus particulier.

6°) D'une manière générale, on peut dire que moins le nourrisson était avancé dans sa première année de vie au moment où la carence a pris fin (et par conséquent moins la carence a été longue), plus le développement ultérieur aura de chance d'être normal ; passé la première année, plus l'enfant était âgé lorsque la carence a débuté, plus la réparation du dommage causé par une expérience de durée donnée sera facile et complète.

7°) Certaines altérations semblent être moins facilement et moins complètement réversibles que d'autres ; c'est le cas de celles qui affectent la fonction verbale, la fonction d'abstraction et l'aptitude à nouer des attachements interpersonnels profonds et durables.

8°) Une psychothérapie intensive, surtout si elle est pratiquée lorsque l'enfant est encore très jeune, permet souvent d'atténuer considérablement certains effets très graves que la simple suppression de la carence ne suffit pas à faire disparaître.

9°) Les épisodes ultérieurs d'insuffisance, de distorsion ou de discontinuité des relations interpersonnelles peuvent entretenir ou faire réapparaître des altérations qui, autrement, auraient été plus ou moins complètement réversibles.

3°) Sémiologie de la carence par distorsion : les familles-problèmes

Si les effets de l'absence de relation ou de la séparation mère-enfant sont bien connus, plus récente est l'attention portée aux familles qui vivent dans des conditions socio-économiques difficiles, familles dans lesquelles les risques de morbidité physique et mentale paraissent particulièrement élevés pour les enfants. En effet, des diverses enquêtes épidémiologiques menées sur une assez grande échelle, une constante ressort régulièrement : *« la seule population à haut risque qui soit définie est constituée par les enfants élevés dans une misère intense et chronique »* (Escalona).

Le profil de ces familles n'est certes pas univoque mais on retrouve fréquemment certains traits. Au niveau du couple parental, la misère sociale chronique est constante, l'insertion professionnelle du chef de famille toujours aléatoire et instable. L'histoire du couple présente de nombreuses ruptures et de nouvelles unions plus ou moins transitoires. L'alcoolisme, la violence des relations entre adultes sont habituels. Il est rare que la famille soit incomplète, constituée uniquement de figure maternelles (grand-mère, mère et enfants), mais en revanche, les figures masculines occupent souvent une place annexe (chômage, absence prolongée, invalidité, hospitalisation...).

Les enfants ont rarement un développement normal. Les fratries sont nombreuses. Les écarts entre chaque naissance toujours brefs, encore raccourcis par la fréquence des incidents obstétricaux de la mère. Dans la petite enfance, les épisodes somatiques et la carence de soin sont au premier plan, tandis que ces bébés paraissent bénéficier d'apports affectifs suffisants. Signalons cependant un taux de mortalité infantile plus élevé que la moyenne, quelles qu'en soient les causes (Diatkine).

Chez l'enfant d'âge préscolaire et scolaire, le langage est constamment perturbé, avec parfois même des retards massifs : troubles articulatoires, mais aussi pauvreté du stock verbal, agrammatisme (non-utilisation du « je », mauvaise utilisation des pronoms). Les difficultés intellectuelles sont constantes : la majorité des enfants se situe dans la zone de la débilité limite ou légère (55 < Q.I. < 85) alors que le premier développement s'est effectué normalement. Avec l'âge, les troubles du comportement sont fréquents, mêlant parfois l'inhibition et/ou le retrait avec des attitudes de prestance ou des conduites antisociales. On ne s'étonnera pas de la constance de l'échec scolaire.

Les psychoses infantiles ne paraissent pas particulièrement fréquentes dans cette population, tout comme les organisations névrotiques bien structurées. En revanche, la pathologie comportementale, le passage à l'acte sont fréquents. Ce type de symptomatologie associé à la dysharmonie cognitive évoque la pathologie « limite » décrite p. 367.

L'avenir lointain est dominé par les possibilités d'adaptation sociale : le risque de marginalité, de délinquance et de psychopathie est particulièrement grand. On retrouve fréquemment dans l'histoire des adolescents déviants, ce contexte de « famille-problème », avec l'habituelle dévalorisation de soi, l'absence d'idéal du moi satisfaisant et des faillites très primitives dans l'investissement narcissique du soi.

C. – Abord psychopathologique

Chaque type de carence décrit ci-dessus renvoie, semble-t-il, à une période critique particulière et met en jeu des mécanismes psychopathologiques différents.

■ **Dans la carence par insuffisance,** le rôle du manque d'apport affectif libidinal est prévalent. Chez l'adulte la désafférentation sensorielle totale (expérience de privation) peut provoquer, on le sait, des troubles sérieux de type « hallucinose », troubles parfois accompagnés d'une certaine obnubilation et d'un état confusionnel. En même temps les sujets recherchent activement une source extérieure de stimulation et de compagnie dans un climat d'anxiété qui peut être vive. Il convient certes de ne pas faire d'équivalence directe entre la privation sensorielle transitoire et réversible d'un adulte au psychisme déjà structuré et le vécu d'un nourrisson en situation de carence affective et/ou sensitivo-sensorielle. Toutefois pour Lébovici et Soulé *« la situation d'isolement des afférences produit un déplacement où l'équilibre entre les données intéro, proprio et extéroceptives se fait au* *détriment de ces dernières et en faveur des premières. Cette modification d'équilibre dynamique modifie les frontières du Moi et altère le sentiment d'identité personnelle ».* En outre, selon Spitz, les pulsions agressives ne trouvant plus d'objet pour leur décharge, se retournent sur le Moi du nourrisson à une époque où le Moi est encore trop inorganisé pour avoir pu prendre le corps comme objet d'investissement libidinal (narcissisme secondaire) : ceci expliquerait l'absence ou l'épuisement rapide des auto-stimulations, puis l'état de misère physiologique.

■ **La psychopathologie de la séparation,** surtout après qu'un lien affectif stable ait été établi (après 5-6 mois) renvoie à la problématique de la perte d'objet (v. dépression p. 334). Toutefois, pour Bowlby, la frustration provoquée par la non-satisfaction du besoin primaire d'attachement expliquerait la réaction de colère, puis d'hostilité envers la figure frustrante.

■ **Quant à la carence par distorsion,** les facteurs sociologiques, économiques et même politiques ont à l'évidence une responsabilité très importante : il n'est pas question de les nier. D'ailleurs les services sociaux s'interrogent toujours sur l'utilité de leur action lorsqu'elle ne prend pas en compte cette dimension. Toutefois une approche individuelle met en évidence des perturbations particulières dans le fonctionnement psychique.

Pour G. Diatkine une partie de ces troubles, en particulier les difficultés cognitives, ainsi que le retard de langage, serait imputable aux principaux modes de communications intrafamiliaux. Ainsi dans ces familles on observe une disparition de tous les couples antithétiques autour desquels se structurent non seulement la vie, mais aussi la pensée de l'enfant : nuit/jour, faim/satiété, présence/absence, propre/sale, manque/satisfaction, amour/haine..., n'ont pas de signification : l'enfant est nourri quand l'adulte y pense, couché ou levé à n'importe quelle heure, les adultes apparaissent ou disparaissent sans raison, s'aiment ou se battent alternativement. L'enfant ne paraît jamais investi en tant qu'individu ; en effet l'ensemble de la fratrie constitue le plus souvent, et de façon plus ou moins indistincte, le soutien narcissique nécessaire aux parents (ce qui explique aussi les difficultés à accepter une contraception régulière et efficace). Cette absence totale de repère, l'impuissance complète dans laquelle se trouve l'enfant de pouvoir modifier ou même simplement d'espérer modifier son environnement, semblent vider de tout sens l'utilisation des processus mentaux. De même, devant l'angoisse permanente, les traumatismes incessants, l'inorganisation psychique avec une simple adaptation de surface paraît être l'issue la moins dangereuse.

Au plan structurel, en effet, ces enfants qui vivent au sein de familles-problèmes ne paraissent pas avoir pu différencier leur Surmoi (resté toujours très archaïque, proche du Surmoi maternel primitif tout-puissant) de l'idéal du Moi (marqué avant tout par le vide, l'absence et l'impuissance). Cette carence narcissique de base est sans cesse déniée soit par la fragile adaptation de surface, soit par le passage à l'acte : elle restera souvent, pendant la vie de l'enfant et surtout de l'adolescent et du futur parent, la faille fondamentale qui rend compte de la reproductivité d'une génération sur l'autre de cette pathologie : l'adulte devenu parent n'aura aucune image parentale intériorisée sur laquelle se reposer, investira ses enfants comme soutien narcissique et reproduira la situation de carence.

II. – Relations parents-enfants pathologiques

A. – Enfants victimes de sévices : enfants battus

L'enfant battu est devenu en quelques années un objet d'étude médico-légal. Si quelques observations (Tardieu, Parisot) ont fait état au début du siècle de ce problème, il n'est réellement devenu un sujet de préoccupations des pédiatres que depuis les années 1950. C'est aux États-Unis d'abord avec les travaux d'Ingraham, de Sylverman, en France avec Strauss et Manciaux que la question des enfants victimes de sévices fut ouvertement étudiée.

1°) Fréquence

Elle dépend à l'évidence des conditions de dépistage, mais aussi du contexte culturel en rapide évolution. Il y a quelques 30 ou 40 ans, infliger une correction à son enfant, faisait partie intégrante du cadre éducatif (« qui aime bien, châtie bien ») à tel point que les sévices physiques étaient codifiés dans les institutions (les célèbres institutions anglaises avec leur fouet). De nos jours, les parents qui sous l'emprise d'une impulsion ou d'une colère donnent une fessée à leur enfant se sentent aussitôt coupables. Aussi avant de s'effrayer d'une violence de plus en plus grande, convient-il de faire preuve d'un minimum de recul historique et de savoir que la violence faite à l'enfant, si elle n'était jadis dénoncée ni par le médecin ni par la justice, était peut-être une réalité trop banale pour être observée. Quoi qu'il en soit, il est vrai que depuis les premières parutions le nombre de cas rapportés croît de façon inquiétante : 1 enfant battu pour 200 hospitalisés à Bretonneau (1968). Aux États-Unis, il y eut 749 cas d'enfants battus rapportés pendant l'année 1962, dont 78 décès et 114 séquelles permanentes. Le nombre d'enfants victimes de sévices a augmenté de 500 % à New York entre 1961 et 1970, et en 1973, l'hypothèse de sévices était envisagée dans 19 000 cas. En 1979, 4 000 cas ont été rencensés officiellement pour l'ensemble de la France, et il y aurait eu 600 décès, soit une mortalité de 15 %. Cependant il s'agit des cas les plus graves ; le nombre total d'enfants victimes de sévices est probablement beaucoup plus élevé, approchant 25 000 (Auban). 80 % des enfants ont moins de 3 ans, et 40 % moins d'1 an. Selon Strauss et Manciaux, 3 à 4 % des enfants sont en danger de mort, les récidives s'observant dans 50 à 60 % des cas en l'absence de mesures de protection de l'enfant.

2°) Description clinique

Nous ne décrirons pas en détail le syndrome clinique qu'on retrouvera aisément dans la majorité des manuels de pédiatrie. En effet, c'est le plus souvent au médecin généraliste ou au pédiatre (du service de P.M.I., du service hospitalier) qu'incombe le diagnostic de sévices chez l'enfant. Habituellement le pédopsychiatre intervient une fois ce diagnostic établi : aussi plus que sur le diagnostic nous insisterons sur le rôle de prévention des rechutes, puis d'encadrement de l'enfant et de la famille.

a) Lésions dermatologiques

Ce sont les plus banales et les plus fréquentes :
- ecchymoses et hématomes qui siègent en particulier aux arcades sourcilières, au nez (avec fracture) ;
- plaques d'alopécie ;
- brûlures (cigarettes, fer à repasser, eau chaude) ;
- griffures, coupures, traces de lien, etc.

b) Fractures (syndrome de Sylverman)

– Chez le nourrisson une fracture est hautement suspecte : déformation d'un membre avec arrachement métaphysaire ou décollement périosté.

– Chez le grand enfant, ces fractures n'ont rien de particulier, sinon que leurs sièges témoignent parfois de la contusion directe : fracture du crâne, des côtes.

c) Hématomes sous-duraux

Ils ont été à l'origine de la description de ce syndrome après qu'on ait pendant longtemps parlé d'hématomes sous-duraux idiopathiques ! Ils peuvent se révéler par des convulsions, un coma, des hémorragies.

d) État général

La majorité des enfants présentent un médiocre état général : dénutrition, hypotrophie, retard de croissance pouvant aller jusqu'au véritable nanisme par carence de soin (v. p. 360). Un rachitisme, une anémie témoignent de l'existence d'une carence de soins associée aux sévices.

e) Troubles du comportement

Ils s'observent à partir de 12-18 mois. Outre le mauvais état général, certains enfants se montrent craintifs à l'excès, guettant du regard l'approbation de l'adulte avant de s'autoriser le moindre geste, paraissant figés. Le moindre mouvement de l'adulte provoque de leur part un geste de protection. On a décrit chez certains enfants un état de **« vigilance glacée »**, c'est-à-dire une attention anxieuse et immobile portée à l'entourage, comme si l'enfant scrutait anxieusement l'environnement pour y déceler un danger potentiel ou pour découvrir et anticiper le désir de l'autre. A l'opposé, certains font preuve d'un manque de réserve étonnant : ils vont trop facilement vers l'étranger, ne paraissent pas s'inquiéter du départ de leurs parents, établissent aussitôt avec les infirmiers une relation trop immédiate ou trop régressive. Cette familiarité, cette absence de crainte de l'étranger révèle la distorsion profonde de la relation avec les parents. Chez l'enfant plus grand on observe aussi deux types de comportement : soit une grande timidité avec repliement craintif, soit à l'opposé une instabilité importante associée à des comportements souvent cahotiques et volontiers violents, en particulier avec les enfants de leur âge ou plus petits. L'échec scolaire est fréquent, même quand le niveau intellectuel est normal.

Nous aborderons là l'importante question des *sévices moraux* : bien que moins apparents, ces sévices moraux représentent une autre manière d'exercer la violence à l'encontre d'un enfant, violence plus subtile et peut-être plus dommageable aussi sur le plan psychologique. Le catalogue des sévices moraux dresserait en réalité le tableau des capacités d'invention humaine au service de l'agressivité, c'est dire qu'il n'y a pas de limite depuis les contraintes du corps (bras en l'air, immobilité physique, attitudes diverses imposées, etc.) jusqu'aux contraintes morales. La ligne de partage entre la réprimande ou la menace banale et la violence morale est loin d'être évidente. Pour notre compte il nous semble que la dimension pathologique est atteinte lorsque la jouissance à punir l'emporte sur la stricte nécessité éducative. Nous reviendrons sur ce point.

3°) Diagnostic

Ce n'est pas tant le diagnostic des lésions, aisé à faire, que la reconnaissance des sévices qui pose problème. Celle-ci repose sur :

– le caractère et l'association des lésions, l'aspect général de l'enfant ;

– l'amélioration rapide et « inexplicable » durant l'hospitalisation ou la séparation d'avec les parents ;

– la discordance enfin entre les données de la clinique et les résultats de l'entretien avec les parents.

Le problème de l'**aveu des parents** est trop souvent au centre de la démarche quasi policière de l'enquête pédiatrique. A ce niveau tout existe, depuis les parents qui annoncent tantôt dans un contexte de lourde culpabilité, tantôt avec une innocence feinte ou non, les brutalités, jusqu'aux parents niant farouchement tout mauvais traitement, rejetant la faute sur l'enfant (il est tombé) ou sur un tiers (on l'a poussé), en passant par ceux qui « avouent sans avouer », avec une note perverse évidente du style : « Je l'ai laissé tomber » ou « Il a dû marcher sur la cigarette »...

L'aveu ou le non-aveu n'entraîne d'ailleurs aucune incidence sur l'évolution ultérieure de l'enfant.

4°) Contexte psychologique

a) Du côté des parents

Le regard s'est d'abord porté de leur côté pour chercher les causes profondes de leur comportement.

Notons d'abord les facteurs de morbidité générale : faible niveau socio-économique (encore que cela soit de moins en moins vrai), fréquence des situations familiales irrégulières (séparations, remariages, mères célibataires).

Les mères sont âgées en moyenne de 26 ans, les pères de 30 ans. L'étude des *antécédents des parents* est très éclairante. Une grande partie d'entre eux ont connu une enfance difficile (solitude, carence de soins ou carence affective, placements multiples). Il n'est pas rare qu'eux-mêmes aient été victimes de mauvais traitements parfaitement intégrés dans leur schéma éducatif et leurs identifications parentales. La mère apparaît fréquemment comme immature, égocentrique et narcissique. Le désir de réparation de sa propre carence représente souvent le facteur motivant essentiel pour avoir un enfant. Dans ce cas, une satisfaction magique, un bien-être, un apaisement du sentiment de carence sont attendus de la part de l'enfant : la mère ne tolère pas les soucis inéluctables que ce dernier suscite. Ainsi, à titre d'exemple, quand son enfant pleure, la mère ne considère pas que ces pleurs témoignent d'un malaise chez l'enfant, quel qu'il soit (faim, besoin de dormir, couches sales...), mais que ces pleurs traduisent la colère de l'enfant à son égard, que le bébé est méchant, qu'il lui en veut. De même quand il salit ses couches, ce n'est pas parce qu'il avait simplement besoin de faire ses selles, c'est parce qu'il avait l'intention délibérée d'ennuyer sa mère ou de lui nuire. Chez ces mères profondément carencées, aux défaillances narcissiques profondes, toutes les conduites de l'enfant sont ressenties par rapport à leur propre besoin ; chaque manifestation du bébé ou de l'enfant qui témoigne d'un fonctionnement autonome et qui ne comble pas nécessairement ces défaillances parentales est ressentie comme une attaque, un désaveu ou au minimum un reproche. A ce fond de carence s'associe une impulsivité fréquente, les sévices survenant dans un contexte de décharge agressive impulsive. Ainsi certains parents anxieux, eux-mêmes carencés dans leur enfance, sont profondément angoissés par les pleurs de leur bébé, pleurs qui réactivent leurs anciennes frustrations et détresse et qu'ils veulent faire cesser aussitôt en cherchant à satisfaire le bébé : n'y arrivant pas, ils déchargent leur angoisse par le passage à l'acte impulsif mais aussi agressif.

Kempé évoque la notion de « *crise familiale* » comme facteur déclenchant les sévices, crise expliquée par l'aggravation des conditions affectives et sociales déjà médiocres, à la suite d'une mésentente de couple, d'une nouvelle naissance, d'un déménagement avec isolement social plus important, d'une perte de travail, d'une hospitalisation d'un membre de la famille, etc. En outre, les parents sont souvent isolés de leurs propres familles : ils sont en situation de rupture ou de rejet de la part de leurs propres parents (les grands-parents de l'enfant battu) ou entretiennent avec ceux-ci des relations de dépendance profondément ambivalentes dans lesquelles le passage à l'acte, voire même la violence dominent.

Les deux membres du couple sont habituellement impliqués ensemble. Il est rare que les sévices soient ignorés par l'un des parents. Le plus souvent l'un d'eux est l'acteur, mais l'autre, soit accepte tacitement, soit même provoque le passage à l'acte. Il se conduit souvent en complice, en s'arrangeant pour trouver des excuses, dissimuler les sévices ou la négligence. Lorsqu'existe cette connivence active entre parents, le pronostic paraît particulièrement inquiétant.

L'existence d'une *pathologie psychiatrique manifeste* chez l'un ou les parents est diversement évaluée ; Strauss relève un pourcentage élevé d'alcoolisme (30 %) et de débilité (30 %) chez l'un ou les parents. Selon Kempé la majorité des parents maltraitants ne présente pas une pathologie mentale spécifique ; toutefois pour 10 % d'entre eux la pathologie mentale constitue un signe de mauvais pronostic. Ces 10 % se répartissant de façon à peu près égale en parents souffrant d'une psychose hallucinatoire incluant l'enfant (2 % environ), parents psychopathes très impulsifs (2 à 3 %), parents pervers (1 à 2 %) et parents fanatiques ou idéalistes, type « témoins de Jehova » (2 à 3 %). La majorité des parents présente en réalité des perturbations qui ne s'inscrivent pas dans une catégorie nosographique précise, mais qui appartiennent au cadre des troubles de la personnalité dominés par la carence narcissique et l'immaturité.

b) Du côté de l'enfant

Après une période d'attitude inquisitoriale à l'égard des parents, les regards se sont tournés vers l'enfant lui-même, d'autant que, quand il y a des fratries nombreuses, la victime est habituellement unique.

L'enfant occupe parfois une place particulière : enfant adultérin, handicapé moteur ou psychomoteur. Il faut surtout signaler l'extrême fréquence d'antécédent de **prématurité** (26 % chez les enfants victimes de sévices contre 6 à 7 % dans la population générale) et d'antécédents **d'hospitalisation** (38 %) ou de **placements** divers (40 %).

Lorsqu'on interroge les parents sur les caractéristiques propres de l'enfant victime de sévices, plus d'un tiers des parents se plaignent de difficultés précoces avec cet enfant (sommeil et alimentation en particulier), révélant des conditions d'élevage difficiles souvent vécues par les parents ainsi que cela a déjà été dit, comme des manifestations d'agressivité ou de désaveu de l'enfant à leur égard. L'ensemble de ces éléments conduit à évoquer la notion de « *l'enfant cible* » autour duquel s'organisent les interactions les plus pathologiques.

c) Approche psychopathologique de l'interaction parent-enfant battu

L'existence d'une interaction agressive et de sévices exercés par l'un des parents sur son enfant risque de perturber durablement l'organisation de la personnalité de ce dernier. Outre les séquelles décrites des lésions traumatiques (en particulier encéphalopathies déficitaires à la suite de traumatismes crâniens parfois répétés, d'hématomes intra ou extra-cérébral...), les « séquelles psychopathologiques » s'observent à divers niveaux. Au plan de la personnalité, sous-jacent aux troubles du comportement déjà décrits (soit sur le versant de l'inhibition, soit sur celui de l'instabilité-agitation), il s'agit toujours d'enfants qui ont des difficultés à développer un sentiment d'identité stable et satisfaisant. Ils doutent toujours d'eux-mêmes, n'ont aucune bonne estime d'eux-mêmes. Ils ont tendance à dévaloriser et mésestimer ce qu'ils font et par conséquent ne s'attachent pas à réussir la moindre tâche : la difficulté, le début de l'échec dans leurs réalisations provoquent aussitôt l'abandon et le retrait. N'attendant rien de bon de l'adulte, ils ne cherchent pas à communiquer avec lui, à exprimer leur vécu interne : les capacités de communication sont en général médiocre comme en témoigne la fréquence du retard de langage.

Ayant besoin de préserver une image pas trop mauvaise de leurs parents, bon nombre d'enfants victimes de sévices pensent que ces sévices sont le juste châtiment de leurs fautes, de leurs médiocres conduites, d'où une image encore plus dévalorisée d'eux-mêmes accompagnée du développement de conduites masochiques répétées.

L'ensemble de ces éléments explique la *fréquente dimension dépressive* où se mêlent à la fois un sentiment fréquent d'accablement (il n'y a rien à attendre de l'environnement qui répond toujours par des passages à l'acte agressifs quelles que soient les initiatives prises par l'enfant) et un sentiment de culpabilité (pour préserver une image pas trop négative du parent).

Aux tests projectifs on retrouve habituellement des difficultés à intégrer les images paternelles et maternelles, associées à une vive anxiété, d'où fréquemment des flottements et des incertitudes dans la propre image du corps et dans l'identité sexuée de l'enfant.

Quelle que soit l'organisation de la personnalité ultérieure, deux séries de mécanismes psychiques de défenses semblent fréquents : l'identification à l'agresseur, l'érotisation secondaire des sévices. Un élément paraît fréquent au fur et à mesure que l'enfant grandit : habitué et élevé dans une relation de violence, il en vient peu à peu à la considérer comme quasiment normale, puis dans un second temps, comme le mode d'échange privilégié avec son parent. Sur le plan psychopathologique se situe d'abord un nœud privilégié du fonctionnement mental : l'identification à l'agresseur est, comme l'a bien montré A. Freud, l'un des principaux mécanismes mentaux grâce auquel l'enfant se défend des inévitables envahissements de l'environnement. L'enfant battu est placé dans des conditions « expérimentales » d'identification à l'agresseur d'autant plus qu'ici, l'agresseur est une image naturelle d'identification : l'un des parents. Il peut utiliser ce mode défensif en subissant la relation avec l'adulte mais en revanche, en agressant le reste de l'entourage, en particulier les autres enfants, en développant une instabilité réactionnelle qui à son tour sert de justification ou de renforcement de la conduite agressive de l'adulte.

Le second palier après ce niveau d'identification à l'agresseur est marqué par l'érotisation secondaire de la relation parent-enfant centrée autour de la relation agressive. Arrivé à ce point, se trouve nouée une relation hautement pathologique entre un adulte dont les décharges agressives sont parfois directement objets de jouissance, et un enfant qui érotise secondairement sa souffrance, et pour lequel le masochisme tend à devenir une position privilégiée, puis recherchée. Une situation relativement stable où l'enfant induit la décharge agressive de l'adulte risque alors de bloquer toute possibilité évolutive. Un tel type d'interaction peut se mettre en place alors que *l'enfant est encore très jeune, dès 2 ans 1/2 à 3 ans.*

A long terme l'évaluation psychopathologique de l'enfant ayant subi dans son jeune âge des sévices dépend à l'évidence de la rapidité d'intervention des services appropriés, de la qualité et de la stabilité des thérapeutiques mises en œuvre. L'importance initiale des sévices ne semble pas un élément déterminant du pronostic, sauf quand ces sévices ont provoqué des séquelles neurologiques. En revanche, il est souvent difficile de faire la part entre les sévices eux-mêmes et la carence affective avec des séparations multiples fréquemment associées. Sans pouvoir apporter d'évaluation chiffrée, les diverses études notent l'existence d'enfants profondément perturbés (état psychotique, état déficitaire), assez perturbés (troubles entrant dans le cadre d'une prépsychose ou d'une dysharmonie évolutive) ou légèrement perturbés (symptômes névrotiques obsessionnels ou phobiques). Dans toutes les études, les enfants qui semblent ne présenter à distance, même lointaine, aucune séquelle restent minoritaires et se retrouvent tous dans les cas où une *stabilité du cadre de vie* (soit chez les parents avec disparition des sévices, soit dans une famille d'accueil) a pu être préservée.

5°) La réponse première aux sévices

La gravité du pronostic (risque de mortalité et de séquelles physiques ou psychiques), la fréquence des récidives en l'absence de mesures appropriées, montrent la nécessité d'adopter une conduite de prévention.

a) Le consultant

Généraliste, pédiatre, rarement pédopsychiatre, il est souvent mal placé pour entamer cette action. Toutefois la loi du 15 juin 1975 précise que « les médecins ont la faculté de porter à la connaissance des autorités les sévices ou privations à enfants dont ils peuvent avoir connaissance » (ce qui n'est pas une obligation). Cette loi lève ainsi dans ce domaine, la nécessité du secret médical. Cependant la majorité des consultants ne voient pas ces enfants ou ne les voient pas au moment des sévices.

Le plus souvent c'est le médecin de P.M.I., le médecin scolaire ou le médecin hospitalier qui constate les lésions. Exceptionnellement l'entourage, les voisins signalent les cas.

b) Les services à alerter

On peut établir une sorte de hiérarchie dans la gravité des signalements.

– Les services de P.M.I. avec à leur tête un médecin-chef départemental peuvent assurer la surveillance médicale si les parents l'acceptent. Un service d'assistantes sociales ou de puéricultrices qui peuvent aller à domicile, représente souvent un relais utile aux consultations médicales.

– *Le service de l'Aide sociale à l'Enfance* (A.S.E.) en dehors de ses institutions propres (v. p. 464) peut aider la famille financièrement lorsque la situation économique paraît un des éléments prédominants. Il dispose également d'assistantes sociales ou de travailleurs sociaux à domicile pouvant assurer l'encadrement et le soutien souhaitable dans une famille consentante.

– *Le juge des enfants* (pour plus de détails voir p. 469) représente le recours nécessaire lorsque le diagnostic paraît suffisamment sûr et que les parents s'opposent aux mesures précédentes. Il peut être saisi par quiconque. Il dispose à la fois d'une « puissance morale » et de moyens légaux propres à imposer la surveillance nécessaire. Son action peut se limiter à suggérer et faire accepter aux parents la surveillance par les services de P.M.I. ou de l'A.S.E., sans autre contrainte. Si les parents s'y refusent, il prend alors une ordonnance de protection et de surveillance : les consultations deviennent obligatoires.

Il dispose d'un service d'Aide éducative en milieu ouvert (E.M.O.) (v. p. 470) et peut, s'il y est contraint, imposer un placement institutionnel ou familial lorsque le maintien de l'enfant dans la famille s'avère impossible.

c) L'attitude thérapeutique

C'est généralement en fin de parcours et pour les cas les plus graves que le pédopsychiatre est amené à rencontrer l'enfant victime de sévices et ses parents. Il les voit en effet soit à la demande des services de P.M.I. ou de l'A.S.E., soit directement comme pédopsychiatre dans une équipe d'E.M.O., soit enfin comme responsable d'une institution ou d'un service de placement familial. De toute façon, il intervient dans les cas les plus difficiles, ceux où les conseils éducatifs, l'aide bienveillante des services sociaux a échoué ou a été refusée.

Un certain nombre de malentendus doivent d'abord être levés : les parents qui battent leur enfant ne le font pas toujours dans un climat de malveillance consciente et manifeste. Généralement ils sont débordés par leur propre réaction agressive et peuvent éprouver à l'égard de leur enfant un profond attachement. D'autres se sentent dépouillés par ces interventions multiples de leurs fonctions de parents, la violence faisant partie, selon eux, de ces fonctions (soit par l'identification à leurs propres parents, soit du fait d'un contexte culturel différent du contexte occidental) : ils ne comprennent pas le sens de ces interventions. De son côté, l'enfant est souvent profondément attaché à ses parents malgré ce qu'il subit.

Ces remarques sont d'autant plus importantes que l'enfant est grand. A l'évidence, chez le nourrisson, la pathologie parentale est au premier rang, mais très vite chez l'enfant de 3-4 ans peut s'instaurer une interaction pathologique où l'identification à l'agresseur et l'érotisation masochique secondaire de l'enfant vont constituer des incitations à la pathologie parentale avec pour résultat l'établissement d'un cercle vicieux difficile à interrompre et le risque de récidive.

d) La séparation parent-enfant

La tendance actuelle est au maintien de l'enfant dans sa famille. Toutefois il importe de préciser que si cette tendance est louable en soi, elle ne doit pas devenir un acte de foi utopique ou conduire à l'aveuglement des services qui interviennent.

En période de « crise », la menace de répétitions des sévices ne doit pas faire hésiter pour proposer une séparation en plaçant l'enfant soit en institution, soit surtout dans un placement familial. Mais le risque d'une réponse au moment de la crise est de multiplier ces placements transitoires.

La séparation prolongée avec maintien de l'enfant en placement familial thérapeutique (v. p. 509) peut être nécessaire en cas de pathologie parentale patente, si « l'enfant cible » paraît particulièrement vulnérable ou « décevant » aux yeux des parents, si les mesures d'aides proposées n'ont pas eu d'effet rapide. La stabilité et la durée de la solution thérapeutique choisie représentent les meilleurs critères d'évolution favorable ou du moins d'évolution pas trop défavorable, comme le montrent clairement toutes les études catamnestiques au long cours.

B. – Parents malades mentaux

La maladie mentale d'un ou des parents constitue un « facteur de risque » certain, mais dont le poids est diversement apprécié. Ces fluctuations dépendent de la rigueur utilisée pour le diagnostic psychiatrique des parents. Ainsi, à titre d'exemple, le risque de maladie mentale chez un ascendant en cas de psychose infantile varie entre 0 % et 43,3 % ; dans le dernier cas, l'auteur (Bender) retient comme diagnostic : schizoïdie probable.

La prise en compte des troubles de nature névrotique rend l'évaluation difficile en raison de la subjectivité des critères choisis : toutefois, il est certain que des perturbations psycho-affectives chez le/les parents sont statistiquement corrélées avec l'apparition de troubles du développement.

Seul le cas du parent psychotique, mieux étudié, sera abordé ici.

1°) Évaluation – Statistique

Pour Rosenthal, le risque de morbidité chez l'enfant est de 10 % avec un parent schizophrène, et de 30 % avec les deux parents schizophrènes.

L'évaluation à long terme semble montrer que le risque pour l'enfant ou le futur adulte n'est pas identique : l'enfant manifeste plus souvent une pathologie externalisée de type comportemental, le futur adulte de parent psychotique semble au contraire souffrir de troubles psychiatriques ou de psychoses. La corrélation entre les troubles pendant l'enfance et les troubles à l'âge adulte n'est pas stricte.

La nature de la psychose parentale a une incidence sur les perturbations des enfants. Ainsi il semble que les psychoses où l'enfant est « englobé » dans les préoccupations pathologiques (hallucinations, séductions, agressions ou délires : l'exemple le plus typique étant celui de la « folie à deux ») provoquent des perturbations importantes chez l'enfant ; en revanche les psychoses parentales caractérisées surtout par l'autisme et le repliement sur soi épargnent plus l'enfant (Anthony).

Enfin, il est évident que la vulnérabilité (v. p. 387) est très variable d'un enfant à l'autre.

2o) Aspects cliniques

Les manifestations cliniques ne sont habituellement pas spécifiques de la psychose parentale ; on note cependant une sur-représentation de la pathologie dite « externalisée » : troubles du comportement, instabilité, passage à l'acte, labilité de l'attention, par rapport à une pathologie internalisée (inhibition, phobie).

Dans quelques cas les enfants présentent des conduites proches de la psychose parentale. Anthony décrit ainsi des **épisodes « micro-psychotiques »** de quelques jours ou semaines de type microschizoïde, microparanoïde ou hébéphrénique, survenant chez des enfants souvent instables, agités, et anxieux.

Citons enfin les quelques cas de « **délire induit** » ou « **folie à deux** » : l'enfant est inclus dans le délire d'un de ses parents. Le thème délirant est toujours à base de persécution ; Lasègue soulignait dès 1877 la part de vraisemblance nécessaire pour qu'il y ait un délire à deux.

L'hypermaturité (Bourdier) ou la supernormalité (Anthony) s'observe assez souvent (10 % des cas) : soit hyperinvestissement scolaire et intellectuel, avec menace de brusque effondrement, soit attitude de calme, de retrait ou de conformisme, mais au prix d'une limitation des affects.

3o) Hypothèses psychopathologiques

Pour Anthony l'apparition de troubles chez l'enfant de parent psychotique, en particulier dans le cas du délire induit, peut être considérée comme un équivalent de psychose symbiotique avec *« un défaut de séparation intrapsychique, une régression d'un niveau d'individuation à un état d'indifférenciation des représentations des objets et du soi »*. Pine de son côté, évoque l'internalisation plus ou moins complète de la psychose parentale, du fait de l'attachement de l'enfant à sa mère. Dans le cas plus particulier du délire induit, le repérage nosographique (l'enfant « induit » délire-t-il vraiment ?) mériterait d'être abandonné au profit d'un abord du fonctionnement mental : de nombreux traits de comportement des enfants répondent en réalité à l'intériorisation plus ou moins complète des processus mentaux les plus pathologiques de leurs parents psychotiques. C'est le degré d'intériorisation qu'il faut évaluer, en particulier par l'étude de la prévalence des mécanismes archaïques de défense (déni de la réalité, clivage, projection) et de leur permanence.

Enfin le conformisme peut être compris comme l'investissement défensif de la normalité avec la constitution d'une personnalité *« as if »*. L'hyperinvestissement des fonctions du Moi (hypermaturité) est possible tant que les exigences pulsionnelles ne sont pas excessives, mais cet hyperinvestissement menace toujours de s'effondrer en cas de stress ou à l'adolescence.

C. – Relations incestueuses – Enfants incestueux

La fréquence des relations incestueuses est difficile à évaluer correctement en raison du silence et du secret qui recouvrent nombre d'entre elles. Beaucoup d'auteurs estiment qu'elles sont assez fréquentes, mais il faut distinguer les relations père-fille, mère-fils et frère-sœur.

1°) Relation incestueuse père-fille

Elle est de loin la plus fréquente. Les pères ont entre 30 et 45 ans, les filles connaissent leur première relation incestueuse entre 5 et 14 ans. Le lien incestueux est souvent durable, 8 ans en moyenne. La fille aînée en est le plus souvent l'objet, mais les relations incestueuses peuvent se déplacer ensuite sur les sœurs cadettes. Le père est classiquement décrit comme alcoolique, frustre, souvent violent, mais ces traits ne sont pas constants. Au plan psychopathologique, l'existence d'une personnalité mal organisée est habituelle, en revanche on note rarement une organisation psychotique. Les filles présentent souvent des traits de personnalité névrotiques ou surtout hystériques ; on note souvent l'existence de conduite délinquante ou de prostitution. Toutefois, un certain nombre d'entre elles semblent présenter une évolution psychologique sans particularité. La mère paraît tenir une place non négligeable : fréquemment informée de la relation incestueuse, elle l'accepte passivement, voire devient une complice. La sexualité du couple avant l'inceste est souvent pauvre, sinon inexistante.

2°) Inceste mère-fils

Il est très rare (moins de 10 % des cas d'incestes). Dans la majorité des cas l'un des deux au moins est psychotique, profondément perturbé.

3°) Inceste entre frère-sœur

Il est plus rare que l'inceste père-fille. En revanche, les jeux sexuels (hétéro ou homosexuels) sont très fréquents à la préadolescence lorsque la fratrie est d'âge rapproché. La majorité des auteurs s'accorde à reconnaître que ces relations produisent moins de dommage que l'inceste parent-enfant.

4°) Enfant incestueux

Parmi ceux qui sont reconnus comme tels, une majorité (50 à 75 %) présentent des désordres graves de la personnalité, souvent associés à des atteintes encéphalopathiques précoces. L'intrication entre les facteurs génétiques et le poids de la mise en acte traumatique des fantasmes, dans des familles aux relations toujours très perturbées, rend l'évaluation très difficile.

III. – Les familles incomplètes ou dissociées

A. – Divorce–mésentente parentale

En quelques années le divorce est devenu un fait de société, ne serait-ce que par son importance statistique. Chaque année le nombre de divorce augmente de 6 % environ. Les causes de cet accroissement sont très variées : sociales, économiques, culturelles, religieuses. L'évolution assez rapide des rôles respectifs de l'homme et de la femme dans les sociétés occidentales en est aussi responsable. Le nombre d'enfants ainsi concernés devient rapidement très important ; si cette augmentation a pour avantage de ne plus placer l'enfant de parents divorcés dans une situation exceptionnelle, et par là même anormale (au sens de la norme sociale), elle représente toujours pour celui-ci une source de difficultés supplémentaires. La loi de 1975, en instaurant le divorce par consentement mutuel, provoque une rapide évolution des mœurs dont les effets ne font que commencer à se faire sentir. Le nombre des divorces, de demandes de divorce et de mariages, pour l'ensemble de la population, est donné dans le tableau IX.

TABLEAU IX. – NOMBRE DE DIVORCES, DE DEMANDES DE DIVORCE ET POURCENTAGE DE DEMANDES PAR RAPPORT AUX JUGEMENTS (statistiques du ministère de la Justice, février 1979)

ANNÉE	1975	1976	1977	1978
Nombre de divorces	60 000	61 000	71 000	73 000
Nombre de demandes de divorce	78 000	81 000	93 000	96 000
% de demandes par rapport aux divorces	130	132	131	131,5

1°) Aspects statistique et juridique

Le nombre de demandes de divorce et de jugements prononcés est donné dans le tableau IX, comparé au nombre de mariages. Pour 1978, on constate ainsi 99 000 demandes de divorce pour 355 000 mariages ; 70 % des demandes aboutissent à un divorce prononcé.

L'âge moyen du divorce est de 36 ans chez les hommes et 33 ans chez les femmes (mariage : 24,7 chez les hommes, 26,6 chez les femmes). Parmi les couples qui divorcent, 77 % ont des enfants et dans 71 % des cas il s'agit de mineurs.

Sur le plan socio-professionnel la répartition est la suivante : *Hommes :* ouvriers 39,2 %, employés 16 %, cadres moyens 13,7 %, cadres supérieurs 9,62 %, agriculteurs 1,2 % *Femmes :* non actives 37,60 %, employés 26,4 %, ouvrières 11,3 %, personnels de service 10,2 %.

Ces chiffres montrent que le divorce atteint presque toutes les classes sociales, même si les classes les plus favorisées restent sur-représentées.

On peut considérer que chaque année, en France, 100 000 enfants mineurs sont concernés par une demande de divorce ou un divorce parental. Le plus souvent, après la séparation ou le divorce, les enfants sont confiés à la mère (garde à la mère 85 %, au père 10 %; divers 5 %).

Au plan juridique, la nouvelle loi de 1975 a introduit des modifications profondes : on peut espérer que cette nouvelle législation ne servira pas d'amplificateur au conflit parental, comme c'était le cas avec la procédure antérieure. Il existe maintenant, en France, trois types de procédure :

– le divorce par consentement mutuel où les deux conjoints n'ont pas à faire la preuve d'une faute. Ils ont, s'ils le désirent, un avocat commun, et rédigent ensemble une convention qui doit être homologuée par le juge ;

– le divorce pour rupture prolongée de vie commune (plus de six ans). Le conjoint ne peut plus s'opposer au divorce, comme cela se voyait auparavant ;

– le divorce pour faute : persistance de l'ancienne procédure.

Dès 1978, la procédure de consentement mutuel était utilisée dans 40 % des cas pour l'ensemble de la France, et dans 60 % des cas en région parisienne.

Dans l'esprit du législateur, seul « l'intérêt de l'enfant » devrait influer sur les modalités de garde, de visite ou d'hébergement des enfants. Par rapport à l'ancienne loi, il y a une claire distinction entre le conflit conjugal et la fonction parentale : les parents ont toutes libertés pour fixer les modalités de vie de l'enfant, le juge devant, avant tout, veiller à « son intérêt ».

Les difficultés psychologiques que présente l'enfant de parents divorcés sont variables. Leurs fréquences sont diversement appréciées ; dans une population de consultants psychiatriques, on note une sur-représentation d'enfants de parents divorcés. Toutefois, il convient de distinguer ici le divorce, procédé juridique, de la mésentente, système d'interaction familiale (L. Despert : divorce affectif). La mésentente parentale, surtout lorsqu'elle inclut les enfants, constitue un facteur de morbidité nettement supérieur au divorce.

Ainsi, à titre d'exemple, Rutter *(L'enfant à risque)* étudie les conséquences d'une séparation entre l'enfant et sa famille. L'apparition de troubles du comportement est plus fortement corrélée avec l'existence d'une mésentente parentale qu'avec la séparation : *« le principal facteur de trouble à long terme n'est pas la séparation elle-même, mais bien plutôt la discorde familiale si souvent associée à la séparation ». Lorsque l'enfant est plongé au sein d'un conflit familial, un facteur de bon pronostic est le maintien d'une bonne relation avec l'un des parents « ceux qui avaient une bonne relation étaient en partie protégés contre les effets nocifs de la discorde familiale ».* L'auteur ajoute un point essentiel : *« il ne semble pas que cela fasse une différence, que la bonne relation soit avec un père ou avec une mère ».*

Ainsi les effets les plus néfastes s'observent quand le conflit parental précédant le divorce est intense, surtout lorsqu'il inclut les enfants, empêchant ceux-ci d'avoir une bonne relation, tant avec la mère qu'avec le père : ils peuvent en effet être pris comme témoins ou otages rendus responsables de la mésentente, ou complices et confidents de l'un des parents. On peut leur demander de se substituer à l'un des parents, ou de soigner celui qui est déprimé (enfant-médicament). Au total, bien plus que le divorce lui même, la nature de la mésentente, et la place de l'enfant au sein de cette mésentente influenceront les éventuelles évolutions pathologiques.

La clinique même des troubles est très variée : plainte hypocondriaque, accès d'angoisse, épisode anorectique ou insomniaque, troubles du comportement (vol, fugue), échec ou désintérêt scolaire, état dépressif, symptôme névrotique, etc. Toutes les conduites pathologiques peuvent s'observer. Aucune n'apparaît spécifique. Ceci signifie que la mésentente parentale et le divorce représentent, en termes épidémiologiques, des facteurs de morbidité et de vulnérabilité générale et non des facteurs étiologiques précis.

Pour être compris, chaque symptôme doit donc être re-situé dans l'histoire de l'enfant et de sa famille, tout en l'analysant en fonction du niveau de développement atteint au moment du conflit et/ou de la séparation.

2°) Abord psychopathologique

L'abord psychopathologique doit tenir compte de deux données : d'une part de la réalité de la situation vécue, ici la mésentente parentale, et la manière dont cette réalité peut influer sur le développement de l'enfant. D'autre part il faut prendre en considération la maturité de chaque enfant et le système particulier d'interaction familiale auquel il est soumis. Ce sont ces niveaux successifs de compréhension que nous allons brièvement aborder.

a) Effets de la mésentente et de la séparation

Dans de rares cas l'enfant est maintenu à l'écart de la mésentente, mais habituellement il y participe, passivement ou activement. Les effets de cette situation sont variables en fonction de son âge, de sa maturité, de sa sensibilité. Toutefois une telle discorde fait de l'enfant un élément actif du couple et l'introduit plus ou moins directement dans l'intimité des relations parentales, ce qui dans l'organisation fantasmatique de ce dernier peut correspondre à la mise en acte d'un fantasme de scène primitive, renforcer ou réactiver l'ensemble de sa problématique œdipienne. Voir ses parents s'opposer, se disputer, se séparer, peut constituer la réalisation du désir fantasmatique, incestueux : écarter l'un des parents pour pouvoir posséder l'autre. Or le traumatisme psychique survient lorsque la réalité va à la rencontre du fantasme et confirme le poids de celui-ci. L'enfant en période œdipienne, ou dont le conflit œdipien est soit pérennisé, soit réactivé (en particulier à l'adolescence), se sent ainsi coupable de la discorde parentale ; cette culpabilité rend compte de nombreuses conduites pathologiques observées.

Quant à la séparation des parents, elle a diverses conséquences. Au mieux l'enfant conserve ses deux parents, mais leurs rôles respectifs subissent de profonds remaniements. Dans les conditions actuelles, la mère obtient la garde et la responsabilité légale, tandis que le père est mis à distance, dévalorisé, au moins dans les faits. Si en outre ce dernier se complaît dans l'attitude si fréquente du « père-copain », il perd alors l'essentiel de son rôle et de ses fonctions paternelles (problème de l'identité de rôle, v. p. 216). Au pire, l'un des parents peut disparaître totalement, celui qui reste avec l'enfant ne donnant que des informations parcellaires, le plus souvent d'ailleurs sur les éléments les plus négatifs de la personnalité de l'absent.

Ces difficultés centrées autour du *maintien ou du réveil de la problématique œdipienne, et des possibilités d'identification* de l'enfant à ses parents s'observent bien dans les situations assez « neutres » de test projectif. Ainsi Dugas et coll., étudiant les Rorschach d'enfants de parents divorcés gardés par leur mère, arrivent aux conclusions suivantes : quel que soit l'âge, l'image du père apparaît fréquemment, mais pas toujours dans les planches dites « paternelles ». Il s'agit le plus souvent d'un père gratifiant, nourricier, chaleureux. Il est peu rassurant, peu puissant. L'image de la mère en revanche est ambiguë, avec de fréquentes caractéristiques phalliques. Dans tous les cas, l'image du couple uni est particulièrement forte, garante de la loi. Ce « couple uni », celui d'une union utopique qui survit à l'expérience des relations humaines les plus perturbantes, semble constituer le « roman familial » que tissent habituellement les enfants de parents séparés (Anthony) : ainsi de nombreux enfants continuent à parler de leurs parents comme s'ils vivaient ensemble (à l'école par exemple). Outre ces incertitudes dans les images sexuées, et dans les rôles parentaux respectifs, Dugas et coll. observent également que les perturbations sont d'autant plus importantes que l'enfant était jeune lors de la séparation et que les visites du père sont irrégulières et imprévisibles (à la limite, l'absence de visite paraît moins perturbante que leur irrégularité).

b) Réaction de l'enfant en fonction de son développement psycho-affectif

Le conflit, puis la séparation parentale a des effets particulièrement perturbants au niveau de la problématique œdipienne et des mouvements identificatoires de l'enfant, puis de l'adolescent. Ces perturbations entreront en résonance avec les diverses étapes du développement psycho-affectif, créant ce que Nagera appelle des « immixtions dans le développement » et facilitant des évolutions déviantes plus ou moins fixées (v. p. 383).

La réaction initiale face à la mésentente et à la séparation est d'abord *l'anxiété,* voire *l'angoisse.* Cette réaction affective n'épargne pratiquement aucun enfant : la rupture du cadre de vie habituel, l'éloignement d'un des parents, les incertitudes sur l'avenir immédiat, tout concourt à l'émergence de l'angoisse. Caractéristiques de la période de conflit aigu, l'angoisse et l'anxiété, signes d'un état de souffrance, seront l'objet d'une élaboration qui dépend en partie de la maturité de l'enfant. Cette dernière dépend elle-même de son âge et du degré de conflictualisation auquel il a, jusque-là, été soumis par ses parents. Ce sont ces niveaux successifs que nous envisageons brièvement.

■ Période aiguë et difficultés à mentaliser l'angoisse

Plus le conflit est aigu entre les parents, moins ceux-ci sont disponibles pour écouter leur enfant, moins ce dernier pourra élaborer sa réaction d'angoisse. De la même manière, plus l'enfant est jeune, plus il est démuni dans ses capacités d'élaboration. Ceci rend compte de la *fréquence des plaintes hypocondriaques* chez le petit enfant et/ou en période de conflit parental aigu : maux de tête, de ventre, vomissements, douleurs diverses, voire pathologie somatique.

■ Enfant en période œdipienne ou dont la problématique œdipienne est prolongée par le conflit

Ce niveau de problématique psycho-affective peut donc tenir soit à l'âge de l'enfant, soit à la manière dont on lui a fait vivre le conflit. Face à l'état de souffrance qu'il éprouve, l'enfant réagit habituellement par un mouvement de culpabilité, se vivant fantasmatiquement comme la cause de la discorde. On observe alors tous les symptômes habituels : soit conduites d'échec (échec scolaire, troubles du comportement d'aspect autopunitif), soit état dépressif, les deux étant souvent liés. La névrose d'abandon (Odier) caractérisée par l'alternance d'une dépression avec le regret de la disparition de l'unité familiale, le sentiment d'être petit, faible et intensément vulnérable, puis à d'autres moments des phases d'agressivité externalisée, est une évolution assez fréquente.

■ Enfant dégagé de la problématique œdipienne

Deux modalités d'adaptation à la situation nouvelle s'observent à ce niveau de maturation psycho-affective. Dans le premier cas, l'enfant qui a, en partie, perdu ses objets d'investissements libidinaux privilégiés, ou du moins ceux-ci n'ayant plus la fiabilité nécessaire, réinvestit massivement son propre Moi, et acquiert rapidement une autonomie plus ou moins complète. Cliniquement, ceci se traduit par **l'hypermaturité**, très fréquemment observée chez les enfants de parents divorcés : ils se prennent eux-mêmes « en charge », ont une adaptation extrême, demandent peu aux adultes, jouent peu ou pas du tout. Toutefois, cette hypermaturité, en soi positive, peut entraver toute tendance régressive, et être à l'origine, pendant l'adolescence ou dans certaines circonstances de la vie, de réactions inadaptées (réaction microparanoïde, tendance paranoïaque ou caractérielle).

L'autre modalité de comportement face à la souffrance est la **réaction projective.** On sait combien la projection est le mode défensif naturel des enfants en période de latence. D'autre part, les parents en conflit ont souvent tendance à être eux-mêmes projectifs, attribuant généralement l'origine du conflit aux défauts de l'« autre ». Tout concourt ainsi (âge et mode d'aménagement conflictuel familial) à faire de la projection le système défensif privilégié : instabilité, extériorisation de la souffrance en accusant les autres, agressivité extérieure (en particulier dirigée contre le nouveau conjoint : cible adulte naturelle). La projection du conflit sur l'extérieur peut se traduire par l'établissement de relations fondées sur le chantage et la manipulation : ainsi certains enfants semblent tout faire pour prolonger le conflit parental (ce qui en outre maintient le lien parental) ou pour créer des conflits dans leur environnement.

■ Enfant confronté à la problématique de l'identité/identification

Tous les niveaux d'organisation de l'identité peuvent être mis en cause dans la séparation parentale. Nous avons vu que le « couple uni » sert souvent à la fois de roman familial et de garant indistinct de la loi chez l'enfant de parents en conflit.

Dans un certain nombre de cas, il semble que l'éclatement du couple s'accompagne d'un éclatement de l'identité de l'enfant : *les épisodes psychotiques aigus* aux décours des séparations parentales sont certes rares, mais témoignent alors d'un doute sur l'identité propre de l'enfant ou du préadolescent, et s'observent après une longue histoire conflictuelle.

Très fréquents chez l'adolescent sont les problèmes d'identification, en particulier lorsqu'un des parents a disparu. Les connaissances souvent parcellaires dont dispose l'adolescent ne lui permettent qu'une identification « en creux ou en négatif ». En outre le parent restant peut projeter sur son adolescent la pseudo-identité de l'absent, en particulier tous les reproches ou craintes de la période conflictuelle. Sans entrer dans le détail, car les situations individuelles sont innombrables, nous dirons simplement ici que la problématique de l'identification paraît particulièrement aiguë chez l'adolescent de parents séparés. Le degré de ces difficultés sera fonction de l'ancienneté du divorce, de la qualité du maintien des deux figures parentales, enfin de la qualité des relations parentales après le divorce (v. Psychopathologie de l'adolescent, 2e ed., chap. 16, p. 363).

B. – L'enfant de mère célibataire

L'évolution rapide des mœurs, la légalisation de l'avortement modifient de manière très sensible le problème des enfants nés de mère célibataire. Il y a quelques années encore, la mère célibataire subissait son sort dans l'immense majorité des cas. Issue de famille modeste ou pauvre, en rupture avec ses propres parents, la mère célibataire vivait dans la solitude, voire la réprobation. Depuis une quinzaine d'années le nombre de naissances hors mariage a crû sensiblement (v. tableau X) et même si beaucoup d'enfants nés hors mariage vivent en fait avec un couple parental (union libre, mariage après la naissance...), de nombreuses femmes, dans un climat de militantisme féminin, choisissent de plus en plus, et déclarent assumer le statut de mère célibataire. Cette évolution est encore trop récente pour qu'on puisse en évaluer les effets profonds sur l'enfant. Il est sûr qu'il s'agit là d'une situation très différente de celle qui est subie par la jeune femme pauvre, délaissée par son ami et sa famille, plus ou moins consciemment hostile ou rejetante à l'égard de l'enfant responsable. Dans ce dernier cas, de nombreux facteurs de risques s'accumulent.

1o) Contexte socio-économique

La majorité des mères célibataires, dont certaines sont très jeunes (moins de 15 ans), proviennent de milieux défavorisés. Ainsi Bru et coll. dans la maison maternelle de Cholet, donnent les pourcentages suivants : 5 % sont issues de familles unies et compréhensives, 50 %

TABLEAU X. – POURCENTAGE DE NAISSANCES HORS MARIAGE

	POUR 100 NAISSANCES	ANNÉE D'ÉVALUATION	TENDANCE ÉVOLUTIVE
Suède	25,1 %	1972	↗ ↗
Danemark	12,3 %	1971	↗ ↗
Angleterre-Galles	8,3 %	1970	=
États-Unis	8,1 %	1971	=
France	7 %	1971	↗
Finlande	5,8 %	1970	↗
Belgique	2,7 %	1970	=

ont une famille perturbée, plus ou moins désunie, 28 % n'ont qu'un seul parent, l'autre ayant disparu ou étant décédé, 15 % n'ont aucun parent ou ont longuement vécu en institution (placement sur mesure judiciaire).

Le niveau professionnel est aussi très modeste (manœuvres, ouvrières spécialisées, petites employées).

Le passé de ces mères célibataires est riche en carences et en échecs multiples. La grossesse apparaît souvent comme une réaction de contestation familiale et un essai d'affirmation de la personnalité. Sur le plan psychique, le niveau intellectuel ne présente rien de particulier ; en revanche l'équilibre affectif est médiocre : immaturité, impulsivité, hétéro ou auto-agressivité (tentative de suicide) sont habituelles.

Le climat psychologique qui prévaut pendant la grossesse dépend du niveau d'organisation psychique et des fantasmes inconscients de chaque mère, mais dans l'ensemble, l'enfant attendu se situe d'emblée dans une problématique œdipienne incomplètement résolue : soit satisfaction directe du désir œdipien (un enfant du père), surtout lorsque la mère célibataire reste auprès de ses parents, soit rivalité à la mère, sans pouvoir s'autoriser une sexualité indépendante. L'accouchement est plus souvent ressenti comme une rupture que comme la manifestation d'une continuité de l'espèce ou du groupe social (Senarclens) ce qui explique les fréquentes décompensations transitoires (état de stupeur anxieuse) au moment de l'accouchement.

L'attachement des mères à l'enfant est souvent médiocre, surtout lorsque celles-ci ne bénéficient d'aucune aide matérielle ou psychologique.

Dans les cas favorables, les enfants semblent avoir un développement normal. Ainsi, dans une maison maternelle, les enfants entre 5 et 13 mois ont un Q.D. normal, y compris lorsque leur mère est débile : la qualité des soins et l'environnement affectif, tant pour la mère que pour l'enfant, en sont probablement responsables.

Lorsque la mère est laissée seule ou refuse toute aide, l'enfant est souvent dans une situation d'abandon ou de « délaissement » (Launay) : la mère refuse de s'en séparer complètement, en particulier refuse l'abandon ou le placement nourricier stable, mais s'avère incapable de s'occuper régulièrement de l'enfant : placements institutionnels, changements de nourrice, hospitalisations se succèdent, aboutissant à des tableaux de carences chroniques (v. p. 392).

2°) Assistance thérapeutique

Elle est souhaitable, du moins pour les mères célibataires qui n'ont pas délibérément opté pour ce choix.

Dans les pays anglo-saxons ou scandinaves, de nombreuses institutions et centres spécialisés peuvent accueillir mères et enfants ; des conseillers peuvent ensuite, sur plusieurs années, répondre aux demandes de la mère et/ou de l'enfant En France, sauf exceptions, les maisons maternelles ne gardent les mères et leurs enfants que quelques mois, au plus un an : la mère et l'enfant se trouvent sans soutien au moment où ce dernier en a le plus besoin.

Enfin, une politique en faveur d'un abandon non culpabilisé devrait éviter ces abandons de fait où aucune solution stable n'est possible.

IV. – L'abandon – L'adoption

L'adoption et son corollaire, l'abandon ou plutôt le « consentement à l'adoption » sont régis en France par les lois du 11 juillet 1966 et du 22 décembre 1976.

Actuellement la situation évolue dans un sens paradoxal puisqu'il y a de plus en plus de couples candidats à l'adoption et de moins en moins d'enfants adoptables.

1°) Évaluations – Statistiques

En 1930 le nombre d'admissions de nouveaux pupilles était de 10.000. En 1975 il était de 4 910. En 1975, il y eut 3 596 adoptions plénières, tandis que 25 000 couples étaient en attente.

A Paris le nombre de nouveau-nés placés à l'Aide sociale à l'Enfance en vue d'adoption décroît régulièrement (v. tableau XI.)

Si l'on totalise l'ensemble des adoptions plénières et des adoptions simples, on compte 5 000 adoptions environ en 1976. Parmi celles-ci :

– 40 % d'adoptés ont moins d'un an ;
– 7 % d'adoptés ont plus de 6 ans.

TABLEAU XI. – NOUVEAU-NÉS PLACÉS A L'A. S. E. EN VUE D'ADOPTION

	1975	1977	1978
Enfants placés en vue d'adoption (Paris)	243	226	185
Dont enfants étrangers ou de couleur	94	127	95

2°) L'abandon et le « consentement à l'adoption »

La loi de 1904 a instauré l'abandon légal (accouchement sous X, avec inscription de l'enfant sous trois prénoms), disposition conservée par la législation plus récente.

Toutefois le nombre d'enfants abandonnés à la naissance diminue régulièrement. Plusieurs raisons contribuent à cette diminution : la libéralisation de l'avortement, une aide matérielle plus grande aux mères célibataires, une moindre pression morale sur ces dernières. Mais surtout, l'abandon précoce rencontre un fort opprobe que les jeunes mères peuvent rarement surmonter à la période du postpartum : elles refusent d'abandonner le nouveau-né, mais s'avéreront ensuite incapables d'élever le nourrisson. On arrive ainsi à une situation d'abandon progressif ou de délaissement (Cl. Launay) chez des enfants de 2 à 4 ans qui souffrent alors de séparations multiples, de carence affective, de changements nourriciers itératifs, de placements temporaires successifs à l'Aide sociale à l'Enfance. Nombreux étaient les enfants dans cet état de « délaissement » pour lesquels l'adoption n'était pas possible.

L'article 350 de la loi de 1966 modifiée en 1976 permet d'officialiser cette situation d'abandon de fait, et de rendre possible une adoption en précisant trois points :

– donner une définition plus précise de la notion de désintérêt manifeste. Le **désintérêt manifeste** est l'absence des relations nécessaires au maintien des liens affectifs entre l'enfant et ses parents par le sang ;

– circonscrire les circonstances qui doivent rester en principe sans influence sur la décision du juge. Jusqu'en 1976, c'était la simple rétraction du consentement à l'abandon ou la demande de nouvelle. Depuis 1976 le législateur a précisé que toute velléité de la part des parents de revoir ou de reprendre l'enfant, *sans que ces demandes soient suivies d'effet,* ne peut interrompre la procédure d'abandon et d'adoption ;

– enfin, il est précisé la **période de référence** à prendre en considération pour apprécier le désintérêt : il s'agit de l'année qui précède la demande en déclaration d'abandon. La notification de la requête et les mesures d'instruction provoquent souvent chez les parents par le sang une résurgence d'intérêt fugitif et artificiel. Il ne doit pas prévaloir, dans ce cas, sur le désintérêt manifeste dont il a été fait preuve pendant un an.

Ces nouveaux aménagements devraient avoir comme effet de raccourcir le délai d'attente pour les enfants en état de délaissement, et de faciliter ainsi l'adoption.

Le consentement à l'adoption est la demande volontaire du ou des parents désireux d'abandonner un enfant reconnu (donc différent de l'accouchement sous X). Ce consentement peut être rétracté pendant les trois mois suivant le dépôt de la demande : les parents peuvent alors reprendre l'enfant sur simple demande verbale. Passé ce délai, la restitution de l'enfant reste possible, sauf si l'enfant a été placé en vue d'adoption. Dans ce dernier cas, pour reprendre leur enfant les parents doivent saisir le juge qui ordonne la restitution si celle-ci est conforme à l'intérêt de l'enfant.

En fonction de ces diverses procédures, quels sont les enfants qui peuvent être adoptés ?

– Les enfants déclarés sous trois prénoms (accouchement sous X) après un délai de trois mois ;
– les abandons par consentement à l'adoption ;
– les pupilles de l'État ;
– les abandons judiciaires (article 350) ;
– les orphelins de père et mère.

3°) L'adoption

Longtemps limitée à l'adoption des adultes (code Napoléon) dans un souci politique (succession) ou économique (héritage), l'adoption a été étendue aux enfants après la Première Guerre mondiale devant le grand nombre d'orphelins. Il existe deux modes d'adoption :

■ **l'adoption plénière :** tous les liens avec la famille de sang sont rompus. Cette adoption est définitive et irrévocable, faisant de l'enfant un descendant légitime de la famille dont l'enfant prend le nom ;

■ **l'adoption simple** ne rompt pas tous les liens avec la famille d'origine. C'est un contrat de famille à famille qui peut être révocable. La famille adoptante dispose de l'autorité parentale, l'adopté porte le nom des deux familles, sauf s'il y a une décision du tribunal. En réalité, il s'agit souvent de placement au sein d'une même famille (placement chez un oncle ou un cousin) ou d'anciens placements nourriciers qui sont ainsi officialisés.

Définition des adoptants

Depuis la loi de 1976, les conditions pour pouvoir adopter un enfant sont les suivantes :

– les couples mariés depuis cinq ans (sans limite d'âge pour les parents), même si le couple a des descendants légitimes ;

– les personnes seules âgées de plus de trente ans ;

– en cas de décès d'un parent adoptant, une nouvelle adoption peut être prononcée en faveur du nouveau conjoint. Toutefois il n'y a pas rupture avec la famille du parent défunt.

Procédure

L'adoptant adresse une demande au préfet. Le dossier comporte outre les pièces administratives, un certificat établi par un psychiatre choisi sur une liste proposée aux parents. Ce psychiatre doit constater « l'absence d'inconvénient d'ordre psychologique ».

Le dossier est transmis au Conseil des familles (sept membres : deux conseillers généraux, cinq personnes nommées par le préfet en raison de leur compétence dans le domaine de l'adoption), qui accepte ou refuse la demande des parents.

En cas d'accord, la première étape est *le placement en vue d'adoption* pendant 6 mois, au cours desquels un service social suit la famille. La seconde étape est la requête aux fins d'adoption présentée par l'adoptant au Tribunal de Grande Instance. Cette requête conclut la procédure.

4°) Aspects psychologiques de l'adoption

La sélection des couples est indispensable. En effet, certaines demandes s'inscrivent soit dans un contexte trop pathologique, soit dans un moment de réaction parfois temporaire. Ces demandes dont la motivation ne paraît pas fondée sur des bases assez solides peuvent être aisément reconnues dans certains cas : parents très âgés ou gravement malades, conflit conjugal important, anxiété vive, trait pathologique patent, demande impulsive après le deuil d'un conjoint ou d'un enfant. Ailleurs la qualité de la demande est plus délicate à évaluer ; la demande peut être totalement idéalisée et ne s'accompagner d'aucune relation concrète avec des enfants : il est ainsi intéressant de savoir si ce couple demandeur aime s'occuper d'enfants et s'il y consacre une partie habituelle de son temps.

Mais en dehors des évidentes conditions défavorables, il est souvent difficile de prédire la qualité de relation qui pourra s'instaurer entre l'enfant adopté et le couple adoptant. D'une manière générale, l'âge de l'enfant est un facteur important : l'ensemble des auteurs considère que 3 à 6 mois est un âge idéal. Passé 7 ou 8 ans, l'adoption est souvent très difficile, surtout lorsque l'enfant a connu de multiples carences antérieures.

La révélation

Elle a été l'objet de nombreuses controverses. Il faut distinguer ici l'anxiété des parents adoptants face à ce problème et l'anxiété réelle ou supposée de l'enfant.

Lorsque les parents vivent inconsciemment leur stérilité de couple comme une impuissance sexuelle, le problème de la révélation est alors vécu comme une menace envers leur qualité de parents adoptants. Un soutien psychologique peut alors être nécessaire ; les consultations précédant l'adoption peuvent d'ailleurs tenter d'aborder et d'éclairer ce point dans la dynamique du couple stérile et leur demande d'adoption. En réalité, quand l'enfant a été aimé et élevé au sein d'un couple uni, qu'il a été informé au fur et à mesure de ses questions, sur la sexualité, la procréation, la grossesse, l'annonce de l'adoption peut certes rendre l'enfant temporairement plus curieux, mais ne modifie en rien le lien affectif qui l'unit à ses parents adoptants. Ainsi informé, la « révélation » n'en est plus une, et n'introduit pas la déchirure profonde qu'une révélation trop tardive peut provoquer : c'est le cas lorsque la révélation se produit au moment précis où des difficultés psychologiques apparaissent, ou lors de l'adolescence.

L'enfant adopté construit parfois un « roman familial » dont l'intensité est renforcée par la réalité. Freud a appelé ainsi la construction imaginaire des enfants « déçus » par leurs parents quand ceux-ci ne répondent pas à leur attente réelle ou fantasmatique. Lors du complexe œdipien, certains enfants s'inventent ainsi une famille généralement riche et puissante qui a le double avantage de satisfaire l'ambivalence de leur sentiment et d'atténuer la culpabilité envers leurs vrais parents. A l'évidence l'enfant adopté, surtout lorsqu'un conflit apparaît avec ses parents adoptifs, ou qu'il est en situation de rejet, sera d'autant plus facilement disposé à construire ce « roman familial ». La capacité des parents à tolérer ce roman, à ne se sentir ni dévalorisés, ni en rivalité avec ces parents imaginaires, mais dont la réalité peut ici devenir envahissante, maintient « le roman familial » dans les limites normales. En revanche, l'inquiétude des parents adoptifs peut fixer l'enfant dans ses rêveries imaginatives. Il est rare que celles-ci aboutissent à une recherche active des parents géniteurs, sauf à l'adolescence où des traces du « roman familial » peuvent persister sous la recherche d'un parent idéalisé et socialement puissant.

La psychopathologie de l'enfant adopté ne présente rien de spécifique. Dans les consultations spécialisées on relève un taux d'enfants adoptés (2,9 %) légèrement supérieur au taux de la population générale (1,3 %). Cependant il faut tenir compte d'une part d'une vigilance souvent plus grande chez les parents adoptifs qui connaissent bien les services sociaux et psychiatriques et y recourent probablement plus facilement, d'autre part des placements tardifs (7-8 ans) d'enfants présentant déjà des « profils à risques ».

Cas particuliers

La nécessité d'une intégrité physique et mentale des enfants abandonnés a été longtemps le prétexte du délai mis à l'adoption : les institutions demandaient plusieurs mois, voire une année pour juger de la qualité du développement et de l'absence d'apparition d'encéphalopathie tardive. En réalité, il n'y a pas de raison pour que, chez les enfants abandonnés, le risque de morbidité soit, *à la naissance,* supérieur au risque de la population générale. En revanche, le maintien non justifié en institution jusqu'à 9-10 mois et même 18 mois peut à lui seul provoquer un état de carence avec toutes les conséquences que l'on connaît (v. p. 392). Ces délais ont été considérablement raccourcis par la nouvelle législation, réduits à 3 mois, délai amplement suffisant pour dépister la pathologie la plus lourde.

Si de nos jours un nombre important de couples continuent à désirer un « bel enfant blond et très intelligent », une tolérance beaucoup plus grande se dessine en faveur de la différence. On a vu la fréquence des enfants étrangers, en particulier nord-africains ou des enfants de couleur abandonnés. Des couples demandent maintenant à adopter des enfants étrangers. Certaines institutions sont d'ailleurs spécialisées dans ce qui constitue presque un trafic car dans le même moment où des adoptants cherchent à faire venir de très loin des enfants, ils refusent ceux qui leurs sont proposés sur place.

La demande d'adoption d'enfants handicapés physiques, mais surtout mentaux, a longtemps été jugée « névrotique » (désir de réparer, sentiment plus ou moins conscient de culpabilité), donc peu recevable. Là encore un mouvement se dessine, certaines adoptions d'enfants difficiles ont été des succès.

L'insémination artificielle enfin s'est récemment développée. En dehors de la problématique du couple, il est encore trop tôt pour évaluer le retentissement sur l'enfant, mais cette méthode représente une nouvelle possibilité pour les couples stériles qui recherchent, à juste titre à travers les enfants, un sens existentiel à leur vie.

Bibliographie

AINSWORTH (M.) : Les répercussions de la carence affective maternelle. Faits observés. Controverses dans le contexte de la stratégie des recherches, *in* « La carence des soins maternels ; réévaluation de ses effets ». *Cahiers de l'O.M.S.*, Genève, 1961, *14*, p. 95-168.

ANTHONY (E.J.) : Les enfants et le risque du divorce. Revue générale de la question, p. 457-475. *In* ANTHONY (E.J.), CHILAND (C.), KOUPERNIK (C.) : *L'enfant à haut risque psychiatrique.* P.U.F., Paris, 1980.

ANTHONY (E.J.) : Modèle d'intervention au niveau du risque et de la vulnérabilité pour des enfants de parents psychotiques, p. 121-146. *In* ANTHONY (E.J.), CHILAND (C.), KOUPERNIK (C.) : *L'enfant à haut risque psychiatrique.* P.U.F., Paris, 1980.

AUBAN (H.) : Les enfants victimes de sévices et la législation dans la communauté européenne. *Bulletin de l'Ordre des Médecins,* 1981, n° 4.

BOURDIER (P.) : L'hypermaturation des enfants de parents malades mentaux. *Rev. neuropsychiat. inf.*, 1972, *20,* 1, p. 15-22.

BOWLBY (J.) : *Attachement et perte : la séparation, angoisse et colère.* P.U.F., Paris, 1978.

BRU (J.), VILLARD (J.), MARTIN (Cl.) : Présentation de l'ensemble socio-éducatif de Cholet C.E.T.-Talence. *Rev. neuropsychiat. inf.*, 1976, *24,* n° 4-5, p. 225-240.

DELTAGLIA (L.) : *Les enfants maltraités.* E.S.F. éd., Paris, 1979.

DESCHAMPS (G.), PAVAGEAU (M.-T.), PIERSON (M.), DESCHAMPS (J.-P.) : Le devenir des enfants maltraités, *Neuropsychiat. de l'Enfance,* 1982, **30,** 12, 671-679.

DIATKINE (G.) : Familles sans qualités : les troubles du langage et de la pensée dans les familles à problèmes multiples. *Psy. enf.*, 1979, *22,* 1, p. 237-273.

FREEDNAN (A.M.), KAPLAN (H.I.), SADOCK (B.J.) : Child Maltreatment and Battered-Child syndrome. In : Comprehensive Textbook of Psychiatry. Williams and Wilkins, Baltimore, 1978, 1 vol. p. 1151-1156.

GIRODET (D.) : Les enfants victimes de sévices corporels. *Rev. prat.*, Paris, 1974, *24,* n° 52, p. 4685-4688.

KEMPE (R.S.), KEMPE (C.H.) : *L'enfance torturée.* P. Mardaga ed. Bruxelles, 1978, 1 vol., 192 p.

LIBERMAN (R.) : *Les enfants devant le divorce.* P.U.F., Paris, 1979.

MARCELLI (D.) : *Comment leur dire ? L'enfant face au couple en crise.* 1re ed. : Hachette, Paris, 1979, 1 vol. 2e ed. : Marabout, Médecine pratique, 1981, n° 4, 1 vol.

MARTIN (Cl.) : Les mères célibataires mineures et leurs enfants. *Rev. neuropsychiat. inf.*, 1976, *24,* n° 4-5, p. 199-205.

Numéro spécial : Adoption. *Lieux de l'enfance* 1985, n° 1-2.

Numéro spécial : L'Inceste. *Neuropsychiat. de l'Enf.* 1985, 33, 6.

NESSE (M.C.), HERBELER (J.R.) : The abused child : a clinical approach to identification and management. *Clinical Symposia Ciba,* 1979, *31,* 1, p. 2-36.

PIQUARD (A.), CAPIOMONT (G.), OBERLIN (O.) : A la rencontre de l'enfant de milieu très défavorisé ou ambiguïté du regard psychiatrique sur ces « gens-là ». *Psychiatrie Enfant, 1987, 30, 1, 167-207.*

RUTTER (M.) : Stratégie épidémiologique et concepts psychiatriques dans la recherche sur l'enfant vulnérable p. 195-209. *In* ANTHONY (E.J.), CHILAND (C.), KOUPERNIK (C.) : L'enfant à haut risque psychiatrique. P.U.F., Paris, 1980.

SOULE (M.), NOEL (J.) : Abandon – Adoption. *In* MANDE (M.), MASSE (N.), MANCIAUX (M.) : *Pédiatrie sociale.* Flammarion, Paris, 1977, 2e éd., p. 549-553.

SPITZ (R.) : *De la naissance à la parole.* P.U.F., Paris, 1968.

STRAUSS (P.), ROUYER (M.) : Le devenir psychologique des enfants maltraités. *In : L'enfant vulnérable.* ANTHONY E.J., CHILAND C., KOUPERNIK C., P.U.F. ed. Paris, 1982, 1 vol. p. 395-402.

23

L'enfant et l'école

Ce chapitre est consacré aux interactions entre l'enfant et l'école : difficultés de l'enfant à l'école et difficultés de l'école avec les enfants, ces deux dimensions devant être nécessairement mises en perspective réciproque. En effet lorsqu'on aborde le chapitre des inadéquations entre l'école et l'enfant il importe de repérer aussitôt deux démarches sinon contradictoires, du moins opposées. D'un côté il y a ceux pour qui l'enfant en difficulté à l'école, est un enfant déviant, donc pathologique ou malade, donc à soigner si possible dans une structure adaptée. Une telle perspective était défendue par G. Heuyer lorsqu'il fustigeait ainsi l'attitude antimédicale de certains pédagogues : *« lorsque le pédagogue revendique l'enfant inadapté comme sa propriété, il montre qu'il ignore ce qu'est un enfant inadapté, d'où vient l'inadaptation, et quelles mesures complexes et difficiles sont nécessaires pour sa réadaptation »*.

A l'opposé se situent ceux pour lesquels la structure scolaire est en elle-même inadaptée à l'enfant et seule responsable de l'échec scolaire.

Les causes de cette inadaptation sont recherchées tantôt dans l'aspect formel de la scolarité (rythme scolaire, surcharge des classes, progression « frontale » en fonction de l'âge, ne tenant pas compte des disparités entre enfants, et chez un même enfant...) tantôt dans le contenu même de l'enseignement (âge et surtout méthodes d'apprentissage de la lecture, formation et motivation des enseignants...).

Sans entrer dans cette polémique souvent vive, il nous paraît que l'étude des difficultés scolaires est en quelques décennies, passée d'un point de vue purement moral (l'échec était dû à la paresse de l'enfant, et par conséquent il en était le premier fautif), à un point de vue médical pathologique (l'échec est dû à l'inadaptation de l'enfant, concept qui sous-tend plus ou moins un défaut d'équipement neurophysiologique de base : voir le problème de la débilité mentale), puis enfin à un point de vue sociologique (l'échec est dû à l'inadaptation des structures scolaires actuelles face à une proportion non négligeable de la population).

Curieusement, bien que le cadre de référence de ces points de vue soit à l'évidence très différent, chaque étape a eu tendance à englober, puis annuler l'étape précédente. Si la médicalisation de la paresse peut apparaître comme un progrès (encore faut-il réserver le droit à l'enfant comme à l'adulte d'être paresseux) le renvoi dos à dos de l'abord médical et de l'abord sociologique stérilise le débat plus souvent qu'il ne l'enrichit.

Dans ce bref chapitre nous ne décrirons pas les difficultés scolaires qui renvoient à une sémiologie déjà étudiée par ailleurs, telle que les troubles du langage, de la latéralisation, la dyslexie-dysorthographie. Nous nous limiterons aux difficultés centrées sur l'école (échec scolaire, refus scolaire, phobie scolaire) ou sur les apprentissages (dyscalculie).

La place qu'occupe l'école dans le champ d'activité du pédopsychiatre ne doit pas être ignorée, puisque dans certains centres médico-psychopédagogiques, une large majorité des enfants est adressée par l'école : ainsi 50 % des enfants vus au Centre Alfred Binet sont envoyés par l'école. En outre, parmi les enfants conduits au Centre à l'initiative de leurs parents, une forte proportion l'est pour des motifs scolaires. Au total, pour environ 70 % des enfants consultants, un motif scolaire est invoqué. Des enquêtes épidémiologiques plus fines (Schmid) ont d'ailleurs montré que le mode de consultation était plus en rapport avec le niveau socio-économique des familles qu'avec la nature même des difficultés de l'enfant : ainsi les familles de bon niveau socio-économique ont plutôt tendance à consulter spontanément ou sur simple conseil médical, tandis qu'en cas de niveau socio-économique défavorisé, les familles consultent sur la pression de l'école ou des services sociaux.

Quoi qu'il en soit l'inadéquation scolaire est souvent le premier symptôme mis en avant, même si celui-ci n'est qu'un trompe-l'œil rassurant pour la famille ou pour l'école, ou n'est que la manifestation d'une pathologie plus complexe. Dans tous les cas, confronté à l'inadéquation scolaire il faut prendre en considération les trois partenaires que sont l'enfant, sa famille et l'école, tenter d'évaluer leur interaction réciproque avant d'envisager une aide thérapeutique.

■ **Chez l'enfant,** il faut distinguer entre les possibilités d'apprendre et le désir d'apprendre. L'évaluation des possibilités repose sur l'examen soigneux et complet des capacités physiques (recherche de déficit sensoriel partiel) et psychiques. Nous ne reviendrons pas ici sur les diverses explorations nécessaires en cas de doute, ni sur l'étude des capacités cognitives et de leurs divers stades (v. capacités cognitives p. 152 et débilité p. 162).

Il convient d'ailleurs de reconnaître que seul un très petit nombre d'enfants n'ont pas l'équipement neurophysiologique de base nécessaire à un bon apprentissage et peuvent, par conséquent, être considérés comme incapables de suivre une scolarité normale.

Dans le désir d'apprendre, des facteurs très nombreux interviennent : il s'agit de la motivation de l'enfant. Celle-ci peut être :

1°) d'origine individuelle, réaction d'amour propre et de prestance, mais aussi désir de savoir, plaisir à apprendre, rivalité fraternelle ou œdipienne, etc. ;

2°) d'origine familiale : stimulation parentale de toute nature, participation des parents à la vie scolaire de leur enfant ;

3°) d'origine sociale enfin : valorisation de la connaissance, partage des mêmes idéaux que l'institution scolaire...

Le système de motivation évolue avec l'âge, passant progressivement d'une motivation extérieure telle qu'imiter l'adulte puis faire plaisir aux parents et/ou à la maîtresse, à une motivation interne dont la nature varie aussi : plaisir à la compétition ou attitude de prestance, puis intégration de la nécessité d'apprendre un métier ou désir d'accéder aux valeurs culturelles. En réalité, ce dernier palier n'est jamais atteint avant 11-12 ans, quand il est atteint !

■ **La famille** intervient à la fois dans la dynamique des échanges intrafamiliaux, et par son degré de motivation à l'égard de l'école. Lorsque l'enfant quitte sa famille pour aller à l'école, cela signifie qu'il passera désormais une part non négligeable de son temps hors de la famille : corrélativement ceci implique que les parents, surtout la mère, acceptent ces nouveaux investissements et s'en rejouissent. Les phobies scolaires (v. p. 436) sont un exemple de cette incapacité du groupe familial à redistribuer ses investissements lorsque l'enfant va à l'école. Il va de soi que l'équilibre affectif familial joue un rôle fondamental sur lequel nous ne reviendrons pas.

Le niveau socioculturel de la famille représente un facteur essentiel dans l'adéquation enfant-école dont nous reparlerons. Nous évoquerons brièvement ici la place du langage dans les échanges familiaux : l'adaptation de l'enfant à l'école, et ce dès l'école maternelle, est liée à son degré de maîtrise du langage, lequel dépend en grande partie de la qualité et de la quantité des échanges verbaux au sein de la famille. Il est évident que des enfants issus de milieu culturel proche, sinon identique à celui des enseignants et plus généralement proches des valeurs et systèmes de communication proposés par l'école, auront de plus grandes facilités que les enfants dont les familles utilisent peu le langage ou uniquement dans des situations concrètes.

Le degré de motivation de la famille est aussi fonction de ce niveau socioculturel, de l'accord avec les buts et/ou moyens de l'école. Certains parents mettent ainsi systématiquement leur enfant en situation d'opposition avec l'école, la dénigre et la dévalorise constamment. Toutefois, l'attitude opposée peut aussi provoquer un blocage chez l'enfant : l'hyperinvestissement par les parents des résultats scolaires, leurs contrôles et leur vigilance incessante du travail de l'enfant dans un climat obsessionnalisé ou perfectionniste peuvent entraîner un renoncement, voire un refus.

■ **L'école** est le troisième tryptique de ce triangle relationnel enfant-famille-école. L'enseignement préélémentaire (la maternelle) s'adresse aux enfants de 2 à 6 ans : il est facultatif. Les taux de scolarisation se sont stabilisés : (Ministère de l'Education Nationale).

- 2 à 3 ans : 33,6 % environ des enfants ;
- 3 à 4 ans : 95,4 % " " "
- 4 ans et plus : 100 % " " "

Une fréquentation régulière de l'Ecole Maternelle réduirait les risques de redoublement à l'école élémentaire.

L'enseignement élémentaire comporte 5 années (C.P. ou 11e, C.E.1 ou 10e, C.E.2 ou 9e, C.M.1 ou 8e, C.M.2 ou 7e) entre 6 et 11 ans. L'enseignement secondaire débute à partir de la 6e à l'âge normal de 11 ans.

L'école a subi au cours de ces dernières années de profondes modifications. Elle a dû aussi faire face à une vague démographique importante qui, bien qu'en régression actuelle, continue d'en modifier les structures : ainsi la figure du maître d'école, autorité morale incontestable du village, a totalement disparu dans l'anonymat des banlieues et des grands groupes scolaires. L'accès à l'école de l'ensemble des classes sociales, la scolarisation d'un nombre important d'enfants étrangers a posé et pose des problèmes. Face à ces bouleversements, l'école n'a pas toujours su ou pu s'adapter avec la souplesse nécessaire, tant dans son organisation matérielle (problème du rythme scolaire, des vacances, du nombre d'enfants) que dans son contenu même.

L'importance quantitative prise par l'échec scolaire montre que l'inadaptation de l'école aux structures sociales actuelles doit être prise en compte dans l'évaluation de l'inadaptation école-enfant avant de déclarer ce dernier « inadapté ». En effet, l'ensemble des statistiques de l'Éducation nationale concorde pour reconnaître qu'un enfant sur deux atteint le C.M.2 avec un, deux ou trois ans de retard. Cet échec est très précoce puisque dès le C.P., 25 % des enfants sont en situation d'échec, n'ayant pas appris à lire, et 25 % de ceux qui restent ont à peine atteint le stade de la lecture syllabique. Certes les plus récentes recommandations ministérielles étendent sur deux ans l'apprentissage théorique de la lecture, mais leur effet est plus de masquer l'échec, que d'y trouver une solution.

Par ailleurs, la relation directe entre le niveau socioculturel et la réussite scolaire ne peut plus être mise en doute : plus le niveau est bas, plus le risque d'échec scolaire est grand (tableau XII). Il apparaît que le taux d'échec scolaire est fortement corrélé au niveau de la qualification professionnelle du père et peu avec l'existence ou non d'un travail de la mère. Les enfants de travailleurs migrants sont une triste illustration de ces corrélations car ils cumulent à la fois le handicap linguistique et les conditions socio-économiques défavorables : ainsi on peut considérer que seuls 20 % des enfants de migrants échappent à l'échec scolaire (v. p. 445). Cet échec n'est pas à attribuer au bilinguisme car les enfants étrangers, issus de milieu socio-économique favorisé, ont une réussite scolaire analogue aux enfants autochtones (Bemelmans).

En outre les évaluations précédentes ne tiennent pas compte de l'éducation spécialisée qui, en 1978, représentait 3,34 % des effectifs (S.E.S., E.M.P., etc.).

TABLEAU XII. – TAUX D'ÉCHEC SCOLAIRE EN FONCTION DE LA PROFESSION DU PÈRE*

PROFESSION DU PÈRE	POURCENTAGE D'ÉCHEC SCOLAIRE DES ENFANTS DE 9 ANS
Manœuvres	27,1 %
Agriculteurs, employés	15,1 %
Ouvriers qualifiés	13,1 %
Commerçants	11,6 %
Artisans, employés qualifiés	10,5 %
Cadres moyens	6,1 %
Cadres supérieurs	4,3 %

* Schmid : population scolaire du canton de Vaud.

De tels chiffres interdisent de considérer l'échec scolaire comme le seul résultat de l'inadaptation de l'enfant, ce qui reviendrait à dire que plus de la moitié des enfants sont des inadaptés, et nécessitent des soins et une scolarité particulière.

Sans entrer dans une analyse détaillée des diverses causes de cet échec de l'école, nous citerons simplement ici :

1°) le non-respect des rythmes propres à l'enfant (durée excessive de la journée scolaire et mauvaise répartition dans l'année) ;

2°) le trop grand nombre d'enfants par classe (les chiffres moyens de l'Éducation nationale masquent en réalité une extrême disparité entre des classes avec peu d'élèves dans des régions en voie de dépeuplement, et des classes surchargées dans les banlieues urbaines où sont précisément les enfants qui cumulent le plus de difficultés) ;

3°) l'évolution du statut de l'enseignant et de ses motivations (dont témoigne la féminisation extrême) et corrélativement l'évolution de la relation maître-élève (la motivation inconsciente de l'enseignant est hélas plus souvent le plaisir pris à la maîtrise du groupe que le plaisir pris à la progression de chacun) ;

4°) la nature même de la progression scolaire (progression de type frontal qui suppose acquises les notions de l'année précédente et où chaque lacune exerce un effet cumulatif sur l'apprentissage ultérieur, ne permettant pas le rattrapage, mais au contraire aggravant le retard) ;

5°) l'évolution du rôle de l'école primaire (dont l'objectif n'est plus de donner à chaque enfant un acquis concret : lire-écrire-compter, directement utilisable pour accéder à un métier, mais de le préparer à l'enseignement secondaire et supérieur : il suffit pour cela de voir la place de l'enseignement des mathématiques modernes) ;

6°) la compétence de l'enseignant enfin, sujet quasiment tabou, semble déterminer en grande partie le pourcentage moyen de réussite ou d'échec dans une classe particulière : Ravard et Coll. étudient sur cinq années scolaires, le pourcentage d'échec en apprentissage de la lecture (6-7 ans : cours préparatoire) dans trois classes dont les autres variables (types de population, niveau socioculturel) sont comparables à l'exclusion de la personne de l'enseignant ; le pourcentage d'échec moyen passe de 10 % pour une classe à 27 % et 42 % : la « compétence » de l'enseignant semble être selon les auteurs la variable la plus importante pour expliquer les écarts enregistrés dans les pourcentages d'échec scolaire.

Jusque-là toutes les solutions proposées par l'Éducation nationale sont allées, quelles que soient les bonnes intentions initiales affichées, dans le sens de la ségrégation des enfants (classe spécialisée, classe de rattrapage, classe passerelle). Dans tous les cas, il semble que les problèmes essentiels, ceux de la formation des enseignants et de leur motivation à s'occuper d'enfants difficiles soient esquivés, si bien que dans l'esprit de l'enseignant et/ou des élèves, ces classes apparaissent comme le résultat de sanction, de rejet ou d'échec, renforçant encore ce que certains appellent « la spirale de l'échec ». De même la nature de la relation maître-élève n'est jamais remise en cause, pas plus que le type de progression scolaire qui suppose une homogénéité extrême pour chaque classe d'âge.

Étude clinique

Lorsqu'un enfant est adressé par l'école au Centre médico-psychopédagogique, ou lorsque les parents consultent spontanément ou sur les conseils de leur médecin, dans tous les cas les difficultés scolaires occupent le devant de la scène. Toutefois, les parents et l'enseignant utilisent une grille symptomatique très variable où se mêlent des valeurs morales (paresseux, turbulent, méchant), des valeurs supposées médicales (instabilité, dyslexie, débilité), des valeurs sociales au sens de la norme (« il n'est pas du niveau ») etc. Ainsi, à titre d'exemple, voici par ordre de fréquence les difficultés alléguées par des enseignants chez des enfants de 6-7 ans (Stambak et coll.) :

– difficultés de comportement .... 43,5 %
– difficultés motrices .... 19,6 %

– difficultés de langage .... 17,5 %
– difficultés d'ordre intellectuel .... 9,1 %
– problèmes sociaux .... 5,6 %
– troubles somatiques .... 2,6 %
– absentéisme .... 1,8 %

Dans tous les cas, l'instabilité est le motif de signalement le plus fréquent, rubrique où les garçons sont nettement sur-représentés. En revanche, il existe de grands écarts d'une école à l'autre, voire d'un enseignant à l'autre au niveau du pourcentage global d'enfants signalés, ce qui témoigne d'une sensibilité (ou d'une intolérance) très variable.

Avec l'âge, la nature des difficultés évolue, marquée par l'existence de difficultés dites spécifiques (dyslexie, dyscalculie) puis par l'apparition de l'échec scolaire. En ce qui concerne *l'instabilité, les problèmes de gaucherie, les difficultés motrices* diverses, nous renvoyons le lecteur p. 94. *Les difficultés de langage* (p. 108), *de niveau intellectuel* (v. p. 150) ont été étudiées ailleurs de même que *l'inhibition* (v. p. 321), tant dans sa composante cognitive que dans sa dimension affective.

Nous aborderons ici : A) les difficultés dites spécifiques ; B) l'échec et le retard scolaire ; C) la phobie scolaire enfin.

A. – Difficultés spécifiques d'apprentissage

On appelle « difficultés spécifiques » des difficultés strictement localisées à un type d'apprentissage tel que la lecture ou l'écriture ou le calcul, et n'entraînant pas, du moins théoriquement, de difficultés dans les autres domaines. On les rencontre de façon privilégiée dans les classes d'apprentissage (C.P., C.E.1, C.E.2). Ultérieurement il est habituel que la difficulté, d'abord spécifique, retentisse sur l'ensemble de la scolarisation : le risque est alors d'aboutir à l'échec scolaire.

a) La dyslexie : voir p. 115.

b) La dyscalculie : beaucoup plus rare que la précédente. On peut définir la dyscalculie comme un échec dans l'apprentissage des premiers éléments du calcul, et un échec dans la capacité à manier un petit nombre de façon adéquate. Dans la forme la plus complète, le **syndrome de Gerstmann** associe :

1°) des troubles d'acquisition du calcul ;
2°) une agnosie des doigts ;
3°) une indistinction droite-gauche ;
4°) une dysgraphie ;
5°) une apraxie constructive.

En réalité, plus fréquente semble être l'association d'une dyscalculie, d'une dysgnosie digitale (difficulté motrice et de reconnaissance des doigts rendant le comptage sur les doigts difficile, voire impossible) et d'une apraxie constructive.

L'étude de la fonction numérique au moyen d'épreuves piagétiennes montre que la difficulté se manifeste dans tous les aspects du calcul (ordination, cardination, opérativité mathématique). Dans les tests de niveau il existe un décalage habituel entre les tests verbaux (bons, voire supérieur) et les tests de performances.

■ **Sur le plan psychopathologique,** Hasaert-Van Geertruyden distingue :

– une dyscalculie vraie, apparue dès le plus jeune âge, avec une dyspraxie digitale importante ;

– une dyscalculie associée à des troubles d'organisation spatiale, d'apparition plus tardive. Elle porte non pas sur l'acquisition des nombres, mais plutôt sur les épreuves d'opérativité (en particulier le maniement des quantités continues telles que surface, longueur, volume) ;

– une dyscalculie liée à des difficultés psycho-affectives. La précocité et la gravité de la dyscalculie dépendent de ces dernières. Lorsqu'il s'agit d'organisation de type névrotique en particulier phobique (par déplacement sur le nombre de l'angoisse névrotique), les aptitudes numériques fondamentales ne sont pas atteintes. En revanche, en cas d'organisation psychotique ou prépsychotique, le nombre ou le chiffre peut se voir attribuer des significations symboliques quasi délirantes, entravant toute possibilité de maniement opératoire (Brousselle) et par conséquent provoquer des échecs graves en calcul.

■ **La rééducation du dyscalculique,** en dehors des facteurs psycho-affectifs, passe d'abord par une rééducation psychomotrice centrée sur l'organisation du schéma corporel et sur la différenciation des gnosies digitales (Hasaert-Van Geertruyden). Ultérieurement, les mouvements de comptage, les manipulations de sériation, de groupement, de correspondance terme à terme à partir d'un matériel concret (jetons, tiges, règles) permettent d'accéder très progressivement aux opérations abstraites.

B. – Retard scolaire. Échec scolaire

On distingue classiquement le retard scolaire de l'échec scolaire, ce dernier terme étant réservé aux retards supérieurs à deux années. En réalité, le retard précède toujours l'échec, et y aboutit fréquemment si aucune action préventive n'est mise en place.

Nous ne reviendrons pas sur l'importance de ce phénomène, ni sur sa dimension sociale (v. p. 429) qui constitue la toile de fond de l'échec scolaire. L'échec scolaire est différent du **fléchissement scolaire :** dans ce dernier cas, on note une période de scolarité satisfaisante avant que les conduites d'échec n'apparaissent. Dans la majorité des cas, le fléchissement scolaire apparaît réactionnel, soit à des difficultés familiales (maladie de la mère, séparation des parents, décès), soit à des conflits actuels propres à l'enfant. Dans quelques cas, un fléchissement scolaire soudain, sans aucune cause apparente, peut être le premier indice d'une désorganisation psychotique.

L'échec scolaire « permanent » apparu dès le début de la scolarité, a des causes multiples : sociales, familiales, pédagogiques, déjà envisagées, mais aussi au niveau de l'enfant lui-même. Ce sont ces dernières que nous examinerons ici.

La débilité mentale

Si une débilité mentale moyenne entrave nécessairement la progression scolaire, en revanche la débilité légère ou limite (v. p. 164) n'apparaît pas comme la cause principale de l'échec scolaire, le niveau intellectuel des enfants en situation d'échec étant très variable, même si le sommet de la courbe est décalé vers une moyenne légèrement inférieure. On sait l'importance du facteur socio-économique dans le déterminisme de la débilité mentale limite (v. p. 169) si bien qu'on observe ici un effet cumulatif entre débilité-limite et échec scolaire, l'un renforçant l'autre, l'enseignant ou l'Éducation nationale se satisfaisant de cette approche explicative simpliste.

Le refus scolaire

Il peut prendre un aspect massif et actif. Parfois, il semble provenir de l'enfant qui s'oppose à toute acquisition scolaire. Mais dans d'autre cas, il apparaît comme le témoin de l'hostilité plus ou moins manifeste des parents à l'égard de l'école, en particulier lorsque ceux-ci projettent massivement leurs anciens problèmes sur le vécu scolaire actuel de leur enfant. Ce refus scolaire est de nature différente avec l'âge :

– opposition active bruyante, avec des attitudes de bouderie ou des troubles de comportement (colère, instabilité) chez le jeune enfant ;

– opposition plus passive d'un enfant effacé et silencieux (dans « la lune », rêveur) ou opposition qui se marque par l'école buissonnière du préadolescent ou de l'adolescent.

Ce refus scolaire s'observe parfois comme composante d'une organisation caractérielle ou psychopathique. Dans d'autre cas il paraît résulter d'une inhibition face à la problématique œdipienne, en particulier dans la rivalité avec le père. Ailleurs, il est la conséquence d'exigences parentales excessives que l'enfant ne peut assumer. Dans tous les cas, sa signification n'est jamais univoque, les différents niveaux d'interaction étant étroitement mêlés.

Le désintérêt scolaire

On ne peut parler de désintérêt ou de désinvestissement scolaire qu'en fin de période de latence et à l'adolescence. A cet âge, la nécessité de l'apprentissage scolaire n'est plus une contrainte externe imposée par les parents ou par le désir de leur plaire, mais commence à être intégrée dans une motivation interne.

Le désintérêt scolaire de l'adolescent se marque par le dégoût de tout ce qui a trait à l'école, son inutilité, l'ennui qui en résulte ; il est englobé habituellement dans des critiques existentielles plus générales.

Le désinvestissement s'accompagne parfois d'un absentéisme scolaire important, et peut aller jusqu'à l'arrêt de la scolarité. Élément d'une crise de morosité juvénile, le désinvestissement scolaire peut témoigner d'une problématique plus profonde telle qu'une réelle dépression de l'adolescent voire, par l'apragmatisme et le désinvestissement général qui l'accompagne faire craindre une réaction psychotique.

L'inhibition scolaire

Dans sa forme le plus typique, l'inhibition scolaire entraîne une souffrance chez l'enfant incapable de travailler ou de se « concentrer » sur sa tâche malgré son désir. Elle peut se voir en dehors de tout autre type d'inhibition (inhibition des processus cognitifs, inhibition affective ou timidité). Elle traduit généralement une organisation névrotique conflictuelle : le désir épistémophilique n'est pas dégagé de la pulsion scotophilique et voyeuriste parce que les mécanismes mentaux dits névrotiques (déplacement et sublimation) n'ont pas atteint leur plein développement. Ainsi le désir épistémophilique reste très culpabilisé et subit un refoulement. Dans d'autres cas le savoir paraît investi d'une puissance redoutable qui réactive la rivalité au père et à son image.

Ceci représente les mécanismes même de l'organisation névrotique. Nous renvoyons le lecteur au chapitre sur la névrose (v. p. 306 et surtout p. 321).

C. – La phobie scolaire

Décrite d'abord par A. Johnson, la phobie scolaire s'observe chez *« des enfants qui, pour des raisons irrationnelles, refusent d'aller à l'école et résistent avec des réactions d'anxiété très vives ou de panique quand on essaie de les y forcer »*.

Elle semble plus fréquente chez le garçon. Elle apparaît entre 5 et 13 ans, surtout à l'entrée à l'école élémentaire et au moment de l'entrée au collège. Signalons la place particulière de l'enfant dans la famille : enfant unique, aîné ou benjamin dans 80 % des cas. Nous reverrons ultérieurement le rôle important de la famille dans la constitution de la phobie scolaire.

1°) Clinique

■ **Le moment phobique :** l'enfant phobique scolaire présente une réaction d'angoisse intense très liée aux moments phobiques : lors du départ en classe l'enfant s'agite, manifeste une grande panique. Il pleure, supplie ses parents, promet qu'il ira à l'école le lendemain. Si on le force, la crise prend une tournure dramatique : il s'enferme dans sa chambre, se sauve en pleurant. L'enfant est alors inaccessible à tout raisonnement. Dans quelques cas, la contrainte semble le calmer, il se laisse conduire passivement à l'école, mais très vite il quitte sa classe, s'enfuit irrésistiblement pour rentrer chez lui ou errer malheureux si la porte du domicile est close. Parfois, surtout vers 5-7 ans, il présente des plaintes somatiques (céphalées, maux de ventre), ou même des vomissements. Plus rarement on note des conduites agressives (bousculade, agitation) qui sont en fait le témoin des réactions de détresse et d'angoisse devant la contrainte.

■ **En dehors des moments phobiques :** dès que l'enfant n'est plus confronté au départ à l'école, il se calme, promet d'y aller sans difficultés « plus tard ». C'est alors, dans tous les autres domaines, un enfant facile, coopérant. Il avance des rationalisations conscientes à sa phobie : l'enseignant est sévère, les copains de classe sont méchants ou se moquent de lui, il rend responsable le changement d'école récent, ou la dernière absence à cause de sa maladie. Par la suite, la phobie se justifie elle-même puisque l'enfant a peur d'être en retard par rapport aux autres, de ne plus connaître le programme.

En revanche, il n'y a aucun refus du travail scolaire à la maison : il accepte de faire ses devoirs, tente de rattraper son retard, parfois même on note un hyperinvestissement : il passe toutes ses journées à faire son travail si bien que malgré une absence prolongée de fréquentation scolaire, le niveau pédagogique peut rester excellent.

■ **Les autres manifestations :** si la phobie scolaire est parfois isolée, il n'est pas rare de noter d'autres conduites :

– symptômes d'allures névrotiques : le plus souvent il s'agit d'autres phobies (peur du noir, agoraphobie) concomitante ou ancienne. Des rituels, des éléments de la série obsessionnelle ont pu précéder la phobie scolaire, centrés en particulier sur l'école : rangement du cartable, méticulosité du travail ;

– conduite agressive ou impulsive et relation de type sadomasochique avec un membre de la famille, surtout avec la mère ;

– état dépressif enfin, fréquemment associé à la phobie scolaire (20 % des cas selon Dugas), en particulier chez le préadolescent.

2°) Diagnostic différentiel

Il est habituellement aisé si l'on tient compte de l'âge et de l'angoisse. En effet, très différents de la phobie scolaire sont :

– l'angoisse à la séparation du petit enfant mis à l'école maternelle : cette réaction est habituellement transitoire. Toutefois, dans les antécédents de certains enfants phobiques scolaires, on retrouve de telle réactions particulièrement vives ;

– l'école buissonnière du grand enfant ou de l'adolescent ne s'accompagne pas du cortège d'angoisse : l'enfant quitte la maison normalement, il est heureux et joue pendant la journée. L'inquiétude n'apparaît guère qu'à l'heure du retour, devant la crainte des réprimandes ;

– le refus scolaire (v. p. 435) ne présente pas non plus la réaction d'angoisse caractéristique.

3°) Abords psychopathologiques

■ **Les tests psychologiques** n'offrent pas de particularités notables : l'efficience intellectuelle est bonne, voire supérieure. Au Rorschach, l'inhibition paraît être le trait dominant avec, quand l'expression en est possible, une affectivité « labile, égocentrique et impulsive » (Dugas et Gueriot), masquant une angoisse profonde et ancienne.

■ **L'organisation psychopathologique** sous-jacente est diversement appréciée selon les auteurs : les uns considèrent que la phobie scolaire s'intègre toujours dans une organisation névrotique de type phobique, les autres, au contraire, trouvent des niveaux d'organisations très variables sous la même conduite apparente.

Dans le premier groupe M. Sperling pense qu'il s'agit d'une structure névrotique phobique mais d'un type particulier : en effet, l'organisation de la phobie scolaire serait liée au premier stade névrotique (stade anal) et resterait proche des conflits plus précoces de la séparation, avec le maintien d'une ambivalence extrême et l'existence de défaillances dans l'organisation narcissique où les fantasmes d'omnipotence magiques paraissent toujours actifs.

La plupart des autres auteurs estiment que la phobie scolaire est un symptôme situé au carrefour d'organisations au potentiel évolutif variable. Ainsi pour Lébovici et Le Nestour les phobies scolaires *« sont la manifestation d'une pathologie d'expression névrotique mais dont les symptômes sont peu élaborés ».* Ces auteurs considèrent qu'elles participent à la fois de la claustrophobie (sur le chemin de l'école) et qu'elles renvoient aussi à une angoisse de séparation mal élaborée dont l'enfant se défend par la passivité en se servant de sa mère comme objet contraphobique. Toutefois la *« phobie scolaire ne protège pas contre l'expression comportementale d'une névrose très insuffisamment mentalisée »,* et se situe par conséquent *« au carrefour de l'insuffisance de l'élaboration névrotique et de la mise en acte, d'où son évolution déconcertante ».*

■ **La dynamique familiale :** tous les auteurs s'accordent à reconnaître la particularité de la constellation familiale. L'enfant est toujours très dépendant de sa famille, parfois avec une note d'agressivité ambivalente (l'enfant peut justifier sa phobie scolaire par la crainte que sa mère ne meure quand il est à l'école).

La mère est une personnalité souvent anxieuse, phobique même : ainsi Berg note la fréquence d'une mère agoraphobe. Elle est surprotectrice, en identification constante et envahissante avec son enfant qu'elle maintient dans une relation de dépendance étroite, encore renforcée par le rôle contraphobique qu'il lui fait jouer. Une relation de type sadomasochiste entre mère et enfant n'est pas rare.

Le père est toujours peu sécurisant, faible, voire absent (divorce ou décès).

Dans cette triangulation familiale particulière l'enfant, surtout le garçon, ne semble pas trouver auprès de son père une possibilité d'identification positive : la phobie scolaire témoigne de l'effondrement de ses possibilités d'identification, par conséquent l'effondrement de l'idéal du Moi et du narcissisme de l'enfant. Le refuge dans une position passive satisfait la mère et rassure l'enfant, instaurant un cercle vicieux. L'importance de cette constellation familiale avait incité M. Sperling à distinguer *la phobie scolaire aiguë* (secondaire à un traumatisme qui représente pour l'enfant une menace pour ses capacités de contrôle de la réalité : grâce au symptôme phobique il maintient une vigilance constante sur son entourage), *la phobie scolaire induite* (secondaire à une relation mère-enfant pathologique, typique lorsqu'il s'agit de mère agoraphobe), enfin *la phobie scolaire chronique* (interférence des deux précédentes).

4°) Évolution et abord thérapeutique

L'évolution dépend à l'évidence de la structure psychopathologique sous-jacente et de la dynamique conflictuelle familiale. Très schématiquement on peut dire que :

– 30 à 50 % des cas ont une évolution favorable tant sur le plan de la réinsertion scolaire que de la vie extrascolaire ;

– 30 % environ ont une évolution marquée par la persistance de difficultés névrotiques avec parfois le maintien d'une phobie scolaire plus ou moins importante, mais l'insertion sociale est satisfaisante ;

– 20 à 30 % enfin ont une évolution défavorable marquée par la persistance de la phobie scolaire, mais surtout par l'existence de symptômes divers entraînant des difficultés considérables d'adaptation sociale.

L'abord thérapeutique est fonction de la fixité ou non du symptôme, mais aussi de la contre-attitude qu'il induit : d'une manière générale, toute attitude de contrainte (hélas encore fréquente) ne fait que renforcer le symptôme :

– l'abord psychothérapeutique est souhaitable, mais s'inscrit dans une perspective à long terme. Il ne faut pas en attendre d'effets directs sur le symptôme. En revanche l'angoisse peut être élaborée et son niveau atténué ;

– l'approche familiale (thérapeute identique avec le petit enfant, thérapeute différent avec l'enfant de 9-13 ans) est indispensable pour resituer la fonction symbolique paternelle. Elle n'est hélas pas toujours acceptée par la famille ;

– l'hospitalisation temporaire, par son rôle de déconditionnement, apporte dans les phobies scolaires chroniques la seule possibilité de changement, permet à l'enfant une réinsertion scolaire adaptée (école à l'hôpital), l'intégration dans un groupe thérapeutique. Elle est parfois un temps indispensable avant d'être relayée par les autres méthodes ;

– les antidépresseurs tricycliques sont utiles quand une réaction dépressive est associée à la phobie scolaire, surtout chez l'adolescent. On peut observer de spectaculaires évolutions.

Bibliographie

BERG (I.) : School phobia in the children of agoraphobic-women. *Brit. J. Psychiat.*, 1976, 128, p. 86-89.

BROUSSELLE (A.) : Fantasme et concept mathématique. *Psy. enf.*, 1973, *16* (2), p. 467-491.

CARRIC (N.) : L'échec scolaire. *Rev. neuro. psy. inf.*, 1977, *25*, (8-9), p. 489-499.

DUGAS (M.), GUERIOT (C.) : Les phobies scolaires : étude clinique et psychopathologique. *Psy. enf.*, 1977, *20* (2), p. 307-382.

HASAERTS -VAN GEERTRUYDEN (EV) : La dyscalculie chez l'enfant. *Rev. neuropsychiat. inf.*, 1975, *23* (10-11), p. 665-677.

LEBOVICI (S.), LE NESTOUR (A.) : A propos des phobies scolaires graves. *Psy. enf.*, 1977, *20* (2), p. 383-432.

NUMÉRO SPÉCIAL : L'échec scolaire, abord psychopathologique. *Confrontations psychiatriques.* Spécia Ed. 1983, **23**, 1 vol.

MAZET (Ph.) : L'enfant à l'école maternelle. *Rev. prat.*, 1980, *30*, p. 2813-2819.

MAZET (Ph.), MARCELLI (D.) : Le pédiatre et les difficultés scolaires. 1re partie : *Rev. Pédiatrie*, 1976, *12* (10), p. 583-588. 2e partie : *Rev. Pédiatrie*, 1977, *13* (1), p. 47-56.

RAVARD (J.-C.), RAVARD (F.) : La compétence pédagogique. Facteur méconnu dans l'échec scolaire. *Neuropsychiatrie Enfance*, 1982, **30**, *9*, p. 483-488.

SCHMID (M.) : L'équipe de psychiatrie scolaire : ses problèmes, sa clientèle, sa collaboration avec le corps enseignant. *Psy. enf.*, 1975, *18* (1), p. 261-312.

SPERLING (M.) : School phobia : classification dynamic and treatment. *Psycho. Analytic S. of child*, 1967, *22*, p. 375-401. (Trad. : *Rev. Franç. Psych.*, 1972, *36*, p. 265-286.)

STAMBAK (M.), VIAL (M.) : Problèmes posés par la déviance à l'école maternelle. *Psy. enf.*, 1974, *17* (1), p. 241-335.

TABLE RONDE : Entretiens de Bichat : l'enfant face à l'échec scolaire, FERRARI (P.), GEISSMANN (P.), ANZIEU (A), TERRIER (G.), GIBELLO (B.), *Neuropsychiatrie Enfance* 1982, **30**, *9*, p. 467-481.

24

L'enfant migrant

L'importance des mouvements migratoires qu'imposent les sociétés industrielles modernes rend nécessaire l'étude de leurs effets sur l'équilibre familial, l'insertion sociale de ce noyau familial, et le retentissement sur chacun des membres. L'enfant, par sa fragilité même, par sa dépendance envers ses parents, par sa socialisation en cours à travers le processus de la scolarisation est au centre des problèmes soulevés par ces mouvements migratoires. Si nous abordons ici principalement les difficultés rencontrées par l'enfant étranger, il ne faudrait pas en méconnaître pour autant les migrations « internes » telles que le passage du petit village natal à la banlieue suburbaine, ou le passage de la ferme à l'appartement en H.L.M. Outre les changements profonds dans les conditions de vie s'ajoutent aussi une rupture avec une partie de la famille, en particulier la génération des grands-parents, et une rupture avec les condisciples (copains, camarades de classe).

Il va sans dire que l'enfant migrant venant d'un pays étranger devra faire face aux mêmes problèmes, avec en outre les changements linguistiques, culturels, climatiques même, dans des conditions socio-économiques le plus souvent médiocres.

I. – Données démographiques

Selon le dernier recensement de l'I.N.S.E.E. en 1975, on comptait environ un million d'enfants de migrants de moins de 16 ans. Ils se répartissent ainsi :

0- 2 ans : 200 000 environ ;
2- 5 ans : 200 000 »
5-12 ans : 400 000 »
12-16 ans : 200 000 »

Chaque année un certain nombre d'enfants mineurs accompagnent leurs parents dans l'immigration. Ainsi sont entrés en France 27 000 mineurs en 1975, 31 000 en 1976 et 27 000 en 1977.

En fonction du pays d'origine, on observe la répartition suivante :

- Algériens : 30,74 % ;
- Portugais : 26,59 % ;
- Espagnols : 10,88 % ;
- Marocains : 8,45 % ;
- Italiens : 8,15 % ;
- Tunisiens : 3,76 % ;
- Africains : 1,89 % ;
- Yougoslaves : 1,70 %.

Toutefois, ces chiffres masquent une réalité souvent très différente sur le terrain. En effet la répartition sur le territoire national est très inégale avec trois régions principalement concernées : la région parisienne (35 %), Rhône-Alpes (15 %) et la Côte d'Azur (10 %). D'autre part, un phénomène de regroupement aboutit à amplifier les inégalités de répartition, tant du nombre global d'immigrants que de leur nationalité. Ainsi, dans certaines écoles de la banlieue parisienne, le pourcentage d'enfants étrangers peut atteindre 30 à 40 %. Or, les sociologues reconnaissent qu'au-delà de 12 % environ les phénomènes liés au racisme deviennent difficilement contrôlables.

Dans sa majeure partie, l'immigration répond à une recherche de travail, mouvements anciens et traditionnels dans l'Europe elle-même (Italiens, Espagnols, Portugais actuellement et peut-être Yougoslaves demain ?), mais aussi avec les pays francophones (Algérie, Maroc, Afrique noire). Dans l'ensemble, ces familles migrantes sont de niveau socio-économique défavorisé, facteur qui n'est pas sans incidence sur la morbidité de la population infantile. Plus récemment une migration politique est réapparue, Sud-Américains, Asiatiques entre autres. Pour ces derniers, le niveau socio-économique est souvent plus élevé.

II. – Biculturalisme et bilinguisme

Entre les deux termes, biculturalisme et bilinguisme existe souvent une confusion entretenue par le fait que le bilinguisme est en lui-même une illustration des divers conflits intrafamiliaux, scolaires ou sociaux. Si le biculturalisme paraît englober une problématique plus vaste, le bilinguisme représente le premier problème auquel l'enfant de migrant se trouve confronté du fait de la scolarisation.

De façon schématique on pourrait dire que les parents vont souffrir de l'écart entre culture d'origine et culture d'accueil, tandis que pour l'enfant les difficultés paraissent se concentrer sur l'écart entre la langue familiale et la langue sociale. En revanche, l'adolescent retrouvera de manière aiguë et exacerbée dans sa quête d'identité, les tensions résultant de la confrontation des deux cultures.

Avant d'aborder les difficultés de l'enfant lui-même, il convient de décrire rapidement son environnement familial, en particulier ce que vivent les parents lors du passage de la frontière : la rupture du mode de vie habituelle, de l'espace socio-culturel traditionnel (famille, amis, maison) ravivée des sentiments de perte et de deuil en même temps que l'insécurité éprouvée dans le pays d'accueil, suscite des craintes que la réalité, hélas, vient souvent confirmer. Le besoin d'être « en règle », d'avoir tous ses papiers, représente la caricature de ce besoin d'identité nouvelle. Ces deux mouvements affectifs, sentiments de perte et crainte paranoïde sont habituellement compensés par l'espoir que sous-tend l'exil : espoir financier (la construction de la maison dans le village natal), espoir politique (la gloire de l'exil). Mais le prix à payer s'avère en général plus lourd que celui escompté, avec pour risque d'aboutir alors à un repli défensif sur la cellule familiale, et le refus d'une intégration culturelle, même partielle.

Si l'homme est souvent contraint pour des raisons professionnelles d'adopter, au moins en partie, la culture d'accueil, la femme, surtout lorsqu'elle a des enfants, peut y rester totalement étrangère, et même après de nombreuses années ignorer complètement la langue du pays d'accueil. Ce repliement familial peut d'ailleurs être le symptôme d'une réelle dépression de la mère, incapable d'élaborer la perte de son habituel cadre de vie. Dans ces conditions, le risque de fragmentation culturelle est grand : la vie professionnelle ou scolaire se situe dans la culture nouvelle, la vie domestique dans la culture d'origine.

A toutes ces difficultés s'ajoutent les problèmes liés à des conditions de vie économique très médiocres qui situent un grand nombre de familles migrantes dans ce que les épidémiologistes appellent « les familles à risques ».

L'enfant est le vecteur privilégié des risques ainsi dénoncés, ceux du biculturalisme d'abord qui peut aboutir à une véritable fragmentation de la vie sociale, ceux ensuite du médiocre niveau socio-économique avec toutes les carences qu'il implique (v. p. 396), enfin ceux des remaniements familiaux secondaires aux nouvelles conditions de vie. Ainsi le père qui a perdu son rôle social traditionnel, physiquement absent par le nombre élevé d'heures de travail accomplies, ne représente plus ni la force, ni la protection, ni la sécurité habituelles. La mère ne semble plus lui faire confiance. L'enfant vite acculturé en apparence, détenteur de la langue nouvelle devient le médiateur, l'intercesseur auprès de la culture d'accueil : il accompagne et traduit le discours parental à la mairie, chez le médecin, à la Sécurité sociale, etc. On assiste ici à une sorte d'inversion des rôles parents-enfants, qui ne sera pas sans poser des problèmes ultérieurs, en particulier à l'adolescent migrant.

■ **Le bilinguisme :** problème plus spécifique que celui du biculturalisme, il a été l'objet de nombreuses études dont les résultats sont souvent contradictoires. Il faut toutefois distinguer le bilinguisme wintrafamilial (père et mère de nationalités différentes) et le bilinguisme d'immigration, ou, selon les termes de R. Titone, les problèmes soulevés par le bilinguisme précoce et ceux de l'enseignement précoce des langues étrangères.

Le premier pose le problème de l'apprentissage simultané de deux langues. Pour certains, les enfants élevés dans un milieu parfaitement bilingue présentent une infériorité et une capacité linguistique diminuée (Pichon), ce qui n'est pas confirmé par d'autres. Ainsi Tabouret-Keller considère que le bilinguisme est favorable dans un cadre d'éducation normal. Dans ces conditions les enfants paraissent développer un système bilingue « composé » où les symboles des deux langues fonctionnent comme des alternatives interchangeables, portant sur le même signifié (Lambert). Un tel bilinguisme serait plutôt un facteur favorable stimulant l'organisation de la pensée, l'acquisition des deux langues étant alors en liaison, au moins quantitative, avec la manière dont les communications de l'entourage sont réparties entre ces deux langues. Le niveau socioculturel paraît prépondérant puisque le développement du langage de l'enfant, qu'il soit ou non bilingue, est strictement corrélé au niveau du langage de son environnement (Tabouret-Keller).

Tout autre est le bilinguisme d'immigration. Dans ce dernier cas les difficultés ne sont pas de nature linguistique mais bien plutôt psychologiques. Elles illustrent la place respective et souvent hiérarchique qu'occupent la culture d'origine et la culture d'accueil au sein de la famille : soit rejet de la culture d'accueil et cramponnement quasi désespéré à tout ce qui appartient à la culture d'origine, soit au contraire survalorisation de la culture d'accueil avec une recherche désespérée d'intégration au prix d'un renoncement aux attaches traditionnelles. L'enseignement du français à l'école, l'utilisation spontanée de cette langue avec ceux de son âge font obligatoirement porter à l'enfant le poids de cet investissement : refus et échec scolaire quand la langue, la culture d'immigration sont rejetées, réussite parfois très brillante lorsqu'elles sont au contraire survalorisées. Certes tout n'est pas aussi schématique, les rôles pouvant d'ailleurs, au sein d'une même famille, être différemment répartis, selon le rang dans la fratrie ou le sexe de l'enfant.

III. – Pathologie de l'enfant migrant

L'ensemble des études conduites sur les enfants migrants montre que, s'il n'existe pas de troubles spécifiques, en revanche la situation de migrant constitue en terme épidémiologique « un facteur de risque » qu'il est parfois difficile de dissocier du facteur de risque représenté par la situation socio-économique défavorisée dans laquelle vit généralement la population de migrants, chaque facteur semblant renforcer l'autre. Ainsi, dans les services d'Aide Sociale à l'Enfance, la moitié des dossiers de prise en charge temporaire, et 20 % des dossiers de demande de garde concernent les enfants de migrants. Le risque de placement temporaire pour un enfant maghrébin ou portugais est 20 à 25 fois plus grand que pour un enfant français, et celui de garde 5 fois plus élevé.

En fonction de l'âge le risque pathologique se situe dans des sphères différentes : avant l'âge scolaire, la pathologie carentielle, tant somatique que psychologique, paraît être sur-représentée. A la période de latence, les difficultés scolaires occupent le devant de la scène. Enfin, à l'adolescence, les conflits d'identité sont amplifiés par la réalité du biculturalisme et expliquent une partie des troubles. Nous envisagerons brièvement les difficultés de l'enfant migrant à l'école car les difficultés survenant à l'âge préscolaire nous paraissent beaucoup plus liées aux facteurs socio-économiques, qu'à la situation de migrant. Quant aux difficultés rencontrées par l'adolescent, elles font l'objet d'un chapitre spécifique dans l'ouvrage de Psychopathologie de l'Adolescent (voir chap. 19, 2e ed. p. 406).

L'enfant migrant et l'école

Au point de vue statistique la proportion d'enfants migrants dans les divers cycles de scolarité pour l'année 1978-1979 est donnée dans le tableau XIII.

TABLEAU XIII. – PROPORTION D'ENFANTS MIGRANTS DANS LES DIVERS CYCLES DE SCOLARITÉ (1978-1979)

	NOMBRE	POURCENTAGES
Enseignement préélémentaire	202 042	9,3 %
Enseignement élémentaire	374 906	9,4 %
Enseignement spécial .	16 880	14,1 %
Enseignement secondaire	245 027	4,95 %
Enseignement supérieur	104 503	12,63 %

La moyenne globale pour l'ensemble de la scolarité est de 7,96 %, avec une très grande inégalité de répartition (p. 442).

L'échec scolaire se rencontre avec une fréquence très élevée, puisque 30 % environ des enfants de migrants ont au moins un an de retard, 20 à 25 % deux ans de retard. Seuls 30 % d'enfants migrants arrivent en dernière année d'école élémentaire (C.M.2) à l'âge normal. Ces chiffres présentent d'importantes variations en fonction de la nationalité, variations qui semblent parallèles à l'ancienneté de l'immigration : ainsi les petits Portugais ont actuellement un taux d'échec supérieur aux Espagnols.

Si on comptabilise également les échecs partiels, on peut dire que seulement 20 % des enfants arrivent à s'insérer dans le système scolaire standard.

Or les diverses études portant sur l'efficience des enfants migrants montrent que celle-ci présente une distribution normale lorsque les tests ne font pas appel directement soit au langage, soit à des normes culturelles (Carric).

Bemelmans compare les enfants immigrés et les enfants autochtones de même niveau culturel. Il arrive à la conclusion que les immigrés de niveau culturel faible ont un déficit linguistique global (ils ne connaissent pas mieux leur propre langue que celle de l'école), alors que, *a contrario,* les enfants migrants de bon niveau culturel ont souvent une réussite scolaire supérieure à celle de leurs homologues autochtones.

D'autre part la technique d'apprentissage scolaire de type frontal qui suppose un acquis antérieur stable pour accéder aux connaissances de l'année suivante, ne fait qu'amplifier les disparités surtout au dépend des immigrés. L'école elle-même, par le processus de la ségrégation, renforce cette spirale de l'échec, avec des « bons » et des « mauvais » établissements, où se trouvent plus volontiers concentrés les immigrés. Enfin, si l'on compare échec scolaire et niveau socio-économique chez les autochtones et chez les immigrés, on constate que c'est l'acquisition de normes sociales de communication qui amorce l'adaptation ou l'inadaptation. Les immigrés sont légèrement défavorisés car, pour eux, cette acquisition de normes sociales est plus difficile en raison d'un déficit global du langage.

En conclusion, cet échec scolaire connaît de nombreuses causes qui se renforcent l'une l'autre : difficultés linguistiques, médiocre niveau socioculturel, mauvais système pédagogique, renforcement de l'échec par le processus de la ségrégation, etc.

Les réponses données s'adressent soit à l'individu, soit au système scolaire. Bemelmans souligne que l'enfant migrant profite toujours largement des techniques de rééducation individuelle (aide pédagogique, orthophonie), même si le pédopsychiatre a parfois le sentiment de cautionner la défaillance du système éducatif par une telle attitude.

Quant à l'Éducation nationale, il faut lui reconnaître un effort important pour l'accueil des enfants étrangers : classes d'initiation à la langue française où sont théoriquement accueillis pendant un an les immigrants récents, classes d'adaptation, horaires de soutien et de rattrapage, extension des bourses pour les élèves du second degré.

Cependant, il reste beaucoup à faire pour que les enfants étrangers, en situation d'échec scolaire, ne soient pas systématiquement orientés vers les classes de perfectionnement, voire des sections spécialisées (dépendant des C.D.E.S., v. p. 465).

En conclusion, face aux difficultés rencontrées par l'enfant migrant, il convient de se demander si la migration joue un effet de masque et/ou déclenche par elle-même un processus pathologique tant chez l'enfant que dans sa famille. La première possibilité correspond à une attitude fréquente qui est d'attribuer toute manifestation déviante au biculturalisme lui-même, et de penser qu'un retour au pays d'origine sera par lui-même thérapeutique. La seconde consiste à ne prendre en considération que la dimension psychopathologique et à nier les conflits inhérants au biculturalisme et à une situation socio-économique défavorisée. Dans la plupart des cas, les difficultés rencontrées par l'enfant puis l'adolescent migrant résultent d'une série de facteurs que nous avons essayé d'isoler, l'évaluation de leur rôle réciproque est nécessaire avant d'envisager une attitude thérapeutique. Celle-ci posée, reste le difficile problème de la nationalité du thérapeute, en particulier en cas de psychothérapie d'adolescent. A notre avis toute attitude rigide est nocive, certains patients préférant un thérapeute de la même culture, d'autres, au contraire, le ressentent comme une exclusion supplémentaire.

Bibliographie

BEMELMANS (F.) : Les émigrés à l'école. *Rev. neuropsy. inf.*, 1977, *25* (8-9), p. 475-487.

BENADIBA (M.) : Les adolescents maghrebins en France : aspect psychopathologique. *Neuropsy. de l'enf. et ado.*, 1979, *27* (9), p. 395-399.

CARRIÈRE-HANNOUN (M.) : *L'enfant portugais émigré en consultation médico-psychologique.* Mémoire C.E.S., Faculté de médecine, Pitié-Salpêtrière, Paris, 1979.

PASTOR-BUENO (Y.), SUAREZ SOLANO (E.) : Los niños migrantes de lengua española y los avatares del complejo de Edipo. *IVe Congrès Union Européenne de Pédopsychiatrie.* Madrid, 1979, Actes du Congrès.

RODRIGUEZ (R.), FERT (M.), GARRONE (G.), AJURIAGUERRA (J. DE) : L'adaptation scolaire chez les enfants d'immigrants espagnols à Genève. *Acta Paedopsych.*, 1967, *34* (9), p. 277-289.

STRAUSS (P.) : Les enfants de travailleurs migrants en France. *In* MANDE, MANCIAUX et MASSE : *Pédiatrie Sociale.* Flammarion, Paris, 1 vol., p. 561-570.

TABOURET-KELLER (A.) : Comparaisons interlangues et problèmes du bilinguisme. *In : La genèse de la parole.* P.U.F., Paris, 1977, 1 vol., p. 269-307.

TITONE (R.) : *Bilinguisme précoce et éducation bilingue.* Dessart, Bruxelles, 1972, 1 vol.

TOURE (J.), GIABICANI (A.) : Identité, bilinguisme et biculturalisme. *Neuropsych. de l'enf. et ado.*, 1979, *27* (7-8), p. 341-350.

25

L'enfant et le monde médical

La maladie est un épisode normal et inéluctable dans la vie de l'enfant. Les maladies dites « infantiles » en sont d'ailleurs l'illustration. Dans l'esprit de tout enfant la maladie et son corrélat le médecin occupent une place importante. Le jeu du docteur se retrouve d'ailleurs constamment dans les activités spontanées des enfants. A travers ces jeux ou dessins l'étude des caractéristiques de l'image du médecin permet de dégager divers axes significatifs : fréquemment le médecin possède les attributs du savoir et de la puissance. Il occupe généralement une position active contrairement à la position soumise et passive du petit patient. Il n'est pas rare que cette activité se teinte d'agressivité, voire de sadisme (la piqûre). Il existe en outre un contraste entre d'un côté cette attitude de soin et de compréhension, c'est-à-dire une position plutôt maternelle, et d'un autre côté, un comportement autoritaire, mais facilement agressif (image à versant plutôt paternel). L'enfant oscille entre ces deux types d'images scindées parfois en fonction de l'apprentissage des stéréotypes culturels en une mère-infirmière, gentille et compréhensive d'un côté, un père-médecin, sévère et craint de l'autre. La fonction sexuelle du médecin est encore renforcée par la « piqûre », symbole de la pénétration agressive et douloureuse.

Au plan de la dynamique familiale, de nombreux dessins d'enfants témoignent d'une nouvelle triangulation entre mère-enfant-médecin : le couple mère-médecin constitue un déplacement œdipien plus ou moins direct. Dans certaines familles le couple mère-médecin peut devenir le principal pôle d'interaction du groupe, en particulier si une maladie grave ou chronique de l'enfant justifie cette présence médicale. Dans d'autre cas, c'est l'anxiété maternelle qui crée ce nouveau triangle relationnel. Quand il s'agit de maladie somatique grave l'interposition du médecin entre la mère et son enfant risque d'introduire des perturbations dans les échanges mère-enfant, surtout quand il s'agit d'un petit enfant à une époque où la mère tire une grande partie de ses gratifications de la toute-puissance que celui-ci lui attribue, et qu'elle vient de perdre en faveur du médecin.

Dans ce chapitre nous étudierons d'abord les maladies aiguës, en particulier les interventions chirurgicales, puis les maladies chroniques graves. Nous y rattacherons le problème de la prématurité et de son devenir. Le problème des atteintes motrices est traité avec l'infirmité motrice cérébrale (v. p. 251).

L'expérience de la maladie renvoie l'enfant à des mouvements psycho-affectifs divers :

1°) **la régression** accompagne presque toujours la maladie : retour à une relation de soin corporel, de dépendance qui était celle du nourrisson ;

2°) **la souffrance** peut être rattachée à un vécu de punition ou à un sentiment de faute : la culpabilité infiltre fréquemment le vécu de l'enfant malade. Cette culpabilité peut être parfois renforcée par le discours familial (« tu as pris froid parce que tu n'étais pas assez couvert » ou « tu n'avais qu'à faire attention »), mais elle trouve aussi son origine dans la vie fantasmatique de l'enfant ;

3°) **l'atteinte du schéma corporel, ou plutôt du « sentiment de soi »** dans son sens le plus large, dépend de la gravité, de la durée et de la nature du handicap imposé par la maladie, mais ce sentiment est fréquent : corps imparfait, faillible, défectueux. En fonction du type de conflit cette atteinte du « sentiment de soi » se focalisera sur des fantasmes de castration ou sur une blessure narcissique plus ou moins profonde ;

4°) **la mort** enfin apparaît en filigrane dans certaines maladies, même si l'enfant, comme sa famille, en parle peu.

I. – Maladies aiguës – Interventions chirurgicales

Dans la grande majorité des cas ces maladies sont de nature relativement bénignes. Elles constituent ce qu'on pourrait appeler de « bonnes maladies » qui permettent à l'enfant de faire l'expérience de la régression, d'une relation de soins et de la dépendance. Puis, dans un délai relativement rapide, il recouvre la santé et le bien-être physique. La réaction de l'enfant dépend de son âge, des attitudes de son entourage, de la nécessité ou non d'une hospitalisation, de la nature plus ou moins agressive des soins exigés. D'une manière générale, les hospitalisations peuvent apporter des perturbations profondes surtout à l'âge sensible (6 à 30 mois), même si elles sont courtes. A cet égard, certains pays ont généralisé la pratique de l'hospitalisation mère-enfant (pour plus de 70 % des services hospitaliers en Angleterre), afin d'éviter la détresse aiguë néfaste tant à l'équilibre psychologique de l'enfant qu'à ses capacités de luttes actives contre la maladie (v. le problème de l'hospitalisme p. 394).

Les opérations chirurgicales peuvent, lorsqu'elles n'ont pas fait l'objet d'une préparation, d'explications, voire de dessins longuement commentés, représenter un facteur traumatique notable. Le cas s'observe surtout quand l'intervention entre en résonance avec les principaux conflits fantasmatiques de l'enfant : certaines opérations heurtent de plein fouet ces conflits (amygdalectomie, appendicectomie). De telles interventions, surtout s'il s'y ajoute un climat de drame ou d'agressivité sadique plus ou moins franche, peuvent constituer un traumatisme psychique qui réactive et ou/réalise les angoisses névrotiques de castration de l'enfant ; elles risquent alors de cristalliser ce conflit.

Par leur incidence directe sur la sexualité, des interventions, banales ou bénignes pour le chirurgien, peuvent, comme nous avons eu l'occasion de le voir plusieurs fois, être le point d'ancrage d'une problématique névrotique durable : il en est ainsi du phimosis ou de l'ectopie testiculaire. Ces interventions bénignes demandent une préparation psychologique beaucoup plus importante et longue que l'acte chirurgical lui-même.

Nous citerons enfin les accidents traumatiques, en particulier les fractures. Si le hasard malheureux est parfois seul responsable, l'étude attentive de la personnalité des enfants, de leurs antécédents, montre que l'accident peut s'inscrire dans une problématique dominée par la culpabilité ou l'angoisse de castration, et témoigner d'une véritable conduite de provocation. Cela est particulièrement vrai en cas de traumatismes ou d'accidents répétitifs : l'étude de cette population d'enfants montre des caractéristiques proches d'une population d'enfants suicidaires (v. p. 212).

II. – Maladies graves et chroniques

Nous regroupons ici les maladies graves où le pronostic vital est en jeu à plus ou moins long terme, et les maladies au long cours plus ou moins invalidantes. Dans le premier cas, la problématique de la mort est au premier plan, dans le second c'est celle de l'intégrité corporelle et narcissique. Mais cette distinction est souvent arbitraire car les deux plans sont toujours étroitement mêlés.

Le problème, devant une maladie grave et chronique, est toujours double : celui de l'investissement par l'enfant d'un corps dont le fonctionnement est défectueux ou menacé, celui de l'investissement par les parents d'un enfant malade.

Sur le plan épidémiologique le pourcentage d'enfants atteints d'une maladie grave et/ou chronique, varie selon la gravité des atteintes retenues. Toutefois, Pless estime qu'entre 6 et 20 % des enfants sont atteints par l'une de ces affections. Dans cette population l'incidence des troubles psychiatriques semble un peu plus élevée que dans la population générale (15 % contre 6 %), bien que là aussi de grandes variations existent selon les auteurs.

Après de multiples études on peut maintenant affirmer qu'il n'y a pas de profil de personnalité propre à tel ou tel type de maladie, même si par leur nature et les soins nécessaires certaines affections suscitent des remaniements ou des vécus particuliers (diabète insulino-dépendant, insuffisance rénale chronique). Le niveau intellectuel des enfants est généralement identique à celui de la population générale. Signalons toutefois la fréquence des niveaux faibles chez l'enfant cardiaque (Q.I. < 90 dans 26 à 37 % des cas), et chez l'enfant diabétique, quand le diabète a débuté avant 5 ans : l'importance de l'hypoxie, l'existence de coma diabétique, les hospitalisations prolongées sont tenues pour responsables.

A la période initiale du diagnostic les modifications de l'équilibre familial sont intenses et rapides : on note toujours une période de choc avec parfois des réactions d'accablement ou d'effondrement chez les parents, surtout chez la mère. Apparaît ensuite une période de lutte contre la maladie, qui en fonction des familles s'orientera vers une attitude de déni ou de refus de cette maladie ou vers une collaboration avec le médecin. Enfin la chronicité des troubles entraîne une réorganisation de l'économie familiale autour de cette maladie. Nous étudierons successivement les réactions de l'enfant, celles de sa famille, le problème des adolescents (voir Avant-propos), enfin la problématique de la mort.

A. – L'enfant devant la maladie grave et prolongée

Les réactions dépendent d'abord de l'âge et de la compréhension que l'enfant peut avoir de sa maladie. Avant 3-4 ans, la maladie est difficilement perçue comme telle, chaque épisode est vécu pour son propre compte : l'enfant est sensible aux séparations, aux hospitalisations, aux « agressions » subies (interventions chirurgicales, piqûres, perfusions). M. Green a décrit « le syndrome de l'enfant vulnérable » chez les enfants qui ont, pendant la première année de leur vie, traversé une période critique sur le plan vital. Ce syndrome se caractérise essentiellement, selon l'auteur, par une intense et durable fixation passive à la mère.

Entre 4 et 10 ans, la maladie est d'abord, comme tout épisode aigu, l'occasion d'une régression plus ou moins profonde et durable. Devant la persistance de la maladie l'enfant aménage des défenses qu'on peut grossièrement répartir selon trois registres :

■ **le registre de l'opposition :** l'enfant refuse la limitation imposée par la maladie ou par les soins. Ce rejet peut être massif, avec crise d'agitation, colère et impulsivité, ou plus modulé sous forme d'un déni des difficultés. Ce déni s'accompagne alors d'attitudes de prestance ou de provocation parfois dangereuses (désir de pratiquer les activités précisément déconseillées) ;

- **le registre de la soumission et de l'inhibition**, toujours lié au sentiment d'une perte (de l'intégrité corporelle, de la puissance phallique) ; la maladie peut s'accompagner d'un vécu dépressif où interviennent diversement la blessure narcissique, souvent sous la forme de honte envers le corps, et le sentiment de culpabilité. L'inhibition est soit physique, marquée par la passivité et l'acceptation de la dépendance, soit psychique avec une inhibition intellectuelle dont la traduction la plus immédiate est l'incapacité à comprendre la maladie. Cette inhibition risque d'aboutir également à l'échec scolaire ;

- **la sublimation et la collaboration** sont les mécanismes défensifs de dégagement pulsionnel les plus positifs. Il peut s'agir d'une identification à l'agresseur bienfaisant (le médecin), cas le plus fréquent, ou parfois d'une identification positive à un parent atteint de la même affection. La possibilité de donner à l'enfant la meilleure autonomie possible avec une prise en charge de son traitement va dans le sens de ces défenses. Il en est ainsi du diabète juvénile insulino-dépendant quand l'enfant peut lui-même faire ses injections ou de l'insuffisance rénale quand il participe activement à la préparation et à la mise en place de la séance d'épuration.

Quels que soient ces aménagements défensifs, la vie pulsionnelle et fantasmatique des enfants atteints de maladie grave et chronique risque de s'organiser autour de la réalité traumatique surtout si l'entourage familial, par son angoisse, sa sollicitude excessive ou ses interdits répétés, vient renforcer les limitations existantes. Dans les tests de personnalité, les épreuves projectives montrent la fréquence des thèmes relationnels de persécution et d'abandon, des images d'un corps mutilé, morcelé ou menacé d'annihilation. La maladie renvoie toujours l'enfant aux deux couples suivants : faute-culpabilité et agression-punition.

La maladie chronique risque de focaliser et de figer l'expression fantasmatique lorsque l'organisation psychopathologique prédispose l'enfant. A propos du diabète juvénile Cramer remarque : « *un certain nombre d'angoisses comme le sentiment de manque, d'impuissance ou de castration sont déplacés sur les craintes réelles liées aux conséquences du diabète : la maladie et les circonstances qui lui ont été associées sont employées comme mode d'expression de ces fantasmes de base* ». De même pour G. Raimbault : « *l'enfant construit de façon plus ou moins élaborée une interprétation de sa maladie, comme pour donner un sens à cet ensemble insensé et destructeur, et ceci, le plus souvent en termes de faute-culpabilité et punition* ».

B. – La famille face à l'enfant malade

La grande majorité des études s'accorde à reconnaître l'extrême importance des réactions de la famille dans l'équilibre ultérieur de l'enfant malade.

Les réactions d'angoisse, de désarroi extrême, voire de panique ou de colère sont habituelles lors de l'annonce de la maladie. D'emblée, à une phase où le médecin n'a pas encore tous les éléments de réponse, les familles se préoccupent du diagnostic, des complications éventuelles. L'atteinte fréquente du narcissisme parental se focalise autour de la question de l'étiologie et de l'hérédité : des théories étiologiques, parfois très fantaisistes, sont élaborées par les parents pour dénier toute charge héréditaire, ou au contraire pour assumer tout le poids de la transmission de la « tare » par l'un des deux. Les réactions défensives constituent la première illustration de la *culpabilité* constante des familles : celle-ci exacerbe les réactions d'ambivalence envers le petit malade et rend compte en partie des attitudes décrites dans toutes les maladies chroniques : hyperprotection anxieuse, rejet, déni omnipotent de la maladie ou du rôle des médecins. La famille passe en général par ces divers registres avant d'aboutir dans les meilleurs cas à l'acceptation tolérante et réaliste de la maladie (Cramer).

Au long cours le risque majeur est de transformer la maladie chronique en système explicatif permanent et total de toute conduite, de toute pensée ou de tout affect survenant chez l'enfant. La maladie devient alors un système rationalisant faisant écran à tout autre mode d'approche.

■ **Relations médecin-famille :** les relations nouvelles entre médecin-enfant-famille déforment parfois profondément la nature des relations possibles entre mère et enfant, surtout quand ils sont petits. Certaines mères supportent très mal de se sentir dépossédées au profit d'un tiers de leur rôle de soin, de protection. La perte de cette toute-puissance maternelle à un stade où elle est encore nécessaire pour permettre à la mère de s'adapter au plus près des besoins de l'enfant peut constituer un élément pathogène ultérieur (syndrome des enfants vulnérables). Dans l'immédiat, des dépressions maternelles parfois profondes ont été observées, dépressions qui renforcent encore la culpabilité parentale. Par la suite, la dépendance des parents à l'égard du corps médical, dépendance d'autant plus grande que la maladie est grave et prolongée, risque d'aboutir à une relation superficielle et obsessionnalisée avec le médecin, centrée sur les petits détails de la maladie. Toutes les questions de fond sont évacuées d'une part parce que la famille dépend trop du médecin pour pouvoir exprimer le moindre affect positif ou négatif à son égard, d'autre part en raison de l'investissement défensif de ces petits détails. C'est ce type de relation que Cramer appelle la « collusion du silence » ou *« les attitudes du médecin et de la famille s'engrènent et se renforcent les unes les autres pour aboutir à ce que le dialogue reste limité aux aspects routiniers extérieurs de la maladie »*, taisant les questions de fond du pronostic, de l'étiologie et du monde des affects.

III. – Maladie à évolution fatale : le problème de la mort et celui du secret

Le concept de mort chez l'enfant, son évolution génétique ont été étudiés dans le cadre du suicide de l'enfant (v. p. 204). Rappelons que la notion de mort s'organise autour de deux points essentiels, la perception de l'absence puis l'intégration de la permanence de cette absence. Quatre phases permettent d'en repérer les principales étapes :

1°) phase d'incompréhension totale (0 à 2 ans) ;

2°) phase abstraite de perception mythique de la mort (2 à 4-6 ans) ;

3°) phase concrète de réalisme et de personnification (jusqu'à 9 ans) ;

4°) phase abstraite d'accession à l'angoisse existentielle (à partir de 10-11 ans).

L'existence d'une maladie à issue fatale confronte la famille, mais aussi l'enfant à la mort.

Les parents réagissent à l'annonce d'une maladie à évolution léthale chez leur enfant. J. Bowlby a décrit trois phrases qui se succédent après cette annonce : 1) *une phase d'engourdissement :* les parents sont abasourdis, plus rien ne paraît réel. Cette phase dure quelques jours ; 2) *une phase d'incrédulité* accompagnée de tentatives pour transformer le dénouement : les parents se révoltent, refusent le diagnostic, peuvent entreprendre diverses démarches auprès d'autres spécialistes. La colère alterne avec des accés d'activité. Cette activité peut être bénéfique dans le cadre d'une participation aux soins, mais elle prend parfois un caractère compulsif dont la fonction semble plutôt de colmater la propre angoisse parentale que d'aider aux soins de l'enfant ; 3) *une phase de désorganisation-réorganisation* : le caractère favorable ou défavorable de l'évolution dépend beaucoup de la qualité des relations entre les deux parents. Un travail de deuil doit être effectué par chacun des parents, aidés en cela par l'autre. Quand existe des conflits dans le couple la menace d'une désagrégation de la famille est grande face à cette difficulté majeure. La fratrie est également concernée, réagissant soit par des manifestations symptomatiques (anxiété, dépression, phobie scolaire), soit par une sorte de réaction de sagesse et d'hypermaturité mais dont le prix risque de se payer ultérieurement en particulier à l'adolescence (sentiment d'avoir été délaissé, difficulté à se séparer des parents...).

L'acceptation du diagnostic, des limites thérapeutiques, la perception du bien-être de l'enfant et de ses besoins malgré la maladie sont peu à peu intégrées par les parents.

Ces périodes ont une durée variable, certaines familles restent d'ailleur fixées à un palier (par exemple phase d'incrédulité avec multiplication des demandes et/ou examens).

Quant à l'enfant, si à l'évidence il peut difficilement « penser sa mort » quand il est très jeune, les entretiens cliniques avec l'enfant proche de sa mort (N. et J.M. Alby, G. Raimbault) montrent qu'il a parfois une conscience beaucoup plus développée de l'issue fatale que ne le croient les adultes.

L'enfant paraît capable, même très jeune, de préssentir sa mort parfois sur un mode difficilement formulable : dans quelques cas l'enfant se met à refuser des soins acceptés jusque-là sans opposition, demande à rentrer chez lui. Dans d'autres cas, l'enfant peut verbaliser ses craintes ou son interrogation surtout s'il a le sentiment que l'entourage adulte peut accepter ses questions. En effet, sans avoir conscience de sa mort prochaine (mais quel adulte en a pleinement conscience ?) l'enfant peut en revanche percevoir avec acuité le malaise soudain des adultes qui l'entourent. La mort de l'enfant est difficilement tolérable : le médecin peut devenir soudain distant, inaccessible alors qu'il paraissait jusque-là proche et préoccupé de l'enfant. Dans d'autres cas toute aggravation est niée, une pseudo-jovialité entoure l'enfant et masque l'angoisse, comme si tout allait bien.

Les entretiens montrent que, à ce moment difficile, l'enfant a besoin d'un contact et d'être accompagné. En outre l'enfant peut éprouver un sentiment de culpabilité vis-à-vis de sa famille qui est triste, qui pleure à cause de lui et qu'il va abandonner, délaisser. Cette culpabilité peut être à l'origine de réaction en apparence paradoxale de l'enfant qui affecte alors une subexcitation ou une discrète euphorie.

Dans tous les cas le médecin qui traitait l'enfant doit être présent, même si son impuissance actuelle lui fait vivre un sentiment de culpabilité : *« même quand un pédiatre ne peut plus appliquer le traitement médical, il peut aider l'enfant en suivant les conseils que celui-ci donne lui-même, en ne brisant pas leurs liens, en écoutant ses questions sur la vie et la mort, et en y répondant. Si au contraire il rompait ses relations avec l'enfant, et cessait tout échange avec lui, il le laisserait angoissé dans une solitude prématurée préfigurant la mort » (G. Raimbault).*

Quant au problème de la vérité ou du secret, les récentes études ont permis un changement d'attitude. Le silence classique, le secret gardé en maintenant une atmosphère étouffante de complot ne sont plus de mise car on sait de nos jours que l'enfant perçoit avec acuité la gravité du pronostic. En revanche, l'exposé froid et rationalisé de ce pronostic relève plus souvent d'une position défensive de la part du médecin. La seule attitude valable pour le pédiatre, comme pour le psychologue ou le psychiatre, est de se laisser porter par les questions de l'enfant, de ne pas les éluder, d'y donner des réponses simples et directes : *« Quand l'enfant a la possibilité de s'exprimer librement avec un adulte, il aborde sans gêne le sujet de la mort »* nous dit encore G. Raimbault.

IV. – La prématurité

On appelle prématuré un enfant né vivant au terme d'une gestation inférieure à 37 semaines (normal : 42 semaines plus ou moins une). Théoriquement il conviendrait de distinguer clairement la prématurité et le Retard de Croissance Intra-Utérin (R.C.I.U.) : l'enfant prématuré naît avant le terme, mais son poids est normal compte tenu de l'âge gestationnel. L'enfant né avec un retard de croissance intra-utérin présente un décalage parfois important de poids par rapport à son âge gestationnel. La définition de l'O.M.S. incluant sous le terme prématurité l'ensemble des enfants pesant moins de 2 500 grammes à la naissance, tend à confondre ces deux populations que les enquêtes épidémiologiques catamnestiques différencient de plus en plus nettement : les séquelles paraissent en effet beaucoup plus fréquentes dans la population des R.C.I.U.

Quoi qu'il en soit, le pourcentage moyen de nouveau-nés de faible poids est, grâce aux constants efforts de prévention, en régression régulière : 8,2 % des naissances en 1972, 6,8 % en 1976, 5,6 % en 1981 (I.N.S.E.R.M.), tombant même pour certains services ayant une politique de prévention très active à des taux de 3,5 % (E. Papiernik). Selon les pays les pourcentages oscillent entre 6 et 12 %.

Outre la distinction entre retard de croissance intra-utérin et prématurité, les progrès de la réanimation néonatale conduisent à distinguer le prématuré simple et le grand prématuré (poids de naissance inférieur à 1 500 grammes) chez lequel d'ailleurs peuvent s'associer prématurité et R.C.I.U.

Les facteurs responsables de la prématurité peuvent se répartir en deux pôles :

– les facteurs individuels au niveau de la mère sur lesquels nous ne nous étendrons pas ;

– les facteurs socio-économiques : toutes les statistiques en reconnaissent la forte incidence. La précarité des conditions matérielles de vie, la fatigue due à un travail pénible, de longs trajets quotidiens, une alimentation défectueuse sont des facteurs favorisants. Or tous les auteurs s'accordent à reconnaître que les médiocres conditions socio-économiques de la famille représentent le facteur de risque le plus important dans le développement psycho-affectif de l'enfant (v. p. 396). Ainsi un effet cumulatif est à craindre entre ces deux séries : prématurité-pauvreté socio-économique. Les efforts de prévention portent d'ailleurs en priorité sur ces facteurs environnementaux.

Un prématuré né dans une famille de classe sociale défavorisée court des risques élevés, alors que si on exclut les prématurés présentant des signes d'une lésion neurologique, il n'y a presque pas de différence évolutive entre les enfants nés prématurément, et ceux nés à terme dans les classes sociales moyennes ou supérieures. L'avenir psychosocial de l'enfant prématuré est encore assombri par la fréquence d'une distorsion ou d'une carence relationnelle familiale : parmi les enfants victimes de sévices, on compte 26 % de prématurés (v. p. 404).

Les progrès de la réanimation néonatale permettent la survie d'enfants nés dans des conditions de plus en plus précaires ; d'autre part les améliorations techniques ont quasiment fait disparaître certaines complications (telle la fibroplasie rétro-lentale par hyperoxygénation) et ont réduit notablement les séquelles les plus graves (comme dans le cas de la maladie des membranes hyalines). La survie de l'enfant prématuré progresse de manière spectaculaire (v. tableau XIV).

TABLEAU XIV. – POURCENTAGE DE MORTALITÉ CHEZ LES ENFANTS DE PETIT POIDS DE NAISSANCE (D'APRÈS P. SATGE)

POIDS DE NAISSANCE	1957	1967	1977
P.N. < 1 000 g	85,7 %	68,5 %	40 %
1 001 < P.N. < 1 250 g	63 %	46 %	28,5 %
1 251 < P.N. < 1 500 g	33,9 %	26,2 %	14,7 %
P.N. > 1 500 g	28,4 %	15,7 %	7 %

Les séquelles graves, en particulier neuropsychiques, décroissent elles aussi régulièrement. Elles se rencontrent surtout chez le grand prématuré (poids de naissance < 1 500 g) et en cas de complications néonatales (Apgar < 5 à 5 minutes) : Salbreux trouve 14,5 % de séquelles neuropsychiques graves dans une population ainsi définie : infirmité motrice cérébrale, encéphalopathie avec déficit intellectuel plus ou moins profond, déficience sensorielle, hypotonie grave.

Ainsi la grande majorité des prématurés passe le cap du premier développement en surmontant les complications somatiques les plus redoutables. Mais ce succès se paie par des conditions d'élevage totalement artificielles : incubateur, gavage gastrique, perfusion, contrôle permanent des principales constantes biologiques... Le prématuré est placé dans un univers mécanisé, robotisé et médicalisé à l'extrême : le retentissement psychologique de ces conditions particulières d'élevage passe désormais au premier plan. Les néonatologistes prennent progressivement conscience de l'importance de ces facteurs d'environnement ; le bruit fait par l'incubateur (parfois supérieur à 90 décibels) a d'abord focalisé l'attention. On s'est alors efforcé de concevoir des incubateurs silencieux. Actuellement l'attention s'oriente vers l'étude des premières interactions entre la mère et son nouveau-né en soulignant la faible compétence et la forte vulnérabilité du nouveau-né prématuré. Ainsi plusieurs études ont montré que le prématuré présente une tolérance réduite au « surmenage sensoriel » (Brazelton) y réagissant par le retrait, qu'il a des capacités homéostatiques réduites (étant soit hyperréactif, soit hyporéactif). Les bébés prématurés sont souvent plus irritables, moins facilement consolables, n'exprimant pas leurs besoins par des manifestations d'appel adéquates. On peut en conclure que les bébés prématurés organisent moins bien que les bébés nés à terme, les diverses conduites interactives. Pour les parents et surtout la mère, outre le traumatisme psychique que représente la naissance prématurée (voir ci-dessous), la relation avec son bébé prématuré est elle aussi plus difficile, moins gratifiante, car elle ne reçoit pas, ou de façon moindre, la réponse en retour à ses tentatives de communication ; elle doit sans cesse ou stimuler ou apaiser son bébé.

L'ensemble de ces constatations rend compte des difficultés d'élevage et de communication entre le prématuré et son environnement. De façon un peu schématique, nous distinguerons les difficultés rencontrées d'abord chez la mère (à la naissance, puis lors des premiers échanges), puis chez l'enfant.

A. – La mère de l'enfant prématuré

La naissance d'un enfant prématuré survient généralement dans un contexte d'urgence et de drame : elle prive la mère de la préparation et du travail psychologique si important en fin de grossesse. Elle donne à la mère un sentiment de blessure, d'incapacité pouvant entraîner une remise en cause profonde du fondement narcissique de sa personnalité et de son identité. Ce contexte de « prématurité psychologique » (quand on songe aux échanges si riches entre une mère et son enfant pendant le dernier trimestre de la grossesse), le sentiment de culpabilité et de honte narcissique peuvent être à l'origine de réactions particulières.

A. Carel a décrit le désarroi des mères d'enfants prématurés dans les jours qui suivent la naissance. Il distingue une réaction de **« confusion existentielle »** faite d'un sentiment de flou, de brouillard, de vide, avec un malaise, une perte relative du sens de la réalité. Les plaintes hypocondriaques, l'asthénie initiale se transforment peu à peu en une anxiété diffuse et persistante, puis en vécu dépressif que la mère surmonte progressivement. L'auteur isole d'un autre côté ce qu'il appelle **« la maternité blanche »** : la mère ne paraît pas souffrir de l'absence de l'enfant, vit l'accouchement un peu comme une banale intervention chirurgicale. Elle s'inquiète peu de l'enfant, ne pose pas de question : cette absence d'affect est en réalité une défense contre l'angoisse aisément perceptible quand la mère doit s'occuper de l'enfant, elle est débordée, se sent incompétente, voire dangereuse.

Winnicott a évoqué *« la préoccupation maternelle primaire »* qu'il compare à une réaction psychotique, sorte de « maladie » qui permet à la mère *« de se mettre à la place de son enfant et de répondre à ses besoins »* : la mère normale guérit de cette maladie à mesure que le bébé grandit. Les réactions de « confusion existentielle » ou de « maternité blanche » pourraient se comprendre comme la conséquence d'une réaction de « préoccupation maternelle primaire » privée de son objet, c'est-à-dire du nouveau-né, avec le flottement confusionnel ou le retrait schizoïde secondaire.

Dans une perspective éthologique, certains auteurs ont confirmé l'effet désorganisateur de la privation de stimulation due à l'absence du nouveau-né ; la capacité d'adéquation de la mère à son bébé se règle étroitement dès les premiers jours sur les réponses de l'enfant aux conduites de la mère. L'état d'empathie extrême, ou de sollicitude maternelle primaire aide cette adéquation. La carence de la mère en stimulation, parce que le bébé prématuré est dans son incubateur, risque d'entraver ou de dénaturer cette capacité d'empathie très particulière au moment de la naissance et qui disparaît après quelques jours : la qualité ultérieure du lien entre la mère et son enfant peut en souffrir durablement.

P. Leiderman note qu'un mois après la sortie de l'hôpital les mères d'enfants prématurés, échangent moins de sourires et ont moins de contacts physiques ventraux avec leurs enfants que les mères d'enfants nés à terme. L'établissement d'un contact physique précoce, alors que l'enfant est encore en incubateur, atténue, mais ne fait pas disparaître cette différence.

Tous les efforts actuels des services de néonatologie tendent par conséquent à favoriser les contacts entre l'enfant et sa famille : donner le biberon dès que possible, toucher et caresser l'enfant, le porter. Même si cette introduction de la mère n'est pas sans poser de difficiles problèmes à certains membres de l'équipe soignante, elle est indispensable et devrait se généraliser.

Les défauts artificiellement imposés dans ce lien précoce mère-enfant pourraient rendre compte de réaction paradoxale des mères d'enfants prématurés : peur de le toucher, dépendance excessive envers les médecins et les infirmières, maladresse comportementale fréquente, crainte de le reprendre à la maison (on observe fréquemment une disparition temporaire, pendant quelques jours, de la mère au moment où il est question de faire sortir le bébé). Plus à distance la distorsion précoce peut persister sous la forme d'une anxiété toujours vive avec un besoin constant de soins ou de surveillance médicale. Plus graves sont les réactions d'abandon, de carence affective, ou de sévice.

B. – Devenir de l'enfant prématuré

Le nombre de séquelles dues à une lésion neurologique précoce est en constante régression. En revanche, les difficultés d'élevage rencontrées par les parents de l'enfant prématuré semblent assez fréquentes. Selon les auteurs ces difficultés sont interprétées diversement. Pour les uns la prématurité constitue un facteur de risque général, augmentant par conséquent les risques de morbidité mentale, mais sans être responsable de symptôme ou de syndrome particulier. Pour d'autres, la prématurité pourrait être tenue pour responsable de syndromes plus spécifiques tels que le « syndrome de l'ancien prématuré » (Berges, Lezine et coll.) ou les « troubles déficitaires de l'attention » (v. p. 373). Ceux-ci s'observent surtout après la première enfance, dans la sphère motrice et comportementale.

Quoi qu'il en soit, tous les auteurs reconnaissent la « vulnérabilité » du prématuré, vulnérabilité qui concerne aussi bien la compétence propre du nouveau-né et du nourrisson prématuré que la fragilité de l'interaction mère-enfant comme nous l'avons déjà signalée. C'est dans le cadre de cette interaction particulièrement fragile qu'il faut comprendre les difficultés d'élever des enfants prématurés qu'elles soient précoces ou plus tardives.

1°) Difficultés précoces

Elles sont de tous ordres et résultent fréquemment des conditions d'élevage particulières du début de la vie.

L'anorexie précoce est fréquente. On a incriminé le rôle du gavage lors des premiers jours de vie du prématuré. Ces enfants avalent mal, mâchent lentement, sont capricieux, vomissent parfois. Le réflexe de succion et de déglutition peut être de mauvaise qualité : l'introduction de la cuillère ou la présence de morceaux peuvent être à l'origine de refus alimentaire.

L'insomnie est parfois évoquée; elle n'a rien de spécifique.

Les progrès du développement moteur sont fonction du degré de la prématurité. Le retard se comble au cours de la deuxième année pour les prématurés nés au septième ou huitième mois, mais il peut persister au-delà de la quatrième année pour les prématurés nés au sixième mois (Lézine). Berges et coll. signalent une fréquence accrue de « décharge motrice » de type auto-offensif (se cogner la tête, se pincer, se mordre) et de rythmie diurne ou d'endormissement.

Le développement intellectuel a été l'objet de nombreuses études : la débilité mentale moyenne et profonde semble plus fréquente lorsqu'on étudie l'ensemble de la population prématurée. Une analyse plus fine permet de moduler ce résultat : un certain nombre d'enfants présentent des signes de souffrance neurologique, avec des atteintes organiques évidentes (anoxie néonatale prolongée, hémorragie cérébro-méningée...) la débilité mentale doit être rattachée à l'encéphalopathie plus qu'à la prématurité.

Parmi les prématurés sans signe de lésion neurologique, les évaluations diffèrent en fonction du niveau socio-économique. En cas de faible niveau socio-économique, toute la pathologie psychosociale est sur-représentée : débilité limite et légère, enfant victime de sévices, retard de croissance sans cause organique, etc. En revanche, le niveau intellectuel des enfants prématurés vivant dans des familles de classes sociales moyennes ou favorisées ne présente pas de différence par rapport aux enfants non prématurés de même milieu.

Les conditions psychosociales paraissent donc prévalentes par rapport à la prématurité elle-même.

2°) Difficultés de la seconde enfance

Deux types de difficultés ont été décrits chez les enfants de 6 à 12 ans, anciens prématurés : le **syndrome de l'ancien prématuré** et le **désordre cérébral mineur.** Notons d'emblée que ces deux termes recouvrent en réalité une sémiologie similaire, mais ils reflètent des positions théoriques différentes. Le **désordre cérébral mineur** n'est certes pas spécifique de l'enfant prématuré, mais la prématurité s'y observe, selon les auteurs utilisant ce concept, avec une fréquence très élevée. Nous renvoyons le lecteur à la description clinique et l'étude théorique p. 373.

Sous le terme **syndrome de l'ancien prématuré,** Berges, Lézine et coll. ont décrit un ensemble de manifestations chez d'anciens prématurés ne présentant par ailleurs ni déficience intellectuelle ni anomalie neurologique majeure (sur une population de 140 enfants prématurés de classe socio-économique moyenne). Les troubles sont centrés sur les difficultés psychomotrices avec maladresse motrice, attitude raide et bloquée, hypervigilance musculaire, paratonie, conservation des attitudes. On note aussi des difficultés de contrôle émotionnel : émotivité avec troubles neurovégétatifs, colère, impulsivité. Les divers items du test d'imitation des gestes tendent à montrer que ces difficultés motrices sont dues à une médiocre organisation du schéma corporel associée à un mauvais repérage temporo-spatial et psychomoteur.

Parfois isolé dans la seconde enfance, ce syndrome de l'ancien prématuré succède souvent aux difficultés de la petite enfance (anorexie en particulier). Il peut retentir au moment de la scolarité soit sur l'insertion scolaire (instabilité), soit sur l'acquis scolaire (difficultés d'apprentissage de la lecture et de l'écriture).

Enfin nous rappellerons la fréquence élevée d'enfants prématurés parmi les **enfants victimes de sévices** : 26 %. On peut raisonnablement émettre l'hypothèse que l'interaction particulièrement sensible et vulnérable entre l'enfant prématuré et son environnement rend compte en partie de cette situation néfaste (v. chap. : Enfants victimes de sévices p. 399).

Bibliographie

ANTHONY (E.J.), KOUPERNIK (C.) : *L'enfant et sa famille (vol. 2) : L'enfant devant la maladie et la mort.* Masson, Paris, 1974.

BERGES (J.), LÉZINE (I.), HARRISON (A.), BOISSELIER (F.) : Le syndrome de l'ancien prématuré : Recherche sur sa signification. *Rev. neuropsy. inf.,* 1969, *17* (11), p. 719-778.

BOWLBY (J.) : La perte P.U.F. Paris, 1984, 1 vol.

BRAZELTON (T.B.) : Comportement et compétence du nouveau-né. *Psych. Enfant,* 1981, **24,** 2, 375-396.

CRAMER (B.), FEIHL (F.), PALACIO ESPASA (F.) : Le diabète juvénile, maladie difficile à vivre et à penser. *Psy. enf.,* 1979, *22* (1), p. 5-66.

FIELD (T.M.), GOLDBERG (S.), STERN (D.), SOSTEK (A.M.) : *High risk infants and children, adult and peer interactions.* Academic Press, New-York, 1980, 1 vol.

GREEN (M.), NAUD (M.), SOLNIT (A.) : Réactions to the threatmed loof of her child : a vulnerable child syndrom. *Pediatris,* 1964, 34, p. 58.

GUTTON (P.), LEVY LEBLOND (E.) : Psychopathologie clinique et hépatologie infantile. *Psy. enf.,* 1978, *21* (1), p. 7-66.

LEBOVICI (S.) (avec la coll. de STOLERU (S.)) : *Le nourrisson, la mère et le psychanalyste.* Le Centurion ed., Paris, 1983, 1 vol.

LEIDERMAN (P.M.) : Les mères à haut risque : conséquence possible des soins hospitaliers aux enfants prématurés. *In* ANTHONY (E.J.), CHILAND (C.), KOUPERNIK (C.) : *L'enfant à haut risque psychiatrique.* P.U.F., Paris, 1980, 1 vol., p. 175-183.

MINKOWSKI (A.), AMIEL-TISON (Cl.) : Le risque obstétrical dans la genèse de la vulnérabilité. *In* ANTHONY (E.J.), CHILAND (C.), KOUPERNIK (C.) : *L'enfant à haut risque psychiatrique.* P.U.F., Paris, 1980, 1 vol., p. 163-174.

LA PRÉMATURITÉ : Table ronde avec Ferrari, Satgé, Cukier, Salbreux, Soulé. *Rev. neuropsy. inf.,* 1978, *26* (9), p. 407-456.

RAIMBAULT (G.) : *L'enfant et la mort.* Privat, Toulouse, 1976, 1 vol.

26

L'enfant et les services sociaux

La multiplicité des textes s'attachant à réglementer l'assistance à l'enfant, la diversité des ministères de tutelle et des instances administratives responsables tendent à créer un véritable maquis juridico-administratif autour de l'enfant. Dans ce chapitre nous nous préoccuperons uniquement des structures spécialisées orientées vers la psychiatrie infanto-juvénile, l'enfance handicapée ou l'enfance en danger. Nous laisserons de côté le secteur de la Protection Maternelle et Infantile. Le lecteur intéressé pourra se reporter au chapitre « Organisation de la protection de l'enfance en France » (p. 582-686) *in Pédiatrie sociale* de R. Mande, N. Masse et M. Manciaux (Flammarion éd.). Il en va de même pour ce qui concerne l'histoire des textes administratifs et juridiques ainsi que des institutions.

Trois ministères se partagent l'action de prévention, la protection et l'action thérapeutique auprès des enfants. Ce sont les ministères de la Santé, de la Justice et de l'Éducation. Pendant longtemps l'action des diverses structures ministérielles fut surtout remarquable par les cloisonnements et le manque fréquent de coordination. C'est essentiellement pour lutter contre ce manque de coordination que fut adoptée le 30 juin 1975 **la loi d'orientation en faveur de l'enfance handicapée.** En même temps à partir de 1972 devaient se mettre en place progressivement **les intersecteurs de psychiatrie infanto-juvénile,** dont le rôle est de coordonner les diverses structures déjà existantes et de mettre en place l'équipement nécessaire pour assurer l'hygiène mentale infanto-juvénile de la population concernée (200 000 habitants environ par intersecteur, avec au moins un intersecteur par département).

I. – Loi d'orientation en faveur des personnes handicapées

Les principaux textes sont :
- loi du 30 juin 1975 (nº 75 -534) ;
- décret du 12 décembre 1975 (nº 75 -1116) ;
- circulaire du 22 avril 1976 (nº 76 -156 et nº 31).

Cette loi a pour objectif d'affirmer dans leur ensemble les droits du handicapé, de simplifier la législation et la réglementation jusqu'ici en vigueur. Parmi les droits du handicapé sont ainsi précisés :
- le droit à l'éducation et à l'instruction, c'est-à-dire pour la nation l'obligation d'éduquer et d'instruire les enfants handicapés ;
- le droit aux soins, c'est-à-dire l'obligation d'une solidarité nationale pour les soigner ;
- le droit au travail et à l'intégration sociale, de même que le droit à une garantie de ressources pour les handicapés adultes.

Une grande partie des textes concerne les modalités d'attribution d'allocation financière aux handicapés. Pour l'enfant, l'orientation éducative et l'attribution des Allocations d'Éducation Spéciale sont sous la responsabilité de la Commission Départementale d'Éducation Spécialisées.

La Commission Départementale d'Éducation Spécialisée (C.D.E.S.) : Composition : 12 membres nommés par le préfet, une moitié sur proposition de la D.A.S.S., l'autre sur proposition de l'inspection d'académie. Nomination pour 3 ans. Parmi les membres il doit obligatoirement y avoir :
- des représentants des caisses de Sécurité sociale ;
- des représentants des Associations de parents ;
- des représentants des institutions privées ou semi-privées ;
- un médecin.

■ **Rôle :**
- attribution de l'Allocation d'Éducation Spéciale aux familles qui en font la demande ;
- orientation éducative vers des établissements ouvrant droit à prix de journée (I.M.E., I.M.P.R.O., I.M.P., etc.). Les établissements dépendant de l'intersecteur infanto-juvénile (hôpital de jour, service hospitalier de psychiatrie infantile), du Tribunal pour enfants et de l'Aide sociale à l'Enfance ne dépendent pas de cette C.D.E.S. De même l'attribution de la prise en charge dans les C.M.P.P. au-delà du sixième mois est actuellement suspendue.

La C.D.E.S. peut être saisie par les parents de l'enfant handicapé, par la caisse de Sécurité sociale, par le chef d'établissement scolaire fréquenté par l'enfant, par la Commission de Circonscription et par toute personne qui pourrait avoir la charge de l'enfant. Les réunions sont au minimum mensuelles. Les décisions de la Commission doivent être notifiées dans un délai d'un mois aux parents, à la D.A.S.S., au directeur de l'A.S.E. et aux organismes de paiement. La décision est contraignante pour les organismes payeurs. Un recours dans un délai d'un mois peut être formulé par les parents ou les organismes intéressés.

■ **Une équipe technique** (enseignant et éducateur spécialisés, assistante sociale, psychologue, médecin de P.M.I., médecin d'intersecteur infanto-juvénile) recueille auprès des institutions toutes informations nécessaires et donne un avis consultatif à la C.D.E.S.

■ **Des commissions de circonscription** (commission de circonscription de l'enseignement préscolaire et élémentaire : C.C.P.E. ; commission de circonscription de l'enseignement du second degré : C.C.S.D.) assistées d'une équipe technique sont composées sur le modèle départemental ; elles reçoivent la délégation de compétence à l'échelon local pour statuer sur les problèmes d'orientation. La compétence financière reste du seul ressort de la C.D.E.S.

II. – L'intersecteur infanto-juvénile

L'intersecteur infanto-juvénile poursuit dans le domaine de l'enfance la politique de sectorisation introduite dès 1960 en matière de lutte contre les maladies mentales chez l'adulte.

Principaux textes

- Circulaire du 15 mars 1960 (n° 148) ;
- Circulaire (n° 148) du 18 janvier 1971 ;
- Arrêté du 14 mars 1972 ;
- Circulaire (D.G.S./443/M.S.1.) du 16 mars 1972 ;
- Circulaire (D.G.S./891/M.S.1.) du 6 mai 1974.

Un intersecteur infantile correspond à trois secteurs de psychiatrie adulte, c'est-à-dire qu'il couvre une population de 200 000 habitants environ. Comme pour la mise en place des secteurs adultes, le rôle de ces intersecteurs et des équipes est de veiller à une prise en charge aussi précoce que possible et à une assistance thérapeutique la plus régulière et cohérente possible.

L'équipe de psychiatrie infanto-juvénile

Cette équipe est pluridisciplinaire. Elle comprend le pédopsychiatre (médecin-chef intersecteur, médecin-assistant), le psychologue, les rééducateurs spécialisés (orthophoniste, rééducateur en psychomotricité, psychopédagogue, etc.), les éducateurs et travailleurs sociaux. Lorsque l'importance de la population et de l'intersecteur le justifie plusieurs équipes sont créées. Les réunions de synthèse ont pour but de coordonner le travail de ces équipes. Au sein d'une même équipe la synthèse permet d'échanger les informations, d'harmoniser les points de vue et grâce à la dialectique des conflits issus des contre-attitudes suscitées par un enfant et sa famille, de mieux comprendre la dynamique des échanges familiaux et de l'organisation conflictuelle de l'enfant. Ceci n'est possible que si l'équipe peut analyser son propre fonctionnement institutionnel, la nature de ses conflits et des oppositions inévitables.

Institutions directement dépendantes de l'intersecteur

Trois types de structure dépendent de l'intersecteur :
- les consultations ;
- l'hôpital de jour ;
- le service hospitalier.

En fonction des besoins ou des structures déjà existantes de nombreuses autres institutions y prennent place et complètent l'éventail des possibilités thérapeutiques.

■ **Les consultations** sont intégrées soit à un dispensaire d'hygiène mentale infantile, soit à la consultation hospitalière (rattachée à un service de pédiatrie d'un hôpital général ou dans un hôpital psychiatrique), soit à un Centre médico-psychopédagogique (C.M.P.P.). Ces C.M.P.P., dont le premier a vu le jour en 1946 à Paris, représentent l'infrastructure de base : ils assurent le dépistage, le bilan, le diagnostic, le traitement et/ou l'orientation des enfants qui leur sont adressés par l'école, les divers services sociaux, les familles elles-mêmes, les médecins généralistes ou pédiatres, etc. Il existe actuellement 3 à 400 C.M.P.P. en France regroupés au sein d'une Association Nationale (Cadre juridique : décret nº 63 146 du 18 février 1963, décret du 9 avril 1956 annexe 32, circulaire du 16 avril 1964).

■ **L'hôpital de jour** est un établissement qui permet de prendre en charge de manière intensive les cas les plus graves de psychiatrie infanto-juvénile tout en maintenant l'enfant dans sa famille. L'enfant bénéficie de multiples possibilités thérapeutiques (psychothérapie, rééducations diverses, pédagogues spécialisés), de même que les parents (guidance parentale, groupe de parents, etc.). Chaque intersecteur devrait disposer d'un ou plusieurs hôpitaux de jour étant entendu que plusieurs unités de taille modeste (15 à 30 enfants maximum) sont préférables à de grandes unités.

■ **Le service hospitalier :** chaque intersecteur doit théoriquement être pourvu de lits d'hospitalisation (76 places dont 16 lits pour des cas aigus, 12 lits de sujets non valides et 48 lits d'hospitalisation longue durée). Le nombre de lits nécessaires dépend beaucoup de l'infrastructure existante ainsi que de l'effort de prévention et de dépistage entrepris. La tendance actuelle est de limiter au maximum les hospitalisations, mais il est faux de croire qu'on puisse totalement y renoncer malgré la diversification des institutions : internat médico-éducatif ou professionnel, placement familial spécialisé, etc.

La majorité des services hospitaliers existant en France ont été « sectorisés », c'est-à-dire qu'ils ont été rattachés à un intersecteur de psychiatrie infanto-juvénile : ils doivent prendre en priorité les enfants provenant de cet intersecteur et peuvent refuser ceux qui viennent d'un autre intersecteur. Signalons que les services de psychiatrie infantile des Centres Hospitaliers Universitaires ne sont généralement pas sectorisés et peuvent admettre des enfants de toute provenance.

III. – Autres institutions et structures

A. – Instituts médico-éducatifs

On regroupe sous ce vocable un ensemble d'établissements, soit externats, soit internats dont la visée est avant tout pédagogique. Ces établissements accueillent des enfants, essentiellement atteints de débilité mentale, de divers handicaps moteurs (I.M.C.) ou d'encéphalopathies graves. Citons :

– les externats ou internats médico-pédagogiques ;

– les externats ou internats médico-professionnels (adolescents de 16 à 21 ans).

Une équipe pluridisciplinaire pourvoit aux besoins pédagogiques (enseignants spécialisés), éducatifs et/ou rééducatifs (éducateurs, rééducateurs), thérapeutiques (pédopsychiatre, psychothérapeute) de l'enfant. Depuis 1975 l'admission des enfants ou des adolescents dans ces établissements dépend de la C.D.E.S. Dans la majorité des cas il s'agit d'associations semi-privées ou privées, à but non lucratif, régies par la loi de 1901.

B. – Institutions relevant directement de l'Éducation nationale

Depuis la création en 1909 des classes de perfectionnement l'Éducation nationale a mis en place toute une infrastructure répondant aux besoins spécifiques des divers handicapés (intellectuels, sensoriels...). Malgré le foisonnement et les changements fréquents on peut distinguer :

■ **Les classes d'adaptation :** réservées théoriquement aux enfants présentant des troubles réactionnels ou des difficultés ponctuelles et transitoires, enfants susceptibles d'être réinsérés dans le circuit normal ;

■ **Les classes de perfectionnement (écoles élémentaires) et les sections d'éducation spécialisée (secondaires)** réservées aux débiles légers (Q.I. > 65). L'admission dans ces classes dépend de la C.D.E.S. ;

■ **Les classes et institutions pour déficients sensoriels, auditifs ou visuels** dépendent aussi de la C.D.E.S.

Outre les classes spécialisées, des groupes d'Aide psychopédagogique (G.A.P.P.) créés depuis 1970, comprennent un psychologue et un ou plusieurs rééducateurs ; ils s'occupent en théorie d'un groupe scolaire de 800 à 1 000 élèves. Ces G.A.P.P. interviennent sur les lieux mêmes de l'école. Utiles et bénéfiques lorsqu'ils servent à sensibiliser les enseignants et les familles et à relayer l'action du C.M.P.P., ils se limitent parfois à une stricte intervention symptomatique et manquent de recul par rapport aux contraintes scolaires.

C. – Services dépendant de la Justice*

Les ordonnances des 2 Février 1945 (en matière pénale) et 23 Décembre 1958 – modifiées par la loi du 4 Juin 1970 – (en matière d'assistance éducative) constituent les cadres de référence de la juridiction spécialisée pour les mineurs. Le juge des enfants intervient quand il y a conflit :

– entre le mineur et sa famille : mauvais traitements, carence éducative grave, fugue)

– entre le mineur et la société (drogue, délinquance, prostitution...),

– entre la famille et la société (refus de scolarisation obligatoire, absentéisme scolaire important, refus de l'intervention des services de prévention quand il y a danger).

I. – En matière pénale

C'est le Procureur de la République qui décide, après l'enquête de police ou de gendarmerie, de l'opportunité des poursuites puis de l'orientation de la procédure pour l'instruction, soit vers le Juge des Enfants, soit vers le Juge d'Instruction. Trois étapes sont à distinguer :

a) L'instruction

Pour les contraventions de la 5ᵉ Classe et les délits. Elle est assurée

* paragraphe rédigé par Madame M. Chadeville-Prigent, Juge des Enfants au tribunal de Paris.

par le Juge des Enfants ou le Juge d'Instruction chargé des affaires de mineurs. Elle est obligatoirement confiée au Juge d'Instruction pour les crimes.

Le Magistrat saisi constitue un dossier à la fois sur le plan des faits, mais aussi sur la personnalité du jeune. Il peut demander des expertises mais également un bilan médicopsychologique à une équipe éducative constituée notamment de psychiatre et psychologue.

La mesure éducative est ici la règle, la détention provisoire (possible sous certaines conditions d'âge et de gravité des faits) est l'exception.

b) Le jugement est le fait

– *du juge des Enfants* seul en son Cabinet pour les affaires simples ;

– *du tribunal pour Enfants* présidé par le Juge des Enfants assisté de deux assesseurs, pour les contraventions de la 5e Classe, les délits et les crimes commis par des mineurs de moins de 16 ans ;

– *de la Cour d'Assises des mineurs* présidée par un Conseiller de la Cour d'appel assisté de deux juges des Enfants et neuf jurés pour les crimes commis par des mineurs de plus de 16 ans.

Devant le Tribunal pour Enfants et la Cour d'Assises les décisions peuvent être d'ordre éducatif mais aussi des sanctions pénales.

c) L'exécution des peines

Le Juge des enfants contrôle l'exécution des mesures éducatives mises en place et organise les mesures et probation (mesure de sursis avec mise à l'épreuve et de Travail d'Intérêt Général).

II. – En assistance éducative

Quand il y a danger pour la santé, la sécurité, la moralité d'un mineur ou lorsque les conditions de son éducation sont gravement compromises, le Juge peut être saisi par le père, la mère, le tuteur ou le gardien de l'enfant, le Procureur de la République. Il peut également se saisir d'office.

Le Juge des Enfants peut ordonner après audition des parties :

– une mesure de consultation, c'est-à-dire un examen psychologique,

– une mesure éducative en milieu ouvert pour une durée de six mois renouvelable.

Cette mesure est exercée par un travailleur social (éducateur, assistance social).

– une mesure de placement en établissement spécialisé, ou en famille d'accueil.

Le Juge des Enfants peut placer les enfants, dans un établissement ou un service de placement familial dépendant du Ministère de la Justice, de l'Aide Sociale à l'Enfance ou encore agréé par ces deux Ministères.

Dans certains départements, il existe un Centre d'Observation.

En cas d'Urgence, le Juge des Enfants peut placer un enfant avant même d'avoir entendu les parents.

Le placement est contraignant pour la famille qui en fait ne peut s'y opposer. Dans la réalité et la majorité des cas, le Juge ou le service éducatif qu'il a mandaté quand un placement s'avère nécessaire, le prépare avec la famille en essayant de la faire adhérer à un projet.

Les Mesures d'A.EM.O. (Assistance Educative en Milieu Ouvert) ou de placement sont modifiables à tout moment et en tout cas doivent être révisées tous les deux ans.

D. – Les services des actions sanitaires et sociales

La loi de décentralisation du 22 Juillet 1983 a modifié l'organisation des services départementaux de la Direction Départementale de l'Action Sanitaire et Sociale (D.A.S.S.) et de l'Aide Sociale à l'Enfance (A.S.E.). Ces modifications ont provoqué un transfert de compétences ayant pris effet le 1er Janvier 1984. Cette nouvelle répartition des compétences permet une meilleure sensibilisation et participation des élus locaux au budget le plus important du département (dans certains départements, le budget de l'ancienne D.A.S.S. représentait environ 50 % de l'ensemble de la masse budgétaire du département). Elle a en revanche l'inconvénient de faire éclater dans deux administrations différentes les services s'occupant de l'enfance en difficulté : d'un côté l'Intersecteur de Pédopsychiatrie comme l'ensemble de la psychiatrie hospitalière et extra-hospitalière sont placés sous la tutelle de la « D.A.S.S. – Etat », tandis que les services de l'A.S.E., de l'Action Sociale, des Actions Sanitaires, etc. vont à la compétence de la « Direction de la Prévention et de l'Action Sociale » (D.P.A.S.) placée sous la responsabilité du Conseil Général du département et de son Président. Afin de mieux limiter l'augmentation des dépenses de santé hospitalière l'état a conservé sous sa tutelle directe, par l'intermédiaire de la D.A.S.S. – Etat le contrôle de la gestion des hôpitaux. En revanche la majorité des autres services sont passés sous la responsabilité de la D.P.A.S. – Département (voir tableau schématique de la répartition des compétences).

Au sein de la D.P.A.S, le service de l'Aide Sociale à l'enfance (A.S.E.) dispose d'établissements propres (foyer départemental de l'enfance, maison maternelle, pouponnière), et d'un réseau de placements familiaux ou en internats. Ce service recueille les enfants qui lui sont confiés, soit par les parents (statut de recueilli temporaire), soit par les services juridiques (placement sous tutelle du juge), soit par le bureau d'Abandon (v. Abandon – Adoption).

Délaissant fort heureusement le repliement sur lui-même, le service de l'A.S.E. s'appuie de plus en plus sur les structures de prévention édudiées ci-dessus (intersecteur, service d'A.E.M.O.).

TABLEAU I. REPARTITION DES COMPETENCES ENTRE D.P.A.S ET D.D.A.S.S.

	Compétence du Département D.P.A.S. Direction de la Prévention et de l'Action Sociale	Compétence de l'Etat D.D.A.S.S. Direction Départementale des Affaires Sanitaires et Sociales
Aide Sociale à l'Enfance	Compétence générale sauf :	exercices de la fonction de tuteur des pupilles de l'Etat
Aide Sociale	Compétence générale sauf :	Toutes les formes d'Aide Sociale concernant *les personnes sans domicile de secours.* C.D.E.S., – C.O.T.O.R.E.P. Certaines allocations et prises en charge en établissement (C.A.T., Centres d'Hébergement)
Service Social	Le service social polyvalent reste de compétence départementale	Un service social Etat est constitué pour des attributions suivantes : – enquêtes CDES – COTOREP, naturalisations, expulsions, impayés de loyers, interventions auprés d'administrations centrales, agents de l'Etat. – actions sociales impulsées par l'Etat.
Actions Sanitaires	Protection Maternelle et infantile. Vaccinations. Lutte contre : – la tuberculose – les maladies vénériennes – le cancer	Lutte contre : – les maladies mentales – l'alcoolisme – les toxicomanies Santé Scolaire : transférée sous l'autorité de l'inspection Académique. Personnel médical géré par D.D.A.S.S.
Etablissements Sanitaires et Sociaux	Fixation des Prix de journée des établissements habilités au titre de l'Aide Sociale financés par le budget départemental : Maisons d'Enfants, foyers pour adultes handicapés, Maison de Retraite, Centres de Long Séjour, hors soins pris en charge par l'Assurance Maladie.	Tutelle sur les établissements publics et autonomes. Fixation des prix de journée des établissements financés par l'Etat. (C.A.T., Centres d'hébergement) ou par l'Assurance Maladie : I.M.E., Moyen Séjour, services actifs des Hôpitaux – forfaits de soins.

Bibliographie

MASSE (N.P.) : Organisation de la protection sanitaire et sociale de l'enfance. *In* MANDE (R.), MASSE (N.), MANCIAUX (M.) : *Pédiatrie sociale.* Flammarion, Paris, 1977, 2e éd.

VERDIER (P.) : *Guide pratique de l'aide sociale à l'enfance.* Le Centurion, Paris, 1975, 1 vol.

Numéro Spécial : *Psychiatrie et Justice.* Neuropsych. Enf. 1987, 35, 2-3.

Cinquième partie

La thérapeutique

Introduction

Cette dernière partie est une brève introduction à la démarche thérapeutique en pédopsychiatrie. Notre propos n'est pas d'exposer les principes théoriques et la technique propre à chaque type d'intervention thérapeutique : elles sont de plus en plus nombreuses et puisent leurs sources dans des corpus théoriques très différents (psychanalytique, béhavioriste, neurophysiologique, etc.). Plus simplement nous tenterons ici de dégager les principes sur lesquels repose la démarche thérapeutique en psychiatrie de l'enfant, c'est-à-dire d'analyser sur quels critères repose le choix thérapeutique : quelles sont les forces qui s'allient ou s'opposent à l'action thérapeutique ? Quelle est la place du symptôme au sein de la dynamique conflictuelle propre à l'enfant, mais aussi au sein de la dynamique familiale ? L'action thérapeutique portera-t-elle plutôt sur la conduite symptomatique ou plutôt sur la structure psychique ? Quelles sont les possibilités de dégagements du conflit ?

On le voit, répondre à ces questions revient à considérer l'ensemble des problèmes déjà abordés, entre autres ceux du normal et du pathologique, ceux de la place respective du symptôme et de l'organisation psychique. Contrairement au psychiatre et/ou au thérapeute d'adultes, le pédopsychiatre se soucie moins de l'état présent que de l'état futur. Plus exactement, il se préoccupe d'évaluer dans l'état présent d'un enfant, la capacité potentielle à maintenir un développement satisfaisant ou au contraire l'incapacité quasi certaine ou du moins hautement probable à un tel développement satisfaisant. Ainsi pour Lébovici et Diatkine *« les diverses thérapeutiques trouvent leurs indications, non pas seulement dans la description de l'état actuel, mais dans la prévision du développement qui peut être faite à partir de l'étude de la situation présente ».*

La présence du pathologique – *pathologique* étant entendu dans le sens d'une conduite symptomatique répertoriée par la sémiologie psychiatrique –, ne suffit pas, tant s'en faut, pour évaluer le potentiel de déviance. Nombreuses chez l'enfant sont les conduites apparemment pathologiques qui en réalité constituent des préformes d'une organisation mentale normale : si tel n'était pas le cas, presque tous les enfants devraient être considérés comme « malades » et justifiant un traitement. Ainsi Chiland a montré sur un échantillon de 66 enfants qu'un seul d'entre eux était totalement indemne de conduite symptomatique : est-ce à dire que les 65 autres devaient être traités ? En outre la fréquence chez l'enfant de conflits d'adaptation à l'environnement implique de distinguer, autant que faire se peut, les conduites symptomatiques d'un conflit internalisé et les conduites relevant d'une simple inadéquation de l'enfant aux conditions externes : si le rôle pathologique de ces conditions externes paraît prévalent, il est évident qu'il ne sert à rien et qu'il peut même être nuisible de s'attacher à réduire chez l'enfant une conduite apparemment déviante, alors que celle-ci n'est peut-être qu'une manifestation bruyante de protestation et finalement de bonne santé.

Enfin l'absence de toute conduite inquiétante pour l'entourage ne signifie pas que l'enfant est en bonne santé : le silence de toutes les conduites psychiques, s'il peut satisfaire ou rassurer la famille, l'entourage, l'école, peut aussi être le témoin de graves distorsions dans les capacités d'élaborations des conflits psychiques. Ainsi l'absence de toute angoisse de l'étranger, l'absence de toute préforme de conduite phobique ou ritualisée dans la petite enfance, l'absence de toute conduite de rupture à l'adolescence, peuvent témoigner tout autant d'une personnalité pathologique s'adaptant de façon conformiste en « *faux-self* » à la réalité, que d'une personnalité où s'équilibrent harmonieusement les diverses pulsions.

Le problème du traitement implique donc de prendre en considération non seulement la conduite symptomatique incriminée, mais aussi sa place par rapport à la structure psychopathologique de l'enfant et par rapport à la problématique familiale. En d'autres termes, l'effort thérapeutique devra-t-il porter sur la conduite pathologique elle-même, sur la structure psychopathologique sous-jacente, sur la constellation familiale et environnementale ou sur plusieurs de ces axes à la fois ?

Ces divers points de vue ont été longuement développés tout au long de cet ouvrage (voir par exemple les chapitres sur la déficience intellectuelle, en particulier la déficience-limite, sur la névrose, sur les difficultés scolaires, etc.). Il était cependant nécessaire de les rappeler brièvement dans cette introduction à la démarche thérapeutique en pédopsychiatrie.

27

Prévention et démarche thérapeutique

I. – Prévention

On désigne sous le terme de prévention l'ensemble des mesures ou des actions susceptibles d'empêcher l'apparition d'un état pathologique ultérieur, ou d'en réduire l'intensité. On distingue trois types de prévention :

■ **prévention primaire :** elle vise l'amélioration du milieu de vie de l'enfant afin d'empêcher l'apparition de troubles. Elle intervient au niveau de l'environnement familial ou social ;

■ **prévention secondaire :** elle consiste à dépister le plus précocement possible les troubles afin d'éviter qu'ils ne se structurent sur un mode pathologique fixé ;

■ **prévention tertiaire :** elle tente d'éviter ou d'atténuer les séquelles ou les complications d'un état pathologique avéré, d'éviter le passage à la chronicité et le retentissement sur l'entourage (parents, fratries).

Il conviendrait aussi de distinguer deux philosophies différentes, toujours inhérentes à l'action préventive qui naviguent entre ces deux extrêmes :

1°) une philosophie maximaliste qu'on pourrait appeler du « bien-être » et de l'épanouissement psychique : de ce point de vue la prévention consiste à faire tout le possible pour que l'individu se développe et s'épanouisse « normalement » ;

2°) une philosophie du minimum qu'on pourrait appeler du « moindre mal » : la prévention consiste alors à définir et délimiter des situations pathogènes puis à tenter d'y remédier afin d'éviter l'apparition d'états pathologiques particuliers.

On conçoit que, selon l'optique adoptée, le cadre d'intervention change singulièrement. Il va de soi que la prévention maximaliste risque d'avoir pour support une projection plus ou moins consciente d'objectifs et/ou d'idéaux propres à la classe sociale à laquelle appartiennent les professionnels de cette prévention, avec le risque d'atteinte à la liberté de l'individu. Mais inversement la prévention de la seule morbidité implique une définition aussi rigoureuse que possible des facteurs de morbidité et une capacité d'évaluation pronostique fidèle : ces conditions sont loin d'être réunies à l'heure où ces lignes sont écrites.

On sait parfaitement que la population d'enfants la plus en danger sur le plan psychiatrique ne consulte pas dans les centres prévus et refuse fréquemment les méthodes d'assistance proposées. Nous renvoyons ici à l'introduction de la quatrième partie consacrée à l'étude des facteurs de risques (p. 385). Par exemple la misère socioculturelle grave et prolongée constitue, on le sait avec une quasi-certitude, le facteur de risque le mieux connu et le mieux défini. La prévention primaire qu'impliquerait la lutte contre ce facteur de pauvreté devient un problème avant tout économique et politique. Sans méconnaître l'importance de cette dimension socio-économique, au niveau individuel les moyens de la prévention sont multiples.

A. – Prévention anténatale et néonatale

Elle consiste à veiller au bon développement de toute grossesse, de l'accouchement, et des premiers jours de vie du nouveau-né. La déclaration obligatoire de grossesse pour bénéficier des avantages sociaux, les consultations obligatoires pendant la grossesse vont dans ce sens. De même l'action des centres de néonatalogie est tout entière tournée vers la prévention des troubles ultérieurs. Le dépistage précoce de maladie grave (test de Guthrie pour dépister la phénylcétonurie), les explorations complémentaires multiples parfois même au cours de la grossesse, le conseil génétique représentent des mesures qui tendent de remonter le plus haut possible en amont des troubles afin d'en limiter le développement. Cette prévention médicale est de loin la plus facile car ses critères sont relativement objectifs, liés essentiellement aux conditions physiologiques.

Toutefois on peut aussi inclure ici toutes les conditions matérielles et psychologiques qui permettent à la femme enceinte, puis à la parturiente, d'être dans les meilleures conditions possibles pour accueillir l'enfant à naître. Les efforts actuels pour favoriser les premiers contacts entre la mère et le nouveau-né, les techniques d'accouchement « en douceur » vont dans ce sens.

Les moyens de cette prévention siègent essentiellement dans une formation adéquate des gynécologues, des obstétriciens et des professions associées ainsi que dans l'organisation satisfaisante des maternités et des services de néonatalogie. Sur le plan public les services de Protection Maternelle et Infantile (P.M.I.) assurent une surveillance gratuite de la grossesse.

B. – Prévention de la petite enfance

Cette prévention consiste à veiller au bon développement physique et psychomoteur du nourrisson ainsi qu'à éviter les situations pathogènes les mieux connues : situation de rupture du milieu familial, situation de carence affective entre autres (v. Carence affective p. 392). Elle consiste aussi à dépister le plus précocement possible les troubles qui peuvent être annonciateurs d'une pathologie ultérieure (ainsi les signes précoces de psychose infantile, v. p. 272).

La formation des diverses catégories socioprofessionnelles qui travaillent au contact des mères et des jeunes enfants est ici fondamentale pour éviter les maladresses ou les traumatismes inutiles : formation du personnel des Directions de l'Action Sanitaire et Sociale (D.A.S.S.), des assistantes sociales, du personnel des crèches, etc.

La Protection Maternelle et Infantile représente en France le cadre juridico-administratif où cette prévention peut être mise en place : dans chaque département un service de P.M.I. qui dépend de la D.A.S.S., doit assurer les consultations obligatoires et gratuites de la petite enfance. En réalité ces consultations de P.M.I. couvrent à peu près 15 % seulement des examens obligatoires entre 0 et 2 ans, les consultations privées (généralistes et pédiatres) assurent le reste. Théoriquement la loi du 15 juillet 1970 a mis en place des Centres d'Action Médico-Sociale Précoce (C.A.M.S.P.) : ces centres offrent le cadre juridique qui permet d'intégrer au sein d'une même équipe pluridisciplinaire l'ensemble des actions préventives en faveur de la jeune mère, du nouveau-né, puis du jeune enfant d'âge préscolaire et des familles. On devrait trouver regroupés dans les mêmes locaux : un centre de P.M.I. traditionnel, une consultation médico-psychologique de guidance infantile (psychologue, psychiatre, rééducateurs divers), une consultation de planification et d'éducation familiale. A ces consultations devraient être rattachés des services de visite à domicile (assistances sociales, mais aussi puéricultrices à domicile, sages-femmes à domicile...). Étant donné les moyens limités de l'action préventive, l'importance d'une telle infrastructure ne se justifie que dans des zones de population à risque, mais elles représentent un modèle souhaitable d'intégration et d'harmonisation des diverses structures de prévention et/ou de soins où peuvent se rencontrer les professionnels de la petite enfance : personnel de maternité et de crèche, enseignant de maternelle, travailleurs sociaux, médecins intéressés... L'expérience du C.A.M.S.P. de Choisy-le-Roi (Stork et coll.) est à cet égard éloquente.

C. – Prévention à l'âge scolaire et à l'adolescence

A ces âges il s'agit essentiellement d'une prévention secondaire ou même seulement tertiaire qui repose sur le dépistage le plus précoce des troubles, des inadaptations ou des situations d'échec. Ces dépistages sont assurés par les G.A.P.P., les C.M.P.P., les services d'A.E.M.O., etc. Nous renvoyons le lecteur au chapitre consacré aux services sociaux.

II. – Démarche thérapeutique

Plus encore que dans la pathologie mentale de l'adulte, il est difficile dans l'abord des difficultés psychologiques de l'enfant de séparer ce qui procède d'une démarche d'investigation, d'analyse des conduites dans leurs dimensions synchronique (point de vue structurel) et diachronique (point de vue génétique) de ce qui procède d'une démarche thérapeutique ou de ses prémices : en même temps que les parents évoquent devant le clinicien l'histoire de leur enfant ils peuvent grâce à la pertinence de ses éventuelles remarques prendre conscience de l'histoire individuelle et familiale d'un symptôme.

De même l'enfant, ce d'autant plus qu'il est jeune, ne raconte pas ses difficultés à la manière objectivante comme peut le faire un adulte : le clinicien est pris d'emblée dans un processus transférentiel dont la particularité par rapport au transfert de l'adulte est de se situer dans l'actualité des images parentales : cette actualité du transfert a d'ailleurs été à l'origine du débat passionné entre A. Freud et M. Klein sur la possibilité et les modes de début de la psychanalyse appliquée aux jeunes enfants (v. p. 494).

Ainsi chez l'enfant sont étroitement mêlés les plans du diagnostic, de l'évaluation psychodynamique et du choix thérapeutique. La démarche diagnostique dans son acception médicale traditionnelle se réfère au recueil des conduites symptomatiques, à leur regroupement syndromique et à leur classement nosographique : on a eu plusieurs fois l'occasion de voir qu'il était toujours nécessaire de tenir compte du facteur temps pour juger de la validité de certains regroupements, donc d'apporter un éclairage génétique.

L'évaluation psychodynamique renvoie au problème de la structure psychique et des lignées maturatives de développement. Elle tente en outre d'apprécier le degré de liaison entre les diverses conduites observées (organisation très coercitive ou au contraire fluide) et l'importance des secteurs d'activité psychique préservés. En fonction de ces données le choix d'une thérapeutique est possible, mais ce choix implique aussi l'évaluation des capacités de mobilisation de l'enfant et de son environnement, c'est-à-dire une attitude qui est déjà de l'ordre d'un traitement.

Au total donc, avant de prendre une décision, il est souhaitable d'évaluer successivement la place du symptôme, le lieu de la souffrance, le niveau de la demande.

A. – Repérage, fonction et sens de la conduite symptomatique

Le repérage de la conduite symptomatique est habituellement aisé : les parents, l'enseignant, l'enfant lui-même parfois, la mettent en avant. Il n'est pas rare cependant que déjà, un décalage existe entre ce qui est motif de la démarche parentale et ce que le consultant tient pour inquiétant. Une instabilité peut paraître secondaire à côté de l'inhibition relationnelle qui l'accompagne : seule la première conduite a suscité la consultation, tandis que le pédopsychiatre se préoccupe plus de la seconde.

Toutefois il faut aussi préciser l'importance quantitative des conduites symptomatiques, le degré de leur retentissement sur les autres secteurs d'activité de l'enfant. Comme le précise A. Freud, la lignée de développement incriminée est-elle bloquée dans son évolution, ce blocage entrave-t-il le développement des autres lignées ? Observe-t-on alors un retard, une dysharmonie ou une simple variation de la normale ? Il importe aussi de savoir s'il existe des perturbations dans les autres lignées, le degré de liaison entre cette perturbation et le symptôme principal.

1°) Fonction de la conduite symptomatique

Elle dépend du degré d'intériorisation du conflit. Évaluer cette fonction revient à apprécier le lieu où siège réellement l'origine du symptôme. On peut ainsi distinguer :

1°) des manifestations d'inadéquation entre l'enfant et les exigences extérieures : ce sont des conflits externes dus à des pressions inadéquates de l'environnement, soit parce qu'elles sont en discordance avec le niveau maturatif atteint par l'enfant, soit parce qu'elles atteignent une intensité excessive ou insuffisante (conflit externe de A. Freud et Nagera) ;

2°) des manifestations dues à un conflit naturel, inhérent au développement de l'enfant lui-même, conflit transitoire, souvent spontanément régressif, mais qui par sa nature peut entrer en résonance avec un conflit externe et menace ainsi de perdurer ;

3°) des manifestations qui témoignent d'un réel conflit interne où le symptôme prend ici, comme chez l'adulte, la signification d'un compromis mais qui, en plus, par sa seule présence peut entraver le développement ;

4°) des manifestations qu'on pourrait dire « séquellaires » : conduites qui à un stade précédent furent l'expression d'un conflit particulier, puis qui ont perdu ce sens premier quand ce niveau conflictuel a été dépassé grâce à la maturation. Dans certains cas elles persistent sous forme d'habitude ou de trait de comportement, sont intégrées et syntones au Moi de l'enfant, sont reconnues et acceptées par la famille. Il n'est pas rare que ces conduites servent alors de point de fixation pour l'expression de tout nouveau conflit et deviennent de ce fait largement surdéterminées.

2°) Le lieu de la souffrance

Il est rare que l'enfant exprime lui-même un état de souffrance psychologique, sauf dans le cas de quelques manifestations particulières comme les crises d'angoisses aiguës ou certaines phobies. Dans la grande majorité des cas l'enfant, quelle que soit la gravité apparente de ses conduites pathologiques, n'en souffre pas. Il n'en faudrait pas croire pour autant que la souffrance psychologique n'existe pas, simplement ce n'est pas le meilleur indice, ni de gravité pathologique, ni de motivation au traitement chez un enfant.

En revanche la souffrance existe toujours dans l'entourage de l'enfant : chez les parents, à l'école. Toutefois le degré et la qualité de cette souffrance sont très variables d'un cas à l'autre. Cette analyse déterminera en grande partie les indications thérapeutiques. Elle représente, exprimée en termes différents, ce qu'on appelle la « demande thérapeutique », sa nature, son origine.

■ **La souffrance des parents** face aux difficultés de leur enfant peut traduire leur profonde empathie à son égard : certains parents ressentent avec acuité ces difficultés, souhaitent aider leur enfant au mieux de leurs possibilités. Cette souffrance qui représente une capacité d'identification à l'enfant, à sa situation, donnera aux parents la motivation nécessaire et leur permettra de l'accompagner dans la démarche thérapeutique.

La souffrance parentale, dans d'autres cas, résulte avant tout de leur propre blessure due à l'image dévalorisante que renvoie l'enfant : l'échec de ce dernier par rapport aux enfants de son âge, ses conduites déviantes peuvent être ressenties comme autant de blessures narcissiques chez les parents, surtout lorsque sa pathologie entre en résonance avec les propres conflits narcissiques ou infantiles des parents. Ces cas répondent en partie à ce qui est trop souvent dénoncé comme « l'enfant-symptôme des parents », terme qui met certes en valeur le niveau pathologique parental mais qui oublie trop qu'un symptôme constitué représente ensuite un point de fixation pathogène, actif tant qu'il persiste.

Enfin la souffrance parentale peut simplement refléter le rejet : certains parents semblent plus soucieux de leur propre confort et veulent avant tout être « débarrassés » d'une conduite chez leur enfant qui les gêne, les importune. Ils ne cherchent pas à comprendre l'enfant, et à leur manière externalisent le conflit (c'est le système nerveux, les glandes de l'enfant, ou l'école, la société...). Les conduites symptomatiques de l'enfant ne sont souvent que la traduction d'un désir de relation avec ses parents ou d'un renoncement abandonnique à cette même relation.

Dans quelques cas les parents viennent à la consultation sans aucune motivation ni souffrance personnelle, sur les conseils ou la contrainte d'un tiers. Cette absence de souffrance a des origines diverses. Parfois les parents ne semblent pas percevoir la nature des manifestations symptomatiques de leur enfant. Dans les cas les plus positifs, ceci repose sur un excès d'identification à l'enfant dont les conduites pathologiques sont identiques à celles de l'enfance des parents : « moi aussi j'étais timide », ou « moi aussi j'étais peureux ». Ainsi les filles phobiques ont-elles souvent des mères phobiques qui acceptent et entretiennent la phobie de leur fille (v. p. 313). Cet excès d'empathie et cette acceptation familiale du symptôme font que celui-ci est totalement syntone au moi de l'enfant et à la dynamique familiale. Dans les cas les moins positifs, cette absence de reconnaissance et de souffrance parentale traduit en réalité l'absence de perception de l'enfant dans son autonomie et son individualité. L'enfant est inclus dans une relation fusionnelle ou est simplement ignoré dans sa réalité psychique individuelle.

■ **La souffrance de l'environnement** ne peut non plus être ignorée du consultant. Souffrance est pris ici dans son sens le plus général d'un malaise suscité par le comportement de l'enfant. De ce point de vue la « souffrance » de l'école est souvent au premier plan : outre l'équilibre et l'épanouissement de l'individu, elle fait intervenir le problème de la norme sociale. La demande de certains enseignants peut, à l'image de celle des parents, refléter une préoccupation sincère et profonde face aux difficultés scolaires, mais aussi relationnelles d'un enfant. Néanmoins la demande se réduit souvent à un besoin de voir l'enfant se conformer aux normes sociales, éducatives, culturelles ou plus encore de ne plus « perturber la classe ». La qualité de la demande de consultation par l'école influence en partie la nature de la demande parentale et doit aussi être analysée grâce à des réunions avec les enseignants sous réserve de l'accord des parents.

Outre l'école, la souffrance peut provenir du groupe social au sens large : grands-parents, tante ou oncle, amis, voisins, ou de professionnels (travailleurs sociaux) qui tous peuvent pousser les parents à consulter. Cette motivation externe représente cependant un bon indice de la nature des interactions sociales de la famille consultante.

3°) Les capacités de changement

Elles doivent être aussi évaluées. Il ne s'agit pas ici d'apprécier les capacités de changement structurel, mais plus simplement les possibilités de modifier, même légèrement, les interactions familiales les plus déviantes ou les plus pathogènes : bien que cela arrive parfois, il est rare que le pédopsychiatre soit consulté rapidement dès l'apparition d'une conduite jugée déviante. Lorsqu'il intervient, de nombreux réaménagements défensifs se sont mis en place avec toute une série de bénéfices secondaires (renforcement d'un lien mère-enfant infantile et régressif, établissement d'une relation privilégiée avec mise à l'écart de la fratrie, installation dans une conduite d'échec avec attitude de prestance, etc.) auxquels tiennent fermement aussi bien l'enfant que la famille, et parfois même l'école. Il faut apprécier le degré de mobilisation, la facilité de changement ou au contraire la résistance à tout changement dans les modes d'interactions familiaux et/ou sociaux qui entourent le symptôme. Il n'est pas exceptionnel qu'un symptôme persiste uniquement en fonction de ces réélaborations secondaires, alors même que le sens premier et initial a complètement disparu.

L'évaluation de ces interactions familiales rend nécessaire la rencontre du groupe familial (enfant, père, mère et même parfois fratrie, grand-parent) avant toute décision thérapeutique.

4°) Le sens de la conduite symptomatique

Il doit enfin être recherché, non seulement dans l'évolution psychogénétique de l'enfant lui-même, mais aussi dans la place que cet enfant vient prendre dès avant sa naissance au sein de la dynamique familiale, et même avant sa conception dans les avatars des lignées parentales. Quand le thérapeute trouve le sens génétique et historique du symptôme il saisit mieux la dynamique familiale et les résistances qui font obstacles à tout changement. Cependant, nous ne croyons pas, l'expérience le prouve abondamment, qu'il suffise de dévoiler le sens préconscient ou inconscient d'une conduite symptomatique de l'enfant pour la voir disparaître. Des réflexions telles que « le symptôme n'est rien, seule l'histoire qui l'a précédé et la manière dont elle est rapportée ont un sens » nous paraissent procéder d'une incompréhension du statut du symptôme chez l'enfant : en effet, comme nous l'avons déjà dit, la conduite psychopathologique crée toujours par elle-même un point de fixation pathogène, source de distorsion potentielle par rapport au mouvement maturatif.

Au cours de l'investigation préalable à la décision thérapeutique, la recherche du sens du symptôme semble de ce fait secondaire par rapport aux points qui ont été envisagés auparavant. En revanche dans le cours même de la thérapie la recherche de la signification diachronique (sens du symptôme à travers l'histoire de la famille et la genèse de l'enfant) et synchronique (sens du symptôme dans le fonctionnement psychique actuel) des conduites actualisées dans l'interaction avec le thérapeute représente l'essence même du processus thérapeutique.

5°) Évaluation du niveau de la réponse

En pratique l'investigation précédente ne peut s'effectuer en totalité lors du premier entretien. Généralement il est nécessaire d'avoir trois ou quatre entretiens avec l'enfant dont deux au moins avec les parents (au premier entretien, il est rare de rencontrer plus d'un parent, habituellement la mère). Nous n'évoquerons pas ici la technique d'investigation (dialogue, jeux, dessins, marionnettes, pâte à modeler, etc. ; v. p. 65).

Quant aux modalités d'entretien, certains cliniciens préfèrent entendre d'abord les parents, d'autres l'enfant. Il en est qui reçoivent les parents sans l'enfant, d'autres qui ne voient les parents qu'en présence de l'enfant. Il n'est ni souhaitable, ni possible de trop formaliser les techniques de rencontres initiales dont le déroulement constitue d'ailleurs un excellent aperçu en raccourci de l'éventuel déroulement ultérieur de la thérapie.

Quoi qu'il en soit, ces entretiens d'investigation préalables permettent de juger de la nature des difficultés, du siège et de l'intensité de la souffrance, du niveau exact de la demande, de la capacité de modification des interactions pathogènes, mais aussi du degré de motivation de l'enfant, et surtout des parents, de leur capacité de réflexion et de réélaboration entre les entretiens de ce qui s'est dit, de leur tolérance à une certaine frustration et à la nécessaire lenteur de tout travail psychodynamique : ainsi certaines familles, sur la pression de personnes externes (enseignant, assistante sociale), adressent des demandes de consultations urgentes auxquelles il n'est souvent donné aucune suite parce que la réponse et l'efficacité thérapeutique ne se présentent pas avec la même immédiateté.

Au terme de ces entretiens d'évaluation, éventuellement aidés par des investigations plus spécifiques dans certains secteurs (évaluation psychomotrice, ou orthophonique, tests psychologiques de niveau ou de personnalité, évaluation piagétienne du fonctionnement cognitif, bilan des acquisitions scolaires, investigations organiques particulières : audition, E.E.G., etc.), la synthèse de ces renseignements épars permet une première hypothèse diagnostique associée à une réflexion sur les possibilités thérapeutiques.

La tentation est grande alors pour l'équipe thérapeutique de s'ériger en instance décisionnelle toute-puissante et de négliger peu ou prou les diverses contraintes qui s'opposent à cette décision (contraintes matérielles, sociales, résistances psychiques, etc.). Pourtant le travail du pédopsychiatre porte toujours sur des conflits, qu'il s'agisse de conflit interne intra-individuel, de conflit familial interindividuel ou de conflit social intergroupal. Ce même pédopsychiatre doit donc savoir que toute démarche thérapeutique ne peut être qu'un compromis conflictuel entre ce qui serait idéal et ce qui est possible. Aussi il est utile, avant de prendre une décision thérapeutique, qu'une réflexion s'instaure à propos du cas de cet enfant précis, de sa famille et de son contexte social, réflexion qui se donne pour objectif de préciser :

– ce qui serait idéal ;

– ce en deça de quoi toute action thérapeutique est nulle et non avenue ;

– ce qui est possible enfin.

En d'autres termes, sur le plan thérapeutique, il importe d'évaluer l'idéal, l'indispensable et le possible. Lorsque le possible se situe entre l'indispensable et l'idéal, il n'y a pas de problème majeur ; le rôle des entretiens d'investigation consiste d'ailleurs non seulement en une évaluation sémiologique et psychodynamique, mais aussi à faire que le possible se rapproche de l'idéal et s'éloigne de l'indispensable. C'est en partie ce que de nombreux travailleurs sociaux appellent « la préparation parentale » à l'approche thérapeutique.

L'impossibilité de choisir l'abord thérapeutique qui paraîtrait le mieux approprié à un cas particulier tient à des facteurs multiples. Certains sont indépendants de la bonne volonté de l'enfant, des parents ou du thérapeute : par exemple absence à une distance raisonnable d'un hôpital de jour, ou environnement social très défavorable. D'autres dépendent des résistances particulières : refus des parents à un abord autre que strictement symptomatique, contexte temporairement peu propice : par exemple difficulté de toute approche psychothérapeutique en fin de période de latence (11-13 ans).

L'indispensable représente le palier en dessous duquel les actions dites thérapeutiques n'ont d'autres rôles que de servir de caution à l'enfant ou à sa famille pour que rien ne change. Ceci risque d'aboutir à ces « prises en charge interminables » ou à ces « rééducations à vie » dans lesquelles enfants et thérapeutes s'ennuient... à mourir, car tout processus vital s'est desséché puisque l'essentiel ne peut être dit ou même abordé.

Une question des plus délicates concerne bien évidemment les cas où le possible se situe en deça de l'indispensable. Cette situation s'observe soit parce que les interactions familiales sont si pathogènes et fixées que toutes modifications dans un délai raisonnable est à exclure, soit parce que l'enfant et/ou la famille sont ouvertement hostiles à toutes les propositions thérapeutiques qui leurs sont formulées. Il faut alors envisager des solutions faisant intervenir soit une séparation familiale (placement institutionnel ou familial), soit une mesure plus ou moins coercitive (Mesure Éducative en Milieu Ouvert : E.M.O. par exemple).

B. – Choix thérapeutiques

Les choix thérapeutiques en pédopsychiatrie sont apparemment complexes si l'on considère la multiplicité des techniques thérapeutiques proposées, des cadres institutionnels existants, des théories étiopathogéniques sous-jacentes. En réalité, les divers choix possibles reposent avant tout sur de grandes options thérapeutiques qu'il est essentiel d'avoir présentes à l'esprit : maintien ou non des relations habituelles de l'enfant, abord centré sur le symptôme ou sur la structure.

■ **Maintien, réparation ou restauration des relations habituelles de l'enfant :** ce sont toutes les thérapies qui se déroulent sans modification fondamentale du cadre de vie de l'enfant. Dans ce contexte, l'essentiel de l'action thérapeutique peut alors porter soit sur l'enfant lui-même, soit sur la totalité de la structure familiale.

1°) Quand le choix thérapeutique porte sur l'enfant, ce choix s'oriente alors autour de deux axes trop souvent présentés comme une alternative incompatible et inconciliable :

– l'action sur la conduite symptomatique par des rééducations diverses, une pédagogie adaptée, un abord médicamenteux, etc. ;

– l'action sur la structure psychopathologique sous-jacente par une thérapie analytique ou ses dérivés.

2°) Le choix thérapeutique peut aussi se centrer sur les interactions et/ou la dynamique familiale de façon exclusive ou complémentaire de l'abord thérapeutique de l'enfant.

■ **Établissement d'un nouveau cadre de vie :** thérapie institutionnelle diverse, internat, placement familial spécialisé, foyer d'adolescent, etc. Nous ne prétendons pas ici être exhaustif ; nous nous limiterons aux principales indications thérapeutiques. De même pour ce qui concerne la technique propre à chaque thérapeutique, nous renvoyons le lecteur aux ouvrages spécialisés sur tel ou tel type de technique.

1°) La consultation thérapeutique

Avant tout choix thérapeutique au long cours, Winnicott a très heureusement mis en valeur l'importance que pouvaient présenter les premières rencontres avec l'enfant : c'est ce qu'il a appelé la « consultation thérapeutique ». Au cours de celle-ci le travail du consultant consiste avant tout à permettre qu'un climat favorable s'établisse grâce auquel l'enfant et le consultant pourront se rencontrer dans un échange relationnel. Cet échange relationnel permet à l'enfant de se découvrir et d'exprimer spontanément ses difficultés.

Winnicott insiste sur le refus d'utiliser tout dogmatisme et toute technique rigide : la personne du consultant doit être entièrement disponible pour saisir ce qui advient. Le jeu du *« squiggle »* (jeu du gribouillis ou du griffonnage) n'est rien d'autre que cette disponibilité et cette potentialité de surprise mutuelle. A tour de rôle le consultant et l'enfant ébauchent sur une feuille un *squiggle* à partir duquel l'autre doit « inventer » une forme signifiante. A partir de là l'enfant peut exprimer ses difficultés : *« c'est presque comme si par les dessins l'enfant cheminait à mon côté et jusqu'à un certain point, participait à la description du cas ».*

Cette capacité de se chercher et de se découvrir provient de l'écho renvoyé par le consultant à partir des attentes et espérances de l'enfant et de sa famille. *« Les meilleures indications sont celles des enfants dont les parents m'ont accordé leur confiance avant l'entretien. »* « Etablir une communication » constitue l'objectif principal de ces consultations thérapeutiques dont les effets pourront être prolongés au-delà de l'espace de la consultation elle-même et repris par les parents : *« les changements intervenus dans le comportement de l'enfant pourront être utilisés par les parents ».*

Toutefois Winnicott souligne les limites de ces consultations thérapeutiques. Outre la motivation parentale, ces consultations n'apportent aucun bienfait *« si l'enfant retrouve une famille anormale ou une situation sociale anormale »* (souligné par Winnicott). De même lorsque le consultant pressent l'existence de plusieurs problèmes (surdétermination d'une conduite), un abord thérapeutique plus en profondeur est nécessaire.

Dans les éventualités favorables, ces « consultations thérapeutiques » représentent l'équivalent des entretiens d'investigation préconisés au début de ce chapitre (v. p. 481) : dans un pourcentage non négligeable de cas ces entretiens permettent à l'enfant et à sa famille de découvrir le sens d'une conduite, d'aménager une aire relationnelle moins perturbée, puis de reprendre un développement normal.

2°) Thérapies centrées sur la conduite symptomatique

Nous regroupons ici les diverses thérapies qui se donnent comme objectif immédiat la réduction d'une conduite jugée déviante, touchant généralement une fonction instrumentale, au moyen de diverses techniques centrées sur la relation entre le thérapeute et l'enfant, mais sans que la nature du lien relationnel soit explicitée. En terme de technique psychanalytique, ceci signifie que le transfert et le contretransfert ne sont pas abordés. En revanche, la relation qui s'établit entre les deux protagonistes reste toujours, *in fine,* quelles que soient les techniques particulières envisagées, le véritable moteur des progrès. C'est dire que la personnalité du rééducateur, sa capacité de s'adapter à tel ou tel enfant, son empathie, son soutien chaleureux, jouent ici un rôle fondamental. Il n'existe pas de thérapie rééducatrice qui puisse avoir de bon résultat dans un climat de contrainte, d'opposition ou de froideur technique.

L'intervention centrée sur la conduite symptomatique ne doit pas être négligée chez l'enfant en raison du rôle pathogène potentiel de celle-ci (v. p. 482). L'abord thérapeutique du symptôme est indiqué quand ce symptôme paraît relativement isolé, sans signe de souffrance névrotique ou psychotique associé ; quand il touche l'une des grandes fonctions instrumentales dont la distorsion suscitera inéluctablement des troubles nouveaux à la fois dans cette même fonction et sur l'ensemble de la personnalité ; ou quand il apparaît comme une sorte de séquelles comportementales, véritable trace ontogénique d'un palier maturatif actuellement dépassé. La même approche thérapeutique est utile quand le symptôme, par son caractère ou son intensité, semble entraver le développement des autres lignées maturatives ou lorsque son abord psychotérapeutique s'avère particulièrement difficile (certaines dyspraxies). Enfin il faut parfois se limiter à cette modalité de traitement et renoncer à une psychothérapie quand l'environnement paraît soit hostile, soit non motivé, soit même incapable d'accompagner l'enfant dans son élaboration psychologique.

Ainsi, ces thérapeutiques centrées sur la conduite poursuivent toujours une double finalité : agir sur le trouble instrumental et permettre une reprise d'un développement harmonieux de la fonction, supprimer ou du moins atténuer le retentissement de ce trouble sur l'ensemble de la personnalité. **Leur durée** doit faire l'objet d'une réévaluation régulière : dans des conditions correctement définies une thérapie centrée sur le symptôme dure quelques mois, une année scolaire au plus. Quand les effets bénéfiques n'apparaissent pas, le choix de l'indication doit être rediscuté. En général les problèmes de structure psychopathologique ou d'organisation pathologique familiale expliquent cette résistance et justifient un autre type d'abord.

a) Rééducations orthophoniques

Rééducation des troubles du langage parlé, depuis le simple trouble articulatoire jusqu'aux retards massifs du langage confinant à l'audimutité, rééducation de la lecture et/ou de l'orthographe, le but de ces diverses techniques est de lier le système de communication défaillant avec un système de représentation substitutif temporaire gestuel ou sensoriel : geste, perception tactile, association phonématique, etc. L'approche thérapeutique des divers troubles du langage a été succinctement évoquée dans le chapitre consacré à la psychopathologie du langage.

b) Rééducations psychomotrices

Elles visent à modifier la fonction tonique, statique et dynamique de façon que l'enfant organise mieux son comportement gestuel dans le temps et l'espace. Ces rééducations utilisent soit des techniques souples (jeu de balles, d'eau...) soit des techniques plus codifiées avec des exercices gestuels définis.

Quelle que soit la technique, l'utilisation de divers rythmes vise à intégrer la nécessaire séquence temporelle inhérente à toute gestualité de même que la référence explicite au schéma corporel vise à intégrer la nécessaire séquence spatiale inhérente au même geste.

Ces techniques psychomotrices sont largement utilisées chez le jeune enfant, en particulier avant l'apparition du langage. Dyspraxie, maladresse gestuelle, instabilité et hyperkinésie sont les indications essentielles. On utilise parfois les rééducations psychomotrices couplées à des rééducations orthophoniques dans le retard de langage, en particulier quand s'y associent des troubles de l'organisation temporo-spatiale. Enfin, elles se prêtent bien à une possibilité de thérapie en petit groupe (3 à 4 enfants), surtout avec les enfants jeunes (jusqu'à 4-5 ans).

Chez l'enfant en période de latence ou à la préadolescence, la relaxation est une technique thérapeutique utile.

c) Relaxation

A mi-chemin entre la rééducation et l'abord psychothérapique la relaxation vise à une modification de l'état tonique, à travers une relation médiatisée par le corps et ses représentations psychiques : la phase de relâchement tonique, toujours essentielle, s'obtient par mobilisation passive (méthode de Wintrebert) ou par simple palpation, associée à l'évocation de représentation mentale suggérée à l'aide de mot lié au segment du corps concerné (méthode de Schultz). Les relaxations visent à réduire les attitudes de fond qui entravent souvent la réalisation praxique ou qui se surajoutent à toute émergence d'affect. Elles observent fréquemment une suite logique fondée sur l'exploration des divers segments du corps, des masses musculaires et des articulations, avec une prise de conscience progressive des états toniques propres à chaque segment. La verbalisation est volontairement limitée au cours de chaque séance, afin d'éviter toute intellectualisation défensive en fin de séance. Les cures de relaxation durent en moyenne 5 à 6 mois : elles peuvent être isolées ou associées à d'autres modalités thérapeutiques. Les diverses techniques de relaxation ont été reprises et adaptées à l'enfant par Berges et Bounes.

Les indications sont assez larges et ne répondent pas aux codifications plus rigoureuses des rééducations orthophoniques. Elles sont indiquées dans les troubles psychomoteurs (dyspraxies, tics) mais aussi dans l'instabilité émotionnelle, les crampes, les tremblements émotionnels, le bégaiement, certains strabismes.

d) Rééducations psychopédagogiques

On regroupe sous ce vocable un ensemble de techniques (pédagogie relationnelle, pédagogie curative, psychopédagogie, etc.) qui se donnent pour but, grâce à l'aménagement relationnel adapté et à des exercices pédagogiques appropriés, de palier les lacunes laissées par les apprentissages scolaires ordinaires. Les rééducations psychopédagogiques concernent les difficultés d'apprentissage de la lecture ou de l'écriture, de l'orthographe, l'échec à accéder aux premières notions mathématiques, enfin et surtout l'échec scolaire plus ou moins global. Sous cet échec scolaire il est habituel de découvrir une mosaïque de lacunes siégeant à des niveaux de connaissances théoriques très divers, associées à des difficultés psychologiques secondaires ou majorées par cet échec (réaction de refus ou de prestance, attitude d'accablement et de défaitisme, renoncement...).

La qualité de la relation établie par le psychopédagogue, un apprentissage qui ne repose plus sur une exigence d'allure surmoïque ni sur la sanction, une pédagogie fondée sur l'échange (jeu à tour de rôle) et sur les succès, des techniques attrayantes avec un large support concret (image, jeton, jeux de société divers) tels sont les ressorts principaux de ces techniques rééducatives. Elles trouvent leurs indications dans les échecs scolaires spécifiques ou non, et sont parfois utilement associées à une psychothérapie quand la composante névrotique de l'échec est importante, mais quand cet échec a par lui-même un rôle pathogène.

e) Thérapies comportementales

Leur utilité ne doit pas être négligée dans l'abord thérapeutique de l'enfant. Elles reposent sur les lois du conditionnement et de l'apprentissage et ont pour objectif de modifier les comportements inadaptés : les habitudes inadaptées sont affaiblies et éliminées tandis que des habitudes adaptées sont mises en place et renforcées (Wolpe). Cette définition correspond non seulement au conditionnement pavlovien classique (conditionnement répondant), mais aussi au conditionnement de Skinner (conditionnement opérant). Ces thérapies comportementales se fondent sur les théories de l'apprentissage qui considèrent que les comportements sont acquis par différentes modalités de conditionnement. Elles délaissent les notions de structure psychopathologiques, de fixation, de régression, en un mot l'ensemble du fonctionnement psychique interne pour ne s'intéresser qu'au versant extérieur. Les techniques thérapeutiques sont variées : inhibition réciproque, provocation d'anxiété, conditionnement opérant, aversion...

D'abord utilisées chez l'adulte névrotique, en particulier phobique (thérapie par immersion ou exposition prolongée contrôlée), puis chez l'adulte psychotique (thérapeutique institutionnelle par « jetons »), leur champ d'application commence à s'étendre à la pédopsychiatrie.

Depuis longtemps certaines approches thérapeutiques anciennes utilisaient des techniques de conditionnement sans l'avoir clairement explicité : citons à cet égard le traitement de l'énurésie avec l'appareil sonore ou la stimulation électrique. Les premières gouttes d'urine permettent la conductibilité électrique entre les deux faces du drap ce qui déclenche un signal sonore ou une légère décharge électrique : l'enfant se réveille dès le début de la miction, puis, après quelques nuits, avant même la miction. Il s'agit là d'une méthode typique de conditionnement aversif. De même, la méthode du cahier (v. p. 143) peut être assimilée à un conditionnement opérant.

Les thérapies comportementales ont certainement des champs d'application possibles dans ces diverses « habitudes comportementales et surtout motrices » où la signification primaire de la conduite s'est progressivement effacée à mesure que la maturation permettait un dépassement du conflit, mais en laissant persister la trace comportementale. C'est le cas par exemple de certains bégaiements ou de phobies. Ces approches ont l'intérêt de faire disparaître assez vite une conduite symptomatique gênante, mais laisse entier le problème de la structure psychologique sous-jacente.

Plus récentes sont les thérapies comportementales appliquées aux enfants psychotiques ou déficients mentaux ainsi qu'aux adolescents marginaux (psychopathes, toxicomanes, délinquants). Si l'utilisation de techniques de conditionnement opérant à base de récompense ne pose d'autre problème que théorique, il n'en va pas de même des thérapeutiques aversives qui posent et doivent poser à leurs utilisateurs des problèmes éthiques où la finalité ne doit pas systématiquement excuser les moyens. On entend par « thérapeutique comportementale aversive » la recherche de la disparition d'une conduite au moyen d'une sanction : la différence théorique d'avec la punition provient du fait que la sanction est dénuée de caractère moral et de valeur relationnelle. Elle prétend se présenter simplement comme une conséquence « logique » d'un comportement déviant, d'où l'intérêt de codifier le plus possible le catalogue des comportements qui feront l'objet d'un conditionnement aversif.

Il apparaît, en particulier dans l'approche des enfants psychotiques et déficients mentaux en institution, que l'utilisation de la punition peut être ainsi rationalisée grâce à ces techniques comportementales : les comportements les plus déviants (perturbation sphinctérienne, stéréotypie, balancement...) ont parfois été l'objet de sanctions physiques (pincements, légères décharges électriques), même si ces sanctions apparaissent beaucoup moins fréquentes que les renforcements positifs par récompense.

Quant aux thérapies comportementales appliquées aux adolescents marginaux, en particulier dans le cadre de communautés thérapeutiques, la normalisation apparente du comportement dans des délais relativement brefs et dans un milieu étroitement contrôlé, ne doit pas faire oublier le pronostic lointain, et faire préjuger des capacités d'adaptation réelle à un cadre social plus large.

Une prudence et une réserve extrêmes sur l'application de ces techniques comportementales nous paraissent nécessaires afin d'éviter des utilisations perverties et dangereuses.

3°) Thérapies centrées sur l'organisation conflictuelle sous-jacente

S. Freud publie en 1909 *« L'Analyse de la phobie d'un garçon de 5 ans »* qui constitue le premier exemple d'application à l'enfant de la technique psychanalytique. Il fallut ensuite attendre 1920 pour que H. Hug-Hellmuth décrive « la technique de l'analyse des enfants », introduisant par ses positions théoriques sur la nécessaire fonction éducative du psychanalyste d'enfants le débat entre M. Klein et A. Freud dans les années 1930-1940.

Très rapidement en effet, par-delà les difficultés techniques elles-mêmes (le jeu remplace-t-il chez l'enfant la technique des associations libres de l'adulte ?), le débat devait se centrer sur un point théorique crucial : le processus transférentiel est-il possible chez l'enfant ? Si oui, sa nature est-elle identique à celle de l'adulte et peut-on l'analyser ?

Derrière ces interrogations se profile le rôle des parents avec leur fonction éducative. La névrose chez l'enfant est beaucoup moins fréquente que la névrose chez l'adulte, la « névrose infantile » fonctionnant plus comme un modèle de la psychopathologie adulte que comme une réalité de la clinique de l'enfant. Le transfert d'un enfant sur son thérapeute est tout entier contenu dans le temps présent et se nourrit sans cesse de l'actualité et de la réalité de ses parents, sans que le refoulement, puis l'après-coup de la scène traumatique permettent la réélaboration des images parentales internes et l'éventuelle constitution d'un nœud névrotique (v. à ce sujet la discussion théorique sur la névrose infantile et la névrose chez l'enfant p. 326).

M. Klein résout le problème en posant comme principe que, dès sa naissance, l'enfant est la proie d'un conflit interne : son organisation psychopathologique renvoie à ce conflit archaïque. Le travail thérapeutique dans l'analyse d'un enfant a pour objet ce conflit archaïque, tout comme l'analyse de l'adulte a pour objet la névrose infantile. Pour M. Klein le conflit intrapsychique apparu dès l'aurore de la vie renvoie aux images parentales fantasmatiques. Le jeu permet la mise en scène des conflits et fantasmes, mise en scène qui fonde le transfert lui-même : en effet le thérapeute est lui aussi l'objet d'une relation fondée sur un fantasme inconscient qui renvoie aux images parentales archaïques intériorisées.

A. Freud soutient, quant à elle, qu'une partie des troubles de l'enfant ne répond pas à un conflit intériorisé, mais à un conflit d'adaptation, et qu'*a priori* l'enfant n'a aucune raison de faire confiance à un étranger plus qu'à ses propres parents pour résoudre des difficultés : une phase initiale de séduction ou plus simplement d'apprentissage est nécessaire.

Ces querelles historiques sont certes dépassées, mais leur bref rappel est nécessaire pour mieux saisir les diverses techniques thérapeutiques et leurs implications théoriques. En effet, s'opposent toujours les partisans d'une interprétation rapide du niveau le plus inconscient des conflits les plus archaïques, et les partisans plus orthodoxes d'une interprétation allant du niveau superficiel conscient au niveau inconscient des conflits.

Toutefois, sur le plan théorique, la psychanalyse ou les méthodes qui s'en rapprochent (psychothérapie psychanalytique, psychodrame analytique) ont pour but d'amener à la conscience l'origine des conflits et des conduites symptomatiques, à mesure qu'ils apparaissent et se reproduisent dans le cours des séances, puis de donner à l'enfant les moyens de mieux élaborer, surmonter et/ou tolérer ses conflits. Par rapport à l'adulte, la psychanalyse de l'enfant pose un problème théorique, celui du transfert, et un problème de technique, celui du mode de communication entre l'adulte et l'enfant.

a) Le transfert chez l'enfant

Dépassant l'opposition entre M. Klein et A. Freud, il convient de reconnaître qu'un transfert existe bien chez l'enfant, sans exercer nécessairement une attitude de séduction, mais que ce transfert ne peut être assimilé à la névrose de transfert (ou même la psychose de transfert) de l'adulte. La présence physique des parents, le surgissement d'inévitables conflits de développement (conflit œdipien, conflit de l'adolescence) ou de circonstance externe traumatique (séparation) donnent à l'enfant une moindre latitude par rapport à son organisation psychique interne. Souvent l'enfant reproduit d'abord dans le transfert une relation et des sentiments analogues à ce qui se produit dans la réalité actuelle. L'attitude du thérapeute, différente du système d'interaction familiale qui assigne à l'enfant une place particulière, permettra à ce dernier, grâce aux interprétations progressives, de reconnaître la projection de ses conflits, puis de les analyser. Certains enfants semblent d'ailleurs percevoir très vite la nature très différente de la relation qui leur est proposée, et sont capables de s'engager très vite dans une relation proche de celle qu'on observe dans l'analyse d'adulte.

La nature des interventions et interprétations sur le transfert diffère selon les thérapeutes. Certains, suivant les recommandations de M. Klein, interviennent très vite sur le sens inconscient des productions de l'enfant (jeu ou dessin), d'autres suivant A. Freud, préfèrent se limiter à l'interprétation du seul sens préconscient de ses productions à mesure que leur signification transférentielle se fait plus évidente, en respectant à rebours l'évolution génétique (allant du préconscient à l'inconscient, du niveau œdipien au niveau archaïque, du génital ou prégénital, etc.). D'autres enfin se gardent de toute intervention directe sur le matériel apporté par l'enfant, estimant que la seule acceptation par le thérapeute du conflit de l'enfant, ses réponses au niveau du jeu qui montrent sa compréhension, son commentaire sur les dessins faits pendant la séance, suffisent sinon à dévoiler le sens inconscient du conflit, du moins à le réintroduire dans le Moi de l'enfant et à autoriser la reprise du développement.

Dans tous les cas les parents peuvent, par leur attitude inadéquate, s'opposer au travail d'élaboration de leur enfant, ou ne pas en comprendre la nature (ainsi lors des premières interventions certaines aggravations transitoires des symptômes qui traduisent le renforcement des résistances). Une relation thérapeutique avec les parents est dans la majorité des cas souhaitable, sinon indispensable (v. le paragraphe suivant : approche thérapeutique centrée sur la famille).

b) Modalités de communication

Très rapidement la technique des associations libres est apparue inadaptée aux enfants. L'aptitude à communiquer est un obstacle supplémentaire car la communication véritable entre l'enfant et l'adulte ne passe pas par le seul langage, ce d'autant plus qu'il est jeune. Le thérapeute doit donc connaître les paliers maturatifs, les moyens d'expression privilégiés en fonction de l'âge ; il devra être familiarisé avec le « monde de l'enfant », ses tournures de langage, le niveau de compréhension, etc. Établir une communication ne résume certes pas le processus psychothérapique lui-même. Widlöcher dénonce à juste titre cette confusion : *« on confond deux plans : l'aptitude à communiquer et le travail psychothérapique lui-même ».* Néanmoins l'établissement d'un cadre adéquat où l'enfant puisse communiquer véritablement avec l'adulte représente le temps premier de toute démarche thérapeutique : c'est d'ailleurs ce que Winnicott appelle « la consultation thérapeutique » (v. p. 488).

Sur le plan pratique les aménagements sont multiples : l'essentiel nous paraît être de laisser à l'enfant le choix de son mode de communication privilégié, mais d'éviter des jeux trop sophistiqués ou réalistes qui l'enfermeraient dans une répétition stérile du monde de la réalité. En matière de psychothérapie la surabondance des jeux et jouets est aussi néfaste (plus même) que l'absence de tout matériel. Pour notre part nous essayons de disposer du matériel cité dans le tableau XV ; cette liste donnée à simple titre d'exemple n'est ni exclusive ni limitative. Fréquemment il s'avère qu'après les premières séances l'enfant adopte un type de matériel et le conserve pendant toute la thérapie.

En début de thérapie les recommandations à l'enfant doivent être formulées de manière claire, mais non ambiguë. La libre association reste le principe de base des thérapies d'inspiration analytique. Les jeunes thérapeutes font l'erreur fréquente de proposer à l'enfant « ici tu peux faire ce que tu veux ». Une telle formulation met trop en valeur le « faire », la mise en acte et représente une incitation au passage à l'acte. L'enfant n'oublie jamais lors de la première limitation physique (quand par exemple il se penche dangereusement à la fenêtre) de rappeler : « mais tu m'as dit que je pouvais faire ce que je voulais ». A titre d'indication la formulation de la libre association peut se faire ainsi : « à partir d'aujourd'hui on va se rencontrer régulièrement ;

TABLEAU XV. – EXEMPLE DE LISTE DE MATÉRIEL EN PSYCHOTHÉRAPIE D'ENFANTS

Feuilles blanches, crayons noirs et de couleurs, feutres de couleurs.
Une règle, une gomme.
Une paire de ciseaux, une pelote de ficelle, un pot de colle, un rouleau de Scotch.
Pâte à modeler.
Quelques petites autos, quelques poupées pas trop grosses et/ou des petites figurines.
Quelques éléments de dînette, un biberon.
Quelques animaux sauvages et de ferme, les plus connus.
Des cubes en bois.
Quatre ou cinq marionnettes.

quand on sera ensemble tu peux dire tout ce que tu penses. Tu peux le dire aussi en dessinant ou en jouant. Ensemble, on va essayer de comprendre ce qui se passe en toi ». Une telle formulation insiste sur la valeur du langage et montre d'emblée que le jeu ou le dessin seront entendus comme des équivalents. Le thérapeute sera ensuite plus libre de limiter, en les interprétant si nécessaire, les passages à l'acte de l'enfant.

Une attention toute particulière doit être portée aux changements brusques des modes de communication de l'enfant : passage soudain du dessin au jeu, interruption d'un dessin et nouvelle production au verso de la feuille, changement de thème inopiné. Ces ruptures, analogues aux brusques arrêts de la chaîne associative du discours de l'analysant adulte, traduisent toujours une émergence fantasmatique ou un conflit inconscient et offrent au thérapeute l'occasion, par son interprétation, d'un travail de liaison dans les productions de l'enfant.

c) Aménagements pratiques

Le rythme des séances, dans l'idéal, devrait dépendre de l'importance des difficultés, de la capacité d'élaboration du matériel analytique entre les séances, de l'intensité des résistances. Deux à trois séances par semaine semblent être le rythme minimum pour qu'un réel travail de psychothérapie analytique se mette en place.

Trop souvent en France l'habitude s'est instaurée de proposer une séance hebdomadaire. Les nombreuses difficultés pour voir un enfant plusieurs fois par semaine, la pratique de nombreuses thérapies en dispensaire ont abouti à ce compromis : cela est parfois satisfaisant, certains enfants s'engageant dans un réel processus transférentiel avec une capacité étonnante de lier le matériel d'une séance à l'autre et de surinvestir le temps de la séance. Dans d'autres cas, ce rythme est trop espacé, va trop dans le sens des résistances (en particulier dans le cas de l'inhibition ou de la passivité) : il importe alors que le thérapeute ait la vigilance nécessaire pour adapter le cadre pratique aux nécessités du cas clinique.

Quant à la durée des séances, sans faire preuve d'un formalisme excessif, il nous semble là encore que l'habitude de séances légèrement plus brèves qu'avec l'adulte (30 minutes) n'est pas toujours justifiée. Nous rappellerons à ce propos que, pour les premiers psychanalystes d'enfants, tout comme avec l'adulte, la séance c'était l'heure.

Une modalité d'aménagement particulier est représentée par le **psychodrame psychanalytique** : il s'agit d'une technique de mise en jeu et en mime d'un scénario imaginaire proposé par un enfant. A chaque séance l'enfant reçu par l'animateur (qui le plus souvent ne joue pas) propose un scénario, distribue les rôles, s'en choisit un (il est préférable qu'il ne joue pas lui-même son propre rôle, mais que celui-ci soit joué par un autre). Deux à trois thèmes sont ainsi mis en scène à chaque séance, thèmes interrompus par l'animateur. Les interprétations se font soit par les acteurs-thérapeutes sous couvert du jeu lui-même, soit par l'animateur après l'interruption. Il s'agit d'une méthode particulièrement mobilisatrice, utile quand l'expression verbale en face-à-face est entravée soit par l'inhibition, soit par la difficulté à maîtriser un rapport de type adulte. Ainsi le psychodrame est probablement une des techniques les plus favorables pour l'abord des enfants en fin de latence ou en préadolescence (entre 11 et 14 ans), à un âge où la thérapie par le jeu est refusée et où le dialogue en face-à-face renforce les processus d'inhibition.

d) Indications et contre-indications des thérapies analytiques

Les indications sont larges, elles ne reposent pas sur les conduites symptomatiques, mais sur la dynamique conflictuelle sous-jacente. Les indications premières concernaient les enfants confrontés à des conflits de niveau œdipien. Ce sont encore les cas les plus favorables. Par la suite on a assisté à une spectaculaire extension des indications si bien qu'il n'y a guère de symptôme ou surtout de structure psychopathologique pour lesquels on ait proposé une approche analytique. S'il est évident que tout enfant peut, en théorie, bénéficier d'une thérapie analytique et que par conséquent les indications et contre-indications ne siègent pas au niveau de l'enfant lui-même, en revanche il est tout aussi évident que d'importantes limites sont tracées à la fois en raison des contraintes pratiques et des conditions d'environnement nécessaires au bon déroulement d'une cure.

Limitations pratiques

La cure analytique ou la psychothérapie d'inspiration analytique est une thérapie longue, imposant un rythme de séances assez élevé ; dans la majorité des cas ses effets ne se font sentir que progressivement.

C'est pourquoi, avant d'entreprendre un tel traitement, on doit s'assurer à l'avance que les conditions matérielles ne seront pas source d'obstacle insurmontable (éloignement excessif du lieu de thérapie, enfant trop jeune pour venir seul et parents pas assez disponibles pour l'accompagner, etc.). De plus il est préférable de réserver l'indication des cures analytiques aux conflits psychiques internes déjà assez solidement structurés. Certaines approches thérapeutiques plus légères ont un effet symptomatique assez rapidement bénéfique et autorisent de ce fait une reprise du développement que la conduite symptomatique pouvait entraver. Des rééducations orthophoniques, psychomotrices ou psychopédagogiques peuvent pour ces raisons être préférées.

Limitations et contre-indications dues à l'environnement

S'il n'y a pas de contre-indication au niveau de l'enfant lui-même, il peut y en avoir au niveau de l'entourage, en particulier chez les parents. L'opposition ouvertement exprimée à une thérapie analytique doit faire surseoir toute décision, même si l'opposition provient d'un seul parent : en général ce désaccord sur les modalités de traitement masque un conflit parental. L'enfant pris en psychothérapie analytique dans ces conditions a toutes les chances d'être placé, du fait de ce traitement, au sein même du conflit dans une position ininterprétable et inélaborable.

Une autre contre-indication provient des interdits parentaux : les parents peuvent interdire au thérapeute d'utiliser des renseignements qu'ils lui ont communiqués, en particulier des renseignements sur la filiation.

Parfois les parents interdisent à l'enfant de communiquer au thérapeute un secret familial (membre de la fratrie malade ou situation sociale inhabituelle, etc.). Dans tous les cas l'interdiction d'exprimer librement ces conflits ou d'en donner librement une interprétation rend le processus analytique vide de sens et d'effet, aboutit à une parodie plus néfaste qu'utile. Si dans le premier cas le thérapeute connaît dès le début les conditions défavorables, il peut en revanche rester ignorant d'un interdit de parole pesant sur l'enfant : la thérapie s'engage alors dans une impasse. Il importe de la repérer aussi vite que possible.

Enfin, sans constituer une véritable contre-indication, certains parents incapables de parler en leur nom propre, font de l'enfant le messager de leur conflit. C'est le cas de parents narcissiques dont les enfants – symptômes représentent une projection de leur problématique ; c'est aussi à un degré supplémentaire le cas des inclusions quasi-délirantes entre l'adulte et son enfant (le plus souvent la mère qui utilise l'enfant comme objet partiel).

Diatkine, essayant d'analyser les résistances du côté parental, souligne qu'on risque de conduire l'enfant dans une position intenable :

a) « Si les parents n'ont pas le sentiment que l'enfant existe en tant que personne autonome ;

b) S'ils n'ont pas le sentiment qu'eux-mêmes ont un psychisme inconscient ;

c) S'ils ne sont pas capables d'utiliser cette connaissance autrement que pour rejeter l'enfant ».

Dans ce cas l'enfant en vient rapidement à désinvestir la psychothérapie analytique, ou à exhorter ses parents à une interruption (en se plaignant par exemple des propos de l'analyste) ou encore, quand l'investissement dans la thérapie est puissant, à trouver un compromis satisfaisant pour lui-même et ses parents : il répète d'une séance à l'autre les mêmes productions.

Dans tous les cas où une « contre-indication » apparaît du côté parental, le consultant tentera de dégager des solutions intermédiaires depuis l'abord thérapeutique de l'enfant seul, ou du/des parents seuls, jusqu'à l'abord de la famille dans son ensemble. Depuis la simple guidance parentale jusqu'à la thérapie pour le parent lui-même, l'éventail des propositions doit s'adapter au niveau de chaque pathologie relationnelle, tenir compte de l'intensité des résistances, mais en refusant d'aller au-delà du compromis dans ce qui deviendrait une compromission.

4°) Cas particulier : abord thérapeutique du petit enfant : la psychothérapie mère-enfant

Winnicott en Angleterre, A. Doumic et P. Male en France ont abordé le problème des psychothérapies du jeune enfant, souvent à un âge préverbal : ces auteurs accordent une grande place à la restauration de la relation mère-enfant grâce à la régression induite chez l'enfant par l'attitude du psychothérapeute et à la réparation maternelle. Pour S. Daymas *« il s'agit d'une thérapeutique réparatrice, régressive dans le sens d'une régression temporelle au plus près de l'équipement de l'enfant, de son vécu et donc de son environnement ».*

■ **Organisation matérielle :** les séances sont hebdomadaires ou bihebdomadaires, en présence régulière de l'enfant et de sa mère. Le père peut, à sa demande, assister à certaines séances ou remplacer parfois la mère momentanément indisponible. La pièce doit être toujours identique, la place des personnes assez fixe, en particulier celle de la mère qui fait fonction de référent stable. L'enfant doit avoir à sa disposibion la série habituelle de jeux, si possible un point d'eau. Une grande place est indispensable.

■ **La fonction du thérapeute** est double avec l'enfant et avec la mère. Avec l'enfant le rôle du thérapeute est de l'accompagner dans un commentaire de ses conduites, comme une sorte de moi auxiliaire ou de balise externe de la réalité, mais aussi de replonger l'enfant au plus près du monde de la sensorialité. Le langage du thérapeute enveloppe ainsi les conduites de l'enfant : c'est un langage « nounou » (Doumic), une répétition litanique faite de mots simples, directement accessibles, chargée de mots proches du corps. Le commentaire des parties du corps devant le miroir, les remarques sur le goût, l'odorat, le toucher, la vue, l'ouïe, sont abondantes. Male et Doumic insistent sur la nécessaire lenteur du thérapeute : ses gestes, sa parole, sa compréhension même doivent être lents, respecter le rythme propre à l'enfant ; les répétitions, les reprises, la rythmie et la mélodie invitent ainsi à une régression temporelle et structurelle aux premiers stades préverbaux.

Avec la mère le thérapeute n'a pas de lien direct apparent. Son discours s'adresse avant tout à l'enfant, mais il est bien évident que la mère le reçoit aussi. Un élément technique est essentiel : tout ce qui concerne la relation agressive est focalisée sur la relation enfant-thérapeute, tout ce qui concerne la relation libidinale est focalisée sur la relation mère-enfant : « tu es fâché avec moi parce que je n'ai pas de bon lait », mais « quand tu étais petit, tu buvais le lait de ta maman ». Ce clivage certes artificiel permet cependant à l'enfant de reconnaître son ambivalence, et à la mère de se sentir restaurée dans sa fonction maternelle, ce dont elle doutait en raison du comportement de l'enfant. Cette technique évite une excessive frustration maternelle et la polarisation de son agressivité sur le thérapeute qui aboutiraient à un arrêt de traitement. La mère ressent également la valorisation de son enfant, accède à une partie de son monde fantasmatique, et comprend en partie comment s'élabore sa réalité psychique.

Dans le cas particulier de la mère avec son nourrisson (Lébovici), le thérapeute s'adresse à la mère, tandis que celle-ci porte en général le nourrisson dans ses bras. Le rôle du thérapeute est alors de relier deux registres qui évoluent souvent côte à côte : d'un côté il repère dans le discours maternel l'origine des interactions fantasmatiques ou plutôt des fantasmes interactifs entre cette mère et son bébé (v. p. 42), d'un autre côté il repère dans les échanges relationnels qu'il observe présentement, les rapports souvent évidents avec le contenu latent du discours maternel. Dans ses interprétations qui s'adressent au préconscient maternel, le thérapeute relie la séquence interactive actuelle au discours évoquant le bébé fantasmatique ou imaginaire (v. p. 43). La fréquente détente, aussi bien chez la mère que chez le nourrisson, qui succède à cette interprétation restaure la qualité de l'interaction (allant parfois jusqu'à l'impression d'avoir rétabli le « dialogue tonique ») et entraîne un amendement souvent spectaculaire des symptômes. Ceci s'observe de manière particulièrement nette dans les cas d'insomnie du nourrisson.

■ **Les indications** sont représentées par les troubles graves des grandes fonctions somatiques : anorexie précoce, perturbations du sommeil, retard du langage. Plus rarement c'est pour des troubles évoquant un conflit psychique (phobie, angoisse) ou encore pour un ensemble de manifestations faisant craindre une psychose précoce. Les limites de cette technique thérapeutique sont souvent apportées par l'enfant lui-même. En effet lorsqu'on aborde l'organisation fantasmatique liée à la scène primitive et/ou à l'agressivité face aux rapports

...uels parentaux, il n'est pas rare de voir l'enfant conduire sa mère dans la salle d'attente ou l'y laisser dès le début de la séance. Il s'installe alors dans une psychothérapie plus traditionnelle, même si de nombreuses fois il aura encore besoin de rendre visite à sa mère pour se rassurer en la gratifiant d'un cadeau (dessin). Il est alors souhaitable que les parents soient vus régulièrement par un autre thérapeute pour élaborer l'ambivalence face au thérapeute qui a ainsi subtilisé leur enfant.

5°) Thérapies centrées sur les interactions familiales et/ou sociales

La rencontre avec les parents, voire le groupe familial élargi (ensemble de la fratrie, grand-parent, etc.) est une nécessité quasi-absolue en pédopsychiatrie, et devrait constituer un préalable à la majorité des décisions thérapeutiques : combien de psychothérapies d'enfant ou d'adolescent aboutissent à une rupture prématurée ou à une impasse, combien de rééducations se poursuivent interminablement sans que les symptômes se modifient, combien de rencontres se répètent avec un parent qui, pendant tout l'entretien accable l'absent, parce qu'on a procédé à une analyse incomplète de la dynamique conflictuelle de la famille, on a oublié ou mis à l'écart l'un de ses membres, isolé arbitrairement une conduite symptomatique au niveau d'un individu alors qu'elle trouve son origine dans un fantasme familial collectif.

Nous avons déjà souligné la nécessité, au cours des entretiens d'investigation, d'évaluer la fonction de la conduite symptomatique, l'origine de la demande thérapeutique et le lieu de la souffrance psychique dans la dynamique familiale. Une question supplémentaire concerne l'ensemble de la famille : pourquoi avoir choisi ce moment pour consulter ? Cette question est d'importance dans l'évaluation de l'équilibre familial et représente souvent le premier point à éclaircir au cours de la thérapie familiale.

Auparavant, il faut distinguer deux types d'approche familiale : le premier ne représente qu'un complément d'une thérapie centrée sur l'individu, le second se préoccupe avant tout du système relationnel de la famille.

a) Approches familiales en complément de la thérapie individuelle : psychothérapie parentale de soutien, guidance parentale

La rencontre régulière des parents s'avère souvent nécessaire tant pour les parents que pour l'enfant, voire le thérapeute. En fonction de l'âge de l'enfant et du type de thérapie entreprise avec ce dernier, plusieurs modalités sont possibles :

1°) même thérapeute pour l'enfant et les parents ;

2°) thérapeutes différents ;

3°) entretiens avec les parents en présence de l'enfant ;

4°) en son absence.

Lorsqu'il s'agit d'une rééducation, le même thérapeute peut rencontrer les parents en veillant toutefois à ce que ceux-ci n'« envahissent » pas progressivement l'espace et le lieu de leur enfant, et ne placent pas le thérapeute en position de censeur proche de la position de l'enseignant (v. « Les leçons d'orthophonie » dont parlent les parents).

Lorsqu'il s'agit d'une psychothérapie, à notre avis, la technique dépend de l'âge : avec le petit enfant (moins de 5 à 6 ans), le même thérapeute peut voir enfant et parents, éventuellement séparément, mais de préférence ensemble (v. p. 500). Avec l'enfant en période de latence, il est préférable qu'un thérapeute différent suive les parents. Avec l'adolescent, des rencontres communes parents-adolescent-thérapeute sont possibles, si l'adolescent est d'accord, mais dans tous les cas il nous paraît préférable que le thérapeute ne voie jamais les parents en dehors de la présence de l'adolescent.

Le rôle de la thérapie de soutien est de permettre un allègement des tensions intrafamiliales et des conflits centrés sur l'enfant, sans prétendre modifier l'équilibre névrotique (ou psychotique) familial. L'écoute régulière des parents leur permet d'atténuer leur culpabilité, d'aborder en partie l'ambivalence inévitable par rapport au thérapeute et au lieu de la thérapie, de défléchir sur la personne du thérapeute une partie de l'agressivité dirigée habituellement vers l'enfant, d'évoquer les espoirs et/ou frustrations dus à l'enfant, de mieux tolérer les mouvements affectifs suscités chez ce dernier par la thérapie.

Un point particulièrement difficile concerne les *conseils* qu'au cours de ce type de thérapie les parents ne manquent pas de demander : l'expérience montre que, dans la majorité des cas, la famille revient à la séance qui suit un conseil donné par le thérapeute, soit en l'ayant suivi au pied de la lettre (mais en ayant complètement dénaturé le sens), soit en l'ayant oublié ou en montrant son inefficacité. En bref, le conseil est rarement satisfaisant. Dans le même temps la majorité des enquêtes portant sur le vécu des familles lors de consultation de pédopsychiatrie (Soulé) révèle que le premier élément d'insatisfaction est : « on ne nous a rien dit ».

Cette attitude contradictoire, vouloir recevoir des « conseils », mais ne pas les suivre, se comprend aisément à la lumière des sentiments de frustration et d'intense ambivalence qu'éprouvent les parents dont l'enfant est entre les mains de « spécialistes » : se plaçant eux-mêmes en position de sollicitation infantile par rapport à celui qui sait, ils reviennent au rendez-vous suivant satisfaits de montrer qu'il n'en sait pas plus qu'eux, avec toutes les implications agressives ou de compensation narcissique que contient ce constat.

A ce petit jeu du pouvoir et contre-pouvoir entre parents et thérapeute, ce dernier s'épuisera aussi vite que les parents dans le même jeu qu'entre eux et leur enfant... Les conseils masquent en général une position de dépendance infantile à l'égard du thérapeute, position de dépendance qui fonctionne le plus souvent comme une résistance à l'encontre du dévoilement des vraies sources du conflit. En même temps un dévoilement trop brutal risque de susciter une angoisse excessive, un renforcement des positions caractérielles défensives et finalement une rupture thérapeutique : c'est dire que le maniement d'une psychothérapie de soutien est plus complexe qu'il n'y paraît au premier abord.

En effet, dans le même temps que la réponse directe à la demande de conseil s'avère vaine, il n'est pas non plus possible de maintenir et de poursuivre une attitude de frustration totale. Des explications aussi détaillées que possible sur la nature de la thérapie suivie par leur enfant, des exemples anodins illustrant la manière de procéder nous paraissent essentiels. Certes ces explications peuvent alimenter des résistances conscientes, par intellectualisation par exemple. Mais il est toujours préférable d'informer et de former les parents, de parier sur leur propre capacité de compréhension et de progression, en un mot en faire des alliés et des auxiliaires confiants et collaborants, plutôt que de les maintenir dans l'ignorance et la dépendance.

Des conseils peuvent enfin être donnés devant certaines attitudes particulièrement inadéquates des parents, souvent d'ailleurs sur des points où ceux-ci ne demandent rien. Il faut alors se garder d'intervenir sur des points vagues, sur une ambiance relationnelle ou sur une interaction conflictuelle majeure qui en réalité sont l'expression des conflits névrotiques les plus fixés. En revanche, des recommandations sur des moments précis de certaines conduites, des propositions de changement ponctuel de rôle lorsque les parents paraissent susceptibles de l'accepter, peuvent détendre l'atmosphère et faciliter la marche du traitement de l'enfant.

Dans certains cas favorables ces entretiens de guidance peuvent conduire les parents à une prise de conscience puis à une réflexion sur leur propre conflit, ce qui prélude à une psychothérapie individuelle. Deux éventualités sont possibles. Dans un premier cas, la demande est centrée sur les difficultés de relations avec l'enfant, même si ces difficultés font en partie prendre conscience des propres conflits œdipiens du parent : une psychothérapie individuelle, dans le même centre de consultation (C.M.P.P.) que l'enfant est possible. Ce sont les cas les plus fréquents. La seconde éventualité est beaucoup plus rare : quelques parents sont capables de se décentrer suffisamment de leur relation avec l'enfant et de faire un lien avec des difficultés dans d'autres secteurs de leur vie. Il est alors préférable de les adresser à un thérapeute totalement distinct de l'équipe thérapeutique infantile.

b) Thérapies familiales

Ce cadre regroupe l'ensemble des thérapies dont l'action se centre non pas sur l'individu désigné comme malade par le groupe familial, mais sur l'ensemble des interactions qui président aux échanges entre les divers membres de ce groupe.

Ces thérapies familiales s'inspirent largement des théories systémiques (Bertalanffy, Brodey) qui elles-mêmes puisent leur source dans les concepts de la théorie cybernétique. En effet les notions d'homéostasie, de rétroaction, de boucle régulatrice, de *« feed-back »* positif ou négatif sont largement utilisées. En cela elles diffèrent du cadre conceptuel de la psychanalyse qui puisait une partie de ses sources dans les théories énergétiques thermodynamiques ou mécaniques.

Les thérapies familiales ont connu leurs premiers succés dans l'approche du psychotique : très vite en effet il a fallu se rendre à l'évidence que la thérapie centrée sur le seul malade avait toutes les chances d'aboutir à un échec : dans de nombreux cas cette rupture survenait de façon paradoxale au moment précis où le patient semblait s'améliorer. Une étude attentive du contexte familial a alors montré que le patient était pris dans un réseau d'interaction tel que l'apparente maladie de l'individu paraissait nécessaire à la stabilité de l'ensemble.

Les thérapies familiales se réfèrent ainsi à des cadres épistémologiques différents, centrés non plus sur l'individu, mais sur le système dans son ensemble et sur les modes de communication entre chaque élément de cet ensemble. Par analogie on pourrait dire qu'en thérapie familiale la théorie systémique est l'équivalent du référent structurel et la théorie de la communication l'équivalent du référent sémiologique.

Théorie des systèmes

Elle repose sur quelques principes simples :

1°) Le principe de l'homéostasie d'un système : toutes les forces tendent vers une situation d'équilibre stable. Le niveau d'anxiété globale du système tend à croître lorsqu'une menace de dislocation ou de déséquilibre apparaît ;

2°) la nécessité de changer les types d'interaction pour retrouver un nouvel équilibre quand l'un des membres du système change : cette notion du changement s'oppose au principe de l'homéostasie et explique la résistance au changement thérapeutique.

La fonction familiale du malade est en effet de préserver cette homéostasie. Inversement la croissance de l'enfant implique de la part de la famille saine une capacité de changement dans ses modes d'interaction, surtout lors des phases critiques du développement (naissance, œdipe, adolescence, départ de l'adulte...). Ceci explique pourquoi l'abord de l'ensemble du groupe familial s'avère souhaitable en pédopsychiatrie.

Théorie de la communication

Les règles qui régissent les interactions entre les membres de l'ensemble sont soit explicites, soit implicites. Elles servent à établir et structurer les différents rôles ainsi qu'à décoder les messages entre les divers membres. Les théories de la communication (Watzlawick, Selvini...) reposent sur quatre principes.

1°) **Une personne en situation d'interaction ne peut pas ne pas communiquer :** refuser de communiquer n'est qu'un type particulier de communication. Tout comportement a valeur de communication ;

2°) **tout message comporte deux canaux distincts :** un canal digital, c'est le message verbal ; un canal analogique, c'est le message non verbal (mimique, gestualité, posture, inflexion de la voix, etc.). La partie du message contenue par un canal peut être en harmonie avec l'autre partie contenue dans le second canal, en dysharmonie ou même en contradiction. La dysharmonie et surtout la contradiction de ces deux niveaux définissent la communication paradoxale ou en *« double bind »* (v. Communication dans la famille du psychotique, p. 299) ;

3°) **le message émis n'équivaut pas au message reçu :** le récepteur peut ne recevoir qu'une partie du message, ou utiliser un système de décodage différent de l'émetteur. En particulier le récepteur peut être particulièrement sensible au canal analogique (mimique, voix...) alors que l'émetteur n'est conscient que du canal digital (le discours lui-même) ;

4°) **communiquer sur la communication (la métacommunication) n'est possible que si le système est ouvert.** Cette ouverture peut provenir soit d'une capacité de chacun des membres à prendre le recul nécessaire, soit de l'introduction d'un nouvel élément incitant à la métacommunication (le thérapeute). Faute de cette métacommunication, le système reste clos et reproduit indéfiniment le même type d'interaction.

Ce n'est pas ici le lieu de décrire les principaux types de communications normaux et surtout pathologiques (problème de ponctuation, escalade symétrique, complémentarité rigide et surtout communication paradoxale, etc.), mais le travail du thérapeute systémique consiste d'abord à repérer ces types de communication. Ce repérage effectué, il faut choisir la meilleure technique pour créer une ouverture dans le système : ouverture dynamique quand les membres du système semblent pouvoir accéder à un niveau de métacommunication, ouverture contraignante quand le thérapeute est confronté à un système si rigide qu'il en est réduit à adopter délibérément le même système interactif pathologique (c'est l'exemple de la prescription thérapeutique paradoxale de M. Selvini).

Modalités et indications des thérapies familiales systémiques

En pratique les séances de thérapies familiales doivent regrouper tous les individus constitutifs du noyau familial, en particulier les membres de la fratrie et les grands-parents, surtout lorsqu'ils vivent sous le même toit. Parfois un travail satisfaisant peut porter sur le seul noyau réduit (parents et enfant malade), mais l'introduction d'un nouveau membre est indispensable s'il paraît jouer un rôle important dans la dynamique familiale. La longueur des séances est variable (de une à trois heures), leur rythme oscille entre la quinzaine et le mois. La durée du traitement est variable. Certains thérapeutes conviennent dès le début d'un nombre maximum de séances ou au moins d'une rediscussion régulière de l'indication (selon le principe du « contrat » très utilisé dans les pays anglo-saxons).

La conduite des entretiens exige de la part du thérapeute familial une formation adaptée qui l'a rendu sensible aux diverses modalités d'interactions, tout en étant capable lui-même de contrôler ses propres canaux de communication (digital et surtout analogique). Le thérapeute familial se doit d'être actif, c'est-à-dire d'intervenir, de couper éventuellement la parole, de redistribuer celle-ci à un autre membre : laisser faire la dynamique spontanée du groupe familial revient en effet à laisser perdurer le système clos d'interactions. Même si ces interactions sont chargées de significations symboliques, celles-ci ne peuvent être perçues par les membres du groupe pris dans l'agir de la communication : le rôle du thérapeute familial consiste à permettre aux membres du groupe de découvrir eux-mêmes le sens symbolique de ces interactions en distribuant autrement la communication. Pour ce faire le thérapeute a intérêt à centrer ses interventions sur le récepteur du message et à obtenir que ce dernier explicite son propre système de décodage. Les interventions sur l'émetteur (celui qui parle ou dont la communication analogique prime) risquent en effet d'avoir un effet « sauvage » et d'être sadiquement utilisées ensuite par les autres membres de la famille. Il est souvent préférable d'utiliser un incident mineur de la vie quotidienne, plutôt qu'une discussion sans thème : à propos de cet incident mineur, le thérapeute essaiera d'analyser le niveau implicite d'interactions caché sous le niveau explicite et de décoder les relations de pouvoir (comment est hiérarchisée la parole dans le groupe, qui ponctue les séquences...).

Les indications sont assez larges et n'ont pas de critères limitatifs en dehors des contraintes matérielles. Minuchin et Selvini ont donné des indications privilégiées pour des cas graves :

- enfant psychotique ;
- affection psychosomatique grave et anorexie mentale ;
- enfant victime de sévice.

Dans des cas moins graves il nous semble que l'abord familial est souhaitable dans diverses conditions :

- lorsque le symptôme de l'enfant apparaît particulièrement fixé malgré un travail psychothérapique individuel apparemment satisfaisant ;
- lorsque des symptômes erratiques et protéiformes se promènent sur les divers membres de la famille : c'est en particulier le cas de ces familles où dès qu'un enfant va mieux, un autre tombe malade ;

– lorsque les modes de communication familiaux traduisent des pathologies individuelles sur le registre de la caractéropathie et de l'externalisation : isoler un membre du groupe renforce la caractéropathie des autres, tandis que le membre désigné comme malade, tend à externaliser le plus possible sa souffrance et refuse toute thérapie.

c) Thérapies de groupe

Avec les thérapies familiales, les thérapies de groupe ont connu une importante extension. La multiplicité des techniques de groupe utilisées rend illusoire une description fidèle. Grossièrement on peut dire que les groupes thérapeutiques fonctionnent soit sur le modèle des théories systémiques de la communication (v. paragraphe précédent), soit sur le modèle de la théorie psychanalytique ; parfois enfin il ne s'agit que d'un groupe de thérapies individuelles (cas fréquent quand le thérapeute s'occupe de manière privilégiée du transfert central plus que des transferts latéraux).

Dans le domaine de la psychiatrie de l'enfant, deux types de groupe sont plus fréquents :
– les groupes de jeunes enfants (2 à 5-6 ans) : il s'agit de groupe d'orthophonie, de psychomotricité ou de groupe mixte. Les groupes ont l'avantage de confronter moins directement l'enfant au thérapeute, d'introduire une dimension ludique supplémentaire, de multiplier les références temporo-spatiales ;
– les groupes de parents enfin : ces groupes sont particulièrement utilisés dans les institutions (hôpitaux de jour, internats). Il s'agit souvent de l'équivalent d'une thérapie de soutien, en particulier dans le cas de groupe homogène par la pathologie des enfants : groupe de parents d'enfants psychotiques, d'enfants mongoliens... Les possibilités d'identification aux parents d'enfants plus âgés ou en progrès, les conseils réciproques, la possibilité de percevoir les conflits des autres couples, ont parfois des effets beaucoup plus dynamiques dans ce cadre que dans le cadre d'une thérapie familiale de soutien.

6°) Thérapies institutionnelles

Si, sous les titres précédents, le choix thérapeutique n'avait pas remis en cause le cadre de vie habituel de l'enfant, sous ce titre nous avons regroupé les choix thérapeutiques qui reposent sur un changement du cadre habituel de vie. Séparer un enfant de sa famille va apparemment à contre-courant de ses intérêts : la dangerosité des séparations multiples, des placements itératifs a été suffisamment soulignée (v. le problème de la carence affective p. 392).

Néanmoins, dans quelques cas, soit en raison de la pathologie familiale, soit en raison de difficulté sociale majeure, soit à cause de la gravité de la pathologie de l'enfant, une séparation s'avère nécessaire si l'on veut éviter de voir l'enfant se fixer dans un déficit ou s'enfoncer dans la pathologie. Ces séparations et placements thérapeutiques n'ont aucun rapport avec les placements pour convenance familiale encore trop fréquents hélas. En pratique, lorsque le consultant estime le cadre familial trop inadéquat aux besoins de l'enfant, le choix se porte soit sur un placement familial spécialisé, soit sur un internat thérapeutique (I.M.P., I.M.P.R.O., Centre d'Observation, etc.).

a) Placement familial thérapeutique

(arrêté du 28 août 1963 et décret du 2 janvier 1967).

Le but de ce type de placement est d'accueillir dans un milieu naturel un enfant mentalement handicapé dont le milieu d'origine est déficient ou inexistant.

■ **Organisation matérielle :** elle est définie par les arrêtés et décrets cités ci-dessus. En fonction du nombre d'enfants pour lequel le placement est agréé, un *pool* d'heures de vacations est précisé. Un placement spécialisé nécessite une équipe d'encadrement des nourrices, équipe qui comprend : psychiatre, psychologue, psychothérapeute éventuel, éducateur spécialisé, travailleur social, secrétaire. Un local, dont l'architecture est aussi définie par décret, regroupe les activités de consultation et de secrétariat. Les nourrices recrutées perçoivent un salaire. Elles ne peuvent pas accueillir plus de deux enfants. Un prix de journée par enfant est fixé par convention entre le placement familial et la D.A.S.S.

■ **Sélection des familles :** cette sélection est la tâche essentielle de tout placement familial spécialisé. La majorité des équipes procède à des entretiens répétés avec plusieurs intervenants de façon à multiplier les *angles de vue.* Les rencontres avec la nourrice, mais aussi avec le père nourricier, sont nécessaires, à la fois dans le local du placement familial et au domicile familial.

Les critères de sélection s'avèrent très délicats à préciser si l'on veut dépasser le niveau d'une impression subjective globale, d'une contre-attitude d'ensemble positive ou négative. Certains critères de refus sont faciles à discerner : mésentente du couple ou désaccord évident sur l'arrivée d'enfant handicapé au foyer, jeunesse extrême ou âge trop avancé (confier un bébé à un couple dont les membres ont dépassé 50 ans implique la survenue probable de rupture, dès le début d'un placement censé éviter ces ruptures), cadre de vie trop défavorable (manque évident d'hygiène), fratrie d'accueil trop nombreuse ou hostile : les enfants du même âge ou plus jeunes que les enfants en placement peuvent être à l'origine de conflits de rivalité insurmontable. En revanche, la présence d'enfants plus âgés peut constituer un excellent facteur positif quand ces enfants ont accepté le nouveau venu.

Les motivations des familles à travailler avec des enfants handicapés sont de deux ordres : psychologiques ou financières.

– *Les motivations psychologiques* tournent souvent autour d'un désir de réparation et/ou d'un besoin d'idéalisation. La présence d'un enfant anormal, dans les antécédents familiaux de l'un ou l'autre des parents, n'est pas rare. Dans d'autres cas, l'enfant handicapé vient prendre la place d'un enfant décédé. Ailleurs la motivation apparente est liée à une image idéale de famille thérapeute ou recouverte par un discours moralisant (aider ces enfants...).

– *Les motivations financières* ne doivent pas être dévalorisées, surtout si elles s'appuient sur une démarche réfléchie.

Dans tous les cas, plus que sur la nature de la motivation, l'équipe s'appuiera sur les conduites réelles de la famille : son organisation marque-t-elle un réel intérêt pour les enfants, l'insertion dans le tissu social est-elle favorable, la famille aux idéaux élevés et altruistes met-elle en pratique ceux-ci dans des participations à des activités, des clubs ? Le degré de mobilisation évalué par les entretiens d'investigation est-il satisfaisant ?...

Un délai raisonnable entre la demande par la famille et la réponse de l'équipe, des réunions de synthèse apportant les différents éclairages aident à prendre une décision toujours difficile. Une fois la famille choisie par l'équipe, un service spécialisé de la D.A.S.S. confirme ce choix.

■ **Les indications** sont difficiles à formaliser car elles dépendent beaucoup des capacités d'accueil propre à chaque famille, capacités que l'équipe apprend peu à peu à connaître. Ainsi certaines familles font preuve d'une compétence étonnante avec des enfants psychotiques, d'autres avec des enfants abandonniques, d'autres avec des enfants instables...

D'une manière générale, *l'âge de l'enfant* est important : le placement familial spécialisé a d'autant plus de chance d'être bénéfique que l'enfant est jeune. Au-delà de 8-9 ans, bien que cette limite ne soit pas absolue, les bénéfices que l'enfant peut tirer sont moindres.

L'enfant en situation de carence affective grave représente à l'évidence une excellente indication. Trop souvent ces enfants sont placés par l'A.S.E. (v. chapitre : *L'enfant et les services sociaux*) dans des placements nourriciers simples et subissent de trop nombreux changements en raison de leur comportement difficile : en effet, il n'est pas d'enfant gravement carencé qui ne développe des conduites déviantes (réaction de retrait, balancement, opposition, etc.) ; si la nourrice n'est pas encadrée ni soutenue par l'équipe spécialisée, l'échec est fréquent, renforçant alors la pathologie de l'enfant.

■ **Cas particuliers** : le placement familial thérapeutique, par la chaleur des échanges affectifs qu'il propose et la réinsertion dans un cadre social normal, est de plus en plus fréquemment utilisé, même pour des séjours temporaires. Il existe ainsi des familles d'accueil en fin de semaine (placement familial couplé avec un internat), des familles de postcure (pour les toxicomanes), des familles d'hébergement transitoire, etc. Tous ces placements familiaux trouvent une place de prédilection dans toutes les tentatives d'éclatement institutionnel et/ou de réinsertion des enfants ou adolescents.

b) Placements en institution

Le placement thérapeutique en institution ne doit être ni un dépôt asilaire ni un lieu d'hébergement dont l'objet essentiel serait de gérer au mieux les carences de l'enfant.

Le placement thérapeutique se propose, grâce à l'établissement d'un nouveau cadre de vie, d'analyser les conflits que vit l'enfant et qui limitent ses possibilités. Cette analyse effectuée, l'institution par l'établissement de nouveaux modèles relationnels se propose de donner à l'enfant les moyens d'élaborer, puis de surmonter ses conflits et de reprendre un développement maturatif satisfaisant.

L'outil essentiel du travail en institution, outre les abords thérapeutiques centrés sur l'enfant lui-même (approche éducative, rééducation instrumentale, psychothérapie...) est représenté par le travail d'élaboration qui a lieu au cours des synthèses.

■ **La synthèse** a un double objectif de regroupement des informations et d'évaluation des modes d'interaction entre adultes à propos d'un enfant. En effet, au cours des synthèses les intervenants auprès d'un enfant mettent en commun leurs informations sur la vie de l'enfant dans l'institution, ses progrès ou régressions, les contacts avec la famille, les sorties, etc. Mais ce niveau d'information ne constitue qu'un premier palier : à l'occasion de ces échanges les adultes peuvent faire l'expérience de conflits, d'opposition, de désaccord, de rejet, de protection... tous sentiments qui traduisent la nature de leur relation à l'enfant, les contre-attitudes suscitées par les conflits de l'enfant lui-même, et enfin la projection sur l'équipe thérapeutique de ces mêmes conflits : ceci s'observe particulièrement dans le cas des enfants psychotiques.

La capacité thérapeutique de l'institution s'évalue fréquemment à sa capacité de réflexivité, c'est-à-dire sa capacité à percevoir dans les conflits qui l'animent la part provenant de la pathologie des enfants et la part inévitable des conflits propres aux adultes. La distinction de ces deux plans est nécessaire pour que les contre-attitudes des adultes ne répètent pas de manière stérile les conduites parentales les plus pathogènes. Ceci s'avère d'autant plus important que les enfants sont profondément perturbés, comme c'est le cas avec les enfants autistes ou avec les adolescents psychopathes.

■ **Les indications des placements institutionnels thérapeutiques** sont impossibles à préciser car elles dépendent tout autant de l'institution elle-même, de ses capacités momentanées d'accueil, que du groupe d'enfants et des possibilités d'y introduire un nouveau venu. Chaque institution évolue avec le temps, change son « profil de recrutement » en fonction de ses membres.

En France, des auteurs comme Racamier, Tosquelles, Paumelle, Lébovici, Diatkine, Misès ont abordé le rôle de l'institution, sa fonction thérapeutique, en particulier la place de la psychanalyse institutionnelle. Dans les pays anglo-saxons, les institutions fonctionnent plus fréquemment sur le modèle des théories systémiques (v. p. 505).

Pour le cadre juridique des diverses institutions nous renvoyons le lecteur au chapitre *L'enfant et les services sociaux,* p. 464.

7°) Prescriptions médicamenteuses

L'utilisation des médicaments en psychiatrie de l'enfant est très limitée. Mais comme le déclare très justement Simon : *« que cette place soit limitée est plutôt satisfaisant, qu'elle soit très mal délimitée, l'est beaucoup moins ».* En effet l'utilisation des médicaments s'appuie le plus souvent sur des critères très empiriques, sans étude pharmacologique véritable sur l'enfant lui-même. Cette absence de rigueur s'explique en partie par plusieurs facteurs, même s'ils ne doivent pas la justifier :

– *La spécificité du champ de la pédopsychiatrie par rapport à la psychiatrie adulte* ainsi que l'utilisation de catégories conceptuelles identiques dans leur terminologie, mais pas nécessairement dans leur contenu. Deux exemples peuvent illustrer ce décalage entre le cadre sémiologique et/ou nosographique adulte et le cadre propre à l'enfant :

. la psychose chez l'enfant qui regroupe des ensembles sémiologiques et syndromiques très différents les uns des autres et en tout état de cause très différents des psychoses de l'adulte : v. à ce sujet le bref rappel historique sur les psychoses de l'enfant p. 271 ;

. la dépression chez l'enfant qui, bien qu'utilisant la même terminologie que celle de l'adulte, offre un cadre sémiologique complètement différent (v. la discussion théorique des dépressions de l'enfant p. 332).

Or la majorité des psychotropes sont d'abord expérimentés en clinique adulte et classés dans des grandes rubriques (neuroleptiques, antidépresseur, anxiolytique...) en fonction de la nosographie propre à l'adulte : la classe des antidépresseurs est à cet égard une illustration caricaturale des difficultés à reporter sur la clinique de l'enfant des cadres conceptuels établis ailleurs.

– *L'absence de modèles expérimentaux* correspondant aux principaux troubles observés en clinique infantile rend plus aléatoire encore l'utilisation des médicaments : il n'existe aucun modèle animal de la pathologie des fonctions instrumentales, ni du vaste problème de la débilité. On commence à peine, avec l'étude des neurotransmetteurs, à pouvoir provoquer des comportements animaux évoquant de très loin certaines conduites psychotiques ou certains états hyperkinétiques. Mais il y a encore loin du modèle expérimental aux constatations cliniques.

– *Le manque de rigueur* de la majorité des études pharmacologiques portant sur l'enfant handicapé. Ceci tient au manque de standardisation dans le recueil des symptômes et des résultats et dans la sélection des malades, au manque de connaissances pharmacocinétiques chez le jeune enfant (les grandes fonctions métaboliques, en particulier hépatiques, sont très différentes chez l'enfant et chez l'adulte). Des problèmes aussi simples que la posologie ou la dose efficace sont à peine effleurés chez le petit enfant.

– *Les problèmes éthiques* enfin soulèvent la question de l'information nécessaire des familles et leur collaboration pour des études contrôlées les plus rigoureuses possibles.

Nature des prescriptions

Nous ne reprendrons pas ici certaines prescriptions spécifiques à une pathologie particulière déjà étudiée :
– *antiépileptique* dans le cas de l'enfant épileptique : v. p. 266 ;
– *amineptine* dans le cas du somnambulisme : v. p. 88 ;
– *imipramine* dans le cas de l'énurésie : v. p. 142.

L'inventaire rapide des produits les plus couramment utilisés en pédopsychiatrie que nous proposons n'a qu'une valeur indicative et ne remplace pas la lecture d'un manuel de psychopharmacologie.

■ **Les neuroleptiques** constituent la classe de médicament probablement la plus utilisée.

Dans le cas des psychoses de l'adolescence et des bouffées délirantes aiguës, l'utilisation des neuroleptiques est identique à celle de l'adulte. Les neuroleptiques s'avèrent régulièrement décevants dans l'autisme infantile, leur efficacité est en général partielle avec un phénomène d'échappement assez rapide. Dans les psychoses précoces non autistiques et les psychoses de la seconde enfance, surtout dans la forme marquée par l'instabilité psychomotrice les neuroleptiques sont parfois utilisés, en particulier :
– neuroleptique sédatif : *Melleril, Nozinan ;*
– neuroleptique standard : *Largactil ;*
– neuroleptique incisif : *Haldol.*

L'effet de leur utilisation à long terme sur le développement psychomoteur de l'enfant n'est pas connu. Il faut noter la possibilité de dyskinésie transitoire lors de l'arrêt du traitement.

Le lithium a été proposé dans le cadre des psychoses dysthymiques (v. p. 344). Son utilisation doit répondre aux mêmes critères de sélection et de surveillance que chez l'adulte.

■ **Les antidépresseurs** ont été proposés dans une multiplicité d'états pathologiques de l'enfant, avec une rigueur fort variable. En dehors de l'énurésie, les meilleures indications sont représentées par le très rare tableau dépressif dont la sémiologie se rapproche en partie de celle de l'adulte. Les antidépresseurs tricycliques sont les plus utilisés *(Tofranil, Laroxyl, Ludionil),* l'utilisation des I.M.A.O. est exceptionnelle. Les autres indications relèvent plus souvent d'un *a priori* théorique de l'auteur que d'une réelle rigueur pharmacologique, sans efficacité prolongée démontrée.

Les amphétamines sont largement utilisées dans le cadre de l'hyperkinésie et du **désordre cérébral mineur** aux États-Unis. Nous renvoyons le lecteur à l'étude de ce cadre conceptuel p. 373. En France une législation rigoureuse limite heureusement les possibilités d'une prescription dont les effets au long cours restent incertains.

■ **Les tranquillisants** *(Valium, Séresta, Tranxène)* sont utiles dans certaines crises aiguës : crise d'angoisse aiguë, état phobique avec anxiété intense. Ils peuvent aussi atténuer un état anxieux permanent, mais ne doivent pas être prescrits sur de trop longues durées. Ils représentent parfois un temps utile de déconditionnement et autorisent un autre mode d'abord.

Dans certains cas, ils semblent avoir un effet d'excitation paradoxale en majorant l'instabilité.

Pour terminer il nous paraît utile d'attirer l'attention sur la trop grande fréquence d'utilisation de ces tranquillisants ou sédatifs à visée hypnotique dans des états qui ne la justifient pas... sinon au niveau de la mère. Il en est ainsi de nombreux sirops pour « dormir » qui risquent de créer de véritables états de dépendance. L'utilisation de ces produits devrait connaître au moins le minimum de rigueur et de scrupule qui anime le pédopsychiatre lorsqu'il prescrit un médicament psychotrope. En effet il y a là un véritable paradoxe car dans leur majorité les psychotropes donnés à l'enfant ne sont probablement pas prescrits par le pédopsychiatre, mais par le généraliste ou la mère elle-même.

Bibliographie

BARANDE (I.), BOURDIER (P.), DAYMAS-LUGASSY (S.) : Psychothérapies de l'enfant et de l'adolescent. E.M.C., Paris, 1970, *Psychiatrie,* 37818 A. 10.

BERGES (J.), BOUNES (M.) : *La relaxation thérapeutique chez l'enfant.* Masson, Paris, 1979, 1 vol.

BOLLAND (J.), SANDLER (J.) : *Psychanalyse d'un enfant de deux ans.* P.U.F., Paris, 1973.

CHILAND (C.) : *L'enfant de six ans et son avenir.* P.U.F., Paris, 1973, 1 vol.

DIATKINE (R.), SIMON (J.) : *La psychanalyse précoce.* P.U.F., Paris, 1972.

DIATKINE (R.) : Propos d'un psychanalyste sur les psychothérapies d'enfants. *Psychiatrie enfant,* 1982, **25**, 1, p. 151-177.

LEBOVICI (S.), DIATKINE (R.) : Le concept de normalité et son utilité dans la définition du risque psychiatrique. *In* ANTHONY (E.J.), CHILAND (C.), KOUPERNIK (C.) : *L'enfant à haut risque psychiatrique.* P.U.F., Paris, 1980, p. 29-43.

LEBOVICI (S.) : A propos des thérapeutiques de la famille. *Psychiatrie enfant,* 1981, **24**, 2, p. 541-583.

MALE (P.), DOUMIC-GIRARD (A.), BENHAMOU (F.), SCHOTT (M.C.) : *Psychothérapie du premier âge.* P.U.F., Paris, 1975.

MAZIADE (M.) : Les bases théoriques de la thérapie familiale. *Neuropsch. de l'enf. et ado.,* 1980, *28* (6), p. 253-258.

MISES (R.), BAILLY-SALIN (H.J.), BREON (S.), FEDER (F.), FORTABAT (J.L.), GILBERT (E.) : *La cure en institution : l'enfant, l'équipe, la famille.* E.S.F., Paris, 1980, 1 vol.

SELVINI-PALAZZOLI (M.), BOSCOLO (L.), CECCHIN (G.), PRATA (G.) : *Paradoxe et contre-paradoxe.* E.S.F., Paris, 1980.

SIMON (P.) : Pharmacologie et psychiatrie de l'enfant. *Psy. enf.,* 1978, *21* (1), p. 319-325.

WIDLOCHER (D.) : Thérapeutique en pédopsychiatrie. E.M.C., Paris, 1970, *Pédiatrie* 4101 S. 10.

WIDLOCHER (D.) : *Le psychodrame chez l'enfant.* P.U.F., Paris, coll. *Paideïa,* 1979.

WIDLOCHER (D.) : Genèse et changement. *40e congrès des psychanalystes de langue française.* Barcelone, mai 1980. P.U.F., Paris, 1980.

WINNICOTT (D.W.) : *La consultation thérapeutique de l'enfant.* Gallimard, Paris, 1971.

INDEX ALPHABÉTIQUE DES AUTEURS

A

ABRAHAM (K.), 15, 16, 333.
ACKERMANN (N.W.), 300.
ADAM, 214.
AGRAAS (S.), 342.
AICARDI (J.), 292.
AIMARD (P.), 236.
AINSWORTH (P.), 395.
AJURIAGUERRA de (J.), 42, 157, 170, 343, 393.
ALBY (N.) et (J.M.), 455.
ALTSHULER, 236, 237.
ALEXANDER (F.), 349.
AMES (L.B.), 82.
ANOKHIN, 34.
ANTHONY (E.J.), 137, 275, 296, 343, 384, 385, 389, 409, 415.
ANZIEU (A.), 121.
ARIES (PH.), 204.
AUBAN, 400.
AUBRY (J.), 393.
AUZIAS (M.), 96.
ATLAN (H.), 9.

B

BAKWIN (H.), 212.
BATESON (G.), 39, 300.
BEAUCHESNE (H.), 263, 265.
BEAVIN (J.), 300.
BEIZMANN (C.), 71.
BEMELMANS, 430, 446.
BENDER (L.) (test de), 98, 155.
BENDER (L.), 291, 292, 294, 296, 393, 408.
BENOIT (O.), 87.
BENTON (A.L.) (test de), 156.
BERG (I.), 439.
BERGES (J.), 86, 100, 166, 461, 462, 491.
BERGES-LEZINE (test de), 155.
BERGMAN (P.), 296, 387.
BERTALANFFY, 505.
BETTELHEIM (B.), 304.
BIDEAUD, 235.
BINET (A.), 150 à 152, 154, 158, 162.
BINET-SIMON (test de), 62, 152 à 155, 158, 166.
BION (W.R.), 25, 26.
BLEULER (M.), 271.
BOIZOU (M.F.), 71.
BOLLAND (J.), 25.
BOREL-MAISONNY (S.), 116, 119, 156.
BOTBOL, 188.
BOUCHARD (R.), 260, 262 à 264.
BOUNES, 491.
BOURDIER (P.), 409.
BOURGUIGNON (A.), 8, 9.
BOUTON (C.P.), 111, 235, 236.
BOWEN, 300.
BOWLBY (J.), 12, 35 à 37, 126, 311, 334, 338, 348, 393 à 395, 398, 455.
BRACONNIER (A.), 80 à 82, 86, 210.
BRADLEY, 373.
BRAZELTON (T.B.), 40, 42, 74, 387, 459.
BRODEY, 505.
BROUSELLE (A.), 434.
BRU, 417.
BRUCH (H.), 131, 132.
BRUNER (J.S.), 35, 41, 109, 386.
BRUNET-LEZINE (test de), 74, 153.
BURLINGHAM (D.), 239.

C

CAILLOIS (R.), 191, 196, 197.
CANGUILHEM (G.), 48.
CAREL (A.), 459.
CARLIER (M.), 293, 294.
CARRIC, 446.
CASATI, 42.
CASATI-LEZINE (test de), 153.
CASOU, 87.
CHANGEUX (J.P.), 9.
CHARCOT (J.M.), 102.
CHARLES-NICOLAS (A.), 188.
CHASSAGNY (C.), 119, 156.
CHAUVIN (R.), 174.
CHILAND (C.), 56, 163, 477.
CHIVA (M.), 167.
COHEN (D.J.), 387.
COLIN (D.), 235.
CONSTANT (J.), 5, 32.
CORMAN (L.), 72.
COURCHESNES, 295.
COTTRAUX (J.), 34.
COVELLO (L.) et (A.), 262.
CRAMER (J.B.), 43, 453, 454.

D

DAHL, 343.

DAILLY (R.), 150, 162, 163, 167.
DARDENNE (PH.), 278.
DAVID (C.), 81.
DAVID (M.), 393.
DAYMAS (S.), 218, 500.
DEBIENNE, 65.
DEMENT (W.C.), 81.
DE M'UZAN (M.), 349.
DE MYER, 291.
DENIS (P.), 327.
DESPERT (L.), 393, 413.
DE VILLARD (R.), 88.
DIATKINE (G.), 398.
DIATKINE (R.), 42, 193, 279, 286, 304, 329, 341, 368 à 371, 382, 397, 499, 512.
DINORETZKI (test de), 71.
DOLTO (F.), 128.
DOUMIC (A.), 84, 500, 501.
DOWN (syndrome de), 241.
DREYFUS-BRISAC (C.), 5.
DUBLINEAU (J.), 183.
DUCHE (D.J.), 210, 212, 278, 279, 291.
DUGAS (M.), 105, 344, 414, 415, 437, 438.
DUPLANT, 232.
DUPRE (E.), 57, 97, 166, 181, 320, 376.

E

EILB-EIBESFELDT (I.), 35, 221.
EISEMBERG (L.), 291.
ERICKSON (E.H.), 190.
ERLENMEYER-KIMLING, 388.
ESCALONA (S.K.), 296, 385, 387, 396.
ESQUIROL, 162.
EY (H.), 382.
EYSENK (H.J.), 34, 330.

F

FAIM (M.), 81, 82, 84, 145, 349, 350, 352, 356 à 358.
FASLA (F.), 353.
FELDMAN, 87.
FENICHEL (O.), 121, 262.
FERENCZI (S.), 180, 262.
FERRARI (P.), 205.
FERREY-HANIN (D.), 265.
FIELD (M.), 240.
FISCHER (M.), 87.
FLAVIGNY (CH.), 100.
FOLSTEIN, 293.
FOULKES, 82.
FREEDMAN (S.J.), 241, 316.
FREEMAN, 74.
FREUD (A.), 12, 13, 18, 25, 49, 55 à 57, 134, 180, 182, 192, 310, 312, 317, 318, 324, 328, 365, 370, 381, 386, 393, 405, 481, 482, 494, 495.
FREUD (S.), 12, 13, 15, 16, 18, 22, 51 à 53, 81, 82, 126, 179, 190, 192, 196, 203, 215, 222, 227, 262, 309, 310, 315, 316, 318, 320, 323, 326, 327, 333, 352, 380, 381, 387, 391, 423, 494.
FREUDENBERG (D.), 264.
FURTH et YOUNISS (H.G.), 235.

G

GALIFRET-GRANJON (N.), 34.
GARRONE (G.), 166, 168, 169, 171.
GASTAUT (H.), 357.
GAUTIER (A.), 242, 356.
GEISSMAN (P.), 197.
GELINEAU (maladie de), 90, 91.
GERSTMAN (syndrome de), 433.
GESELL (A.), 153, 160, 161, 212.
GIBELLO (B.), 168, 370.
GILLES DE LA TOURETTE (maladie de), 104.
GOLDFARB (W.), 291, 296, 300.
GOLDSTEIN (K.), 296.
GREEN (M.), 439.
GREENSON (R.), 262.
GROOS, 190.
GUEDENEY (C.), 265.
GUERIOT, 438.
GUILLAUME (P.), 90.
GUINON, 104.

H

HARLOW (H.F.), 35, 36.
HARMS (E.), 270, 276, 343.
HARTMANN (H.), 20, 55, 57, 303, 386.
HARTNUP (maladie de), 244.
HASAERT-VAN GEERTRUYDEN, 434.
HATWELL, 239.
HELLER (TH.), 271.
HERMANN (P.), 36.
HERSOV, 386.
HEUYER (G.), 165, 182, 183, 371, 427.
HIRN, 190.
HIRSCHPRUNG (maladie de), 148.
HOCHMANN (J.), 34.
HORTON, 116.
HOUZEL (D.), 81, 87, 88, 115.
HUG-HELLMUTH (H.), 494.
HUIZINGA, 190.

I

INGRAHAM (F.D.), 399.
INHELDER (B.), 162, 163, 167, 168.

J

JACKSON (D.), 39.
JASPERS (K.), 382.
JEAMMET (PH.), 291, 371.

JENSEN, 159.
JOB (J.C.), 131.
JOFFE (W.G.), 25, 26, 311, 335, 338.
JOHNSON (A.M.), 436.
JOUVET (M.), 81.

K

KALLMANN (F.J.), 294.
KANNER (L.), 271, 272, 274, 278 à 283, 285, 291, 292, 294, 296, 300.
KAPLAN (A.), 35.
KARDINER (A.), 262.
KARLI, 11, 55, 201.
KEMPE (R.S.), 403.
KHAN (M.R.), 23, 81.
KIPMAN, 265.
KLEIN (M.), 13, 15, 16, 18 à 26, 49, 53, 126, 180, 193, 195, 203, 208, 219, 299, 301, 302, 304, 309 à 311, 314, 328, 332, 333, 338, 481, 494, 495.
KLEIN-LEVINE (syndrome de), 91.
KLINEFELTER (syndrome de), 216, 271.
KRAEPLIN (E.), 343.
KREISLER (L.), 43, 82, 128, 218, 346.
KRIS (E.), 12.
KUVG, 74.

L

LACAN, 304, 314.
LACOMBE (J.), 89.
LAIRY (G.C.), 240.
LAMBERT, 444.
LANDAU-KLEFFER (syndrome de), 115.
LANG (J.L.), 169, 279, 283, 284, 300, 329, 343, 370 à 372.
LASEGUE (E.C.), 409.
LAUNAY (CL.), 115, 419, 420.
LAURET (G.), 137.
LAUZEL (J.P.), 169, 182.
LEBOVICI (S.), 43, 104, 105, 169, 193, 291, 292, 300, 304, 320, 325, 327, 329, 343, 370, 371, 382, 397, 438, 476, 501, 512.
LEIDERMAN (P.), 460.
LEJEUNE (M.), 242.
LELORD (G.F.), 74, 282.
LE MOAL (P.), 11.
LE NESTOUR, 438.
LENNOX, 255.
LENNOX-GASTAUT (syndrome de), 255, 256, 259, 260, 264, 266.
LE NY (J.F.), 34.
LEONTIEV, 34, 35.
LESH-NYHAN (maladie de), 210.
LEWIN (B.D.), 168.
LEZINE (I.), 125, 127, 461, 462.
LITTLE (M.) (maladie de), 246, 251.
LOPFE, 71.
LORENTZ (K.), 35, 201.
LOR-HENRY, 265.
LURIA (A.R.), 168.
LUSTIN (J.J.), 339.
LUTZ (W.), 271.

M

MAGNAN (J.), 372, 376.
MALE (P.), 370, 500, 501.
MALHER (M.), 22, 23, 219, 278, 282, 283, 303, 304, 311, 333.
MANCIAUX (M.), 399, 400, 464.
MANDE (R.), 464.
MANDEL, 201.
MANNONI (M.), 169, 172.
MANZANO (J.), 290 à 292.
MARCELLI (D.), 299, 369.
MARFAN, 144.
MARTY (P.), 355.
MASSE (N.), 464.
MAZET (PH.), 339.
MELTZER (D.), 299.
MENAKER, 239.
MENKES (maladie de), 210.
MENNESON, 37.
MEYERS, 300.
MICHAUX (L.), 86.
MILLAR (S.), 191.
MINKOWSKA (F.), 262.
MINSHWOOD, 118.
MINUCHIN, 507.
MISES (R.), 75, 150, 151, 157, 165, 169, 170, 260, 265, 278, 279, 283, 284, 286, 370, 371, 382, 512.
MONOD (J.), 49.
MONTAGNER (H.), 37, 202.
MOOR (L.), 243.
MOURET, 90.
MYER, 291.
MYQUEL (M.), 123.

N

NAGERA (H.), 13, 55, 328, 382, 415, 482.
NAVELET, 91.
NEMI (test de), 153.
NISSEN, 335, 341.
NOURRISSIER (M.-TH.), 138.

O

OCHONISKY (A.), 208.
ODIER (CH.), 416.
OLERON, 235.
OSTERRIETH (P.A.), 5.

P

PALO ALTO (école de), 38, 300.
PAPIERNICK (E.), 457.
PARISOT, 399.

PASSOUANT, 90.
PAUMELLE, 512.
PENOT, 341 à 343.
PERRON, 169.
PERRON-BORELLI (M), 157, 158.
PIAGET (J.), 5, 26 à 28, 30, 151, 153, 160, 179, 190, 191, 303, 316.
PICHON, 113, 120, 444.
PINE (F.), 409.
PINEL, 162.
PINTMER, 236.
PLESS, 451.
POTTER, 271.
POZNANSKI, 342.
PRAT (G.), 174 à 176.
PRONOVOST, 296.
PRUGH, 352.

R

RACAMIER (P.C.), 512.
RAIMBAULT (G.), 361, 453, 455, 456.
RAINER, 237.
RANR, 311.
RAPAPORT (D.), 71.
RAPPAPORT (R.), 360.
RAUSCH DE TRAUBENBERG (N.), 71, 289.
RAVARD (J.C.), 432.
REGNAULT, 330.
REPOND (A.), 236.
RETT (syndrome de), 292, 293.
REY (figure de), 98, 156.
RIMBAULT (G.), 361, 453, 455.
RIMLAND (B.), 74, 265, 293, 296.
RIQUET (M.), 212.
RIVIERE (J.), 291.
ROFFWARG, 81.
ROSENTHAL, 408.
ROTHS (S.), 294.
ROUBERTOUX (P.), 160, 293, 294.
ROZANOVA, 236.
RUM, 248.
RUTTER, 281, 291, 293, 294, 296, 300, 409, 413.
RYDELIUS, 187.

S

SALBREUX, 232, 458.
SANDLER (A.M.), 25, 26, 311, 338.
SANDLER (J.), 25, 26, 311, 335, 338.
SANTE DE SANCTIS, 271.
SATGE (P.), 458.
SAUVAGE (D.), 282, 295.
SCHAAL, 37.
SCHAFER, 71.
SCHERRER (J.), 8.
SCHIFF, 159.
SCHILDER (maladie de), 68, 247.
SCHILDER, 262.
SCHMID (J.R.), 428, 431.
SCHOPLER, 74.
SCHULTZ (F.), 491.
SCHUR (M.), 349.
SCOTT (J.P.), 202.
SEGAL (H.), 302.
SEGUIN, 162, 242.
SELVINI (M.), 39, 506, 507.
SHEEHAN, 121.
SICHEL, 353.
SIMON, 512.
SISK, 174.
SKINNER, 33, 330, 492.
SMIRNOFF (V.), 327.
SNYDER, 81.
SOLNIT, 387.
SOULAYROL (R.), 265.
SOULE (M.), 82, 84, 148, 193, 301, 352, 358, 382, 397, 503.
SPERLING (M.), 352, 353, 438, 439.
SPITZ (R.), 12, 16, 20 à 22, 82, 110, 129, 135, 171, 303, 311, 313, 314, 334, 338, 348, 356, 359, 393, 394, 398.
STAMBAK (M.), 432.
STERN (S.), 42.
STOLLER (R.J.), 216, 218 à 221, 224, 226, 227.
STORK (H.), 279, 480.
STRAUSS (P.), 167, 399, 400, 403.
SYLVERMAN (syndrome de), 399, 400.

T

TABOURET-KELLER (A.), 444.
TARDIEU, 399.
TARGOWLA, 287.
TASSIN (J.P.), 11.
TAUSK, 180.
TERMAN, 173 à 175.
TERMAN-MERRIL (test de), 153, 154, 158.
TERRASSIER, 175.
TIMBERGEN (N.), 35.
TITTONE (R.), 444.
TOOLAN, 341.
TORT (M.), 157.
TOSQUELLES (F.), 512.
TOUITOU, 67.
TURNER (syndrome de), 216.
TURPIN, 242.
TUSTIN (F.), 278, 279, 283, 302.
TZAVARAS, 94.

V

VAN-BOGAERT (maladie de), 247, 250.
VERDA (N.) (figure de), 160, 161.
VIGOTSKY (L.S.), 34, 35, 41, 109.
VON STAABS (G.), 73.

W

WALLON (H.), 5, 31, 32, 100.

WARREN, 367, 376.
WATSON (J.B.), 33.
WATZLAWICK (P.), 300, 301, 506.
WEINBERG (W.), 335.
WEBER, 341.
WENDER (R.H.), 375, 376.
WERMEYLEN, 167.
WERNER (H.), 35.
WEST (syndrome de), 255, 259, 260, 264.
WIDLOCHER (D.), 51, 55, 65, 203, 318, 369, 496.
WILLIAMS, 237.
WINNICOTT (D.W.), 23, 24, 51, 60, 66, 126, 183, 184, 193 à 195, 197, 198, 226, 252, 262, 263, 304, 312, 333, 348, 459, 488, 489, 496, 500.
WINTREBERT, 491.
WOLPE (J.), 33, 492.
WYATT (G.L.), 122.

Z

ZAFIROPOULOS, 233.
ZAPOROZHETS, 34.
ZAZZO (R.), 151, 153, 154, 157, 158, 168, 221.
ZLOTOWICZ, 82.
ZOURBAS, 187.
ZRULL, 342.
ZYLBERSZAC, 354.

INDEX ALPHABÉTIQUE DES MATIÈRES

(Les chiffres en **caractères gras** renvoient à la définition ou au chapitre principal sur cette question.)

A

Abandon, 182, 416, **419 à 424.**
Absences, **257.**
Acide gamma amino butirique (G.A.B.), 201.
Accommodation, **27 à 29.**
Adaptation, 26, 49.
Addiction
- conduites d', 186 à 188.
Adoption, 159, **419 à 424.**
- et Q.I., 158.
Âge de développement (A.D.), 153.
Agressivité, 11, 102, 121, 126, 134, 149, 165, **199 à 213**, 286, 375, 501.
- et jeu, 195.
Alcool
- consommation d', 187.
Amblyopie, 238.
Amineptine, 88.
Amphétamine, 376, 514.
Anaclitique (dépression), **334,** 339, 394.
Angoisse, 129, 132, 176, 203, 205.
- de castration, 17, 310, 311, 330.
- clinique de l', 276, 282, **307 à 309.**
- et divorce parental, 415.
- nocturne, 86.
- et psychose, 276, 286, 297.
- rêve d', 87.
- du visage de l'étranger, 16, **21,** 272, 297, 311.
Anorexie
- précoce, 126, **128 à 130,** 277, 336, 337, 501, 508.
- et prématurité, 461.
Antidépresseurs, 344, 440, 514.
Anxiété, 102, 121, 308, 415, 423.
Anxiolytiques, 88, 514.
Aphasie, 114.
Apnée, 90.
Apprentissage, 10, 22, 32, 309, 316, 329.
- sphinctérien, **137, 138, 147.**
Apraxie (constructive) (voir aussi Dyspraxie), 433.
« Après-coup », 380, 433.
Articulation (troubles de l'), 111, 112.
A.S.E., 406, 420, 472.
Assimilation, 27.
Asthme
- de l'enfant, **353 à 355.**
- du nourrisson, **355, 356.**
Attachement, **35, 36,** 334.
Attention
- troubles déficitaire de l', 100, **373 à 377.**
Audimutité, 114.
Audition
- exploration de l', **68, 69,** 109.
Autisme, 22, 68, 84, 130, 197, 220, 272, 273, **280 à 283,** 285, 294, 299.
- et cécité, 241.
- et surdité, 237.
Autistique (position), 299.
Automutilation, 165, 207, **209 à 211.**

B

Babillage, 109.
Baby-test, 153.
Barrière de contact, 297, 387.
Bégaiement, 51, 113, **120 à 122,** 242.
Béhavioriste, 33.
Biculturalisme, 442 à 444.
Bilinguisme, 444.
Blindisme, 240.
Bobine (jeu de la), 190, 192.
Bon Objet/Mauvais Objet, **19,** 302.
Bon Sein/Mauvais Sein, 20, 193, 333.
Boulimie (crise de), 133.
Boureau familial, 206.

Bruxisme, 89.
Bulbe olfactif, 201.

C

ça, 13, **14.**
Caractérielle (pathologie), 243, **371 à 373.**
Carence, 113, 159.
- affective, 105, 135, 171, 183, **390 à 399,** 510.
- familiale, 394, 396.
- et prématuré, 459.
Cauchemar, 86.
C.D.E.S., 464, 465, 468, 469.
Cécité, 232, **238 à 241.**
Célibataire (mère), 417 à 419.
Céphalée, 336, 360, 436.
Changement et indication thérapeutique, 485.
Chromosome, 201, 215, 216, 242.
Classifications diagnostiques, 75.
Clivage, 19, 193, 298, 302, 311, 369, 499.
Colique idiopathique, 126, **349, 350.**
Commitialité (voir Epilepsie).
Communication
- technique de : 39, **61, 62,** 496.
- théorie de la : **38 à 40,** 505, 507.
Compétence : 40, 41, 58, **386, 387.**
Comportementale (thérapeutique), 105, 492, 493.
Compulsion, 15, 316.
Conditionnement, 33, 69.
- opérant, 33.
Conflits
- de développement, 13, 55, 327, 383.
- névrotique, 55, 328, 383.
Conformisme, 51, 58, 322.
Conseils, 503, 504.
Constipation psychogène, 147 à 149.
Consultation thérapeutique, 65, **488, 489.**
Conversion, 102, 121, 173, **319 à 321.**
Convulsion (voir Epilepsie).
Coprolalie, 104.
Coprophagie, 135.
Culpabilité, 19, 100 à 102, 183, 184, 211, 223, 236, 240, 381.
- et maladie chronique, 452, 453.
Curiosité sexuelle, 216, **222, 223.**

D

D.A.S.S., 465, 466, 471, 509.
Débilité (voir aussi Déficience mentale), 49, 97, 118, 131, 142, 155, **162 à 173.**
- échec scolaire, 428, 435.
- endogène/exogène, 167, 168.
- motrice, 55, **97,** 166, 376.
Déficience mentale, 97, 152, 158, **162 à 173,** 194, 232, 237, 239, 243, 251.
- et épilepsie, 264.
- et psychose, 275, 276, 287.
Déficit sensoriel, 108, **232 à 241,** 251, 296, 469.
Délire, 57, 158, 271, 276, 277, 287, 288, 409.
- de rêverie, 182.
Démantelement, 298.
Dépakine, 266.
Déplacement, 152, 315.
Dépression, 84, 100, 212, **332 à 345,** 413, 437, 514.
Dépressive (position), 19, 26, 216, 332, 333.
Divorce, **411 à 417,** 438.
D.P.S., 157, 167.
Désordre cérébral mineur, 57, **373 à 377,** 462.
Diabète, 452.
Dialogue tonique, 31, 42, 93, 236, 272, 273.
Dopamine, 11.
Double lien, 300, 506.
D.P.A.S., 471, 472.
D.S.M.III, 100.
Dynamique (point de vue), 13.
Dyscalculie, 95 à 97.
Dysharmonie, 14, 18, **54 à 57,** 165, 265, 339, 365, **370, 371.**
- cognitive, 56, 166 à **168,** 170.
Dyslexie – Dysorthographie, 54, 113, **115 à 119,** 374, 433.
Dyspraxie, 98, 166, 170, 248, 321, 370, 490, 491.
Dysynchronie, 175.

E

Échec scolaire, 99, 163, 164, 248, 337, 340, 413, **427 à 436.**
- du migrant, 430, 446, 447.
- du surdoué, 175, 176.
Échelles d'évaluation, 74, 282.
Écholalie, 104, 109.
École, 57, 108, 119, 163, 186, **427 à 440,** 462, 468, 469.
- et épilepsie, 266.
Économique (point de vue), 13, 51.
Eczéma, 358, 359.
E.D.E.I., 157, 167, 170.
Électro-encéphalogramme (E.E.G.), 55, 57, 67, 250, 266, 295, 357.
- et épilepsie, 254 à 261.
- et sommeil, 77, 78 à 80.
Encéphalite, 246, 247.
Encéphalopathie, 67, 144, 170, 210, 239, **241 à 250,** 287, 458.
Encoprésie, 139, **143 à 147,** 148, 277, 374.
Endormissements (difficultés d'), 82, 83, 462, 501.
Enfants battus (voir Sévices).

Énurésie, 100, 105, 122, **138 à 143,** 277, 374, 492.
- et épilepsie, 139.
- et sommeil, 88, 89, 140.
Épigénèse, 6, 386, 388.
Épilepsie, 90, 115, 139, 186, 232, 251, **254 à 269,** 278.
Épileptoïde (personnalité), 261, 262.
Épreuve de pensée logique (E.P.L.), 161, 162.
Équivalent dépressif, 338.
Étayage, 16.
Éthologie, **34 à 37,** 160, 201, 202.
Évitement, 121, 312.
Exhibitionnisme, 219, 223.

F

Facteurs de risque, **380 à 389,** 423, 457, 479.
Famille, 37, 57, 73, 122, 132, 141, 148, 169, 171, 248, 265, 342, 354, **391 à 424,** 438, 443, 449, 454, 458, 502 à 508.
« Faux-Self », 24, 51, 477.
Fétichisme, 184, 226.
Fixation, 14, 55, 146, 485.
Flairage, 274.
Folie à deux, 409.
Fonction cognitive, **150 à 176,** 236, 275, 276, 485.
(voir aussi intelligence, quotient, intellectuel).
Fouissement (réflexe de), 125.
Frustration (réaction à la), 14, 26, 118, 165, 207, 210, 276, 283, 369, 504.
Fugue, 181, **185 à 186,** 285, 338.

G

Génétique (étiologie), 117, 120, 159, 160, 168, 197.
- et psychose, 293, 294.
Génétique (point de vue), **14,** 51, **54 à 57,** 151, 481.
Grand mal, 258.
Guidance, 172, 267, **502 à 504.**

H

Hérédité, 140, 255.
- et quotient intellectuel, 154, 155, 176.
Homosexualité, 224, 225.
Hôpital de jour, 173, 467.
Hospitalisation, 308, 406, 418, 439, 451, 467.
Hospitalisme, 22, 159, 171, 334, 339, 394.
Hyperkinétique (enfant) (voir aussi Instabilité), 100.
Hypermaturité, 58, 409, 416.
Hypersomnie, 90, 91.
Hypnagogique (phénomène), 86.
Hypocondriaque (manifestation), 134, 287, **308, 309,** 406.
Hystérique
- conversion, 121, 122, 319, 360.
- névrose, 186, **319 à 321.**

I

Identification, 192, 406, 415, 417.
- adhésive, 299.
- projective, 19, 298, 302.
Identité sexuée, 132, **214 à 216,** 218.
Imipramine, 142, 344, 514.
Immaturité, **8, 9, 54 à 57,** 113, 117, 139, 182, 212, 214, 218, 263.
Immixtion (dans le développement), 13, 55, 328, 382.
Impédancemétrie, 69.
Inceste, 410, 411.
Infirmité motrice cérébrale, 251, 252.
Inhibition, 119, 122, 131, 165, 170, 176, 203, 208, 217, 404, 433, 436, 453.
- et névrose, **321 à 324.**
Insémination artificielle, 424.
Insomnie, **83 à 85,** 462, 501.
Instabilité, **99 à 102,** 165, 176, 243, 274, 286, 338, 341, 433, 435, 462.
Institut médico-éducatif, 173, 468, 511, 512.
Instrumental (trouble), 54.
Intelligence, 113, 118, 120, **145,** 176.
Interaction, **40 à 44,** 387, 404, 406, 459.
Intersecteur, 464, **466 à 468.**
Introjection, 18, 298.

J

Jeu, 65, **190 à 198,** 496.
Juge pour enfants, 408, **469 à 471.**
Jumeau, 117, 224.
- et psychose, 293, 294.

L

Lallation, 32, 109.
Langage, **108 à 123,** 164, 166, 170, 220, 248, 433, 444.
- et famille-problème, 397, 398.
- et infirmité motrice cérébrale, 251.
- et psychose, **274, 275,** 281, 286, 291
- et retard de parole, 112.
- retard de : **112, 113,** 116, 120, 501.
- et surdité, 235, 236.
Latence (période de), 17, 207, 208, 224, 225, 325.
Latéralisation
- bégaiement et, 120.
- dyslexie et, 116.

– trouble de la, 94, 95.
Libre association, 496.
Lithium, 344.

M

Maladie, 101.
– aiguë, 450, 451.
– chronique, 346, 451 à 454.
– mentale des parents, 408, 409.
Maniaco-dépressive (maladie), 343.
Manipulation sexuelle (voir aussi Masturbation), 222, 225.
Masochisme, 208, 227.
Masturbation, 16, 17, 141, **222, 223.**
Maturation, 5, **7 à 10,** 27, 96, 137, 381.
Médecin (image du), 439.
Médicaments, 142, 266, 268, 269, **512 à 514.**
Mégacôlon fonctionnel, 147 à 149.
Mensonge (voir aussi Mythomanie), 57, **179 à 182.**
Mérycisme, 351, 352.
Mésentente (des parents) (voir aussi Divorce), 411 à 417.
Mesure éducative, 471.
Meurtre, 208.
Migraine, 359, 360.
Migrant, 384, 441 à 448.
Minimal brain dysfunction (voir désordre cérébral mineur).
Moi, **13,** 15, 18, 21, 51, 57, 152, 181, 204, 262, 283, 315, 318, 323, 369, 371, 381, 383, 410, 439, 495.
Mongolisme (voir Trisomie 21).
Mort
– concept de, 204, 205.
– maladie chronique et, 451 à 455.
Mutisme, 122, 286, 322.
Mythomanie, 181, 225.

N

Nanisme psychosocial, 360, 361.
Narcolepsie, 91.
N.E.M.I., 153, 154.
Néoténie, 5.
Neuro-ectodermose, 245.
Neuroleptique, 513.
Névrose, 84, 105, 121, 141, 212, 223, **307 à 331,** 436, 438.
– infantile, 52, 307, **318, 319.**
Niaiserie, 322.
Non, 21, 110.
Normal (et pathologique), **47 à 61,** 178.

O

Obésité, 130 à 133.
Obsession, 51, 102, 170, 244, 287, **316 à 318.**
Oedipien, 17, 52, 87, 414, 415.
Ontogénèse, 6, 109.
Onycophagie, **105,** 209.
Organisateurs de Spitz, **20,** 21, 110.
Orientation (loi d'), 465, 466.

P

Paradoxal (sommeil), **79 à 83,** 86.
Paradoxale (communication), 300, 506.
Paratonie, 97.
Parents, **63 à 65,** 103, 126, 159, 169, **390 à 392,** 457, 483.
– et bégaiement, 121.
– et école, 416.
– et enfant battu, 402 à 406.
– et famille – problème, 396, 398.
– et phobie scolaire, 438.
– et psychose, 280 à 283, 293, **299 à 301.**
– séparation des, 146, 183, 185, 382, 384, **411 à 417.**
Parole (retard de), 112.
Passage à l'acte, **15,** 51, 118, 184, 211, 308, 368, 399.
Pédagogie, 118, 176.
– et déficience intellectuelle, 173 à 243.
– et rééducation, 173, 491, 492.
« Peep-Show », 68.
Pelade, **359.**
Permanence de l'objet, **22,** 152.
Perversion et perversité, 146, 148, 184, **227 à 358.**
Petit mal, 257.
Peur, 307, **312, 313,** 365.
Phénobarbital, 266 à 268.
Phobie, 51, 170, **312 à 316,** 352, 365, 434.
– du coucher, 85.
– et névrose, 315.
– et psychose, 287, 314.
– scolaire, 186, 337, **436 à 440.**
– du toucher, 240.
Phylogénèse, 6, 11, 18.
Pica, 134.
Placement familial, 408, **509 à 511.**
– institutionnel, 170, 171, 185, 404, 419, 488, **511, 512.**
P.M.I., 406, 407, 466, 480.
« Pointing », 34, 299.
Points cardinaux (réflexe des), 125.
Potentiels évoqués auditifs, 69.
Potomanie, 134, 139.
Prédictivité, 364 à 367.
Prématurité, 113, 117, 237, 246, 278, 291, 384, 404, **457 à 462.**
– et maladie chronique, 251.
Préoccupation maternelle primaire, 208.
Prépsychose, 98, 101, 123, 184, 195, 197, 198, 208, 209, **367 à 370.**
Prestance (réaction), 32, 100.

Prévention, 478 à 481.
Principe de plaisir, 13, **15.**
- de réalité, **15.**
Processus
- de développement, 20, 55, 178.
- de maturation, 8, 20, 22, 55, 238.
- primaires, 14, 15, 169, 204, 288.
- secondaires, 14, 15, 118, 152, 204, 283.
Projection, 19, 169, 416.
Prostitution, 228.
Pseudo-débilité, 159, 323.
Pseudo-hermaphrodisme, 215.
Psychodrame, 122, 123, 143, 498.
Psychose, 86, 91, 98, 101, 102, 123, 131, 135, 142, 165, 170, 186, 195, 209, 220, 223, 244, 271, 397, 417, 507, 511.
- et épilepsie, 264, 265.
- précoce, 84, **282 à 284,** 291.
- de la seconde enfance, 91, **284 à 288,** 291.
- symbiotique (voir aussi Autisme), 23, 278, 283, **303, 304.**
Psychosomatique, 22, 262, **346 à 362,** 506.
Psychothérapie analytique, 172, **494 à 500.**
- mère-enfant, 84, 113, 129, 344, **500 à 502.**
- de soutien : 102, 104, 123, 143, 172, 267, 344, 439.
Puberté, 217, 353.
- précoce, 217.
Pulsion de mort, 15, 18, 203.
- de vie, 15, 18.

Q

Quotient de développement (Q.D.), 70, 153, 157, 418.
Quotient intellectuel (Q.I.), 70, 151, 153, **157 à 160,** 162 à 167, 174, 242, 264, 275, 281, 289, 397, 452.

R

Réaction circulaire, **28**, 222, 238, 316.
Réactionnel (trouble), 58, 118, 232, **381 à 384.**
Rectocolite ulcéro-hémorragique, 352, 353.
Rééducation orthophonique, 113, 119, 122, 173, 490.
- psychomotrice : 95, 99, 101, 104, 113, 267, 490, 491.
Réflexe d'orientation conditionné (R.O.C.), 68.
Refus scolaire, 119, 435.
Régression, 14, 53, 56.
- et maladie chronique, 451 à 454.
Relaxation, 101, 122, 267, 491.
Résonance Magnétique Nucléaire (R.M.N.), **67, 68,** 250.
Retard de croissance, 360, 361, 401.
- intra utérin, 457.
Retard d'organisation du raisonnement, 169.
Retard pubertaire, 217.
Rett (syndrome de), 292, 293.
Rêve, 26, **81 à 83**, 204.
Rituels, 51, 244, **316 à 318**, 352.
- du coucher, 85.
- et psychose, 276, 287.
Roman familial, 181, 415, 423.
Rorschach (test du), **71, 72,** 369.
- et épilepsie, 263.
- et psychose, 289.
Rythmie, **88, 89,** 102, 240, 461.

S

Scanner (voir Tomodensitométrie).
Scénotest, 73.
Schéma corporel, 93, 98, 113, 114, 132, 166, 167, 263, 450, 491.
Schéma d'action, 28, 222.
Schizo-paranoïde (position), 19, 26, 208, 299, 302, 369.
Sein bon/mauvais (voir Bon sein).
« Self », 23, 24, 219.
Séparation, 35, 158, 334, 342, 394, 487, 508.
- réaction à la, 36, 140, 146, 452.
Séparation-individuation (processus de), **22**, 219, 303.
Service social, 464 à 473.
Sévices
- enfants victimes de, 159, **399 à 408,** 507.
- prématurité, 462.
Sexe, 215.
- morbidité en fonction du, 50, **220, 221.**
Sexualité infantile, **15**, 214 à 228.
Solvants (inhalation de), 187, 188.
Sommeil, **78,** 140.
- électrophysiologique, 79.
- paradoxal, 79 à 83, 87 à 89.
- et psychose, 277.
- trouble du, **83 à 91,** 128, 337, 404.
Somnambulisme, 88.
Sourire (stade du), **21,** 272.
Spasme du sanglot, 128, **356 à 358.**
« Squiggle », 66, 489.
Stade, 15, 27 à 29.
- libidinal, 14, **15,** 126.
- piagétien, 14, 27, 151, **160 à 162,** 191.
- du sommeil, 79, 140.
Stéréotypie, 102, 165, 196, 236, 273.
Structure mentale, **52 à 54,** 365, 366, 481.
Sublimation, 152, 453.
Succion, 125, 126.
Suicide,
- équivalent de, : 210, 212, 451.

– tentative de, : **211, 212,** 337.
Surdité, 233 à 237.
Surdoué, **173 à 176.**
Surmoi, 13, 18, 183, 193, 315, 383, 398.
Survector (voir Amineptine).
Symbiose (phase de), **22,** 303, 304.
Syncinésies, 97.
Systémique (théorie), **38, 39,** 506 à 508.

T

T.A.T., 72.
Terreur nocturne, 86, 87, 88.
Test, **69 à 73,** 368, 369, 424.
– de niveau, 151, **153 à 160,** 289.
– de Patte Noire, 72.
– projectif, **70 à 72,** 248, 289, 369.
– du village, 73.
– (voir aussi le nom des auteurs BINET-SIMON, GESELL, etc).
Thérapie, **476 à 514.**
– familiale, 505 à 508.
– de groupe, 508.
– institutionnelle, 344, 508 à 512.
– systémique, 506 à 508.
– (voir aussi Psychothérapie et rééducation).
Tic, **102 à 105,** 120, 317.
Timidité, 322.
Tomodensitométrie, **67, 68,** 250, 260.
Topique (point de vue), 13.
Toxicomanie, 188.
Tranquillisants, 514.
Transfert en psychothérapie, 495, 496.
Transitionnel (objet), **24,** 193, 197.
Transsexualisme, 226.
Traumatisme
– crânien, 115, **247, 248.**
– psychique, 262, **380, 381,** 414.
Travestissement, 226.
Trichotillomanie, 105.
Trisomie, 241 à 244.
Troubles déficitaires de l'attention, 100, **373 à 377.**

V

Verbalisme, 239.
Viscosité génétique, 168.
Vol, 58, 165, 181, **182 à 184,** 338, 340, 413.
Vomissement, 129, **350, 351.**
Vulnérabilité, 58, 282, **386 à 389,** 454, 459.

W

W.I.S.C. et W.I.S.P.P., **154, 155,** 158, 163, 243.

Masson, Editeur
120, Boulevard Saint-Germain
75280 Paris Cedex 06
Dépôt légal : mai 1989

Imprimé en France

Imprimerie Maury
45330 Malesherbes
Dépôt légal : mai 1989
N° d'imprimeur : B89/26032P